普通高等教育“十一五”国家级规划教材

“十二五”普通高等教育本科国家级规划教材

普通高等教育精品教材

当代教育心理学

（第4版）（慕课版）

Contemporary Psychology of Education

陈　琦　刘儒德◎主编

图书在版编目(CIP)数据

当代教育心理学 / 刘儒德，陈琦主编. -- 4 版.
北京 ：北京师范大学出版社，2025.7. --(新世纪高等
学校教材)(心理学基础课系列教材). -- ISBN 978-7
-303-30826-2

Ⅰ. G44

中国国家版本馆 CIP 数据核字第 2025BT6886 号

DANGDAI JIAOYU XINLIXUE

出版发行：北京师范大学出版社 https://www.bnupg.com
北京市西城区新街口外大街 12-3 号
邮政编码：100088

印　　刷：天津市宝文印务有限公司
经　　销：全国新华书店
开　　本：787 mm×1092 mm　1/16
印　　张：34.5
字　　数：676 千字
版　　次：2025 年 7 月第 4 版
印　　次：2025 年 7 月第 1 次印刷
定　　价：78.00 元

策划编辑：周雪梅　　责任编辑：刘小宁
美术编辑：李向昕　　装帧设计：李向昕
责任校对：张亚丽　包冀萌　　责任印制：马　洁

前　言

本书第4版根据《习近平新时代中国特色社会主义思想进课程教材指南》、中国共产党第二十次全国代表大会关于教育和文化的要求、《普通高等学校本科心理学类专业教学质量国家标准》的最新要求，参照新时代马克思主义理论研究和建设工程教育部重点教材的标准，进行了全面而细致的修订。

在整体上，立足于立德树人这一教育工作的根本任务，从品德为先、能力为重、全面发展这一教育工作的根本要求出发，聚焦学生能适应终身发展和社会需要的必备品格和关键能力，吸纳国内外教育心理学的最新研究、主题、概念与材料，结合中国的教育理论和教学实践，建构有中国特色的教育心理学基本框架结构和内容体系。

在思想上，以马克思主义、辩证唯物主义和历史唯物主义及中国特色社会主义理论体系为指导，将国家的思想政治教育整合到相关的主题中，尽力实现知识传递、能力培养和价值塑造三位一体，以达到立德树人、铸魂育人的教育目的。

在结构上，本版保持原有框架，由绪论、学生心理、一般学习心理、分类学习心理、教学心理与教师心理六部分组成。绪论部分介绍教育心理学的对象、任务、作用、研究方法与历史发展。学生心理部分从教育的视角介绍学生的心理发展与个体差异的情况。一般学习心理部分涉及学习心理导论、行为主义、认知派、建构主义和人本主义学习理论及学习动机。分类学习心理涉及知识、技能、问题解决及创造性、学习策略和品德的形成。教学心理部分涉及教学设计、课堂管理、学习评定。教师心理部分讨论教师的角色、特征、师生互动及教师成长等问题。学生心理与教师心理、学习心理与教学心理的内容前后呼应、相辅相成，以促进学习者的整体理解和综合应用。

在内容上，尽量找到学习、动机和教学理论家们的原文，领会他们的思想和心路历程，然后根据教科书的要求，进行深入浅出的介绍，并拓展其在学习、教学和管理上的应用。同时增补一些新的热门研究主题，如人工智能教育应用、具身认知和心流理论等，尽力反映教育心理学的发展前沿。

在体例上，根据教育心理学的学习和教学需要，在每章之前设立内容提要；每章之中突出重点概念；每章之后罗列关键术语与思考题等。力求文字简练、概念明确、举例精当、引文翔实，新增了许多图片、图解和表格，试图在提高学术水准和符合学术规范的基础上实现易读性、实践性和操作性。

本书可用作高等师范院校的教育学专业和心理学专业的本科生和研究生的教材，可作为各级各类教师培训学校的教学材料，也可作为各种教育科研人员的参考资料，还可用作各种考试（如研究生入学考试、教师资格证考试）的参考用书。希望广大读者一如既往地多提宝贵意见。

编者

2025年6月北京师范大学心理学部

目　录

第一部分　绪　　论

第二部分　学生心理

第三部分　一般学习心理

第六部分　教师心理

第一部分

绪　论

第一章 教育心理学及其研究

教育心理学是一门用科学的研究方法解释学与教相互作用的基本规律的科学，是教师专业发展中的重要科学基础，是获得教师资格的必备知识，在当前的教育教学理论和实践中具有非常重要的作用。本章将简要介绍教育心理学这门学科及其研究。

本章要点

- 教育心理学的研究对象、任务与作用
  - 教育心理学的研究对象
  - 教育心理学的任务
  - 教育心理学的作用
- 教育心理学的发展
  - 教育心理学的发展过程
  - 教育心理学的研究趋势
- 教育心理学的研究方法
  - 研究的范式
  - 研究的步骤
  - 研究的有效性

第一节 教育心理学的研究对象、任务与作用

一、教育心理学的研究对象

教育心理学（educational psychology）是一门通过科学方法研究学与教相互作用的基本规律的科学，是应用心理学的一个分支。教育心理学的知识正是围绕学与教的相互作用过程而组织的，包括学生心理、学习心理、教学心理和教师心理四大部分内容。

（一）学习与教学的交互模式

学习与教学的过程是一个系统的过程，由学习、教学和评价/反思三种过程交织在一起，涉及学生、教师、教学内容、教学媒体和教学环境五种要素。这五种要素相互作用，共同影响三种过程的交互过程，如图 1-1 所示。

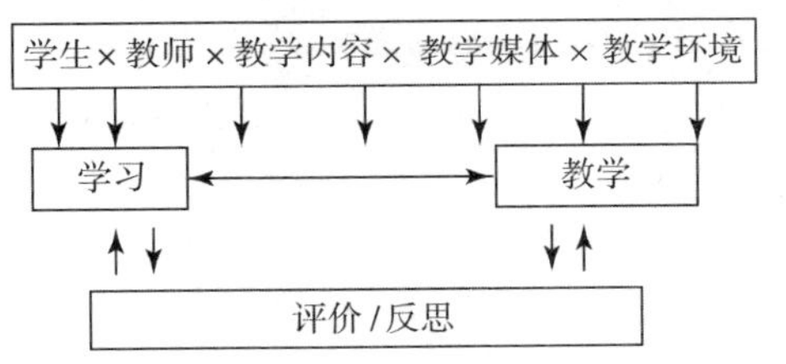

图 1-1 学习与教学的交互模式

（二）学习与教学的因素

学生是学习的主体因素，主要从两个方面影响着学与教的过程：一是群体差异，包括年龄、性别和社会文化差异等；二是个体差异，包括先前知识基础、学习方式、智力水平、兴趣和需要差异等，这些是任何学习和教学的重要内在条件。这两大类差异构成了本书第二章“学生心理发展”和第三章“学生个体差异”的基本内容。

学生是学习过程的主体，但学校教育需要按照特定的教学目标来最有效地组织教学，教师因素（教师的专业知识、专业技能以及教学风格等）在其中起着关键的作用。本书第十七章“教师心理”主要介绍了这些方面的内容。

教学内容是学习与教学过程有意传递的主要信息，一般表现为课程标准、课程内容、教学目标以及教学材料等。教育心理学并不研究课程内容，但关注教学内容的结构、难度与学生心理发展水平的关系，研究教学目标的设置、教学内容的分析和组织方法。这些内容我们将会在第二章、第六章、第七章、第八章和第十四章中进行介绍。

教学媒体既是教学内容的表现形式，如实物、文字、口头语言、图表、图像以及动画等；也是教学内容的载体和师生之间传递信息的工具，如实物、书本、板书、投影仪、录像机以及计算机等。随着信息与通信技术的发展，教学媒体已成为教学中一个具有独特意义的因素，不仅影响着教学内容的呈现方式和容量，而且对教师和学生在教学过程中的作用、教学组织形式以及学生的学习方法等产生着深远的影响。这些内容我们将在第十四章“教学设计”中加以讨论。

教学环境包括物质环境和社会环境两个方面。前者涉及课堂自然条件（如温度和照明），教学设施（如桌椅、黑板和投影仪），以及空间布置（如座位的排列）等；后者涉及课堂纪律、课堂气氛、师生关系、同学关系、校风以及社会文化背景等。教学环境影响学生的学习过程和方法、教学方法以及教学组织，尤其是社会环境，不仅关系到学生情感和社会性的发展，对学生的认知发展过程也有直接的作用。教学环境是课堂管理研究的主要范畴，也是学习过程研究和教学设计研究不能忽视的重要内容。这些内容我们将在第十四章“教学设计”、第十五章“课堂管理”中进行介绍。

（三）学习与教学的过程

学习是教育心理学中最早进行研究并且成果最丰富的一个主题。这些研究结果构成了学习和动机理论。各派学习理论对学习的实质、过程和条件作出了不同解释。本书第四、五、六、七章分别介绍了各种学习理论，第八章介绍了学习动机理论，第九、十、十一、十二、十三章分别介绍了对不同类型的学习进行的研究。

教育心理学对教学的研究起步较晚，但发展很快，逐渐形成了成熟的教学设计模式与许多有效教学的理论。这些内容我们主要在第十四章“教学设计”中进行介绍。

评价/反思是对学习和教学效果的测量、评定和反思，既可在学习过程和教学过程之后，作为一个独立的部分，又可贯穿在学习过程和教学过程之中，以进一步改进学习过程和教学过程。学习和教学评价我们主要在第十六章“学习评定”中进行讨论。

学习、教学、评价/反思三种过程交织在一起，相互影响。学习受到了教学的影响；教学要围绕学习进行，并且通过学习起作用；评价/反思随学习和教学而变化，反过来又促进了学习和教学。

研究者（Lee & Shute，2010）总结了中小学生学业成就的影响因素，其涉及学生个体因素和社会情境因素。前者包括学生投入（行为投入、认知-动机投入、情感投入）和学习策略（认知策略、元认知策略、行为策略与情感策略）。后者包括学校氛围（周围环境、教师和校长领导力）和社会家庭影响（父母投入和同伴影响）。除了校长领导力，这些影响因素都是教育心理学研究的主题和范围。本书后面的相关章节将对这些主题的研究及应用进行不同程度的介绍。

二、教育心理学的任务

教育心理学与心理学的其他分支学科一样具有三个基本任务：一是描述和测量，旨在解决“是什么”的问题；二是理解和说明，旨在解决“为什么”的问题；三是预测和控制，旨在解决“怎么做”的问题。

（一）描述和测量

教育心理学家的大量工作是描述和测量学习与教学行为。教育心理学中的一些概念，如学习迁移、学习动机、学习策略和学习风格等，往往具有明确的界定，并且能够被测量，这是进行学习和教学实证研究的基础。教育心理学的任务一是对研究的概念进行操作界定，并且开发出测量该概念的可靠而有效的问卷、量表、测验或其他工具。

（二）理解和说明

科学是由渴求知识和理解现象原因的意愿推动的。心理学家要理解的是世界上最复杂的事物，即人类的行为。教育心理学的任务二是理解观察到的学习和教学行为，并找出这些行为的原因。教育心理学试图充分理解许多具有重要意义的问题，如学习的实质、过程与条件，学习动机对学习过程的影响，教学策略的有效性，学习和教学的交互过程，教育与心理学发展的相互作用等。

（三）预测和控制

教育心理学的任务三是预测和控制学习与教学行为。这一任务的成功在很大程度上取决于测量工具和相关理论。教育心理学家往往会测量一个人现在或过去的行为，根据相关理论模型预测他未来的行为。如果知道了学生的一般智力、学习策略和学习动机，我们就能更准确地预测他在学校的表现。

行为预测必然伴随行为的改变和控制。例如，心理学家能够描述和测量考试焦虑，并据此预测考试焦虑发生的可能性。但只做到这点显然不够，心理学家希望能找到办法来改变具有考试焦虑的人的行为。心理学家还需要根据一定的行为矫正理论，干预和改变个体的行为以避免考试焦虑。

三、教育心理学的作用

教学，是科学，还是艺术？一些教育家对此采取了非此即彼的极端立场。有人认为，教学完全是科学，人们可以从某些教师的经验中寻找规律性的东西，并将其应用于课堂。有人则认为，教学完全是艺术，需要教师的天赋、灵感、直觉和创造性，这些都是不可言传的。大多数人认为，教学既是科学的又是艺术的。它之所以是科学的，是因为教学包含一套技术程序，能被系统地描述和研究，能被传授和改进。它之所以是艺术的，是因为教学需要天赋，需要创造性地反复实践。教师教学宛如医生看病，优秀的教师和优秀的医生都能把创造性和灵感建立在基本的专业知识之上。现代医学科学建立在科学的理论和研究之上，但医生治疗病人时还需应用判断、直觉和创造性，来解决许多没有必然的正确答案的医学问题。当然，医生也不能不顾生物原理。同理，在教学中，如果教师不知道教育科学家们已经发现的学习和教学规律，就像医生不知道生物原理一样，所做的决策也将不可避免地失败。

对教学是科学还是艺术这一问题的辩证回答，折射出了教育心理学对教学实践的两方面作用。从科学的一面看，教师需要学习教育心理学的科学知识和技能；从艺术的一面看，教师需要基于教育心理学的科学理论和研究方法，不断进行实践，并对自己的实践进行反思。

（一）提供学习与教学的理论和研究，帮助教师指导和评价教学行为

教育心理学能够提供学习与教学的系统理论知识和研究成果，指导教师做出有效的教学决策。例如，根据直观教学原则，教师要善于利用直观的语言，将抽象的概念形象化和具体化，使之尽量与学生的日常经验联系起来，从而激发学生丰富的联想和想象，促进学生对所讲内容的深层理解。在有些读物中，有些数字太抽象了，学生难以理解数字之间的关系。请看下面这位教师是如何利用直观教学原则来处理

课文中的抽象数字的。

在小学社会课本中，有一篇文章《郑和下西洋》，讲郑和第一次出海就带了27800人，最大的船长130多米，宽50多米。小学生不太容易理解这些抽象的数字概念。教师具体解释为：我们学校有500多人，郑和带的27800人是多少呢？相当于50个我们学校人数的总和，如果每辆汽车运50人，要近600辆汽车才能把这么多人运走；船长130多米，宽50多米，就相当于我们学校3个操场那么大。

这位教师的讲解就是用形象的人群和场地来描述抽象的数字，使学生容易理解。

教育心理学研究提供的一些理论和研究有时看似是显而易见的常识。其实，科学研究并非高深莫测，有时只是从一些似是而非的常识中探求一个简明的真相而已。请看下面的这个例子。

在小学低年级课堂上，当学生反复擅自离开座位时，教师应该怎么办？传统常识认为，每当学生站起来时，教师都要提醒他坐在自己的座位上。这能帮助学生记住这条纪律。如果听之任之，他和班上的其他学生就会以为教师对这条纪律并不是十分严格的。

研究（Wong，1987）表明，当低年级学生擅自离开座位时，教师越让学生坐下，学生越会离开座位；当教师忽视这名学生，转而表扬那些坐在座位上的学生时，离座率反而会下降；当教师反过来要求离座的学生坐下时，离座率又一次上升。低年级学生似乎更愿意让教师注意到自己的行为，不管是积极的还是消极的。

这一研究正好说明了行为主义强化理论在课堂问题行为处理上的指导作用。教师尤其是新教师需要学习有关学生心理、学习动机、教学评估及课堂管理方面的知识和技能，以提高教育、教学效果，促进自己的成长。

（二）提供研究视角和方法，帮助教师创造性地解决实际问题

教师不仅要学习并应用教育心理学的知识和技能，而且要不断反思自己的实践，总结经验。教学需要因人因时因地而异。一条行之有效的教学原则和方法，需要根据不同学生、情境和内容做出相应的变化。例如，在处理课堂问题行为时，教师首先要分析学生行为的动机，其次要遵循最小干预原则，以尽量不干扰正常教学活动的方式来处理问题。下面这位教师的机智或许能给我们一些启示（孟宪恺、郭友、郭祖坤，1998）。

一位语文教师正在讲解诗歌。突然，“砰”的一声，一名迟到的学生使劲推门而入，径直坐在自己的座位上，在教室内引起了一阵风波。教师没有批评这名学生，而是结合正在进行的诗歌内容讲解，插入了一段谈话。

教师：大家想一想，诗人去拜访朋友为什么“小扣”柴扉，而不是“猛扣”呢？

学生：（齐）因为那样不礼貌。

教师：对，这位诗人有文化，有修养，懂礼貌。我们应当学习他。（讲解中，教师逐渐移动到这名学生身边，轻声说）你赞成“小扣”呢，还是赞成“猛扣”呢？

（学生在大家善意的笑声中红了脸，课堂又恢复了正常。）

教师只有持续地学习、实践、反思和创造，不断积累自己的经验，形成适当的直觉，才能做出敏捷的反应。

教师面对实际教学情境时，还要根据教育心理学的理论和研究方法，不断地发现问题、提出问题，进行持续性的研究，从而选择并创造适当的方法和程序解决问题。例如，在分数除法教学中，一位教师通过提问和学业表现，发现学生在乘除转换方面存在系统的错误。他试图通过某些典型错误与标准转换过程的对比，引导学生认识这些系统错误，加深他们对分数除法的意义和方法的理解。这种方法是否有效？教师还需要在新的情境中进一步考察学生的反应。这种方法在另一个学业表现不太理想的班中是否有效？或者对另一个学业表现较好的班是否适用？教师都不能想当然，而需做持续的研究。

某些教师可能有一些天赋，但作为教师，只有在充分了解学习与教学的规律，熟练掌握相关教学技能之后，才能在实践中不断创新，逐渐成长为既懂科学又讲艺术的教育专家。

第二节　教育心理学的发展

教育心理学作为一门学科，从最初依附于普通心理学或融合于发展心理学，到成为一门独立的学科，并逐步形成比较完整的体系，经历了一个曲折的过程，日益呈现出学科综合化和研究方法多元化的趋势。

一、教育心理学的发展过程

教育心理学的发展大致经历了初创、发展、成熟和深化拓展四个时期。在整个发展过程中有两条线索：一条是在实验室中研究人类及动物学习的规律；另一条则是在学校和社会现实情境中探索人类学习的规律，并提出改进教学和学习的主张。

（一）初创时期（20 世纪 20 年代以前）

1903 年，美国心理学家桑代克（Thorndike）出版了《教育心理学》，这是西方第一本以教育心理学命名的专著，标志着教育心理学的诞生。1910 年，他创办了《教育心理学杂志》。1913—1914 年，他完成三大卷的《教育心理大纲》。这一著作奠定了教育心理学发展的基础，西方教育心理学的名称和体系由此确立。在此后的 30 年里，美国的同类著作几乎继承了这一体系，但内容多是以普通心理学的原理解释实际的教育问题。1868 年，俄国教育家乌申斯基（Ushinsky）出版了《人是教育的对象》，他被称为“俄罗斯教育心理学的奠基人”。1877 年，卡普杰列夫出版了俄国第一本《教育心理学》。但直到 20 世纪 30 年代，苏联教育心理学多是以普通心理学的研究资料解释学校生活中的实际问题。

（二）发展时期（20 世纪 20 年代至 50 年代末）

这一时期美国出版的教育心理学教科书及教育心理文选之类的书籍多达上百种，但由于没有统一的理论指导，除了学习这一主题为各书所共有外，其他内容的相关程度很低。这时的教育心理学尚未成为一门具有独立理论体系的学科。

20 世纪 20 年代以后，西方教育心理学汲取了儿童心理学和心理测验领域的研究成果，大大地扩充了自己的内容。20 世纪 30 年代以后，学科心理学也成了教育心理学的组成部分。到了 20 世纪 40 年代，弗洛伊德（Freud）的理论广为流传，有关儿童个性、社会适应以及生理卫生的问题也进入了教育心理学领域。20 世纪 50 年代，程序教学和教学机器兴起，同时信息论的思想被许多心理学家接受，这些成果也影响和改变了教育心理学的内容。学习理论是这一时期的主要研究领域。20 世纪 20 年代以后，行为主义占主导地位，强调心理学的客观性，重视实验研究，在动物与人的学习的研究上取得了重要的成果。但是，这种用动物与儿童的简单心理过程推测人类高级的学习过程，对实际课堂教学情境中的学习教育实践的作用不大。与此同时，杜威（Dewey）基于实用主义的“做中学”理念进行了进步教育的教学改革，对教育产生了相当深远的影响。

20 世纪 30 年代，苏联的维果茨基（Vygotsky）出版了《教育心理学》，主张将教育心理学作为一门独立的分支学科进行研究，反对把普通心理学的成果移入教育心理学；强调教育与教学在儿童发展中的主导作用，提出了“文化发展论”和“内化说”。从 20 世纪 40 年代到 50 年代末，苏联教育心理学重视结合教学与教育实际进行综合性的研究，学科心理学获得了大量成果。

20 世纪初，我国出现的第一本教育心理学著作是 1908 年由房东岳译、日本小泉又一著的《教育实用心理学》。1924 年，廖世承编写了我国第一本《教育心理学》教科书，此后又出现了几本介绍西方理论和我国学者自己编写的教育心理学书籍。一些研究者结合中国国情对学科心理、教育与心理测验等进行了一定的科学研究。

（三）成熟时期（20 世纪 60 年代至 70 年代末）

从 20 世纪 60 年代开始，西方教育心理学的内容日趋集中，如教育与心理发展的关系、学习心理、教学心理、评定与测量、个体差异、课堂管理和教师心理等。教育心理学作为一门具有独立理论体系的学科正在形成。

在这一时期，西方教育心理学比较注重结合教育实际，注重为学校教育服务。20 世纪 60 年代初，自从布鲁纳（Bruner）发起课程改革运动和皮亚杰的理论被介绍到美国，美国教育心理学开始探讨教育过程和学生心理，重视教材、教法和教学手段的改进。同时，美国教育心理学比较重视研究教学组织中的社会心理因素（班级大小、学生角色等），用社会心理学理论研究学习动机。随着信息技术的发展，美国教育心理学对计算机辅助教学（CAI）的教学效果和条件做了大量的研究。

20 世纪 60 年代，认知心理学兴起，人们开始探讨学习的内部信息加工过程，同时掀起了一股人本主义思潮。罗杰斯（Rogers）提出了“以学生为中心”的主张，认为教师只是一个“使学习变得更方便的人”。20 世纪 60 年代以后，苏联教育心理学日趋与发展心理学相结合，开展了许多针对儿童心理发展的实验研究。例如，赞可夫开展“教学与发展”的实验研究达 15 年之久，出版了《年龄与教育心理学》，直接推动了该国的学制和课程改革。同时，苏联发展了不同于西方的学习理论，如巴甫洛夫（Pavlov）的联想-反射理论、列昂节夫与加里培林的学习活动理论。

20 世纪 50 年代，我国主要学习和介绍苏联的教育心理学理论和研究，只做了一些有关教学改革和儿童入学年龄的实验研究。20 世纪 60 年代前期，我国在学科心理方面做了大量的实验研究。20 世纪 60 年代后期到 70 年代前期，我国教育心理学的研究一度中断。

（四）深化拓展时期（20 世纪 80 年代以后）

这一时期，教育心理学越来越注重与教学实践相结合，教育心理学得到了大发展。20 世纪 80 年代后期，多媒体计算机的问世，使得计算机教学应用的研究达到了一个新的水平。

教育心理学理论派别的分歧逐渐缩小：一方面，认知派理论和行为派理论都在吸取对方合理的东西；另一方面，东西方教育心理学之间的鸿沟被逐渐跨越，自20世纪80年代以来，美国教育心理学界注意到苏联维果茨基的思想，并以此为基础做了大量的教育研究。

布鲁纳在1994年美国教育研究会的特邀专题报告中，精辟地总结了教育心理学十几年来的成果，主要表现在四个方面：①主动性（agency），研究如何使学生主动参与学与教的过程，对自身的心理活动做更多的控制；②反思性（reflection），研究如何促进学生从内部理解、建构和获得所学知识的意义；③合作学习（cooperation），探讨如何将学生组织起来一起学习，如同伴辅导、合作学习、交互式学习等；④社会文化（culture）对学习的影响，强调学习是在文化背景下产生的。

1978年改革开放之后，我国的师范院校恢复了教育心理学课程。我国的教育心理学开始介绍认知派、人本主义和建构主义学习理论，在借鉴苏联和西方研究成果的基础上结合我国的教育实际开展了广泛而深入的研究工作。这些研究在我国的教育改革尤其是课程和教学改革中发挥了重要的作用。党的十八大之后，教育心理学的发展围绕为我国教育改革和实践服务而展开。2016年，林崇德提出了中国学生发展核心素养的概念。学生发展核心素养指学生应具备的适应终身发展和社会发展需要的必备品格和关键能力，包括人文底蕴、科学精神、学会学习、健康生活、责任担当和实践创新六大核心素养。这一研究成果为国家重大教育改革和新课程标准的制定提供了科学框架。我国的教育心理学围绕核心素养、国家的“双减”政策、心理健康教育、学业质量评价、课程思政、拔尖创新人才培养、五育融合及技术赋能教育等教育实践主题开展了丰富多彩的研究，积累了较为成熟的教育心理学知识，为我国教育的高质量发展提供了科学的基础，为教育强国建设贡献了专业的智慧和力量。

二、教育心理学的研究趋势

第一，研究学习者的主体性。例如，探讨学生如何进行知识建构，如何为学生创设最近发展区以促进其自身的认知发展，如何为学生搭建学习支架以帮助其自主学习，如何营造以学习者为中心的学习环境；研究学生在多元智力、学习风格等方面存在的个体差异。

第二，研究学习者的能动性。例如，探讨学生如何在学习过程中进行反思、自我监控、调节和管理，学生如何进行自我激励（涉及自我效能感、学习目标、信念系统及成就归因等）。

第三，研究学习的内在过程和机制。例如，研究知识获得的深层加工过程（双向建构过程、概念地图学习等)、高级知识的获得过程、先前经验的构成，以及概念转变的过程等。认知与学习机制的研究与脑科学研究结合在一起，成为基础研究的新方向。

第四，研究社会环境的影响。例如，研究社会合作、师生之间或同伴之间的互动对认知与情感的影响等。

第五，研究实际情境的影响。例如，探讨实际问题情境性和真实性任务对学习的作用、知识的情境化性质、基于问题的学习，以及结构不良领域的问题解决等；深入研究不同学科（科学、数学、语言等）的学习和教学问题，以及学校以外的各种情境中的学习问题（成人学习、基于工作的学习、终身学习等)。

第六，研究文化背景的影响。例如，研究不同文化背景对学习的影响、多元文化的交汇对教学的影响。

第七，研究学习环境设计和有效教学模式。例如，研究发现和探索学习、合作学习、建模、支架式教学，以及跨学科项目研究等。

第八，研究信息技术尤其是网络和人工智能的利用。例如，研究如何利用和管理学习资源与过程、信息技术环境下的学习过程与教学模式、网络环境下的学习与远程教学等。

有人（Mayer，2018；Alexander，2018）总结了教育心理学过去和将来在学习、教学与评估三个方面的贡献：在学习方面，教育心理学从行为主义转到认知理论，从一般的学习理论转到具体学科的学习理论，从学习行为转到学习策略；在教学方面，教育心理学探索了促进深度学习的教学方法与学习策略的训练；在评估方面，教育心理学发展了评估各种知识和技能、认知加工和学习者特征的方法。

第三节　教育心理学的研究方法

教育心理学与心理学的其他分支学科在研究的基本原则和具体研究方法（如观察法、调查法和实验法，本节对这些经典方法不做介绍了）上基本一致，但是由于领域的特殊性，它在具体的研究范式和方法上表现出自身的特点。

一、研究的范式

随着教育心理学理论与研究取向的变化，研究范式也随之发展。近年来，研究者在定量研究与质性研究的结合，以及如何走进教育现场进行行动研究和设计型研究等方面做了大量的理论与实践的探索。

(一) 定量研究与质性研究

在**定量研究**（quantitative research，又被称为量化研究或量的研究）中，研究者对事物可以量化的特性进行测量和分析，以检验研究者的理论假设。它有一套完备的操作技术，包括抽样方法、资料收集方法（观察法、调查法和实验法等）、数据统计方法等。其基本过程是：假设—抽样—资料收集（问卷或实验）—统计检验。研究者首先明确分析研究的问题，确定其中的重要变量（先前的知识水平、认知加工策略与学习效果等），对变量之间的因果关系或者相关关系做出理论假设，然后通过概率抽样的方式选择研究样本，使用可靠而有效的工具和程序来采集数据，进而通过数据的统计分析来检验所假设的变量关系。

在**质性研究**（qualitative research，又被称为质的研究）中，研究者参与自然情境，采用观察、访谈、实物分析等多种方法收集资料，对社会现象进行整体性探究，采用归纳而非演绎的思路来分析资料和形成理论，通过与研究对象的实际互动来理解和解释他们的行为。质性研究不像定量研究那样通过收集事实资料来检验已有的理论假设，而是采用自下而上的思路，从原始资料中归纳出经验概括，寻找其中的核心维度，“扎根”于经验资料来建立理论。质性研究强调从被研究者的角度来真实地反映他们的做法、看法和体验，强调事件的整体性和情境性，强调随着资料的积累动态地调整研究问题和资料收集方法。

值得注意的是，质性研究并不是理论思辨、个人见解或经验总结，质性研究和量化研究都坚守实证主义的立场，都强调以“事实资料”为基础。

(二) 教育行动研究

教育研究者与教育工作者都关心教育问题，但他们之间好像出现了难以逾越的鸿沟。教育研究者关心的是理论，他们要客观地、精确地发现学与教的规律，他们需要的是数据，只要获得了所关心的数据，他们就可以分析教与学的规律，解决自己所关心的理论问题。教育工作者关心的是如何解决现行教学中的实际问题，而不是那些客观的数据资料。从研究过程来看，研究者的研究活动讲究客观和精确，要控制教学情境以便于操作各种变量；而实际教学活动有自己的进度和方式，往往不能随意进行操纵。作为研究的结果，教育理论可以自洽，却很难对教学改革进行具体的指导。教育研究者与教育工作者之间的对立，研究活动与教学活动的反差，教育理论与实际教学之间的距离，都给教育理论与实践的发展带来了巨大障碍。如何才能使研究贴近教学，使教学本身包含研究，从而实现研究与实践之间的沟通？行动研究作为一种日益受到重视的研究模式可以为此提供有益的启示。

行动研究（action research）最早是由美国心理学家勒温（Lewin）为了解决社会科学研究与实际生活严重分离的问题而提出来的。顾名思义，行动研究就是行动和研究活动合二为一。**教育行动研究**（educational action research）则是在教育情境中的参与者（教师、学生、校长等）采用的一种自我反思式的探究，以此提高参与者对实践的理解并促进自身的教育实践（Carr & Kemmis，1983，转引自 McNiff，1988）。教育行动研究在我国中小学中又被称为校本研究。

教育行动研究不是一种严格的研究方法，只是一种研究取向。这种研究取向不过分强调研究过程中控制的严格性和研究计划的严密性，允许在实际工作中对研究方案进行不断修改和完善。这种研究取向具有四个特点：①为行动而研究。研究者基于实际工作的需要，将实际问题发展为研究课题，目的在于更好地解决问题，提高行动质量。②对行动进行研究。研究过程与行动过程相结合，研究者将解决问题的方法作为变量在全程研究中逐个加以检验。③在行动中研究。行动者参与研究，研究者参与实践，两者在研究和工作中相互协作，缩短理论与实践活动、研究成果与实际应用之间的距离。④在动态情境下进行研究。该研究取向在动态情境下或在较短时间内显示出自身在实际工作中的作用和效能，并根据情境反馈而动态地调整研究和行动。

行动研究的过程在整体上存在一定的结构框架。一般认为，行动研究是一个由计划、行动、观察和反思四个相互联系的环节组成的螺旋上升的发展过程（凯米斯，1994）。图 1-2 展示了一位教师为了在课堂上培养学生的探究习惯和能力，是如何采用行动研究的循环过程来改进课堂教学的。

行动研究本身一般不对特定的因素做控制性的研究。行动研究的目的是获得关于具体情境下的具体问题的具体知识，获知新方法的实施效果，这对其他教学情境具有借鉴意义。

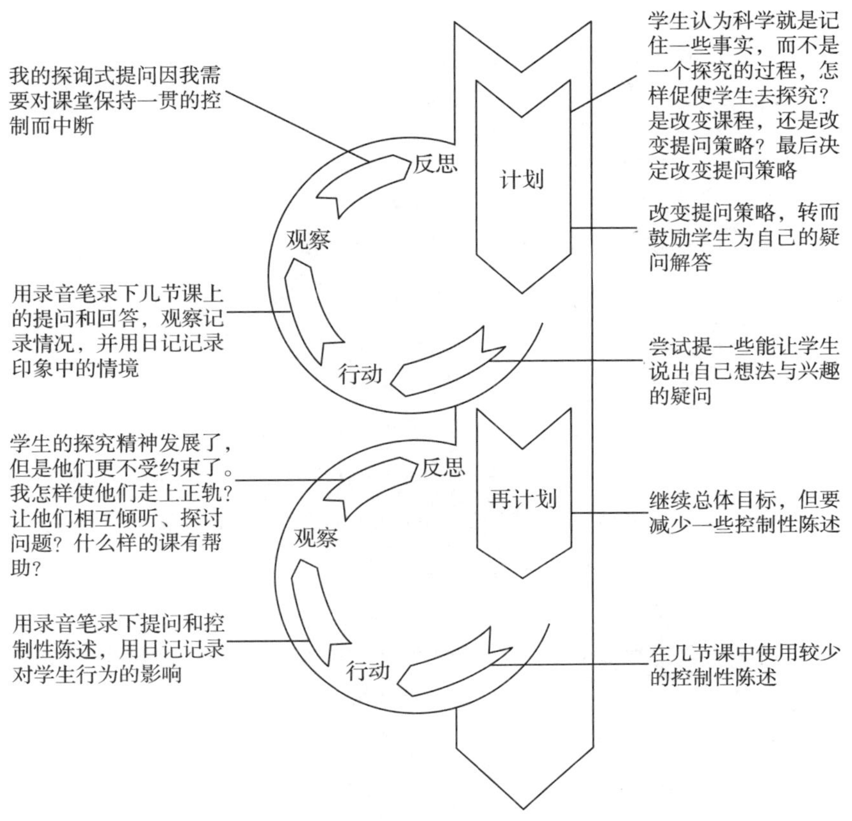

图 1-2　行动研究的螺旋上升过程（McNiff，1988）

（三）设计型研究

认知科学家、诺贝尔经济学奖获得者西蒙等人（Simon et al.，1969）曾区分了自然科学（natural sciences）和人工科学（sciences of the artificial）。前者以发现和描述客观世界的规律为目的，也可以称为分析科学；后者以提出完善的设计方案为目的，也可以称为设计科学。在现代社会中，设计科学所进行的发明工作在促进持续创新上发挥了非常重要的作用，如建筑、工程、计算机科学、医药领域。教育研究在很大程度上也属于设计科学的层面。然而，以往的研究方法，无论量化研究还是质性研究，基本以揭示和描述客观的教育现象和规律为目的，未能在设计问题上做深入有效的研究。这种研究的成果难以支持持续的教育创新。因此，在 20 世纪 90 年代，一些研究者（Brown，1992；Collins，1992）重新反思了教育研究的定位、思路和方法问题，提出了设计型研究或设计型实验的概念。

设计型研究（design research，或 design-based research，design experiment）旨在通过形成性研究过程来检验和改进根据有关原理与先期研究而做出的教育设计（张建伟、孙燕青，2005）。设计型研究采用了逐步改进的设计方法，把最初的设计付诸实施，看其效果如何，再根据来自实践的反馈不断改进，直至排除所有缺陷，形成一种更为可靠而有效的设计。例如，张建伟等人（Zhang et al.，2009）在小学四年级科学课上有关光学知识的单元，采用设计型研究探讨了如何通过知识论坛（knowledge forum）促进学生共同建构知识并提高他们在合作学习中的集体责任。知识论坛是一个将学生在探究过程中进行的交流加以可视化的平台工具，可以让学生看到全班学生各种观点之间的动态关系，推动下一步的探讨和互动，促进知识的社会建构。在第一年的实验中，研究者按照学生感兴趣的主题将他们分成 6 个固定小组分别进行研究。结果发现小组内部交互频繁，但组间交流较少，并且通过教师相互关联，教师是一个很强的领导者。为了解决这个问题，在第二年的实验中，研究者在一个新的四年级班上根据学生的研究兴趣将他们分为 6 个互动小组，要求学生不仅看本组的讨论区，还对其他组做贡献。6 个小组重叠，重要任务相互协调。结果发现，组内和组间的交流都显著增多，但教师仍然处在中心位置。为了进一步增强全班平等且自由的交流和知识的社会创建，在第三年的实验中，研究者在另一个新的四年级班上，不再设立固定小组，而是采用动态机遇性协作组，学生根据自己的兴趣与对他人主题的兴趣，不断产生动态主题，成立动态小组。结果发现，学生之间进行动态互动，互动频率均匀分布，教师角色处于边缘位置。在这个研究中，研究者根据知识的社会建构理论设计了班级合作形式，然后根据研究呈现出来的班级互动过程不断改进合作形式，达到了理想的互动方式，强化了学生在知识的社会建构过程中的集体责任。

设计型研究的目的不只是改进实践，它还承担着改进实践和完善理论的双重使命（Collins，Joseph，& Bielaczyc，2004）。设计型研究需要在现实的学习情境（学校等）中进行，会涉及很多无法控制的因素。研究者没有努力控制各种干扰变量，而是在自然情境中考察设计方案中的各个要素的实施状况，尽量使设计最优化。

二、研究的步骤

（一）选定研究主题

研究主题包括实践主题和理论主题。不管是什么类型的主题，我们在选择时既要考虑对实践的指导价值，又要考虑对理论发展的意义。

被实际教学过程中的大量经验证明了的问题，如识字教学中的问题，是集中还是分散；教学改革中的问题，如果要作为理论或者定理，还需要进一步通过实验来验证。有许多人认为，“精讲多练”是一条经验。教育心理学领域有人做了研究，认为要看“多练”是什么样的练，在学生有系统性错误的情况下，多练可能会进一步巩固系统性错误（Resnick，1987）。又如，提问能启发思维，但并非所有的提问都能启发思维。什么样的问题在什么课上、在什么时候提问能够启发思维，这也是一个值得研究的问题。研究（Shavelson et al.，1976）指出，课前提问往往能引起对此信息的注意，而课后提问则促进对问题的理解和贯通。

一些问题在理论上似乎已经明确，但还需要有大量研究材料的支持。例如，在遗传、环境与教育的关系的问题上，先天的素质究竟对学习起多少作用？在智力发展的问题上，有人说，早期教育和幼儿阶段的环境刺激对智力发展起重要作用，究竟需要多早开始进行教育？如何进行教育？是否环境越充实，幼儿智力水平越高？等等。

（二）形成研究问题

在教育实际工作中，人们常常会提出各种问题。例如，学生对新教师能力的评估会不会影响他对待该教师的行为方式？要回答这样的问题，我们需要采取哪些措施？首先，要提出一个明确而具体的问题。我们可以把本例变成这样一个问题：学生对教师能力的看法会不会影响他对该教师的注意。请注意，对问题的描述要明确而具体，否则，问题过于模糊，研究将无从下手。如果把上例改为：学生对教师的看法会不会影响他对该教师在课堂上的表现，其覆盖面就太宽了。其次，要对问题中的概念加以界定。在本例中，我们必须进一步确定是什么样的看法——是对教师能力的看法，而不是对其年龄、智力或婚姻状况的看法；并进一步确定是什么样的行为——是对教师的关注，而不是对新课程的热情或对新学年的焦虑。

（三）确定变量及其测量技术

1. 确定变量

研究变量指在不同条件下变化的个人或环境的某些特性。在本例中，我们想要研究的变量有两个：学生对教师能力的看法和学生对教师的注意情况。下一步就是给看法和注意情况这两个变量下可操作的定义。所下的定义必须能给出一些可以测量的东西。

2. 选择测量技术

为了系统地研究变量，必须用一种方法来测量变量的变化或不同水平。基本的测量方法有四种，我们可以根据研究设计和情境的特点加以选用。下文将结合本例对它们进行介绍。

①自我报告。用书面或口头形式向学生提一些问题，如他们觉得自己的注意情况如何。

②直接观察。走进课堂观察学生，评判他们的注意情况。观察时可以使用一些工具，如用五点量表（从非常不注意到非常注意）做出简单评判，用计时器记下学生在单位时间内观看教师的秒数，甚至还可以使用录像机录下课堂情境，然后反复查看，以核查每名学生的注意水平。

③测验。如果在这里使用测验法，设计就有些难度，因为测验最适合那些涉及学习和成绩的变量。注意是过程，而不是结果。

④教师或同伴评价。向教师或同学提问有关学生的注意情况的问题。

每种方法各有优势和不足。使用自我报告法和教师或同伴评价法，意味着要依赖参与者主观的判断；使用直接观察法和测验法可能会干扰课堂；使用录像机则需要反复观看核查。

假设我们用录像机进行直接观察，用计时器记录学生在 10 分钟内观看教师的秒数，以此来观察学生的注意情况。请注意，这一测量方法为我们描述了注意情况的操作定义：一名学生在 10 分钟内观看某个教师的秒数。这似乎是一个合理的定义。如果一种测量方法不能提供一个准确的定义，我们就要寻找另一种测量方法。

对于本例中的第一个变量——学生对教师能力的看法，假设我们选定了评定的方法。我们问学生诸如“你认为该教师能力如何?”的问题，从回答中我们可以了解学生的观点。

我们研究学生的看法和注意情况，学生自然而然成了我们研究中的被试。被试指其行为受到测量的人或动物。我们要确定被试的年龄、性别和类别。在本例中，我们选定六年级的男女学生为被试。

（四）提出假设

假设是对研究变量之间关系的一种描述。同一个问题可以用不同的形式来描述假设的变量关系。例如，“认为教师能力高的学生倾向于给这位教师更多的关注”。这一假设又可以表述为“学生对教师能力的看法会影响他对该教师的注意”。

（五）选择研究方法

教育心理学研究方法一般有两种：一种是描述性研究，旨在描述实际生活中发生的特定情境中的事实和关系；另一种是实验研究，旨在在严格控制的条件下，改变情境的某一方面并注意其效果。描述性研究可以采用观察法和调查法等方法，实验研究可以采用自然实验法和实验室实验法等方法。在研究过程中，我们可以根据需要科学地选择一种或者综合使用多种研究方法。

如果使用描述性的方法，我们就可以假设学生会对他们认为能力高的教师给予更多的注意。为了检验这一假设，我们进入某校六年级某班的课堂，让学生们评定教师的能力，观察他们对教师的注意情况，然后，证实这一假设是被接受，还是被拒绝。为了便于讨论，让我们假设这两个变量是一起发生的。如果两个变量倾向于一起发生，它们之间就存在相关。相关是两个变量之间关系的一种衡量指标。如果我们知道两个变量是相关的，我们就能预测，某一个变量是在另外一个变量的基础上产生的。这种预测常常比没有基于任何相关信息的预测更正确或近似正确。例如，有些研究发现，学生的学习与教师的热情之间存在相关性。这样，我们如果知道某位教师对学生热情，就能对他班上的学生的学习水平或学业表现做出预测。

值得注意的是，虽然这种预测是有益的，但是，相关关系并不等同于因果关系。两个变量可能相关，但一个变量并不一定是另一个变量产生的原因。两个变量倾向于一起发生，并不能说明一个变量引起了另一个变量的变化。虽然一位热情的教师可能比不热情的教师拥有更多学业表现好的学生，但是，我们不能直接断定教师的热情引起了学生学业表现的变化。我们只知道教师的热情和学生的学业表现好倾向于一起发生。也许，学业表现好的学生更能让教师变得热情。也许有第三个因素（教师选择了有趣的材料）影响了学生的学业表现。总之，两个变量相关并不能说明一个变量是另一个变量产生的原因。

教师常常想弄清楚到底是什么因素直接引起了行为的变化，这就需要进行实验研究。在本例中，假设我们做出一个因果关系的假设：学生认为教师能力高，这样的看法实际上导致了学生注意力水平的提高。为了检验这一因果关系的假设，我们必须改变其中一个变量，看这个变量是否实际上引起了另外一个变量的变化。在这个研究中，这个假设的原因（自变量）是学生认为教师能力高。实验的目的就是看这个变量的变化是否真正引起了另一个变量（因变量）——学生对教师的注意情况的变化。

我们把学生随机分为三组。我们告诉第一组学生“新教师能力很高”，告诉第二组学生“新教师能力一般”，对第三组学生什么也没说。第一组、第二组称为实验组，第三组称为控制组。在实验的某些时刻，我们要询问学生，核实他们对教师的看法，确保他们的看法和我们所期望的一致。然后，我们让一位对实验细节完全不知情的教师（这一点很重要）给三组学生讲授同样的课程。我们录下每一组学生听课的情况，观看录像带，测量三组学生观看教师的秒数。在这里，我们可能已经注意到，对“注意情况”变量的定义及测量在描述性研究中是一致的，但对“看法”变量的定义及测量已发生了变化。为了进行实验研究，这样的变化是必需的。

实验结果如何？如果我们发现，那些认为教师能力高的学生注意的时间最多，那些认为教师能力一般的学生注意的时间最少，无任何暗示的学生的注意时间适中，我们的假设是否就得到了证明？不！在教育心理学乃至心理学中，一个假设绝不会被一个研究“证实”。因为，每个研究只是在一个具体的情境下检验这个假设。假设被“支持”，但永远不会被某个研究的正面结果证实。我们的研究是否已经支持了学生对教师能力的看法影响了学生的注意情况这一假设？这要看我们的实验设计得怎么样和进行得怎么样。一个正确的实验通常要求研究者做到：因变量的变化必须归因于自变量的操作。具体来说要做到三点：①至少操作一个自变量；②随机选派被试进行实验处理；③在实验组和控制组之间至少要比较一个因变量。这意味着实验组和控制组除了自变量不同外，其他的每一方面都是相同的。假如我们所做的每一件事都是正确的，那么本例中的这一研究就是符合这些标准的。

但是，要做一个真实的实验，我们需要知道进行研究的每一个步骤，还要知道如果其他的研究重复了我们的实验，它是否也能得到同样的结果。这就涉及下面要谈的研究的有效性问题。

三、研究的有效性

实验结果是否有效需要经过几个方面的检验。下面我们将从八个方面来评价一个研究的有效性。

①在研究之前，被研究的各组是否进行随机分配。如果各组之间的差别很大，那么实验之后发现的任何变化都可能是由原有的差别带来的，而不是由自变量的变化带来的。被试的随机分组正是克服了这一问题。在本例中，如果我们不采用随机分组而是采用三个不同的班，那么我们的结果可能会有问题。例如，某班学生的注意力可能本来就比较好，或者作为一个组，这些学生学会了更积极的注意。在实验中如果我们给他们分配“能力高”的教师，他们高水平的注意力可能就变得相对无

意义。如果我们将六年级学生随机分组，每个组就可能平均分配了注意力好和注意力不好的学生。

②除了自变量，是否所有的变量都受到了控制。如果是这样，各组之间唯一的不同就是自变量的变化。每组被试必须是等价的，这一原则适用于实验中的每一件事。如果每组都采用不同的步骤，就很难确定是哪种差别导致了实验的结果。例如，在我们的实验中，如果每组使用了不同的教师或不同的课，我们就可能陷入这样一个问题：学生对教师的注意情况存在差异的原因不是自变量，而是其他的因素。

③各组的测量过程是否一致。不可靠的结果有时可能是因为不一致的测量系统。在本例中，如果我们使用不同的录像评定者来评估各组，我们的结果就不可信。面对同样一个行为，如有一名学生脸对着教师但手做着小动作，一个评定者认为注意有效，另一个则认为注意无效。理想的做法是让一个评定者做出所有的评估，必须对所有评定者进行事前培训，以便达成共识。一个检查方法是看他们对同一名学生的测量是否相同。

④研究的结果是否源于实验过程而不是对情境的好奇。被试会以某种特殊的方式对待某种变化，至少会做出临时性的反应。这种可能性是在对美国芝加哥郊外的霍桑工厂进行的研究中首先发现的。研究者想知道改变工厂环境中的什么因素会提高工作效率。其结果表明，至少在短期之内，工作环境的每一种变化都会引起工作效率的提高。换句话说，工人不是对实际的变化做出反应，而是对新发生的事做出反应。因为这个实验是在霍桑工厂进行的，所以人们称其为“霍桑效应”。设立控制组有助于避免这一问题。虽然“对教师能力高低的看法”这一自变量并没有用于控制组，但这些学生接受了实验中的特殊处理。如果他们的注意评定特别高，我们就可以怀疑三组都产生了霍桑效应。

⑤研究设计者是否以某种方式曲解了结果。研究者在做实验时，某些明显的细节可能影响了实验的参与者，研究者并不想有意这么做，但在实验情境中他可能传递了他的期望信息（Rosenthal & Jacobson，1968）。在本例中，如果研究者告诉教师本研究的目的，教师就可能希望某组注意时间少而无意中做一些消极的行为；如果录像评定者得知了本实验的目的，他们就可能对某组学生评判过严或过宽。为了避免这样的问题，教师和录像评定者都不能得知实验的自变量。

⑥是否有理由确信这个结果不是由偶然性造成的。一般来说，如果两组之间的100次差异只有5次是由偶然性造成的，这种差异才具有显著意义。在阅读一个研究报告时，你会看到用下列方式描述的结果，“两组之间的差异显著（$p<0.05$ 或 $p<0.01$）”或“两组之间具有显著性差异”。其数学意义就是这种差异因偶然性而发生

的可能性要小于5%或1%。

⑦这个特定的研究结果是否适用于其他类似的情境。这实际上是一个外部效度问题，即新情境要有多大程度的相似性才能得到相似的结果。在我们的例子中，在各种情境中（不同年龄和不同数量的学生，不同的学生智力水平，学生事先了解或者不了解该教师，不同的教师和课程，不使用录像，持续10分钟以上的课程等），我们能否得到相似的结果。如果我们没有用许多不同的被试在各种不同的情境下做重复研究，我们就不能回答这一问题，这就引出了一个重复研究的问题。

⑧这个研究是否可以重复。一个研究能在相同条件或有所改动的条件下进行，并得到相同的结果，这个研究就是可重复的。这将告诉我们这个结果在多大程度上适用于其他研究。如果一个结果能在设计好的情境下被重复，那么这个结果就有可能构成一个原理的基础。

作为一个教育者，我们需要评估在本领域、本地区或本学校所做的研究以及刊物上的实验报告的有效性，从而决定这些结果是否适合自己的情况。

关键术语

教育心理学，定量研究，质性研究，教育行动研究，设计型研究

思考题

一、选择题

1. 学与教的过程从宏观上说包括五个要素，下面选项中不属于其中的是（　　）。

A. 学生与教师　　B. 教育行政部门

C. 教学内容　　D. 教学媒体和教学环境

2. 教育心理学中各家各派学习理论之争都集中体现在对（　　）的不同解释上。

A. 学习过程　　B. 教学过程　　C. 评价过程　　D. 反思过程

3. 美国心理学家（　　）出版了《教育心理学》，这是西方第一本以教育心理学命名的专著。

A. 杜威　　B. 加涅　　C. 乌申斯基　　D. 桑代克

4.（　　）提出“以学生为中心”的主张。

A. 杜威　　B. 鲁宾斯坦　　C. 罗杰斯　　D. 布鲁纳

5. 具有理论发展与实践指导双重使命的研究范式是（　　）。

A. 教育行动研究　B. 设计型研究　　C. 质性研究　　D. 定量研究

二、简答题

1. 简要叙述教育心理学研究的主要对象。

2. 说说学与教过程的模式。

3. 当今教育心理学研究的新趋势表现在哪几个方面?

4. 定量研究与质性研究的主要区别是什么?

5. 行动研究的基本思路和基本过程是怎样的?

6. 根据教育心理学的研究对象谈谈教育心理学的体系结构。

7. 举例说明教育心理学的研究过程。

选择题参考答案:1. B　2. A　3. D　4. C　5. B

扫码答题

第二部分

学生心理

第二章 学生心理发展

教育是在**心理发展**过程中个体受到来自环境方面的最主要的影响。教育与学生的心理发展之间存在着较为复杂的依存关系。一方面，教育对学生的心理发展起着主导作用，制约着心理发展的过程和方向。尽管先天的素质、家庭环境和社会环境等也可能对学生的心理发展产生重要影响，但科学的教育能促进学生向更高水平发展。另一方面，教育必须以学生心理发展的水平和特点为依据。教学要遵循教学的**准备性原则**（principle of readiness）。准备性原则又被称为“量力性原则”或“可接受性原则”，即根据学生原有的准备状态进行新的教学。准备状态是指学生在从事新的学习时，其原有知识水平和心理发展水平对新的学习的适合性。这里的适合性有两层含义：第一，学生的准备应保证他们在新的学习中可能成功；第二，学生的准备应保证他们在学习时消耗的时间和精力“经济而合理”。本章和下一章将分别从学生心理发展与个体差异两个方面介绍学生心理与教育之间的这种辩证关系。

本章要点

- ● 皮亚杰的认知发展理论
- ○ 皮亚杰的基本发展观
- ○ 认知发展阶段
- ○ 心理发展的因素
- ○ 皮亚杰的认知发展理论对教育的影响
- ○ 皮亚杰理论的贡献、局限与发展
- ● 维果茨基的发展理论
- ○ 心理发展的社会文化理论
- ○ 维果茨基的心理发展观
- ○ 教育和发展的关系——最近发展区
- ○ 维果茨基的理论对教学的影响
- ● 学生的情感和个性发展
- ○ 个体心理社会性发展
- ○ 自我意识、自我概念与自尊

第一节　皮亚杰的认知发展理论

皮亚杰（Piaget，1896—1980，图 2-1）从发生认识论的视角对儿童的认知发展进行了深入而系统的研究，形成了极具影响力的儿童认知发展理论，提出了建构主义思想。

图 2-1　皮亚杰

一、皮亚杰的基本发展观

在皮亚杰看来，发展是个体在与环境相互作用的过程中内部心理结构的不断变化。这种变化不是简单地向原有知识经验中添加新的事实和思想，而是涉及思维过程质的变化。例如，一个 5 岁的儿童不管积累了多么丰富的有关物体沉浮的经验，也无法理解浮力定律，因为他缺乏理解浮力定律需要的逻辑思维过程。而思维过程的根本性变化源于认知结构的变化，这种结构性的变化能够说明为什么某一年龄段的儿童总是稳定地出现某种特定行为。例如，同样一个 5 岁的儿童，当被要求回答两根长短不一的木棍（长棍 A、短棍 B）哪一根长、哪一根短时，他会毫无困难地指出 A 棍长于 B 棍；继续让这个孩子比较 B 棍与更短的 C 棍，孩子也能得出正确答案。如果不同时呈现这 3 根木棍且要求他比较 A 棍与 C 棍的长短，这个 5 岁的孩子就回答不了了。当这个孩子到 8 岁时，他就能够准确地说出 A 棍长于 C 棍。显然，5 岁儿童的大脑中存在着正确完成 A 棍与 B 棍或 B 棍与 C 棍两两比较的心理结构，却尚未形成在 3 根棍不放在一起时比较 A 棍与 C 棍的心理结构。

皮亚杰用**图式**（schemes）这一概念来描述个体的这种心理结构。图式是指有组织的、可重复的行为或思维模式。这些动作或思维的“组织结构在同样或类似的环境中由重复而引起迁移或概括”（皮亚杰、英海尔德，1980）。例如，“用棍棒推动一个玩具”这类动作经过重复和概括，形成一个图式“以某物推动某物”，随后被运用到其他客体（不是棍棒或玩具）上。图式实际上是在个体解决一类相似问题时经过概括而形成的比较固定的动作和思维模式，是在多次解决具有某类共性的问题后逐步演化而成的，直至成为主体以后解决类似问题的认知工具。

皮亚杰认为，智慧（认知）的机能是适应环境，智慧的结构（图式）在个体主动适应环境的过程中不断组织而产生变化。个体对环境的适应机能包括**同化**（assimilation）和**顺应**（accommodation）两个过程。**同化**是指“把外界元素整合到一个正在形成或已经形成的结构中”的过程。例如，学会抓握的婴儿看见床上的玩具，会反复用抓握的动作去获得玩具。当他独自一个人，玩具较远，手又够不着（看得见）时，他仍用抓握的动作试图得到玩具，这一动作过程就是同化。婴儿用以前的经验来对待新的情境（远处的玩具），即主体能够利用已有的图式或认知结构把刺激整合到自己的认知结构中。**顺应**是指“同化性的图式或结构受到它同化的元素的影响而发生改变”的过程。例如，上面提到那个婴儿为了得到远处的玩具，反复抓握，偶然地抓到床单一拉，玩具从远处来到了近处，以后他就会用这一动作来得到玩具，这一动作过程就是顺应。顺应就是改变认知结构以处理新的信息和适应新的情况。初生的婴儿具有吸吮、哭叫及视、听、抓握等行为，这些行为是婴儿能够生存的基本条件，是先天性遗传图式。随着年龄的增长及机能的成熟，在与环境的相互作用中，通过儿童的同化和顺应，原本简单的图式经过不断的组合和调整，变得越来越复杂和有效。例如，一个婴儿对于放在他手里的东西可能会盯着看或者抓握，但不能同时完成看和抓握两个动作，但随着不断成长，他逐渐能够将两个分离的动作结构整合成一个更高的结构——看并伸手去够，然后抓物体。例如，当他看到拨浪鼓时，会伸手去抓，握住后摇晃拨浪鼓。当然，他仍然可以单独完成每个动作。

在感受某种新刺激的时候，个体试图把这个刺激物同化到既有的图式中。如果他成功了，就获得了与这个特定刺激相应的暂时的**平衡**（equilibrium），即图式与环境刺激之间的协调状态。如果他不能同化这个刺激，就产生了不平衡，他就会试图通过改造旧图式或建立新图式来顺应这个刺激物，达到新的平衡。皮亚杰认为心理发展就是个体通过同化和顺应日益复杂的环境而达到平衡的过程。例如，当我们要求幼儿画出一个装了半瓶水但倾斜的瓶子时，他们大多无法画出正确的水平线，如图 2-2 所示。

他们只考虑到水面与瓶底的平行关系，没有注意到瓶子与桌子之间的关系。在面对一个装了半瓶水但倾斜的瓶子时，幼儿也看不出他们所画的图与现实之间的矛

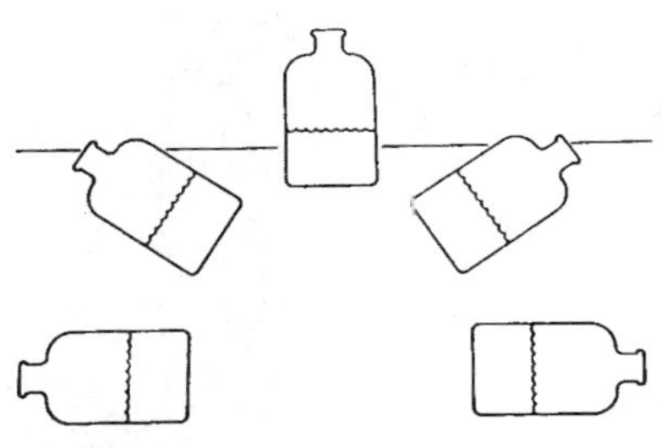

平衡

图 2-2 水面与瓶底的关系

盾。这时同化显然超过顺应，幼儿之所以产生错误的回答，是因为他们还没有在该情境中形成所需的同化结构，他们尚未发展出一个能够使他们将水置于瓶外参照框架的协调空间系统。他们这时唯一的参考点仍然是瓶底，所以画出的水平线仍然平行于瓶底。他们具备的是把客体同化到瓶内参照系的低水平的认知结构。能正确解答这一问题并能画出水平线的儿童平均年龄是 9 岁（李其维，1999）。要想正确解答这一问题，儿童必须使他的瓶内参照系的认知结构做出顺应，与瓶外的参照系融合，这样才能达到新阶段的平衡。

二、认知发展阶段

皮亚杰认为，在个体从出生到成熟的发展过程中，认知结构在与环境的相互作用中不断重构，从而表现出不同性质的四个阶段。

（一）感知运动阶段

在**感知运动阶段**（sensorimotor stage，0～2 岁），儿童主要通过探索感知觉与运动之间的关系来获得动作经验，在这些活动中形成了一些低级的行为图式，以适应外部环境并进一步探索外界环境。他们一般会从对事物的被动反应发展到主动探究。例如，从只能抓住成人放在手里的物体到自己伸手去拿物体。他们认识事物的顺序是从认识自己的身体到探究外界事物。

这个阶段的一个显著标志是儿童渐渐获得了**客体永久性**（object permanence），即当某一客体从儿童的视野中消失时，儿童知道该客体并非不存在（图 2-3）。儿童大约在 9～12 个月时获得客体永久性，而在此之前，儿童往往认为不在眼前的事物就不存在了并且不再去寻找。客体永久性是后来认知活动的基础。

图 2-3　客体永久性实验

（二）前运算阶段

运算（operation）是皮亚杰从逻辑学中引入的一个术语，用作区分思维水平的标志。运算是指一种能在心理上进行的内化的动作。动作的内化是指这些动作不仅可以在物质上，而且可以在心理上或在思想上（头脑中）进行。例如，我们可以用手把瓶中的水倒到杯子中，这一动作具有一系列外显的、直接诉诸感官的特征。如果我们不实际做这个动作，而只在头脑中想象完成这一动作的情形，并预见其结果，那么这种心理上的倒水过程就是内化的动作。在前运算阶段，儿童还不能进行熟练的、合格的运算，但处于逐渐掌握的过程，所以其思维是前运算的。

在**前运算阶段**（preoperational stage，2～7 岁），儿童在感知运动阶段获得的感觉行为模式被内化为表象或形象模式。而且，他们能够形成和使用符号（手势、标记、表象、词语）使动作图式符号化。他们的认知活动不再局限于对当前直接感知的环境施加动作，他们开始能够运用表象、语言或较为抽象的符号来代表自己经历过的事物。例如，他们能够用单词“马”、马的图片或者假装骑在凳子上来表示一匹并非真正出现的马。他们的语言和概念以惊人的速度发展，但他们还不能很好地掌握概念的概括性和普遍性。他们还不能很好地把自己与外部世界区分开来，认为外界的一切事物都有生命，有感知、情感和人性。此时的儿童具有泛灵论倾向。例如，儿童会说“你踩在小草身上，它会疼得哭泣”。

他们在思维方面存在**自我中心**（egocentricity）的特点，认为别人眼中的世界和他看到的一样，认为世界是为他而存在的，一切都围绕着他转。例如，儿童会想“我一走路，月亮就跟我走”“花儿开了，因为它想看看我”。自我中心主义在儿童的语言中也存在。即使没有人听，年龄小的儿童也会高兴地谈论他们正在做什么。这可能发生在儿童独处的时候，更频繁地发生在儿童群体中：每个儿童都热情地谈论着，没有真正的互动或者交流。皮亚杰把这种现象称为集体的独白（collective monologue)。

他们的认知活动具有相对具体性，尚不能进行抽象的运算思维。这一阶段儿童的思维具有不可逆性（irreversibility），他们进行运算时只能前推而不能后退。他们的思维具有刻板性，在注意事物的某一方面时往往忽略其他方面。与思维的不可逆性和刻板性等特点相联系，儿童尚未获得物体守恒的概念。**守恒**（conservation）是指不论物体形态如何变化，其质量是恒定不变的。这一阶段的儿童由于受直觉知觉活动的影响，还不能认识到这一点。例如，在这一阶段，如果儿童面前放着两杯一样多的水，我们当着他们的面将其中一杯水倒入另外一个细长的杯子中，然后问他们是左边那杯水多还是右边那杯水多，如图 2-4 所示。

图 2-4 守恒实验

他们还不能正确回答这个问题。在做出判断时，他们不能将细长杯子中的水在心理上倒回原来的杯子，表现出思维的不可逆性；他们倾向于运用一种标准或维度，如长得多、密得多或高得多，还不能同时关注两个维度，表现出思维的刻板性。

（三）具体运算阶段

具体运算阶段（concrete operational stage，7～11 岁）的儿童开始接受学校教育，其认知结构得到了重组和改造。他们能够进行合格的运算，获得了长度、体积、重量和面积等方面的守恒，能凭借具体事物或从具体事物中获得的表象进行逻辑思维。合格的运算具有三个特征：①同一性（identity），指认识到一个物体的总量既没有增加也没有减少，还是原来的总量。②可逆性（reversibility），指运算可以朝一个方向进行，也可以朝相反方向进行。例如，对于倒水动作，他们不仅能在头脑中把水从矮杯倒入高杯，还能把水从高杯再倒回矮杯，并恢复到原来的状态。一个运算具有两个相反的过程（结合的对立面是分离，加法的对立面是减法）。③补偿性（compensation），指能同时看到物体总量在多个方面的变化，物体总量虽然在一个方面增加，但在另一个方面发生了同样量的减少，因此总量不变。守恒概念的获得表示儿童具备了合格运算的这些特征。这意味着，他们的思维与前一阶段相比可以逆转，能够在头脑中逆转一个从前只能在身体上做出的动作；具有一定的弹性，能够在头脑中同时保持两个以上的变量，并能协调表面上看似矛盾的事实。

他们的数学运算也得到了发展，能够撇开物体其他属性的变化，只注意物体的某些属性（数、量等），并进行关系运算（分类和排序等）。他们越来越以社会为中心，日益意识到别人的看法。

但儿童的思维仍然需要具体事物的支持，只能把逻辑运算应用到具体的或观察到的事物上。形成概念、发现问题和解决问题都需要与他们熟悉的物体或场景联系。此外，他们已经能理解原则和规则，但在实际生活中只能机械地遵守规则，不敢改变。

（四）形式运算阶段

在**形式运算阶段**（formal operational stage，11 岁至成年），儿童的思维已超越了对具体的内容或可感知事物的依赖，形式从内容中解脱出来。皮亚杰曾举了这样的一个例子：爱迪丝的头发颜色比苏珊淡一些，但比莉莎的深一些，问儿童“3 个人中谁的头发颜色最深”。这个问题如果以语言的形式呈现，处在具体运算阶段的儿童则难以正确回答。如果拿来 3 个头发颜色深浅程度不同的布娃娃，分别命名为爱迪丝、苏珊和莉莎，按题目的顺序两两拿出来给儿童看，儿童看过之后，提问者将布娃娃收起来，再让儿童说谁的头发颜色最深，他们会毫不困难地指出苏珊的头发颜色最深。当智力进入形式运算阶段后，儿童可以轻松答出苏珊的头发颜色是深的而不必借助于布娃娃的具体形象。这种摆脱了具体事物束缚，利用语言符号在头脑中重建事物和过程来解决问题的运算叫作形式运算。

这一阶段的儿童推理能力得到了提高，能从多种维度和抽象的性质进行思维。他们的思维是以命题形式进行的，并能发现命题之间的关系；能进行假设性思维，采用逻辑推理、归纳或演绎的方式来解决问题；能理解符号的意义、隐喻和明喻；能做一定的概括。其思维发展已接近成人的水平。

皮亚杰认为，所有儿童的认知发展都会依次经历这四个阶段。认知结构的发展是一个连续建构的过程，每一阶段都有独特的结构，前一阶段是后一阶段的基础。虽然不同的儿童会以不同的发展速度经历这几个阶段，但是都不可能跳过某一个发展阶段（de Ribaupierre & Rieben，1995）。

练习与经验

三、心理发展的因素

（一）成熟

成熟（maturation）是指机体的成长，特别是神经系统和内分泌系统的成熟。皮亚杰认为，在智力的发展过程中，成熟不是决定条件，神经系统的成熟只能决定某一阶段的可能性。

（二）练习与经验

练习与经验（practice and experience）指个体对物体施加动作过程中的练习和习得的经验（不同于社会性经验）的作用。它分为**物理经验**和**逻辑数理经验**两种。前者指个体作用于物体时获得的有关物体特性（体积、重量等）的经验。例如，儿童关于物体的重量、物体的颜色、物体表面的光滑程度、声音的高低等经验是通过触觉、视觉、听觉等从物体中获得的。后者指对动作与动作之间相互协调关系的理解。皮亚杰举了一个例子解释这种逻辑数理经验：他的一位数学家朋友，小时候在沙滩上玩卵石，他把10个卵石排成一行，发现不论从哪端开始数都是10个，然后他又把卵石排成另外的形状，如排成圆形、四方形，数出来的数量仍然不变，于是他得出“数量与顺序无关”的结论。这种经验是由主体作用于客体的动作，以及动作间的相互协调结果引起的。皮亚杰说，“知识来源于动作，而非来源于物体”（皮亚杰、英海尔德，1980）。

（三）社会经验

社会经验（social transmission）指在社会环境中人与人之间的相互作用和社会文化的传递。社会性的相互作用因素在儿童的社会约定知识的建构过程中具有特别重要的意义。社会约定知识是人类自己发展起来的知识，包括规则、法律、道德、价值、伦理、习俗、名称和语言系统等方面的知识。这种知识是从文化中发展起来的。它不能像获取物理和逻辑数理知识那样，从作用于物体的动作中获得，它是儿童通过自己与他人的互动（儿童与儿童之间、儿童与成人之间的相互作用）建构起来的。

皮亚杰强调教育必须符合儿童的认知结构。他说：“在主体似乎非常被动的社会传递（如学校教育）的情况下，如果缺少儿童主动的同化作用，这种社会作用仍将无效，而儿童主动的同化作用则是以适当的运算结构为前提的。”他又说：“只有当所教的内容可以引起儿童积极从事再造和再创的活动时，才会有效地被儿童同化。”

（四）平衡化

平衡化

平衡化（equilibration）指个体在自身不断成熟的内部组织与环境相互作用过程中的自我调节。这种自我调节的平衡过程调节了心理发展的上述三种基本因素。

当个体的认知图式不能同化新的知识经验时，心理的不平衡状态便产生了。每经过一次从不平衡到新的平衡，其认知结构就会发生一次新的改变。个体认知结构的改变使他能够吸收和容纳更多新的知识经验，促使智力水平得到发展和提高。儿童的心理为什么能够朝着更高水平的方向发展？对于这一问题，上述三种因素都不能做出完整的回答。这种定向不能被归结为单独的遗传或成熟，也不是先验的，因为年龄只提供了认知发展的潜在可能性。这种定向单靠经验是不够的。例如，儿童要到 9 岁左右才能根据水平线而不受瓶子位置的影响来看瓶内的水面。尽管他们以前具有丰富的喝水、倒水、洗澡和游泳的经验（埃德·拉宾诺威克兹，1987）。这种定向的社会相互作用也是不够的。有些儿童是在孤独中长大的，而他们对周围物质世界的基本理解，似乎并没有严重的障碍。

皮亚杰认为，在主客体相互作用的过程中，儿童自身的具有自我调节作用的平衡化调节了心理发展的上述三种基本因素，调节心理发展使之朝着一定的方向进行。儿童是自身智力发展的内在动力。皮亚杰既反对先验论，又反对经验论，提出了建构主义（constructivism），认为新结构或新知识的形成实际上是儿童的一种主动建构的过程，这种建构主义思想极大影响了当代的建构主义学习理论。

四、皮亚杰的认知发展理论对教育的影响

皮亚杰的认知发展理论对教育教学实践（如学前教育、数学和科学教育、课程设置与教学方法）产生了很大的影响（Case，1998）。他的理论对教育工作者的理论研究和实践探索都有重要的价值。

（一）教育要促进儿童内部积极主动的建构过程

在皮亚杰看来，学习并不是个体获得越来越多外部信息的过程，而是学到越来越多有关自身认识事物的程序，即建构了新的认知图式。当皮亚杰学派研究者在研究学习时，他们常常问：“你是怎么知道的？”而不是问：“你知道吗？”例如，为什么一个 5 岁儿童看到水从一个玻璃杯倒入另一个形状不同的玻璃杯时，会认为水量发

生了变化，而在 7 岁以后就认为水量相等了？皮亚杰认为，儿童学会了一种解决问题的程序（施良方，1994），或者说在原有图式的基础上，通过反思、抽象和创造的过程，形成了一种新的认知图式。因此，在学习中，如果儿童不能解释他是如何知道的，就说明他实际上还没有学会。教师也许可以教给儿童某种知识，如果儿童不能将它同化到自己已有的认知图式中，那么这种知识很快就会被遗忘。这种同化只有在儿童积极参与建构时才有可能发生。教育需要建构积极、主动的学习环境，促进学生内部的积极、主动的建构过程。

（二）教育应当适合儿童当前的发展阶段

皮亚杰认为，教育应当适合儿童当前的发展阶段，即应当适合儿童解释世界和作用于世界的方式（罗比·凯斯，1994）。皮亚杰不主张教给儿童那些明显超出他们发展水平的材料，但过于简单的问题对儿童的认知发展作用也不大。在皮亚杰看来，儿童的认知发展是以已有的认知结构为基础的，并以已有图式与环境相互作用而产生的认知需要为动力。鉴于此，教师创设或提供的教学情境应该是恰好合适的。这种情境既能引起学生的认知不平衡，又不过分超越学生已有的认知水平和知识经验。当学生在学习中出现错误或体会到一种认知冲突时，他们会重新思考自己的理解，也可能会获得新的理解或知识。对皮亚杰认知发展理论的掌握，有助于教师理解自己的学生处于何种阶段，是否具备达到掌握某一知识的认知水平，从而调整和改变教学目标。

（三）儿童在认知发展过程中存在个体差异

在教学中，每一个班学生的认知发展水平和已有知识经验都有很大差异，教师要确定学生的不同认知发展水平，以保证实施的教学与学生的认知水平相匹配。教师可以通过观察学生在解决问题时的表现来达到该目的。例如，观察学生采用的解题逻辑是什么。他们是不是只注意到问题的一个方面，而忽略了其他方面？他们是否被问题的表面现象迷惑？他们是较为系统地说出自己的答案，还是瞎猜？另外，分析学生经常出现的错误类型，也有助于教师确定学生的思维特点和发展水平。尽管皮亚杰的认知发展理论及其阶段划分并非确定学生思维发展水平的唯一标准，但它确实为教学实践提供了有价值的参考。

五、皮亚杰理论的贡献、局限与发展

皮亚杰从发生认识论的观点出发，研究人类个体的心理起源和心理发展，并进行了大量的临床研究来充实和验证自己的学说，揭示了个体心理发展的某些规律。他强调了主客体相互作用、活动在心理发展中的重要作用、个体心理发展各个阶段间的质的差异，以及各阶段的具体阐述等，这都具有巨大的启发性，有助于人们预测儿童的发展并施以正确的教育影响。

人们对他的理论及研究也有一些质疑和批评。针对皮亚杰对儿童认知发展的不同年龄阶段的划分，很多人曾进行了大量的验证性研究。排除文化背景差异的影响和研究方法等因素的影响，多数人认为皮亚杰对儿童认知发展的估计不足，对各阶段的年龄划分也有绝对化的趋势。例如，有人（Gelman，Meck，& Merkin，1986；Miller & Gelman，1983）认为皮亚杰给儿童呈现的问题过于复杂，指导语也不容易理解。他们的研究显示，如果一次只呈现给被试 3～4 个物体，学前儿童就能表现出数量守恒的能力。此外，有人对皮亚杰采用的研究方法也颇有微词，认为他采用的临床实验在技术上使他人难以重复，无法验证和进行对比研究。而且，他采用的被试极其有限，仅从少数几个孩子身上得到的结论代表性令人怀疑。

新皮亚杰理论（neo-piagetian theory）是一种将有关注意、记忆和策略发现与使用的信息加工理论和皮亚杰有关儿童思维发展与知识建构的理论进行整合的理论。它是对皮亚杰理论的修订和发展，试图突破皮亚杰理论的局限，解决其中存在的一些问题。他们证实了儿童在特定阶段的操作能力在很大程度上依赖于操作的具体任务（Gelman & Brenneman，1994），训练以及包括社会相互作用在内的后天经历能够加速儿童的发展（DeVries，1997；Flavell，Miller，& Miller，1993），社会文化对儿童发展具有重要影响（Gelman & Brenneman，1994；Rogoff & Chavajay，1995）。这些研究解释了皮亚杰理论无法阐释的问题。例如，为什么在不同的任务上认知发展的速度是不同的。举例来说，儿童在特定领域（数的概念、空间概念和推理等领域）是按各自的阶段发展的（Case，1998）。儿童不断练习和使用某一领域中的图式，如数的概念领域中的计算图式，使这一图式越来越熟练以至于达到自动化程度。儿童完成这一图式所需的注意力随之减少，能够释放出更多的记忆资源从事更加复杂的、高级的认知活动，最终将简单图式整合到复杂的图式中或者建立新的图式。

皮亚杰的理论强调知识来源于主客体相互作用的动作或活动，而马克思主义认识论强调知识来源于人类认识世界和改造世界的社会实践活动。两者存在一定的相似之处，但是皮亚杰理论强调的动作或活动主体是单独的个体，而马克思主义强调的实践主体是作为社会关系总和的人，具有鲜明的社会性。维果茨基的社会文化理论流传到西方后，人们越来越认识到社会文化环境在认知发展过程中的重要意义，也促进了对皮亚杰理论的反思和发展。

第二节　维果茨基的发展理论

图 2-5　维果茨基

20 世纪 30 年代，苏联心理学家维果茨基（1896—1934，图 2-5）将认知过程的起源与发展置于人类文化历史的框架中，提出心理发展的社会文化理论。这一理论强调人类社会文化与社会交互作用对人的认知发展起着重要作用。他与列昂节夫和卢里亚（Luria）等人建立了极有影响力的文化历史学派，被称为维列鲁学派。他的著作（Vygotsky，1962，1978，1987，1997）传到西方以后，他的理论被人们重新认识、重视，被称为**社会文化理论**，逐渐成为心理学和教育领域的主流思想，对儿童发展观和学习观以及相关的教育实践产生了巨大影响。

社会文化理论

一、心理发展的社会文化理论

维果茨基从种系和个体发展的角度分析了心理发展实质，说明了人的高级心理机能的社会历史发展问题。他的社会文化理论包括相互关联的三个论点：活动论、符号中介论和内化论。

（一）活动论

基于马克思的活动观点，维果茨基提出，人的心理受劳动活动制约，“人的心理过程的变化，与他的实践活动过程的变化是同样的”（维果茨基，1994）。人的活动是集体活动（社会活动），以劳动为基础的社会生活的基本结构也制约着人的心理的基本结构。例如，卢里亚（转引自格雷德勒，1994）发现，不同文化团体以不同方式形成概念。学校儿童与牧场工人倾向于根据颜色对羊毛进行分类，如绿色或红色。而有些原始部落的人不采用类别名称（“绿”或“红”等），反而采用具有相同颜色的物体来分类（“掉落的水果”或“鸢尾花”等）。当实验者要求他们按颜色分组，并且每组只能包含一种主要颜色时，他们反而感到困惑，做出了“没办法这么做”“它们之间不可能被归在一起”等反应。个体的心理发展起源于个体参与的社会文化活动。社会个体主要的观念、概念、对世界的观点以及沟通方式都是由文化创造的，都是通过参与该文化下的活动形成的。

（二）符号中介论

维果茨基从活动论出发，引申出工具中介思想，强调人的心理活动与劳动活动都是以工具为中介的。在社会生活和生产过程中，人类创造了两种工具。一种是物质生产工具，如简单农具、弓箭等，是人的器官机能的延伸。这种工具的使用引起人的新的适应方式，即物质生产的间接方式。人不再像动物那样通过身体直接接触自然的方式来适应自然，从而脱离了动物世界。物质生产工具指向外部，是人的外部活动的手段，从外面影响了自己的活动客体，引起客体的变化，如用弓箭杀死猎物。物质工具本身不属于心理领域，不能进入心理过程的结构，但是人类在使用它主动适应自然的过程中，需要与团体进行沟通以及规范团体的行为，这导致人类心理出现了另一种工具——精神生产工具，即人类社会特有的语言和符号系统。例如，人类早期通过结绳记事（人或物的数目）来辅助沟通。这些符号开始是人与人之间的关系的中介，然后成为人的内部活动的手段，影响了自己或别人的心理和行为，使人的心理机能发生了质的变化。例如，人类先前通过打绳结来记事，慢慢演变为数字系统。如此，在物质生产基础上产生的人与人相互关系的方式和社会文化发展的产物——各种符号系统，从根本上改变了人的心理结构，形成了人类特有的、高级的、被中介的心理机能。

（三）内化论

维果茨基以符号中介论为基础提出了内化论。人特有的心理过程（高级心理过程）都是以语言、标志和符号这样的心理工具为中介的。人的以符号系统为中介的高级心理机能是由外部集体活动内化而成的。最初，个体参加某个集体中的社会活动，这一活动具有外部展开的表现形式，并借助于各种物质的和符号的手段实现。个体在掌握这一活动的完成方式的同时，形成了外部心理过程，然后被改造为内部的心理过程。这种从外部心理过程向内部心理过程转化的过程就是内化过程。请看下面这个例子。

6 岁的丽莎丢了玩具，请父亲帮忙。

父亲问她最后一次看见玩具是在什么地方。

这个孩子说："我不记得了。"

父亲问了一系列的问题——你把它放在你房间了吗？外面？隔壁？

孩子对每一个问题的回答都是"不"。

父亲说："在车里吗？"

她说："我想是的。"

最后，丽莎在车里找到了玩具。

有一次，丽莎发现自己的数学课本不见了，她对自己说："数学课本呢？上课时用了，下课后放进书包了，坐公交车的时候也带上了，然后，杰克撞了我一下。嗯，可能是掉在公交车上了。"

在这一例子中，成年人将解决问题的策略教给儿童，儿童将它进行内化，之后，这一策略在儿童的高级心理过程中发挥了中介功能（Karpov & Haywood，1998）。这种从社会的、集体的、合作的活动向个体的、独立的活动形式的转换，从外部的、心理间的活动形式向内部的、心理过程的转化，实质上就是人的心理发展的一般机制——内化机制。用维果茨基自己的话说，在儿童的发展中，所有高级心理机能都两次登台：第一次是作为集体活动、社会活动，即作为心理间的机能；第二次是作为个体活动，作为儿童的内部思维方式，作为内部心理机能。

在内化的过程中，语言发展中的**自我中心言语**（private speech）起着至关重要的作用。皮亚杰认为自我中心言语是一种非社会性言语，是2～7岁儿童特有的以自我为中心的意识的表现。以维果茨基为代表的心理学家则认为，这是由外部言语向内部言语转化的一种过渡形式，是由言语的交际机能向言语的自我调节机能转化的一种过渡形式。儿童起初倾听他人的讨论并与他人交流，然后借助这些言语帮助自己解决问题。我们可以常常看到年幼的儿童在面对困难任务时自言自语，重复别人之前给他们的有用建议（Berk & Garvin，1984）。这种自我中心言语并不是儿童不成熟的表现，而是其认知发展中的一个过程。随着儿童的成熟，自言自语逐渐变为不出声的言语，但仍然非常重要。

二、维果茨基的心理发展观

维果茨基区分了两种心理机能：一种是作为动物进化结果的低级心理机能，是个体早期以直接的方式与外界相互作用时表现出来的特征，如简单知觉、无意注意、自然记忆等；另一种则是作为历史发展结果的高级心理机能，即以符号系统为中介的心理机能，如类别知觉、逻辑记忆、抽象思维、有意注意等。正是这些高级心理机能，使得人类心理在本质上区别于动物。在个体心理发展的过程中，这两种机能是融合在一起的。高级心理机能的实质以心理工具为中介，受到社会历史发展规律的制约。

在低级心理机能中，幼儿的记忆是以再认反应来呈现的，自然记忆主导着思想，思想与行动相联系，而情绪是幼儿暂时性知觉的结果，如看到母亲离去则大哭。在高级心理机能中，知觉转为分类，思考转为概念性，注意力转为自我控制，记忆变得“逻辑化”，因为它成为记住事物与寻找逻辑关系的过程，即使是再认，也是高层次的，是在发掘要寻找的元素。“对幼儿来说，思考意味着回忆；但对青少年来说，回忆意味着思考”。

在维果茨基看来，心理发展是个体的心理自出生到成年，在环境与教育的影响下，在低级心理机能的基础上，逐渐向高级机能转化的过程。由低级机能向高级机能的发展有四个主要的表现：①随意机能的不断发展。随意机能是指心理活动的主动性、有意性，是由主体预定的目的自觉引发的。儿童心理活动的随意性越强，心理水平越高。②抽象-概括机能的提高。随着语言的发展和知识经验的增长，儿童各种心理机能的概括性和间接性得到发展，最后形成了最高级的意识系统。③各种心理机能之间的关系不断变化、重组，形成间接的、以符号为中介的心理结构。儿童的心理结构越复杂、越间接，心理水平越高。④心理活动的个性化。维果茨基强调个性特点对认知发展的影响，认为儿童意识的发展不仅是个别机能由某一年龄阶段向另一年龄阶段过渡时的增长和提高，更主要的是其个性的发展，是整个意识的增长与发展。个性的形成是高级心理机能发展的重要标志，个性特点对其他机能的发展具有重要的作用。人的心理与动物比较，不仅是量的增加，而且是结构的变化。各种机能本身得到了改造，而且各种机能之间的关系发生了变化，形成新质的意识系统。

三、教育与发展的关系——最近发展区

在论述教学与发展的关系时，维果茨基提出了一个重要的概念——**最近发展区**(zone of proximal development，ZPD)，并将其定义为“实际的发展水平与潜在的发展水平之间的差距。前者由独立解决问题的能力而定，后者则是指在成人的指导下或是与更有能力的同伴合作时解决问题的能力”（戴尔，2003；图 2-6）。

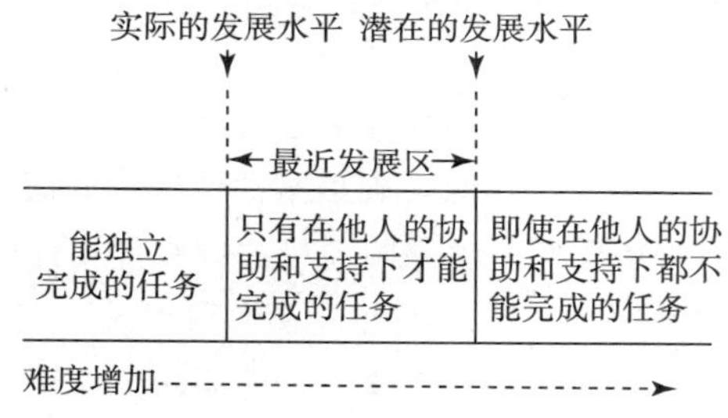

图 2-6 最近发展区示意图

下面是一个关于最近发展区的例子，4 岁的汤姆和他母亲一起玩拼图。

汤姆：这个我放不进去。(试着将一块拼图放在一个错误的地方。)

母亲：哪一块可以放在这儿?(指着拼图。)

汤姆：他的鞋子。(寻找与小丑的鞋子相似的一块，但是尝试失败了。)

母亲：好，哪一块看起来像这个形状?(再一次指向拼图。)

汤姆：棕色的那块。(试一下，正好。然后试另一块，并看着他的母亲。)

母亲：试着稍稍转动一下。(给他做手势。)

汤姆：我知道了，在那儿。(放入更多块拼图，母亲看着。)

汤姆的母亲始终保持拼图问题在他的最近发展区内——在一个可操作的难度水平，通过提问、鼓励和建议策略进行指导。在互动中，母亲不断洞察什么能给他的学习提供最大的帮助。维果茨基认为，儿童很少能够从他们已经能够独立完成的任务中得到收获。相反，儿童的发展主要是通过尝试那些只有在他人的协助和支持下才能完成的任务，即最近发展区中的任务来实现的。简单地说，生活中的挑战，而非能够轻易取得的成功，促进着我们的认知发展。

如果说，皮亚杰的儿童心理发展理论比较强调教育要适应儿童当前的心理发展阶段的话，那么维果茨基的理论，特别是最近发展区的理论则更强调教育要在可能的条件下促进儿童的心理发展。

虽然具有挑战性的任务如此重要，但是那些不可能完成的任务（即使在他人的帮助和引导下仍不能完成的任务）是没有益处的。因此，从本质上说，一个儿童的最近发展区从认知上决定了他能够学习的内容。

维果茨基主张，教学应当走在儿童现有发展水平的前面，落在最近发展区内，带动发展。教学一方面使最近发展区变为现实，另一方面也创造着新的最近发展区。儿童的两种水平之间的差距是动态的。随着时间的推进，一些之前不能完成的任务逐渐被儿童掌握，而更加复杂和困难的任务也随之出现。

四、维果茨基的理论对教学的影响

“辩证唯物主义和历史唯物主义在心理学中的恰当应用”是对维果茨基高级心理过程的社会文化理论最精确的总结。维果茨基的思想体系是当今建构主义发展的重要基石，启发着教育研究者对学习和教学进行的大量理论建设和实践探索。他的思想也强烈地影响着建构主义者对教学和学习的看法。

（一）在维果茨基搭建支架的基础上发展出了支架式教学

教学**支架**（scaffold）实际上就是教学者给学生提供的适当的指导和支持。这种指导和支持处于学生的最近发展区内，而且要随着儿童认知发展的变化进行调整。例如，把任务简化，将其分解为很多细小、简单的部分，或者为其提供更加简单易操作的器具等。支架式教学重视学生在教师指导下的发现活动，强调教师的指导成分要逐渐减少，最终使学生达到独立发现的程度，将监控学习和探索的责任由教师向学生转移。例如，语文教师在初次教授比较难的文言文时，会给学生提供大量的注释，然后让学生根据这些注释去理解文中的关键句子。一段时间后，教师给学生的注释慢慢减少，学生逐渐能自己完成文言文的阅读了。

（二）维果茨基阐释了在相互作用情境下学习的机制

按照最近发展区的观点，教师必须给学生提供最近发展区内的难度适当的学习任务，促使学生完成学习任务。由于最近发展区是一个动态的区域，教师需要通过与学生的相互作用不断获得学生发展的反馈。这种在最近发展区内的相互作用实质是教师和学生共同协作的认知活动，使学生和教师的认知结构得到精细加工和重新建构。例如，学生最后建构的观点是学生原有观点和教师观点的综合产物。

交互式教学（reciprocal teaching）就体现了最近发展区内的这种相互作用。在这种教学活动的开始，教师先给学生示范一些阅读策略，如怎样根据学习内容提出问题、怎样恰当地回答问题，然后教师和学生轮流充当教师角色演练这些策略（Palincsar & Brown，1984）。这种教学方式就包含了教师和学生小组之间的相互对话。

（三）维果茨基的理论对于合作学习有一定的指导作用

合作学习重视同伴交往在完成任务过程中的作用。在合作的社会性背景下完成任务时，学生可以有意识地模仿专家或同伴的行为来思考和完成具体的任务，对运用的心理策略进行明确或隐含的模仿、证明和辩论。

教师要尽量安排能力水平不同的学生进行合作学习。接受能力较强的同伴的指导是促进儿童在最近发展区内发展的最有效的一种方式（Das，1995）。根据最近发展区理论，教师应该为学生布置那些只有在别人的帮助下才能成功完成的任务。在一些情况下，这种帮助必须来自具备更高技能的个体，如成人或高年级学生。在另一些情况下，能力相当的学生之间的合作也能够使困难的任务得到解决，因为在合作中，每位成员都能够为团队贡献出自己独特的力量。有时，我们还需要给具有不同最近发展区的学生安排不同的任务，使所有学生都能够接受最有利于自身认知发展的挑战。

（四）维果茨基的理论在情境认知理论及其教学模式中有一定的应用

任何学习都处在一定的社会或实际的有意义的背景里，包括学习者原有经验、所处的社会文化系统、在课堂中与教师和同伴的相互作用等。这些背景尤其是社会性作用，将通过不同途径影响学习的过程和结果。因此，教师在教学的过程中，要引导学生从旁观者逐渐转变为教学活动的参与者，在社会性互动中获得知识和技能。

第三节　学生的情感和个性发展

一、个体心理社会性发展

（一）埃里克森的心理社会性发展理论

图 2-7　埃里克森

埃里克森（Erikson，1902—1994，图 2-7）1902 年出生于德国，年轻时受教于弗洛伊德，是现代著名的精神分析学家之一。

埃里克森同意弗洛伊德对人格结构做本我、自我和超我的划分，但他对自我的理解不同于弗洛伊德。他并不主张把一切活动和人格发展的动力都归结为“性”的方面，而是强调人格发展受社会文化背景的影响和制约。埃里克森在研究了几种文化背景中儿童发展的情况后，推断说尽管在不同文化中存在着某些差异，但情感的发展变化及其与社会环境的相互关系遵循着相似的方式。基于对文化和个体关系的重要性的认识，埃里克森提出了他的**心理社会性发展理论**（psychosocial developmental theory）。

埃里克森认为，个体的人格是自我与社会环境不断相互作用的产物，其发展贯穿生命全过程，共分八个阶段。每个阶段的发展任务（developmental task）将形成人格的某一个方面的品质，人格的这个品质是个体解决该阶段由个体生物学的成熟与社会文化环境（社会期望）的冲突决定的发展危机（developmental crisis）的产物。

每一个危机都涉及一个积极选择与一个潜在的消极选择之间的冲突。后一阶段发展任务的完成依赖于早期冲突的解决。早期阶段问题的不良解决所造成的损失可能会在后期阶段得到修正，个体解决每一个危机的方式对个体的自我概念和社会观有着深远的影响。因此，有人称他的理论为发展危机论。八个阶段具体如下。

埃里克森的心理社会性发展

1. 信任对怀疑（0～1.5岁）

在这一阶段，尤其是生命的前几个月，婴儿的目标是建立起对周围世界的基本信任感。基本信任感是指“一种充分信任他人以及自己也值得信赖的基本感觉”。母亲给婴儿提供食物和爱抚需要的满足，婴儿也需要满足母亲的需要。如果婴儿得到了较好的抚养并与母亲建立了良好的亲子关系，那么婴儿将对周围世界产生信任感，否则将产生怀疑和不安。这种不信任感可能会伴随儿童度过整个童年期，甚至会影响到其成年期的发展。

2. 自主对羞怯（1.5～3岁）

这一阶段的儿童已经学会了走路，并且能够充分地利用掌握的语言和他人进行交流。儿童开始表现出自我控制的需要与倾向，渴望自主并试图自己做一些事情，如吃饭、穿衣、大小便。儿童这种对权利和独立性的渴望常常与父母的要求相冲突。父母一方面要允许儿童自由地探索，另一方面要给予儿童适当的关怀和保护，帮助儿童建立自信心。如果父母对儿童一味地严厉要求和限制，则会使得儿童对自己的能力产生怀疑。如果个体产生过多的怀疑和羞怯，就可能导致其一生对自己的能力缺乏信心。

3. 主动感对内疚感（3～6岁）

主动感对内疚感

这一阶段的儿童的活动范围逐渐超出家庭的圈子，儿童开始主动参与一些活动。他们想象自己正在扮演成年人的角色，并因为能从事成年人的活动和胜任这些活动而体验到一种愉快的情绪。例如，当父母做饭时，儿童递过一把勺子，他便认为自己在参与一项重要的活动，并发挥了重要的作用。

但是，由于儿童能力有限，他们的主动活动常常会被成年人禁止，使他们意识到“想做的”和“应该做的”之间的差距，因此可能会减少从事活动的热情。这一阶段的危机就在于，儿童既要保持对活动的热情，又要控制那些会造成危害或可能会被禁止的活动。成年人的认可和监督可使儿童相信他们的活动和贡献被他人接受。因此，成年人应监督而不是干涉儿童主动性和创造性的活动。过多的干涉可能会造成儿童形成缺乏尝试和主动的性格。

4. 勤奋感对自卑感（6～12 岁）

这一阶段的儿童进入学校学习，开始体会到持之以恒的能力与成功之间的关系，形成一种成功感。儿童面临来自家庭、学校以及同伴的各种要求和挑战，力求保持一种平衡，以至于形成一种压力。随着社交范围的扩大，同伴的相互作用变得越来越重要。儿童在不同社交活动中的经验、完成任务以及从事集体活动的成功经验可以增强儿童的胜任感。这些成功的体验有助于儿童在今后的社会中形成勤奋的特质，表现为乐于工作和有较好的适应性。遭遇困难和挫折则会导致自卑感。在这一阶段，教师对学生行为的评价对学生形成自我概念具有重要的影响。教师鼓励学生在各种活动中表现出勤奋是必要的。学生在这一阶段的危机未能妥善解决往往是其以后学业颓废的重要原因。

5. 同一性对角色混乱（12～18 岁）

这一阶段大体相当于少年期和青春初期。个体此时开始体会到自我概念问题的困扰，即开始考虑“我是谁”这一问题，体验着同一性与角色混乱的冲突。这里的同一性是有关自我形象的一种组织，包括有关自我的能力、信念、性格等的一贯经验和概念，涉及深思熟虑的选择和决定，尤其是关于工作、价值观、意识形态、对他人的承诺及看法等。在埃里克森看来，自我既与个体的过去经验相联系，又与个体当前面临的任务有关，同一性的形成与职业的选择、性别角色的形成、人生观的形成等有着密切的联系。如果个体在这一时期把这些方面很好地整合起来，他所想的和所做的与他的角色概念相符合，个体便获得了较好的同一性。埃里克森注意到前几个阶段冲突的良好解决会成为本时期的良好基础，如前几个阶段形成的信任感、自主感、主动性和勤奋感都有助于个体更自信地面对各种选择，从而使个体成功地获得同一性。

6. 友爱亲密对孤独（18～30 岁）

这一阶段相当于青年晚期。此时个体如果能在人际交往中与他人建立正常的友好关系，就能形成一种亲密感。这种意义上的亲密感是指个体愿意与他人进行深层次的交往并保持一种长期的友好关系，学会与他人分享而不计较回报。如果害怕被他人占有，或者不愿与人分享，便会陷入孤独。

7. 繁殖对停滞（30～60 岁）

这一阶段包括中年期和壮年期。这里的繁殖是广义上的，不仅包括人的繁衍后代，而且包括人的生产能力和创造能力等基本能力或特征。这一阶段的个体面临抚养下一代的任务，并把下一代看成自己能力的延伸。发展顺利的个体表现为家庭美满，富有创造力；反之，则陷入自我专注，只关心自己的需要与舒适，对他人及后代感情冷漠，以至于颓废消极。

8. 完美无憾对悲观绝望（60岁以后）

这一阶段相当于老年期。这一阶段个体的发展受前几个阶段的影响极大。如果个体在前几个阶段发展顺利，在这一时期就会巩固自己的自我感觉并完全接受自我，接受自己不可替代的作用，这意味着个体获得了自我完满感；相反，没有获得完满感的个体将陷入绝望的境地，并因此害怕死亡。

埃里克森的理论对心理学研究及教育实践都有着较大的启发意义。第一，埃里克森注重文化和社会因素对人的发展的作用。他不仅考虑了自我概念的出现、同一性的获得，而且强调了个体一生中与他人的相互作用对个体发展的制约作用，并具体阐述了性格、兴趣、动机等带有社会性内容的人格特征在社会背景中的产生和发展。第二，埃里克森从整体上、从个体心理发展的各个层面及其相互关系中考察了人的社会性发展和道德的形成发展，而不是孤立地看待它们的发展历程。第三，埃里克森的理论阐释了个体从出生到青年期、中年期、老年期一生的发展，体现了人的终身发展的观念，比较符合人的发展实际，他是最早研究人的一生发展的心理学家。

但是，埃里克森的理论在一定程度上忽视了人的意识、理智等高级心理过程在发展中的作用；他把许多社会问题（人生目标的选择、确立等）归结为心理发展过程中某一特殊阶段的心理任务与危机是否恰当，并认为心理任务和危机与社会矛盾之间的关系等问题也需要进一步探讨；此外，他并没有解释个体如何以及为什么从一个阶段发展到另一个阶段；他的理论也缺乏实证性研究的支持（Green，1989；Miller，1993）。

（二）个体心理社会性发展理论在教学中的应用

在学校教育中，小学生正处于第四阶段（6～12岁），中学生正处于第五阶段（12～18岁），埃里克森的理论对我们的教育适应中小学生的发展有启发性作用。

1. 帮助学生适应勤奋和自卑危机

教师一定要意识到学生一直在努力保持着积极的自我概念，认为自己是有能力、有价值的个体。所有入学的儿童都相信自己能学会，他们满心期望在学校里获得成功。但他们不久就不得不面对这样一个现实：根据相关的标准，他们被评定了一个等级。学生一旦被划入低水平组和被评为差等级，很快就会失去最初对成功的期望，这将可能导致颓废。教师对学生的行为评价以及课堂组织的方法对儿童的自我概念能够产生重要的影响。教师的消极评价会让他们产生“我不是一个好的学习者”的自我概念，从而导致更消极的评价。这些失落者一旦认为自己无力参与学校社会，就有可能转向校外活动——运动或社会活动，甚至产生反社会行为。在埃里克森看来，这种问题是勤奋与自卑危机未能得到很好解决的结果。对儿童来说，学校是决定成功和失败的地方。埃里克森认为，学校和教师可以向儿童提供他们参与社会所需的工具，设置有挑战性的任务，同时给予一定的帮助，让学生不断体验成功，从而帮助学生通过这一危机。

2. 帮助学生适应同一性和角色混乱危机

马西亚（Marcia，1966）从两个维度探讨了青少年的自我认同：一个维度是探索（exploration），是对角色与新行为的尝试，包括对道德和价值的沉思；另一个维度是承诺（commitment），是对个人生活领域做出的决定，如教育和职业目标、家庭义务或目标，以及政治和宗教信仰。马西亚根据这两个维度的存在与否来划分青春期自我认同的 4 种同一性状态，如图 2-8 所示。

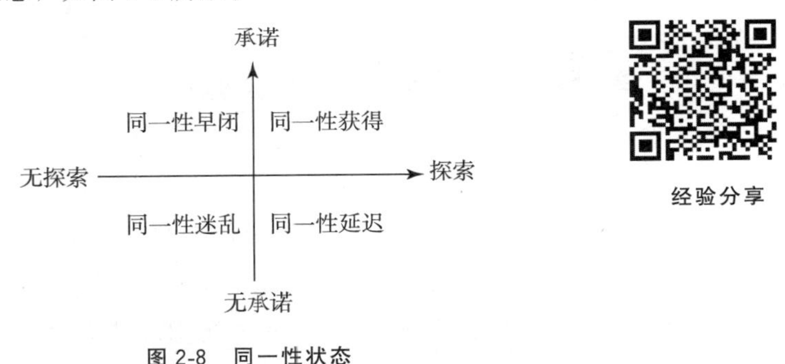

图 2-8 同一性状态

第一种是同一性获得（identity achievement），个体在充分考虑了各种可能的机会和自己的情况后做出了自己的选择并为自己的目标而努力，但只有少数的中学生属于这种情况；第二种是同一性早闭（identity foreclosure），个体并未充分考虑自己的各种体验和各种可能的选择，而是把选择的权利交给了父母或其他权威人士，完全接受他人对自己提出的要求和为自己树立的目标及生活方式；第三种是同一性迷乱（identity diffusion），个体未能成功地选择或没有严肃地考虑这些选择，对自己的社会角色和人生目标未能形成定论，产生困惑；第四种是同一性延迟（identity moratorium），个体内心斗争而未能在这一阶段获得同一性。第四种是埃里克森所说的同一性危机。而这种同一性危机在儿童中是较常见的。学校和教师可以为学生提供职业选择的榜样和其他成人角色，宽容对待他们的狂热与流行文化，为他们的自我和学业提供现实的反馈，帮助学生处理这种危机。

教师通常是最适合和最有可能帮助学生获得同一性的人。学生选择某一特殊的专业往往受这一专业的教师的人格力量的影响。一个教学效果显著、热情的教师可以激发学生浓厚的学习兴趣，而且这种教师往往能对学生在该专业上的成就给予及时合理的反馈和强化，进而影响学生对职业的选择和同一性的形成。

然而，青少年期的个体开始寻求独立，可能会拒绝接受成年人的建议。小学生通常把教师看作父母的角色，常常需要讨好教师，就像取悦他们的父母一样，以获得赞赏。而青少年要摆脱父母的控制成为一个独立自主的人。他们拒绝教师权威，想被看作成年人，以类似成年人的行为做出反应。这意味着：①中学生不应该被当作“孩子”看待。②绝不应在其他同伴或其他有关的人面前贬低青少年。③给予明确的指示，让学生独立完成任务。④注意同伴之间的影响。同伴学习的效果在中学和在小学可能是不一样的。同样一项管理措施，在小学行得通，在中学就不一定行得通。例如，跟教师对抗的学生，在小学可能不会受同学们的欢迎，可是在中学，却可能被同学们视为“英雄”。

二、自我意识、自我概念与自尊

（一）自我意识

自我意识（self-consciousness）是指个体对自己的心理、思维及行为活动的内容、过程及结果的自我认识、自我体验和自我调节。自我意识是个性和社会性发展的核心概念，伴随着个体的身心发展，在与周围环境不断地相互作用过程中逐渐形成和发展起来。人首先认识外部世界，认识他人，然后才逐步认识自己。自我意识是在与他人交往的过程中，根据他人对自己的看法和评价发展起来的。

自我意识一般涉及两个方面，一个是主体的我，即对自己身心活动的觉察，如自我的性格、能力和行为等；另一个是客体的我，即被觉察到的我。我们常常听学生说“我觉得自己糟糕极了”，或者“我长大了要当大老板”，这是作为主体的学生对自身的觉察。个体又作为客体在生活中时刻被自我和他人认识，如“我觉得别人都看不起我”。

自我意识包括自我认识、自我体验和自我调节。①自我认识是自我意识的认知成分，包括自我感觉、自我观察、自我分析和自我评价。其中，自我分析是在自我观察的基础上对自身状况的反思。自我评价是对自己能力、品德、行为等方面的社会价值的评估。如果个体对自己的优点缺乏信心，过于关注自己的缺点，就容易产生自卑心理。反之，如果个体长期以自我为中心，盲目自信，停留在暂时的成绩上，这将阻碍其良好人际关系的发展。教师应该引导学生正确看待学习和生活中的成功与失败，树立良好的人生观和价值观。②自我体验是自我意识在情感方面的表现，包括自尊（详见自尊部分）和自信等。自信是个体对自己的能力是否适合所承担的任务进行评价时产生的自我体验。自信与自尊都是和自我评价紧密联系在一起的。教师的反馈对学生的自尊有重要影响。任何惩罚和变相惩罚都有可能伤及学生的自尊。掌握学生特点，尽量从正面鼓励学生，有利于学生的成长和进步。③自我调节是自我意识的意志成分，主要表现为个人对自己的行为、活动和态度的调控，包括自我检查、自我监督、自我控制等。自我检查是主体在头脑中将自己的活动结果与活动目的加以比较、对照的过程。自我监督是一个人以其良心或内在的行为准则对自己的言行实行监督的过程。自我控制是主体对自身心理与行为的主动掌握。自我意识的调节作用表现为：启动或制止行为、心理活动的转移、心理过程的加速或减速、积极性的加强或减弱、动机的协调、根据拟订的计划监督和检查行动、动作的协调一致等。良好的自我控制能力有利于个体学习和工作的顺利进行，也能促进良好人际关系的建立和维持。教师可以在学生已有认知的基础上，通过榜样的示范作用和亲身体验，引导其学会在特定的场景中调控自己的言行，使之符合社会规范。

（二）自我概念

自我概念（self-concept）是个体对自身的观念、情感和态度（Hilgard，Atkinson，& Atkinson，1979）。许多研究（Marsh & Shavelson，1985；Shavelson & Bolus，1982）假设自我概念是按等级组织的。总体自我概念位于等级的上层，下面是一些具体的自我概念，共同构成一个具有等级的多维结构，如图 2-9 所示。

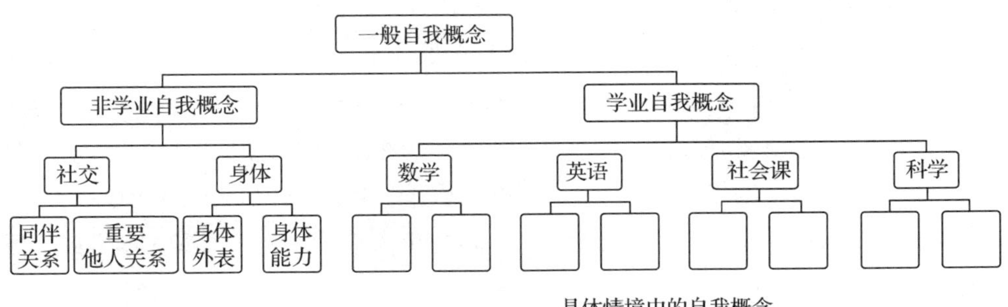

图 2-9 自我概念的结构（Marsh & Shavelson，1985）

自我概念是个体在与环境相互作用而形成的经验的基础上建立的，主要受他人的强化和评价的影响（Shavelson & Bolus，1982）。当个体反复体验类似的经验时，其信念逐渐趋于结构化，即使遭遇事实冲突，也不会对个体产生太大的影响。反之，如果个体缺少足够的经验，其自我概念未能很好地建立起来，就比较容易受影响。自我概念会随着情境和年龄的改变而不断变化发展。这种发展经历是从相对具体到相对抽象的过程。低龄儿童对外在事物不能有效地划分，其自我概念显得模糊、分散。而随着年龄的增长和学校教育的介入，儿童的自我概念逐渐抽象化、复杂化。

自我概念与学习是相互影响的。小学生的学业自我概念比智力和兴趣对学业成绩具有更强的预测作用（Schneider et al.，2018）。教育干预对个体总体的自我概念产生效果需要较长时间，而对于其特定领域的自我概念可能会取得很好的效果。例如，刚入学的儿童已经出现有关阅读的自我概念差异，那些已经在语音和文字方面有较好知识的儿童学习起来更加容易，也更容易形成积极的阅读自我概念。随着时间的推移，这种个体差异更加明显。因此，与学校阅读任务有关的早期经验极大地影响着学生的自我概念（Chapman，Tunmer，& Prochnow，2000）。进入中年级后，学生会根据自己的标准进行比较。例如，如果认为数学是重要学科，他们的数学自我概念也会是积极的，即使他们的数学学业表现并不好。又如，普通学校中数学学业表现好的学生比好学校中同等能力的学生具有更好的数学自我概念，这种现象被称为大鱼小池塘效应（big-fish-little-pond-effect）（Marsh et al.，2008）。

（三）自尊

田纳西自我概念量表

自尊（self-esteem）是指个体在社会比较过程中获得的有关自我价值的积极的评价与体验。它是个体对自己的价值评价，以及个体是否接受和尊重自己的感受。个体的自尊与其学校生活存在着相互作用。一方面，自尊会影响个体对自己的评价及其情绪，从而影响其在学校中的行为表现。自尊水平高的学生在很多方面表现得更成功（Marsh，1990）。高自尊的学生常常在学校获得较多的赞许性态度，在班级产生积极行为，与其他学生之间具有广泛的交往。另一方面，学校环境也影响着学生的自尊。学生对学校的满足感直接影响到他对课堂教学的兴趣。教师的教学过程、评价以及对学生的关爱都会影响学生的自尊。此外，个体对所属群体的认同以及对所属群体产生的集体自豪感有助于他形成集体自尊。

詹姆斯提出，个体在完成任务和达到目标时的成功感也会影响自尊。而且，这种成功要与学生的价值观相关联才会影响个体的自尊。假如某种技能对个体来说不重要，那么个体在这个领域中的无能并不威胁其自尊。研究（Harter，1990）表明，认为一个活动是重要的并在这个活动中有胜任感的儿童比那些认为一个活动重要但怀疑自己能力的儿童具有更高水平的自尊。教师最大的挑战是帮助学生在他们重视的领域中体验更多的胜任感，获得成功感。值得一提的是，个体解释其成功或失败的方式也很重要。学生只有将成功归因为自己的行为，而不是运气或他人的帮助，才有利于建立自尊。

库珀史密斯（Coopersmith，1976）在《自尊心的养成》一书中，提出培养学生自尊心的三个先决条件：①重要感（sense of significance），指个人觉得他的存在是重要的和有意义的。学生的重要感主要来自与人交往的社会关系；在家庭中得到父母关爱和在学校被教师及同学接纳，他们就会产生重要感。②成就感（sense of competence），指个人能在具有挑战性的工作中表现出有成就，他能达到自己的预期目标，因而会产生一种完美感受。学生在学业上的成就感是其形成正确自我概念的关键。③力量感（sense of power），指个人感觉到自己有处理事务和适应困境的能力。如果学生能在智能和经验上应对学校考试的压力，每天不需要别人督导或协助就能独立完成课后作业，就会产生成就感。力量感是使人敢于面对困难、接受挑战的重要心理特征，也是克服困难、获得成功的重要原因。与力量感相对应的是无力感，它是学生经历多次失败之后形成的结果，也可能成为他们在以后求学过程中畏惧退缩的原因。这三个条件实际上是指个体要获得三个方面心理需求的满足。只有这三个方面的心理需求得到满足，个体的高自尊才会出现。

关键术语

心理发展，准备性原则，图式，同化，顺应，平衡，感知运动阶段，前运算阶段，具体运算阶段，形式运算阶段，客体永久性，自我中心，守恒，物理经验，逻辑数理经验，平衡化，新皮亚杰理论，社会文化理论，内化，自我中心言语，最近发展区，支架，心理社会性发展理论，发展危机，自我意识，自我概念，大鱼小池塘效应，自尊

思考题

一、选择题

1. 根据皮亚杰的观点，可以同时从两个或两个以上角度思考问题，这一特征是儿童认知发展水平达到哪个阶段的重要标志？（　　）

A. 感知运动阶段　B. 前运算阶段　C. 具体运算阶段　D. 形式运算阶段

2. 自我中心是哪一个阶段的主要特征？（　　）

A. 感知运动阶段　B. 前运算阶段　C. 具体运算阶段　D. 形式运算阶段

3. 在 2～3 岁孩子的房间内，所有的桌子、椅子、水盆和壁柜都是儿童尺寸的，

以便孩子尽可能自己做事。在这种房间里的孩子可能发展（　　）。

A. 自主性　　B. 主动性　　C. 勤奋感　　D. 信任

4. 根据埃里克森的人格发展理论，6～12 岁的儿童要解决的主要矛盾是（　　）。

A. 自主感对羞耻感　　B. 主动感对内疚感

C. 勤奋感对自卑感　　D. 自我同一性对角色混乱

二、简答题

1. 简述皮亚杰的建构主义学习观。他的理论对教育有何启示？

2. 如何理解皮亚杰认知发展理论中的同化和顺应之间的关系？

3. 支架式教学与最近发展区的关系是怎样的？在教学中有何应用？

4. 比较维果茨基和皮亚杰的认知发展理论及其对教育的影响。

5. 简述埃里克森的发展理论对中小学教育的影响。

选择题参考答案：1. C　2. B　3. A　4. C

扫码答题

第三章
学生个体差异

教师常常为一些问题所烦恼，为什么有的学生学得又快又好，有的学生学得既慢又未能真正掌握知识？为什么有的学生可以用不同的假设方式去解决问题，有的则不能？为什么有的学生积极主动参与学习，有的学生表现迟缓？其实，这些问题都或多或少与教育中的个体差异有关。学生的个体差异主要表现为先前知识、智力、学业能力倾向、学习风格、志向水平、性别以及家庭文化背景的差异等。有的差异具有一定的复杂性，在常规班级授课的情况下难以处理，而有的差异则可以由教师在教学的同时灵活处理。了解学生的个体差异，按照教学对象的不同提供不同的学习需求，是教师实施有效教学的重要条件。

本章要点

- ● 个体的智力差异
- ○ 智力的心理测量学理论
- ○ 多元智力理论
- ○ 三元智力理论
- ● 个体的学习风格差异
- ○ 学习风格的维度
- ○ 常见的学习风格差异
- ● 社会文化背景与性别差异
- ○ 社会文化背景差异
- ○ 性别差异

第一节　个体的智力差异

智力的概念极为复杂。研究者倾向于将**智力**（intelligence）定义为：一种从经验中学习的能力和适应周围环境的能力。长期以来，智力是单一、广泛的能力，还是多种能力，这是各种智力理论争论的一大焦点。

流体智力与晶体智力

一、智力的心理测量学理论

早期的心理学研究者就对传统的智力测验（语言测验、数学测验等）进行了分析。英国心理学家斯皮尔曼（Spearman）发现他检验的所有项目能够在一定程度上彼此相关，由此提出了智力的二因素论（two-factor theory of intelligence）。这种理论认为，智力包括两种潜在的因素：第一种是一般因素（general factor），简称G因素，这是一种假想的、被用于许多不同任务之中的智力，影响个体在所有智力测验中的表现；第二种是特殊因素（special factor），简称S因素，这些因素只影响个体在某一种能力测验（词汇、算术计算或记忆测验等）中的表现。斯皮尔曼认为，特殊因素只能解释个体在单一测验中的表现，并没有提供综合信息，而一般因素与智力是相关的，因为它是一般的、总体的（Sternberg & Williams，2003）。斯皮尔曼认为，一般因素才是关键的，是由智力活动的个体差异导致的（Sternberg & Williams，2003）。

斯皮尔曼的弟子卡特尔以及后来的霍恩根据对智力测验结果的分析，将人的智力分为两类：**流体智力**（fluid intelligence）和**晶体智力**（crystallized intelligence）。流体智力指基本与文化无关的、非言语的心智能力，如空间关系认知、反应速度、记忆力以及计算能力等。晶体智力指应用从社会文化中习得的解决问题的方法的能力，是在实践（学习、生活和劳动）中形成的能力。流体智力在青年期前一直在增长，在30岁左右达到顶峰（Horn & Donaldson，1980），随后逐渐衰退。而晶体智力在人的一生中都在增长，因为它包括了习得的技能和知识，如词汇、一般信息和审美问题等。人通过在解决问题时投入流体智力而发展晶体智力。但是，生活中的许多任务，如数学推理，同时需要流体智力和晶体智力。这一理论把人与生俱来的素质与后天通过学习而获得的东西区分开来，不仅在智力研究中给了人们很大启发，对适应学生的个体差异也具有一定的指导作用。有些学生的流体智力高，具备良好的学习基础，所以学业表现好；而有些学生虽然流体智力不高，但经过努力学习和积累经验，获得较高的晶体智力，也能获得较好的学业表现。

当代的一些理论家们倾向于将智力看作一个复杂的系统（Sternberg & Williams，2003）。下面将介绍两种非常流行的有关智力的系统理论。

多元智力理论与教育

二、多元智力理论

图 3-1　加德纳

多元智力理论（the theory of Multiple Intelligences，MI theory）是由美国哈佛大学的加德纳（Gardner，图 3-1）提出的。他认为，智力应该是在某一特定文化情境或社群中展现出来的解决问题或创造有价值产品的能力。加德纳提出，人类至少存在八种智力，如表 3-1 所示。

表 3-1　加德纳的多元智力理论

智力维度	界定	典型人群
语言智力（linguistic intelligence）	对声音、节奏、单词的意思和语言具有不同功能的敏感性	诗人、剧作家、新闻播报员、记者及演说家
数学逻辑智力（logical-mathematical intelligence）	能有效地运用数字、推理和假设	科学家、会计师、工程师及计算机程序员
空间智力（spatial intelligence）	能以三维空间的方式思考，准确地感觉视觉空间，并把知觉到的表现出来，对色彩、线条、形状及空间关系敏锐	室内装潢师、建筑师、航海家、侦察员、向导、艺术家及飞行员
身体运动智力（bodily-kinesthetic intelligence）	能巧妙地运用身体来表达想法和感觉，能灵活地运用双手灵巧地生产或改造事物	演员、运动员、舞蹈家、外科医生及手艺人
音乐智力（musical intelligence）	能觉察、辨别、改变、欣赏、表达或创作音乐	作曲家、乐师、乐评人、歌手及善于感知的观众
人际智力（interpersonal intelligence）	善于觉察并区分他人的情绪、动机、意向及感觉，能有效与人交往	政治家、社会工作者及成功的教师
内省智力（intrapersonal intelligence）	能正确建构自我，知道如何利用这些意识做出适当的行为，并规划、引导自己的人生	哲学家及心理学家
自然智力（naturalist intelligence）	具备对生物的分辨观察力及对自然景物敏锐的注意力	考古学家、收藏家、农夫及宝石鉴赏家

每一种智力代表着一种区别于其他智力的独特思考模式，但这些智力之间的关系是相互依赖、相互补充的。例如，一位教师需要具备一定的语言智力、数学逻辑智力以胜任其学科教学的基本要求；需要具备一定的身体运动智力以帮助他将知识较好地传递给学生；需要具备人际智力以帮助他与学生、同事形成良好的互动关系；需要具备内省智力以帮助他进行教学反思，促进自身专业化发展。受遗传和环境的影响，这些智力在不同个体身上的体现是有差异的。例如，有的儿童很早就表现出音乐智力的优势，而有的音乐家在成年后才发现自己具有音乐天赋。

加德纳指出，单纯依靠纸笔的标准化考试来区分儿童智力的高低，考察学校教育的效果，甚至预言他们未来的成就和贡献是片面的。这样做实际上过分强调了语言智力和数学逻辑智力，否定了其他同样为社会所需要的智力，使学生身上的许多重要潜能得不到确认和开发，他们当中相当数量的人虽然学业表现优异，但在社会上难以解决实际问题。

加德纳提出了一种新的教育观——以个人为中心的教育，即每名学生都具备这八种智力，但擅长的智力各不相同，而教育要以学生的智力为基础，同时要培养学生的特长智力。以加德纳的理论为指导，人们在课程、活动、评估方法和教学方法上都进行了深入的实践探索，这对美国各级学校有深远的影响，对推动我国教育改革也有着重要的启示。多元智力还指导教师从多种智力途径增进学生对学科内容的理解。例如，在科学课“波义耳定律”上，教师可以采用八种智力视角开展教学活动，帮助学生利用各自擅长的智力来理解所学内容，如表 3-2 所示。

表 3-2　多元智力理论教学应用举例（Thomas Armstrong，2003）

语言智力	数学逻辑智力	空间智力
给出定义，并让学生讨论该定义：对于一定量的气体，保持温度不变，则气体的压强和体积成反比	提供公式，让学生应用公式解决相关问题：$PV=K$。 让学生进行实验室实验（身体运动），测量封闭容器中的压强（数学逻辑），然后画出压强与容积的关系图（空间）	为学生提供比喻或视觉表象：“想象你的手上长了一个脓包，你开始挤它（体积减小），挤压时，压强将会增大。你越挤，压强就越大，最后这个脓包破了，脓液流出来了。”

续表

自然智力	主题	音乐智力
教师对学生讲述,《潜水员使用水下呼吸器指南》中警告潜水员，不可在深入海水后做深呼吸并屏住呼吸上升到海面。因为深入海水后，压强增加，潜水员深呼吸并屏住呼吸后，升到海面，压强减小，而肺里的气体体积会增加到最大。教师问学生，潜水员会出现什么情况（答案：造成血液阻塞，可能危及生命）	波义耳定律	歌诀法。例如，体积在缩小，压强在增高，血液在沸腾，声音在尖叫："空间更需要，不然就烦恼。"体积增大，压强减小
内省智力	**人际智力**	**身体运动智力**
询问学生在生活中什么时候感觉"压力很大""你是否感到空间不足，喘不过气来"。（通常的答案是"压力很大/空间不够"）然后又问他们什么时候觉得没有压力（压力很小或空间很大）。学生的经验也与这一定律有关	让学生扮演"容器"（教室某个角落）中的空气"分子"。他们以一定速率运动（代表温度一定），但不能离开这个容器。两名同学拉着一根长线，代表容器的边界。随着长线向角落逐渐收拢，容器的体积开始缩小。可以观察到：空间越小，压强越大（如同学之间会互相碰撞）；空间越大，压强越小	让学生做如下实验：将空气吸入口中，使两腮稍稍鼓起，然后再将空气挤到口腔一侧（体积缩小），让他们感受压强是增大还是减小（增大），然后再将空气释放至整个口腔（体积增大），判断压强增大还是减小（减小）

三、三元智力理论

美国耶鲁大学的斯滕伯格（Sternberg，图 3-2）提出了**三元智力理论**（triarchic theory of intelligence），试图说明更广泛的智力行为。

图 3-2　斯滕伯格

这一理论认为，人的智力是由**分析能力**（analytical ability）、**创造能力**（creative ability）和**实践能力**（practical ability）三种相对独立的能力组成的。这三种能力分别由智力的三个方面的理论进行解释。

斯滕伯格认为，多数智力理论都是从某个特定的角度去考察智力，而一个完备的智力理论必须说明智力的三个方面：智力的内在成分、智力成分与经验的关系以及智力成分的外部作用。这三个方面分别构成了成分亚理论（componential subtheory）、经验亚理论（experiential subtheory）和情境亚理论（contextual subtheory），分别解释分析能力、创造能力和实践能力，如图 3-3 所示。

三元智力理论与教育

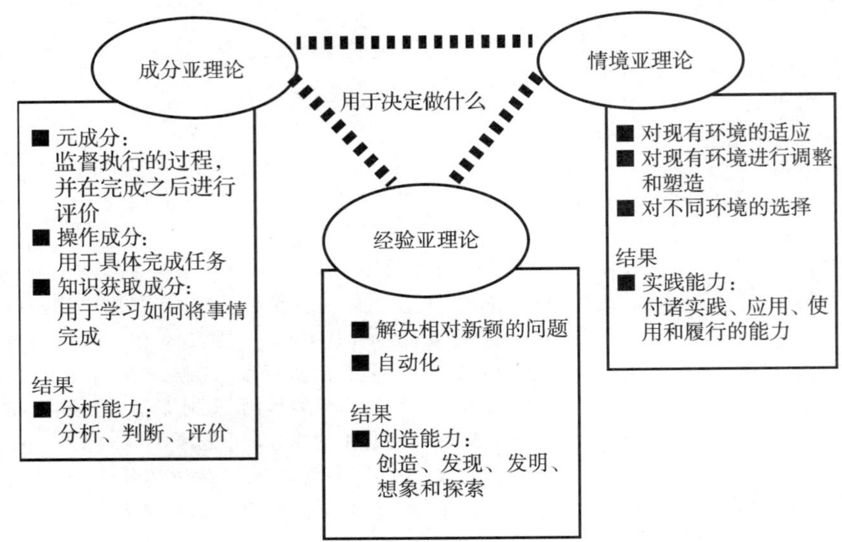

图 3-3　斯滕伯格的三元智力理论（Sternberg & Williams，2003）

第一，成分亚理论解释的是影响智力水平的基本信息加工过程或成分，包括元成分、操作成分、知识获取成分。这三种信息加工成分相互关联，元成分帮助我们决定做什么，并激活操作成分和知识获取成分，后两种成分反过来给元成分提供反馈，使其调整信息的表征和信息加工的策略。第二，经验亚理论将智力与经验关联起来，解释与信息加工成分相关的不同水平的先前经验（相对新异的情境和自动化）。第三，情境亚理论将智力与个体日常生活情境联系起来，解释个体与周围环境相互作用的基本方式。刚开始人们调整自己以适应环境，随着对周围环境的逐渐适应，人们尝试塑造环境以适应自我。个体如果既不能适应环境，也不能将环境改变成令个人满意的状况，那么就不得不重新选择另一环境。

斯滕伯格的三元智力理论为教学提供了很多启示（Sternberg & Williams，2003）。一方面，教师需要关注每一种学习行为对智力的三个方面的作用，使所有学生都能得到智力的全面发展。教师不仅要强调智力的学术性方面，也要强调其实践性方面，还要考虑学生的文化背景的影响。例如，社会研究课可以鼓励学生使用情境智力，生物学教师可以组织学生比较人类与其他动物适应、塑造和选择环境的方式。有些学生所处的文化重视实践能力与社会技能，而课堂重视学术能力。教师应鼓励学生在两种环境中都努力做到最好。另一方面，教师需要帮助学生认识、利用并发挥自己的智力优势。多数人在这三种能力上存在着不均衡，个体的智力差异主要表现在三种能力的不同组合上，如表 3-3 所示。

表 3-3　不同能力组合的学生特征（Stemberg & Spear-Swerling，2001）

分析能力高的学生	创造能力高的学生	实践能力高的学生
学业表现好	学业表现中等或偏差	学业表现中等或差
喜爱学校	在学校感觉受到限制	对学校感到厌倦
被教师喜欢	经常是教师眼里的大麻烦	教师眼中的思维混乱的学生
适应学校	对学校适应不良	对学校适应不良
听从指示	不喜欢遵守指令和规则	想知道任务和指导的用处
能看出观念上的错误	喜欢表达自己的观点	喜欢将理论在现实中加以应用
天生的批判者	天生的好点子者	天生的有常识的人
偏爱接受指令	喜欢我行我素	喜欢在实际工作中找寻自我

教师既要让每名学生明白自己擅长智力的什么方面，从而充分地利用它们，也要让他们明白自己不擅长智力的什么方面，从而改进它们。教师还可以让学生在学校中进行合理选择，以充分利用自己的智力，最终实现自己的目标。

第二节　个体的学习风格差异

学习风格（learning style）是指人们在学习时惯用或偏爱的方式，换句话说，就是学习者在完成学习任务时表现出来的具有个人特色的方式。

一、学习风格的维度

学习风格与教育

对于学习风格，研究者有许多理论假设和界定。有人（DeBello，1990）夸张地说，“有多少理论家就存在着多少种学习风格的定义”。不过，大部分研究者可能都会认同学习风格的概念是多维的。下面简要介绍几种颇具影响力的理论。

(一) 内申斯的三维理论

内申斯（Nations，1967）把学习风格描述为感觉定向、反应方式和思维模式三者的结合。①感觉定向，指学习者在学习时主要依赖的是视觉、听觉还是触觉。②反应方式，指学习者是在单独工作时成绩最好，还是在小组中工作时成绩最好；在小组中，学习者是一个主动的参与者，还是一个被动的观察者；学习者是喜欢依赖教师，还是倾向于自主行动；对于一个结论、任务、建议或指导，学习者通常是支持的，还是质疑的。③思维模式，指学习者是首先收集、积累许多细节材料，然后把它们组织到一种形式中，还是首先有一个总的概念轮廓，然后再去收集有关信息去证明这个概念；是喜欢深思熟虑地、有条有理地收集信息，还是喜欢做出巨大的、直觉式的跳跃。

(二) 雷诺兹的六维理论

邓恩夫妇和普赖斯（Dunn，Dunn，& Price，1982）认为，学习风格可以分为五大类，每一类又包含 4～5 种要素，从而构成 20 多种影响学习过程的学习风格的特征。

环境：声音、光线、温度、坐姿。

情绪：动机、坚持性、责任、结构偏好。

社会：自己、合作、小组、团队、各种方式。

生理：感觉通道、饮食、时间节律、运动。

心理：整体型、分析型、大脑半球、冲动型和沉思型。

雷诺兹和格斯坦（Reynolds & Gerstein，1992）在他们的理论基础上，提出了一个多维度的学习风格分类的概念模式，其中包含六个类别：知觉偏好、物理环境需要、社会环境偏好、认知方式、最佳学习时间以及动机和价值观（图 3-4）。这六个类别构成了个人独特的学习风格特征。

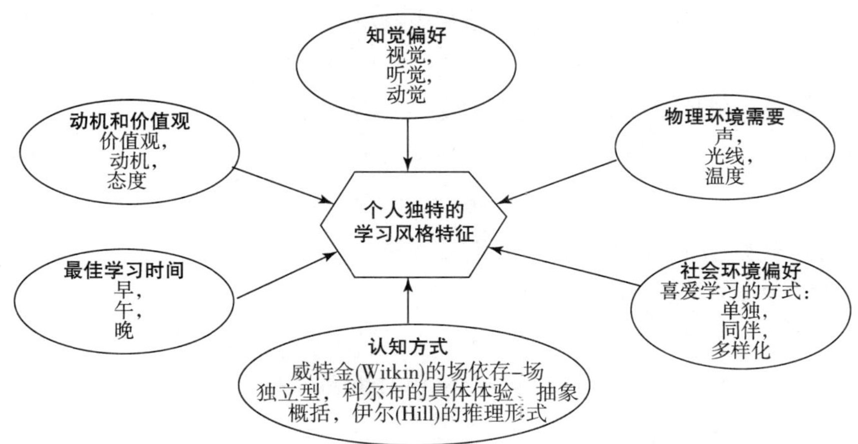

图 3-4 雷诺兹和格斯坦的学习风格特征分类

（三）科尔布的两维坐标理论

科尔布（Kolb，1984）对学习风格中的认知风格进行了综合性探讨。他从两个维度来考虑认知风格，即具体体验（concrete experience，CE）—抽象概括（abstract conceptualization，AC）维度和反应性观察（reflective observation，RO）—主动实验（active experimentation，AE）维度。然后，他将这两个维度构成了一个坐标系，确定出四种学习风格：顺应者方式、发散者方式、聚合者方式和同化者方式（图 3-5）。

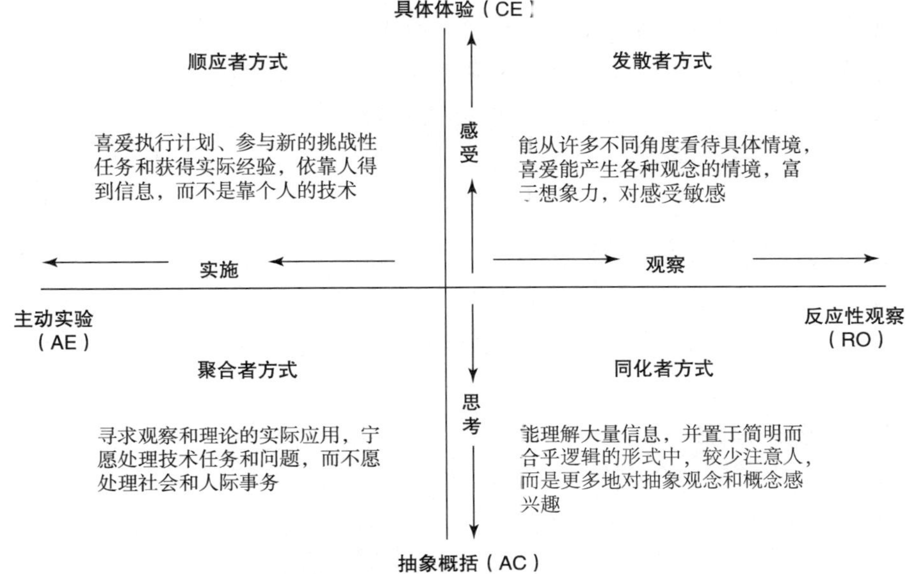

图 3-5 科尔布的学习风格模式图

科尔布还发展了一套学习风格测验量表，用于评定个人的四种学习风格。他的测评方法是，把学生组织成研讨班，然后将测验和教学结合起来，最终使得学生不仅能够认识到自己的学习风格，也能够找到适用于自己的学习策略。研讨班的具体做法是：先把全班学生分成几个小组，然后每个小组的成员聚集在一起，畅谈较为积极的学习感受或体验，并列出一份清单，最后全班同学就其中的异同点进行深入讨论。这样做的目的是让大家认识到学习风格的各种表现。整个测评活动包括以下四个阶段，在每一阶段中都有一种学习风格与其相对应。

第一阶段与发散者学习风格相对应。这种方式的学习者关注发散的思想，富有想象力。针对这种学习风格，我们可以采用自由发言和小组讨论这两种教学策略，来激发学生的创造性思维。

第二阶段与同化者学习风格相对应。这种方式的学习者喜欢处理抽象的观点和概念，具有理性或逻辑性。在众多的教学方法中，讲授法更适合这种学习风格。这时，教师可以向学生讲解有关学习风格的知识。例如，向大家解释 4 种学习风格的含义、界定及其相互关系，使学生形成一个关于学习风格的清晰、全面的理论框架。

第三阶段与聚合者学习风格相对应。这种方式的学习者更擅长把理论应用于实践，即对理论在实际中的应用更感兴趣。学生在这个阶段将接受一系列学习风格测验，他们自己作答、计分和解释结果，教师启发他们把测验结果和自己的经验进行对比。通过这些活动，学生能够确定自己的学习风格。

第四阶段与顺应者学习风格相对应。这种方式的学习者强调主动探索和具体体验。比较适合的教学策略是实验室工作和现场调查研究。学生在这一阶段又回到小组，主要讨论学习策略，具体说来就是对于自己特定的学习风格应采用何种学习策略。通过这种合作与交流，大家都可以找到适合自己的学习策略，成为更有效率的学习者。

二、常见的学习风格差异

根据上述理论，我们将从几个常见的维度来讨论个体的学习风格差异。

（一）感觉通道

在学习过程中，有些人善于通过读（看）来学习，有些人善于通过听来学习，有些人善于通过做来学习（Rieseman，1966），还有些人善于通过交谈来对概念性的材料进行分类、组织和比较。一般说来，**感觉通道**的差异是指学习者对于视觉、听觉和动觉刺激的偏好程度。

①视觉型学习者。这类学习者对视觉刺激较为敏感，习惯通过视觉接受学习材料，如景色、相貌、书籍、图片等。他们适合自己看书和做笔记进行学习，而不适合教师的讲授和灌输。

②听觉型学习者。这类学习者较为偏重听觉刺激，他们对于语言、声音和音乐的接受力和理解力较强，甚至喜欢一边学习，一边戴着耳机听音乐。当学习外语时，他们喜欢多听多说，而不太关心具体单词的拼写或者句型结构。

③动觉型学习者。这类学习者喜欢接触和操作物体，对于自己能够动手参与的认知活动更感兴趣。教师用手轻抚他们的头表示赞赏要比口头表扬产生的效果更好。

（二）认知风格

认知风格（cognitive styles）指个体感知、记忆、思维、问题解决、决策以及信息加工的典型方式。下面我们介绍几种常见的认知风格。

1. 场依存型和场独立型

研究这种认知风格最为著名的是美国心理学家威特金，他曾对空军飞行员靠什么线索来确定自己是否坐直的问题感兴趣（Witkin et al.，1977）。威特金设计了一种可以倾斜的房间，让被试坐在房间里的一张椅子上，椅子可以通过转动把手与房间同向或逆向倾斜。当房间倾斜后，他要求被试转动把手使椅子转到实际垂直的位置，如图 3-6 所示。

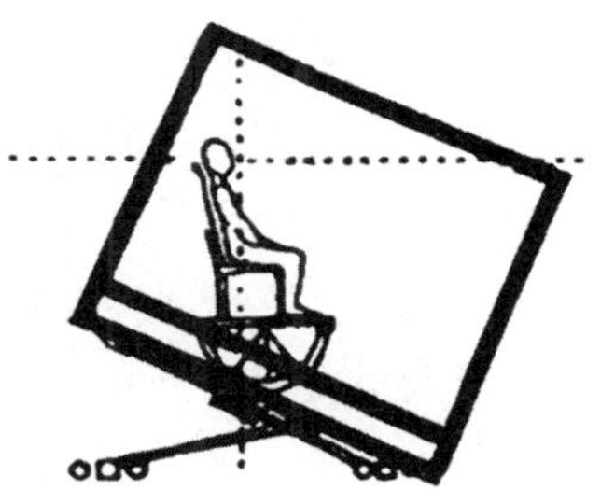

图 3-6　场定向测试装置

结果发现，有些被试在偏离垂直 35°的情况下，仍然坚持认为自己是完全坐直的；而有些人则在椅子与倾斜的房间看上去角度明显不正的情况下，仍能使椅子非常接近于垂直状态。威特金由此得出结论，有些人的知觉较多地依赖于他们周围的环境信息，而另外一些人的知觉则较多地依赖于他们身体内部的线索。威特金把受环境因素影响大称为**场依存型**（field dependence），把不受或很少受环境因素影响称为**场独立型**（field independence）。前者是“外部定向者”，基本上倾向于依赖外在的参照（身外的客观事物）；后者是“内部定向者”，基本上倾向于依赖内在的参照（主体感觉）。这种个别差异是个体在周围视觉场中看到的事物与他身体内部感觉到的事物产生冲突的结果。场依存型的人不能将一个模式（或图式）分解成许多部分，或者只能专注于情境的某一个方面；场独立型的人善于分析和组织。

研究者现在采用身体适应测验、棒框测验等方法来测量场依存型和场独立型。

镶嵌图形测验是常使用的方法，如图 3-7 所示。被试要从右侧复杂图形中辨认出左侧的简单图形。有些人几乎立即指出这个图形，不会被周围的线条分散精力；而有些人则需花费较长的时间才能辨别出来。这说明，人们在知觉过程中确实具有场独立型与场依存型的差异。

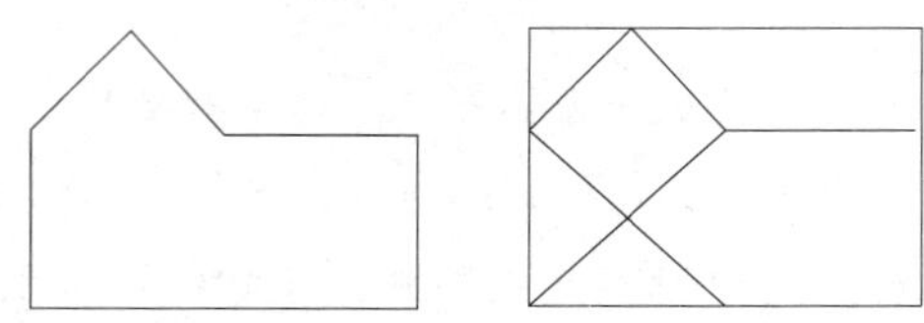

图 3-7　镶嵌图形测验

场依存型与场独立型这两种认知风格与学习兴趣有着密切的关系。一般而言，场依存型者对人文学科和社会学科更感兴趣，而场独立型者在数学与自然科学方面更为擅长。所以，在学习中，凡是与学生的认知风格相符合的学科，学业表现一般会相对好些。

两种场定向的差异不体现在学习能力上，而体现在学习过程中。在一项研究中（Schwen，1970），研究者应用了两种内容相同而程序的步子大小不同的教材。在大步子教材中，研究者首先呈现该部分的总概括，其次呈现例子和讨论，最后让学习者回答问题、解决问题，在学习者解答问题时给予反馈信息；在小步子教材中，研究者把大步子教材中的每一部分分为若干小部分，每一小部分都有该小部分的概括、例子、讨论及习题，在学习者解答问题时同样给予反馈。结果发现，在大步子条件下，场独立型更强的人对信息的保持程度更高。在另一研究中（Fleming，1989），研究者给被试呈现按某种次序排列的词汇表，词汇表上的词有由属概念到种概念排列的，如动物、脊椎动物、人类，也有由种概念到属概念排列的，如人类、脊椎动物、动物。词语的系列一开始就有内在的结构，但当排列顺序颠倒时，有助于学习的结构就没有了，被试需要重新组织结构。研究发现，在回忆由属概念到种概念排列的词汇表时，场依存型和场独立型的被试没有显著差异，但在回忆由种概念到属概念排列的词汇表时，场依存型的被试回忆得较少。此外，在一项研究中，当研究者事先特别告诉被试要记住这一天的有关事情时，场依存型的人的成绩并不比场独立型的人好，但是场依存型的人在回忆任务是偶然发生的时候，在记住有关事物方面的成绩却显著地好于场独立型的人。

两种场定向对社会性线索和学习强化会产生不同的反应。场依存型的人注重学习环境的社会性，并且对具有社会内容的材料更感兴趣。他们更容易受其他人的积极影响，特别是那些他们喜欢的人。场依存型者容易接受别人的暗示，他们学习的努力程度往往受外在因素的影响，因此场依存型的学生在诱因来自外部时学得更好；而场独立型者在内在动机作用下学习时常常会产生更好的学习效果，在数学学科的学业表现上尤其明显。并且，这两种学生对不同强化的喜爱和反应程度具有很大差异。有人（Renzi，1974）给两种场定向的学生分别提供了两种程序教材，教材中的学习任务是画一个“精确的”椭圆。在第一种教材中，当学习者依照教材的要求画椭圆时，没有给予反馈；而第二种教材提供了一张精确的椭圆轮廓纸，学习者可以随时检查自己画得是否正确。结果，场独立型的学生在两种情况下画得同样好，而场依存型的学生在有反馈时的表现显著好于无反馈时的表现。上述结果表明，场依存型的人比场独立型的人更需要反馈信息。

教师的场定向也对教学方法具有一定的影响。场独立型强的教师喜欢数学和自然科学学科，他们喜欢演讲，在讲课时注意教材的结构和逻辑，偏向于使用较正规的教学方式；而场依存型强的教师不太讲究结构，喜欢与学生相互作用，喜欢采用讨论的方法。一般说来，场依存型的教师倾向于采用非直接教学和以学生为定向的教学，而场独立型的教师则倾向于采用直接教学和以任务为定向的教学（Witkin et al.，1977）。

教师与学生存在场定向的匹配问题。当学生与教师的场定向相匹配时，他们的学习效果较好。在一项研究中（Packer & Bain，1978），研究者对场定向匹配或不匹配的32对师生进行了研究。结果发现，学生更受益于与自己的场定向相匹配的教师；在不匹配的情况下，场依存型学生受到的不利影响比场独立型学生大。但另一方面，在学习某些类型的东西时，师生之间场定向的对立可能会使个人的观点和反应不尽相同，使课堂更为活跃，因此，这比师生场定向相同更可能促进学习。有人（Saracho & Spodek，1981）在一个追踪研究中发现，在学校期间学生的学业表现（分数）与师生的场定向是否一致有关。总的说来，由场独立型教师教出来的学生比由场依存型教师教出来的学生受益更多，并且其成熟性随着师生场定向的不同结合而变化。最佳结合是场独立型教师与场独立型学生，其余依次是场独立型教师与场依存型学生、场依存型教师与场独立型学生、场依存型教师与场依存型学生。

师生场定向的匹配甚至影响教师对学生的评定。有人（Saracho & Dayton，1980）按照二年级和五年级师生之间场定向的相匹配或不匹配来考察教师与学生的关系。结果发现，教师的认知风格显著影响着他们对学生的期望。把教师对学生学业能力的主观等级评定与学生在基本技能的综合测验中的实际等级进行比较，我们可以发现，场独立型的教师往往倾向于高估那些与自己的场定向不相匹配的学生，而场依存型的教师则倾向于低估与自己的场定向不相匹配的学生。这意味着，场独立型的教师与场依存型的教师相比，对于与自己场定向不同的学生具有更积极的期望。

教学时，教师应当同时从取长和补短两个方面利用学生的场定向。一方面，教师鉴别学生的场定向，并使自己的教学方法适合学生的场定向，教师和学生也可根据他们优先的认知风格加以匹配；另一方面，教师和学生可以将自己的技能扩展到自己的非优势场定向范围。场独立型儿童可以被指定去参加某些具有社会敏感性的任务，如主持一个委员会，而场依存型儿童也可以被指定去进行那些应用分析性技能且单独完成的工作。场依存型教师可以更多地去从事分析的和理论的活动，场独立型教师则可以进行更多的要求发展社会性技能的活动。

2. 沉思型和冲动型

沉思型（reflective）和**冲动型**（impulsive）是另一个重要的学习风格研究主题。卡根等人（Kagan et al.，1964）通过一系列实验发现，有些学生的知觉与思维方式以冲动为特征，而另外一些学生则以沉思为特征。冲动型思维的学生倾向于根据几个线索做出直觉的跃进，往往以很快的速度形成自己的看法，在回答问题时很快就做出反应；沉思型思维的学生在做出回答之前则倾向于进行深思熟虑的、计算的、分析性的和逻辑性的思考，往往先评估各种可替代的答案，然后给出较有把握的答案。

卡根根据学生寻找相同图案和辨认复杂镶嵌图形的速度与成绩对学生在这一维度上的学习风格进行划分。在图形匹配测验中，在图的正上方有一个目标图形，在下方的6个选项中只有一个与这个目标图形一模一样，被试需要在6个选项中找出这个与目标图形一样的图形，如图3-8所示。

沉思型和冲动型

图3-8　图形匹配测验

实验者要求学生尽可能快地做出回答，但在每次错误反应后，学生还要再尝试，直到找到正确答案为止。因此，学生若要很好地完成任务是有点压力的，而且他们还要迅速做出抉择。学生在这种情境里会形成一种正确反应与迅速反应之间竞争的焦虑感。测验成绩是由做出反应的时间和错误反应的数量来决定的。通过这类测验，我们可以识别出两种不同的学习风格。冲动型学生一直有一种迅速确认相同图案的欲望，他们匆忙做出选择，犯的错误多一些；沉思型学生则采取小心谨慎的态度，做出的选择比较精确，但速度要慢一些。有人认为，冲动与沉思的区别表明了学生在信息加工策略方面的重要差异。

这两种学习风格可能适用于不同类型的学习任务。有人在综述大量研究之后总结说（Hetherington & McIntyre，1975），沉思型学生表现出更为成熟的解决问题的策略，而且与冲动型的学生相比，他们更有可能考虑不同的假设。还有人（Mckinney，1975）指出，9 岁的沉思型和冲动型学生的作业结果没有什么差别，但是在 11 岁学生中，沉思型学生在加工任务信息方面比冲动型学生更有效，并且能够采用更系统的和从发展上来说更成熟的策略。然而，另有人发现（Rollins & Genser，1977），沉思型学生解决较少维度的问题比冲动型学生要快得多，冲动型学生解决具有许多维度的问题则比沉思型学生要快得多。还有人研究发现，沉思型学生在完成需要对细节做分析的学习任务时，学业表现较好；冲动型学生在完成需要做整体解释的学习任务时，学业表现要好一些。因此，冲动型学生在解决问题的能力方面不一定比沉思型学生差。一般人认为冲动型学生学业表现差，主要是因为学校里的测验往往注重对细节的分析，而他们擅长的则是从整体上来分析问题。

这种学习风格在一定程度上是受教育和环境影响的。有人（Toner et al.，1977）发现，虽然沉思型学前儿童比冲动型学前儿童更能约束自己的运动动作，更能抗拒诱惑，并且这两者随着年龄的增长而增长，但是，这并不意味着这种学习风格不能受到精心设计的教育措施的影响。有人（Ford，1977）发现，如果迫使幼儿园的孩子和二年级的学生为了达到更精确的结果而努力学习时，二年级的学生更容易做出适当的改变；当强调速度时，二年级学生更为灵活。所有这些结果表明，在小学低年级阶段，儿童的信息加工方式是随情境的要求而改变的。

冲动型的缺点通过教学能够得到弥补。奥巴赫（Orbach）利用匹配熟悉图形的测验研究了三组被标定为“冲动型”的 3～11 岁的男孩子。第一组，利用模仿和教学，训练他们增加反应的潜伏期（考虑第一个反应所需的时间）；第二组，利用视觉审视策略，训练儿童反应的精确性；第三组，利用视觉辨别策略，训练儿童反应（寻找差异）的精确性。结果发现，后两组训练提高了反应的精确性，第一组在潜伏期方面的成绩提高了，但在精确性方面则没有提高。看来，这种学习风格与解决问题的策略有关系。还有人（Zelniker，1974）试图改变二年级学生的反应潜伏期，结果发现，冲动型学生的反应潜伏期有所增加，而沉思型学生的潜伏期并未像他们期望的那样缩短。他们推测说，这是由于在阅读和归纳推理方面，冲动型学生比沉思型学生的熟练性较低，因此，简单地增加冲动型学生的注意广度是很困难的，但是，提示他们如何去寻找问题并识别问题的细节，可能有利于改变他们的信息加工方式。

冲动型和沉思型的风格问题在多大程度上反映了环境与经验，又在多大程度上基于学习者内在的生理前提，是值得深入研究的。例如，研究者（Buckholtz et al.，2010）在《科学》杂志上发表了一篇文章，提出人的冲动性与大脑内部的多巴胺水平相关，而大脑多巴胺的分泌受中脑部位受体的敏感性的影响，冲动型的人的受体敏感性显著低于平均水平。在没有彻底弄清楚经验与生理两方面作用的情况下强迫学生改变对学习风格的偏重，会损害学生的自我概念，并会导致学生对学校的疏远，所以对学习风格的改变要谨慎一些。

3. 系列性和整体性

英国心理学家帕斯克（Pask，1976；1988）对学生怎样学习做了大量的调查研究，试图发现学生在学习策略方面的重要差异。他让学生对一些想象出来的火星上的动物图片进行分类，并形成自己的分类原则；在学生完成分类任务之后，让学生进一步报告他们是怎样进行这项学习任务的。帕斯克发现，学生在使用的假设类型以及建立分类系统的方式上，都表现出一些有趣的差异。有些学生把精力集中在一步一步的策略上，他们提出的假设一般比较简单，每个假设只包括一个属性，这种策略被称为**系列性策略**（serialist strategy），也就是说，从一个假设到下一个假设是呈直线方式进展的；而另一些学生则倾向于使用比较复杂的假设，每个假设同时涉及若干属性，这种策略被称为**整体性策略**（holist strategy），就是指从全盘上考虑如何解决问题。

帕斯克认为，这两种策略是学生表现出来的基本的思维方式与问题解决模式的差异。实验表明，有些学生在任何情况下都倾向于采用整体性策略，有些学生则倾向于采用系列性策略。采用整体性策略的学生从事学习任务时，往往倾向于对整个问题涉及的各个子问题的层次结构以及自己将采取的方式进行预测，并且，他们的视野比较宽阔，能把一系列子问题组合起来，而不是一碰到问题就立即一步一步地解决。采用系列性策略的学生一般把重点放在解决一系列子问题上，他们把这些子问题联系在一起时，十分注重其逻辑顺序。因为他们通常按顺序一步一步地前进，所以，他们只有在学习任务快结束时，才能对所学的内容形成一种比较完整的看法。

他们在使用类比或图解等方法时也相对谨慎得多。当然，尽管他们采用的方式完全不同，但这两种类型的学生在学习任务结束时都能达到同样的理解水平。此外，帕斯克还注意到了这样一种现象——有人在采用整体性策略或系列性策略时走极端，显得近乎“病态”。例如，有些采用整体性策略的学生往往倾向于做出不合适的、未经深思熟虑的类推，或在还没有了解足够证据的情况下急于形成个人的判断，并把这种不成熟的判断应用于其他方面，并且，采用这种策略的学生很可能遗漏掉他们自认为不重要的部分。与此相反，有些采用系列性策略的学生不会利用有效的、重要的类比，不能对知识形成一种比较完整的概括，从而不能了解各种要素之间的关联。

与整体性策略和系列性策略相对应的是结构性和随意性学习风格。例如，有些学生喜欢常规性的、有依赖性的和有条理的知识；而有些学生则恰好相反，他们非常喜欢那些不可预测的、不寻常的、出人意料的事物，而极端厌恶常规情境的单调和无趣。在课程上，有些学生喜欢完全受支配的结构，而有些学生则喜欢自主和自由；有些学生喜欢教师把一、二、三、四各点都分配好，有些学生则喜欢自己组织问题。

学习材料与学生的风格是否匹配会影响学习效果。帕斯克先根据前面实验的结果，确定哪些学生倾向于采取整体性策略、哪些学生倾向于采取系列性策略。接着，他要求所有学生学习一组程序教学材料，然后进行测验，以检验他们学到了多少内容。这组学习材料有两个版本：一个版本旨在适合于用整体性策略的学生，材料中有许多类推和图解；另一个版本是按照逻辑顺序一步一步地呈现内容，不穿插其他类比或说明材料，以适合于用系列性策略的学生。帕斯克把采取整体性策略的学生分成两组：一组学习第一个版本（在匹配条件下学习），另一组学习第二个版本（在不匹配条件下学习）。同样，他把习惯采用系列性策略的学生也分为两组：一组用第一个版本（在不匹配条件下学习），另一组学习第二个版本（在匹配条件下学习）。实验结果表明，在匹配条件下学习的学生，都能够回答有关他们学习过的内容的绝大多数问题，而在不匹配条件下学习的大多数学生不及格。这一研究对于教学实践具有重要意义。教师需要为学生提供一种适合于学生以自己偏好的学习风格来学习的机会。如果教师采取某种比较极端的教学方法（这种方法本身也许反映了教师自己的风格），那么必然会有一些学生感到这种教学方法与自己的学习风格相距甚远，从而影响这些学生的学习效果。但这并不等于教师没有一种途径可以促进所有学生的学习。帕斯克认为，在教学之前，教师可以先给学生提供一定的信息，并促使这些信息与学生已有的认知结构相互作用，以此来激发学生对意义的理解。

4. 深层加工和表层加工

学生对信息进行加工的深度存在两种方式（Snow，Corno，& Jackson，1996；Marton & Saljo，1976；Eggen & Kauchak，2001）：一种是深层加工（deep processing），另一种是表层加工（surface processing）。深层加工指深刻理解所学内容，将所学内容与更大的概念框架联结起来，以获取内容的深层意义。表层加工指记忆学习内容的表面信息，不将它与更大的概念框架联结起来。例如，当学生在学习“中心”（centration）这一概念时，是否注意到它是皮亚杰理论的内容，并将其与其他诸如“自我中心”（egocentricity）、“守恒”（conservation）、“前运算思维”（preoperational thinking）等概念联系起来；是否会将它与成人常常表现出自我中心的事实联系起来，尽管它属于幼儿思维方式的内容。如果是这样，那么他就是在使用深层加工方式。相反，如果他只是记住其定义和确认1～2个中心主义的例子，那么他就是在使用表层加工方式。深层加工有利于侧重理解的考试，表层加工有利于侧重事实学习和记忆的考试。

第三节　社会文化背景与性别差异

同一个班级的学生可能来自不同的民族、地域或家庭背景，这些社会文化背景上的差异会影响学生的行为方式，以及学生之间、师生之间的沟通。虽然学生的性别属于群体差异，但是教师往往针对学生个体的性别差异而采取不同的行为偏向，因此将此部分放在个体差异部分加以介绍。

一、社会文化背景差异

（一）文化及其差异

文化（culture）是指人们共同的规范、传统、行为、语言以及集体感（Erickson，1997）。文化包括引导某一特殊群体行为处世的知识、规则、传统、信仰和价值观（Betancourt & Lopez，1993）。

文化差异不仅存在于国家之间，也存在于同一个国家社会内部不同的群体之间。例如，在山区长大的孩子与在都市长大的孩子，他们周围的文化环境（地方历史、习俗、传统、语言、人际关系等）存在很大的差别。即使生活在同一个小镇，一个工人家庭的孩子与一个教师家庭的孩子也是成长在不同的文化之中的。

文化差异是普遍存在的，但不是所有文化差异都是显而易见的。在大多数情况下，文化间的差异非常微妙，不易被人发觉。加西亚（Garcia，1991）做了一个形象的比喻，把文化比作海上的冰山，海面上的三分之一是可见的，而剩下的三分之二却隐藏在海面以下，不易被人发觉。文化显而易见的部分，如传统、习俗等，只占文化差异的一小部分，大多数差异隐藏在表面之下，它们多数含蓄、隐而未发，甚至是一些无意识的偏见和信念（Casanova，1987；Kagan，1983）。文化差异越含蓄和隐秘，就越难以被识别和改变（Casanova，1987）。当不同的文化相遇时，如果文化间的差异难以识别，就会导致误会的产生。有人（Erickson & Shultz，1982）研究发现，学校辅导员同时辅导与其文化背景相同的学生A和与其文化背景不同的学生B，A会点头说"嗯"，而B则不点头也不说"嗯"。辅导员会误以为B没有听懂，从而反复进行讲解。结果辅导员认为B不聪明，而B则认为辅导员反复讲解的行为让他觉得自己很傻。显然，双方都没有意识到交流中存在的微妙文化差异，严重影响了教学的顺利进行。

儿童进入学校学习时，他们在特定文化背景下形成的许多行为对课堂教学都具有重要的影响。例如，学校希望学生能够讲普通话，但这对于那些讲方言的家庭的学生来说就存在困难。学校一般鼓励竞争和独立学习，但有些学生来自鼓励合作的家庭或群体，这些学生在学校中就处于一种相对劣势的地位。了解学生的文化背景对于有效教授学业内容、建立学校所期望的行为等具有重要作用。

（二）文化刻板印象

刻板印象（stereotyped image）指的是人们对某个特定的群体（以性别、民族或地域划分）或事物产生的比较固定、概括而笼统的看法。刻板印象会影响学生的自我概念和自我意识，从而影响学生的价值观、态度、动机、学习期望及其他行为方式。

教师对学生持有的刻板印象会从两个方面对学生产生长期或短期的不良影响。

一方面，刻板印象会影响教师对学生的期望，而教师对学生的期望和行为会导致学生成为教师期望他成为的那种人。例如，物理教师如果认为数学学业表现好的学生的物理学得更好，那么他就会在日常教学中对这类学生更关注，给予更多的表扬和赞许。即使数学学业表现好和不好的两名学生在一次物理考试中获得了同样的学业表现，该教师也会认为数学学业表现好的学生学得好，而数学学业表现不好的学生则是因为运气好。尽管教师的这种想法并没说出来，但学生能够从教师的一言一行、一颦一笑中体会出来，前者会受到激励学得更努力，后者则可能受挫并对物理产生厌恶感，从此学业表现一落千丈，同时，学生也会认为教师不够公平、公正。因此，在教学中教师要竭力避免刻板印象，保证公平、公正地对待学生。

另一方面，当我们把学生置于刻板印象情境中时，学生往往存在着**刻板印象威胁**（stereotype threat）。刻板印象威胁指学生担心自己在学业情境下的表现会证实人们对他持有的刻板印象，而怀有的额外的情绪和认知负担。这种负担一方面可能来自个体让自己迎合这种刻板印象（Aronson，2002），如身体强壮的男孩要证明自己体育不差，另一方面可能来自个体要证明这种刻板印象的不正确性，如女孩要证明自己数学能力不差。这种额外的情绪和认知负担会给学生带来一些长期和短期的不良影响。短期内，个体由于害怕自己会应验负面的刻板印象（如女生担心自己数学考砸，从而应验了女生学不好数学的偏见），会产生考试焦虑，因此影响学业表现。研究者（Osborne，2001）对全美国的白人、非裔美国人和拉美人进行了学业表现测验和焦虑测验，结果发现，白人的学业表现显著高于其他人，而且焦虑解释了大多数差异。这证明了刻板印象是通过考试焦虑影响学生的学业表现的。

负面的刻板印象随着时间的累积会导致认同错位。当经历学业失败时，刻板印象会给学生带来巨大压力，学生会使用一些消极的策略来维护自己的学业自尊心。例如，他们会说自己根本不在乎学习和学业表现，他们一点也没有努力，所以学业表现不好。久而久之，他们会把自己与学业成功对立起来，甚至认为学习是一件非常不“酷”的事情，也不愿意为学习付出努力。社会文化中的刻板印象十分普遍，教师需要寻求积极的解决方法，克服刻板印象的消极影响。

多元文化教育（multicultural education）是近年来美国教育界给予较多关注的一个主题（斯莱文，2004）。多元文化教育是这样一种理念：所有学生，不论他们属于哪一类群体，如在性别、民族、文化、社会阶层、宗教信仰等方面各不相同或属于某种特殊群体，他们在学校中都应该享有平等的教育（Banks，2008）。

二、性别差异

人们对智力的性别差异问题争论已久，但至今没有一个负责任的研究者敢声称：在智力测验上性别间差异远远大于性别内差异（Slavin，2012）。也就是说，即使某些方面存在性别差异，这些差异也非常小，不会产生什么实际影响（Fennema et al.，1998）。大多数研究表明，从婴儿期到学前期，男生和女生在综合能力和具体能力上没有差别。上学之后，标准化的文化公平测验也表明男生和女生在一般智力上没有差别。例如，一般语言能力、算术能力、抽象推理、空间想象及记忆广度不存在性别差异（Fennema et al.，1998；Friedman，1995；Halpem & Lamay，2000）。然而，具体能力测试表明，性别之间存在显著差异。例如，从小学到高中，女生在阅读和写作考试中获得的分数普遍要高（Berk，2002；Halpern，2000）；在常识、机械推理和心理旋转等测验中，男生比女生得分高；在注意力和计划任务中，女生比男生得分高（Warrick & Neglieri，1993）。

国外研究发现，在学业表现上，女生从上学开始就优于男生，这种优势一直持续到高中（Woolfolk，2004）。在数学学业表现上，男性内部的差异比女性内部的差异大，即得分较高和得分较低的男性人数都多于女性（Berk，2002；Willingham & Cole，1997；Feingold，1992）。但有趣的是，高中男生往往倾向于高估自己的语言和数学能力，而女生则倾向于低估自己的能力（Bornholt，Goodnow，& Cooney，1994）。此外，在小学，男生比女生更容易产生阅读障碍（Smith，1994）、学习困难和情绪困扰（Smith，2001）。

两性之间的许多行为差异源自男性和女性的不同生活经历，其中包括成人对不同类型行为的强化。社会对个体的期望和要求造成的性别差异更为重要。社会的期望和要求会通过影响个体的学习态度、学习期望来进一步影响个体的学业表现。例如，人们通常认为物理、化学是男性主宰的领域，女性学不好。当这种信息被女性学习者接受，并内化为其性别图式（gender schemas）时，她们会对学好化学、物理产生无助感，认为自己不可能学好，甚至放弃学习（Woolfolk，2004）。有人（Salta et al.，2004）在调查雅典高中十一年级学生对化学的态度与他们的学业表现时发现，与男生相比，大多数女生对化学课程中的困难表现出消极、否定的态度。

学生一生都在持续进行着性别角色的社会化过程，即接受并做出被社会认定的性别角色行为（sex-role behavior）。学校教育中的性别偏向（gender bias）也影响着这种社会化过程。大量研究表明，教师在对待男生和女生时存在差异。一般来说，男生受到教师的关注比女生多（Bailey，1993），从学前到大学，女生受到注意的时间比男生要少 1800 小时。这种现象在数学、化学等科学科目中更为突出（Sadker，Sadker，& Klein，1991）。而且，男生也具有更多的机会与教师互动，如得到教师的反馈、表扬、指导以及倾听等（Bailey，1993；Sadker et al.，1994）。例如，当女生回答错误时，教师说："很好，至少你努力了。"但当男生回答错误时，教师会说："仔细想想，你一定能做出来的。"但与此同时，男生受到教师的否定与责备也比女生多，不过，教师更倾向于对女生的攻击性行为给予迅速而直接的惩罚（斯莱文，2004）。这样的区别对待还表现在很多方面，例如，男生可以到街道上活动，女生则只能在室内的某个角落活动；在音乐课上，教师同意让男生敲鼓，而让女生吹笛子。教师的这种区别对待的行为也许是无意识的，但教师的一言一行对学生的影响意义重大。

教育内容有时存在着性别偏向问题。即使按照社会性别公平化的准则编写的教材，往往也存在这样微妙的语言偏向。根据对各国教学材料的大量调查（转引自张彬，1998），无论是发达国家，还是发展中国家，故事中的男性人物占多数，而且这些人物承担的角色也非常突出。男性从事的职业大多是政治家、军人、科学家、作家等，且比例大大高于女性，这些职业具有刺激性，更需要创造性；而女性从事的职业主要是教师、护士等。家务方面，女性从事几乎全部的传统家务（如打扫房间、做饭等），而男性极少从事家务劳动。男性一般表现出知识渊博和能力超群，而女性表现出无知与孤陋寡闻。鉴于此，所有教材都应该依据社会性别公平化原则进行编制。

在教学中，教师要在教学材料的选择和呈现、课堂管理、课堂活动设计、师生互动方式，以及其他行为方式等方面避免性别偏向。

关键术语

智力，流体智力，晶体智力，多元智力理论，语言智力，数学逻辑智力，音乐智力，空间智力，身体运动智力，人际智力，内省智力，自然智力，三元智力理论，分析能力，创造能力，实践能力，学习风格，认知风格，感觉通道，场依存型，场独立型，冲动型，沉思型，系列性策略，整体性策略，文化，刻板印象威胁

思考题

一、选择题

1. 个体能正确建构自我，知道如何用这些意识察觉做出适当的行为，并规划、引导自己的人生。这种能力属于加德纳多元智力理论中的（　　）。

A. 语言智力　　B. 数学逻辑智力

C. 空间智力　　D. 内省智力

2. 某学生喜欢通过接触和操作物体来学习，并对能动手参与的活动更感兴趣，那么他最可能属于以下哪种学习者？（　　）

A. 视觉型学习者　　B. 听觉型学习者

C. 动觉型学习者　　D. 触觉型学习者

3. 有的人判断客观事物时容易受外来因素的影响和干扰，这种认知方式属于（　　）。

A. 场依存型　　B. 场独立型　　C. 冲动型　　D. 沉思型

4. 以下测验中，常被用来测量场依存型和场独立型的是（　　）。

A. 大五人格测验　　B. 镶嵌图形测验

C. 房-树-人测验　　D. 瑞文推理测验

二、简答题

1. 加德纳的多元智力理论与传统智力理论有什么不同？对教学有何启示？

2. 简要叙述斯滕伯格的三元智力理论。

3. 什么叫流体智力？什么叫晶体智力？它们之间有何区别与联系？

4. 什么叫学习风格？学生的学习风格对教学有什么意义？

5. 简要叙述常见的学生学习风格差异，这对教师的教学方法与策略有何影响？

选择题参考答案：1. D　2. C　3. A　4. B

扫码答题

第三部分

一般学习心理

第四章 学习心理导论

学习心理是教育心理学的基本内容之一，涉及有关一般学习规律的理论，如条件作用、观察学习、信息加工和知识建构以及学习动机等，也涉及对各种学习结果及其过程的研究，如概念获得、技能形成、问题解决、学习策略的习得以及品德与态度的形成等，还涉及对各个内容领域的特殊学习过程的研究，如识字、阅读、写作、计算、英语作为第二语言以及科学学习等。前两方面的内容将在学习理论部分与分类学习部分进行介绍，后者属于学科心理学的范畴，本书就不做介绍了。在进入这两部分内容之前，我们有必要讨论一下学习界定问题，这是各派理论争论的焦点问题，反映了对学习研究的不同视角和层面。随着认知神经科学的发展，有关学习的脑机制问题日益受到人们的关注，这一方面的成果和证据对验证各种学习理论、提升学习的品质具有重要的意义。

本章要点

- ● 学习及其分类
  - ○ 学习的界定
  - ○ 学习的作用
  - ○ 学习的分类
  - ○ 学习的相关概念
- ● 学习与脑
  - ○ 大脑发育及学习的关键期假说
  - ○ 脑的特异化与学习
  - ○ 学习与脑的可塑性
  - ○ 基于脑的学习
- ● 学习理论发展
  - ○ 两种倾向的学习理论体系的建立与初步发展
  - ○ 行为倾向、认知倾向学习理论的相互吸取
  - ○ 认知学习理论的发展与人本主义的出现
  - ○ 建构主义学习理论的兴起

第一节 学习及其分类

一、学习的界定

学习（learning）是个体在特定情境下由于练习或反复经验而产生的行为或行为潜能的比较持久的变化（Bower & Hilgard，1981）。

第一，学习的发生是由经验引起的。学习产生于个体的某种经验活动过程，这种经验活动过程可以是个体接受刺激、亲自参与某件事情或练习，也可以是观察其他个体的活动、阅读或听讲等。

第二，学习导致行为或行为潜能的变化。由学习导致的变化有时立即反映在行为变化上，有时则需要经过很长时间才能反映在行为变化上。后者被看作行为潜能的变化，如个体的记忆、思维、情感、态度或价值观的变化。

第三，行为的变化并不等同于学习的存在。机体的行为变化不仅可以由学习引起，也可以由本能、疲劳、适应和成熟等引起。由学习导致的行为变化是比较持久的，这种变化会使行为水平提高；而由疲劳、创伤、药物、适应引起的行为变化都比较短暂，并使得行为水平降低。成熟虽然也能带来行为的变化，但成熟比学习带来的行为变化要慢得多。成熟往往与学习相互作用，而引起行为的变化。

第四，学习与表现不能等同。学习带来的行为变化往往通过行为表现出来，但学习不能等同于表现。个体的表现要视个体的具体情境来决定。例如，由于个体对学习的记忆存在差异或者学习后受到的激励存在差异，因此其表现也有所不同。

第五，学习是一个广义概念，它不仅是人类普遍具有的，也是动物具有的。学习不仅指有组织的知识、技能、策略等学习，也包括态度、行为准则等的学习，既有学校的学习，也包括持续终生的日常生活中的学习。

二、学习的作用

（一）学习是机体和环境取得平衡的条件

学习是机体与其生存环境保持平衡的必要条件。动物为了适应变化的环境，需要学习。人不仅要适应环境，而且要改造环境，使环境更好地为人类服务，这就更需要学习。广义地说，学习与生命并存，对一切具有高度组织形式的动物而言，生活就是学习。但生物的发展水平不同，它们的生存环境也各不相同，学习在它们生活中所起的作用也就不同。有人认为，低等动物的生活方式极为简单，依靠本能行为就能适应环境、取得平衡。例如，没有神经系统的原生动物只有最低的感知能力，对学习几乎没有要求或要求极低。到了人类，个体从出生到死亡的整个过程都离不开学习。索里（Sawrey）和特尔福德（Telford）在《教育心理学》中用图 4-1 来说明学习在不同的动物生命形式中所起的不同作用。

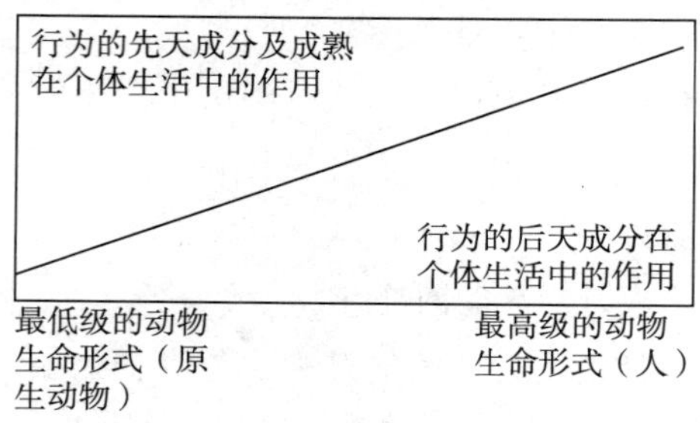

图 4-1　行为成分与动物发展水平的相互关系

由图 4-1 可见，动物生命形式越低级，行为的先天成分作用越大，习得活动只构成其全部活动中的较小部分，其一生所能实行的动作大都在刚出生或出生不久后就出现了。低等动物的婴儿期很短，总的学习能力很低，保持时间短；高等动物则不同，行为的后天成分在生活中起的作用大，出生时最无能，且本能反应少，婴儿期特别长，学习能力强，受益于学习和经验的程度也大。

（二）学习可以影响成熟

个体的生理结构和机能为学习提供了可能性，在个体发展的一定阶段学习什么、从何时开始都要以学习者的相应成熟为条件。但是，如果个体的生理结构得不到使用，它的机能就会消退。如果剥夺初生的动物在某方面的刺激作用，则会影响其相应的感觉器官的发育和成熟。研究者（Riesen，1947）对黑猩猩进行了剥夺研究。研究者把两只刚出生的黑猩猩放在完全黑暗的环境中饲养，剥夺光刺激对它们视觉器官的作用，16 个月后，这两只黑猩猩的视觉严重落后，视觉器官也出现异常。另有研究者（Rosenzweig，1984）用老鼠做了类似的研究。研究者把刚出生的老鼠分成两组：一组放在具有丰富刺激的环境里，并给予适当的学习训练；另一组则放在刺激贫乏和缺乏学习机会的环境中。经过 4～10 星期，前一组老鼠的大脑皮质增重与增厚，神经突触增大或增多，神经胶质细胞的数目增多，核糖核酸与脱氧核糖核酸的比率改变，乙酰胆碱酯酶的活性提高。这些研究都证明，没有环境的刺激作用及学习活动，正常的成熟是不可能的。脑成像的研究（Kim et al.，1997）揭示，在学习进程中，随着经验的丰富，皮层表征会发生相应的变化。例如，早期双语者和晚期双语者说双语时的脑区激活情况存在一定的区别，晚期双语者两种语言在布洛卡区的激活区域相互分离［图 4-2（a）］，而早期双语者两种语言在威尔尼克区的激活区域相互重叠［图 4-2（b）］。

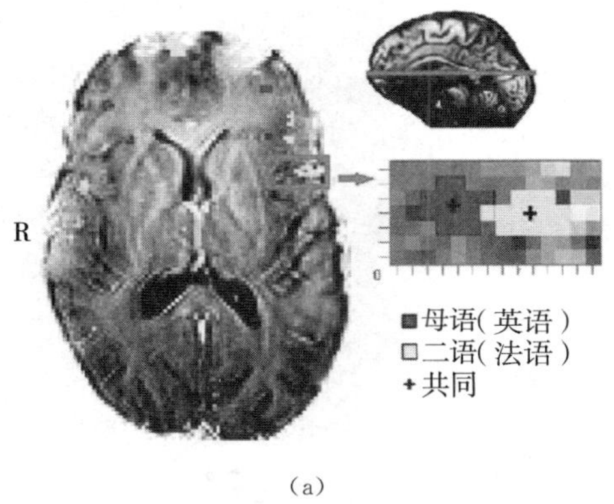

(a)

图 4-2 晚期双语者两种语言在布洛卡区的激活区域相互分离

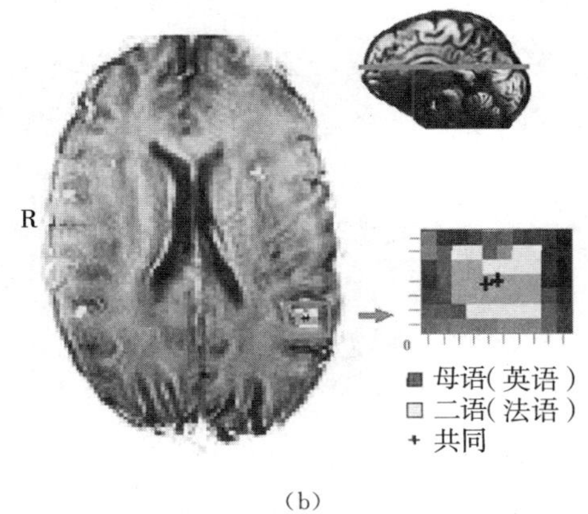

(b)

图 4-2 早期双语者两种语言在威尔尼克区的激活区域相互重叠

（三）学习能激发人脑智力的潜力，从而促进个体心理的发展

有些人在小时候的学业表现和能力水平很差，但后来他们都取得了很高的智力水平和伟大成就。例如，达尔文小时候曾被认为是低能儿，牛顿小时候学习很差，

华罗庚在七年级时还补考过数学。那么，是什么使他们产生了如此巨大的变化？是学习将他们大脑中的潜能激发了出来。个体甚至到了中年、老年，还可以发挥个体头脑中的潜能。老年学研究者（Schaie & Willis，1986）认为，虽然老年人的流体智力有所降低，但晶体智力有所提高。

三、学习的分类

学习现象极为复杂，既涉及学习者内部的过程又涉及外部影响，既有内容问题又有形式问题，既有简单的、低级的学习又有复杂的、高级的学习。为了探究学习的一般规律及其特殊性，学习理论家从不同的角度对学习做出了分类。下面我们简单介绍几种学习的分类。

（一）学习主体分类

1. 动物学习

动物学习仅限于消极适应环境变化，以满足其生理需要；动物学习主要靠直接方式获取个体经验；动物学习局限于第一信号系统。

2. 人类学习

人类学习与动物学习具有本质区别。这主要表现在三个方面：①人类学习的社会性。人类除了通过直接经验的方式获得个体经验，还在与他人的交往过程中获得人类社会的历史经验。②以语言为中介。语言扩大了个体的可能性；通过语言符号，个体不仅能掌握具体的经验，而且能掌握社会历史经验、抽象概括的经验，才能由低级的以知觉过程为主的心理机能转为高级的以抽象思维为主的心理功能。③积极主动性。动物学习是为了适应环境，是被动的；而人类学习不仅是为了适应环境，而且是要认识世界、改造世界。人是在积极地作用于环境、与周围人的交往过程中进行学习的。

3. 机器学习

机器学习是人工智能领域的一个重要分支。按照人工智能大师西蒙的观点，学习就是系统在不断重复的工作中对本身能力的增强或者改进，使得系统在下一次执行同样任务或类似任务时，比现在做得更好或效率更高。**机器学习**（machine learning）就是要借助计算机科学和技术原理模拟或实现人类的学习行为，以获取新的知识和技能，不断改善自身性能，从而赋予计算机系统学习能力。阿尔法围棋（AlphaGo）就是机器学习的一个典型例子，它在 2016 年以 4：1 的总比分战胜围棋世界冠军。它通过深度学习的原理在与自己的数万次对弈中进行自我训练，不断提高围棋水平。深度学习（deep learning）是由辛顿（Hinton）等人在2006年提出的，是机器学习研究中的一个新的领域，旨在建立、模拟人脑的分层结构，对外部输入的数据进行从低级到高级的特征提取，从而解释外部数据，如图像、声音和文本（郭丽丽、丁世飞，2015）。深度学习被广泛应用于图像识别、语音识别和自然语言理解等领域的人工智能技术。

（二）学习水平分类

1970年，加涅（Gagné）根据学习的繁简水平，提出了八类学习类型。

①信号学习：个体学习对某种信号做出某种反应，其过程是刺激—强化—反应（经典性条件作用）。

②刺激—反应学习：在一定情境下，个体做出反应，然后得到强化，其过程是情境—反应—强化（操作性条件作用）。

③连锁学习：一系列刺激—反应的联合。

④言语联想学习：由言语单位联结的一系列刺激—反应的联合。

⑤辨别学习：个体学会识别多种刺激的异同，并对它们做出不同的反应。

⑥概念学习：个体对刺激进行分类时，学会对一类刺激做出同样的反应。

⑦规则的学习：规则指两个或两个以上概念的联合，规则学习则是个体了解两个或两个以上概念之间的关系。

⑧解决问题的学习：个体使用所学规则解决问题。

加涅的这一分类是由简单到复杂、由低级到高级的。前三类学习都是简单反应，许多动物也能完成。1971年，加涅对这种分类做了修正，把前四类学习合并为一类，把概念学习扩展为具体概念学习和定义概念学习两类。新的分类是：①连锁学习，②辨别学习，③具体概念学习，④定义概念学习，⑤规则的学习，⑥解决问题的学习。

学习结果分类

智力技能

（三）学习结果分类

加涅认为，学习结果就是各种习得的能力或性情倾向，可以分为五种类型。

1. 言语信息的学习

言语信息（verbal information）指有关事物的名称、时间、地点、定义以及特征等方面的事实性信息。学习者掌握的是以言语信息传递（通过言语交往或印刷物的形式）的内容，或者学习者的学习结果是以言语信息表达出来的。学习者得到的不仅是个别的事实、概念等信息，还是对信息赋予意义、组织成系统的知识。例如，学习时钟的识别、天体运行、四季的形成等知识。有组织、有联系的言语信息可以为思维提供工具。

2. 智力技能的学习

智力技能（intellectual skills）又被称为智慧技能或心智技能，指个体运用符号或概念与环境交互作用的能力。言语信息的学习帮助学生解决“是什么”的问题，而智力技能的学习要解决“怎么做”的问题，以处理外界的符号和信息。每种水平的学习都包含着不同的智力技能，例如，如何把分数转换成小数、如何使动词和句子的主语一致等。

3. 认知策略的学习

认知策略（cognitive strategies）指个体调控自己注意、学习、记忆和思维等内部心理过程的技能。认知策略与智力技能的不同在于，智力技能定向于学习者的外部环境，而认知策略则支配着学习者在应对环境时自身的行为，即内在的东西，是学习者用来管理他的学习过程的方式。

4. 态度的学习

态度（attitude）是影响个体对人、事和物采取行动的内部状态。态度可以从各种学科的学习中得到，但更多的是从校内外活动和家庭中得到。加涅提出了三类态度：①儿童对家庭和其他社会关系的认识；②对某种活动表现出来的积极的、喜爱的情感，如音乐、阅读、体育锻炼等；③有关个人品德的某些方面，如热爱国家、关切社会需要和社会目标、尽公民义务的愿望等。

5. 动作技能的学习

动作技能（motor skills）指个体通过身体动作的质量（敏捷、准确、有力和连贯等）不断改善而形成的整体动作模式。运动技能又被称为动作技能，包括体操技能、写字技能、作图技能、操作仪器技能等，是能力的组成部分。

（四）学习性质与形式分类

奥苏贝尔（Ausubel）根据两个维度对认知领域的学习进行了分类：一个维度是学习的形式，分为接受学习和发现学习；另一个维度是学习的性质，即学习材料与学习者原有知识的关系，学习分为机械学习和有意义学习。这两个维度互不依赖，彼此独立。并且，每一个维度都存在许多过渡形式，其具体的组合可见图 4-3。这一分类表明，学习的形式不等同于学习的性质，接受学习不一定是机械的，发现学习也不一定是有意义的。

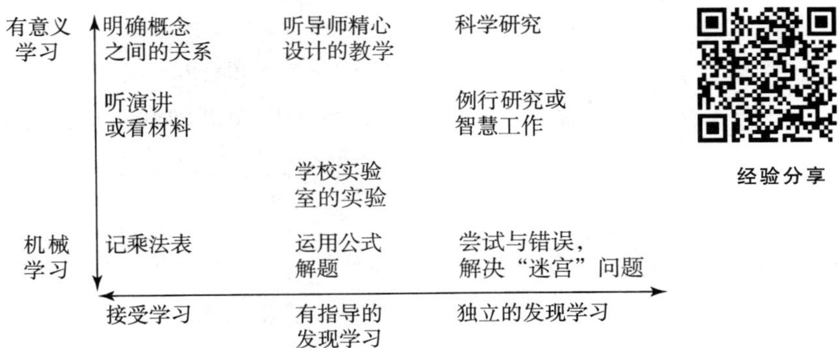

图 4-3　学习性质与形式分类及其举例

(五) 学习的意识水平分类

内隐学习（implicit learning）这一概念最早是由美国心理学家雷伯（Reber）提出的，是指机体在与环境接触的过程中不知不觉地获得了一些经验并因其改变事后某些行为的学习（何曾豪等，2002）。例如，人们能够辨别哪些语句符合语法，却不一定能够说出这些语法规则是什么；优秀运动员能够准确接住复杂多变的球，却难以说出背后复杂的规则，只能说多练几次就有感觉了。**外显学习**（explicit learning）则是有意识的、明确需要付出心理努力并按照规则做出反应的学习，如学习物理中的牛顿运动定律。

(六) 学习内容分类

学习内容分为：①知识的学习，②技能学习（包括智力技能学习，或把智力技能学习单列一类），③道德品质或行为习惯的学习。

(七) 正式学习与非正式学习

1973 年，研究者（Scribner & Cole，1973）在《科学》杂志上发表了一篇广为引证的题为《正式与非正式教育中的认知后果》（*Cognitive consequences of formal and informal education: New accommodations are needed between school-based learning and learning experiences of everyday life*）的论文。其从大量的比较文化研究出发，比较了正式教育和非正式在实际生活中的思考、行动和学习上的差别。后来，研究者（Resnick，1987；Lave，1988）对此做了进一步分析，引起了人们对正式学

习与非正式学习研究的热潮（Bransford et al.，2006）。

正式学习（formal learning）指在学校的学历教育和工作后的继续教育中发生的学习，是通过课程、教学、实习以及研讨等形式进行的。**非正式学习**（informal learning）指学习者在非正式的学习时间和场合中，通过非教学性质的社会交往而进行的自主学习。

正式学习与非正式学习的区别不在于学习发生的物理位置。即使在学校，学生也可能进行非正式学习，如与同伴交流互动、玩游戏，以及接触各种信息媒体等。非正式学习在生活中随时都能发生，如家庭中父母的说教、旅游观光、网络通信和聊天、观看电视与电影等。非正式学习可以随处进行，不需要专门的教室，不存在鲜明的组织性和制度性，可以发生在工作场所、博物馆、科技馆、动物园、植物园、水族馆、社区中心以及运动场等。

四、学习的相关概念

随着时代的发展、文明的进步，有关学习的新名词也如雨后春笋般涌现，这反映了人们对学习观念的扩展以及对学习研究的深入。这里简单介绍几个相关概念。

（一）终身学习

终身学习（lifelong learning）的思想古已有之，且绵延久远。孔子有云："吾十有五而志于学，三十而立，四十而不惑，五十而知天命，六十而耳顺，七十而从心所欲，不逾矩。"终身学习成为一种意义深远的教育思潮和教育理念，得力于联合国教科文组织的大力倡导和积极推行。1965年12月，法国教育家保罗·朗格朗（Paul Lengrand）在联合国教科文组织召开的成人教育促进国际会议上提交了"关于终身教育"的提案。他提出，人的发展是终身的过程，教育和学习应该从摇篮到坟墓，从生到死，连续不断。朗格朗此后出版了《终身教育引论》。该书认为，终身教育包括了教育的各个方面、各种范围，包括从生命运动的开始到死亡这段时间的不断发展。终身学习意味着学习观念的根本性改变，使学习成为所有人终身的行为习惯和自觉行动，成为一种不可缺少的生活内容和生活方式（吴遵民，2004）。

（二）远程学习

远程学习（distance learning）或远程教育（distance education）是一种特殊的教育

形态，学生和教师在时间、空间以及情境上存在一定的距离，处于准分离状态，这种距离原本是教学的一种劣势，但是互联网的出现为教育交流创造了跨越时空的新舞台，劣势变为了优势。实际上，跨时空、大信息量、交互性和个性化已成为远程学习的主要特色；丰富的信息资源和方便的获取方式是网络教学新模式的主要优势。

泛在学习（ubiquitous learning）是指每时每刻的沟通、无处不在的学习，是一种任何人可以在任何地方、任何时刻获取所需的任何信息的方式。它是利用信息技术为学生提供一个可以在任何地方、随时、使用手边可以取得的科技工具来进行学习活动的4A（anyone，anytime，anywhere，anydevice）学习。

（三）真实性学习或真实性教学

真实性学习（authentic learning）缘起于**真实性智力活动**（authentic intellectual work）的概念。美国学者纽曼（Newmann，2001）从20世纪60年代就开始关注学生学习的智力质量，建构真实教学的理论。纽曼等人通过一系列大型研究项目，调查了上千所美国中小学的上万名学生的学习过程和结果，同时他们又对比研究了各种职业和环境中成功地运用知识的成人，如新闻记者、法律学家、设计师、教师、汽车修理工、客户服务代表、照片冲印技术人员、内科医生、儿童保育员等，寻找这些领域中成功人士拥有的共同特征，提出了真实性智力活动的概念。真实性智力活动是指创造性地运用知识和技能，探究那些对学习者在校外获得成功的具有价值的具体问题、学习结果或陈述的细节。例如，标识一组句子中的各种成分（副词、介词和连词等）属于低质量的智力活动，而写作一篇短文来劝服他人做某事则属于高质量的智力活动；回答有关中国地理知识的选择题属于低质量的智力活动，而设计中国的主要景点旅游宣传材料则属于高质量的智力活动。

真实性学习是指完成真实性智力任务的学习，它要求高层次的认知（严格的、深层次的理解，而不是记忆肤浅的、片断的知识），创造出在个人、美学或社会上具有价值的产品或服务。学校需要对学生进行真实性教学（authentic teaching），这种教学要广泛地运用基础知识和学术技能，采用那些能够提高真实智力活动的层次、迎接更复杂的智力挑战的方式来传授基本知识和技能。

（四）学习科学

在20世纪80年代后期，来自不同领域的研究学习的学者们认识到，他们需要发展一些能够超越他们自身领域的新方法。于是，他们开始进行跨学科合作研究，1991年举行了国际会议，并首次发行了《学习科学杂志》（*Journal of the Learning Science*），标志着学习科学的产生。**学习科学**是指研究学习与教学的跨学科领域（Sayer et al.，2006）。它涉及认知科学、教育心理学、计算机科学、人类学、社会学、信息科学、神经科学、教育、设计研究、教学设计等领域与学科。这些领域的研究者们在多种多样的情境中，从不同的学科视角，多层面、全方位地研究如何支持和促进人在整个生命历程中的学习活动，不仅包括在学校课堂中的正式学习，也包括在家中、工作中和同伴中发生的非正式学习，旨在理解有效学习的认知与社会过程，并且将这些知识应用于对教室和其他学习环境的再设计中，从而使学习者能够高效地学习。

第二节　学习与脑

脑与认知科学是当前众多科学中最活跃的一个前沿领域。最新的脑结构与脑功能成像技术能够使我们直接观察到人脑如何学习和思考，如何产生情绪情感和各种社会行为。学习的脑机制为教育心理学原理提供了更为科学的证据，指导教育学家开展更为有效的教学。学习的脑机制非常复杂，涉及的研究证据越来越丰富，这里只介绍几个主要议题。

一、大脑发育及学习的关键期假说

人的大脑从婴儿期到儿童期不断发育和增长，并在青年期完成生长过程。这个过程是分阶段的。人脑有数百亿个神经细胞。每个神经细胞都有一条轴突和多条树突。树突和轴突的末端有许多分支，树突的分支更密集，这些分支叫树突棘。树突棘越多，与别的神经元伸过来的轴突末梢接触的机会就越多。

突触是电信号从一个神经细胞传递到下一个神经细胞的地方。突触有一条狭长的裂缝，化学物质可以通过这条裂缝进行扩散，而电刺激则无法穿越这条裂缝，所以信号的传递是由化学物质来完成的。产生学习行为的原因是突触传递方式的改变，而细胞释放递质数的不同，又会导致突触传输方式的变化。

学习的脑功能体现之一就是使其神经细胞的树突棘变得更密集，树突和别的神经细胞的轴突接触（突触）更多。脑科学的研究提出了大脑神经突触生长呈倒U形的模型假说（图4-4）。人在出生前20年里神经突触密度的变化呈倒U形，刚出生时低，童年期达到高峰，而成年后又降低。脑通过对过量突触的“修剪”，保留那些有用的突触组合。这种保留和删除的过程遵循着“用进废退”的原则。

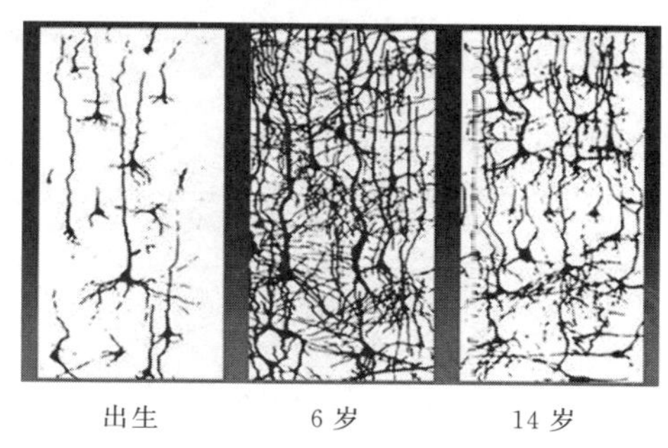

出生　　6岁　　14岁

图4-4　神经网络的发展（Shore，1998）

突触密度变化的倒U形现象表明，神经突触密度与智力水平是直接相关的。从出生到10岁，随着突触联系和密度迅速增加，个体与此相关的技能和能力也随之迅速发展，一直持续到成年后才逐渐衰退。假定这个倒U形模型是存在的，我们似乎可以得出这样一个结论，突触生长高峰期的童年是学习收获最多和智力发展最充分的时期。

大脑的发展具有一定的**关键期**（critical period）。关键期是指大脑发展的一个时期——脑对某种类型的信息输入产生反应，以创造和巩固神经网络，这时儿童的某种能力容易形成和培养，过了这个时期就难以形成了。大脑发展的关键期概念是英国学者休伯尔等人（Hubel et al.，1963）在20世纪60年代提出来的。他们的研究发现，将出生后的小猫或小猴子的眼皮缝上，数月后打开，这些动物就无法获得视觉信息，尽管它们眼睛的生理机制是正常的。同时，这些早期被剥夺了视觉经验的动物在视皮层上的结构也有异于正常的动物。休伯尔等人由此提出了一个视觉机能发展的关键期概念。

近40年来，脑科学家对关键期做了大量研究并已取得一定的进展。其科学结论简要说来就是，脑的不同功能的发展有不同的关键期（图4-5），某些能力在大脑发展的某一敏感时期最容易获得。例如，人的视觉功能发展的关键期大约在幼年期；对语言学习来说，音韵学习的关键期在幼年，而语法学习的关键期则大约在16岁以前。此时，相应的神经系统可塑性大，发展速度特别快，过了关键期，可塑性与发展速度都会受到很大的影响。

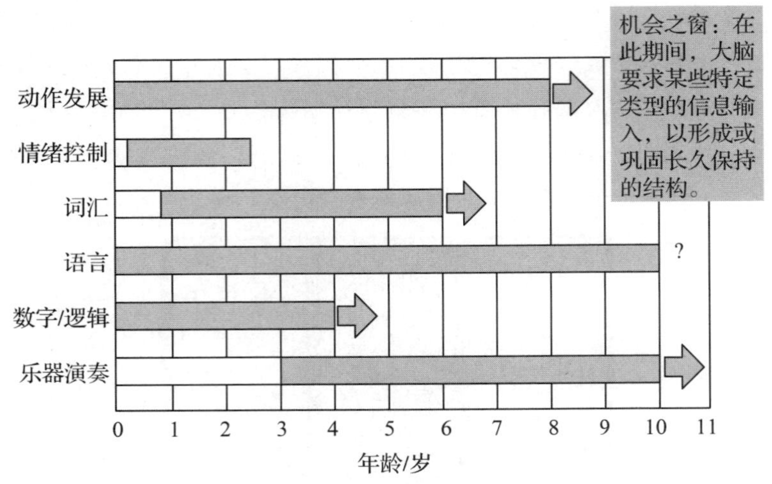

图 4-5　儿童学习活动的关键期（苏泽，2014）

对不同的人来说，脑的不同功能发展的关键期不完全一致，存在着一定的个体差异，脑的发展有着不平衡性。在教育中，教育工作者要抓住关键期，让如视觉、听觉、语言等能力及时打开机会之窗（windows of opportunity），使脑的不同功能得到及时的发展。如果教育工作者在关键期给予儿童适当的学习机会，不仅可以让儿童学得快，还可以促进其生理发展，进而促进其相应能力的发展。

传统观点认为，关键期一旦结束，脑发育也会戛然而止，事实证明并非如此。即使过了关键期，学习对脑的塑造作用也在继续。若错过了关键期，个体的学习会更加困难，需要花费更多的时间和精力。因此，现在人们更愿意以“敏感期”来代替“关键期”的说法，以突出关键期的相对性。

二、脑的特异化与学习

人脑可以将在特定脑区中加工的看似不关联的活动整合起来。脑扫描技术为我们解释了脑的不同区域是如何工作并对特定的任务进行加工的，如听觉皮层对外部声音的加工、额叶对认知活动的加工、左半球的部分区域对语言的加工。这种不同脑区执行特定的功能被称为一侧化（lateralization）或特异化（specialization）。

脑特异化的现象最早源于对裂脑人的研究。20 世纪 50 年代末期，神经外科医生首先采用切断胼胝体的方法减轻癫痫的发作。但是斯佩里（Sperry，1965）和他的学生发现这些裂脑人在大脑两半球割裂后似乎产生了两个分离的意识区。他们将患者的眼睛蒙上，当把铅笔放在其左手上时，患者不能对其命名，但放在其右手上时，患者却可以立刻命名。正如斯佩里所说："每个半球拥有自己的记忆和意愿，并且为控制权而竞争。"

近年来，针对大脑左右半球的功能研究大大拓宽了我们对大脑两半球分工的认识。表 4-1 对大脑两半球在短时间内加工大量信息时负责执行的功能进行了详细的描述。

表 4-1 大脑左右半球功能（Carter，1998）

大脑左半球的功能	大脑右半球的功能
控制身体右侧	控制身体左侧
以序列和分析的方式对输入进行加工	以整体和抽象的方式对输入进行加工
时间知觉	空间知觉
产生口语	通过姿势、面部表情、情绪和肢体语言表达语言
执行不变的操作和算数的操作	执行推理和数学的操作
文字和数字（作为词）方面的识别	面孔、地点、物体和音乐等方面的识别
积极构造虚假的记忆	根据真实回忆
为事情发生的原因寻找假设	将事情放置于空间模式中
善于引发注意以对应外部刺激	善于内部加工

尽管已有的研究认为大脑半球都有独立的信息加工和思维功能，但是这些功能并非只由一个大脑半球独立地执行，另一个大脑半球也能参与其中。实际上，即使在一些简单的任务中，大脑两半球也是共同参与的。正常人的两个大脑半球通常是各自进行加工后通过胼胝体进行信息交换，它们在几乎所有的活动中都相互补充，协同运作。也就是说，特异化不意味着绝对化。在处理复杂任务时，优势大脑半球起主要作用，同时非优势大脑半球也参与（Weisman & Banich，2000）。这可以解释为什么我们可以成功完成某些任务，而对另一些任务难以兼顾。例如，我们可以一边谈话（大脑左半球的活动），一边做手工（大脑右半球和小脑的活动），因为每种任务由不同大脑半球控制。然而一边计算复杂的算术题，一边同房间中的其他人谈话就非常困难。

研究显示，大多数人都有优势大脑半球，这种优势大脑半球将影响人格、能力和学习风格。因此，了解学生的脑功能单侧优势的个别差异就非常重要。有些学生的学习困难就是由这方面的原因引起的。曾有人专门撰文谈及常使用右脑的孩子在强调使用左脑的学校里的困难，并提出在教学上要让学生使用大脑两半球，克服有些学生在接受上的困难。例如，有些阅读有困难的学生是在线性加工上存在困难，而不是在符号加工上存在困难。如果能发挥他们的优势，不仅能增强他们的自信心，还能提高他们的兴趣。

三、学习与脑的可塑性

大脑的变化、学习和记忆及脑内神经元的联结程度受环境对大脑的刺激影响。大脑的生理变化是经验的结果，而大脑功能的水平在很大程度上取决于其工作时所处的环境状态，服从“用进废退”的规则。人并不是生来就拥有一个功能完备、高效运转的大脑的。大脑的逐渐成熟是一个人的遗传特征与外部经验交互作用的结果，也就是基因与环境交互作用的结果。

有人（Volkmar & Greenough，1972）用幼鼠做了研究，将断奶时的幼鼠与成年鼠放在一起饲养，或单独放在带有各种学习和问题解决任务的笼子里饲养。在复杂环境中饲养的幼鼠大脑显示出更成熟的突触结构、更多的树突分支、更大的神经元树突范围，每个神经元上有更多的突触、更多的支撑胶质组织和更多的毛细血管分支以增加大脑供血和供氧。

近年来，计算机科学和脑成像技术的快速发展为研究人类学习与脑的**可塑性**（plasticity）提供了重要的技术条件。可塑性是指大脑的结构和功能因受学习、训练以及各种经验等因素的影响而出现动态的修复或重组。脑成像的研究揭示，在学习进程中，随着经验的丰富，皮层表征会发生相应的变化，表现为以下三种情况：①特定脑区的适应（adaptation）或习惯化（habituation）。由于学习和经验的作用，特定神经网络的反应更加灵敏，可以观察到相应脑区激活水平的降低（Poldrack，2000）。②特定脑区的反应增强和范围扩大。③不同脑区的相互激活或联系的方式发生改变。

研究者（Callan et al.，2003）通过训练提高了日本成年人对“L”与“R”的区分能力，如图4-6所示。训练为期一个月，结果发现被试在区分“L”与“R”时的正确率有了显著的提高，由先前的62.2%升至训练后的80.1%。研究者使用fMRI技术对其训练前后大脑在语音辨别任务时的激活模式进行了评估，发现听觉语音皮层（颞上回和颞叶内侧）和其他一些与听觉语音加工无关的脑区都发生了重组。

四、基于脑的学习

随着神经生物学和脑科学的发展，人们对脑的机制和功能有了更多的了解。研究者试图将来自神经生物学和脑科学的研究结果与教育学和心理学相结合，发展出适于脑的学习原则和策略。哈特（Hart，1985）根据人脑处理信息的研究提出了与

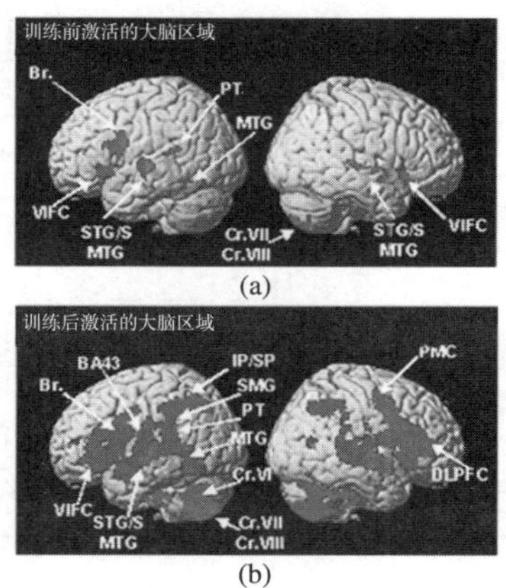

注：STG/S（superior temporal gyrus/sulcus）——颞上回/颞上沟；MTG（medial temporal gyrus）——内侧颞回；PT（planum temporale）——颞平面；SMG（supra marginal gyrus）——缘上回；IP（inferior parietal lobule）——顶下小叶；SP（superior parietal lobule）——顶上小叶；BA43（Brodmann area 43）——布罗德曼第 43 区；Br.（Broca's area）——布洛卡语言区；VlFC（ventral inferior frontal cortex）——腹侧下额叶皮层；PMC（premotor cortex）——前运动区；DLPFC（dorsolateral prefrontal cortex）——背外侧前额叶皮质；Cr. Ⅵ，Ⅶ，and Ⅷ（cerebellum crus）——小脑 Crus 第 6 区，小脑 Crus 第 7 区，小脑 Crus 第 8 区。

图 4-6　训练前后日本成年人在区分“R”和“L”时皮层激活的变化

脑兼容（brain-compatible）的观点。他主张，课程和教学的设计应与人脑运作模式及学习倾向兼容，这样学习的状态才会最好。还有研究者（Birkholz，2004）提出加速学习（accelerated learning）的概念，强调应用脑科学研究成果创造最优学习机会的教学方法和原则。

基于脑的学习（brain-based learning）是指以顺应人脑自然运作的方式进行的学习（詹森，2008）。它强调学习应当遵循脑的活动规律，适应和促进脑的发展。在基于脑的学习观点中，最重要的是意义建构（meaning construction）和整体学习（whole learning）（吕林海，2006）。意义建构是大脑的核心功能之一，大脑在学习过程中，并不是被动地接收信息，而是一直在对接收的信息进行重组、加工，对经验的事件赋予意义。意义建构强调学习者在学习之前不是“白板”，而是根据自己先前的知识经验对当前的信息进行解释，从而获得意义。整体学习包括三个层面的含义：①在学习者层面上，学习是学习者作为有机体整体参与的过程，它涉及学习者的生理、心理过程，涉及认知和情感等过程，而不仅是大脑的参与；②在大脑层面上，大脑的功能是整合的，学习不是大脑某个区域的参与，而是多个结构和功能区域共同参与的结果；③在学习对象层面上，脑并不是对单个的、片断化的信息进行加工，而是一直在对信息所处的复杂的整体情境做出反应。

为了实现基于脑的学习，教育者需要使学习者在生理上获得充足的睡眠、丰富的营养与运动锻炼，在心理上激活先前经验，主动利用学习策略。同时，还需要创设丰富的环境。根据詹森的观点，丰富的环境包括学习材料的挑战性、新异性和连贯性，学习者得到即时反馈和较长的时间。

研究者（Bruer，1998）认为，尽管神经科学发现了学习的神经机制，但不足以指导教育实践。随着教育与认知神经科学之间的沟通日益增多，产生了一门架设在两者之间的桥梁学科——教育神经科学（educational neuroscience）（胡谊、桑标，2010）。教育神经科学是将神经科学、心理学、教育学整合起来，研究人类教育现象及其一般规律的文理大跨度的新型交叉学科（周加仙，2016）。

值得一提的是，在教育神经科学成果被应用于实践的过程中，也产生了一些神经神话（neuromyth），即一种对脑科学研究观点的误解、误读或误用（OECD，2002），如“我们只使用大脑的10%”“一些人是左脑人，一些人是右脑人”等。神经神话在不同国家的教育者中普遍存在（Ferrero et al.，2016；周加仙等，2023）。教师需要谨慎对待有关脑科学研究的相关观点。

第三节　学习理论发展

学习理论是心理学中最古老、最核心，也是最发达的领域之一。古代很多哲学家都论及学习。例如，古希腊哲学家柏拉图（Plato）、亚里士多德（Aristotle）的思想中就有不少论述学习与记忆的内容，其中亚里士多德的三条联想律原则——邻近律、相似律和对比律——构成了后来心理学中联想主义的主要基础。中国古代的学习心理思想也十分丰富。例如，孔子在《论语》中就曾说“学而时习之，不亦说乎”“学而不思则罔，思而不学则殆”。自心理学在19世纪初期从哲学和生理学中分出来，成为一门独立的学科开始，研究者对学习的性质、学习的过程、学习的规律、学习的动机、迁移以及学习的方法策略等都有大量的研究，这增强了人们对学习及其本质的理解，形成了系统的学习理论的研究。

学习理论主要回答以下三个方面的问题：①学习的实质是什么，即学习的结果到底使学习者形成了什么，或者说发生了怎样的变化，是外部的行为操作还是内部的心理结构？是简单的经验的积累，还是整体的经验结构？②学习是一个什么样的过程，即学习是怎样实现的，或者说怎样才能达到预期的学习结果？③学习有哪些规律和条件，即学习过程受到哪些条件和因素的影响，如何才能进行有效的学习?下面将对学习理论的发展脉络进行概括介绍。

一、两种倾向的学习理论体系的建立与初步发展

1879 年，冯特（Wundt）建立了第一个心理学实验室，心理学从此成了一门独立的科学。冯特的理论主要有以下特点：①还原论或要素主义。他主张直接研究人类的意识经验，像在化学中研究元素一样，他试图把意识经验分析为许多最小的基本要素，再研究这些要素之间是怎样联系的。②内省法。他主要通过内省（或称自我分析）来研究人的意识经验，让被试在感知一个物体时详细报告他当时的经验——“原始”经验，而不是报告对该物体的解释、从该物体中学到的东西。可以说，冯特的研究既是现代学习理论的摇篮，又是后来学习心理学家的靶子。

首先，以华生（Waston）为首的行为主义学派批评了冯特的内省法。行为派同意研究元素，但他们不同意冯特发现这些元素使用的内省法。华生认为，唯一可以观察到，并且可以用科学方法研究的是个体的外显行为。行为主义者主张，学习就是在刺激与反应之间建立联结，即 S-R，就是形成行为习惯或条件反射，这一过程是通过反复尝试实现的。个体在一种刺激情境下做出各种反应，有些反应导致了好的效果，得到了强化，这种反应就可能被保留；相反，有些反应没有产生好的效果，甚至还导致了惩罚，这些反应就会逐渐消退。在这种意义上，学习就是反应的发生概率的变化。行为主义学习理论以桑代克为先导，以华生为激进的代表，又经过格思里（Guthrie）、赫尔（Hull）等的发展，斯金纳（Skinner）对它做了总结和发展。

对冯特的另一种批判来自与行为主义相对立的一个学派——德国的格式塔学派。它形成于 1910 年，以法兰克福大学的韦特海默（Wertheimer）为首，他们集中批评了冯特的要素主义，认为它看不到人类经验的真实面貌，就好像音乐家如果把每个音符分开就永远听不到主旋律一样。他们强调经验的整体性，整体不是各部分的总和。如果只研究部分或各要素会使研究进入歧途。因为当各要素从其背景中分割出来时，它们往往已与原来在其背景中的表现不同。如果你只去研究一部电影的某一个画面，你就永远不会了解整部电影讲的是什么。

格式塔派的学者仍然研究学习的内部过程，研究人的经验，但它强调学习是在头脑中构造和组织一种“完形”，也就是对事物、情境的各个部分及其相互关系的理解，而不是经验要素或 S-R 的简单集合，学习的过程不是尝试错误的过程，而是“顿悟”的过程，也就是通过对问题情境的观察，理解它各部分的构成及相互的联系，并分析出制约问题解决的各种条件，从而发现通向目标的途径。格式塔学派是

早期的认知倾向的学习理论。

二、行为倾向、认知倾向学习理论的相互吸取

在与格式塔学派展开论战的过程中，一些行为主义者开始吸收认知学派的思想，从而出现了折中倾向的学习理论，其中有两个典型的代表——早期的托尔曼（Tolman）和后来的班杜拉（Bandnra）。

托尔曼自称“目的行为主义者”。他强调行为的目的性和整体性。他提出，从刺激到做出反应需要通过一些中介变量。他认为，强化并不是学习的前提条件，它只影响学习的外在表现。班杜拉是20世纪五六十年代脱颖而出的学者，他虽然沿用行为主义的研究范式，但同时也吸收了许多认知学习理论的思想。他提出，行为不是仅由环境或个体因素决定的，环境、个体的生理和心理因素与行为三者是交互决定的关系。另外，他提出了“观察学习”的理论，强调对行为的自我调节以及认知过程等。

三、认知学习理论的发展与人本主义的出现

随着学习理论研究的深入，行为主义的机械论、还原论等的弊端日益暴露出来，而在这些方面，认知学派学习理论有自己的优势，所以它越来越得到人们的重视。同时，由于计算机科学的影响，从20世纪五六十年代开始，认知学习理论逐渐进入发展与兴盛时期。在这一时期，认知学习理论主要包括以下两种倾向：①信息加工的学习理论。它主要受计算机科学的启发，用计算机来模拟人的认知加工过程，从信息的接收、存储和提取的流程来分析学习的认知过程。②认知结构理论。这与格式塔理论有着更为密切的联系，它把人的认知看成整体的结构，而学习就是认知结构的发展过程，即认知结构的形成和改造过程。

与此同时，心理学中出现了另一种思潮——人本主义。它反对把人还原和分割为各种要素，主张研究整体的人，而每个人都具有自我发展和自我实现的潜能与动力。它从自我实现的角度来解释学习，强调学习者的自我参与、自我激励、自我评价和自我批判。这一思潮的代表人物包括马斯洛（Maslow）、罗杰斯等。

四、建构主义学习理论的兴起

建构主义（constructivism）的学习理论主要是以皮亚杰、维果茨基等的思想为

基础而发展起来的。从行为主义到信息加工理论，基本以客观主义（objectivism）为基础，即把事物的意义看成存在于个体之外的东西，是完全由事物自己决定的，而对事物的认知就是单向的刺激或信息的接收过程，是从事物到心理的过程。而建构主义者认为，对事物的理解不是简单地由事物自己决定的，这依赖于个体原有的知识经验，不同人的理解常常会因此而有所不同。学习是一个建构的过程，是学习者通过新旧经验相互作用来形成、丰富和调整自己的经验结构的过程。教学并不是把知识经验从外部装到学生的头脑中，而是引导学生从原有的经验出发，生长（建构）起新的经验。

在当今的教育心理学界，建构主义日益引起了研究者的关注，甚至有人把它称为“教育心理学中的一场革命”（Slavin，1994）。

综上所述，学习理论的研究与发展见表 4-2（王文静，2002）。

表 4-2 学习理论的研究与发展

主要学习理论流派	学习理论研究内容	学习理念的发展
早期学习理论	日常生活中的学习	学习是经验与联想
刺激—反应学习理论	实验室中的学习	学习是刺激—反应的强化
认知学习理论	学校、课堂中的学习	学习是学习者内部心理结构的形成和改组
折中主义学习理论	实验室中的学习， 学校、课堂中的学习， 日常生活中的学习	学习不是简单的 S-R 的联结，而是 S-O-R 的过程，结果是形成“认知地图”； 学习是自我强化、替代强化等多种强化的结果
人本主义学习理论	学校、课堂中的学习， 日常生活中的学习	学习是寻求潜力的充分发挥
建构主义学习理论	学校、课堂中的学习， 日常生活中的学习	学习是学习者意义的建构， 学习是社会互动与协商

关键术语

学习，机器学习，言语信息，智力技能，认知策略，态度，动作技能，外显学习，内隐学习，正式学习，非正式学习，真实性智力活动，学习科学，关键期，可塑性

思考题

一、选择题

1. 下面哪种情况是学习？（　　）

A. 小李从亮处走进暗室，视力显著提高

B. 小明喝酒后脾气变得暴躁

C. 小张服用兴奋剂后，百米赛跑夺冠

D. 大猩猩模仿游客吃饼干

2. 下面哪种学习不属于学习的主体分类？（　　）

A. 人类学习　　B. 机器学习　　C. 网络学习　　D. 动物学习

3. 下列哪种学习的复杂程度比概念学习高？（　　）

A. 规则学习　　B. 信号学习　　C. 辨别学习　　D. 连锁学习

4. 下列哪种学习不属于加涅划分的学习结果类型？（　　）

A. 态度　　B. 习惯　　C. 言语信息　　D. 运动技能

5. 下面哪种学习属于有意义的接受学习？（　　）

A. 科学家探索新材料

B. 小学生通过编打油诗背诵圆周率的小数点后十位

C. 中学生听讲座，理解概念之间的关系

D. 儿童通过尝试错误走迷宫

二、简答题

1. 举例说明什么是学习。

2. 学习的作用可以体现在哪些方面？

3. 举例说明正式学习与非正式学习的区别。

4. 奥苏贝尔对学习的分类给了我们什么启示？

5. 举例说明大脑发育的可塑性。

6. 简述学习理论的发展历史。

选择题参考答案：1. D　2. C　3. A　4. B　5. C

扫码答题

第五章 行为学习理论

行为主义学习理论继承了英国的联想主义传统，受洛克的经验论的影响，重视环境和经验的作用，强调可观察的行为，认为行为的多次的愉快或痛苦的后果改变了个体的行为或者个体模仿他人的行为。行为主义学习理论家试图发现适合于所有动物（包括人类）的行为学习原理。行为主义理论在教学设计中的应用以及对个人心理问题的行为治疗至今仍有影响力。本章将介绍行为主义学习理论的主要人物和观点及发展脉络，并且探讨各种理论在实际工作中的应用。

本章要点

- ● 经典性条件作用理论
- ○ 巴甫洛夫的经典性条件作用理论
- ○ 华生的行为主义
- ● 联结主义理论
- ○ 桑代克的联结主义学习理论
- ○ 桑代克的学习律
- ● 操作性条件作用理论
- ○ 斯金纳的操作性条件作用理论
- ○ 强化理论
- ○ 行为的学习
- ● 社会学习理论及行为主义新进展
- ○ 社会认知理论
- ○ 观察学习
- ○ 观察学习的应用
- ○ 行为主义新进展

第一节　经典性条件作用理论

一、巴甫洛夫的经典性条件作用理论

诺贝尔奖获得者、俄国生理学家巴甫洛夫（Pavlov，1849—1936，图 5-1）是最早提出**经典性条件作用**（classical conditioning）的人。

图 5-1　巴甫洛夫

巴甫洛夫在研究消化现象时，观察了狗的唾液分泌，即对食物的一种反应特征（图 5-2）。他的实验方法是，把食物呈现给狗，并测量其唾液分泌。在这个过程中，他发现如果随食物一起，反复给一个中性刺激，即一个并不自动引起唾液分泌的刺激，如铃响，狗就会逐渐"学会"在只有铃响、没有食物的情况下分泌唾液。一个中性刺激与一个本来就能引起某种反应的刺激相结合，能使动物学会对那个中性刺激做出反应。这就是经典性条件作用，即一个新刺激替代另一个刺激与一个自发的生理或情绪反应建立联系。

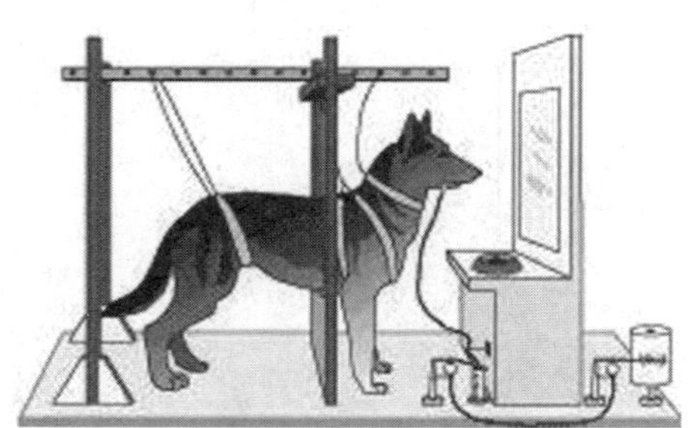

图 5-2　经典性条件作用的实验图

在经典性条件作用中，**刺激**（stimuli）是指激活行为的事件，**反应**（response）是指可以观察的对刺激的回应行为。以巴甫洛夫的实验为例，食物被称为**无条件刺激**（unconditioned stimulus，US），即能够自动引起生理或情绪反应的刺激。由食物引起的唾液分泌被称为**无条件反应**（unconditioned response，UR），即无须任何训练和经验而自动出现的生理或情绪反应。铃声原来是一种**中性刺激**（neutral stimuli，NS），即不会自动引起生理或情绪反应的刺激。铃声和食物在时间上多次结合，原是中性刺激的铃声就成了**条件刺激**（conditioned stimulus，CS），即在条件作用形成后能够引起生理或情绪反应的刺激。唾液分泌和铃声之间就建立了一种新的联系，被称为**条件反应**（conditioned response，CR），即条件作用形成后习得的对条件刺激（以前的中性刺激）做出的反应。在条件作用的形成过程中，无条件刺激引起特定的反应是前提条件，即无条件作用是条件作用的基础。条件刺激并不限于听觉刺激，一切来自体内外的有效刺激（包括复合刺激、刺激物之间的关系及时间因素等）只要跟无条件刺激在时间上结合（强化），都可以成为条件刺激，形成条件作用。

条件作用建立之后，如果多次只给条件刺激而不用无条件刺激加以强化，结果是条件反应强度将逐渐减弱，最后将完全不出现。例如，对通过铃声的条件刺激而形成唾液分泌条件作用的狗只给铃声，不给食物强化，重复以后，铃声引起的唾液分泌量将逐渐减少，甚至完全不能引起分泌，即出现条件作用的**消退**（extinction）。消退是指条件作用形成后，由于没有无条件刺激的结合，机体对条件刺激的反应逐渐消失。

巴甫洛夫认为，消退并不是条件刺激和相应的反应之间的暂时联系已经消失或中断。因为将已消退的条件作用放置一段时间，它还可以自然恢复；同样，如果以后重新强化条件刺激，条件作用就会很快恢复。这说明条件作用的消退不是原先已形成的暂时联系的消失，而是暂时联系受到抑制。条件作用越巩固，消退速度就越慢；条件作用越不巩固，消退就越容易。在条件作用开始建立时，除条件刺激本身外，那些与该刺激相似的刺激也或多或少具有条件刺激的效应。例如，用 500 Hz 的音调与进食相结合来建立唾液分泌条件作用。在实验的初期阶段，许多其他音调同样可以引起唾液分泌条件作用，只不过它们跟 500 Hz 的音调差别越大，引起的条件作用效应就越小。这种现象称为条件作用的**泛化**（generalization）。泛化是指条件作用形成后，机体对与条件刺激相似的刺激做出条件反应。在生活中，“一朝被蛇咬，十年怕井绳”就属于条件作用的泛化现象。人被蛇咬之后，蛇成为人的恐惧反应的条件刺激，人对井绳（与蛇相似的刺激物）也产生了恐惧反应。以后，只对条件刺激（500 Hz 的音调）进行强化，而对近似的刺激不给予强化，这样泛化反应就逐渐消失。动物只对经常受到强化的刺激（500 Hz 的音调）产生唾液分泌条件作用，而对其他近似刺激产生抑制效应。这种现象称为条件作用的**分化**（discrimination）。分化是指只对条件刺激做出条件反应，而对其他相似的刺激不做出条件反应。

中性刺激一旦成为条件刺激，就可以起到与无条件刺激相同的作用。另一个中性刺激与其反复结合，可形成新的条件作用，这一过程被称为**高级条件作用**（higher-order conditioning）。二级条件作用建立在一级条件作用的基础上。例如，如果狗已经对铃声建立了条件作用，再把铃声和灯光一起配对呈现，那么几次实验后单独出现的灯光也会引起狗的唾液分泌。这就是通过刺激替代建立了二级条件作用（图5-3）。同样，在二级条件作用的基础上也可以建立三级条件作用。

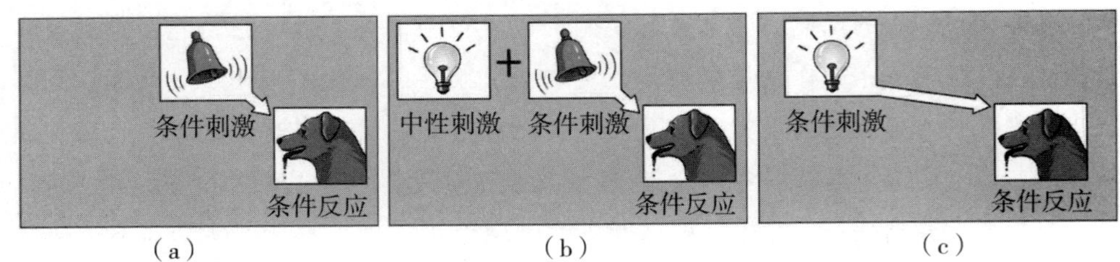

图 5-3　二级条件作用的形成示意图

考试焦虑经历了一个高级条件作用的形成过程。我们并非天生就会对考试产生焦虑，考试就是做几道题，考试失败也就是没有做出这几道题而已。考试失败在开始只是一个中性事件，但它逐渐与家长或教师的批评联系了起来，而批评本身是引起我们焦虑的条件刺激，久而久之，考试失败引起焦虑，这是一级条件作用。与考试情境有关的线索与考试失败产生联系，也可能成为条件刺激，从而引发考试焦虑，这是二级条件作用。

学生不喜欢数学教师，导致他也不喜欢数学。这种现象属于感觉前置条件作用(sensory preconditioning)。感觉前置条件作用是建立在已有条件作用的基础之上的，是指在条件作用形成后，另一个事先与条件刺激相联系的中性刺激可以引发条件反应。数学本身并没有引发学生的厌恶情绪，只是数学教师有引发学生的厌恶情绪的方式。由于数学在数学教师引发学生厌恶情绪之前就跟数学教师联系在一起了，因此数学也成了学生厌恶情绪的条件刺激。一些学生的厌学现象大致是遵循这种感觉前置条件作用而产生的。

凡是能够引起条件反应的物理性的条件刺激叫作第一信号系统（first signal system）的刺激。凡是能够引起条件反应的以语言符号为中介的条件刺激叫作第二信号系统（second signal system）的刺激。在生活中，谈虎色变就属于第二信号系统的条件作用。学生一想到测验或听到即将举行测验就感到焦虑，也属于第二信号系统的条件作用。并不是测验使得学生感到焦虑，而是有关测验的观念和语义导致学生感到焦虑。

巴甫洛夫所做工作的重要性是不可估量的。他的研究结果公布以后不久，一些心理学家，如行为主义学派的创始人华生，就开始主张一切行为都以经典性条件作用为基础。虽然在美国这一极端的看法不是普遍的，但在俄国，以经典性条件作用为基础的理论曾在相当长的时间内在心理学界占据统治地位。无论如何，人们一致认为，对于相当一部分的行为，经典性条件作用的观点可以做出很好的解释。

经验分享

二、华生的行为主义

华生(Watson,1878—1958,图 5-4)于 1913 年首先树立了行为主义心理学的旗帜，他是美国第一个将巴甫洛夫的研究作为学习理论基础的心理学家。在华生看来，人类出生时只有几个反射（打喷嚏、膝跳反射等）和情绪反应（惧、爱、怒等）。所有其他行为都是通过条件作用建立新的刺激—反应（S-R）联结而形成的。

图 5-4 华生

华生曾经用条件作用的原理做了一个恐惧形成实验（图 5-5）。

实验被试是一名只有 11 个月大的叫作艾伯特（Albert）的婴儿。在实验中，华生首先让艾伯特接触一个老鼠（中性刺激），艾伯特毫无害怕的表现，似乎想用手去触摸它。然后，老鼠出现后，紧接着就出现用铁锤敲击一段钢轨发出的使婴儿害怕的响声（无条件刺激）。经过三次结合，单独出现老鼠也会引起艾伯特的害怕与防御的行为反应。六次结合后，艾伯特的反应更加强烈。随后，这一反应泛化到相似的刺激，艾伯特对任何有毛的东西都感到害怕，如兔子、动物标本，甚至是有胡子的人。

图 5-5 恐惧形成实验

根据这一实验，华生提出，学习就是用一种刺激替代另一种刺激建立条件作用的过程。学习的实质就是通过建立条件作用，形成刺激与反应之间联结的过程，从而形成习惯。习惯的形成遵循频因律和近因律。根据频因律，在其他条件相等的情况下，某种行为练习得越多，习惯形成得就越迅速。根据近因律，当反应频繁发生时，最新的反应比较早的反应更容易得到强化。

在实际生活和教育中，学生的一些情感和态度就是通过经典性条件作用而学到的。一些孩子小时候有“白大褂综合征”，一看见穿白大褂的大夫就感到害怕，因为他们将穿白大褂的人与打针联系在一起。在学校，一些学生可能不喜欢外语，因为他们将外语与被要求在课堂上大声翻译句子或回答提问这样不愉快的经历联系了起来。他们因在全班同学面前回答不出问题而感到难堪。这导致了他们对外语的焦虑，形成了对外语恐惧的条件作用。这种条件作用还可能泛化到他们对其他课程或学校机构的恐惧中。

经典条件作用理论在课堂教学中可以得到应用，帮助学生更好地适应情感反应。例如，教师可以将快乐事件作为学习任务的无条件刺激。教师让学生在群体竞争与合作中学习，或者创造一个舒适的读书角，或者提供温暖、舒适的课堂环境，使学生产生温馨的感觉，并将这种感觉泛化到学习活动中。

第二节 联结主义理论

桑代克（Thorndike，1874—1949，图 5-6）是美国第一个系统地论述教育心理学的心理学家。他不仅在学习理论方面，也在教育实际领域、言语行为、比较心理学、智力测验、先天-后天问题、训练的迁移，以及把数量化的测量应用于社会心理学问题等方面做了开创性的工作。

图 5-6 桑代克

一、桑代克的联结主义学习理论

桑代克和许多早期的行为主义学家一样，把大多数行为看作对环境中刺激的反应，就像膝跳反射那样无须经过大脑的思考。桑代克超越巴甫洛夫之处在于他提出在某个行为之后出现的刺激影响了未来的行为。

桑代克的联结理论是根据他对动物的实验结果提出的，其中最著名的是猫开迷箱的实验（图 5-7）。他将一只饿猫关在专门设计的实验迷箱里，箱门紧闭，箱子附近放着一条鲜鱼，箱内有一个开门的旋钮，碰到这个旋钮，门便会打开。一开始饿猫无法走出箱子，只是在里面乱碰乱撞，偶然一次碰到旋钮并打开箱门，便得以逃出箱子吃到鱼。经过多次错误尝试，猫学会了压旋钮和打开箱门的行为。他在博士论文《动物的智慧》中对多年的动物研究进行了总结。

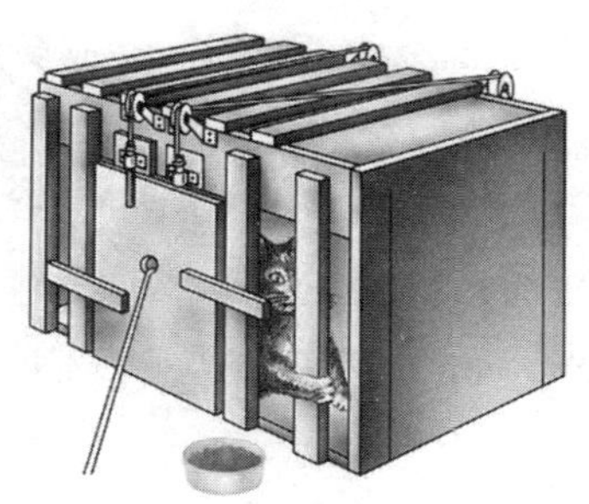

图 5-7 桑代克迷箱

桑代克认为，学习的实质在于形成刺激—反应联结（无须观念作媒介），学习的过程是盲目的尝试与错误的渐进过程，人和动物遵循同样的学习律。

二、桑代克的学习律

桑代克还提出，学习要遵循三条重要的学习律：①准备律（law of readiness）。个体在学习开始时存在预备定势。个体有准备且有活动就会感到满意，有准备而不活动就会感到烦恼，个体无准备而强制活动也会感到烦恼。②练习律（law of exercise）。重复一个学会了的反应，将增强刺激—反应之间的联结，也就是 S-R 联结。这种联结被练习和使用得越多，就变得越强；反之，变得越弱。在后来的著作中，他修改了这一规律，因为他发现没有奖励的练习是无效的。联结只有通过有奖励的练习才能增强。③效果律（law of effect）。在一定情境下产生满意效果的行为倾向于在这一情境中重复出现。在一个情境中，如果一个动作跟随着一个积极的变化，那么在类似的情境中这个动作重复的可能性将增加；但是，如果跟随的是一个消极的变化，那么这个动作重复的可能性将减少。个体当前行为的后果对其未来的行为起着关键的作用。“在刺激与反应之间形成可改变的联结，给予满意的后果，联结就增强；给予不满意的后果，联结就减弱。”奖励是感到愉快的或可能进行强化的物品、刺激或后果，是影响学习的主要因素。在后来的著作中，他取消了效果律中消极的或令人烦恼的部分。因为他发现惩罚并不一定削弱联结，其效果并非与奖励相对。

桑代克的学习理论指导了大量的教育实践。效果律指导人们使用一些具体奖励，如小红花、口头表扬等。练习律指导人们通过大量的重复和练习来训练学生。他对教师总的建议是“集中并练习那些应结合的联结，并且奖励想要的联结”。桑代克举了数学中的一个刺激—反应的联结：不停地重复乘法表，并且总是提供奖励，形成了刺激（7×7=?）和反应（49）的联结。在阅读中，教师让学生在不同的年级学习高频词汇也正是利用了重复练习。个体的刺激—反应联结越多，就被认为越聪明，因为在解决问题时拥有更多的联结。

行为主义心理学家把学习看作形成刺激和反应的联结。但是，巴甫洛夫和华生认为，学习是通过刺激和反应的相继出现进行的，而桑代克认为学习是通过行为受奖励而进行的，桑代克为操作性条件作用理论奠定了基础。

第三节 操作性条件作用理论

新行为主义的代表斯金纳（Skinner，1904—1990，图 5-8）以严格控制的动物实验为基础，对操作行为及其形成过程、强化的原则、类型和程序进行了精细的研究，系统性地阐明了**操作性条件作用**（operant conditioning）理论。

图 5-8 斯金纳

一、斯金纳的操作性条件作用理论

斯金纳认为，所有行为可以分为两类：应答性行为和操作性行为。应答性行为是由已知的刺激引起的，正如巴甫洛夫的经典性条件作用中，机体被动地对环境刺激做出反应。而操作性行为则是由机体自身发出的，最初是自发的行为，如吹口哨、站起来、小孩丢掉一个玩具又拿起另一个玩具等，由于受到强化，这些行为在特定情境中变得随意或有目的。机体主动地对环境进行这些操作以达到对环境的有效适应。相应地，斯金纳把条件作用也分为两类：应答性条件作用（经典性条件作用）和反应性条件作用（操作性条件作用）。

斯金纳用实验室的动物实验说明了操作性条件作用的形成过程。他发明了一种学习装置——斯金纳箱（Skinner box）（图 5-9）。斯金纳箱内装上了一根操纵杆，操纵杆与另一提供食丸的装置连接。把饥饿的白鼠置于箱内，白鼠偶然踏上操纵杆，食丸传送器就会自动落下一粒食丸。白鼠经过几次尝试，会不断按压杠杆，直到吃饱为止。白鼠从这一过程学会了按压杠杆以取得食物的反应，按压杠杆变成了取得食物的手段或者工具。所以，操作性条件作用又被称为工具性条件作用。

斯金纳由此提出，操作性条件作用与两个基本原则相关：①如果任何反应紧跟强化（奖励）刺激，这个反应就有重复出现的趋向；②任何能提高操作反应率的刺

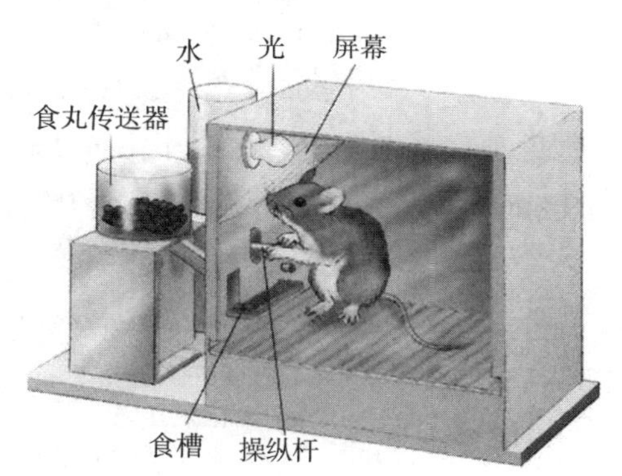

图 5-9 斯金纳箱

激都是强化刺激。操作性条件作用强调的是行为及其结果。操作性条件作用的形成过程就是机体把强化和所发出的操作反应相联系的过程。

操作性条件作用与经典性条件作用不同。经典性条件作用是刺激—反应（S-R）的联结，反应是由刺激引起的；而操作性条件作用则是操作—强化（R-S）的过程，重要的是操作反应之后的强化（刺激）。例如，幼儿园的幼儿入园第一周，可能会做出许多反应，如和其他幼儿交谈、注意教师、在屋子里走动、打扰其他幼儿等。随着教师强化某些反应，如对注意教师的幼儿微笑，该反应将会出现得更为频繁。在斯金纳看来，几乎在人类的各种情境中，学习都是可以操作的。要想改变行为，就需要奖励这种行为。当预期的行为出现时立即予以强化，再次出现时再强化，这种行为再发生的概率就上升了。可见，斯金纳强调分析机体的反应以及对反应产生影响的环境条件，而不关心机体内部发生了什么。

二、强化理论

在斯金纳的理论体系中，**强化**（reinforcement）是主要的自变量。他认为，行为之所以发生变化是因为强化作用，对强化的控制就是对行为的控制。值得注意的是，在斯金纳看来，强化不是奖励。奖励是对与行为相联系的愉快情境的主观解释，强化是一个中性术语，是能增强反应频率的**后果**。

（一）强化

凡是能增强反应概率的刺激和事件都叫强化。相反，在反应之后紧跟的一个导致反应概率下降的刺激则是**惩罚**（punishment）。强化又分为**正强化**（positive reinforcement）和**负强化**（negative reinforcement）。正强化通过呈现愉快刺激来增强反应概率，负强化通过消除厌恶刺激来增强反应概率。惩罚也相应地分为Ⅰ型惩罚（正惩罚）和Ⅱ型惩罚（负惩罚）。**Ⅰ型惩罚**（type Ⅰ punishment）通过呈现厌恶刺激而降低反应概率；**Ⅱ型惩罚**（type Ⅱ punishment）通过消除愉快刺激而降低反应概率（表5-1）。

表5-1　强化与惩罚

	行为被增强	行为被减弱
呈现刺激	正强化（呈现愉快刺激，如给予表扬）	Ⅰ型惩罚（呈现厌恶刺激，如关禁闭）
消除刺激	负强化（消除厌恶刺激，如免做家务）	Ⅱ型惩罚（消除愉快刺激，如禁用手机）

强化还可划分为**一级强化**（primary reinforcement）和**二级强化**（secondary reinforcement）。一级强化是满足人和动物的基本生理需要的强化，如食物、水、安全、温暖、性等。二级强化是任何一个中性刺激与一级强化的反复联合，获得了自身强化效力的强化，如金钱。对婴儿来说，它不是强化物，但当儿童知道钱能换糖时，它就能对儿童的行为产生效果。再如，分数是在受到教师的注意后才具有强化性质的。二级强化可分为社会强化（社会接纳、微笑等）、代用券（钱、级别、奖品等）和活动（自由玩耍、听音乐、旅游等）。

在强化时，可以使用**普雷马克原理**（Premack principle），即用高频的活动作为低频活动的强化物，或者说用学生喜爱的活动去强化他们参与不喜爱的活动。例如，"你吃完这些青菜，才可以吃鸡腿"。这一原则有时也叫作祖母的法则（Grandma's rule）：首先做我要你做的事情，然后才可以做你想做的事情。如果一名学生喜爱制作航空模型而不喜欢阅读，那么教师可以让学生在完成一定的阅读之后再去制作模型。

在实际教育中，强化的有效性因人而异。有的学生在班上受教师的口头表扬而受到激励，但有的学生没有受到激励。强化事件本身不一定有效。教师要注意以下两点。

第一，教师要针对班上不同的学生提供不同系列的强化物。教师要注意观察和了解学生对什么强化物感兴趣。在一个30多人的班级中，教师可以事先让学生填写一个问卷，如"在课堂上你喜欢做什么或玩什么东西?""在课堂上你最喜欢做的3件事是什么?""如果你去商店，你会买哪3件喜爱的玩具?"这些问题还可针对不同的年级进行修改。

第二，教师选择强化物时应考虑年龄因素。例如，有些活动（如帮助教师或做谜题），对小学生而言可能是有力的强化物，但对中学生而言，和朋友聊天、玩电子游戏、看杂志或听音乐则可能是更合适的强化物。教师需要对不同年龄的学生提供相应的有效的强化刺激和事件。

（二）强化程式

强化程式（reinforcement schedules，又被称为强化程序）是指反应受到强化的时机和频次。强化程式可以分为两种：**连续强化程式**（continuous reinforcement schedule）指在每一个适当反应之后呈现一个强化；**断续强化程式**（intermittent reinforcement schedule），只在有些而非所有反应之后呈现强化。断续强化程式根据时间和比率、固定和变化两个维度组合出四种强化程式：**固定时距程式**（fixed-interval schedule）、**固定比率程式**（fixed-ratio schedule）、**变化时距程式**（variable-interval schedule）和**变化比率程式**（variable-ratio schedule）。每一种程式都有相应的反应模式（表 5-2）。

表 5-2 强化程式的分类

程式	定义	示例	反应建立方式	强化终止后的反应
连续强化程式	给予每个反应强化	一按开关灯就亮	迅速学会反应	反应迅速消失，没有持续性
固定时距程式（定时强化程式）	在固定时段后给予强化	按时发工资	随着强化时间的临近，反应数量迅速增加，强化后反应数量骤减	反应具有很短的持续性，当强化时间过去，不再出现强化物时，反应速度迅速降低
固定比率程式（定比强化程式）	在固定反应次数后给予强化	计件工作	反应建立迅速，强化后反应会暂停	反应具有很强的持续性，当达到预期的反应数而不再有强化物时，反应速度降低
变化时距程式（变时强化程式）	不定时给予强化	随堂测验	反应建立缓慢、稳定，强化后反应不会暂停	反应具有更长的持续性，反应降低的速度缓慢
变化比率程式（变比强化程式）	在不定反应次数后给予强化	买彩票	反应建立的速度很快，强化后反应几乎不会暂停	反应具有最长的持续性，一直保持很高的水平，不会消失

连续强化程式（即时强化）在教导新反应时最为有效。断续强化程式（延缓强化）比连续强化程式具有更高的反应率和更低的消退率。固定时距程式由于有一个时间差，强化后的反应率较低，但在时间间隔的末端反应率会有所上升。在固定时

距程式中，个体的累积行为频率随着时间的变化呈现出扇贝形曲线的变化趋势（图5-10），这种现象称为**扇贝效应**（scallop effect）。学生在考试前临时抱佛脚就证明了这一点。固定比率程式对稳定的反应率比较有效，而变化比率程式则对维持稳定和高反应率更有效。

在实际教育中，教师不期望的行为常常不恰当地受到了强化。一位教师可能正在做断续强化。例如，一次偶然的行为就会使学生永远记住这个行为。又如，学生认识到如果他们一直恳求教师，教师最终会答应他们的要求。

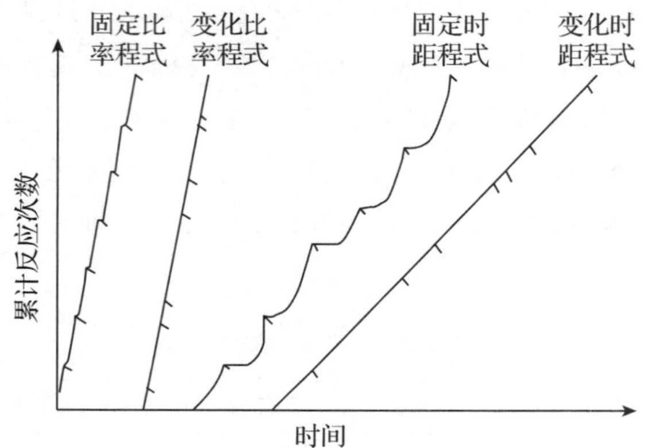

图 5-10　不同强化程式及其效果（Hergenhahn，1982）

教师在强化时应遵循如下三个原则。

第一，教新任务时，要进行即时强化，不要进行断续强化。即时反馈有两个作用：一是使行为和后果之间的联系更为明确；二是增加反馈信息的价值。

第二，在任务的早期阶段，强化每一个正确的反应，随着学习的发生，对比较正确的反应优先强化，逐渐地转到断续强化。

第三，强化要确保朝正确方向促进或引导。不要一开始就坚持做到完美。不要强化不希望出现的行为。

三、行为的学习

（一）新行为的塑造

即时强化是行为学习的关键，倘若学生一下子做不出教师期望的行为，教师该强化什么？在幼儿学习英语字母的时候，教师是不是要一直等到幼儿背出全部字母之后才给予强化？当然不是。最好的方法是逐步强化，让学生读出一个字母，然后是几个字母，最后是全部字母。当教师通过强化每一步的成功来引导学生达到目标时，他就正在使用一种发展新行为的技术——**塑造**（shaping）。

斯金纳认为教育就是塑造行为。塑造是指对与期望行为越来越接近的行为进行强化的过程。它旨在通过逐步反馈帮助学生达到目标。具体而言，就是要采用连续接近（successive approximation）的方法，对倾向于所要塑造的反应的方向不断地给予强化，直到出现所需要的新行为。这种方法的具体表达如下。

经验分享

- 强化任何与期望行为在某些方面类似的反应。
- 强化与期望行为更近似的反应（不再强化以前强化的反应）。
- 强化与期望行为更进一步类似的反应。
- 强化与期望行为越来越近似的反应。
- 强化期望行为。

例如，训练鸽子或老鼠将头抬到一定的高度，只有当它的头朝着期望的方向抬起时才强化，下一次对它的要求再多一点，直到完全达到所需的方向和高度。这时，对新行为的塑造就完成了。再如，随着小学生年级的升高，教师对他们书写英文的要求越来越高——从三线书写变为单线书写（图 5-11）。

教师进行行为塑造时，需要将任务分成许多小步子，然后采用连续接近的方法，

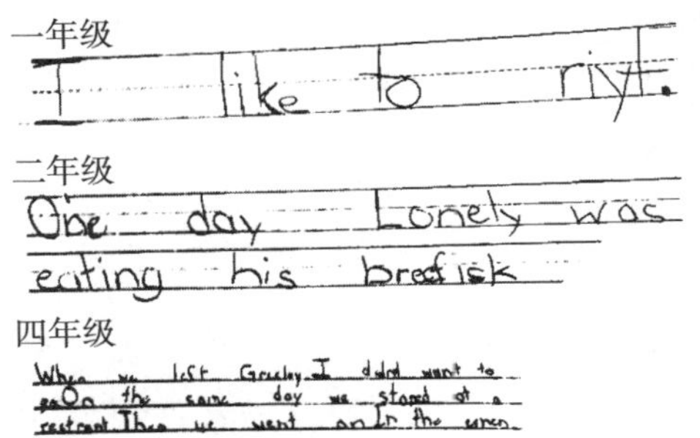

图 5-11　学生的英文书写由三线书写变为单线书写

当学生完成每一步时都给予强化，步骤如下。

第一步，选择目标，目标越具体越好。（终点行为）

第二步，了解学生目前能做什么，已经知道什么。（起点行为）

第三步，列出一系列阶梯式的步骤，让学生从他们目前的状态迈向目标。步子的大小因学生的能力而异。（划分步调）

第四步，对学生的每一次进步都予以反馈，材料越新，学生要求的反馈就越多。（即时反馈）

在塑造行为时要注意这样一条原则：学生必须在他们能力所及的行为范围内得到强化，同时，这些行为又必须能向新的技能延伸。例如，学生能在15分钟之内解出10道数学题，如果他能在12分钟之内解决就应强化，但不要将8分钟之内解决作为强化的必要条件。再如，学生必须完成20道题才能获得强化，少于20道题时不给予强化。

在教学中，行为塑造是一个重要的工具。行为塑造技术包括**顺向连锁**（forward chaining）塑造和**逆向连锁**（backward chaining）塑造两种。

1. 顺向连锁

按照顺向连锁，行为塑造过程从第一步行为开始，每次只训练一步行为，从前往后将所有单步行为连接起来，最终使学习者获得整个复杂行为。假如教师想让学生撰写含有一个主题句、一些佐证句和一个总括句的英文段落，这一任务应该包括许多部分：能识别并能写出主题句、佐证材料和总括句；能写出一个完整的句子；能正确使用大小写、标点符号和语法；能正确拼写单词。如果教师在一节课里教授了所有技能，要求学生写出一段文字，并且根据他们的内容、语法、标点和拼写而评分，那么大多数学生将会失败，学生从练习中什么也学不到。

教师可以采用行为塑造技术一步一步地教授这些技能，逐步训练学生获得最终的技能。学生可以先学如何写主题句，然后学写佐证材料，再学写总括句。在此之前，教师要与学生专门讨论如何选题立意。接下来，教师要对段落和标点也提出要求。最后，拼写也要作为一条标准。在每一阶段，学生都有机会获得强化，因为强化的标准都是他们可能达到的。

2. 逆向连锁

按照逆向连锁，行为塑造过程从最后一步行为开始，每次只训练一步行为，从后往前将所有单步行为连接起来，最终使学习者获得整个复杂行为。简单地说，这是以倒序的方法来训练学生掌握复杂的技能。我们还是以前面的英语段落写作的例子来做说明。首先，教师给学生提供一个没有总括句的段落，要求学生补充，使之成为一个完整的段落。其次，教师提供一段不完整的文字，要求学生加上一个佐证材料和总括句。最后，教师只提供一个主题句，要求学生写出几个佐证材料和总括句。

这种逆向连锁技术的优势在于，每一次练习的成果都是一段完整的文字，以这种方式学习，学生能更好地看见全貌，并且强化的路径较短。

（二）行为的消退与维持

消退（extinction）是指消除强化从而消除或降低某一个行为的过程。例如，在二年级课堂上，有些过于着急的学生不举手就回答教师的问题，这时教师可以不理会他们，反而请那些举了手的学生起来回答，并且提醒全班学生谁举了手在等待回答、谁也举了手等。教师很快就会发现全班学生的举手行为明显增加，并且那些不参与班上讨论的学生也举起了手，参与讨论的机会增多了。

许多教师发现使用消退比较困难，因为他们必须首先学会忽视某些不好的行为。其次，某些问题行为减弱后，有可能突然重新出现，这一现象叫作自然恢复。因此，教师在使用消退时要注意：要前后一致地忽视某些不好的行为，并结合消退和其他方法，如强化适当的行为。最后，某些错误行为的频率和密度一开始会增加。如果这种上升处于能够容忍的范围，就可以采用消退的方式来控制这种行为。

维持（maintenance）是指减弱或停止强化之后行为的持续。消退的原则表明，一旦消除了对过去所学行为的强化，这个行为就会逐渐消失。这是否意味着教师必须不时地强化学生的行为，否则它们将会消失？其实不然。人类生活在一个比较复杂的世界里，对于在学校中学到的大多数技能和行为，我们的世界充满了自然的强化。例如，学生一开始可能需要经常强化他们的阅读行为，但是一旦他们学会阅读，他们就具备了解未知世界的阅读技能，到了一定时候，他们就不再需要对阅读的强化，因为阅读的内容本身就维持了这一行为。当某些行为本身就是一种内在强化时，维持也会发生。这就是说，参与这一行为本身就令人感到愉快，这一行为也能得到维持。例如，许多儿童喜欢绘画、解决问题或学习事物，即使他们从来没因此得到强化。

抵制消退对维持行为也是很重要的。个体一旦形成某一个行为，对正确反应的强化就会变得不那么频繁或不太可预测（变化时距程式和变化比率程式）。其原因是变化的强化程式要求个体在给出一个强化之前完成许多行为。这比固定程式的强化更能抵制消退。例如，一名学生每次解出数学题之后教师都给予表扬，然而一旦停止表扬，这名学生就可能停止解数学题。相反，如果学生只有逐渐增加需要完成的题目量才能得到表扬，并且教师以随机的间隔给予表扬，那么学生可能在教师没有给予强化或强化很弱的情况下继续做数学题。

（三）行为的分化和泛化

行为的结果强烈影响行为，但是，不仅行为后的刺激会影响行为，行为前的刺激——对行为的**先前刺激**（antecedent stimuli）也起了重要的作用。先前刺激就是在行为之前的事件，也被称为**线索**（cueing)。线索是指使个体知道什么行为将受到强化、什么行为将受到惩罚的刺激。线索表现为许多形式，它暗示我们，什么时候应当改变我们的行为，什么时候不应当改变。例如，在数学课上，教师强化那些解题的学生，惩罚那些无所事事的学生。但是，如果教师宣布下课时正是午饭时间，结果就会改变。当某种刺激（如数学课时间）出现时表现为一种行为，当另一种刺激（如午饭时间）出现时表现为另一种行为，这种能力涉及对先前刺激的分化。

请想一想，假如你在公司上班，你最好在什么时候要求公司老板加薪？是当公司效益好、老板很愉快、你的活儿又干得很出色时，还是当公司收入很差、老板心情不好，而你又犯了一个大错时？显然，第一种情况更容易获得成功。如果是这样，说明你已经把握了提出要求的合适时机。

操作性条件作用的**分化**（discrimination）是指知觉先前刺激的差异并对这种差异做出反应。分化就是利用一些线索、信号和信息进行强化。这些线索、信号和信息暗示什么时候行为更易得到强化。例如，公司的财政状况、老板的心情和你最近的成绩是关系到你的加薪要求是否能够得到同意的分化刺激。学生要学习分化，教师就必须对他们的反应的正确或错误提供反馈。分化学习的实验研究表明，学生需要知道什么时间他们的反应是正确的。只表扬学生的正确答案而对他们的错误答案不提供反馈，并不是一个有效的反馈策略。

在某种程度上说，学习的过程大都是掌握越来越复杂的分化的过程。例如，所有的字母、数字、词和数学符号都要分化。例如，一个小孩学会字母“b”和“d”之间的分化；一名学生学会“effective”和“efficient”的分化；你刚刚学会了“负强化”和“惩罚”之间的分化。

考虑到先前刺激的作用，操作性条件作用的完整公式是（s'）-R-S。s' 是先前刺激。需要注意的是，行为的获得取决于后果刺激，而非先前刺激。先前刺激只是提示个体在什么情况下做出行为会受到强化或惩罚。例如，汽车司机看见红灯就停车。司机停车行为的原因是违反交规之后的罚单，而不是红灯。交通灯只是提示司机在什么情况下要停车。在教学和管理中教师可以明确应用分化的技术。教师需要告诉学生什么样的行为将受到强化。从操作行为的自然形成过程看，教师可以等学生做出有价值的行为后再给予强化，但这样做效率太低了。相反，教师直截了当地告诉学生“要想得到强化，你就必须这样做”，能避免学生在错误的活动上花一些无谓的时间和努力。一旦学生知道他们正在做的事情能得到奖励时，他们将学得格外起劲儿。有时，教师还需要使用提示，引导学生做出预期的行为。**提示**（prompting）是指紧跟线索之后的确保学习者对线索做出反应的提醒。例如，当课堂讨论的时间到了时，教师拍拍手，并告诉学生停止说话。

如果学生学会在数学课上保持端坐并仔细完成作业，他们是否也能在语文课堂上表现出这种行为呢？一名学生能用7个苹果减去3个苹果，是否也能用7个橘子减去3个橘子呢？这就涉及在某种条件下学生的行为向另一情境泛化的问题。**泛化**（generalization）是指将行为、技能、概念从一个情境或任务向另一情境或任务的迁移。泛化最容易在相似的情境或概念中发生。例如，一个新的行为更容易从语文课泛化到常识课，而不是课余或家庭情境。但是，泛化并不是想当然就能发生的。一般情况下，在某一情境中成功地引入某种行为管理程序，并不意味着学生从这一管理程序中获得的行为就能自动地在另一情境中发生。相反，学生可能学会了对不同情境的分化。不同情境存在不同的规则和期望，学生知道要在不同情境下表现出不同的行为。幼儿在幼儿园里就已经学会了什么行为是受鼓励的、什么行为是受禁止的、在家该做什么、在不同的朋友家该做什么。即使在最相似的情境中，泛化也有可能不会出现。例如，学生可能完全掌握了拼写或语法，但不会将这些知识应用到自己的作文中。教师不要因为学生能在一种情境中做某些事，而认为他们在其他情境中也能做出这些事。学生可能不会识别这两种情境中的相似线索，或者虽能识别这些线索但没有动力做出反应。

第四节　社会学习理论及行为主义新进展

图 5-12　班杜拉

自20世纪40年代以来，行为主义心理学家对儿童如何获得社会行为很感兴趣。这些行为包括合作、竞争、攻击、道德-伦理和其他社会反应。社会反应主要通过观察和**模仿**别人的行为而习得。强化理论不能对所有的模仿形式给出令人满意的解释。首先，儿童为什么总是有选择性地模仿而不是模仿所有受到强化的行为；其次，为什么儿童有时会模仿那些过去没有相互作用过的行为；最后，为什么儿童在最初观察的几天、几周之后没有受到强化，也没看到榜样的这种行为受到强化，却会模仿新的行为。面对这些问题，班杜拉（图5-12）提出了一套最为综合且广为接受的模仿理论，这一理论最初被称为**社会学习理论**（social learning theory）。由于这一理论关注信念、期望、记忆以及自我强化等认知因素在社会学习过程中的作用，因此它后来又被称为**社会认知理论**（social cognitive theory）。

一、社会认知理论

社会认知理论认为，儿童通过观察他们生活中重要人物的行为而习得社会行为，这些观察以心理表象或其他符号表征的形式储存在大脑中，来帮助他们模仿行为。班杜拉的这一理论接受了行为主义理论家的大多数原理，但是更加注意线索对行为、对内在心理过程的作用，强调思想对行为和行为对思想的作用。他的观点在行为派和认知派之间架起一座桥梁。下面将介绍社会认知理论中的三个方面的观点。

（一）交互决定观

交互决定观（reciprocal determinism）认为个体、环境和行为相互影响。在社会认知理论中，行为和环境都是可以改变的，但二者不是行为改变的决定因素。个人、行为和环境的交互决定关系如图 5-13 所示。

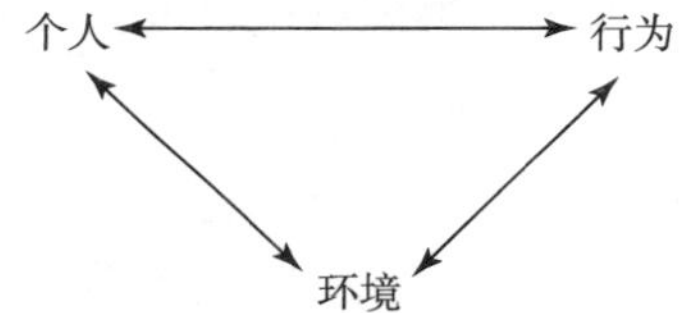

图 5-13　个人、行为和环境的交互决定关系（Bandura，1986）

例如，攻击性强的儿童期望其他儿童对他产生敌意反应（个人认知因素），这种期望使该儿童产生攻击性反应（行为），其后果是其他儿童对该儿童的行为更有攻击性（环境），从而进一步强化了该儿童的最初期望（个人认知因素）。

（二）学习与（操作）表现

班杜拉将新的学习（learning）与习得行为的操作表现（performance）区分开来，强调知识的获得（学习）与基于知识的可观察的操作表现（行为表现）是两种不同的过程。人知道的要比表现出来的多。他曾做过这样一个实验，让学前儿童观看一场电影。在电影中，一个人正在踢打一个充气娃娃。第一组儿童看到那个人受到奖励，第二组儿童看到那个人受到惩罚，第三组儿童没有看到任何结果。看完电影后，这些儿童被带到摆有充气娃娃的房间。结果发现，第一组儿童最具攻击性，踢打这些玩具；第二组儿童攻击性行为最少。但是当他们被告知，模仿电影中的人踢打充气娃娃可得到奖励，三组儿童的攻击性行为都表现了出来。这意味着，即使学习已经发生了，如果没有合适的环境或者引起行为的刺激，行为是不会表现出来的。外在强化或者学习者对即将出现的后果的预期会影响表现，而不是影响学习。

学习者是否表现出从观察中习得的行为，取决于动机、兴趣、外在刺激、觉察到的需求、生理状况、社会压力以及社会竞争等因素。有些学生虽然从同伴那里学到了一些诸如逃课等不好的行为，但是没有表现出来，因为不良后果使他们不敢表现这些行为。小学低年级儿童可能学会了某些汉字，但因为他们的精细动作协调能力有限，可能写得不够工整。在这些情况中，学生的表现并不一定能反映他们的学习状态。

（三）参与性学习和替代性学习

社会认知理论把学习分为**参与性学习**（enactive learning）和**替代性学习**（vicarious learning）（Bandura，1977）。

参与性学习是通过实际行动并体验行动后果而进行的学习。那些能导致成功后果的行为被保留下来，而那些导致失败后果的行为则被舍弃。行为后果发挥的作用与斯金纳的操作性条件作用是不一样的。斯金纳认为行为后果是增强或减弱行为，而参与性学习的后果为学习者提供信息和激励，引发学习者建立预期并塑造信念的过程，从而影响其动机。行为后果是告知学习者其动作是否准确合适。如果成功地完成了某项任务或受到一定的奖励，学习者就知道自己做得很好；如果失败或者受到惩罚，学习者就知道自己犯了某些错误，并会尽力加以改正。行为后果还能激发学习者学习和表现的动机，学习者总是学习和表现出他所看重的、确信能带来理想后果的行为，而避免学习和表现出一些会受到惩罚或令人不满意的行为。这意味着，正是学习者对行为和后果关系的认知，而非行为的后果本身，影响了学习。

替代性学习是通过观察别人而进行的学习。在替代性学习过程中，学习者没有外显的行为。人类的大部分学习是替代性学习，它通常是通过观察或聆听下列来源中的榜样而进行的：现实生活中的（亲眼所见或亲耳所闻）、象征性的或者非人类的（电视中的卡通人物或动物）、电子产品（电视、电脑或录像机）或印刷品（图书或杂志）中的。替代性学习大大提高了学习的速度。同时，替代性学习还可以避免人们经历有负面影响的行为后果。例如，我们可以通过听他人讲述、看书以及看电影等来了解火灾、地震等自然灾害的危险性，而不必亲身去体验不良的后果。

学习复杂的技能一般要通过观察和参与才能完成。学习者首先观察榜样的技能解释和行为示范，然后进行大量练习和实践，并从指导者那里获得反馈和激励。

二、观察学习

班杜拉认为，**观察学习**（observational learning）包括四个过程。

（一）注意过程

在注意过程（attention processes）中，学习者会注意和知觉榜样情境的各个方面。榜样和观察者的几个特征决定了观察学习的程度。例如，观察者比较容易观察那些与他们自身相似的或者被认为是优秀的、热门的和有力的榜样，如教师、学业表现好的学生等。有依赖性的、自我概念低的或焦虑的观察者更容易产生模仿行为，强化的可能性或外在的期望会影响个体决定观察谁、观察什么。

在教学中，教师演示如何使用多种解法解题，或者让一个很受大家欢迎的学生到黑板上解题，或者请几名学生说说解题思路，或者在全班面前公平地表扬每一名学生的解题策略，都有助于学生进行观察和模仿。

（二）保持过程

在保持过程（retention processes）中，学习者记住他们从榜样情境中了解的行为，观察到的行为在记忆中以符号的形式表征，个体使用两种表征系统——表象和语言。个体储存他们看到的感觉表象，并且使用语言编码记住这些信息。

在教学中，教师可以进行步骤分解，可以编制一些歌诀，甚至可以将难以记住的、复杂的行为冠以一个名称，作为标签，帮助学生记住完成任务的步骤。例如，在教授仰泳时，教师可以采用贴标签的方法，帮助学生记住仰泳中的胳膊位置顺序："小鸡蜷缩""飞机起飞"和"学生立正"（图 5-14）。

图 5-14　仰泳中胳膊的位置顺序

（三）复制过程

在复制过程（reproduction processes）中，学习者复制从榜样情境中观察到的行为。个体将符号表征转换成适当的行为。学习者必须：①选择和组织反应要素；②在信息反馈的基础上修正自己的反应，即自我观察和矫正反馈。

（四）动机过程

在动机过程（motivational processes）中，学习者因表现观察到的行为而受到激励。社会学习理论区别了行为获得和行为表现，学习者并非再现他们所学的每一件事。强化非常重要，但不是因为它强化行为，而是因为它提供了信息和诱因。观察者对强化的期望会影响他们对榜样行为的注意，激励他们编码和记住可以模仿的有价值的行为。

动机过程存在三种强化。第一种是**直接强化**（direct reinforcement），是指在模仿行为之后直接给出的强化，为学习者提供信息和诱因。此外，班杜拉还提出了另外两种强化。

第二种是**替代性强化**（vicarious reinforcement），是指观察者因看到榜样受强化而受到的强化。例如，当教师强化一名学生的助人行为时，班上的其他人看到之后也将互相帮助。替代性强化的另一个功能就是情绪反应的唤起。例如，当电视广告上某演员因穿某个牌子的衣服或使用某种洗发水而风采迷人时，当你知觉到或体验到演员因受到注意而感觉到的愉快时，对你来说这就是一种替代性强化。

第三种是**自我强化**（self-reinforcement），指观察者依照自己的标准对行为做出判断后而进行的强化。自我强化依赖于社会传递的结果。社会向个体传递某一行为标准，当个体的行为表现符合甚至超过这一标准时，就会对自己的行为进行自我奖励。例如，补习了一年语言的学生为自己设立了一个学业表现标准，他将根据对自己学业表现的评价而对自己的行为进行自我奖赏或自我批评。

此外，班杜拉还提出了自我调节（self-regulation）的概念。班杜拉假设，人们能观察自己的行为，并根据自己的标准进行判断，并由此强化或惩罚自己。我们都有过这样的经验，我们有时知道自己做得不错并因此而自我欣赏，无视别人说了些什么。同样，有时我们也知道自己做得并不是最好。若要做出这些判断，我们必须对自己的行为有一个期许。例如，在一次测验中得了 90 分，一名学生可能沾沾自喜，另一名学生则可能感到大失所望。

三、观察学习的应用

（一）教授新行为、技能、态度和情感

通过观察学习，学生可以获得一些基本的读写技能、图表制作、身体动作、记忆策略、课堂对话方式以及与健康有关的知识等。教师需要将所期望的行为、技能、态度和情感以明确外显的方式示范出来，或者树立理想的榜样，让学生观察到，并对学生的模仿予以强化。

教师注意发挥自身的榜样作用。教师本身也可作为如何解决问题、如何进行逻辑思维的榜样，如说出他们的思维过程、好奇心、情绪控制、对他人的尊重和兴趣、良好的倾听和交流习惯等。这些行为可引导学生形成相同的品质。值得注意的是，教师也可能以消极的社会行为误导学生。

此外，教师对世界的好奇心、对本学科的热爱以及对学习的热情等将感染学生。如果一位教师总是要求学生不断学习，而自己从来不学习本学科的新知识，学生会认为这门学科已经失去了活力，从而没有学习的激情。如果一位教师对学习的巨大热情为学生树立了良好的榜样，那么学生将加以模仿，并从中体验到学习的乐趣，获得内在的学习动力。

（二）监控学生习得行为的表现

学生可能已经学会某种行为，并且知道自己也需要做出这种行为，但是，他们需要教师进行角色示范，或者树立榜样，来促使他们表现出这些行为。反过来，学生可能习得一些不良行为，教师需要采取一定的措施防止这种行为的发生。

对于学生的某些受到抑制的良好行为，教师需要利用**去抑制效应**（disinhibition effect）。去抑制效应指个体看到榜样因做出自己原来抑制的行为而受到奖励时，加强这种反应的倾向。例如，有的学生曾经在课上积极主动地向教师提问，但没得到正反馈；在新的课堂上，当他看到其他同学纷纷主动地向教师提问并受到教师的表扬、同学们的尊敬时，从此也敢于在课堂上积极主动地提问了。再如，学生曾在考试和作业中写出自己的创造性的解法，但因为不符合标准答案而被扣了分；当他学习新的学科时，看到教师当堂表扬那些在考试中写下自己的想法学生后，从此在考试中也经常写出自己的创造性解法。

对于学生的某些不良行为，教师需要利用**抑制效应**（inhibitory effect）。抑制效应是指个体由于看见榜样得到惩罚的结果而引起的反应倾向减弱。例如，具有校园

欺凌行为的学生一旦看到榜样的攻击性行为受到惩罚，可能会表现出较少的攻击性行为。再如，有考试作弊行为的学生看到其他学生因作弊受到重罚，可能再也不敢作弊了。

在有些情况下，教师需要给学生提供一些提示或者社会线索，促进学生做出相同的行为。这是在利用**社会促进效应**（social facilitation）或引发效应（eliciting effect）。社会促进效应是指学习者通过观看榜样行为引发其行为库中已有的反应。例如，教师对学生表现出尊敬，使用礼貌敬语，学生就可能受到激励而表现出这些行为。使用“你好”“谢谢”和“对不起”并非学生从教师那里学到的新行为，而是学生早已学会了的，只是教师的带头行为引发了学生的相同行为。

班杜拉的社会学习理论并不回避人的行为的内部原因。相反，它重视符号、替代、自我调节的作用。因此，班杜拉的社会学习理论又被称为认知行为主义（cognitive behaviorism）。

四、行为主义新进展

行为主义心理学的新发展就是将多种认知过程（思维、知觉、期望、自我陈述等）融入行为主义的框架。这些新理论认为，学生存在一些有缺陷的认知过程，这些有缺陷的认知过程引导或控制他们的行为，如果改变了这些认知，行为也将随之改变。学者在这种理论的指导下发展了一些称为认知行为矫正（或称认知行为治疗、自我控制）的方法。如前所述，班杜拉的社会认知理论为使用这些方法解决行为、情绪和学习问题提供了大量的理论依据。

（一）自我管理

20 世纪 60—70 年代出现了几种自我管理（self-management）或自我控制的治疗方法。虽然早期的自我控制过程仍然以操作性条件作用的原理为基础，但是，20 世纪 70 年代的发展则使自我控制过程更多地偏向了认知。

自我管理的过程是这样的：教师利用传统的应用行为分析方法，以积极的强化和其他程序改进学生的行为。所期望的行为变化一旦达到，由教师做出的外在控制就转向由学生做出的内在控制。这一转变过程包括：①学生通过自我评估（self-assessment），决定他们是否已经完成了特定的行为；②学生通过自我监视，记录行为的成绩，持续记录他们以多大频率和在多大程度上参与了某些活动，这可以有效地训练学生监控自己的行为。

班杜拉设计了这样一个教学生调节自己行为的过程。他们要求教师每天都评估学生的行为，并对获得较高等级的学生进行强化。然后，他们改变这个程序，要求学生猜测教师给他们什么等级，猜对了给予强化，最后逐渐去掉强化。在强化和猜测的条件下，学生的行为得到了改进。在程序结束后的很长一段时间里，学生保持了改进的水平。这可能是因为教师通过教学和评定帮助学生建立了适当行为的标准，并且当学生满足这些行为标准时给予强化。

（二）自我言语训练

自我指导是一种以卢里亚和维果茨基的理论为基础的对行为进行自我控制的方法。卢里亚发现，随着儿童年龄增长，他们常常能够做到不依靠成人的教学，而依靠对自己行为的信息来改变行为，即使这个信息是由自己提供的。维果茨基描述了从外在语言到内化的谈话，最后到无声的发展过程，他指出，自我谈话非常重要，因为它提供了自我指导。

自我言语（self-verbalization）训练的理论基础是，个体的内在言语影响认知（思维）和引导行为。有些儿童以不当的方式行动，是由于受到不当的自我言语影响。因此，引入比较适当的自我言语，行为就能改变。

研究者（Meichenbaum & Goodman，1971）提出了一个认知矫正程序——自我教学训练，来教冲动性儿童从容而细致地进行学习。一开始，教师给儿童示范如何一边完成任务一边说出所使用的程序，每一个儿童都要仔细观察教师的示范，接下来教师以言语指导儿童完成任务，然后儿童小声地指导自己完成任务，最后儿童无声地完成任务（使用隐藏的自我言语）。以下就是示范中出现的言语。

好，我要做什么（问题定义）？你要我用不同的线复制这一张图。我要慢而仔细，好，画这条线，画，好，向右，接着画，然后向左（专心于反应指向），好，我做得不错（自我强化），记住，慢点。现在再回到上面。噢！不，我需要向下，好，仔细地擦掉这条线……好，即使我犯了错误，我也要慢慢地、仔细地做下去（自我评估复制技能和正误选项）。现在我要做下去。好了，我画好了！

最初，心理学家们在诊所使用认知行为矫正，帮助儿童解决各种不同的行为问题，如冲动性、攻击性和焦虑，从而使他们得到更好的控制。后来，自我言语训练较多地应用在认知学习上，帮助学生在学习任务中发展认知策略。研究者（Meichenbaum，1977）曾在学业领域中使用自我训练程序，来增强中学生的阅读理解能力。自我教学和自我言语都强调模仿个人言语，并且逐渐从教师控制行为转向学生控制行为——让学生用个人言语和自我谈话去完成任务。认知行为矫正策略不仅能提高学生完成任务的成绩，而且能泛化到其他任务中。

关键术语

刺激，反应，经典性条件作用，无条件刺激，无条件反应，中性刺激，条件刺激，条件反应，消退，泛化，分化，高级条件作用，（桑代克的）联结主义，效果律，操作性条件作用，（操作性条件作用的）强化，后果，强化物，正强化，负强化，惩罚，Ⅰ型惩罚，Ⅱ型惩罚，一级强化，二级强化，普雷马克原理，强化程式，连续强化程式，断续强化程式，固定时距程式，扇贝效应，变化时距程式，固定比率程式，变化比率程式，塑造，顺向连锁，逆向连锁，（操作性条件作用的）消退，（操作性条件作用的）维持，（操作性条件作用的）泛化，（操作性条件作用的）分化，先前刺激，线索，提示，社会学习理论，模仿，社会认知理论，交互决定观，参与性学习，替代性学习，观察学习，直接强化，替代性强化，自我强化，去抑制效应，抑制效应，社会促进效应

思考题

一、选择题

1. 心理学家桑代克的迷箱实验证明了学习是（　　）。

A. 建立刺激—反应联结的过程　　B. 认知同化的过程

C. 产生顿悟的过程　　D. 信息加工过程

2. “一朝被蛇咬，十年怕井绳”反映了条件作用的（　　）。

A. 消退　　B. 分化　　C. 泛化　　D. 维持

3. 经典性条件作用理论认为，有机体学会对某一特定的条件刺激做出条件反应以后，类似的刺激也能诱发其条件反应，这一现象称为（　　）。

A. 消退　　B. 泛化　　C. 获得　　D. 分化

4. 当一个不爱学习的学生表现出良好的学习行为时，教师撤销对他的批评，教师的这一做法属于（　　）。

A. 正强化　　B. 负强化　　C. 消退　　D. 惩罚

5. 下面哪位心理学家将强化分为直接强化、替代性强化和自我强化？（　　）

A. 马斯洛　　B. 韦纳　　C. 班杜拉　　D. 阿特金森

6. 一名学生过分害怕兔子，我们可以依次让他观看兔子的照片、与他谈论兔子、让他远远地观看关在笼中的兔子、让他靠近笼中的兔子，最后让他摸兔子、抱起兔子，消除对兔子的惧怕反应。这样一种改变行为的方法属于（　　）。

A. 代币奖励法　　B. 行为塑造法　　C. 系统脱敏法　　D. 肯定性训练

7. 人走迷宫时是通过下列哪种学习过程而完成的？（　　）

A. 尝试错误　　B. 顿悟　　C. 形成条件作用　　D. 模仿

8. 在试误学习的过程中，学习者对刺激情境做出特定的反应之后能够获得满意的结果时，联结力量就会增加，这符合下列哪一条学习规律？（　　）

A. 练习律　　B. 效果律　　C. 准备律　　D. 近因律

二、简答题

1. 中性刺激怎么变为条件刺激？

2. 经典性条件作用的分化和泛化有什么区别？

3. 如何利用经典性条件作用帮助学生热爱某门学科？

4. 为了消除一种不良行为，我们可以使用惩罚、消退和分化性强化等方式。它们有何优点？各自的适用范围是什么？

5. 如何利用普雷马克原理识别学习者的最佳强化物？

6. 如何利用强化程式教学习者习得并维持一个新行为？

7. 观察学习经历了哪些过程？请举例说明。

8. 在课堂中如何应用观察学习？

9. 比较经典性条件作用与操作性条件作用的异同。

选择题参考答案：1. A　2. C　3. B　4. B　5. C　6. C　7. A　8. B

扫码答题

第六章 认知学习理论

认知学习理论非常关心人类的学习，重视人在学习或记忆新信息、新技能时的内部心理过程，注重学习理论在教学过程和教学策略方面的实际应用。认知学习理论的早期代表有苛勒和托尔曼。之后，它朝两个方向发展：一个是新结构主义，如皮亚杰、布鲁纳、奥苏贝尔以及个人（认知）建构主义；另一个是认知主义，也就是信息加工理论，如西蒙、安德森和加涅等。由于第二章已经对皮亚杰做过介绍，个人建构主义将在第七章加以介绍，而西蒙、安德森等人的研究在普通心理学或认知心理学中是重点，他们提出的一些概念将在有关知识学习、问题解决以及学习策略等章节中有所涉及，这里就不做具体介绍了。本章只介绍早期的认知学习理论、布鲁纳的认知—结构学习理论、奥苏贝尔的认知同化学习理论以及加涅的学习的信息加工理论。

本章要点

- ● 早期的认知学习理论
  - ○ 格式塔学习理论
  - ○ 符号学习理论
- ● 认知—结构学习理论
  - ○ 认知表征理论
  - ○ 认知结构与学习
  - ○ 学习与教学的原则和方式
- ● 认知同化学习理论
  - ○ 有意义学习
  - ○ 认知同化过程
  - ○ 接受学习
- ● 学习的信息加工理论
  - ○ 加涅的学习的信息加工理论
  - ○ 认知负荷理论

第一节 早期的认知学习理论

一、格式塔学习理论

图 6-1 苛勒

图 6-2 顿悟实验中的黑猩猩

格式塔（Gestalt）学派以动物实验来说明他们对学习中产生变化的实质及其原因的理解。苛勒（Kohler，1887—1967，图 6-1）于 1913—1917 年用黑猩猩做了一系列实验（图 6-2），证明了黑猩猩的学习是一种顿悟，而不是桑代克认为的尝试—错误。例如，在黑猩猩的笼子外放有香蕉，笼子里面放有两根短竹棒，用其中的任何一根都无法够到笼子外面的香蕉。黑猩猩常常将棒子扔向香蕉，连棒子也丢了，但当它拿起棒子玩时，就出现了顿悟的端倪。一旦棒子被成功地使用，黑猩猩就会迅速加以利用。最有戏剧性的一幕是，一个名叫苏丹的黑猩猩最后将两根棒子像钓鱼竿一样接起来，够到了香蕉。这个过程是缓慢的，把两根棒子接在一起是偶然发生的，一旦苏丹看到棒子接起来与远处香蕉的关系时，就能够想到这个主意，它一次又一次地把一根棒子插进另一根棒子的末端，以便够到远处的香蕉。对于黑猩猩的这些行为，苛勒的解释是，动物遇到问题时可能会审视相关的条件，也许还会考虑某种行动成功的可能性。当突然把一件工具的工具性价值（如棒子作为手臂的延伸）“看”作达到目标的手段，即看出两根棒子接起来与远处香蕉的关系时，它便产生了顿悟，解决了这个问题。并且，一旦发现了这一方法，在遇到类似情境时它就能够运用这种“领悟”的经验。

在格式塔心理学家看来，学习就是知觉的重新组织。人在认知活动中需要把感知到的信息组织成有机的整体，在头脑中构造和组织一种格式塔（或称为完形），对事物、情境的各个部分及其相互关系形成整体理解，而不是对各种经验要素进行简单的集合。这一过程不是渐进的尝试与错误的过程，而是顿悟。也就是通过对问题情境的观察，理解它的各个部分的构成及相互联系，分析出制约问题解决的各种条件，从而发现通向目标的途径。之所以产生顿悟，一方面是因为分析当前问题情境的整体结构，另一方面是因为心智能利用过去经验和心智本身具有的组织的功能，填补缺口或缺陷。

格式塔和桑代克之间的明显对立在于顿悟和试误。但是格式塔心理学和联想主义心理学之间的对立更为深刻。格式塔理论强调整体观，反对联想理论的刺激—反应联结的思想。格式塔理论者假定知觉的组织律适用于学习和记忆。记忆中储存的是知觉事件的痕迹。因为组织律决定了知觉的构造，所以它也决定了留在记忆中信息的结构。在学习情境中，学习者构造和“领会”问题情境的方式非常重要，如果他们能利用过去的经验，正确“看清了”情境，他们就会产生顿悟。

格式塔学习理论强调学习者知识经验的整体性和知觉经验的组织作用，关注知觉和认知（解决问题）的过程。格式塔理论者探讨记忆是如何反映知觉组织的，以及解决问题的能力是如何在理解学习任务、重建记忆，或把学习原理迁移到新情境等过程中产生的。这对美国流行的刺激—反应联结主义来说是一个挑战，具有积极的意义，启发了后来的认知派理论家。但是，他们把知觉经验组织的作用归因于脑的先验本能，带有严重的唯心主义和神秘主义色彩，后来皮亚杰对此做了深刻的批判。

二、符号学习理论

托尔曼（Tolman，1886—1959，图 6-3）是一位新行为主义者，且是一位受格式塔学派影响的行为主义者，经常用动物的动机、认识、预期、意向和目的来描述动物的行为。他关心行为理论如何与知识、思维、计划、推理、目的、意向等概念相联系。他的理论被称为目的行为主义、整体性行为主义、符号—完形说或预期说。他以白鼠学习方位迷宫的实验（图 6-4）证明了自己的理论。

迷宫有一个出发点、一个食物箱和三条长度不等的从出发点到达食物箱的通道。实验开始时，他将白鼠置于出发点，然后让它们自由地在迷宫内探索。一段时间后，检验它们的学习结果。检验时，他将它们再置于出发点，并对各通道做一些处理，观察它们的行为。结果发现，若三条通道畅通，白鼠会选择最短的通道 A 到达食物箱；若 X 处堵塞，白鼠会选择通道 B；若 Y 处堵塞，白鼠会选择最长的通道 C。根据这一实验以及许多类似的实验，托尔曼提出了**符号学习理论**（symbol learning theory），这种理论有以下三个基本观点：①学习是有目的的行为，而不是盲目的。②学习是对“符号—完形”的认知。白鼠在学习方位迷宫图时，并非学习一连串的刺激与反应，而是在头脑中形成一幅“认知地图”，即“目标—对象—手段”三者联系在

图 6-3　托尔曼

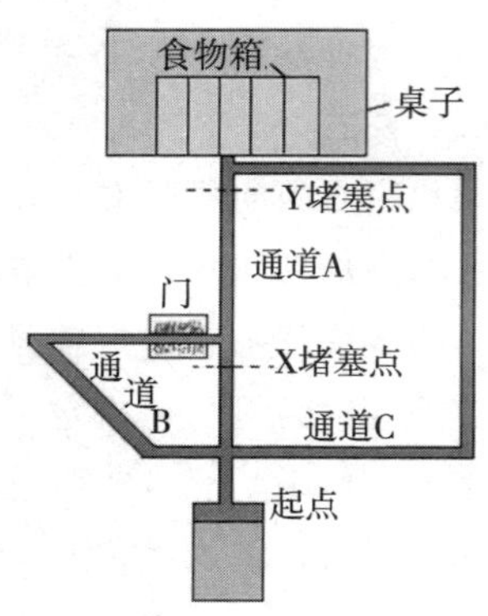

图 6-4　白鼠学习方位迷宫的实验

一起的认知结构。③在外部刺激（S）和行为反应（R）之间存在中介变量（O）。他主张将行为主义 S-R 公式改为 S-O-R 公式，O 代表机体的内部变化。

此外，托尔曼做了一个潜伏学习的实验（图 6-5）。他将白鼠分为三组走方位迷宫：第一组无食物奖励；第二组有食物奖励；第三组在前 10 天无食物奖励，而在第 11 天之后有食物奖励。结果发现，第三组在前 10 天的表现与无食物奖励组相当，但在第 11 天获得食物奖励后其行为表现发生显著变化，后来甚至优于经常获得奖励组。这一结果表明，外在的强化并不是学习产生的必要因素，不强化也会出现学习。动物未获得强化前学习已出现，只不过未表现出来，托尔曼把这种在无强化条件下进行的学习称为**潜伏学习**（latency learning）。潜伏学习的事实证明了学习不是刺激与反应的直接联结。在未受奖励的学习期间，认知结构也发生了变化。

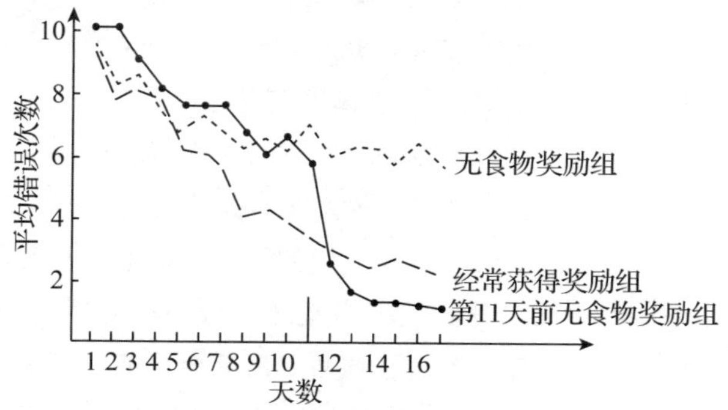

图 6-5　托尔曼的白鼠潜伏学习的研究结果（Hergenhahn，1982）

潜伏学习为什么能够发生？托尔曼解释为，白鼠在走迷宫时根据对情境的感知，在头脑里形成了一种预期或者假设。动物的行为受其预期的指导，因此动物的行为是有目的的行为。在多次尝试中，有的预期被证实，有的未被证实。预期的证实是一种强化，这就是内在强化，即由学习活动本身带来的强化。

托尔曼的主要影响在于：他反对和部分抵制某些较严格的行为主义先驱及与他同时代的行为主义者所接受的限制性前提。从以上简要介绍中不难看出，"认知"在托尔曼的理论中占有重要的地位。因此，有人认为，托尔曼是认知心理学的开山鼻祖。托尔曼提出的认知学习理论和内部强化理论对现代的认知学习理论的发展有一定的贡献。

第二节　认知—结构学习理论

图 6-6　布鲁纳

布鲁纳（Bruner，1915—2016，图 6-6）是一位在西方教育界和心理学界都享有盛誉的学者。他非常关心学校教育和学生学习的问题，强调教学理论和学习理论在教学上的应用。这和在实验室里研究鸽子和白鼠的联结理论是相对立的。长期以来，布鲁纳主要研究知觉与思维方面的认知学习，并在此基础上形成了自己的教学理论。从心理学的角度来看，他受皮亚杰、维果茨基、苛勒和托尔曼等人的影响；从哲学的角度来看，他受皮尔斯（Peirce）、詹姆斯和杜威实用主义的影响，尤其是杜威的影响。他最为知名的一本书是 1960 年出版的《教学过程》。

一、认知表征理论

布鲁纳把智慧生长与认知生长作为同义语，把它们看作形成表征系统的过程。布鲁纳认为，人类的智慧生长经历了三种表征系统阶段。

（一）动作表征

动作表征（enactive representation）阶段大致相当于皮亚杰的感觉运动阶段，在这个阶段儿童通过作用于事物来学习和再现它，之后便能通过合适的动作反应再现过去的事物。儿童在出生后最初的几年中要学会这样一些问题，如爬、走路、玩玩具、利用身体影响周围环境。在这个时期，儿童通过做和观察别人做什么而学习。即使告诉儿童怎么做，只有当儿童能做出这个动作并看到别人也这样做时，才会对他们有帮助。

（二）映象表征

映象表征（iconic representation）阶段大致相当于皮亚杰前运算阶段的早期，儿童开始形成图像或表象，表现在他们的世界中发生的事件。他们能记住过去发生的事件，并将它想象出来。这些表象与感知到的事物很像照片与现实。

（三）符号表征

符号表征（symbolic representation）阶段大体相当于皮亚杰前运算阶段的后期和以后的阶段。这时儿童能够通过符号再现他们的世界，最重要的符号是语言。这些符号既不是直接的事物，也不是现实世界的复制，而是抽象的、间接的和任意的。由于这些抽象的符号，人们最终能够假设他们从未经历过的人物、地方、事情以及可能性等。

个体达到了符号表征阶段并不意味着认知发展就停滞了，只是意味着个体具备了进一步理解世界所需要的基本工具。这个基本工具就是语言。通过语言，人能为将来做计划，能从其他人的行为中抽象出意义和打算，并能与他人交流，从而了解不同的时代、世界和观念。

当人达到符号表征阶段时，仍会利用动作表征和映象表征来解决问题，特别是在学习新学科、研究新事物的时候。教师教授高年级学生学习一个新内容的时候，需要利用动作表征和映象表征帮助学生理解基本原理的内涵，然后过渡到符号表征。例如，当学生学习分数的意义和性质，以及分数的运算时，教师可以让学生先用切分东西的动作来表达分数，然后利用集合图、数字线来表示，最后才能达成对符号表达式的真正理解。这对在课堂中研究某些新东西是十分有帮助的。

二、认知结构与学习

世界由大量可辨别的物体、事件和人物组成。人类在长期的进化过程中，形成了对外部环境繁杂多样的事物按照类别进行反应的能力。例如，我们在猎取动物时，需要判断眼前的动物是一只可以捕捉的兔子还是凶猛的老虎；在收集食物时，需要熟练地分辨蘑菇有没有毒；在采摘野果时，需要判断是苹果还是桃子，还要判断它是否成熟或者是否早已腐烂。人类在适应环境时，会对周围的各种物体、事件和人物进行分类，并根据它们所属的类别而非它们的独特性对它们做出反应。例如，一旦判定眼前的物体属于水果，我们就能推断它具有水果的所有属性，从而采取对待水果的方式来对待它。这意味着，人并不是像行为主义主张的那样遇到一个新刺激就做出反应（S-R），而是经过头脑内部的认知（如分类）之后才做出反应（S-O-R）。

布鲁纳进一步认为，人如果要超越直接的感觉材料，不仅要把感觉输入归入某一类别并据此进行推理，还要根据其他相关的类别做出推理，这些相关的类别就构成了**编码系统**（coding system）。编码系统是“一组相互关联的、非具体性的类别”。例如，一提起食物，你能想到哪些东西？如果你将想到的东西罗列起来，这就构成了一个相互关联的类别结构（图 6-7）。

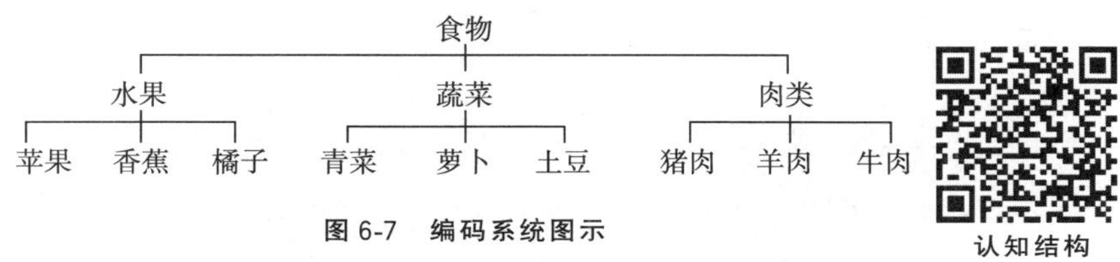

图 6-7 编码系统图示

从这个例子可以看出，编码系统对相关的类别进行了有层次的安排，较高级的类别比较一般，较低级的类别比较具体。这种内在编码系统就是**认知结构**（cognitive structure）。它是人用以感知外界的分类模式，是新信息借以加工的依据，也是人的推理活动的参照框架。例如，当我们看到前面一位留着披肩发、穿着花衣服的人时，我们想到的信息远比我们看到的要多，我们可以推断这是一位女性，她有两只眼睛、一个鼻子……然而，我们并没有直接觉察到这些。我们先判定这是一位女性，然后根据女性这一类别做出了推断。

编码系统是人们对环境信息进行分组和组合的方式，是在不断变化和重组的。在布鲁纳看来，学习就是类别及其编码系统的形成或改变，换句话说，学习就是认知结构的形成或改变。例如，一名儿童经常跟父母去餐馆吃饭，经过多次点餐，儿童将过去知道的子类食物联结在一起，形成了有关餐馆食物的编码系统：食物包括肉类、蔬菜类、主食类、水果类和饮料类，各类下面又存在许多不同的子类。这意味着儿童在这些经验中进行了学习。如果有一天他父母在点水果时，点了他以前并不知道的火龙果，那么他就学到了火龙果是一种水果，并根据水果类食物的属性推导出火龙果具有水果的一切属性。更为重要的是，他头脑中有关食物的编码系统也发生了改变：在新的编码系统中，水果类食物中多了一个新成员。可见，学习不是简单地接受眼前的信息，而是要将新信息与头脑中同类的事物联系起来，形成新的编码系统或改变原来的编码系统，推导出更多有意义的联系。这对教学具有深刻的启示意义：学生获得信息本身并不是学习的目的，学习应该超越所给的信息。

布鲁纳认为，对一门学科的学习包含三个差不多同时发生的过程：①新知识的获得。新知识往往与学习者已经模模糊糊或清清楚楚地知道的知识相违背，或者是先前知识的替代，也可以是先前知识的重新提炼。②知识的转换。学习者把信息转换为各种不同方式，使之超出最初所给的事实，从而学到更多的知识。③评价。学习者核查所用处理知识的方法是否适合当前任务，概括得是否适当。任何一门学科的学习总是由一系列片段组成的，而每一片段（或一个事件）总是涉及获得、转换和评价三个过程。布鲁纳由此认为，学生不是被动的知识接受者，而是积极的信息加工者。

三、学习与教学的原则和方式

（一）学习与教学的基本原则

第一，注重知识结构。布鲁纳所说的知识结构是某一学术领域的基本观念，不仅包括一般原理，还包括学习的态度和方法，如物理力学中的惯性定律、实验方法，代数中的交换律、分配律和结合律等。布鲁纳认为，掌握有关某一知识结构就是理解它与许多其他事物之间有意义的联系。他说："不论我们选择教什么学科，务必使学生理解各门学科的基本结构。这是在运用知识方面的基本要求，它有助于学生解决在课堂外遇到的问题和事件，或者在日后的训练中解决课堂上遇到的问题。"他指出，要帮助学生了解那些看似无关的新知识是相互关联的，并且新知识与他已有的知识也是有关的。

布鲁纳认为，学习学科的基本结构的必要性在于以下四点：①促进理解。懂得基本原理使得学科更容易理解。一旦弄清楚了学科的基本原理，其他特殊课题就能解决好。②利于记忆。他说："除非把一件件事情放入已经构建好的模型中，否则很快就会忘记。详细的资料是通过简化方式保存在记忆中的。学习普遍的或基本的原理的目的是保证记忆不会全部丧失，而遗留下来的东西可使我们在需要的时候把一件件事情重新构思起来。高明的理论不仅是现在理解现象的工具，也是明天回忆这个现象的工具。"③增强迁移。理解更基本的原理和结构的意义就在于，把事物作为更普遍的事情的特例去理解，不仅学习特定的事物，还学习与理解可能遇见的其他类似事物的模式。这些模式就是迁移的基础，能进一步激发智慧。④引导知识体系形成。一门课程要在它的教学进展中，反复地强调学科基本的观念，直到学生掌握体现这些观念的完整的知识体系。

第二，提高学习的准备性。布鲁纳认为，我们的学校过去以过分困难为理由，推迟了许多重要学科的教学。任何一门学科最基本的观念都是既简单又强有力的。他提出，任何学科的基础都可以用某种适当的形式教给任何年龄的任何人。他主张向儿童提供具有挑战性且合适的机会，使其发展步步向前，引导儿童智慧发展。

第三，培养直觉思维。布鲁纳认为，直觉思维、预感的训练是正式的学术学科和日常生活中创造性思维的重要特征。他说："机灵的推测、丰富的假设和大胆迅速地做出的试验性结论是从事任何一项工作的思想家极其珍贵的财富。我们应该引导学校儿童掌握这种天赋。"他也指出了鼓励"猜想"在培养直觉思维中的重要性，而我们的日常教学通常是忽视这些的，并且经常不鼓励"猜想"，教师评定也是聚焦于安全而无创造性的回答。

第四，激发内在动机。布鲁纳强调学习是一个主动的过程。学习的最初刺激是对于所学材料的兴趣，而不是等级、奖赏、竞争之类的外在目标。教师应该做出更多的努力使学生对学习产生兴趣。他主张，教师要使学生主动地参与到学习中，并且使其体验到他有能力掌控外部世界，以此来激发学生的内在学习动机。按照布鲁纳的观点，发现学习的经验就是这类学习体验最好的例证。

(二) 发现学习

布鲁纳认为，让学生学习一般的原理固然重要，但更为重要的是发展学生解决新问题、探索新情境、发现新事物的态度和能力。布鲁纳极力倡导发现学习（discovery learning)。**发现学习**是指学习者用自己的头脑亲自获得知识的一切形式。发现不只限于发现人类尚未知晓的事物，还包括发现人类现有的知识。教育工作者的任务是，把结论性知识转换成形成性的过程，按照表征系统的发展顺序，即从动作表征、映象表征到符号表征，设计学习活动，让学生亲自经历对知识的发现过程。例如，他根据儿童踩跷跷板的经验设计了一个天平（图 6-8)，让儿童调节砝码的数量和砝码离支点的距离，以此让儿童发现学习乘法的交换律，如 3×6＝6×3。他先让儿童动手操作天平，然后想象，最后用数字符号来表示这一数学规律。

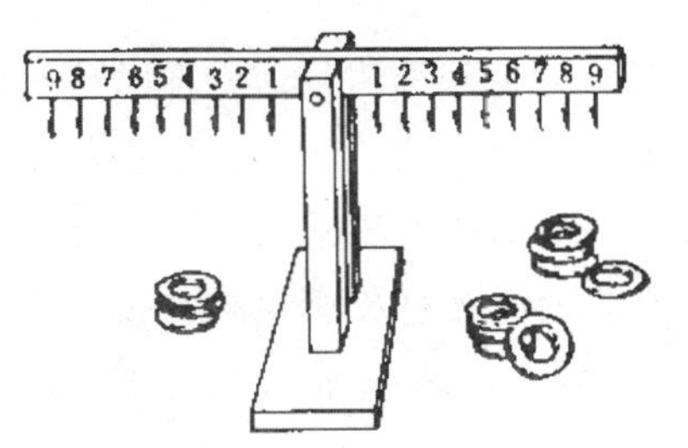

图 6-8 布鲁纳设计的用于发现学习的天平

发现学习

一般来说，发现学习的教学过程包括四个阶段：①提出问题。教师创设问题情境，使学生在这种情境中发现其中的矛盾，提出问题。②做出假设。教师促使学生利用提供的某些材料，针对提出的问题，提出解答的假设。③验证假设。学生用理论或者通过实验数据检验自己的假设。④形成结论。学生根据实验获得的一些材料或结果，在仔细评价的基础上得出结论。

在物理课上，学生通过发现学习获得单摆的规律。

步骤一，教师向学生演示一个单摆，系在一根绳子上的重物被推动一下后会有规律地前后摆动，并介绍单摆频率的概念（在一定时间内摆动的次数），要求学生探索单摆的频率与什么因素有关系。

步骤二，学生个人或小组根据教师提供的不同长度的绳子、不同质量的重物，提出自己的假设。例如，单摆的频率取决于绳子的长度、物体的质量和推力的大小。学生应当在教师的指导下提出假设（教师千万不要先告诉学生这一规律“单摆的频率取决于绳子的长度”），然后让学生进行检验。

步骤三，学生利用单摆的支架、绳子、剪刀、一些重物进行变量控制实验，探索绳长、物体质量，以及推力大小与单摆频率之间的关系；观察每次改变之后单摆的频率，并记录实验数据，然后对数据进行分析、总结，看看是否验证了自己的假设。

步骤四，学生总结不同变量控制的数据，形成一个综合结论：单摆的频率取决于绳长，而不取决于物体的质量和推力的大小。

教师在整个过程中给学生提供一些提示和指导，如一次只变化一个变量的实验控制方法、如何制作数据记录表格等。教师在最后也可以继续让学生利用发现的规律解决一些问题。例如，试着做一个每分钟摆动 15 次的单摆，或者试着用两个不同的绳长做两个频率相同的单摆。

布鲁纳在 1966 年出版的《教学论》中指出，发现学习有以下四点作用：①提高智力的潜力，学习者自己提出解决问题的探索模型，学习如何对信息进行转换和组织，使他能够超越这一信息。②使外部奖赏向内部动机转移。布鲁纳认为，通过发现例子之间的关系学习一个概念或原则，比给予学习者对这一概念或原则的分析性描述更能让学生从学习过程中得到较大的满足。③学会未来进行发现学习的最优方法和策略。如果某人具有有效的发现过程的实践经验，他就能更有效地学会如何发现新的信息。④帮助信息的存储和检索。布鲁纳认为，按照一个人自己的兴趣和认知结构组织起来的材料就是最有希望在记忆中“自由出入”的材料。

布鲁纳是推动美国以认知—结构学习理论为指导进行教学改革运动的极为重要的人物，在心理学为教育教学服务方面做出了显著的贡献。他克服了以往学习理论根据动物实验的结果推演到人的学习的种种缺陷，针对学生在课堂教学情境下学习各种知识的活动提出了自己的学习和教学理论，把研究重点放在学生获得知识的内部认知过程和教师如何组织课堂以促进学生"发现"知识上。该理论强调学生学习的主动性，强调学习的认知过程，重视认知结构的形成，注重学习者的知识结构、内在动机、独立性与积极性在学习中的作用。

布鲁纳的学习与教学理论也存在一些偏颇的地方：第一，他的学习与教学理论完全摒弃知识的系统讲授，而以发现法教学来代替，高估了学生的学习能力，忽视了知识学习活动的特点，忽视了知识的学习过程（即知识的再生产过程）与知识的生产过程之间的差异。第二，布鲁纳认为，"任何科目都可以按某种适当的方式教给任何年龄的任何儿童"，这是无法实现的。第三，发现学习在当时虽然有积极作用，然而人们指出，发现法运用范围有限，从学习主体来看，真正能够用发现法学习的只是少数学生；从学科领域来看，发现法只适合自然科学某些知识的教学，对于文学、艺术等以情感为基础的学科，发现法不是完全适用的；从执教人员来看，发现法教学没有现成的方案且过于灵活，对教师知识素养、教学机智、技巧和耐心等要求很高，一般教师很难掌握，反而容易弄巧成拙；从效率上看，发现法耗时过多，不经济，不适合在短时间内向学生传授大量知识和技能的集体教学活动。

有意义学习

第三节　认知同化学习理论

奥苏贝尔（Ausubel，1918—2008，图 6-9）在教育心理学中最重要的一个贡献是他对意义学习的描述。在他看来，如果学生的学习有价值，就应该尽可能地有意义。为此，他仔细区分了机械学习与有意义学习之间的关系。

图 6-9　奥苏贝尔

一、有意义学习

（一）有意义学习的实质和标准

奥苏贝尔提出，**有意义学习**（meaningful learning）过程的实质就是符号代表的新知识与学习者认知结构中已有的适当观念建立非任意的（nonarbitrary）和实质性的（substantive）联系。这一论断既给有意义学习下了明确的定义，也指出了划分机械学习与有意义学习的两条标准。

第一条标准是新的符号或观念与学习者认知结构中的有关观念具有实质性联系。实质性联系是指新的符号或观念与学习者认知结构中已有的表象、有意义的符号、概念或命题的联系。实质性联系实际上就是一种非字面联系。威廉·詹姆斯在《给教师的心理讲话》一书中，谈到过一个典型的案例。

我的一位朋友参观了一所小学，应邀检查一下学生们的地理知识。她看了看课本，问道："假设你们在地上挖了一个1000英尺深的洞，你们说这个洞底比上面热还是凉?"全班鸦雀无声，一片寂静。这时，教师说道："我敢肯定他们知道，我觉得你的问题问得不合适。我来问问。"于是，他拿起书本，问道："地球的深层处于什么状态?"这时全班一半同学都马上异口同声地答道："地球的深层是熔岩。"

显然，学生只是机械地记住了这一信息，获得了其字面意义。这一信息并没有与学生已有的其他信息建立有意义的联系。学生学到的"火热的熔岩"是一种**惰性知识**（inert knowledge)，即这种知识本来可以应用到广泛的情境中，实际上却只应用在非常有限的情境中。

第二条标准是新旧知识的非任意的联系，即新知识与认知结构中有关观念存在某种合理的或逻辑上的联系。例如，学习者原有认知结构中已有命题"三角形内角之和等于180°"，现在学习新命题"四边形的内角之和等于360°"，他们可以推导出任何四边形都可以分成两个三角形，所以四边形的内角之和是360°。这种联系就是合理的而非任意的联系。

（二）有意义学习的条件

有意义学习的产生既受学习材料性质的影响，也受学习者自身因素的影响。

1. 外部条件

有意义学习的材料必须具有逻辑意义。这种逻辑意义指的是材料本身在人的学习能力范围内，而且与有关观念能够建立非任意的和实质性的联系。根据这一外部条件，无意义学习只能是机械学习。

2. 内部条件

有意义学习的内部条件包括三个方面：第一，学习者必须具有有意义学习的倾向，也就是积极主动地把新知识与认知结构中原有的适当知识相联系的倾向；第二，学习者认知结构中必须具有适当的知识，以便与新知识进行联系；第三，学习者必须积极主动地使这种具有潜在意义的新知识与他认知结构中有关的原有知识发生相互作用，使原有知识得到改造，新知识获得实际意义，即心理意义。

（三）有意义学习的类型

有意义学习可分为三种类型。

1. 表征学习

表征学习（representational learning）是学习单个符号或一组符号的意义，或者说学习它们代表什么。例如，“狗”这个符号对初生儿童是完全无意义的，在儿童多次与狗打交道的过程中，儿童的长辈或其他年长儿童多次指着狗（实物）说“狗”，儿童逐渐学会用“狗”（语音）代表他们实际见到的狗。“狗”这个语音符号对某个儿童来说就获得了意义。

2. 概念学习

概念学习（concept learning）实质上是掌握同类事物共同的关键特征。例如，学习“三角形”这一概念，就是掌握三角形有三个角和三条相连接的边这样两个共同的关键特征，而与它的大小、形状、颜色等特征无关。

3. 命题学习

命题学习（proposition learning）是掌握概念或事物之间的关系。命题是以句子的形式表达的，可以分为两类。一类是非概括性命题，只表示两个以上的特殊事物之间的关系，如“北京是中国的首都”。这个句子里的“北京”代表特殊城市，“中国的首都”也是一个特殊对象的名称。这个命题只陈述了一个具体事实。另一类命题表示若干事物或性质之间的关系，这类命题叫概括（generalization）性命题，是学习若干概念之间的关系，如“圆的直径是它的半径的两倍”。这里的“圆”“直径”“半径”可以代表任何圆及其直径和半径，这里的倍数关系是普遍的关系。命题学习也包含了表征学习。命题学习必须以概念学习为前提。如果学生对一个命题中的有关概念没有掌握，他就不可能理解这一命题。

二、认知同化过程

（一）认知结构及其特征

奥苏贝尔认为，当学生把教学内容与认知结构联系起来时，有意义学习就发生了。奥苏贝尔所说的认知结构是指学生头脑内部的知识结构，涉及学生现有知识的数量、清晰度和组织结构，包括学生当下能回想出的事实、概念、命题、理论等。

奥苏贝尔分析了认知结构的不同特征对知识理解及其保持的影响。

1. **固着观念**

固着观念（anchoring idea）指认知结构中对新知识起固定作用的适当观念。例如，在学习者具有了“力”的基本概念之后，他就可以更好地理解“浮力”的特征和规律。在奥苏贝尔看来，对教材进行机械学习的主要原因之一就在于学生的认知结构中还没有可以与新内容建立联系的有关观念，这使教材失去了潜在意义。

2. **可辨别性**

可辨别性指新材料与原有观念之间区别的程度。人在理解活动中有简化理解的趋势。当新学习内容与原有观念有些相似但不完全相同时，如加速度与速度之间的关系，新知识常常被理解（还原）为原有观念。有时即使学习者意识到新旧知识之间存在一些差别，也无法具体说明这些差别的所在，如“匀变速直线运动”与“匀速直线运动”的差别，学习者难以对新知识形成清晰的理解，也难以形成稳定、持久的记忆。为了提高新旧知识之间的可辨别性，教师可以通过对比的方法，明确两者之间的不同之处。

3. **清晰稳定性**

认知结构中的固着观念是否清晰、稳定，也影响学生对新旧观念的区分。例如，对古典音乐知识掌握得比较好的学生可以更好地理解现代音乐知识。在教学中，在学习一种观念之前，教师有时需要先引导学生复习已有知识，使得其更加清晰和稳定。

有意义学习理论强调，认知结构中的固着观念及其清晰稳定性与新知识的可辨别性对新知识的学习起决定作用。奥苏贝尔意味深长地说：“教育心理学的原理，千言万语，总结为一句话，就是在教学之前，必须了解学生头脑中原来有什么。”

（二）认知同化过程

奥苏贝尔的认知同化学习理论认为，有意义学习是通过新信息与学生认知结构中已有的有关观念的相互作用而发生的，这种相互作用导致了新旧知识的有意义同化。例如，学生学习到一个新知识“鲸鱼”，并且将“鲸鱼”与认知结构中的“哺乳动物”进行相互作用：对鲸鱼与哺乳动物进行分析、比较、归类。新知识“鲸鱼”（用 a 来表示）与学生认知结构中已有的概念“哺乳动物”（用 A 来表示）相互作用的结果，不仅使新知识获得了新的意义（用 a′表示）——鲸鱼具有胎生哺乳等关键特征，与其他哺乳动物是同类关系，也就是说 a 被 A 同化了，也使已有概念在重新组织的过程中获得了新的意义（用 A′表示）——哺乳动物不只包括陆地动物，也包括海洋动物，强化了对胎生哺乳等关键特征与陆地或海洋等非关键特征的认识。a 与 A

相互作用的结果，使得 a 与 A 都发生了变化，获得了新的意义。更重要的是，新旧知识相互作用的产物 a′与 A′仍然保持着联系，它们一起形成了一种复合的意义（用 a′A′表示），或者说形成了一种新的复合观念：鲸鱼是一种海洋哺乳动物。

认知同化理论

根据新旧观念的概括水平及其联系方式的不同，奥苏贝尔提出了三种认知同化过程。

1. 下位学习

下位学习（subordinate learning）又被称为类属学习，是指将概括程度或包容范围较低的新概念或命题，归属到认知结构中原有的概括程度或包容性较广的适当概念或命题之下，从而获得新概念或新命题的意义。例如，学生学习了“杠杆”的概念，知道了杠杆的力臂原理，然后他们学习了定滑轮的知识，把“定滑轮”同化到“杠杆”的概念下，理解了定滑轮实质上是一种等臂杠杆，就能很容易地理解定滑轮不省力的原因。随着对定滑轮的概念的同化理解，学生对杠杆的理解也会变化：杠杆不一定是一根细长的杆，也可以是一个圆形的轮子。

下位学习分为两种类型（图 6-10）：一种是派生类属（derivative subsumption），即新的学习内容仅仅是学生已有的、包容性较广的命题的一个例证，或是能从已有命题中直接派生出来的。例如，儿童已知道“猫会爬树”，“邻居家的猫正在爬门前那棵树”这一新命题就可以类属于已有的命题。另一种是相关类属（correlative subsumption），即当新内容扩展、修饰或限定学生已有的命题并使其精确化时，表现出来的就是相关类属。例如，儿童已知“平行四边形”这一概念的意义，那么我们可以通过“菱形是四条边一样长的平行四边形”这一命题界定菱形。在这种情况下，我们通过对“平行四边形”加以限定，产生了“菱形”这一概念。

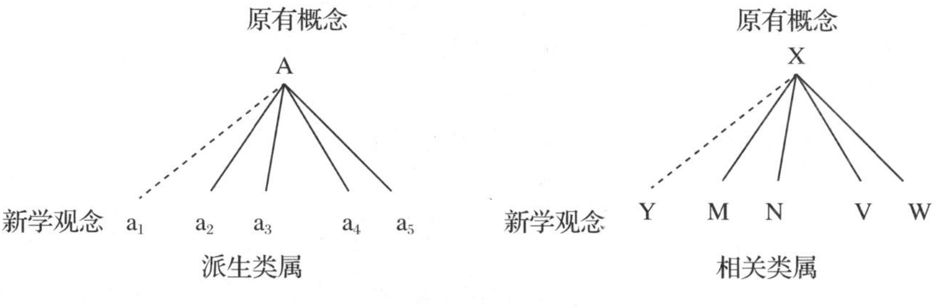

图 6-10 下位学习

2. 上位学习

上位学习（superordinate learning）是指新概念、新命题具有较广的包容性或较高的概括水平，这时，新知识通过将一系列已有的观念包含在其下而获得意义，新学习的内容便与学生认知结构中已有观念产生了一种上位关系（图 6-11）。例如，儿童往往是在熟悉了“胡萝卜”“豌豆”和“菠菜”这类下位概念之后，再学习“蔬菜”这一上位概念的。

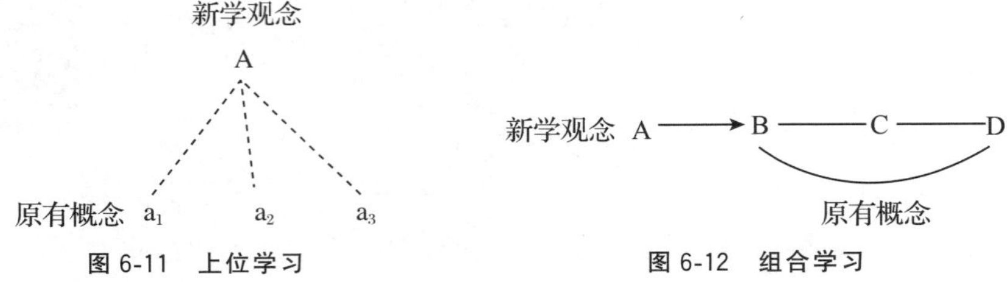

图 6-11　上位学习　　图 6-12　组合学习

3. 组合学习

当新概念或新命题与认知结构中已有的观念既不产生下位关系又不产生上位关系时，它们之间可能存在组合关系。这种只能凭借组合关系来理解意义的学习就是**组合学习**（combinational learning）（图 6-12）。学生在各门自然学科、数学、社会学科和人文学科中学习的许多新概念，如质量与能量、热与体积、遗传与变异、需求与价格之间的关系，都属于组合学习。这类关系的学习虽然既不属于学生已掌握的有关观念，也不能包括原有的观念，但它们之间仍然具有某些相关的关键特征。在这种学习中，实际上学习者头脑中没有可以直接加以利用的观念，学习者只能在更一般的知识背景中为新知识寻找适当的固定点。这种学习通常会更加困难。

三、接受学习

奥苏贝尔大力倡导**接受学习**（reception learning）。接受学习是一种由教师引导学生接受事物意义的学习，其内容基本上是以定论的形式讲授给学生的。有时也称为讲授教学（expository teaching）。讲授教学是指以有组织、有意义的方式将知识讲授给学生的教学。这种教学主要适用于有意义的言语信息的学习。

（一）讲授教学的特点和性质

讲授教学的特点在于：①师生之间需要有大量互动。讲授教学虽然以教师讲授为主，但在课上始终要求学生做出反应和思考，时刻抓住学生的注意力。②大量利用例证。虽然讲授教学注重有意义的言语学习，但例证包括图解或图画。③它是演绎的，最一般的概念最初呈现，然后从中引出特殊的概念。④它是有序列的，材料的呈现有一定步骤，这些步骤是先行组织者。

奥苏贝尔关于接受学习的观点恰好与布鲁纳关于发现学习的观点相反。布鲁纳的发现学习是使学生像科学家那样思考问题，通过参与探究活动发现基本的原理或规则。奥苏贝尔则认为，发现学习是指学习内容不是以定论的方式呈现给学生的，而是要求学生在把最终结果纳入认知结构之前先从事某些心理活动，如对学习内容进行重新排列、重新组织或转换，然后就与接受学习一样，把发现的内容加以内化，以便以后在一定场合下加以运用。所以，发现学习只是比接受学习多了前面一个阶段——发现，其他并无不同。

如果这样理解发现学习的话，奥苏贝尔认为，发现学习也可以在前面提及的符号学习、概念学习和命题学习三种学习类型中发生。除此之外，发现学习还涉及其他三种学习类型：运用、问题解决、创造。这三种学习是有层次的：①运用是指把已知命题直接转换到类似的新情境中去，有点类似于我们通常所讲的“练习”。②问题解决是学生无法将已知命题直接转换到新情境中去，学生必须通过一些策略，进行一系列前后有序的转换。学生已有的知识可能与问题解决的办法有关，但需经过多次转化，而非直接运用或练习就能解决的。③创造则是指把认知结构中各种关系相距甚远的观念用来解决新问题，而且，认知结构中哪些命题与该问题有关，事先是不知道的，各种转换的规则也不明显。在奥苏贝尔看来，创造要能产生某种新的产品。不论对于学生来说是新的，还是在人类认识意义上来说是新的，都应该被视为创造性行为。当然，只有那些能创造出新产品的人，才能被认为是具有创造性的人。而且，创造性行为本身应表现出一定的综合水平，即能够把各种要素综合在一起，形成新产品，这种综合水平应超过问题解决需要的水平。

布鲁纳的发现学习强调归纳过程，让学生由特殊发现一般。而奥苏贝尔的接受学习则强调演绎的过程，让学生的理解从一般到特殊。奥苏贝尔认为，学生得到的概念原理组织得越好、越有意义，他们就学得越好，越能明白其意义，死记硬背是最无效的学习策略。

奥苏贝尔反复强调，认为接受学习必然是机械的、发现学习必然是有意义的观念是毫无根据的。在他看来，无论是接受学习还是发现学习，都有可能是机械的，也都有可能是有意义的。如果教师的讲授教学较好，不一定会导致学生机械地接受学习；同样，发现学习也不一定是保证学生有意义学习的灵丹妙药。如果学生只是机械地记住解决问题的典型步骤，而对自己正在做什么、为什么这样做稀里糊涂，他们也可能得到正确的答案，但这并不比机械学习或机械记忆更有意义。只要符合有意义学习的两个标准，任何学习都是有意义学习。此外，需注意的是，有意义学习与机械学习不是绝对的，而是处在一个连续体的两个极端上。学校的许多学习往往处于这两端之间的某一点上。

（二）讲授教学的原则和技术

1. 逐渐分化原则

根据逐渐分化原则（principles of progressive differentiation），教师首先应该传授最一般的、包摄性最广的观念，然后根据具体细节对它们逐渐进行分化。奥苏贝尔认为，这种呈现教学内容的顺序，不仅与人类获得认知内容的自然顺序相一致，也与人类认知结构中表征、组织和储存知识的方式相吻合。他由此提出两个基本的假设：①学生从已知的包摄性较广的整体知识中掌握分化的部分，比从已知的分化部分中掌握整体知识的难度要低一些。这实际上就是说，下位学习比上位学习更容易一些。②学生认知结构中对各门学科内容的组织是按包摄性水平组成的。包摄性最广的观念在认知结构中占据最高层次，下面各层的包摄性广度逐渐递减。

2. 整合协调原则

整合协调原则（principle of integrative reconciliation）要求学生对认知结构中的现有要素重新组合。奥苏贝尔认为，所有导致整合协调的学习同样也会导致学生现有知识的进一步分化。

当教材内容无法按纵向序列的形式组织，而只能用横向并列的形式组织时，整合协调的原则也是适用的。

此外，奥苏贝尔还提出了另外两条原则：①序列组织（sequential organization）原则，强调前面出现的知识应为后面出现的知识提供基础；②巩固（consolidation）原则，强调在学习新内容之前必须掌握刚学过的内容，确保学生为新的学习做好准备，为新学习的成功奠定基础。

3. 先行组织者

奥苏贝尔就如何贯彻“逐渐分化”和“整合协调”的原则提出了一项具体应用的技术：设计**先行组织者**（advance organizers）。先行组织者是指先于学习任务本身呈现的一种引导性材料，它比学习任务本身具有更高的抽象、概括和综合水平，并且能清晰地与认知结构中原有的观念和新的学习任务关联。先行组织者可以是一个概念定义、一个新材料与已知例子共属的类别、一个概括、一个类比或者一个故事。例如，在学习一个化学元素之前，呈现元素周期表。

设计先行组织者的目的是为新的学习任务提供观念上的固定点，增加新旧知识之间的可辨别性，以促进类属性的学习。教师通过呈现先行组织者，在学习者已知的东西与需要知道的东西之间架设一道知识之桥，使他更有效地学习新材料。具体而言，先行组织者起到三个作用：①把学习者的注意力引向即将学习的材料中最重要的内容；②集中概括即将呈现的概念之间的关系；③提示学习者已有知识和即将遇到的新材料之间的关系。

先行组织者可分为两类：一类是陈述性（expository）组织者，旨在为新的知识提供最适当的类属者，与新的知识产生一种上位关系。例如，教师在教授“钢铁”之前，先提出“合金”的概念，并比较合金与金属的异同和利弊，合金的抽象层次高于钢铁。又如，学生在学习“山脉”“高原”“平原”等知识之前，先学习“地形”的概念——“地形是由各种各样特殊形状的大小陆地构成的总和”。其中，“陆地”是学生过去已经掌握的上位概念，抽象性和概括性高于“地形”，而“地形”又普遍高于即将学习的“山脉”“高原”“平原”等。另一类是比较性（comparative）组织者，用于比较熟悉的学习材料，旨在比较新材料与已有认知结构中相类似的材料，从而增强新旧知识之间的可辨别性。例如，教师在教授网球知识之前，先比较网球与羽毛球的异同。再如，学生学习了“动作技能”的有关材料后，就开始学习“智力技能”的新材料。一般情况下，学生可能将两者的许多相似但不同的意义混淆，这时，“比较性组织者”可以设计为“智力技能与动作技能一样，练习越多就越熟练，不同之处在于前者为内化动作，后者为外化动作”。

后来，研究者在奥苏贝尔原来定义的基础上发展了组织者的概念。组织者一般在学习材料之前呈现（先行组织者），也可以放在学习材料之后。它既可以在抽象性、概括性上高于学习材料，也可以在抽象性、概括性上低于学习材料，是学习材料的一个具体概念。

奥苏贝尔的认知接受学习理论注重有意义的接受学习，突出了学生的认知结构和有意义的学习在知识获得中的重要作用，对有意义接受学习的实质、条件、机制、类型等做了精细的分析，澄清了长期以来对传统讲授教学和接受学习的偏见，以及对发现学习和接受学习与有意义学习和机械学习之间关系的混淆。他提出的先行组织者策略对改进课堂教学设计、提高教学效果有重要的实用价值。

但他侧重学生对知识的掌握，而对学生能力的培养尤其是创造力的培养不够重视，且过于强调接受学习与讲授方法，没有给予发现学习应有的重视。实际上，许多人都认为，在学生学习知识的活动中，有意义的接受学习和有意义的发现学习各具特色，各有所长，都是重要的学习方式，是相辅相成、互相补充的。

经验分享

第四节 学习的信息加工理论

认知学习理论受信息加工理论的影响，把学习过程类比为计算机的加工过程。例如，学习者在一个学习情境中，他的眼、耳、鼻、舌、身等各种感官接受的刺激作用可以看作输入，通过感官转换成神经传递信息。这些信息又经过神经系统的转换，被储存和回忆起来。这种被回想起来的信息再次被转换成另一类神经传输信息，它可以控制肌肉的活动。这种转换的结果就是语言或其他类型的运动，也就是输出。这些形形色色的转换构成了学习者头脑中的学习过程，这些过程及其特点和作用方式组成了认知学习理论的实质成分。

一、加涅的学习的信息加工理论

图 6-13 加涅

加涅（Gagné，1916—2002，图 6-13）根据现代信息加工理论，对学习的实质、过程、条件以及教学做出系统的论述。加涅认为，学习是人可以持久保持且不能归因于生长过程的性情倾向（dispositions）或能力倾向（capabilities）的变化。这种变化可以从学习前后行为表现的变化中推断出来。人的不同类型的行为是以不同类型的能力倾向为基础的。学习过程是人类学习者内部的功能结构进行的各种信息加工过程。这些过程把环境刺激转换成多种形式的信息，逐渐形成长时记忆的某种状态，这种状态构成了能力倾向的基础。不同能力倾向的变化需要不同的内部和外部条件。教学就是要合理安排可靠的外部条件来支持、激活、促进学习的内部条件和过程（Gagné，1985）。

（一）学习的信息加工过程

加涅根据现代信息加工理论提出了学习过程的基本模式，即**学习的信息加工模式**（图 6-14），这一模式展示了学习过程中的信息加工过程。这一模式表示，来自学习者外部环境的刺激作用于他的感受器，并通过感觉登记器（记录器）进入神经系统。信息最初在感觉登记器中进行编码，最初的刺激以映象的形式保持在感觉登记器中，保留 0.25～2 秒。当信息进入短时记忆后再次被编码，信息以语义的形式被储存下来，在短时记忆中信息保持的时间也是很短的，一般只保持 2.5～20 秒。如

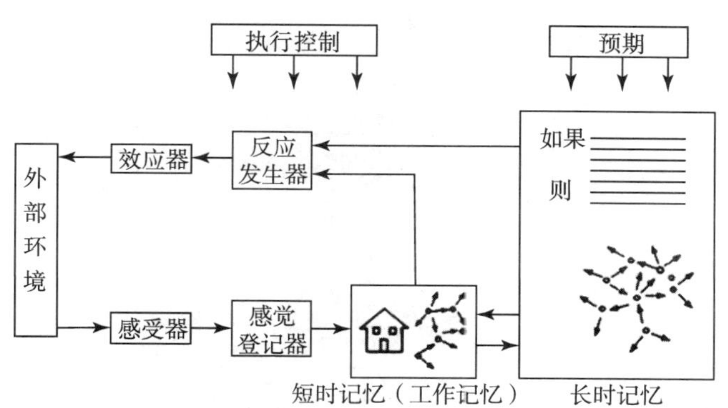

图 6-14　学习的信息加工模式（加涅，1999）

果学习者做了内部的复述，信息在短时记忆里就可以保持得久一点，但也不超过 1 分钟。经过复述、精细加工和组织等编码，信息还可以被转移到长时记忆中进行储存，以备日后回忆。从短时记忆进入长时记忆的信息有可能被检索出来并回到短时记忆，这时的记忆又被称为工作记忆。当新的学习部分地依赖于学生原先学过的东西时，这些原先学习的东西就从长时记忆中检索出来并重新进入短时记忆。从短时记忆或长时记忆中检索出来的信息要通过反应发生器。反应发生器具有信息转换或动作的功能，从反应发生器中传来的神经传导信息使效应器（肌肉）活动起来，产生一个影响学习者环境的操作行为。这种操作使外部的观察者了解原先的刺激发生了作用——信息得到了加工，也就是说学习者确实学了点什么。

在这个信息加工过程中，一组很重要的结构就是模式图上部的执行控制和预期两个部分。执行控制，即已有的经验对现在学习过程的影响；预期，即动机系统对学习过程的影响。整个学习过程都是在这两个结构的作用下进行的。

学习过程是一个从不知道到知道的活动过程。加涅根据图 6-14 对其做了进一步分析，把它分成八个阶段（图 6-15）：①动机阶段。学习者被告知学习目标，形成对学习结果的期望，激起学习兴趣。②领会阶段。依据其动机和预期对外在信息进行选择，只注意那些与学习目标有关的刺激。③习得阶段。对信息进行编码和储存。④保持阶段。将已编码的信息存入长时记忆。⑤回忆阶段。根据线索对信息进行检索、回忆和提取。⑥概括阶段。在变化的情境或现实生活中利用所学知识，对知识进行概括，将知识迁移到新的情境中。⑦操作阶段。利用所学知识，对各种形式的作业进行反应。⑧反馈阶段。通过操作活动的结果，认识到学习是否达到预定目标，从而在内心得到强化，使学习活动告一段落。

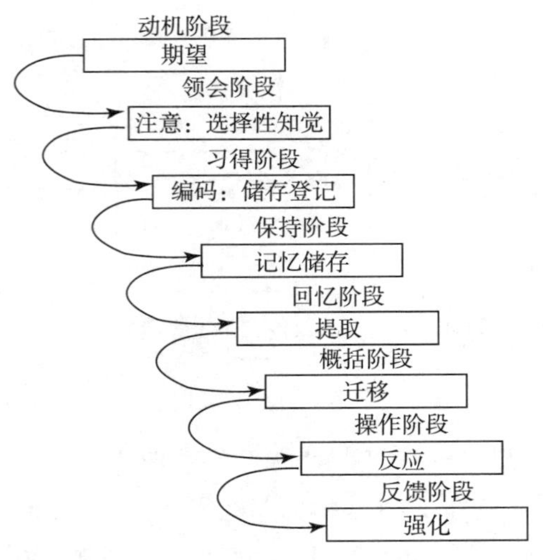

图 6-15　学习过程的八个阶段

注：方框中为各阶段中学习者的内部认知过程。

（二）学习的条件

1. 内部条件

加涅在《教学设计原理》一书中，列出一表（表 6-1），对五种学习类型所需的必要条件和辅助条件做了归纳。

表 6-1　学习的内部条件

学习类型	必要条件	辅助条件
言语信息	先前的有意义、有组织的言语信息	言语技能、认知策略、态度
智力技能	较简单的智力技能（规则、概念、辨别）	态度、认知策略、言语信息
认知策略	特殊的智力技能（元认知）	智力技能、言语信息、态度
态度	智力技能（有时）、言语信息（有时）	其他态度、言语信息
动作技能	部分技能（有时）、操作程序规则（有时）	态度

在这些智力技能的子技能中，辨别技能是最基本的智力技能。这些子技能按学习水平由低到高排列依次为：辨别—具体概念—定义概念—规则—高级规则（解决问题）等智力技能。每一级智力技能的学习以低一级智力技能的获得为前提，最复杂的智力技能则是由许多简单的技能组合而成的。这一观点就是加涅的**学习层级说**（theory of learning hierarchies）（加涅，1999）。

2. 外部条件

不同的学习结果需要不同的外部条件。假定一名学生具有学习 10 个外语单词的必备能力倾向，另一个人具有学习负数乘法运算的必备能力倾向。这两个学习活动的外部条件显然是不同的。对于单词的学习，学生需要对单词进行重复，而对于负数乘法的学习，重复不会取得相似的效果。表 6-2 罗列了五种学习的外部条件（盛群力，1998）。

表 6-2 学习的外部条件

学习类型	外在学习条件
言语信息	①变化语调或突出字体的特征，以吸引注意；②分块呈现信息；③提供有意义背景，促进信息的有效编码；④提供线索促进有效检索和迁移
智力技能	①突出特征，吸引注意；②将内容控制在短时记忆限度之内；③促进回忆已学的必备技能；④排列组合（列）必备技能．提供言语指导；⑤经常练习，定期复习；⑥创设多种情境，促进迁移
认知策略	①示范说明策略；②提供运用策略的多种机会；③对策略的效果进行反馈
态度	①建立对态度的期望；②使学生认同榜样人物；③安排个人行为选择；④提供成功的反馈或显示榜样的反馈
动作技能	①提供对动作程序的指导；②重复训练；③及时反馈动作的准确性；④鼓励脑力训练

（三）教学事件

在加涅看来，教学的设计属于学习的外部条件。加涅认为，教学是指在学习情境中对外部活动的控制，这些活动是由教师、教科书的作者、电影或电视课程的设计者、自学课程的制作者等控制的。当然，学习的外部条件不是教学中发生的全部事情。教学包括一系列独立的事件，每一个事件都对应学习的内部活动，对学习者都有显著的影响。加涅在《学习的条件和教学论》一书中列举了教学事件与内部学习过程的对应关系（表 6-3）。

表 6-3 教学事件与内部学习过程的对应关系

内部过程	教学事件	行动例子	“梯形”教学过程
接收	引起注意	使用突然的刺激变化	出示各种图形、纸船、梯形实物、河坝截面图片

续表

内部过程	教学事件	行动例子	“梯形”教学过程
预期	告知学习者目标	告诉学习者在学习之后，他们能够做些什么	能够识别梯形，画梯形，指出实物中的梯形
提取到工作记忆中	刺激回忆先前的学习	要求回忆先前习得的知识或技能	回忆长方形、正方形、四边形的特征及四边形中的平行概念
选择性知觉	呈现刺激	显示具有区别性特征的内容	出示典型的梯形、等腰梯形；总结梯形的特征，即一组对边平行，另一组对边不平行
语义编码	提供“学习指导”	提出一个有意义的组织	提供各种梯形的变式，包括不同形状、不同方位的梯形
反应	引出行为	要求学生表现出行为	出示一些梯形和非梯形，如曲边、非封闭图形，要求辨认其中的梯形
强化	提供反馈	给予信息反馈	对学生的行为反应给予反馈
提取和强化	评价行为	要求学习者另外表现出行为，并给予强化	要求对一些梯形、其他四边形、三角形等进行多层次分类（包括对梯形的分类），综合前后知识；自由画出各种梯形，考察发散思维以及对梯形的整体理解
提取并概括化	促进保持和迁移	提供变化了的练习及实时复习	联系生活中的各种实物、教室中的物件指认梯形；从一个复杂的图形中辨认隐藏着的各种梯形；从其他图形（如正方形、长方形、平行四边形、三角形等）中切割出一个梯形；用相应的纸片折叠出梯形（根据画出的梯形进行折纸，发展空间对应关系）

加涅的学习模式是在行为派和认知派研究的基础上提出的，它注意到了人类学习的特点，是认知主义中比较有代表性的学习模式。如果将奥苏贝尔的理论看作认知—接受说，将布鲁纳的理论看作认知—发现说，那么加涅的理论则被看作认知—指导说。在实际教学中，这三者都具有一定的合理性和不同的适用条件。

二、认知负荷理论

根据学习的信息加工模型，学生的工作记忆容量有限，如果同时从事几种活动，则存在资源分配的问题，分配遵循“此多彼少，总量不变”的原则。如果某种材料含有多种信息的相互作用，其所需的资源总量超过了学生具有的资源总量，就会存在资源分配不足的问题，影响学习或问题解决的效率，这就是**认知负荷**（cognitive load）超载。

认知负荷是指一项具体任务的执行给个体认知系统施加的负荷（Paas & Van Merrienboer，1994）。研究者（Sweller，1994）区分了三种类型的认知负荷：内在认知负荷（intrinsic cognitive load）、外在认知负荷（extraneous cognitive load，也译为无关认知负荷）和生成认知负荷（germane cognitive load，也译为关联认知负荷）。**内在认知负荷**是处理知识点之间的相互作用为工作记忆带来的认知负荷，取决于学生需要在工作记忆中保持的、用于理解的信息单元数量（Pollock，Chandler，& Sweller，2002）；**外在认知负荷**是由学习任务的设计和信息的呈现方式引起的负荷；**生成认知负荷**是用于图式获得和技能自动化的认知负荷，具体用于保持表征和生成意义等加工过程。

例如，在学习突触的结构时，我们不仅需要弄清楚轴突、线粒体的含义及它们之间的相互作用，而且需要将所有这些元素及其相互作用同时输入工作记忆，这样才能对突触的结构产生清晰的理解。如果不能同时进入，意义建构就会失败。我们在学习突触的结构时，内在认知负荷是由突触结构这个知识本体构成的，受其结构元素间相互作用强度的影响。元素之间的相互作用越强，对工作记忆构成的压力就越大，内在认知负荷就越大。图 6-16（a）、6-16（b）包含的元素和元素间的相互作用是相同的，因此两个图的内在认知负荷也是一样的。由于内在认知负荷是由知识本体构成的，不因教学设计而改变，若要减轻内在认知负荷，可以去掉一些不重要的相互作用的元素。另外，知识本体的复杂程度是受学生的经验影响的。对于具有丰富的先前经验的学生来说，因为他们头脑中具有很多自动化的图式，所以由同样的知识本体构成的内在认知负荷可能小于先前经验贫乏的学生。

在学习突触的结构模式图时，我们会经历形成表征、保持表征、生成意义、获得图式等加工过程。例如，根据突触小泡和线粒体的形状特点，突触间隙、突触前膜和突触后膜的空间位置对这些部件进行记忆，而这些加工过程是需要消耗认知资源的。这就导致了认知负荷的产生。认知负荷的产生一般会受到学生学习策略的影响。

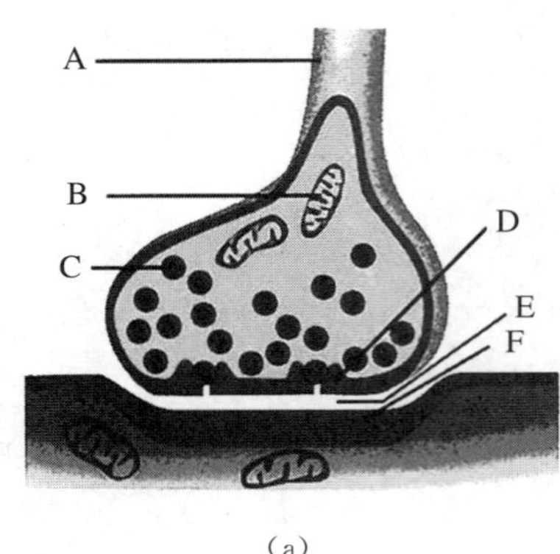

(a)

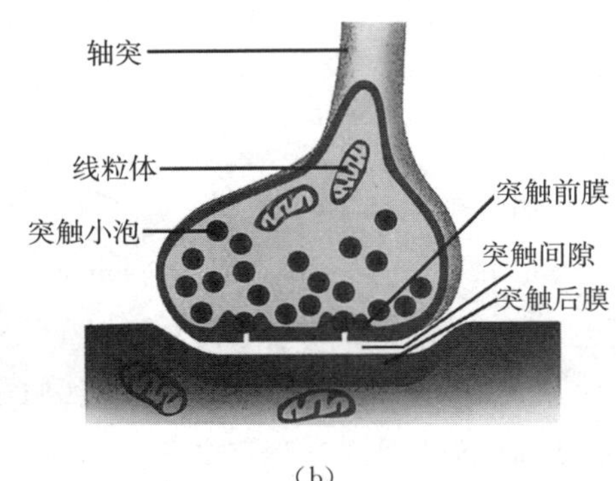

(b)

A 轴突；B 线粒体；C 突触小泡；
D 突触前膜；E 突触间隙；F 突触后膜

图 6-16　突触的结构

通过对照，我们不难发现两幅对照图存在一个显著的差异：在图 6-16（a）中图示与文字标识是分离的，图 6-16（b）将文字标识置于图示的相应部分。在学习图 6-16（a）时，学习者的视线需要不断地在图示与文字间切换，这会让学习者在学习过程中感觉特别费劲；而图 6-16（b）遵循空间邻近效应原则，将图文结合，减少了学习者视觉扫描切换的麻烦，节省了学习时间。这种由材料的呈现方式或学习任务的设计带来的认知负荷就是外在认知负荷。显然，图 6-16（a）与图 6-16（b）相比，外在认知负荷更高。

内在认知负荷、外在认知负荷和生成认知负荷三者相加，总和不能超过工作记忆可获得的资源总量。当三者之和超过资源总量时，就会出现前文所说的认知负荷超载。然而，三者的关系不是平等的、对称的。内在认知负荷是一种基础负荷，通过图式获得和技能自动化，内在认知负荷减少，余下的工作记忆容量可以让学生运用新的学习材料获得更先进的图式。同时，教师可以通过教学设计减少外在认知负荷，以增加生成认知负荷的容量，从而促进学生的学习。

关键术语

格式塔学派，符号学习理论，潜伏学习，编码系统，认知结构，学科结构，发现学习，有意义学习，固着观念，下位学习，上位学习，组合学习，接受学习，讲授教学，先行组织者，学习的信息加工模式，学习层级说，学习的条件，教学事件，认知负荷，内在认知负荷，外在认知负荷，生成认知负荷

思考题

一、选择题

1. 有一种学说认为，学习是个体利用智慧对情境与自身关系的顿悟。该学说的创立者是（　　）。

A. 布鲁纳　　B. 苛勒　　C. 奥苏贝尔　　D. 加涅

2. 奥苏贝尔认为学生的学习主要是（　　）。

A. 机械学习和意义学习　　B. 有意义的发展学习

C. 有意义的接受学习　　D. 接受学习和发展学习

3. 强调学生在学习中的主动性和认知结构的重要性，认为教学的最终目标是促进学生对学科基本结构的掌握，持这种观点的心理学家是（　　）。

A. 布鲁纳　　B. 奥苏贝尔　　C. 加涅　　D. 桑代克

4. 学完长方形的周长公式后再学习正方形的周长公式，这种学习属于（　　）。

A. 上位学习　　B. 下位学习　　C. 并列学习　　D. 组合学习

二、简答题

1. 举例说明认知结构是如何帮助学习者“超越所给信息”的。

2. 简述促进学生把握学科基本结构的教学原则。

3. 简述奥苏贝尔提出的有意义学习及其条件。

4. 画出加涅提出的学习的信息加工模式图，并加以解释。

5. 加涅从信息加工的观点出发，把学习过程分成哪些基本阶段？

6. 比较行为主义理论与认知理论之间的异同。

7. 举例说明学习中的三种认知负荷。

三、分析题

1. 收集并分析一套小学数学教材或者中学物理教材，重点分析：①这些教材是否有效地突出了该学科的基本结构；②这些教材是否能促进学生对知识的有意义学习；③哪些知识点采用了上位学习、下位学习或组合学习的方式。

2. 如何运用奥苏贝尔的认知同化论来分析教学任务？

选择题参考答案：1. B　2. C　3. A　4. B

扫码答题

第七章 建构主义与人本主义学习理论

建构主义在20世纪80年代兴起，对教学改革产生了非常深远的影响。正如斯莱文（Slavin，1994）所说："教育心理学中正在发生着一场革命，人们对它叫法不一，但更多地把它称为建构主义的学习理论。"心理学上的建构主义可区分为个人建构主义与社会建构主义。本章将分别简单介绍这两大阵营的主要理论，由于个人建构主义中的皮亚杰的理论和社会建构主义中的维果茨基的理论在第二章介绍过了，这里就不再介绍了。除了建构主义外，人本主义心理学是20世纪六七十年代继行为主义和精神分析学派后的第三思潮。这种思潮既反对行为主义机械的环境论，又反对精神分析本能的生物决定论，强调心理学应该研究人的本性和潜能、尊严和价值，强调社会文化应促进人的潜能的发挥以及普遍的自我实现。在教育上，人本主义则旗帜鲜明地倡导全人教育和情感教育等。本章的第四节将简要介绍人本主义学习理论主要代表人物的有关学习和教育的观点。

本章要点

- ● 建构主义思想渊源与基本观点
  - ○ 建构主义思想渊源
  - ○ 建构主义分类
  - ○ 当代建构主义基本理论观点
- ● 个人建构主义理论
  - ○ 激进建构主义
  - ○ 生成学习理论
  - ○ 认知灵活性理论
- ● 社会建构主义理论
  - ○ 文化内化与活动理论
  - ○ 情境性认知与学习理论
  - ○ 支架式教学
- ● 人本主义学习理论
  - ○ 马斯洛的学习理论
  - ○ 罗杰斯的学习理论

第一节 建构主义思想渊源与基本观点

建构主义在教育和心理学中的影响巨大，在课程改革、科学和数学教育、教师教育、教育技术以及教育研究中占据着主导地位。建构主义的盛行是由于受到了哲学上的后现代主义（postmodernism）、新马克思主义（neo-Marxism）、女性主义（feminism）、知识社会学（sociology of knowledge）、科学史（history of science）的影响，也是由于学习和教学实践的需要。20世纪80年代，面对信息技术对教育的挑战以及社会对创造性人才的培养需求，传统学习和教学理论无法适应新的要求，于是人们重新兴起了建构主义的理论思潮，进一步揭示了学习者在学习过程中的主动性，突出了意义建构和社会文化互动在学习中的作用，被称为当代建构主义。

一、建构主义思想渊源

教育中的建构主义受到了几个重要人物的影响。建构主义的奠基人是皮亚杰，他对建构主义进行了系统而经典的阐述。

皮亚杰的建构主义是建立在对西方传统认识论的批判和继承之上的。在西方传统认识论中，历来存在经验论与唯理论之争，争论的焦点问题是“人具有的普遍必然性的认识是如何获得的”。以英国哲学家洛克（Locke）的“白板论”为代表，经验论认为人的知识来自人的感知经验；以莱布尼茨（Leibniz）的“天赋观念说”为代表，唯理论认为人的认识的普遍性是先天就有的。康德（Kant）的先验认识论调和了经验论和唯理论。他认为，感知到的经验材料与“先验自我”产生的时空直观和知性范畴相结合，这导致了普遍必然性的认识。经验论和先验论（以及遗传论或成熟论）在认识起源问题上，其实都是一种预成论：经验论认为，认识预先存在于外部世界（这是一种客观主义观点）；先验论认为，认识预先存在于内部世界。皮亚杰继承了康德的范畴论，抛弃了他的先验论。皮亚杰明确指出，认识既不发端于客体，也不发端于主体，而是发端于主体与客体相互作用的动作（活动）过程中（参见皮亚杰理论中的发展因素部分）。这与马克思主义的能动反映论、实践论存在一定的共同点。这也是判断一种理论是否属于建构主义的基本前提。用乔纳生（Jonassen）的话说，建构主义是与客观主义（objectivism）更为对立的另一方向的发展。客观主义认为，认识和学习是表征与反映客观实体的过程。建构主义则认为，认识是一个主动解释并建构个体知识表征的过程。当代建构主义者比皮亚杰走得更远，他们更强调学习中的主动性、情境性、非结构性、社会互动性和社会文化等。

杜威的经验性学习（experiential learning）理论和维果茨基的文化论也对当代建构主义产生了重要影响。杜威的经验性学习理论强调，教育必须建立在经验的基础上，教育是经验的生长和改造，是学生在经验中、因经验而产生和为经验而开展的发展过程。在这一过程中，学生从经验中产生问题，而问题又可以激发他们去探索知识，产生新观念。维果茨基强调，个体的学习是在一定的历史社会文化背景下进行的，社会可以为个体的学习发展起到重要的支持和促进作用。在教学中，学生通过与教师的交往，观察体现在教师活动中的社会经验，在教师指导下从事某种活动，逐步地把体现在教师身上的经验内化为自己的经验，从而可以独立地从事这种活动，将潜在的发展变成现实的发展，并不断创造新的最近发展区（维果茨基，1994）。另外，布鲁纳的发现学习以及认知心理学中的图式理论、新手—专家研究等都对当今的建构主义者有重要的影响。

从现实缘起来看，建构主义是针对传统教学的诸多弊端提出的。有人（Gabrys，Weiner，& Lesgold，1993）对传统教学中学生的知识做了这样的概括：①不完整（incomplete），过于空泛、脆弱、零碎；②惰性（inert），无法在需要的时候运用；③不灵活（inflexible），无法在新的或类似的情境中迁移应用。如何缩小学校学习与现实生活之间的差距，实现学习广泛而灵活的迁移，是建构主义者关注的核心问题之一。

二、建构主义分类

建构主义者总是在一定层面上谈论人的知识建构。一些研究者试图根据一定的标准或维度，对建构主义进行归类，明确各种建构主义的思想主旨以及彼此的异同。从1990年开始，美国佐治亚大学教育学院组织了“教育中的新认识论”系列研讨会，邀请建构主义学习理论领域的著名学者参加。在轮番讨论中，研讨会上出现了六种不同倾向的建构主义（Steffe & Gale，1995）：激进建构主义（radical constructivism）、社会建构主义（social constructivism）、社会文化认知的观点（socialcultural cognition）、信息加工的建构主义（information-processing constructivism）、社会建构论（social constructionism）和控制论系统（cybernetic system）。根据建构主义者的学术领域，建构主义可分为哲学建构主义、社会学建构主义和教育学建构主义。根据建构主义者持有建构主义倾向的程度，建构主义可分为极端的（extreme）或强的

(strong) 建构主义与温和的 (mild) 或微弱的 (trivial) 建构主义；根据建构主义者对建构主体的分析单位，建构主义可分为个体建构（个体与物理环境的相互作用）、个体间的建构（儿童—儿童、儿童—成人的相互作用）和在更大文化背景下的公众知识的建构等。

教育中的建构主义可分为个人建构主义与社会建构主义（Phillips，1995）。**个人建构主义**强调个人自身在个人知识建构中的创造作用，包括皮亚杰的发生认识论、冯·格拉塞斯费尔德（Von Glasersfeld）的激进建构主义、维特罗克（Wittrock）的生成学习理论、斯皮罗（Spiro）等人的认知灵活性理论等。**社会建构主义**则强调社会相互作用、文化在个人知识建构中的重要作用，包括维果茨基的社会文化理论、保罗·欧内斯特（Paul Ernest）的社会建构主义和让·莱芙（Jean Lave）的社会文化认知观、情境性认知等。

知识观

三、当代建构主义基本理论观点

建构主义并不是一个特定的学习理论，很多研究者都把自己的理论称为建构主义的理论，但其在具体观点上却有很大的差异（陈琦、张建伟，1998）。但各种观点之间存在一定的共识。下面简要概括建构主义者的理论共识。

（一）知识观

在知识观上，建构主义在一定程度上质疑知识的客观性和确定性，强调知识的动态性。按照客观主义的观点，事物是客观存在的，而知识是对事物的表征，科学概念是与各种事物相对应的，科学命题、定理等是经过科学验证了的对事物的正确的、真实的解释。只要掌握了这些知识，我们便掌握了这个世界的运转法则，便具有了影响世界的力量。另外，语言可以赋予知识客观的形式，通过语言便可以实现知识在人们之间的传递。

行为主义遵循客观主义知识观，主张分析人类行为的关键是考察外部事件，主张环境决定论，强调环境是决定人类行为的重要因素。在学习和教学理论上，认为学习就是通过强化建立刺激与反应之间的联结，教学就是传递客观知识，学习者必须得到与书本或教学者同样的学习结果，无须考虑在这种传递中学生的理解和心理过程。

有人将认知派的信息加工理论，称为认知主义（cognitivism），如加涅的理论，它改变了行为主义不谈内部过程的做法，把研究的中心集中在认知活动的信息流程上，它看到了人对信息的主动选择、加工和存储等。但是，信息加工理论假定，信息或知识是事先存在的，个体必须首先接受它们才能进行认知加工，那些更复杂的认知活动才得以进行。即使它看到了已有的知识在新知识获得中的作用，也只是强调原有知识经验在新信息编码中的作用，而忽视了新经验对原有知识经验的影响。与行为主义相一致，信息加工的学习理论基本上是与客观主义传统相一致的，即认为事物的意义是独立于我们之外的，是完全由事物本身决定的，我们对事物的理解过程就是将这种意义内化到我们的头脑中。所以，书本知识通常是以论断的形式加以表述的，忽视了知识的形成过程及其在形成过程中存在的各种争议和问题，学生的认识就是完全接受这些知识的定论。

建构主义则是与客观主义相对立的。它强调，知识不是独立于我们而预先客观存在的，是人们在社会实践中建立起来的暂时性的解释和假设。例如，光的粒子说和波动说并存，这两种知识实际上是人们在社会实践和研究中建立起来的对同一现象的不同解释框架，关键是这两种理论都能指导我们的研究与实践。美国学者菲利普斯（Phillips，1997）曾经在一期有关建构主义的专刊中撰写文章阐述建构主义的一些基本问题。他在文章的开头引用了毛泽东的名言，其中就有这样一句："人的正确的思想是从哪里来的？是从天上掉下来的吗？不是……只能从社会实践中来。"在他看来，毛泽东的实践论也是一种建构主义。个体的知识是由人建构起来的，对事物的理解不仅取决于事物本身，事物的感觉刺激（信息）本身并没有意义，意义是由人建构起来的，它还取决于我们原来的知识经验背景。由于不同的人的原有经验不同，对同一种事物会有不同的理解。有一千个读者，就有一千个哈姆雷特，就反映了这个道理。也就是说，知识不可能以实体的形式存在于具体个体之外，尽管我们通过语言符号赋予了知识一定的外在形式，甚至这些命题还得到了较普遍的认可，但这并不意味着学习者会对这些命题有同样的理解，因为这些理解只能由个体学习者基于自己丰富而独特的经验背景建构起来，这取决于特定情境下的学习历程。总之，尽管建构主义有不同倾向，但它们都以不同的方式，在某种程度上对知识的客观性、可靠性和确定性提出了疑问，向传统的教学和课程理论发起了巨大挑战。

学习观

（二）学习观

学习者不是被动的信息吸收者，学习不仅是知识由外到内的转移和传递，而且是学习者主动地赋予信息意义，建构自己的知识经验的过程，即通过新经验与原有知识经验的相互作用，来充实、丰富和改造自己的知识经验。学习者的这种知识建构过程具有三个重要特征。

1. **主动建构性**

面对新信息、新概念、新现象或新问题，学习者需要主动激活头脑中的先前知识经验，通过高层次思维活动，对各种信息和观念进行加工转换，对新旧知识进行综合和概括，解释有关现象，形成新的假设和推论，并对自己的想法进行反思和检验。假如一个小孩子的父母是卖烧饼的，他整天与烧饼打交道。有一天他听别人说，地球是圆的。他可能会想，地球像烧饼一样，人类是站在烧饼之上的。这个小孩就是在积极主动地利用先前经验，建构起自己对新知识的理解。

2. **社会互动性**

学习是通过对某种社会文化的参与，内化相关知识和技能，掌握有关工具的过程，这一过程常常需要通过一个学习共同体的合作互动来完成。学习共同体（或学习的社会群体）（learning community），是由学习者及其助学者（教师、专家、辅导者等）共同构成的团体，他们经常在学习过程中进行沟通交流，分享各种学习资源，共同完成一定的学习任务，因此在成员之间形成了相互影响、相互促进的人际联系，形成了一定的规范和文化（张建伟、孙燕青，2005）。学习共同体的协商、互动和协作对于知识建构有重要的意义。我们在语文课上可能有过这样的经验，我们自己阅读一篇课文，开始只是形成了一点字面的意思理解，通过与教师和同学们的多向交流和对话，逐渐形成了对这篇课文的全面的、深刻的理解。

3. **情境性**

传统教学观念认为，概括化的知识是学习的核心内容，这些知识可以从具体情境中抽象出来，让学生脱离具体物理情境和社会实践情境进行学习，并且，习得的概括化知识可以自然地迁移到各种具体情境中。实际上，学生常常难以灵活应用在学校中获得的知识来解决现实世界中的真实问题，难以有效地参与社会实践活动。建构主义者提出，知识存在于具体的、情境性的、可感知的活动中。它不是一套独立于情境的知识符号（名词术语等），不可能脱离活动情境而抽象地存在。它只有通过实际情境中的应用活动才能真正被人理解。例如，在小学数学课本中，有一个植树问题：有一条路 100 m，每隔 10 m 植一棵树，这条路总共能植多少棵树？这个问题要教给学生的是这个数学模型：点数等于段数加 1。一端有墙减一棵树，两端有墙减两棵树。如果学生在课上总是通过植树这样一个情境来学习，那么这节课之后，学生只能解决植树数量的问题，最多能够迁移到一条马路上插多少面红旗的问题中。但对这个数学模型的深刻理解需要在其他各种情境的应用中才能实现，如切蛋糕、上楼梯、锯木头、折纸、在餐桌上摆放碗筷等。学生每在新的情境中应用一次，就会加深对这个数学模型的理解。可见，仅仅学习抽象概念和规则无法灵活适应具体情境的变化，概念和规则的意义通过其在不同情境中的应用得以体现。

（三）教学观

由于知识的动态性和相对性以及学习的建构过程，教学不再是传递客观且确定的现成知识，而是激发学生原有的相关知识经验，促进知识经验的“生长”，促进学生的知识建构活动，以促成知识经验的重新组织、转换和改造。教学要为学生创设理想的学习情境，激发学生的推理、分析、辨析等高级的思维活动，同时给学生提供丰富的信息资源、处理信息的工具、适当的帮助和支持，促进他们自身建构意义以及解决问题的活动。基于建构主义的观点，研究者提出了许多新的教学思路，如情境性教学、支架式教学以及合作学习等，这些教学模式对数学、科学和语言等领域的教学实践产生了巨大的影响。

综上所述，当今的建构主义者对学习和教学做了新的解释，强调知识的动态性，强调学生的经验世界的丰富性和差异性，强调学习的主动建构性、社会互动性和情境性。学生是自己的知识的建构者，教学需要创设理想的学习环境，激发学生的自主建构活动。

第二节　个人建构主义理论

个人（认知）建构主义（individual/cognitive constructivism）关注个体是如何建构某种认知（如知识理解、思维技能）或者情感（如信念态度、自我概念）的。它主要是以皮亚杰的思想为基础发展起来的，与认知—结构的学习理论（布鲁纳、奥苏贝尔的理论等）有更大的连续性。根据皮亚杰的思想，学习是学习者通过新旧经验的相互作用形成、丰富和调整自己的认知结构的过程，新旧知识经验的相互作用表现为同化和顺应的统一：一方面，学习者需要将新知识与原有知识经验联系起来，从而获得新知识的意义，把它纳入已有的认知结构；另一方面，原有的知识经验会因为新知识的纳入而发生一定的调整或改组。个人建构主义倡导发现学习、探究学习、基于问题学习等（发现学习在布鲁纳的学习理论中介绍过了，探究学习和基于问题学习将在“教学设计”一章进行介绍）。

一、激进建构主义

图 7-1　冯·格拉塞斯费尔德

激进建构主义的代表人物为美国哲学家、心理学家和控制论专家冯·格拉塞斯费尔德（Von Glasersfeld，1917—2010，图 7-1）。该理论是在皮亚杰发生认识论基础上的继承和发展。激进建构主义有两条基本原则：第一，知识不是通过感觉或交流被个体被动地接受的，而是由认知主体主动地建构起来的，建构是通过新旧经验的相互作用实现的；第二，认知的机能是适应自己的经验世界，帮助组织自己的经验世界，而不是发现本体论意义上的现实。像他的前辈康德一样，他相信世界的本来面目是我们无法知道的，没有必要去推测它，我们知道的只是我们的经验。所以他认为，应该用“生存力”(viability)来代替“真理”一词，只要某种知识能帮助我们解决具体问题，或能提供关于经验世界的一致性解释，那它就是适应的，就是有“生存力”的（适者生存），不要去追求经验与客体的一致。为了适应不断扩展的经验，个体的图式会不断进化，所有的知识都是在这种个体与经验世界的对话中建构起来的，而这要以个体的认知过程为基础。

激进建构主义认为，真正的学习发生在主体遇到“适应困难”的时候。只有这时，学习动机才能得到最大限度的激发。所以，其反对僵死的、统一的课程目标，强调课程目标的开发性和弹性。它也反对一味地灌输知识，强调学生积极主动地建构、理解知识，强调学生已有知识结构在新的学习中的重要意义。同时，它还强调情境性教学，主张教师要尽量给学生创造建构知识的真实情境，反对纯粹抽象地教授知识，教师要更多地把注意力放在学生获得知识的过程而不是结果上。

该理论认为，知识是主体赋予自己经验的一种形式，每一个主体只能认识自己的经验世界。它否定社会交往在个体知识建构中的作用，完全陷入了自我论，导致了认识上的狭隘主义。它允许学生对教学内容存有不同的见解，如果把这一观点极端化，则将陷入彻底的相对主义认识论。它反对任何统一的知识标准，这将导致学生无法建构现代社会需要的牢固的知识结构。

二、生成学习理论

加州大学的维特罗克（Wittrock，图 7-2）提出学习的生成过程（generative process）模式，这一模式是以信息加工理论的三级记忆系统为基础的，是一种信息加工的建构主义。它重在解释个体的知识建构过程，即学习是学习者在先前的结构性和非结构性知识经验基础上主动建构内部心理表征的过程。

图 7-2　维特罗克

（一）生成学习过程

生成学习（generative learning）理论认为，在生成学习过程中，学习者通过原有认知结构（即已经储存在长时记忆中的知识和信息加工策略）与从环境中接收的感觉信息（新知识）的相互作用，主动地注意和选择信息，并生成信息的意义（图 7-3）。

按照维特罗克的模式，学习过程不是从感觉经验本身开始的，它是从对该感觉经验的选择性注意开始的，理解的生成过程大致经历了如下环节：①长时记忆中储存的记忆影响个体知觉和注意的各方面内容，以及以特殊方式加工信息的倾向进入短时记忆。②这些内容和倾向实际上构成了学习者的动机，使学习者不仅能注意外来的、意想不到的、有兴趣的信息，也能主动地对感觉经验进行选择性注意，保持持续的兴趣去进行选择性知觉。③经过选择性知觉得到的信息，要达到对其意义的理解，或者说要生成学习，还需要和长时记忆中储存的有关信息建立某种联系，即主动地理解新信息的意义。④在与长时记忆进行实验性检验、建构意义时，可以通过与感觉经验的对照与长时记忆中已有的信息建立某种联系，即主动地建构新信息的意义。⑤经检验，如果建构意义不成功，应该回到感觉信息，检查感觉信息与长

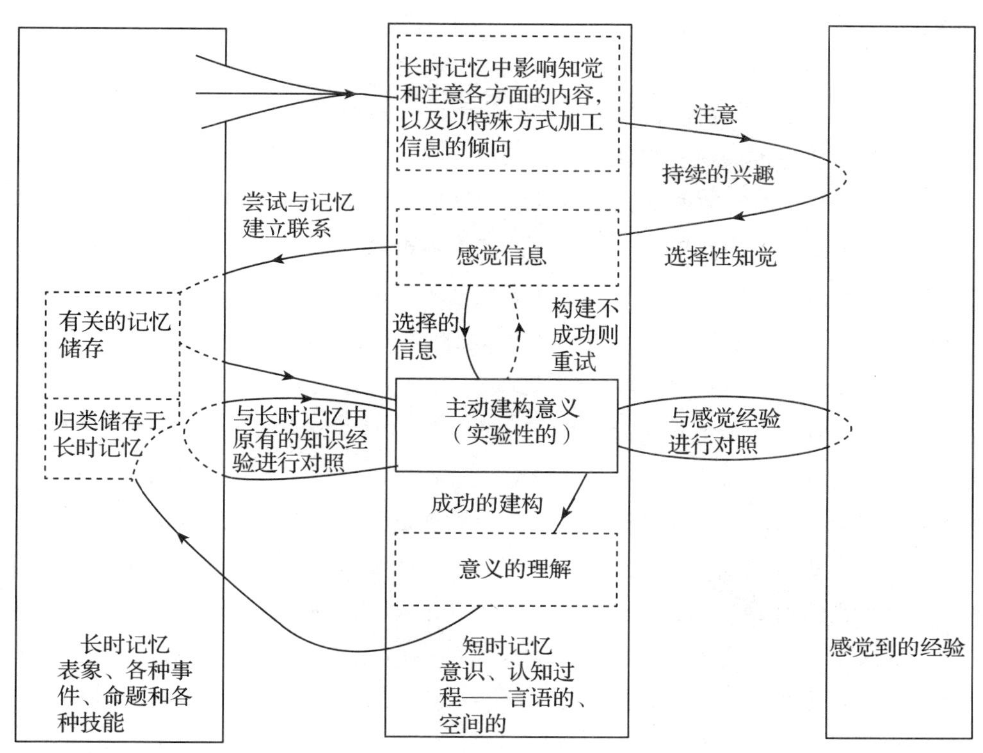

图 7-3 生成学习模式的图式表征（Osborne & Wittrock，1983）

时记忆的实验性联系的策略。例如，构成选择性注意和选择性知觉的信息基础是否可靠，即是否基于没有事实根据的假设；从长时记忆中提取的建立联系的信息是否适当；从感觉信息中选用的信息是否合适，如果必要，应该系统地考虑长时记忆中各个不同方面的所有可能性。⑥如果建构意义成功，就意味着达到了对意义的理解。⑦在新的信息达到意义的理解后，可以从短时记忆转移到长时记忆中，同化到原有的认知结构中，或引起长时记忆中原有认知结构的重组。

（二）结构性和非结构性知识经验

维特罗克等人在中小学数学、科学和阅读等学科教育中对学生学习过程的大量研究表明，任何学科的学习和理解都不是在白纸上画画，学习总要涉及学习者原有的认知结构，学习者总是以其自身的经验，包括正规学习前的非正规学习和科学概念学习前的日常概念，来理解和建构新的知识或信息。例如，儿童在正规的数学教学前，早就具有了非正规的数学思维。大部分儿童在入学前都会数数，但并非所有的儿童都了解数的实际意义。非正规的数学思维中的一部分可以被正规的数学教学积极利用，而另一部分与新知识和技能不一致的内容则可能影响正规教学，这部分常被一些教师忽视。

在理科教学中，日常概念与科学概念的矛盾最能说明原有认知结构在教学中的重要性。维特罗克等人研究发现，理科教学的效果常常不能达到教师预期的结果，其原因可以归结为学生原有认知结构内容和认知策略与教师假想的差异。第一，学生原有认知结构与教师假想的差异具有以下三种情况。①学生在学习前已经从不同途径获得了与教师头脑中和教科书中观念截然不同的观念。例如，一些 8～11 岁的学生在自然科学学习前认为“蜡烛发出的光在晚上看起来比在白天远”“摩擦只在移动物表面发生”“电流到电灯泡里就用完了”“软体虫不是动物”……这些观念都是他们在与社会环境和物质环境接触时获得的。②有些学生尽管受过一些科学教育，但仍然存在与科学概念不一致的日常概念。也就是说，他们的这些日常概念在接受科学教育时很顽固，没有得到改变。③有些概念虽然通过教学有所改变，但并未完全改变，没有达到教师的计划要求。第二，学生具有的策略与教师认为他们应该具有的策略不同。例如，学生往往把每篇课文当作孤立的课文，而教师则认为他们应该能把课文联系起来理解；学生学习某课文的目的与教师认为其应有的目的不同；学生对教师认为的重点不一定感兴趣；学生对实验结果的理解与教师认为他们应该理解的也不尽相同。总之，无论从内容上还是从策略上看，学生的实际认知结构与教师认为他们应该有的认知结构不相同，这导致教学工作达不到理想的结果。每名学生带着他原有的认知结构来听课，而未能同化新的信息，或者说新的信息未能与长时记忆中原有的信息成功地建立联系，从而达到意义的理解（陈琦，1988）。

学习是在建构关于事物及其过程的表征，但它并不是对外界现实的直接反映，而是通过已有的认知结构（原有知识经验和认知策略）对新信息进行加工而建构成的（Cunningham，1991）。在这一基本观点上，当代建构主义者与皮亚杰和布鲁纳有着高度的一致性，但当代建构主义者更多地强调在具体情境中形成的非正式的（informal）经验背景在建构中的作用，将它们看成建构的基础和目标（Winograd & Flores，1986；Duffy & Jonassen，1991）。

三、认知灵活性理论

学习是一个不断深化的过程。为了灵活地运用知识，解决各种问题，学习者必须对知识有深层的理解，只具有一些字面的理解，只记住一些零碎的概念和名词，是远远不够的。斯皮罗（Spiro，图 7-4）等提出了**认知灵活性理论**（cognitive flexibility theory），重点解释了如何通过理解的深化促进知识的灵活迁移应用（Spiro et al.，1995）。

图 7-4 斯皮罗

（一）结构良好领域知识与结构不良领域知识

认知灵活性理论关注复杂的、结构不良领域的学习的本质。根据知识及其应用的复杂多变程度，斯皮罗等把知识分为结构良好领域（well-structured domain）知识和结构不良领域（ill-structured domain）知识。

结构良好领域知识是指有关某一主题的事实、概念、规则和原理。它们是以一定的层次结构组织在一起的，如求解正方形的面积，解决这样的问题可以直接套用相应的概念、规则或公式。但是现实生活中的许多实际问题通常并不具备这样的规则性和确定性，学习者无法简单套用公式、原理或原来的解决方法，而需要在原有经验的基础上建构新的理解。这就涉及结构不良领域知识。

结构不良领域知识是将结构良好领域知识应用于具体问题情境时产生的知识，即关于知识被应用的知识。结构不良领域是普遍存在的，只要将知识应用到具体情境中去，就有大量的结构不良的特征（Spiro et al.，1991）。结构良好领域中的同一个概念应用在各具体实例中，其内涵将表现出一定的差异，概念的意义存在于对概念的应用中。例如，"火"的意义存在于对它的不同使用中，在"火势凶猛""火气很大""小日子红火""大为光火"等词中，"火"的意义是各不相同的。

结构不良领域知识具有以下两大特性：①概念的复杂性。知识被应用的每一个实例，都同时涉及许多概念，这些概念都有其自身的复杂性，而且，这些概念存在着相互作用。②实例的不规则性。每个实例所涉及的概念的数量和种类不同，而且，这些概念的地位、作用以及相互作用的模式也不尽相同。例如，世界上不存在两个完全一样的病例，仅头痛就存在着上百种原因，如神经系统、血液循环系统的问题等，同为头痛，其致病因素的种类、数量，以及各因素的影响、因素间的相互作用都可能存在差异。学习者不可能靠对已有知识的简单提取来解决这样的实际问题，只能以原有的知识为基础，重新分析具体的问题情境，建构对问题的理解，寻求新的解答。

（二）初级知识获得与高级知识获得

根据以上观点，斯皮罗等人对学习进行了解释。他们认为，学习可以分为两种：初级知识获得（introductory knowledge acquisition）与高级知识获得（advanced knowledge acquisition)。

初级（或入门性）知识获得是对结构良好领域知识的学习，只要求学生通过练习和反馈掌握一些重要的概念与事实，在测验中将所学的东西按原样再现出来，如背诵、填空、做简单的练习题等。斯皮罗等人认为，在传统的学校教育中，学生之所以不能将课堂上所学的知识灵活地应用在新的实际情境中，是由于学校教学的目标是让学生接受、记忆和套用结构良好领域知识，而学生普遍采用初级知识获得的方法学习结构不良领域知识。这种方法存在对知识的过分简单化的倾向：①相加倾向，孤立地学习复杂事物的各个部分，以为重新整合这些部分时，各个部分的特征仍能保留；②离散倾向，将连续性的事物（如长度），分割为两个极端，将连续的过程分解成断续的步骤；③隔离倾向，孤立地处理实际上相互关联的概念要素，使其丧失了相互作用的一面。这些碎片化、静止化和孤立化的还原倾向对初级知识获得是行之有效的，但对高级知识获得是非常不适当的。

高级知识获得是对结构不良领域知识的学习，要求学生在各种情境下通过应用知识解决问题（Jonassen，1991），把握概念的复杂性以及概念之间的联系，最终能够广泛而灵活地将知识应用到各种具体情境中。

（三）随机通达教学

认知灵活性理论是以知识的双向建构为基础的，即认为知识的建构涉及两个方面：一方面是对新信息的意义的建构；另一方面是对原有经验的改造和重组（Spiro et al.，1991）。认知灵活性理论进一步认为，在知识的获得与知识的应用中都存在这样的双向建构，并且更加重视在知识的应用中的双向建构。学习者不是在知识获得过程中建立了以后在知识应用时可以被直接套用的图式或命题网络，而是在知识获得过程中形成了对概念丰富的、有着经验背景的理解，并且在知识应用时能够面对新的问题情境，灵活地应用对知识的丰富理解建构用于指导活动的图式（Spiro et al.，1991）。

教学需要培养学生的认知灵活性，即为了适应剧烈变化的情境要求，个体自然而然地以多种方式重组自己知识的能力（Spiro & Jehng，1990）。在知识的获得过程中，对于信息的意义的建构需要从不同的角度入手，从而获得不同方面的理解。同时，在应用知识解决实际问题时，由于概念的复杂性和实例的多样性，任何对事物的简单理解都会漏掉事物的某些方面，而这些方面在另外一个情境中、从另外一个角度看可能是非常重要的。

斯皮罗等人因此提出了随机通达教学（random access instruction）原则。在阐明这一教学原则时，他们运用了这样一个类比：在日常生活中，当我们在不同的时刻、不同的场合、带着不同的目的重游某一处风景时，我们会对这处风景产生不同的感受和认识。同理，对同一内容，学习者要在不同的时间、在重新安排的情境中、带着不同的目的以及从不同的角度进行交叉反复的学习，以把握概念的复杂性并促进迁移。这种反复绝非为了巩固知识技能而进行的简单重复，因为每一次的学习情境中存在着互不重合的方面，都可以使学习者获得对概念的新理解。这种教学避免抽象地谈论概念，而是把概念具体融入一定情境的实例中，并且涵盖多种实例变式，分别显示概念的不同方面的含义以及与其他概念的联系。在这种学习中，学习者可以形成对概念的多角度理解，并将其与具体情境联系起来，形成背景性经验，为今后的灵活迁移做准备。

知识建构需要经历一个不断深化的过程。知识的学习不仅在于学习者能够背诵多少概念、原理，更主要的是获得的知识是否能被灵活地迁移到各种相关的情境中。在教学中，教师必须采用有效的教学策略促进高级知识的获得，其核心任务是深化学生对知识的理解。“为理解而教/学”（teaching/learning for understanding）是当今学习和教学理论的一条重要信念。在这样的教学中，学习者需要围绕有生成性的、可进行深度挖掘的主题领域进行持续的学习，对知识形成深层的、灵活的理解，促使学习者能够综合运用与该主题相关的知识，以灵活的、有创造性的方式从事有关的问题解决活动，在新情境中使用原有的概念等（Perkins & Unger，1999）。

经验分享

第三节　社会建构主义理论

社会建构主义关注学习和知识建构背后的社会文化机制，其基本观点是：学习是一个文化参与过程，学习者通过借助一定的文化支持参与某个学习共同体的实践活动，内化有关的知识，掌握有关的工具。知识的建构不仅需要个体与物理环境的相互作用，还需要通过学习共同体的合作互动来完成。这种建构主义主要是在维果茨基的思想的基础上发展起来的，同时也受到了当代科学哲学、社会学和人类学等的影响。社会建构主义倡导各种形式的文化参与、社会互动与合作学习（合作学习将在“教学设计”一章进行介绍）。

一、文化内化与活动理论

维果茨基认为，人的高级心理机能的发展是社会文化内化的结果。内化（internalization），就是人把存在于社会中的文化（语言、概念体系、文化规范等）变成自己的一部分，来有意识地指引、掌握自己的各种心理活动。维果茨基分析了两种知识在内化过程中的相互作用：一种是**自下而上的知识**（bottom-up knowledge），学习者在日常生活、交往和游戏等活动中形成的个体经验，由具体水平向高级水平发展，直至实现以语言为中介的概括，形成更加明确的理解，并更有意识地加以应用；另一种是**自上而下的知识**（top-down knowledge），在人类的社会实践活动中形成的公共文化知识，首先以语言符号的形式出现在个体的学习中，由概括向具体经验领域发展，形成学习者的个人意义。例如，在物理教学中，中学生接触到教材中描述的"电流""电压"等较抽象的概念（自上而下的知识），同时，他们也已经在日常生活中积累了很多关于电现象的直接经验（自下而上的知识）。在学习过程中，学习者需要联系和利用自己的直接经验，形成对抽象概念的具体理解，使这些概念变得更生动、更真切，同时使自己的直接经验更明确、更概括。

维果茨基的学生和助手列昂节夫（1903—1979，图 7-5）在维果茨基社会文化理论的基础上，更加系统地发展了**活动理论**（activity theory）。活动理论认为，人的心理是在人的活动中发展起来的，活动构成了心理，特别是人的意识的发生、发展的基础，活动在知识技能的内化过程中起桥梁性作用。

图 7-5 列昂节夫

列昂节夫认为，人的意识取决于人的社会存在，而不是周围的事物、现象。人的社会存在就是人的实际生活过程，人的生活是由彼此交织着的活动构成的，是彼此交替的活动系统。活动是指主体与客体对象相互作用的过程，是一种感性实践过程。人通过活动反映客观世界，形成关于世界的知识；又通过活动反作用于客观世界，使知识得到检验和发展。活动和知识之间存在着相互反馈、相互作用的关系。人在活动时获得知识和理解，这些理解又影响人的活动，活动又改变人的理解，如此循环。

列昂节夫进一步强调了活动在内化过程中的关键作用。人的活动包括外部活动与内部活动两种形式，这两种形式是相互联系的。根据维果茨基的观点，人的内部心理活动来源于外部活动。一切高级心理机能最初都是在人与人的交往活动中以外部动作的形式表现出来的，然后经过多次变化内化为智力动作。

情境性教学

二、情境性认知与学习理论

情境性认知（situated cognition）和**情境性学习**（situated learning）理论关注知识、学习和智慧的情境性（situativity），对教学设计（特别是以技术为基础的教学设计）具有重要的启示作用。

（一）情境性认知、情境性学习与情境性教学

随着认知科学的发展，人们越来越认识到，人的认知不仅是头脑内部的信息加工活动，它与所在的情境是密不可分的。例如，你用电脑写作时头脑内部的认知加工活动与用纸笔写作时是不一样的。根据维果茨基的观点，这是因为环境给你提供的工具不同。情境参与了认知，这个情境包括物理、社会、文化因素，甚至还包括你的身体。如果你有像蜜蜂一样的复眼，你看到的世界与现在可能有所不同。这反映了具身认知（embodied cognition）理论揭示的道理：人的认知与其身体构造、活动是不可分离的。情境性认知与具身认知一样，都是对传统认知主义的超越。情境性认知理论认为，知与行是密不可分的，人的认识根植于一定的物理、社会和文化情境的活动之中。

基于情境性认知的观念，布朗等人（1989）批判了传统教学实践隐含的一种假设——知识可以从学习和应用知识的情境中抽象出来，他们认为这种假设极大地限制了教学实践的有效性。他们根据自己以及其他人（Lave，1988；Shoenfeld，1985）的研究，提出了**情境性学习理论**。情境性学习理论认为，知识是情境性的，在一定程度上是知识被应用的活动（activity）、背景（context）和文化（culture）的产物，学习应该与情境性的社会实践结合起来。也就是说，知识是在一定文化背景下的活动中产生的，不可能脱离活动情境而抽象地存在，知识的意义不完全是由脱离了情境的抽象的知识符号决定的，还受到学习和应用这个知识时的活动、背景与文化的影响。这里举几个例子。首先来看活动对知识理解的影响。例如，你有一位朋友徒步旅行，他告诉你“眼前的小河真难过”；又有一天，他考试结束后告诉你“考试不及格，真难过”。这两个“难过”从字面上看是一样的，但在不同的活动中其意义是不一样的。其次再看背景对知识理解的影响。我们在阅读一篇文章时遇到了一个生字，这个生字是什么意思，取决于这个生字的上下文，而广义上的上下文就是背景。

当你在课堂中学习一个概念时，你对这个概念的理解取决于你先前学过什么内容，以及你后面要学习什么内容。在本书中，多次出现“表征”和“图式”，前面章节的内容影响对后面章节相关概念的理解，这就是学习的背景对你理解概念的影响。最后来看文化对知识理解的影响。例如，中国人在选房号、车牌号和手机号时尽量选择“8”而不是“4”，而西方文化可能忌讳的是“13”，所以中西方对“8”的感知以及情感是不一样的。

情境性教学（situated instruction）是情境性学习观念在教学中的具体应用。情境性教学是这样一种教学模式：让学习者在一定情境的活动中完成学习。它具有四个基本特征：真实的任务、情境化的过程、真实的互动合作和情境化的评价方式。首先，这种教学应使学习在与现实情境相类似的情境中发生，以解决学生在现实生活中遇到的问题为目标（Cunningham，1991）。学习的内容要选择真实性任务（authentic task），不能对其做过于简单化的处理，使其远离现实的问题情境。因为具体问题往往同时与多个概念理论相关，所以，他们主张淡化学科界限，强调学科的交叉。其次，这种教学的过程与现实的问题解决过程相类似，需要的工具往往隐含于情境当中，教师不是将提前已准备好的内容教给学生，而是在课堂上展示出与现实中专家解决问题相类似的探索过程，提供解决问题的原型，并指导学生的探索。最后，情境性教学不需要独立于教学过程的测验，而是采用融合式测验（test integrated），在学习中对具体问题的解决过程本身就反映了学习的效果，或者进行了与学习过程一致的情境化的评估（context-driven evaluation）（Jonassen，1992）。

分布式认知

（二）分布式认知

与情境性认知相关联的另一个概念是分布式认知。认知心理学发展到20世纪90年代，一直注重对个体的认知的研究。然而，认知工作还涉及其他认知个体、认知对象、认知工具及认知情境。认知分布的思想逐渐被人们认识，受到了人们的重视。分布式认知（distributed cognition）是指分布在个体内、个体间，以及在媒介、环境、文化、社会和时间等中进行的认知（周国梅、傅小兰，2002）。例如，笔算比心算相对容易一些，这是因为在笔算中，个体能够将心算过程中的中间结果通过纸笔暂存于外部环境，减小了工作记忆的认知负荷。在笔算过程中，认知分布在个体头脑与外部环境中。认知分布还体现在文化中。例如，在中国的餐馆吃饭，你点菜时知道一个菜多少钱，吃完饭后付这么多钱就可以了。但在美国的餐馆，当你吃完饭后，你如果想当然地遵循中国的文化，只按照菜单上的价格付钱那是行不通的，你还要交税，还要给服务员小费，要付比菜单上的价格更多的钱。当你再一次在美国的餐馆就餐时，你的预算就会发生变化，因为文化差异导致你头脑中的计划和决策发生了变化。认知还可以分布在个体间。在具体情境中，如在餐厅，个体的记忆和决策等认知活动不仅分布于工具（菜单、椅子和桌子的布置、桌号等）中，而且分布于规则（就餐后离开餐厅前付账等）中，分布于负责不同性质工作的人之中（是服务员而不是洗碗工负责餐厅内就餐的各项事务等）。综上所述，分布式认知强调的是认知现象在认知主体和环境间分布的本质。

根据分布式认知的理论，由于信息与通信技术的发展，人的认知工具发生了变化，人们在从事一项智力任务时头脑内部的认知将发生变化，需要的认知技能也发生了变化，教学的重点也要发生相应的变化。例如，以前的图表需要利用尺子和笔在纸上画出来，现在有了电脑，就省去了这些工夫，教学就不再是关注线画得怎么样，而是关注用什么样的图来更好地表达数据的含义，因为像描点连线这样的工作可以由电脑来替代。以分布式认知为基础，人们还提出了分布式学习的概念。分布式学习（distributed learning）是一种教学模式，它允许指导者、学习者和学习内容分布在不同的非中心的位置，使教与学可以独立发生。这一概念强调，学习是在学习共同体的个体之间分布完成的。这对合作学习、远程教育具有重要的理论意义。

具身认知

自从20世纪90年代开始，传统认知科学更是受到了挑战，人们提出了分布式认知理论、情境性认知理论和具身认知（embodied cognition）理论。这些理论认为，认知过程和认知活动可以发生在大脑之中，也可以部分地发生在大脑之外的身体之中，还可以部分地发生在身体之外的环境之中。具身认知是包括大脑在内的身体的认知。具身认知理论认为，身体的解剖学结构、身体的活动方式、身体的感觉和运动体验决定了我们怎样认识和看待世界。

第一，我们的身体构造特征限制或制约了我们感知世界的方式。例如，人类的颜色经验是三种不同的视锥细胞相互作用的产物，而鸽子拥有六种视锥细胞，金鱼拥有四种视锥细胞。可以推想，人类感知到的颜色世界与鸽子和金鱼感知到的颜色世界是不相同的。

第二，我们的语言和概念系统来源于我们的身体经验。一些抽象的概念需要用更为具体的概念来体会和理解，这样不断倒推，最后会追溯到我们认识或体验世界的最原始概念，而这些最原始的概念基于我们的身体位置或活动。例如，我们以身体为中心，产生直接的不依赖其他更具体的概念的原始空间感知（如上下、左右、前后、高矮、远近)，进而把上面的、接近我们的视为积极的，如中心、提拔和亲密等；把下面的、远离我们的视为消极的，如边缘、贬低和疏远等。又如，冷、热、温、凉也是我们的身体感受，以这些身体感受为基础，我们发展出其他一些更抽象的概念，如形容情感状态的热情、冷淡等。有人（Gibbs，2006）指出，人们对身体的主观感受和身体在活动中的体验为语言和思想部分提供了基础内容。

第三，我们的身体是认知过程的分担者。认知不仅位于大脑之中，而且分布于大脑与身体。简单来说，人的身体也参与了部分认知和情感过程。例如，身体的姿势参与了我们的评价和感受。在评价一个耳机的舒适度时，一边点头一边评价的被试比一边摇头一边评价的被试更倾向于给予较高的评分（Wells & Petty，1980)。站着并微笑的表情更有利于被试提取自己愉快的生活经历（Rishkind，1984)。身体状态以及身体与环境的互动方式参与了我们对外界的判断、对自身的认知以及我们的决策行动的全过程。例如，手握热咖啡杯的被试比手握冷咖啡杯的被试倾向于认为一个人更热情；试用热敷贴的被试比试用冷敷贴的被试更慷慨（Williams & Bargh，2008)。

在具身认知理论中，身体作为认知调节者可能只是说明认知对身体的依赖作用，而身体作为认知分担者则突破了认知的大脑界定，将大脑之外的身体甚至环境都纳入认知过程。更进一步，人的心智寄寓于身体，而身体又嵌入环境，这很自然地延伸出情境性认知的思想。根据具身认知理论，教师要充分利用学生的身体感知经验和运动方式促进对一些知识的理解。

(三）认知学徒制

布朗等人提出了**认知学徒制**（cognitive apprenticeship）的教学模式来描述知识的情境性实质。这种模式将知识视为工具，主张通过在真正的领域活动中获取、发展和使用认知工具来进行领域学习。认知学徒制是指这样一种教学模式：知识经验较少的学习者在专家的指导下参与某种真实的活动，从而获得与该活动有关的知识技能。这一模式试图通过那些与显著有效的行业传播方式相类似的活动和社会交往使学生适应真实的实践活动。在手工作坊中，小徒弟进行的学习是一种情境性的学习活动。在这种学习活动中，任务是真实的，环境是真实的，知识技能是蕴含在真实活动之中的，小徒弟学到的是可以解决实际问题的本领。小徒弟在手工作坊中经历了一个“合法的边缘参与”(legitimate peripheral participation）的过程，从最初的打杂开始，逐渐参与更高级的任务，获得高级的技能，从初学者或新手变成一个老手或专家，从一个实践共同体（community of practice）的边缘进入中心，进行更核心的参与（Lave & Wenger，1991）。

（四）抛锚式教学

以布兰斯福德（Bransford）为首的旺达比尔特认知技术小组提出了**抛锚式教学**（anchored instruction，又译为锚式教学）（The Cognition and Technology Group at Vanderbilt，1997）。抛锚式教学是这样一种情境性教学模式：将学习活动与某种有意义的大情境挂钩，让学生在真实的问题情境中进行学习。教师首先展示真实事件或真实问题，学习者运用原有的知识去尝试理解情境中的现象和活动，教师逐步引导学生形成一些概念和理解，然后让学生用自己的理解方式去体验、思考并解决问题。这样的教学是以有感染力的真实事件或真实问题为基础的。这类真实事件或真实问题的确定被形象地比喻为“抛锚”，因为一旦这类事件或问题被确定了，整个教学内容和教学进程也就被确定了（就像轮船被锚固定一样）。在学习过程中，学习者常常需要合作、讨论。该课题组根据这种模式设计了一种录像教材，被称为贾斯珀问题解决系列（the Jasper woodbury problem solving series）。

该系列共包括以录像为依据的 12 个历险故事，主要是以发现和解决一些数学中的问题为核心的。每一个历险故事都为数学问题的解决、推理、交流，以及与科学、社会学、文化与历史等其他领域的互动提供了多种机会。每一张光盘都包括约 17 分钟的一段历险录像，录像以提出各种各样的挑战性问题而结束。每一个历险故事的设计都像一部精彩的侦探小说，解决历险问题的所有必需的数据以及一些原始数据都镶嵌在故事中，学生们可以方便地重放录像中的各个片段，以便更好地观察、挑选所需数据，从而解决贾斯珀历险故事中的挑战性问题。录像同样也提供了一些教学情境，为一些典型问题的解决方法提供了示范。

“邦尼牧场的援救”是贾斯珀系列中的 12 个历险故事之一。贾斯珀去邦尼牧场旅行，发现一只严重受伤的鹰，这只鹰需要紧急抢救才能存活。他给他城市的朋友艾米丽打电话，让她尽快想办法帮助自己把这只受伤的鹰送到兽医那里去抢救。在片尾，艾米丽面临的挑战性问题是：采取何种路线和方式去营救那只鹰？这涉及交通工具选择、载重量、加油时间、风向等因素，与这些因素有关的所有数据都蕴含在整个录像的情节中。这样的问题情境可以激发学生的数学问题解决兴趣，让学生综合运用数学知识以及其他相关学科的知识，促进学生对知识的深层理解，并提高他们的探究能力。

支架式教学

三、支架式教学

支架本是建筑行业中使用的脚手架，被用来暂时性地辅助建筑作业，一旦建筑完成就被撤除。建构主义者用它来比喻在学习过程中给学生提供的一种暂时性的符合学生学习需求的支持，它可以辅助学生逐步完成自己无法独立完成的任务，并伴随学生的进步而逐渐被撤去或淡出，直到学生能够独立完成该任务，内化相应的知识技能。

支架式教学（scaffolding instruction）是这样一种教学模式：教师或其他助学者和学习者共同完成某种活动，为学习者参与该活动提供外部支持，帮助他们完成独自无法完成的任务，随着活动的进行，逐渐减少外部支持，使共同活动让位于学生的独立活动。通过教师的帮助（支架），管理学习的任务和探索的责任逐渐由教师转移给学生自己，最终使学生能够独立学习。支架式教学是建立在维果茨基最近发展区和辅助学习（assisted learning）的基础上的。维果茨基认为，人的高级的心理机能（如对注意的调节以及符号思维等），在最初往往受外在文化的调节，然后才逐渐内化为学习者头脑中的心理工具。在支架式教学中，教师作为文化的代表引导着教学，使学生掌握和内化那些能使其从事更高认知活动的技能。学生一旦获得这些技能，就可以对学习进行更多地自我调节。

（一）互动支架与非互动支架

根据在教学中的支架是否具有互动功能，可以将支架分为两种类型：互动支架与非互动支架。

互动支架包括：①教师示范，即教师通过演示如何解题，为学生提供一个专家工作的具体实例。例如，在学生自己尝试一种新的画法之前，美术教师可以演示如何利用透视法作画。②出声思维，即有能力的教师在模拟解题的过程时，可以大声说出自己的思维过程，这一技术有助于学生在思考问题的同时直接了解教师的思维方法。③提出问题，即当学生解决问题时，教师可以通过提出问题向学生提供援助，帮助学生集中注意力并提供新的思路。

非互动支架包括：①改变教材。例如，改变任务要求，一位射击教练在教授射击技术时可以先降低靶子的高度，然后，随着学习者技术熟练程度的提高，逐步升高靶子。②书面的或口头的提示或暗示。例如，当学生支支吾吾表述自己的提问时，教师可以提示学生用“什么”或“为什么”组织句子。

(二) 支架式教学的过程

支架式教学包括以下几个环节（Palincsar et al.，1984）。

1. **预热**（etudes）

这是教学的开始阶段，将学生引入一定的问题情境，并提供可能需要的工具。

2. **探索**（exploration）

教师先为学生确立目标，用以引发情境的各种可能性，让学生进行探索尝试。这时的目标可能是开放的，但教师对探索的方向有很大影响。在此过程中，教师可以给予启发引导，可以做演示，提供问题解决的原型，也可以给学生提供反馈等。但教师要逐渐增加问题的探索性成分，逐步让位于学生自己的探索。

3. **独立探索**（excursions）

教师让学生自己决定探索的方向和问题，选择方法，独立地进行探索。这时，不同的学生可能会提出不同的问题。学习不仅是学习者个人完成的认知活动，还是一个社会建构的过程，是通过活动参与而实现的文化内化。教师和更加成熟的社会成员可以为学习者提供学习的支架，引导、帮助学习者完成自己不能独立完成的活动。学习者之间也可以互相提供支持和帮助，互为支架。借助这种认知学徒关系，学习者可以在真实活动中逐步内化，形成更为高级的知识技能。

建构主义在教育和心理学中的影响越来越大，在课程改革、科学和数学教育、教师教育、教育技术以及教育研究中占据着主导地位。1992 年，美国心理学会（American Psychology Association，APA）教育心理学专业工作组发表了一份文件《学习者中心的心理学原则：学校重构与改革指导纲要》（Alexander & Murphy，1994），1997 年对其进行修改（表 7-1）。该纲要体现了教育心理学家们在建构主义理论框架下对学习与动机规律达成的共识。

表 7-1 学习者中心的心理学原则：认知因素与元认知因素

原则	解释
①学习过程的性质	当学习是一个从信息和经历中主动建构意义的过程时，对复杂课程的学习最有效
②学习过程的目标	成功的学习者在外界的帮助以及教学指导下，随着时间的推移，能够创造出有意义的、连贯一致的知识表征
③知识的建构	成功的学习者能够以有意义的方式将新信息与已有知识联系起来
④策略性思维	成功的学习者能够创造和应用一套思维与推理策略来达成复杂的学习目标

续表

原则	解释
⑤对思维的反思	通过运用高级策略选择和监控心理加工过程，能够促进创造性和批判性思维的发展
⑥学习情境	学习受到文化、技术和教学实践等环境因素的影响
⑦动机与情绪影响学习	学什么、学多少，都受到学习者动机的影响，反过来，学习动机又受个体的情绪状态、信念、兴趣与目标以及思维习惯的影响
⑧学习的内部动机	学习者的创造性、高级思维以及好奇心等都有助于产生学习动机，如果学习任务具有新颖性，难度适中，与学习者的个人兴趣有关，并且能够让学习者自主选择和控制，那么这种学习任务就能激发学习的内部动机
⑨动机对努力的影响	复杂的知识与技能的获得需要学习者的不断努力和有指导的练习，没有学习动机，也就不可能有付出努力的意愿，除非有外部压力
⑩发展对学习的影响	在个体发展过程中，有各种因素促进或阻碍个体的发展，只有综合考虑个体在身体、智力、情感和社会等方面的不同发展特征时，学习才是最有效的
⑪社会对学习的影响	社会交往、人际关系以及与他人的沟通等都会影响学习
⑫学习中的个体差异	由于先前的经验以及遗传因素的影响，学习者具有不同的学习策略、学习方法以及学习潜能
⑬学习与多样性	当考虑到学习者在语言、文化以及社会文化背景等方面的差异时，学习才是最有效的
⑭标准与评估	确立恰当的具有挑战性的目标、评估学习者以及学习过程，包括诊断性评估、过程性评估和结果性评估等，这些都是完整的学习过程不可缺少的部分

学习者中心的心理学原则通过以下几个方面勾勒出了以主动探究知识为特征的学习者形象（斯莱文，2016）：①重新解释信息或亲身体验；②受内在求知欲的驱动（而不是受分数或其他奖赏的驱动）；③与他人合作进行社会性的意义建构；④能意识到自己使用的学习策略，并能将这些策略应用于新的问题情境中。

然而，当代建构主义者往往只是将建构主义与客观主义相对立，通过与客观主义对比的方式，来阐述建构主义的思想主旨（Jonassen，1991）。总体上看，客观主义认为，认识和学习是表征与反映实在的过程；建构主义则认为，认识是一个主动解释并建构个体知识表征的过程。但是，建构主义在否定客观主义的同时，还必须防止自己陷入另外的极端——主观主义、主观经验主义。一些极端建构主义主张，如实体（真实世界）取决于认识者，是人脑的产物，符号过程参与建构实体，片面地夸大了主观的作用，难免陷入主观唯心主义、唯我论、不可知论的误区。无怪乎有人批评当代的某些建构主义是“披着建构主义羊皮的现代经验主义老狼”（转引自刘儒德，2004）。实际上，形形色色的极端建构主义观点以各种形式出现，对教育实践的指导不仅无益，反而有害，正所谓过犹不及。因此，我们应以辩证的眼光来审视各色建构主义，正确处理学习与教学、学生与教师、参与学习与替代学习、具体与抽象、情境与符号、个体创造和社会传递、主观知识与客观知识、感性经验与理性经验之间的关系。

人本主义学习理论

第四节 人本主义学习理论

人本主义心理学（humanistic psychology）是以人为本，研究整体人的本性、经验、价值、潜能、创造力、自我选择和自我实现的心理学。人本主义强调应当把人作为一个整体来研究，而不是将人的心理分解为不能整合的几个部分；心理学应当研究正常的人，并且更应关注人的高级心理活动，如热情、信念、生命尊严等内容。人本主义心理学的学习理论从全人教育的视角阐释了学习者整个人的成长历程，重视如何为学习者创造一个良好的环境，让其从自己的角度感知世界，发展出对世界的理解，达到自我实现的最高境界。

一、马斯洛的学习理论

美国心理学家马斯洛（Maslow，1908—1970，图 7-6）被公认为是人本主义心理学的领导人物之一，他以性善论、潜能论和动机论为理论基础，创建了理论化、系统化的自我实现心理学。

图 7-6　马斯洛

（一）自我实现的人格观

人本主义心理学家认为，人的成长源于个体自我实现的需要，自我实现的需要是人格形成、发展和成熟的驱动力。马斯洛认为自我实现的需要就是“人对于自我发挥和完成的欲望，也就是一种使他的潜力得以实现的倾向”。通俗地说，自我实现的需要就是“一个人能够成为什么，他就必须成为什么，他必须忠于自己的本性”。正是由于人有自我实现的需要，才使得有机体的潜能得以实现、增强和保持。人格的形成就是源于人性的这种自我的压力，人格发展的关键就在于形成和发展正确的自我概念。而自我的正常发展必须具备两个基本条件：无条件的尊重和自尊。其中，无条件的尊重是自尊产生的基础，因为只有别人对自己有好感（尊重），自己才会对自己有好感（自尊）。如果自我正常发展的条件得以满足，那么个体就能依据真实的自我而行动，就能真正实现自我的潜能，成为自我实现者（或者称为功能完善者、心理健康者）。人本主义心理学家认为，自我实现者能以开放的态度对待经验，他的自我概念与整个经验结构是和谐一致的，他能体验到一种无条件的自尊，并能与他人和谐相处。

马斯洛还认为，人的潜能是自我实现的，而不是教育的作用。因此，在环境与教育的作用问题上，他们认为，"文化、环境、教育只是阳光、食物和水，但不是种子"，自我潜能才是人性的种子。他们认为，教育的作用只是提供一个安全、自由、充满人情味的心理环境，使人类固有的优异潜能自然地得以实现。

（二）内在学习论

马斯洛批判传统的学习是一种**外在学习**（external learning）。外在学习是单纯依赖强化和条件作用的学习，其着眼点在于灌输，而不在于理解，属于一种被动的、机械的、传统教育的模式。在外在学习中，学习活动不是由学生决定的，而是由教师安排的。学生对个别刺激做出零散的反应，学生所学的知识缺乏个人意义。"学生学到的，最多是在他的口袋里装了几把钥匙或几个铜钱而已。学生所学的一切，对他个人的心智成长毫无意义"（Maslow，1962）。在他看来，目前学生们充斥着外在学习的态度，并且像黑猩猩对训练员的技巧做出反应那样对分数和考试做出反应。读一本书的一个理由可能是它带来的外部奖赏。为了获得一纸文凭或获得学位可概括为这一外在教育的弊端。

马斯洛认为，理想的学校应反对外在学习，倡导**内在学习**（internal learning）。内在学习就是依靠学生内在驱动，充分挖掘潜能，达到自我实现的学习。这是一种自觉的、主动的、创造性的学习模式。这种内在教育的模式会促使学生自发地学习，打破各种束缚人发展的条条框框，自由地学他想学的任何课程，充分发挥想象力和创造性。

二、罗杰斯的学习理论

20 世纪 60 年代，罗杰斯（Rogers，1902—1987，图 7-7）将他的“来访者中心疗法”移植到教育领域，创立了“以学生为中心”的教育和教学理论，该理论成为 20 世纪最重要的教育理论之一。

图 7-7　罗杰斯

（一）知情统一的教学目标

罗杰斯认为，情感和认知是人类精神世界中两个不可分割的有机组成部分，两者融为一体。罗杰斯的教育理想就是要培养“躯体、心智、情感、精神、心力融为一体”的人，也就是既用情感的方式也用认知的方式行事的情知合一的人。他称这种情知融为一体的人为“全人”（whole person）或“功能完善者”（fully functioning person）。这一教育理想要通过一个现实的教学目标而实现，即培养能够适应变化和懂得如何学习的人。一个人只有意识到世上没有绝对可靠的知识，只有寻求知识的过程才是可靠的，这才是真正有教养的人。可见，人本主义重视的是教学的过程，而不是教学的内容。

（二）有意义学习与自由学习

罗杰斯认为，学生学习主要有两种类型：认知学习和经验学习。其学习方式也主要有两种：无意义学习和有意义学习（significant learning)。**有意义学习**是一种与个人各个方面的经验都融合在一起的，使个人的行为、态度、个性，以及在未来选择行动方针时发生重大变化的学习。它不仅增长个体知识，还会引起个体的变化，对个体的生存和发展具有价值。例如，学生学习“烫”字后，明白了在生活中要避开开水、火源伤害。在这里，我们需要注意罗杰斯的有意义学习和奥苏贝尔的有意义学习（meaningful learning）的区别。前者关注的是学习内容与个人之间的关系；后者则强调新旧知识之间的联系，只涉及理智，而不涉及个人意义（personal significance）。

罗杰斯的有意义学习具有四个要素：①学习具有个人参与（personal involvement）的性质，即整个人（包括情感和认知两方面）都投入学习活动；②学习是自我发动的（self-initiated），即便在推动力或刺激来自外界时，也要求发现、获得、掌握和领会的感觉是来自内部的；③全面发展，也就是说，它会使学生的行为、态度、人格等获得全面发展；④学习是由学生进行自我评价的（evaluated by the learner），因为学生最清楚这种学习是否满足自己的需要，是否有助于获得想要知道的东西，是否明了自己原来不甚清楚的某些方面。

罗杰斯认为，认知学习和无意义学习、经验学习和有意义学习是完全一致的。认知学习的很大一部分内容对学生来说没有个人意义，它只涉及心智（mind），而不涉及感情或个人意义，是一种“在颈部以上发生的学习”，与全人无关，是一种无意义学习。而经验学习以学生的经验生长为中心，以学生的自发性和主动性为学习动力，把学习与学生的愿望、兴趣和需要有机地结合起来，因此是有意义的学习，能有效地促进个体的发展。

从有意义学习的观点出发，罗杰斯认为，凡是可以教给别人的知识，相对来说都是无用的，而那些能够影响个体行为的知识只能靠个体自己发现并加以同化。教师的任务不是教学生学习知识（这是行为主义者所重视的），也不是教学生如何学习（这是认知理论所重视的），而是为学生提供各种学习的资源，提供一种促进学习的气氛，让学生自己决定如何学习。罗杰斯倡导的学习原则的核心就是让学生自由学习。只要教师信任学生，信任学生的学习潜能，并愿意让学生自由学习，学生就能在交往中形成适应自己风格的、促进学习的最佳方法。

（三）以学生为中心的教学

罗杰斯对传统教育的师生关系进行了批判。他认为，在传统教育中，“教师是知识的拥有者，而学生只是被动的接收者；教师可以通过讲演等方式来支配学生的学习，而学生却无所适从；教师是权力的拥有者，学生只是服从者”。从教育政治的角度来看，这是一种“壶与杯”（jug and mug）的教育理论。教师（壶）拥有理智的、事实性的知识，学生（杯）是被动的容器，知识可以灌入其中。罗杰斯主张取消教师这一角色，代之以“学习的促进者（facilitator）”。学生自身具有学习的潜能，促进者只需为他们设置良好的学习环境，提供各种学习资源，使他们知道如何学习，他们就能学到需要的一切。

罗杰斯认为，促进学生学习的关键不在于教师的教学技巧、专业知识、课程计划、视听辅导材料、演示和讲解、丰富的书籍等（虽然有时每一个因素均可作为重要的教学资料），而在于特定的心理气氛因素，这些因素存在于“促进者”与“学习者”的人际关系中。那么，促进学习的心理气氛因素有哪些呢？罗杰斯认为，这和心理治疗领域中咨询者对来访者的心理气氛因素是一致的，这就是三条原则：①**真**

诚一致（congruence）。学习的促进者是一个表里如一、真诚、完整而真实的人，没有任何矫饰、虚伪和防御。②**无条件积极关注**（unconditional positive regard）。学习的促进者关心学习者的方方面面，尊重其情感和意见，接纳其价值观念和情感表现，并且这种态度并不以对方的某个特点、某个品质或者整体的价值为取舍和依据。③**同理心**（empathy）。学习的促进者能了解学习者的内在反应，了解其学习过程，为其换位思考，使其感同身受。在这样一种心理气氛中，教师只是学习的促进者、协作者，或者是伙伴、朋友，学习者才是学习的关键，学习的过程就是学习目的。

马斯洛和罗杰斯从他们的自然人性论、自我实现论及其“来访者中心”出发，在教育实际中倡导以学生经验为中心的有意义的学习、内在学习和自由学习，对传统的教育理论造成了冲击，推动了教育改革运动的发展。人本主义的观点和主张从理论上说是方向正确的，值得我们思考和借鉴，但是，在教育实践中实施起来是相当不易的，即使在人本主义思潮处于鼎盛时期，他们自身的教学主张，如“开放学校”“开放课堂”等，也没有被真正实现。

关键术语

建构主义，个体建构主义，社会建构主义，生成学习，认知灵活性理论，结构良好领域知识，结构不良领域知识，初级知识获得，高级知识获得，活动理论，自下而上的知识，自上而下的知识，分布式认知，分布式学习，情境性认知，情境性学习，情境性教学，认知学徒制，抛锚式教学，支架式教学，人本主义心理学，外在学习，内在学习，有意义学习，以学生为中心，真诚一致，无条件积极关注，同理心

思考题

一、选择题

1. 建立在有感染力的真实事件或真实问题基础上的教学被称为（　　）。

A. 支架式教学　　B. 情境性教学　　C. 探索学习　　D. 合作学习

2. 根据认知灵活性理论，高级知识的获得主要通过何种方式？（　　）

A. 练习　　B. 反馈　　C. 案例解决　　D. 讲授

3. 随机通达的教学是由谁提出的？（　　）

A. 斯皮罗　　B. 马斯洛　　C. 维特罗克　　D. 列昂节夫

4. 罗杰斯理论中的有意义学习强调（　　）。

A. 新旧知识之间的实质性联系　　B. 新旧知识之间的非任意联系

C. 学习内容与个人经验和情感的关系 D. 颈部以上发生的学习

二、简答题

1. 对比初级知识获得与高级知识获得的差别，并分析其教学启示。

2. 刚入大学的新生往往会在相当长的一段时间内感到很迷茫，难以适应大学的学习和生活。请利用关于活动参与和文化内化的理论分析这一问题的成因，并提出解决这一问题的具体建议。

3. 支架式教学的基本思路是什么？举例说明如何为学习活动搭建支架。

4. 用自己的话解释认知学徒制的含义，总结认知学徒制在教学中的应用方式。

5. 情境性学习的主要特征是什么，对教学有何启示？

6. 怎样理解人本主义心理学的内在学习论？

7. 如何评价罗杰斯的以学生为中心的教育心理学思想？

8. 人本主义与认知学派的有意义学习存在什么区别？

选择题参考答案：1. B 2. C 3. A 4. C

扫码答题

第八章 学习动机

教师在教学中会遇到各种各样的问题。例如，一些学生在学习中避免过多的失败，而不愿去主动尝试；一些学生虽然智商相同，在学习的主动性、积极性方面却存在着很大差异；另外一些学生由于过度焦虑而不能将注意力集中于所学的知识，从而使学业表现下降；等等。以上这些问题都可以归结为学习动机问题。作为一位教师，如果不能对学习动机的方方面面有比较透彻的了解，是难以有效地组织教学的。本章从介绍学习动机的概念和基本理论入手，并以此为基础来介绍如何培养和激发学习动机。

本章要点

● 学习动机的概述
○ 学习动机及其相关概念
○ 学习动机对学习的影响
○ 动机与学习效果的关系
○ 学习动机的分类
● 学习动机理论
○ 强化论
○ 需要层次理论
○ 自我决定理论
○ 成就动机理论
○ 自我效能感理论
○ 控制点理论
○ 归因理论
○ 成就目标理论
○ 自我价值理论
○ 调节聚焦理论
● 学习动机的培养与激发
○ 教学吸引
○ 兴趣激发
○ 建立合理的动机信念
○ 反馈与评定
○ 奖励与惩罚
○ 合作与竞争

第一节 学习动机的概述

人做出各种行为都有一定的原因，心理学家一般用动机这一术语对人们的行为原因进行描述。动机（motive）是指引发、导向并维持活动的倾向。它涉及三个方面的问题：第一，引发行为的起因是什么？第二，使行为指向某一目的的原因是什么？第三，维持这一行为的原因是什么？心理学研究往往用动机作用这一术语来描述个体产生能量和冲动、引导行为朝向某一目的，并将这一行为维持一段时间的内部状态和过程。在教育心理学中，人们更关心学习动机。

一、学习动机及其相关概念

（一）学习动机及其作用

学习动机（motivation to learn）是指激发学习行为，使之导向一定学业目标，并维持这一行为的动力倾向。这一界定表明学习动机对学习行为具有以下四个方面的作用。

1. 引发作用

当学生对于某些知识或技能产生迫切的学习需要时，就会引发学习内驱力，唤起内部的激动状态，产生急切、渴求等心理体验，最终激起一定的学习行为。例如，有位教师在教小学生“分数的基本性质”时，让学生在一个大西瓜的模型上，分别拿走1/4、2/8和4/16部分，结果学生感到非常奇怪：“1/4、2/8、4/16为什么会相等呢？”这时教师随即设问：“这三个分数的分子和分母都不相同，但它们的值是相等的，为什么呢？”学生此时非常渴望揭开其中的奥秘，于是便引发了学生学习“分数的基本性质”的学习行为。

2. 定向作用

学习动机以学习需要和学习期待为出发点，使学生的学习行为在初始状态时就指向一定的学习目标，并推动学生为达到这一目标而努力学习。例如，一个喜欢看美剧的学生可能给自己设立一个学习目标：不看字幕就能听懂美剧。为此他会记单词、学语法、反复对照录像、看英语字幕等，直到成功为止。

3. 维持作用

学习动机的维持作用表现为学生在某项学习上的坚持时间、出现频次以及投入状态。学生的学习是认真还是马虎，是勤奋还是懒惰，是持之以恒还是半途而废，在很大程度上取决于学习动机的水平。美国心理学家阿特金森（Atkinson）在全面探讨了有关动机研究的文献后，发现了一个较为普遍的规律，就是完成某项具体学习任务需要的时间与个体对该项任务的动机水平呈负相关关系。学习动机水平高的学生能在长时间的学习活动中保持认真的态度和坚持完成学习任务的毅力，而学习动机水平低的学生则缺乏学习行为的稳定性和持久性。

4. 调节作用

动机好比汽车的发动机和方向盘（Gage & Berliner，1984），既为个体活动提供动力，又调节方向。学习动机调节学习行为的强度、时间和方向。如果行为活动未达到既定目标，动机还将驱使学生转换行为活动方向以达到既定目标。如果学生觉得直接听懂美剧是一项艰难的目标，就会考虑调整学习目标，如先听懂慢速英语新闻。

（二）学习动机相关概念

学习动机与学生的学习兴趣、学习需要、个人价值观、态度、志向水平、外来鼓励、学习后果（学位、待遇及社会地位等）以及客观现实环境的要求（考试、竞赛和升学）等诸多因素紧密相连。

1. 兴趣

兴趣（interest）是指个体倾向于认识、掌握某种事物，力求参与某项活动，并且有积极情绪色彩的心理倾向。兴趣是一种内在动机，它促进的活动方向比较专注，对象比较具体。因个体的具体知识、信念或价值观而产生的兴趣被称为个体兴趣（individual interest）（Renninger et al.，1992）。这种兴趣是稳定的、持久的。例如，有的学生对历史感兴趣，就会经常关注各种历史古迹、故事、小说、电影和游戏，一般会优先选择与历史相关的活动，从这些活动过程中他可以感到充实、快乐。有时候，当任务具有挑战性、材料新颖或者能够满足一时需要时，个体就能体会到任务或材料本身的趣味性。这种由任务或材料本身引发的兴趣被称为情境兴趣（situational interest）。情境兴趣通常是不稳定的，一旦学生的需要得到满足，或者当他完成了具有挑战性的任务后，他可能就会失去兴趣。当然，在一定条件下，情境兴趣可以转化为个体兴趣。

2. 需要与诱因

需要与诱因构成动机的内因和外因。**需要**（need）是个体生理或心理上的一种缺乏、不平衡的状态。动机是在需要的基础上产生的。当人的某种需要没有得到满足时，它就会推动人去寻找满足需要的对象。例如，当你感到饥饿时，就会寻找食物。在这种情况下，需要推动着人去活动，并把活动引向某一目标，需要就成了人进行活动的内部动力。

除了机体的某种需要，诱因的存在也是动机产生的一个重要条件。**诱因**（incentive）是指能够激发起机体的定向行为，并能够满足某种需要的外部条件或刺激物。例如，食物的色泽、芳香是饥饿时觅食的诱因。

在动机中，需要与诱因是紧密联系的。需要比较内在、隐蔽，是支配机体行动的内部原因；诱因是与需要相联系的外部条件或刺激物，引发学生行为，并可能使他们的需要得到满足。在实际生活中，人的行为往往取决于需要与诱因的相互作用。没有需要，就不会有行为的目标；相反，没有行为的目标或诱因，也不会诱发某种特定的需要。例如，如果你不感到饥饿，就不会去寻食；反过来，如果你从来没有见过汉堡，就不会想到要吃汉堡。

3. 态度

从前面章节有关加涅对学习结果的分类中我们了解了态度。态度和动机有很多类似之处，两者都是促动行为的内在倾向，都只能从外在的行为去测量和判断。其不同之处在于态度的成分中多了一种情感因素。例如，当我们在提到某人对某事的态度时，总会谈及他是喜欢还是讨厌，赞成还是反对，友善还是敌对。

态度的构成包括认知、情感和行为倾向三个因素。例如，某人对吸烟持反对态度，我们可以观察到，她能说出吸烟有害身体健康（认知），她不喜欢有人在她面前抽烟（情感），她从来都不抽烟（行动）。这时，她的态度是明确、固定的，她的心理也是平衡的。假设这位女士尚未结婚，她爱上了一位英俊潇洒的先生，可他偏偏有吸烟的习惯，那她的态度可能会改变，因为喜欢男友，也就爱屋及乌，认为吸烟并非不可接受。费斯汀格（Festinger）把这种心理现象称作认知失调（cognitive dissonance）。认知失调指态度中认知、情感、行为不一致的情况，个体需要进行调整，以达成新的平衡。这时，认知失调可以被看成态度改变的动机。

4. 期望及抱负水平

期望（expectancy）是指个体对某件事情是否发生的主观预期，也是对行为是否被强化的主观感知。个体预期的结果未必与其知觉经验相符合。如果两者不相符，就会产生心理失衡，这种失衡可能成为行为的动机。例如，学校本来安排明天考试，但是今晚突然有台风预报，教育局要求学校按照气象局的随时报道情况来决定是否停课。在这种不确定的情况下，学生们形成了一种“明天停课，不考试”的预期。但是，这种预期是随着气象局的通知与天气的情况而随时改变的，这种变化自然会影响到学生复习的动机。如果学生确切地听到强烈台风午夜登陆的消息，他将认定明天停课成为事实，熬夜复习的动机水平立刻降低，并改变计划，提前休息。

抱负水平是指从事某种实际工作之前，个体主观估计自己能达到的成就目标。自定的成就目标越高，学习动机自然就越强。另外，这种自定的目标代表个体对自己行为结果的一种愿望与期待，与将来工作后的实际成绩未必相符。两者的差距将影响个体以后的动机。例如，如果个体估计在比赛中能拿冠军（抱负水平），结果却未进八强（实际结果），其挫败感是可以想象的，这种失败的经验会极大地影响他下次参加比赛的动机。反过来，如果他并未有获奖的打算，却意外拿了冠军，一举成名，那么他的动机水平自然会得到大大的提高。

5. 价值观

个体的选择往往取决于他的价值观，人一般会从事自认为重要的事情，或与自己的需要密切相关的事情。如果一名学生梦想成为一名工程师，数理化学科获得好成绩就具有极高的价值，他就会花费更多时间、付出更多努力学习这些学科。**任务价值**（task value）是指成功完成某一任务带来的期待奖励。任务价值可能同时包括内部奖励与外部奖励，如成就感与高分数。一般来说，学习任务对学生有三种价值（Eccles et al.，1983）：①**内在价值或兴趣价值**（intrinsic or interest value），指个体从活动本身获得的乐趣，例如，学习音乐是因为对艺术的热爱。②**成就价值**（attainment value），指在任务中表现良好的重要性，这与个体的需要及取得成功的意义相关。如果你觉得学业很重要，你就会重视分数、学分、证书；如果你重视体育，那么在国际体育比赛中获奖就能说明自己的高水平。③**效用价值**（utility value），指有助于达到一个短期或者长期目标的价值。例如，学习外语可以为自己以后进入外企工作提供更大的可能性。为了促进学生了解学习任务的价值，教师在课堂教学中应更多地采用真实性的任务。如果让学生记忆他们很少用到的定义，或者学习只有在考试时才出现的内容，或者复习他们已经理解的功课，他们的动机就会比较弱；但反过来，如果任务既真实、有趣，又有意义，那就能激发他们强烈的学习动机。此外，成本（cost）是构成任务价值的关键因素（Eccles & Wigfield，2002）。成本是对个体选择和完成某项任务的消极影响因素。对成败的担忧、对任务需要付出的努力的计算，以及由于完成某项任务而无法做出其他选择（机会成本）等，都会带来主观的任务成本，影响个体的行为决策。

研究者（Wigfield & Eccles，1992，2000）将期望与价值结合在一起，提出了期望价值理论。期望价值理论认为，个体从事某项活动的动机取决于对成功的期望与成功价值的乘积。如果两者中有一项是零，则动机也接近零。例如，如果一名学生认为自己能力低下，学业成功的可能性很低，或者觉得学业成功没有什么价值，那么他是不会努力学习的。

二、学习动机对学习的影响

学习动机与学习的关系是辩证的，学习动机驱动学习，学习又能增强学习动机。正如奥苏贝尔所说的："动机与学习之间的关系是典型的相辅相成的关系，绝非一种单向性的关系。"教师强调动机在学习中的重要作用的同时，也应看到学习本身就是下一步学习的动机。教师可以安排适当的学习条件，使学习本身起到强化作用。

学习动机一般不直接卷入认知建构过程而对学习产生影响，而是以学习准备状态的增强、学习注意力的集中、学习意志的提高、学习情绪状态的唤醒以及学习投入的增加为中介来影响认知建构过程的。学习准备状态的增强有助于激活相关的背景知识，降低在学习过程中对事物的知觉阈限，大大缩短反应时间，从而提高学习效率。学习注意状态的集中有助于学生将学习活动指向认知内容和目标，克服分心刺激的影响。**毅力**（grit）反映了学生学习需要或学习驱力的强弱。毅力是指对长期目标的坚持性及热情（Duckworth et al.，2007）。毅力强者在完成挑战性任务时，即使在失败、困境或停滞时，也会持续努力，并且保有持久的兴趣；而毅力弱者会放弃或中断学习活动。

学习情绪是学生认识客观要求和自身需要之间关系伴随的态度体验。近年来，**学业情绪**（academic emotions）越来越受到研究者的重视。学业情绪是指在学生学习过程中产生的与学业有关的主观情绪体验（Pekrun et al.，2002）。学业情绪存在两种不同的来源：一种是由学业成败引发的各种情绪。如学业表现好时感到骄傲，学业表现差时感到羞愧。另一种是伴随学习活动本身而产生的情绪。如在学习自己喜欢的科目时感到快乐，在考试时感到焦虑，在完成作业时觉得轻松。从愉悦度和唤醒度两个维度可以将学业情绪分为四种类型（Pekrun et al.，2002）（图 8-1）：如果客观要求与学生的学习需要一致或接近，学生就会产生积极的情绪，表现为对学习有兴趣，喜欢学习；如果两者相反或无关，就会产生厌学情绪，在学习中持有消极态度。

学生的学习投入（student engagement）是指对社会、文化和智力等校内外生活的参与（Zyngier，2008）。它包括三个方面（Archambault et al.，2009；Fredricks et al.，2004）：①认知投入，是学生在知识掌握、学业技能提高上的心理努力以及对学习的自我调节；②情感投入，是学习活动中的情绪反应（兴趣、倦怠、幸福、伤心、

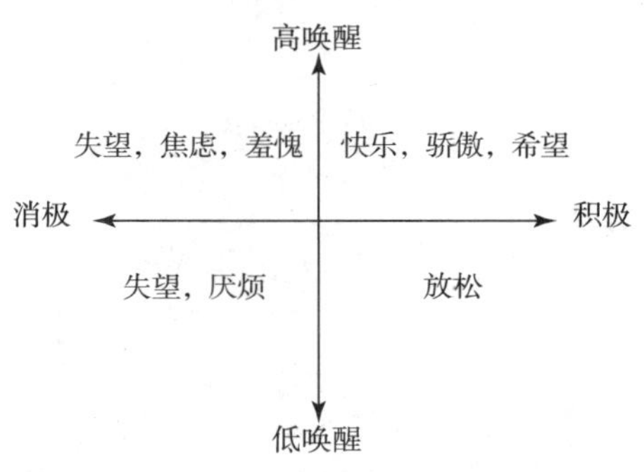

图 8-1　学业情绪的分类

焦虑等）和情感体验（归属感、认同感等）；③行为投入，是学生参与各种有利于个人发展和学业成就的学习与生活行为，如遵守规则、纪律、参与活动与讨论等。学习投入受学习动机的影响，同时又是预测学习质量与学业成就的有效指标之一（Christenson，Reschly，& Wylie，2012；Fredricks et al.，2018）。

三、动机与学习效果的关系

动机具有加强学习的作用。研究者（转引自 Gage & Berliner，1984）考察了大量的关于动机与成就关系的研究报告，分析了其中 232 项动机测量和学业成就之间的相关系数，发现其中 98%是正相关关系（估计平均相关系数是 0.34）。该调查的覆盖面为小学到高中的学生（共 63.7 万人），是有一定代表性的。这表明，高动机水平的学生其成就水平也高；高成就水平也能导致高的动机水平。

但是，学习效率与学习动机强度不完全成正比。过于强烈的学习动机往往使学生处于一种紧张的情绪状态，注意和知觉范围变得狭窄，由此限制了学生正常的智力活动，降低了学习效率。**耶克斯-多德森定律**（Yerkes & Dodson，1908）显示（图 8-2），学习效率随学习动机强度的增加而提高，直至达到最佳水平，之后则随学习动机强度的进一步增加而下降。同时，学习动机强度与学习效果之间的这种关系因学习者的个性、课题性质、课题材料难易程度等因素而异。动机强度的最佳水平会随学习活动的难易程度而有所变化。一般来说，从事比较容易的学习活动，动机强度的最佳水平点会高一些，而从事比较困难的学习活动，动机强度的最佳水平点会低一些。不仅如此，动机强度的最佳水平点因人而异。进行同样难度的学习活动，对于一些学生来说，动机强度的最佳水平点高一些更为有利；对于另一些学生来说，最佳水平点低一些可能更为有利。

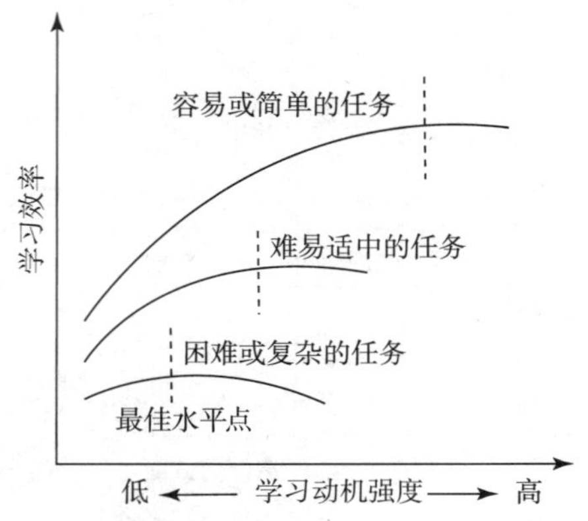

图 8-2　耶克斯-多德森定律曲线（Kantowitz & Sorkin，1983）

四、学习动机的分类

（一）内部动机与外部动机

内部动机（intrinsic motivation）是指由对学习本身的兴趣所引起的动机。动机的满足在活动之内，不在活动之外。好奇心就是一种内部动机。好奇心（curiosity）是个体具有的寻求新异、复杂、令人耳目一新的东西的本能倾向（Berlyne，1966），内部动机不需要外界的诱因、奖惩来使行动指向目标，因为行动本身就是一种动力。例如，有的学生喜爱数学，在课上认真听讲，课下刻苦钻研。**外部动机**（extrinsic motivation）是指由外部诱因引起的动机。动机的满足不在活动之内，而在活动之外。学习者不是对学习本身感兴趣，而是对学习带来的结果感兴趣，如有的学生是为了得到奖励、避免惩罚、取悦教师等。

心流理论

当个体的学习处于内部动机驱动的状态时，就能达到一种忘我的境界。在滑冰、下棋时，我们常会专心致志，忘记了周围环境，也忘记了自我，以至于活动结束时不禁感慨：时间流逝得这么快！心理学家契克森米哈赖将这种与内部动机相关的情感体验状态称为心流。心流是指个体将自己的精神力量完全投入某项活动的感觉，伴有高度的兴奋感与充实感。处于心流状态时，个体沉浸在某项活动中，以至于其他任何事物都显得无关紧要；该体验是如此有趣，人们即使需要付出很大的努力也乐此不疲，仅仅为了从事该活动而持续投入。

心流体验一般具有两个核心特点。第一，这些活动不是随机的，而是有目的的活动，需要某种能量和技能。例如，解决一道智力题，既要有一个解答目标，又要付出相应的努力，还需要具备一些必备的技能。在活动中，活动的目标必须有意义，而且需要反馈，以便让参与者了解自己是否接近目标。第二，参与者会表现出专心致志，自我意识暂时消退，忧虑感和时间感消失。无论跳舞、阅读、下棋还是滑冰，参与者都描述了一种实质上超越于外部世界的专注状态。为了让学生获得心流体验，教师要使学生在课堂上自主地从事一些对他们有意义的活动，为了达到目标需要付出适度努力；这些活动的挑战性要略高于他们的技能水平，活动结束后还要提供反馈，从而激发学生的内部动机。

内部动机和外部动机决定着学生是否持续掌握他们所学的知识。具有内部动机的学生可以积极地参与学习过程，并且在教师评估之前能对自己的学业表现有所了解；他们具有好奇心，喜欢挑战，在解决问题时具有独立性。而具有外部动机的学生一旦达到目的，学习动机便会下降；另外，为了达到目标，他们往往采取避免失败的做法，或是选择没有挑战性的任务，或是一旦失败就一蹶不振。值得注意的是，两种动机在实际中并不是非此即彼的。有的学生可能同时受两种动机的驱动而从事一项学习任务。例如，有的学生既对解数学题感兴趣，也想得到教师和同学们的称赞。

内部动机和外部动机可能存在相互影响。一方面，外部动机使用不当会削弱内部动机。德西与瑞安（Deci & Ryan，1975）的一项研究就证明了这一点。实验一开始，研究者不给所有学生提供奖励。然后把学生分成两组：一组学生每解答一道智力难题就给予一定的奖励；另一组学生不给任何奖励。在两组学生的休息或自由活动时间里，研究者观察到，奖励组学生尽管在有奖励时解题十分努力，但在自由活动时对解答难题的兴趣减少，只有少数人继续自觉地解答，而无奖励组的学生对解答难题的兴趣比有奖励刺激的学生更浓厚，有更多的人热衷于尚未解出的智力难题。这说明，在学生进行一项感兴趣的、自发性的活动时，如果提供外部的物质奖励，反而会减少这项活动的吸引力。另一方面，外部动机可以转化为内部动机，一名学生最初是为了得到奖励而读书，后来可能感到读书本身很有趣。教师需要以内部动机为主，以外部动机为辅，逐渐将外部动机转换为内部动机。有关外部动机的内化将在本章自我决定理论部分进行介绍。

（二）认知内驱力、自我提高内驱力和附属内驱力

奥苏贝尔认为，学校情境中的成就动机包括**认知内驱力**（cognitive drive）、**自我**

提高内驱力（ego-enhancement drive）和**附属内驱力**（affiliated drive）。

认知内驱力是个体了解、理解和掌握知识，以及系统地阐述问题并解决问题的需要。学生对于某学科的认知内驱力一般是从好奇中派生出来的，但要通过个体在实践中不断取得成功才能真正表现出来，具有特定的方向。在有意义学习中，认知内驱力可能是最重要和最稳定的动机。这种动机指向学习任务本身，满足这种动机的奖励（知识的实际获得）是由学习本身提供的，因此是一种内部动机。

自我提高内驱力是个体因自己的胜任能力或工作能力而赢得相应地位的需要。它从儿童入学开始就日益显得重要，成为成就动机的重要组成部分。它并不直接指向学习任务本身，而是将成就看作获得地位与自尊心的根源，因此是一种外部动机。由于失败对自尊的维护是一种威胁，自我提高内驱力能够促使学生在学业上做出长期的努力。

附属内驱力是个体为了保持长者们（家长和教师等）的赞许或认可而表现出来的把工作做好的一种需要。它具有三个条件：①学生与长者在感情上具有依附性。②学生从长者那里获得的赞许或认可（被长者视为可爱的、聪明的、有发展前途的人，并且受到种种优待等），将使其获得一种派生地位。派生地位不是由学生本身的成就水平决定的，而是从他效仿的人不断给予的赞许或认可中引申出来的。③享受这种派生地位乐趣的人会有意识地使自己的行为符合长者的标准和期望（包括对学业成就方面的一些标准和期望），以此获得并保持长者的赞许，这种赞许往往使一个人的地位更确定、更巩固。

在成就动机中表现出来的这三个组成部分的比重随着儿童年龄的增长而改变，也受到性别、社会阶层的成员地位以及人格结构等因素的影响。

（三）个人动机与情境动机

个人动机（personal motivation）是与个体自身的需求、信念和价值观以及性格特征（自主需求、成就动机、自我效能感、自我价值和归因风格等）密切相关的动机。它比较稳定、持久，贯穿于学校生活的始终，广泛存在于各学科、课题和学习活动之中。

情境动机（situational motivation）是与情境因素（外在刺激的吸引力、奖励和评价等）密切相关的动机。它是暂时的、不稳定的，往往表现在某一具体学习活动中。

此外，还有其他一些分类，如近景动机和远景动机。近景动机是与学习活动直接相连的动机，来源于对学习内容和学习结果的兴趣，其作用效果比较明显，但稳定性差，容易受到环境或一些偶然因素的影响。远景动机是与学习的社会意义和个人前途相连的动机，其作用较为稳定而持久。例如，为了振兴中华而读书。

第二节 学习动机理论

行为主义、认知学派和人本主义理论取向对学习动机的作用也做出了各自的解释。行为主义者强调外部动机的作用，倾向于运用刺激、惩罚、强化、接近、示范等概念来解释行为的原因。他们认为，行为最初是由内部或外部的刺激引起的，如饥饿时闻到炒菜的香味、看到电视上介绍某种食品等；机体根据过去的经验或已形成的习惯确定他要采取的行为的方向（定向），例如，感到饿了就打开冰箱找点吃的（因为以前就是这样做的），或者临时做一点吃的。这一寻食行为一直持续到饥饿刺激消失后才停止。在实际教育中，行为主义者强调分数、等级以及对学习的其他外部奖赏的作用，提倡运用强化、惩罚等来加强、保持或削弱学生的某种行为。

认知学派认为，人不是简单地因为外在奖赏或惩罚以及生理需要而做出反应，而是通过对它们的觉察和解释来做出反应。你可能有过这种体验，当你在从事一项十分有趣的工作时，可以达到废寝忘食的地步，即使错过了午饭时间，你也不觉得饿，直到有人来问你吃饭了没有，你才会想起“我还没吃饭呢”。在这种情况下，只有当你注意到饥饿时才会感到饿，你对食物的需要并不会自动激发你去寻找食物。认知学派强调内部的动机作用，认为个人如果喜欢一项工作，就会非常努力地工作，专注于自己选择的目标，甚至忍受饥饿或困难。人有理解周围环境并与周围世界达到平衡的需要，这种需要促进他们主动地探寻信息来解决与个人有关的问题。认知学派的理论关注人的认知，如自我信念、自我价值、目标定向、成败分析等在学习中起到的动机作用。

社会学习理论融合了行为学派和认知学派的观点，它既考虑行为的结果，又考虑个人信念等的影响。例如，动机的期望价值理论把动机看作两个主要因素的产物：个体达到目标的期望和目标对于个人的价值（Eccles，1983；Wigfield & Eccles，1992）。缺少任何一个因素都不能激起个人的行为。例如，在一场乒乓球比赛中，如果选手坚信自己能战胜对手，且这场比赛对他有重要意义，那他参赛的动机就强。相反，如果对手水平远远高于他，或是这场比赛对他来说微不足道，那么他的参赛动机就不是很强。

人本主义者反对当时占统治地位的行为主义和弗洛伊德的精神分析两个学派，认为它们不能对人的行为原因做出适当的解释。他们强调内部的动机作用，倾向于用个人的自由、选择、自我决定及追求个人成长或马斯洛所称的自我实现来解释动机作用。

还有其他一些动机理论（如本能论、生物需要论等），从机体组织需要保持体内平衡来解释动机作用；社会文化理论从个体扮演的角色和身份来解释行为的原因，如班上的学习委员需要努力学习保持较好的学业表现。这里就不多做说明了。下面从这些取向中选择一些流行的学习动机理论加以介绍。

一、强化论

行为主义心理学家不仅用强化来解释操作性行为的习得，也用强化来解释行为的动机。当前行为的后果决定了未来的行为。人之所以具有某种行为倾向，是因为这种行为受到了强化。如果学生因为学习而得到强化，如得到好的学业表现、教师和家长的赞扬等，他就有较强的进行下一次学习的动机；如果学生的学习没有得到强化，如没得到好的学业表现或赞扬，他就缺乏学习的动机；如果学生的学习受到了惩罚，如遭到同学的嘲笑等，他就会产生逃避学习的动机。

行为主义强化论的部分内容可以用来激发学生的学习动机。在实际的教学中，教师的批评与表扬都会影响学生的学业表现。但要注意的是，教师表扬所起的强化作用会受到许多因素的制约。例如，教师对学生说："好好做！我知道你们努力做的话，是能够做好的。"对于那些感到难以完成任务的学生来说，这番话是一种鼓励或强化；但对于那些轻而易举完成学习任务的学生来说，这可能被视为一种变相的惩罚，因为这番话意味着，教师可能不相信他们的能力，认为他们必须经过特别努力才能完成任务。教育工作者需要注意，仅凭学生的行为来推断学生的动机往往是困难的，因为许多不同的动机可能会影响学生的行为。一名学生努力学习，不仅是因为受到了教师的表扬和鼓励，还可能是因为他对学习内容非常感兴趣，也可能是为了在班上获得好的名次。

二、需要层次理论

马斯洛在解释动机时强调需要的作用。他提出的**需要层次理论**认为，人的所有行为都是有意义的，都有其特殊的目标，这种目标来源于我们的需要。例如，小王迫切需要一部新款手机，他在课余时间拼命挣钱，一旦他买到了手机，满足了需要，他可能会失去挣钱的动机。不同的人有不同的需要，并且这些需要随着时间等因素而变化，这就是为什么同一个人在不同的时间里会产生不同行为的原因，两个不同的人在相同的情境中会产生不同的行为。马斯洛提出，人有七种基本需要，分别为生理需要、安全需要、归属与爱的需要、尊重的需要、求知与理解的需要、美的需要和自我实现的需要（Maslow，1954）。这些需要按照从低级到高级的顺序排成一个层级（图 8-3）。

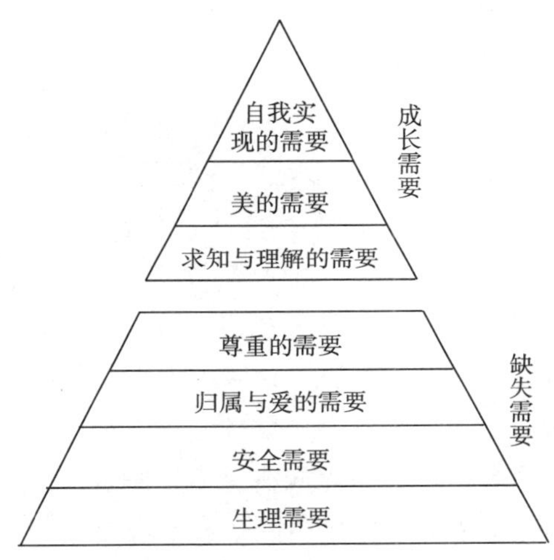

图 8-3　马斯洛的需要层次图

个体的较低级的需要被部分满足之后，对较高级需要的追求才会出现。例如，在一个非常饥饿的孩子面前摆一堆书和一堆食物，让其选择其一，孩子肯定先选食物，吃饱以后再选择读书。物质需要未得到满足时，人往往会千方百计地去追求它；物质需要得到充分的满足后，精神需要、高级需要就应运而生。

马斯洛将前四种需要定义为缺失需要，它们是我们生存所必需的，对生理和心理的健康是很重要的，必须得到一定程度的满足，一旦得到了满足，由它们产生的动机就会消失。后三种需要是成长需要，虽然它们不是我们生存所必需的，但对于我们适应社会来说有很重要的积极意义，而且它们很少能得到完全满足。例如，对某一个领域了解得越多，我们就越想了解更多。缺失需要使我们得以生存，成长需要使我们能够更好地生活。

学校和教师要关注并满足学生的各种需要，要解决学生的营养餐问题，确保校园安全，杜绝校园欺凌，让学生有一个安全的学习环境。学生在学校里最重要的缺失需要是爱和尊重。学生如果感到不被人爱，或自认为无能，就不可能有强烈的动机去实现较高的目标。那些不确定自己是否讨人（特别是教师）喜欢或不知道自己能力高低的学生，往往会做出较为“安全”的选择，随大流，为测验而学习。在中国特色社会主义新时代，教育要特别重视学生高层次的成长需要的满足，激发并保持他们的求知欲和创造欲。习近平总书记强调，要培养德智体美劳全面发展的社会主义建设者和接班人。《义务教育语文课程标准（2022 年版）》把审美创造作为学生的核心素养来培养，学校还要满足学生的高层次需要，如求知与理解、美和自我实现的需要。在实际的教育中，外部动机固然可以激发学生的学习行为，但最重要的是让学生将这种行为转化成内部动机，使学习成为学生的一种稳定而持久的需要。

三、自我决定理论

自我决定理论（self-determination theory）是由美国心理学家德西（图 8-4）和瑞安在 20 世纪 80 年代提出的。该理论是一种人本主义动机理论，其基本假设是：人是积极自主的有机体，具有与生俱来的心理成长倾向，会努力地应对环境中的持续挑战，并将外部经验整合到自我概念中。但是，这种内在的心理成长倾向需要有社会环境中的营养支持才能有效地发挥出来，而社会环境中的营养支持是人先天固有的三种基本心理需求的满足。自我决定理论通过有机整合理论（organismic integration theory）和基本心理需要理论（basic psychological needs theory）分别阐述了自我整合过程及其营养支持。

图 8-4　德西

（一）有机整合理论

自我决定理论认为，自我决定是个体在充分认识自身需要和环境信息的基础上对行动做出的自由选择，人具有自我决定的潜能，这种潜能引导人从事感兴趣的、有益于能力发展的行为，灵活地适应社会环境（Deci & Ryan，1985）。有机整合理论根据自我决定的程度，对人的动机类型进行了划分，并探讨了外部动机的内化过程。这一理论将人的动机看作一个从无动机（amotivation）、外部动机（extrinsic motivation）到内部动机（intrinsic motivation）的自我决定程度不断增加的连续体（Deci & Ryan，1987）。

1. **无动机**

无动机者处于缺少行为意愿的状态，可能是由于个体觉得行为结果不重要，即使做了也得不到想要的结果，或者自己没有能力做出这个行为。例如，学生觉得数学作业不重要，即使做了作业，教师也不会给自己高分，或者自己没有能力完成作业，因此，他没有完成数学作业的动机。

2. **外部动机**

外部动机者不是出于对活动本身的兴趣，而是为了获得某种可分离的结果去从事一项活动，如为了获得高分或避免受到惩罚等。自我决定理论根据个体对行为的自主程度，把外部动机分为四种类型：①**外部调节**（external regulation），个体完全为了满足外在要求（获得奖励或避免惩罚）而服从外部规则做出某种行为。例如，学生学习数学是因为学校要求学，否则就要补课，或者被批评。②**内摄调节**（introjected regulation），个体吸收了外部规则，但没有完全接纳为自我的一部分。个体是为了避免焦虑或羞愧，或维护自尊和自我价值感，而做出某一行为的。例如，学生学习数学是因为觉得不学数学是在违背学校规定而对不起父母和教师，或担心被别人视为低能。③**认同调节**（identified regulation），个体认同规则的价值，觉得遵循规则是重要的，自愿按照规则做出行为。个体更多地体验到自己是行为的主人，感觉到更少的冲突。例如，学生认识到数学的重要性，自觉地努力学习数学。④**整合调节**（integrated regulation），个体将外部规则完全内化，成为自我的一部分，在各种活动中自主地做出规则要求的行为。学生将数学看作必须学好的学科，认为数学是其他学科的基础，认为学好数学终身受益，不仅会主动完成数学作业，还会主动参与与数学相关的课外活动。

3. **内部动机**

内部动机则是人所固有的一种追求新奇和挑战、发展和锻炼自身能力、勇于探索和学习的先天倾向（Deci & Ryan，1985）。个体从事活动是为了活动本身的乐趣，是发自内心想做这项活动，在做的过程中感到快乐和享受。例如，学生喜欢学习新的数学知识，享受做数学题，解题过程本身就能带来无限快乐，一旦应用数学知识解决实际问题就感到兴奋。

从无动机、外部动机到内部动机，个体的自我决定程度越来越高（图 8-5）。处于无动机状态是缺乏调节，处于内部动机状态是完全的内部自主调节。值得注意的是，外部动机的内化不等同于内部动机，外部动机即使内化为整合调节状态，由个体进行完全的内部控制，也属于外部动机，仍是由于目标对其有益或者重要而产生的行为动机，具有一定的工具性。而内部动机的特征是个体对行为本身感兴趣。所以，它们仍然有区别。

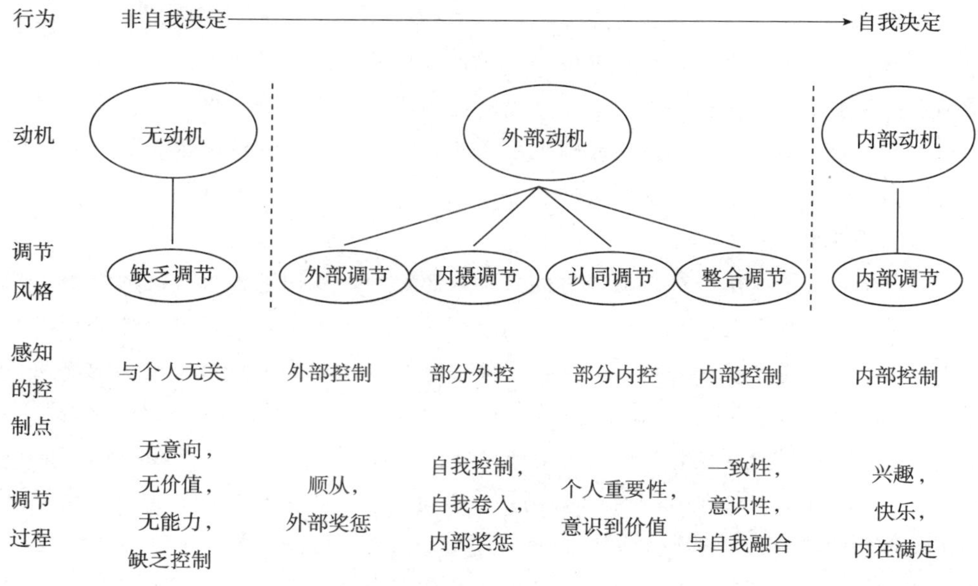

图 8-5 **自我决定连续体**（Ryan & Deci，2000）

（二）基本心理需要理论

自我决定理论认为，自我决定行为源自自我高度整合的动机，包括内在动机以及高度内化的外部动机。自我高度整合是一个自然的过程，需要社会环境的滋养才能完成。社会环境的滋养就是三种基本心理需要的满足：自主需要、能力需要和关系需要。

自主需要（need for autonomy）就是自我决定的需要（need for self-determination），指个体对于从事的活动拥有一种自主选择感而非受他人控制的需要。人希望能够更多地依赖自己而不是他人做出决定，希望能够控制事情的发生、发展及结果。如果受到他人或外部事件控制，大多数人会感到自然的不愉快。当个体认为"我想要做某件事"或者"我发现这样做有价值"时，自我决定的水平会很高。当个体认为某件事情"我不得不做"或"我应该去做"时，个体会感到这是他人或事情强加给自己的决定。只有行为出于自我决定，才能对内在动机起到促进作用。行为由他人决定，如威胁、最终期限、指令、压力性评价和强制性目标等，则对内在动机有削弱作用。

能力需要（need for competence）是指个体对自己的行为能够达到某种水平，对自己能够胜任某项活动的信念。生存需要要求人必须有能力应对生活中的各种挑战，人需要相信自己能够胜任某项活动，能够很好地适应环境。胜任感使个体产生自信和自我价值感，感觉自己重要、受人尊敬，从而产生行为的内部动机。

关系需要（need for relatedness）指个体与他人相联系或属于某个群体的需要。人类祖先的觅食、生产、安全、繁衍都无法摆脱群体生活模式，这为人的关系需要奠定了基础，使得人需要来自周围环境或其他人的关爱、理解和支持，并渴望体验到一种归属感。关系需要包含合群需要（寻求与他人的友好关系）和认同需要（寻求他人的认可和积极判断），两者促使个体对社会群体价值的内化。

这三种基本心理需要的满足会促进个体产生内部动机。需要产生动机，如饥饿（内部需要）引发寻找食物的动力（内部动机）。内部需要产生内部动机，外部需要产生外部动机。这三种基本心理需要是人的内部需要，为了满足这三种内部需要，人产生内部动机。同时，这三种基本心理需要的满足还可以促进外部动机的内化。如果个体的自主需要得到满足，个体就能自主地思考行为的价值，这有益于个体认可并内化行为的价值。如果能力需要得到满足，个体就会感觉自己胜任某种行为，这将增加个体内化这种行为的可能性。一个人是不可能内化一个自己不能胜任的行为的。如果个体的关系需要得到满足，个体就会感觉自己归属于群体，为了保持与群体成员的关系，并得到群体的认可，就会认同并内化群体的价值观和行为。总之，这三种基本心理需要的满足可以促进个体内部动机的产生与外部动机的内化，使个体保持积极的心理状态，更好地成长，更好地适应环境。

（三）基本心理需要的满足

根据自我决定理论，社会环境因素通过三种基本心理需要满足的中介作用，对个体的自我整合和心理成长产生影响。有机整合理论阐明了自我整合的过程，基本心理需要理论阐明了三种基本需要以及需要的满足对自我整合的促进作用。社会环境中的因素如何满足三种基本心理需要，这对课堂教学具有重要的实践意义。

1. 引导树立内部目标

根据自我决定理论，内部需要产生内部动机，外部需要产生外部动机。个体追求的长期目标是外部目标还是内部目标也影响了动机。外部目标定向于外部价值和表现，如名望、财富、权力、地位和外表等；内部目标定向于内在价值，如个人成长、关系建立、个人兴趣、锻炼能力、自我实现等，直接与三种基本心理需要的满足相联系。个体如果追求外部目标则容易被目标控制，满足感较低；个体如果追求内部目标则更倾向于自主，满足感较高。教师需要强调考试和评价是为了自我核查、自我提高，引导学生关注知识或任务对个人成长的内在价值，树立自我进步、建立有意义的关系、为社会作贡献等内部目标，而不是分数、名次和荣誉等外部目标。

2. 设置适度挑战任务

适度的挑战能够最大限度地调动个体的积极性，激发个体征服挑战的内在动机，使个体全身心地投入任务，甚至达到一种忘我的境界，产生心流体验。心流理论由契克森米哈赖提出（Csikszentmihalyi，1990），这一理论描述了与内部动机相关的情感体验状态。产生心流体验的任务具有的特点之一是任务挑战性与个人技能之间的最佳匹配。挑战性太大或技能不足会导致挫折，挑战性太小则会很枯燥。为了产生心流体验，我们必须不断提高挑战性水平，使其与日益增长的技能相匹配。教师需要了解学生的先前水平，无论是讲课还是布置作业，都要先给学生提供适度的挑战，使学生体验成功，获得胜任感。随着学生水平的提高，不断增加挑战性，这样就会形成一个良性循环，满足学生的能力需要。

3. 提供自主性支持

自我决定理论的核心是自主性，当环境让个体体验到自主性（个人意志、发表意见、采取主动等），或者个体在某个活动上的自我决定程度较高时，他就会感觉自己能够主宰自己的行为，从而成为自己的主人。这对于青少年而言尤其重要，因为他们正处于一种追求独立、渴望自由的阶段。研究（Grolnick & Ryan，1987）发现，那些提供自主性支持的教师与控制性的教师相比，更能促进学生产生强烈的内在动机和好奇心，这样的学生愿意迎接挑战，敢于进行独立的探索和尝试。而接受控制性教育方式的学生容易丧失学习主动性。

提供自主支持性的教师倾向于给学生提供独立工作和决策的机会。他们往往不是事事过问，而是适当放宽对学生的管理，让学生学会自己决定，自己承担责任。例如，他们可以选择作业的形式（写论文或现场展示）、与其合作的同伴、获取学习资源的方式（去图书馆查文献或上网查找）、呈现学习结果的方式等。

4. 呈现信息性的指导、规则、反馈、评价和奖励

根据自我决定理论，社会环境中的指导、规则、反馈、评价和奖励等因素会影响个体心理需要的满足。指导、规则、反馈、评价和奖励等外在事件具有信息性和控制性两种性质。信息性的指导、规则、反馈、评价和奖励传达的信息是：个体能够胜任所从事的活动，或者如何更好地胜任该活动。这可以满足个体的自主需要和能力需要，从而增强个体的内部动机。在下例中，教师采用信息性的方式呈现指导和规则以及评价。

当你做数学作业的时候，我会给你一个特定的格式。如果你使用这种格式，就会让我更容易找到你的答案，以便我找出帮助你提高的方法。

如果要求个体必须按照一定规则、程序（特定的时间、地点或方式等）从事活动，或者只有在个体获得特定的结果之后才能获得某种奖励，这类指导、反馈和奖励就具有控制的性质，不能满足个体的自主需要，从而削弱个体的内部动机。

5. 营造和谐的人际关系氛围

家庭、学校和班级的人际关系氛围等因素会影响个体心理需要的满足。个体如果获得群体的支持，就会产生归属感，能够满足关系的需要，从而增强内部动机。如果班上建立了一个良好的人际关系（师生关系与生生关系），学生为了与群体保持一致，就会提高自己的学习表现，或者参加一些课外学习兴趣小组或活动。在中学，学生最看重的是人际关系，当学生相信他们受到同伴和教师的喜爱和尊重时，他们会在学业上有更好的表现。

如果个体在群体中感受到压力或控制，就不能满足能力需要和自主需要，从而降低内部动机。如果教师在班上过于强调同学之间的竞争和输赢，看重分数和名次，学生就会陷入外部控制的状态，丧失自主性，降低内部动机。

四、成就动机理论

图 8-6　麦克莱兰

成就动机（achievement motivation）理论来源于成就需求。根据心理学家默里（Murray）的观点，成就需要（need for achievement）是指个体对重要成就、技能掌握、控制或者高标准的渴望。成就需要高的人往往会为了实现高远的目标而下定必胜的决心，尽力施展才能，进行持久不懈的努力，克服一切障碍，来完成困难的事情。20 世纪 40—50 年代，麦克莱兰（McClelland，1917—1998，图 8-6）在他的理论基础上进一步发展了成就动机理论。成就动机是追求卓越、获得成功的动机（McClelland et al.，1953）。成就动机分为追求成功的倾向与避免失败的倾向。一个人的成就行为体现了这两种倾向的冲突：如果追求成功的倾向强于避免失败的倾向，个体将努力追求特定的目标；如果避免失败的倾向强于追求成功的倾向，个体则会尽可能选择减少失败机会的目标。

20 世纪 50—60 年代初，麦克莱兰对 5 岁的儿童进行的实验证明了这一理论。在实验中，儿童手拿着几个绳圈走进一间屋子，去套房间中间的一个木桩。他们可以自由选择站立的位置，并需要预测自己能够套中多少绳圈。结果发现，追求成功的儿童选择了距离木桩适中的位置，而避免失败的儿童选择了要么距离木桩非常近，要么距离木桩非常远的位置。麦克莱兰对此做出了这样的解释：追求成功的儿童选择了具有一定挑战性的任务，并保证具有一定的成功可能性，因此选择了与木桩距离适中的位置；避免失败的儿童关注的不是成功与失败的取舍，而是尽力避免失败及其相关的消极情绪，因此要么选择距离木桩很近的位置而轻易获得成功，要么选择距离木桩很远的位置而几乎没有成功的可能，因为这是任何人都做不到的，所以也不会带来消极情绪。这一发现在不同年龄、不同的任务中取得了一致的结果。

阿特金森（Atkinson，1923—2003，图 8-7）进一步发展了成就动机理论，运用数量化的形式来描述成就动机。他认为，趋向成功的倾向（tendency to approach success，T_S）是趋向成功的动机（motive to achieve success，M_S）、对成功的主观期望概率（expectancy or probability of success，P_S）以及取得成就的诱因值（incentive value of success，I_S）三者乘积的函数。其公式为：

$$T_S = M_S \times P_S \times I_S。$$

M_S 是一个相对稳定的特质，是个体因实现成功而感到自豪的能量（capacity，可用 TAT 主题统觉测验得到）；P_S 是个体基于过去的经验对达成类似目标的可能性大小的主观估计，或是个体理解到的成功的可能性；I_S 为获得成功后体验到的积极情绪（自豪感等）的程度。I_S 与 P_S 具有此消彼长的关系：$I_S = 1 - P_S$。如果任务越难，个体越倾向于努力，完成后又会体验更多自豪感。例如，经过深思熟虑后解出的数学题，比轻而易举地解出一道简单的数学题，更让人兴奋。

阿特金森认为，与成就有关的情境既能引起个体对成功的期望，也能引起个体对失败的担心。对失败的担心的决定因素与对成功的期望的决定因素相似。避免失败的倾向（T_{af}）是以下三个因素的乘积的函数：避免失败的动机（M_{af}），即个体避免因失败而感到羞愧的力量；对失败的可能性的估计（P_f）；失败的消极诱因值（I_f），即因失败而感到的消极的情感，如羞愧、消沉等。其公式为：

图 8-7　阿特金森

$$T_{af} = M_{af} \times P_f \times I_f。$$

同理，$I_f = 1 - P_f$，失败的可能性减小时，失败的消极诱因值就增加。个体在一项容易的任务中失败后体验到的羞愧感，比在一项困难的任务中失败后体验到的羞愧感要强。

将两种倾向综合起来，作为结果的成就动机是趋向成功倾向的强度减去避免失败倾向的强度。

$$T_a = (M_S \times P_S \times I_S) - (M_{af} \times P_f \times I_f)。$$

如果个体在某种特定的情境中趋向成功的倾向大于避免失败的倾向，他就敢于尝试，并追求成功。

根据这一公式，M_S 是一个稳定的特质，而 $P_s+I_s=1$，只有两者都取 0.5 时，两者的乘积取得最大值。这意味着，学生主观估计成功概率约为 50%的任务最具挑战性，此时学生的成就动机最强。对于完全不可能成功或十拿九稳的任务，他们的动机水平反而下降。阿特金森的一项经典实验揭示了这一点。他在实验中把 80 名大学生分成四组，每组 20 人，给他们一项同样的任务：对第一组学生说，只有成绩最好者能得到奖励（$P_S=1/20$）；对第二组学生说，成绩前 5 名者将会得到奖励（$P_S=1/4$）；对第三组学生说，成绩前 10 名者可以得到奖励（$P_S=1/2$）；对第四组学生说，成绩前 15 名者都能得到奖励（$P_S=3/4$）。

结果表明，成功的可能性中等的两个组成绩最好；成功的概率太高或太低时成绩会下降（图 8-8）。第一组学生大多认为，即使自己尽最大努力也没有可能成为第一名；而第四组学生一般认为自己肯定在前 15 名之列。于是，这两组学生都认为不需要努力了。第三组成功的概率是 50%，效果最佳。这组学生可能认为，如果自己努力，就很有希望获得成功；如果不努力的话，就有可能会失败。

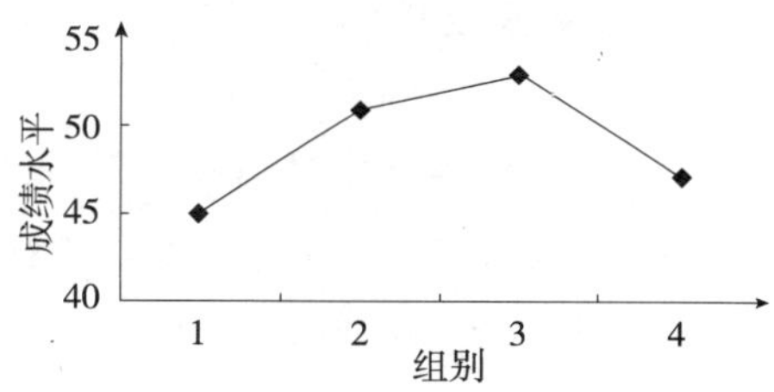

图 8-8　成绩与对成功的估计（Atkinson，1958）

值得注意的是，该理论并不是在探讨学习任务本身的难易问题，而是涉及成功标准，如评分标准的问题。如果学生认为不论怎样努力都会失败，他的学习动机就会处于极低的水平。教师需要适当地掌握评分标准，使学生感到要得到好成绩是可能的，但不是轻而易举的。

五、自我效能感理论

自我效能感（self-efficacy）是指个体对自己能否成功进行某一成就行为的主观判断。这一概念最早是班杜拉提出的。他指出，人的行为受行为的结果（强化）的影响，但行为的出现不是由于随后的强化，而是因为人认识了强化与行为之间的依赖关系后建立了对下一步强化的期望。他将期望分为两种：一种是传统意义上的结果期望，另一种是效能期望。①结果期望是指人对自己某种行为会导致某一结果的推测，这是传统的期望概念。如果人预测到某一特定行为将会导致特定的结果，那么这一行为就可能被激活并受到选择。例如，如果儿童认为上课注意听讲就会获得他希望取得的好的学业表现，他就有可能认真听课。②效能期望则指人对自己能否做出某种行为的能力的推测或判断，即人对自己行为能力的推测。它意味着人是否确信自己能够成功地进行某种行为以达到某一结果。当人确信自己有能力进行某一项活动时，他就会产生高度的自我效能感，进而从事那项活动。例如，当学生知道注意听课可以带来理想的学业表现，且认为自己有能力听懂教师所讲的内容时，他才会认真听课。

人在获得了相应的知识、技能后，自我效能感就成为影响行为的决定因素之一，其影响表现在四个方面。①对活动的选择及对该活动的坚持性：人倾向于选择并做完自认为能胜任的工作，而回避自认为不能胜任的任务。②在困难面前的态度：自我效能感高者有信心克服困难，更加努力；低者则信心不足，甚至放弃努力。③新行为的获得和习得行为的表现：自我效能感高者表现自如；低者则畏首畏尾。④活动时的情绪：自我效能感高者能够承受压力，情绪饱满、轻松；低者则感到紧张、焦虑。

班杜拉等人的研究指出，自我效能感的形成有四个影响因素。

①直接经验（mastery experiences）。学习者的亲身经验对自我效能感的影响是最大的。成功的经验会提高人的自我效能感，多次失败的经验会降低人的自我效能感。不断成功会使人建立起稳定的自我效能感，这种自我效能感不仅不会因一时的挫折而降低，还会泛化到类似情境中。除能力之外，其他非能力因素（如活动任务的难度、个人努力程度、外力援助的多少等）也影响自我效能感的建立。如果任务很难，或者个人没有付出多少努力，或者没有什么外力援助，那么这时的成功会增强自我效能感，而这时的失败则不会降低自我效能感。班杜拉研究发现，人对行为成败的归因方式也会直接影响自我效能感。

②替代经验（vicarious experiences）。学习者通过观察榜样的行为而获得的间接经验对自我效能感的形成也具有重要影响。当学习者看到与自己的水平差不多的人取得了成功时，就会增强自我效能感，反之就会降低自我效能感。这种观察学习对于自我效能感的影响是通过两种认知过程实现的：一种是社会比较的过程，学习者采用与榜样比较的方式，参考其表现以判断自身的效能感；另一种是提供信息的过程，学习者可以从榜样的表现中学到有效地解决问题的策略或方法。观察学习的诸

多影响因素都可能对自我效能感的形成产生作用。有人（Schunk，1984）研究了算术学业表现极为不理想的小学高年级学生的自我效能感。他为这些学生安排了为期一周的训练，在每次训练中先让学生学习算术的自学教材，然后由榜样演示如何解题，榜样在解题时一边算一边大声地说出正确的解题过程，再让学生自己解题。学生在解题之前把所有的题先看一遍，并判断他们有多大的把握来解每一道题，以此来了解学生解题的自我效能感。结果发现，经过训练，这些学生的自我效能感逐渐得到增强，解题的正确性和遇到难题时的坚持性也得到了相应提高。

③言语说服（verbal persuasion）。他人的建议、劝告和解释以及对自我的引导也有助于改变个体的自我效能感。然而，依靠这种方法形成的自我效能感不持久，一旦面临令人困惑或难以处理的情境，自我效能感就会迅速消失。一些研究结果表明，缺乏体验基础的言语说服在自我效能感的形成上效果是脆弱的，而且个体是否接受说服者的意见往往视说服者的身份和可信度而定。

④情绪唤起（emotion arise）。班杜拉认为情绪和生理状态也影响自我效能感的形成。在充满紧张、危险的场合或负荷较大的情况下，情绪易于唤起。而高度的情绪唤起和紧张的生理状态会妨碍行为操作，降低个体对成功的预期水准。焦虑水平高的人往往低估自己的能力，烦恼、疲劳会使人感到难以胜任承担的任务。当人处于过度焦虑或恐惧状态下会产生恶性循环，即心情紧张、浑身颤抖会使恐惧加剧，进而不断强化无能感；同时，无能感又会使人在面临类似情境时紧张和焦虑。

六、控制点理论

罗特（Rotter，1954）认为个体的观念调节其成就行为。强化理论提出，行为的频率取决于该行为在过去受到的奖励。但罗特认为，并不是奖励本身增加了行为的频率，而是个体关于什么将带来奖励的观念决定了行为的频率。如果个体并不认为他们得到的某种奖励是由某个特定行为引发的，他们就不会预期以后类似的行为将带来同样的奖励，奖励也就无法影响其以后的行为。由此罗特提出，个体对行为结果与行为之间的伴随程度的觉察和认识影响了他对未来行为结果的期望，从而影响了他的行为。

下面以学生的学习行为为例来说明这一道理。根据强化理论，任何能带来好成绩的行为，其发生频率都将增加。但罗特认为，学习行为的增加是有条件的。如果一名学生不努力学习，他的学业表现往往不佳；但他用功学习时，就能获得好的学业表现。因此，他极可能形成高分与用功程度相关的信念，以后他将更刻苦地学习。

如果他得知班上所有的学生在考试中都得了“A”，他就会认为教师不顾作业实际的好坏优劣，毫无区分地给分，于是他将不再认真准备类似的考试，因为他不认为获得学业表现“A”与他的学习行为有多大的关系。不仅是他，班上所有的学生如果认识到学业表现好坏和学习努力程度并不相关，则无论学业表现是好是坏，他们都不愿好好学习。

罗特把个体对强化的偶然性程度的一般信念称作控制点（locus of control，LOC）。对于同样一件事，如考试得高分，有的学生将它看作自己的行为（努力）或品质（能力）引起的必然结果，而有的学生可能认为是外部因素，如运气造成的。这两种学生觉察到的或理解到的强化与自己或他人行为的伴随程度是不同的：经常得到的强化归因于内部因素，偶尔得到的强化归因于外部因素（运气）。罗特认为，个体觉察到的原因是一个连续体，内部和外部的控制点分别位于这个连续体的两端。**内控点**（internal locus of control）认为，结果由个体的自身行为造成或者由个体稳定的个性特征（如能力）决定。**外控点**（external locus of control）则认为，结果是由个体之外的因素，如运气、机会、命运和偏见等导致的。

学生的控制点是一个稳定的信念系统，是在多年的学校情境中，在学习实践中形成的。某些课堂情境更易导致外控型信念的形成。例如，极为不精确的评分标准，使得不同表现的作业得到相同的分数，或者使同样的作业表现在不同时间得到不同的评价等级。举例而言，学生同样犯了三次错误，在一次考试中得 A，在另外两次考试中得 B，学生在这种情况下很可能形成分数与他们的表现无关的信念。

学生的控制点信念会影响学生对学习的期望，即对行为是否受到强化的主观认识。如果学生来到一个新的课堂中，依然带着在过去经验中形成的普遍的信念系统，那么他们将沿用过去对于成功是否由其表现决定的想法来解释当前的成就情境。这种普遍的信念通常难以改变，以至于他们会对与之相反的信息做出错误判断。这就是为什么那些习得性无助的学生不太可能竭尽全力，哪怕他们的努力的确能带来成功的结果。即使这些学生获得了一些积极的结果，他们也将其解释成运气好或者任务太简单，甚至是教师误判所致。更有甚者，关于教师偏爱女生、一向判分很严格、从不给学生“A”或者向来随意判分的谣言也会影响学生的期望，哪怕这些谣言纯粹是无中生有的。这些都是值得教师注意的问题。

罗特的控制点理论对教育实践具有重要的指导意义，也启迪了归因理论对成败原因的内外来源与可控性的思考。

七、归因理论

归因理论（attribution theory）假定，寻求理解是行为的基本动因。韦纳（Weiner，图 8-9）以此为基础对学生的学业成败归因进行了系统的探讨。

图 8-9　韦纳

韦纳的归因理论提出，人在解释成败时的主要原因有能力、努力、任务难度和运气，并从控制点、稳定性和可控性三个维度分析了原因的结构（表 8-1）：控制点维度分成内部原因和外部原因；稳定性维度分成稳定的原因和不稳定的原因；可控性维度分为可控的原因和不可控的原因。

表 8-1　成功与失败的归因

控制点	稳定性程度	
	稳定	不稳定
内部	**能力** “我很聪明”（成功） “我很笨”（失败）	**努力** “我下了功夫”（成功） “我实际上没下功夫”（失败）
外部	**任务的难度** “这很容易”（成功） “这太难了”（失败）	**运气** “我运气好”（成功） “我运气不好”（失败）

这三个维度的归因会对个体的情绪反应、未来预期和行为产生影响。①控制点影响对成败的情绪体验。如果将成功归因于内部因素，则会产生骄傲感、自豪感和满足感；归因于外部因素，则会产生侥幸心理。如果将失败归因于内部因素，则会产生羞愧和内疚；归因于外部因素，则会生气，感到不公。②稳定性影响情绪与对未来成败的预期。如果将成功归因于稳定因素，将期望未来再度成功；将失败归因于稳定因素，如能力缺乏，将预期再度失败，从而产生冷漠、抑郁的情绪，倾向于放弃类似任务，减少努力。③可控性影响情绪反应和行为。如果将失败归于可控因素，如努力，会感到内疚，并在下次更加努力；如果归于不可控因素，如运气，则倾向于不作为。

个体对过去成败的归因以及由归因引起的情绪反应和期望对个体随后的行为具有动力作用，可以激发、增进甚至减弱或消除某种行为。每个人都有特定的生活历史，在过去曾经出现的成败及其归因可能会被重复、改变、更新甚至放弃，从而形成个体的归因倾向和归因信念系统，进而影响后续的归因与行为。

韦纳的系列研究得出了一些关于归因的最基本的结论。①归因于努力相比于归因于能力，无论成功或失败，都会引发更强烈的情绪体验。努力而成功，体验到愉快；不努力而失败，体验到羞愧；努力而失败，也应受到鼓励。②在付出同样努力时，能力低的人应得到更多的奖励。③能力低而努力的人受到最高评价，而能力高却不努力的人则受到最低评价。韦纳强调要引导学生将学业成败归于内部的、不稳定的和可控的原因。

韦纳的归因理论明确地阐述了认知对成就动机的重要作用，为教育实践提供了可行的方法和途径。但是，人对成就行为的归因是非常复杂和多样的，还有心境、疲劳、他人妨碍或帮助等。况且，人对不同性质的成就行为的归因也不是完全一致的，而且按照哪些维度对归因进行分类是值得讨论的问题。更重要的是，能力是否可控具有相对的意义，受到个体观念（如能力观）的影响，这将在成就目标理论中加以探讨。此外，如何进行归因训练还需要进行深入的研究。

八、成就目标理论

20 世纪 80 年代初，德维克（Dweck，图 8-10）等以社会认知理论为框架，提出了成就目标理论。

图 8-10　德维克

德维克（1996）首先区分了人的两种能力内隐观。能力内隐观（implicit theories of ability）是指个体对智力和能力是否可变的认知或信念。它可以分为两种。一种为**能力实体观**（entity view of ability），认为能力是固定的、不可改变的。根据这种观点，有些人会比另一些人更加聪明，但是每个人的能力的水平都是固定的。另一种是**能力增长观**（incremental view of ability），认为能力是不稳定的，是可以控制的，可以随着知识的增长、技能的训练而提高。根据这种观点，通过努力学习，知识能够得到增长，能力也将得到提高（Dweck，1986）。每名学生都倾向于某种能力观。一年级、二年级的学生对能力和努力往往还不能很好地区分。例如，聪明的孩子学习努力，如果学业表现不理想，他们往往认为自己不够努力、不够聪明。11～12 岁的学生开始明白努力、能力和学业表现的区别（Barker & Graham，1987）。

持有不同能力观的学生倾向于设置不同的成就目标（achievement goals）。成就目标是个体对从事学业成就任务的目的或原因的认识（Pintrich，2000）。①持有能力实体观的学生倾向于设置表现目标（performance goals）。**表现目标**指能让他人对自己的表现做出好评的目标。这类学生倾向于选择那些容易完成并能够证明自己有能力的工作，以避免被别人看不起。例如，选择不需要花费太多精力且成功可能性很大的工作，以最好的成绩表现他们聪明的一面。在他们看来，拼命工作换取的成功不足以说明自己天资聪颖；反过来，如果加倍努力依然没有成功，那结果就更糟糕了，简直就是无能的表现。那些有学习困难的学生更容易形成能力实体观。此外，持有能力实体观的教师更倾向于对学生贴标签，即使遇到与他们观念不符的事实，也难以改变他们原本对学生的成见。②持有能力增长观的学生则倾向于设置掌握目标（mastery goals）。**掌握目标**指学习新事物、提高技能的目标。这些学生倾向于选择那些有挑战性的任务，以求通过自己的努力真正发展自己的能力，提高自己的技能。在他们看来，有进步才意味着能力的提高。他们不在乎在这个过程中可能会犯很多错误或者遭遇众多尴尬，因为失败并不可怕，是走向成功的必经之路，这说明自己还需要更多的努力。

设置表现目标的学生又被称为自我卷入的学习者（ego-involved learner）（Nicholls & Miller，1984），他们学习是为了做给别人看或向别人证明自己的能力。他们关注自我在别人心中的形象。他们关心的是在考试中取得好的成绩，在比赛中获胜或在竞争中超越他人（Wolters，Yu，& Pintrich，1996）。他们常常会使用一些投机取巧的方法来证明自我。例如，选择那些比较容易的书来读，以成为读书最多的同学（Young，1997）。如果很难获胜，那么他们可能会采取避免失败的策略，即装出一副毫不在乎、漫不经心的样子，以此告诉他人，他们没有成功是因为他们不屑做罢了。

设置掌握目标的学生又被称为任务卷入的学习者（task-involved learner），他们学习是为了个人的成长，而不是为了跟别人相比。他们关心的是能否掌握任务，而不是表现是否出众。他们在学习中会更多地寻求帮助，使用较高水平的认知策略，运用更有效的学习方法。此外，还有一种学生被称为回避工作（work-avoidant）的学习者（Nicholls & Miller，1984），既不想学习，也不想被人认为是聪明的。他们只是想逃避一切工作，这些学生只是匆匆完成所有的学业任务，不想再多费一点时间和精力。如果可以不用认真地学习，他们就觉得达到目的了。表 8-2 列出了两种目标导向的区别。

表 8-2　两种目标导向的区别

维度	掌握目标	表现目标
成功的含义	改善，进步	高分，高水平的表现
看重的方面	努力学习	高于他人的能力
满足的原因	努力学习，挑战性	比别人做得好
教师的取向	学生如何学习	学生如何展示成绩
对错误的看法	学习的一部分	产生焦虑
关注的焦点	学习过程	学习结果
努力的原因	学习新东西	高分，优于他人
评价标准	自身的进步	与常模比较
任务选择	有挑战性的	非常容易或者非常难的（防御性策略）
学习策略	理解，有意义学习，元认知	机械性的、应付式的学习
认为教师的作用	帮助学习的资源和向导	给予奖惩的法官
控制感	强	弱

后来，研究者（Elliot，1999；Pintrich，2000）将趋近（approach）和回避（avoidance）两种动机与成就目标相结合，组合出四种目标类型：①掌握趋近目标（master-approach goals），着眼于掌握知识、完成任务，获得比自己过去高的能力或者胜任任务的能力。②掌握回避目标（master-avoidance goals），着眼于避免与自己或任务相比时感到无能，避免任务未完成或者内容未掌握，如努力避免对数学课的内容不完全理解。③表现趋近目标（performance-approach goals），着眼于展现自己的能力，做到比别人优秀，根据常模标准来判断自己的表现。④表现回避目标（performance-avoidance goals），着眼于避免在别人面前表现差劲，避免跟别人相比显示自己无能。

德维克（2016）将自己的理论写成了一本科普书《心智模式：新的成功心理学》（*Mindset*：*The New Psychology of Success*），这本书在美国中小学非常流行。她对掌握目标和表现目标研究的重要意义在于，教师应该使学生相信学习不是为了分数

(Anderman et al.，2001)。教师应该强调学习内容的价值和意义，淡化分数和其他奖励。例如，教师可以说："今天我们学习分数的性质，因为我们在日常生活中常常遇到将一个东西平分的问题。"而不说："我们今天要学习分数的性质，大家注意听，因为明天我们要就此进行测验。"值得注意的是，实际上，掌握目标和表现目标并非不可兼容，学生的掌握目标导向和表现目标导向存在一定的组合，存在双高、双低、一高一低、一低一高四种情况。例如，有的学生努力学习可能是因为他喜欢这门学科，也可能是因为他希望向别人证明自己的能力（获得高分或好名次）。

九、自我价值理论

人都在试图维持积极的自我形象（Thompson，Davidson，& Barber，1995）。在韦纳看来，将成功归因于努力和能力都是积极归因，但科温顿（Covington）提出的**自我价值理论**认为，成功的学生多半将成功归因于自己的能力，因为努力人人可为，而能力唯我所有，这使人感到更大的自我价值。科温顿等人让大学生想象如果自己在一次几乎全班都通过的考试中失败了会怎么样。这些学生报告说：如果是付出很大努力后失败了，他们会感到自己非常无能甚至愚蠢，同时体验到强烈的羞耻感；相反，如果他们想象自己没有付出什么努力就失败了，则他们会很少报告感到自己愚蠢，也体验到较少的羞耻感（Covington & Omelich，1979）。

自我价值（self-worth）是指认为自己是优秀、有能力的个体的一种信念。自我价值理论认为，接纳自我是人的最优先追求，而接纳自我的前提是自我价值，自我价值则通常基于在竞争中取得成功的能力（Covington，1984）。一旦自我价值受到威胁，人将竭力维护和防御，以建立正面的自我形象，从而接纳自我。根据这一理论，学生首先倾向于在学校竞争中获得成功，并将成功看作自己能力的展现而非努力的结果；如果成功难以追求，就改为逃避失败，如拒绝参加任务、贬低任务的重要性、减少努力程度或者设置虚高的目标，以便为自己的失败找到借口；如果失败难以避免，就改为自甘失败（既不想学习也不想证明自己的能力，只想逃避一些学习任务），以维护自我价值。根据阿特金森成就动机的追求成功和逃避失败两个独立的维度，自我价值理论将学生组合出四种类型，分别对应建立自我价值的四种动机倾向。其中，第二种是追求成功与逃避失败的综合。

①高趋低避型，被称为成功定向者或掌握定向者。这类学生拥有无限的好奇心，对学习有极高的卷入水平。他们几乎在所有时间里都在孜孜不倦地学习。他们通过不断的刻苦努力来发展自我。他们的学习超越了对能力状况和失败状况的考虑，他

们学习仅仅因为学习是生命的存在方式，是获取快乐的途径。学习本身而非外界刺激带给他们一种源于内心的快感。在学校中这些学生很少见，他们超越了教学环境，可适应任何一种教学条件。中国古代的颜回就是这种类型的学生，孔子是这样描述他的："贤哉，回也！一箪食，一瓢饮，在陋巷，人不堪其忧，回也不改其乐。"

②高趋高避型，被称为过度努力者。这类学生兼具了成功定向者和逃避失败者的特点，同时受到成功的诱惑和对失败的恐惧，对任务又爱又恨，既追求又排斥，这让他们常常处于一种冲突状态。他们通常是教师非常喜欢的学生，他们学习努力、聪明能干，并且似乎比同龄人更加成熟。对于大部分没有挑战性的作业和功课，他们会给自己提出更高的要求和目标，以赢得教师的额外奖励。表面来看，他们很好，但事实上他们严重地受到紧张、冲突等精神困扰。为了成功，同时又要掩饰自己的努力，他们中就出现了一种"隐讳努力"的现象。他们在同学中尽量表现得贪玩、不在乎考试，私下里却偷偷努力，拼命学习。这样，成功时，他们的成绩更有价值，更能说明他们的能力过人；即使失败，也可以为自己的失败找到合理的理由，不会被认为无能。

③低趋高避型，被称为逃避失败者。这类学生更看重逃避失败而非期望成功。他们不喜欢学习，虽然他们不一定有学习问题或学习困难，他们只是对课程提不起兴趣。他们看起来懒散，不爱学习的背后隐藏着对失败的强烈恐惧，尤其是在面对没有成功把握的任务时，这种恐惧甚至让他们不得不采用逃避的手段。这种防御更多体现在心理层面，如幻想（我希望考试取消），尽量降低该任务的重要性（这门课根本不重要，学好学坏无所谓），为自己的失败找借口（我昨天晚上失眠，所以考试发挥失利），对别人吹毛求疵以减少自己要承担的责任（如果我有一个好老师，我会学得更好）。他们怀疑自己的能力，害怕被指责为没有能力的人，感受着高度的焦虑和紧张。他们对自己能力的怀疑影响了考试时的发挥，干扰了对先前学习内容的回忆。逃避失败的学生既遭受了技能缺陷（skill-deficit）的痛苦，又遭受了提取缺陷（retrieval-deficit）的痛苦。

④低趋低避型，被称为自甘失败者。这类学生不奢求成功，对失败也不感到丝毫恐惧或者羞愧。他们内心如同一潭死水，鲜有冲突。他们对成就表现得漠不关心，不接受任何有关能力的挑战，做出许多自我设障的行为。根据自我价值理论，这种不关心意味着放弃，从而避免了对自己消极的评价。

自我价值理论对教育实践具有非常重要的启示。教师和学生的目标有时候会互相冲突。教师希望学生尽自己最大的努力，学生则想尽可能证明自己的能力——可以在不费太多力气的情况下依然遥遥领先。教师通常把学生的学业失败归因于不努力；对那些努力学习但是学业失败的学生给予最少惩罚，但这类学生在同学心目中的地位却较低。这样，努力变成了学生的一把双刃剑（Covington & Omelich，1979）：一方面刻苦努力会得到教师的嘉奖；但另一方面，又忌讳被教师评价为刻苦努力，因为那可能隐藏着一些潜台词："笨鸟先飞。他很笨，否则怎么会那么用功。"在逃避失败（低趋高避型）的学生中出现了一种减少羞愧感的策略：努力，至少看起来在努力，但不那么积极主动，更不是刻苦和勤奋。在过度努力（高趋高避型）的学生中则出现了"隐讳努力"的现象，他们在同学中尽量表现得贪玩，不在乎考试，私下里却偷偷用功。为了保护学生的自我价值，同时促进学生努力学习，教师要合理设置任务，采用相应的措施。例如，教师可以鼓励小组合作学习，让学生有机会将学习视为集体的共同活动，将学业表现的提高视作集体共同努力的结果而非个人能力的体现；或者采取基于学生自我比较而非与他人比较的评价，促进学生产生内在动机，形成成功定向。

十、调节聚焦理论

调节聚焦理论是希金斯（Higgins，1987）在自己提出的自我差异理论（self-discrepancy theory）上的延伸和发展。自我差异理论区分了三种自我：现实自我（actual self）、理想自我（ideal self）和应该自我（ought self）。现实自我是对个体实际具备的特征的表征；理想自我是对个体理想状态下具备的特征的表征，代表自己希望、愿望甚至渴望达到的理想状态，代表最高目标；应该自我是对个体有义务和责任具备的特征的表征，代表最低目标。自我差异指的是现实自我与理想自我或者应该自我之间的差距。自我差异理论认为，动机源于人们渴望缩小现实自我与理想自我以及应该自我之间的差距。一方面，现实自我与理想自我一致代表着积极结果的出现，两者的差距则代表着积极结果的不出现，这种差距会产生沮丧（depression）之类的情绪，进而产生促使个体缩小这种差距的驱动力；另一方面，现实自我与应该自我的一致代表着消极结果的不出现，两者的差距则代表着消极结果的出现，这种差距会产生焦虑（anxiety）之类的情绪，进而产生促使个体缩小这种差距的驱动力。

在自我差异理论的基础上，调节聚焦理论（regulatory focus）进一步区分了人们在追求目标的自我调节过程中的两种动机倾向（Higgins，1997，1998）。一种是**促进聚焦**或**促进定向**（promotion focus/orientation），与进步、成就等提高需要相关。促进聚焦倾向的个体重视理想与抱负的实现，朝向理想、希望和愿景努力，对积极结果更加敏感，关注收益。如果说当前状态为"0"，他们的目标就是要把当前状态变成更好的“＋1”状态，换句话说，他们追求目标的过程就是追求收益的过程。在这个过程中，他们会体验到喜悦—沮丧这一维度的情绪：成功获取积极结果时体验到喜悦，未成功获取积极结果时体验到沮丧。另一种是**防御聚焦**或**防御定向**（prevention focus/orientation），与安全需要紧密相关。防御聚焦倾向的个体重视安全，注重履行责任和义务，对消极结果更加敏感，关注是否存在损失。他们的目标是要守住当前的“0”状态，防止更差的“－1”状态出现，他们追求目标的过程就是避免损失的过程。在这个过程中，他们会体验到放松—愤怒这一维度的情绪：成功避免消极结果时体验到放松，未成功避免消极结果时体验到愤怒。例如，同样想要在某一次考试中获得100分，对于促进聚焦倾向的学生来讲，“100分”是能够满足他们提高需要的理想与抱负，获得100分就代表出现了积极结果（＋1）；而对于防御聚焦倾向的学生来讲，“100分”则是满足他们安全需要的责任与义务，如果没有获得100分就代表出现了消极后果（－1）。事实上，促进聚焦倾向的学生更渴望自己能够得到100分，而防御聚焦倾向的学生则更担心自己不能得到100分。

两种调节聚焦个体在追求目标时采用的方式或策略也有差异。促进聚焦倾向的个体更倾向于采用能够促使积极结果出现的热切方式（eagerness）来追求目标，这是一种以获取收益为导向的行为方式。其典型行为表现为乐于创新、喜欢冒险、愿意尝试并探索新鲜事物。在问题解决过程中，他们更加偏好自上而下的整体加工，更加关注准确性，而不是速度。防御聚焦倾向的个体更倾向于采用能够避免消极结果出现的警戒方式（vigilance）来追求目标，这是一种以规避损失为导向的行为方式。其典型行为表现为遵守规则、保守谨慎、避免任何可能导致失误的尝试。在问题解决过程中，他们更加偏好自下而上的局部加工，更强调速度，而不是准确性（Haws，Dholakia，& Bearden，2010；Higgins，2000；Scholer & Higgins，2011）。还是以考试获得100分为例，促进聚焦倾向的学生会通过热切的方式来获取这一积极的结果状态，如查阅更多的课外拓展资料，从不同方面提升自己的能力，为完成分数目标寻找机会；而防御聚焦倾向的学生会采用警戒方式来避免没有得到100分的消极结果状态，如期末考试前拒绝朋友外出游玩的邀约，整理复习上课时的笔记，避免遗漏任何与考试相关的知识，为完成分数目标提供保障。

近年来，越来越多的研究者开始关注调节聚焦理论在学业任务表现方面的重要作用（Keller & Bless，2008；Rosenzweig & Miele，2016；Stahl et al.，2012）。例如，有研究（Keller & Bless，2008）发现，相比于防御聚焦倾向的学生，处于促进聚焦状态下的学生在数学任务上表现得更好。还有研究表明，促进聚焦有益于创造性表现，相比之下，防御聚焦会阻碍创造性表现。在解一元一次方程题的过程中，促进聚焦倾向的学生倾向于考虑多种解答和创造性的解答，而防御聚焦倾向的学生倾向于选择确保不犯错误的常规解答。

调节聚焦理论作为一种长期的特质性倾向，反映了个体在促进定向和防御定向上的长期强度；也是一种可以被情境特征启动和操纵的暂时性的动机状态。在教学过程中，教师不仅需要了解学生的一般的调节聚焦特质，也要注意创设一定的情境，诱发学生的调节聚焦状态。例如，学生在完成作业的过程中，如果每做对一次就加分，诱发的就是促进聚焦状态，学生定向于理想状态，关注自己的得分与最高目标分之间的差距。如果每做错一次就扣分，诱发的就是防御聚焦状态，学生定向于安全状态，关注自己的得分不要低于最低目标分。诱发促进聚焦状态或防御聚焦状态将会引发学生的热切或警戒的加工方式，从而导致不同的学习效果。

经验分享

第三节　学习动机的培养与激发

有道是，“你可以把马儿牵到河边，但你不能逼它喝水”。培养学生的学习动机，让学生真正地好学、乐学应成为教育的重点目标之一。下面的一些方法和建议对如何培养与激发学生的学习动机具有一定的启发作用。

一、教学吸引

为了激发学生的学习动机，教师需要增强教学的吸引力。在教学中，教师要注意教学的新颖性和启发性，激发学生的求知欲。

（一）利用灵活的教学方式唤起学生的学习热情

教师通过引起学生认知上的不和谐，引发学生的好奇心，并激发其学习兴趣。教师在课堂教学中要采用灵活多样的教学方式，实施启发式教学，创设问题情境，形成悬念，以激起学生的好奇心和学习热情。例如，有的数学教师在讲相似三角形时说：“学了这一课，不上树就可以测得树高，不过河就可以量出河宽。”一位物理教师在讲光电效应前，向学生提出这样一个问题：“马路边上的电灯怎样能够做到不用人管，天一黑就都亮了，天一亮就都灭了？”语言虽然不多，却像磁石一般吸引住了学生，使他们的学习动机由潜伏状态转入活跃状态。问题教学法以解决某一问题为学习的起点，学生为了解决某一问题而去读书、去听讲、去收集材料或去实验，这让学生产生了极大的学习兴趣和求知欲。

（二）加强教学内容的新颖性，吸引学生的注意力

新颖的内容能激发学生的兴趣，吸引学生的注意力。教师在教学中要注意教学内容的新颖性。如果不注意教学内容的新颖性，就会形成“一锅汤”“老面孔”的局面，而使学生注意力分散。教学内容的新颖性不仅在讲授新课时要有所体现，复习课也要注意。复习课不是内容的简单重复，要善于推陈出新，力求使教学内容具有新颖的知识，并提供不同的方式让学生掌握。尽量避免内容和形式上的格式化。例如，在讲授小学英语有关聚会的内容时，教师可先介绍中国传统聚会中表达情谊的习俗，如送祝福等。为了激发学生学习的兴趣，教师可以在班上举办“班级友谊聚会”活动，与学生一起布置聚会场地（学习“布置场地”的动词短语），准备小礼物互相赠送（练习“赠送礼物”的表达），围坐在一起唱《友谊地久天长》，同时学习用中文表达“友谊长存”的美好祝愿。教师通过创设聚会的情境，以游戏的形式让学生身临其境地学英语。

当然，重视教学内容的新颖性和趣味性，应注意既不能脱离教材内容一味追求所谓的趣味性，也不能单纯追求新颖性而忽视对学生自觉性的培养。只有这样，学生才能既有效地掌握基础知识和基本技能，又能在学习过程中充满积极性。

（三）充分调动学生在课堂练习中的积极性

学生在主动学习活动中一般能感受到学习的快乐，而在被动学习活动中则会感到烦躁。而学习的主动性往往是在提出问题、思考问题、操作实验和各种角色活动中发挥出来的。教师在教学中，不能搞“一言堂”，应充分调动学生的主动性，鼓励学生提问，指导学生大胆设想，活跃课堂气氛，使学生在积极思考中获得极大的享受。例如，有位小学教师在教古诗《春晓》时，有一名学生对诗中“夜来风雨声，花落知多少”提出问题：“花落知多少”中的“知”是“知”还是“不知”？教师就引导学生进行讨论。有的学生说作者是“知”的，因为诗中就是这样写的；有的学生说作者是“不知”的，因为他刚刚睡醒，只知道昨晚刮风下雨，但不知道究竟落了多少花；还有的学生认为，这个“知”字可以理解为又“知”又“不知”，因为作者知道刮风下雨必然落花，但他刚醒，还未到花园去，所以并不知道具体落了多少花。通过这样主动的讨论，学生获得了积极参与的机会，激起了强烈的学习兴趣。还有的教师鼓励学生大胆提问，哪怕所提问题非常幼稚也不会讽刺挖苦，从而使学生参

与性、主动性增强，学习热情高涨。例如，小学语文课文《一个苹果》写志愿军在防炮洞里，忍受战争环境的困苦和干渴，将仅有的一个苹果互相谦让，表现了革命队伍中真诚的战友关系和崇高的阶级友爱。一位教师在讲解这篇课文时，一名学生突然提出一个意想不到的问题："一个苹果传一圈只吃了一小半，那么剩下的大半个苹果哪里去了?"课文中没有交代，教师一时难以作答。然而，教师非但没有责备这名学生，反而引导学生思考讨论这个问题，从而使学生兴趣倍增，对这篇课文有了更深的理解。

二、兴趣激发

学习兴趣是学习动机中最活跃的心理成分。具有学习兴趣的学生，会把学习看成内心的满足，而不是把学习当成负担，从而取得好的学习效果。学习兴趣不是与生俱来的，它是通过多种教育机制培养形成的。

（一）利用教师的期望效应来培养学生的学习兴趣

教师的期望对学生具有深刻的影响，如果教师把学生看作渴望学习的人，学生就更有可能成为渴望学习的人。教师要避免传递这样的信息，即认为学生不喜欢学习活动，或他们学习只是为了得高分。例如，教师常常督促学生学习，或总强调某个知识非常重要，是因为它在连续三年的高考中都考到了。更可取的方式是，把学生看作积极的、有强烈的成长动机的学习者，他们喜欢学习，并且努力带着理解的态度学习。例如，一位教师是这样传递他对学生的积极期望的，他在学期开始便宣布，他计划把他的学生培养成"自然科学家"。在这学期的讲课中，他频频提到这一点，"既然你们是自然科学家，你们应该知道，这个地区作为热带雨林，适合种植什么样的庄稼?"或"从一个自然科学家的角度出发，你们可以从信息中得到什么结论?"

（二）利用已有的动机和兴趣形成新的学习兴趣

教学经验和有关研究表明，在学生缺乏学习动力、没有明确的学习目的和兴趣的情况下，教师可以利用学生爱好游戏或其他科技、文体活动的动机和兴趣，使这些已有的动机和兴趣与学习产生联系，把这些活动的动机转移到学习上，从而使学生产生对学习的需要。例如，班级中有几名同学非常喜欢做手工，教师就让他们做一些几何教学模型。在制作过程中，教师告诉他们某个模型做成后长多少、宽多少、何种形状、夹角多大等。通过这一活动，学生生动地了解了知识在实际生活中的作用，并且深切感受到学好几何的重要性。这样学生对做手工的动机就被巧妙地迁移到了学习上，自然而然地产生了学好几何的需求。又如，在生物课上，当学生第一次学会使用显微镜，第一次学会制作装片，第一次从显微镜中看到物像时，他们往往兴奋无比，兴趣十足。他们不认真完成规定的实验，却在下面悄悄地做自己的事：把手指放在显微镜下，看手上的指纹、手上到底有没有细菌；拔下一根自己的头发制成装片，想知道头发有怎样的结构。面对学生如此的热情，教师应该积极鼓励，不能仅拘泥于课本要求，而是尊重学生的选择，加以引导，充分发挥学生的创造力和探索欲望。某中学教师在教授“植物细胞的结构”实验课中，就对课本的要求做了改进，不仅让学生通过制作和观察洋葱鳞叶表皮临时装片来了解植物细胞的结构，还要求学生根据自己的喜好准备各种“带皮”的实验材料。结果学生带来的材料五花八门，有洋葱鳞叶、大蒜鳞叶、柑橘果皮和青菜叶等。按照课本知识，对洋葱鳞叶表皮和大蒜鳞叶表皮的取材十分容易，但要取下柑橘果皮表皮和青菜叶表皮就很困难了。前者太厚，无法取下能做成装片的表皮；后者太薄，无法撕下一块比较完整的表皮。但是，强烈的好奇心和学习兴趣使学生产生了极大的行为动机，学生思维火花迸发，在短时间内就想出了好方法：他们用解剖刀层层刮去柑橘果皮内表面的柔软部分，直到剩下薄如蝉翼的一层皮；他们把青菜叶对折撕开，破损的边缘留下了一条条薄薄的表皮。这样的实验使学生有了施展才能的机会，发挥了学生独立思考的能力，发展了他们的学习主动性，在维护他们原有学习兴趣的同时，激发了新的学习动机。

（三）加强课外活动指导，发展学习兴趣

有些教师和家长往往限制学生参加多种课外活动与课外阅读，认为学生应该老老实实地学好课堂知识，完成课堂上布置的作业；尤其是对学业表现一般的学生，严令禁止看课外书，反对参加课外活动，学生的课余时间往往用来补课和做作业。结果，这使学生微弱的求知火花也熄灭了，这些学生只能停留在读课文、做习题的狭小求知范围内。学生知识面得不到拓宽，思维和想象得不到激发，因而无法激起学习兴趣。苏联教育家苏霍姆林斯基曾指出，“让学生变聪明的方法不是补课，不是增加作业，而是阅读、阅读、再阅读”。实践也证明，课外阅读和课外活动对于培养兴趣、增长知识、开阔视野是极好的手段。越是学习好的学生，就越热衷于课外阅读和课外活动，越有自觉主动地获取多方面知识的强烈愿望。当然，学生的课外阅读和课外活动需要在教师的指导下进行。例如，某班主任发现班上的男学生都对做

海员感兴趣，希望自己长大后能成为一名远洋轮船上的海员。她在开展活动时把少先队中队当成“海员俱乐部”，少先队员被假想为“海鹰”号舰船上的海员。她对学生们提出，做一名海员要好好学习，参加“海员俱乐部”就要遵守纪律和团结友爱，要学习造船和航海技能，并组织他们参加各种学科小组和兴趣小组活动。学生在这个活动过程中学习航海知识，研究祖国的沿海边界，阅读有关祖国军舰发展史方面的书籍，同时还学习航模制造、摄影以及音乐等，最后集中汇报演出。在这个活动中，学生理解了知识在实践中的作用，从而使学习活动具有了新的意义。学生认识到，如果学不好学科知识，就不能成为海员。这样，就将学生对海员游戏活动的兴趣成功地转移到文化科学知识的学习上来，从而使学生自然而然地产生了学好各门科目的愿望和兴趣。

在培养学生的学习兴趣时，教师要针对学生的个别差异，根据学生的年龄特征和原有的知识基础，采取有针对性的措施，防止“一刀切”“一锅煮”，纠正教育、教学上的形式主义和公式化的做法，从而有效地提高教育质量，取得最佳的教育效果。

三、建立合理的动机信念

（一）建立正确的归因模式

学生在每次学习之后，总会为自己的学习结果寻找一些原因，如“这次学业表现好是因为我非常努力”“这次学业表现不理想纯属运气不好”等。对学习结果的归因往往影响着学生的学习动机，从而左右着学生日后的学习行为。教师要引导学生进行客观归因，尽量将学习上的成功归因于自己的能力和努力，而不是任务简单和运气，这可以进一步提升他们的自信心，同时促进下一项任务的完成，使他们最终达到目标。只有将学习上的失败归因于内部的不稳定因素，即努力不够，才能使学生产生更高的学习动机，形成对下次学习成功的期望，不放弃努力，争取在以后的学习中获得成功。一般来说，将失败归因于没有使用正确方法的学生比那些将失败归因于缺乏能力的学生更愿意再尝试一次。教师们应注意这些缺乏努力的学生，使他们确信任务是在他们的能力范围之内的，并告知学生如何正确地做。另外，在引导学生归因时还要考虑学生所处的学习阶段，在技能获得的不同阶段引导不同的归因。例如，应鼓励学生在学习的初期将成功归于努力，到后期将成功归于能力。

良好的归因模式有助于学习动机的激发，形成对下次成功的高期待；不良的归因模式不仅不利于学习动机的激发，还不利于学生的自我概念和心理健康。如果一名学生持有实体能力观，认为能力是不可控的，一旦遭遇连续失败，并且将失败的原因归于能力，就会产生**习得性无助**（learned helplessness）。习得性无助是指个体后天习得的，认为自己无论怎样努力也不可能取得成功，从而采取逃避努力、放弃学习的无助行为。习得性无助是美国心理学家塞利格曼和迈尔（Seligman & Maier，1967）在研究动物时提出的。他们用狗做了一项经典实验，起初把狗关在笼子里，只要蜂鸣器一响，就进行电击，狗在笼子里逃避不了电击。多次实验后，蜂鸣器一响，在给电击前，先把笼门打开，此时狗不但不逃，而是不等电击出现就先倒在地上开始呻吟和颤抖，本来可以主动地逃避，却绝望地等待痛苦的来临，这就是习得性无助。随后的实验证明了习得性无助在人身上也会发生。习得性无助的学生形成了自我无能的心理，最终导致他们努力避免失败。他们力求实现无法实现的目标，拖延作业，或只完成不费力气的任务，常常表现出沮丧或者愤怒。

此外，教师要帮助学生建立积极的自我概念。积极的自我概念也是激发学生的学习动机，使其形成良好归因模式的一个重要因素。一项研究（Hart，1985）强调了自我概念对成就行为和成就归因的影响。自我概念是个人经验的产物，影响着对新事件的加工和解释，因此成为影响学生成就归因倾向的一种重要特质。例如，自我概念水平较高的学生往往把成功归因于个人的能力和努力程度，把失败归因于努力不够，因此失败不仅不能降低其自信心和对成功的期待水平，反而会激发他们的学习动机，使之更加努力地学习；而自我概念水平低的学生，会由于对自己学习能力的不良评价而导致适应不良的对成败的归因，如把失败归因于自己的能力差，因此看不到自己的潜力，常常对学习丧失信心，不愿接受挑战性学习任务，甚至拒绝再付出努力。因此，要提高学生的学习动机，建立良好的归因模式，首要问题是帮助学生树立自我概念。这是一个长期的任务，需要教师在日常工作中慎重地对学生做出评价，以引导学生建立积极的自我概念。值得一提的是，教师自己的归因信念、对学生的情绪反应和行为也影响着学生的归因。教师的同情心导致学生将考试失败归于能力不足，使学生降低自我概念水平，降低对成功的期望。学生可能感到，教师的愤怒反而是对自己缺乏努力的反应。

（二）树立较高的成就动机水平

成就动机的水平与完成学业任务的质和量紧密相关。高度的趋向成功者在没有外力控制的环境下仍能保持良好的表现；在经历失败的过程中，具有较强的坚持性；具有很强的自信心和“内归因”能力。成功更增强了这三个特征，使他们更相信自己的能力。一旦失败，他们会认为是自己采取了不合适的策略，没有付出足够的努力，而不会将失败视为缺乏能力，他们会更加努力地去完成任务。高度的逃避失败者正好相反，他们的自信心不强，倾向于外归因。由于认为自己的能力有限，他们往往设定一些不切合实际的目标，不付出足够的努力，最终导致了又一次的失败。不断的失败导致了他们对自己能力不足的固定看法。他们将失败归因于缺乏能力，而将成功归因于运气、机遇、任务简单。无论成功还是失败，对他们都没有积极的影响：成功了，他们不会再付出努力；而一旦失败，他们会进一步逃避失败。

根据阿特金森的理论，成功率为中等可能性的任务会具有适当的挑战性，能提高学生的行为水平，从而增强学生的自豪感、自信心和满足感。学生一旦选择具有中等难度水平的挑战性任务，就能调动自己的注意力、兴趣和活力去学习，就会期待成功。在布置这种任务时，教师需要注意以下条件：①每一种选择的成功可能性是清晰的而非模糊的；②将强加的外在约束控制在最小限度；③最后的报酬随难度的变化而变化，而不是一成不变的；④最后的收益是可被期望的。

（三）设置合理的目标定向

在课堂上，教师需要引导学生建立掌握目标的意识。例如，引导学生进行标准参照、自我参照来评价自己的学习和进步，激发学生的内在学习动机；或者组织学生进行合作学习，共同完成学习目标，避免将学生置于相互比较的境地，尤其要避免公开分数、排名次等做法。

学习目标是个体从事某项学习任务时想要完成的事情，可以引导和维持学生的动机。明确具体的、中等难度的、近期可达到的目标，会加强学生的动机和完成目标任务时的持久性。这是因为具体的目标提供了判断行为的标准，中等难度的目标提供了一种挑战，近期可达到的目标不会被日常事务干扰。教师通过前测和分析学生以往学习中的失误，确定学生学习的起点，为学生设置明确、具体、近期可达到的学习目标；同时，给学生提供学习策略的指导，促进他们逐步达成目标。

四、反馈与评定

学习结果的及时反馈（包括作业的正误、成绩的好坏以及应用所学知识的成效）能有效激发学生的学习动机和学习积极性。通过结果的反馈，学生既可以看到自己的进步，激起进一步学好的愿望，也可以了解自己的特点，树立克服缺点的信心，从而提高学习的积极性。关于反馈学习结果的激励作用，国外不少的实验进行了证明。例如，罗斯（Ross）等人把一个班的学生分成三组，每天在学习后进行测验

（转引自陈琦，2001）。对第一组每天告知其学习结果，对第二组每周告知其学习结果，对第三组从不告知其学习结果。从第八周开始，除第二组仍旧每周告知结果外，第一组与第三组的情况对调，即主试对第一组不再报告其学习结果，而对第三组每天告知其学习结果。如此，再进行八周的学习和测验。比较三组在十六周的学业表现可知：第八周后，除第二组显示出稳步的进步外，第一组与第三组的情况变化显著，即第一组学业表现逐渐下降，而第三组学业表现迅速上升。由此可见，反馈在学习上的效果是很显著的，尤其是每天及时反馈比每周反馈效果更佳；如果没有反馈，学生则缺乏学习激励，学习的进步很小。

评定（assessment）是指教师在分数的基础上进行的等级评价和评语。有人认为，外界的等级评定会抑制学生参加竞争的欲望，使学生经常选择一些不太具有挑战性的任务，久而久之，由于任务过于简单，学生不会产生太大的乐趣，成就体验也会不足。另外，也有人认为，过于强调外界评定会抑制学生的内在动机。故有人提出没有必要进行等级评定。哈特（Harter）对此进行了实验验证（转引自冯忠良等，2000）。他让四组学生猜谜，共提供四个等级的谜语。前两组的学生被告知这是游戏，不计分；另两组的学生被告知要对猜谜的结果进行评定，并且与学业成绩有关。结果，前者选择适合于自己能力的谜语，即选择问题的难度水平恰当；而后者选择的谜语都比较简单，成功后并不快乐，反而显得较为焦虑。这说明在有评定的竞争条件下，学生选择的任务是比较简单的。后来，哈特又对学生的作文进行研究。对前一组学生的作文给予实质性的评定，对后一组学生的作文只给予等级评定，却不指出存在的问题。结果发现，前者状态下的学生一般对学习感兴趣，愿意写作业，并且在成功时把成功归因于自己的努力；后者状态下的学生即使成功了，也难以归因于兴趣或努力，只是认为教师给分高或者题目太容易。可见，虽然等级评定有其弊端，但是废除它确实不实际，关键在于如何运用。

利用学习结果反馈应把握如下原则。

①学习结果的反馈要及时。只有这样，才能利用学生刚留下的鲜明的记忆表象，满足其进一步提高学习的愿望，增强学习信心。对学生的学习结果进行及时反馈，能使他们获得最大的积极的学习成效。如果周一完成的考试一直拖到下周五才得到反馈，那么反馈的信息价值和激励价值都会降低。例如，如果学生出现错误，那么他在这周内还将继续犯类似的错误。如果行为和行为结果的间隔过长，学生就难以将两者联系起来，尤其对年幼的孩子来说更为困难。教师常常让学生好好学习，否则就考不上大学。但是否能考上大学这一结果反馈往往要等几年的时间才能得到，所以，这种劝说对学生学习动机的激发收效甚微。

②学习结果的反馈要具体。反馈要具有针对性、启发性和教育性，使学生从中受到鼓舞和激励。越是具体明确的反馈信息，越能使学生对自己的学习结果有更清晰、深刻的了解，使其消除模糊的概念，增强对知识的辨别能力。例如，在批改学生作文时，不要简单地写上“优”或“良”这样的等级，而要用眉批、评语的形式指出作文的优点及不足，同时用真诚的语言给予鼓励，从而使学生在获得激励的同时明确进一步提高的方向。例如，“这是一篇非常优秀的论文，你提出了一个与众不同的观点，并列举了相关的事实来支持自己的观点，看来你阅读了大量的文献，拥有自己的见解，我很高兴能看到这么出色的作品，如果你能更注重书写就更加完美了”。

③学习结果的反馈要经常给予。行为主义学习理论的研究证明，不管奖励多么有效，如果奖励的次数不够频繁，那么奖励对行为的改善作用甚微。频繁给予小奖励比偶尔给予大奖励对学习更有促进作用。对于考试频率的研究发现，经常使用简短的测验对学生的进步进行测试，比不经常的、较大的考试要好（Dempster，1991）。

表扬作为反馈和评定的重要组成部分，通常被认为是一种有效的强化，对学生的学习动机有积极的作用。但是，教师表扬的频率与学生的学习收获并不总是成正比，某些时候表扬会变得无足轻重。例如，教师表扬的目的仅仅在于控制学生，而非表达对学生的努力或成绩的真正欣赏。所以，表扬作为一种反馈，不但要遵循以上提及的反馈原则，还应该做到以下几点：第一，表扬要简单明了和直截了当，语气和语调要自然，不要华而不实或夸大其词。第二，表扬要用直接的肯定句，而不要用热情洋溢的解释或反问句，后者像是在给人施加恩惠。第三，用多种多样的词语表扬学生，一些套话式的表扬会让学生感到不真诚，给学生一种教师并没有真正注意自己取得的成绩的印象。同时，教师要用非言语的交流来支持言语表扬。只有教师面带微笑、语气带着欣赏地说“那太好了”时，学生才会觉得那是在表扬自己。第四，平时对个别学生要进行私下的表扬，当众表扬会让一些学生感到难为情，甚至会引起他们和同学之间的矛盾（Stipek，1993）。

除了强调外在的反馈和评定，教师还应该教会学生如何评价自己的工作。无论教师或他人的反馈多么及时，都不可能快过自我评价。自我评价可以真正建立在自我判断之上，看到自身的每一次成长对自我的激励作用非常显著。所以，教师不仅要鼓励学生进行自我评价，而且要多给学生自我评价的机会，同时教授学生详细的评价方法（Stipek，1993）。

五、奖励与惩罚

奖励与惩罚是对学生学习成绩和态度的肯定或否定的一种强化方式。它可以提高学生的认识水平，激发学生的上进心、自尊心。正确运用奖励与惩罚是激发学生学习动机的重要手段之一。一般来说，表扬与奖励比批评和指责更能有效地激发学生的学习动机。研究者（Hurlock，1925；转引自冯忠良，2000）做过一个实验，他把106名四年级、五年级的学生分为四个组，每个组的能力相当，在四种不同的情况下进行难度相等的加法练习，每天15分钟，练习5天。控制组单独练习，不给评定，并且与其他三个组隔离；受表扬组、受训斥组和静听组在一起练习，每次练习后，不管成绩如何，受表扬组始终受到表扬和鼓励，受训斥组一直受到批评和指责，静听组则不给予任何评定。结果发现，四个组的学习成绩如图8-11所示。

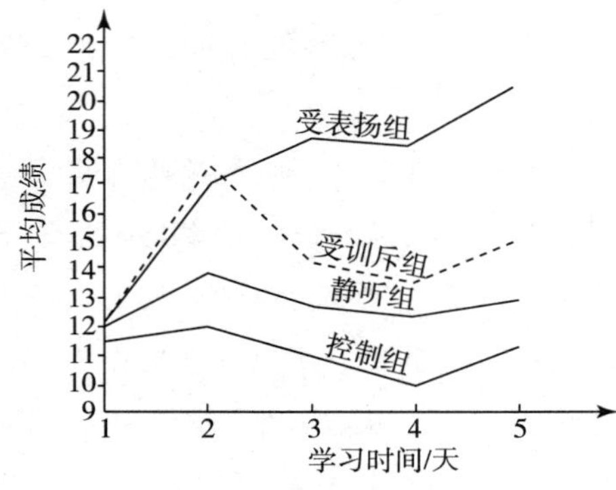

图8-11　奖励与惩罚对学习结果的影响

从图8-11中可以看到，三个实验组的成绩都优于控制组，而静听组受到间接的评定，对动机的唤醒程度较低，平均成绩低于受训斥组。受表扬组的成绩最优，并且成绩不断上升。这表明，对学习结果进行评定可以激发学生的学习动机，对学习具有促进作用，适当表扬的效果优于批评。

但是，奖励是否真的是万能的？对于奖励的作用，越来越多的教育学家提出了不同观点。他们认为，奖励使学生把注意力放在了奖励上而不是任务本身上，他们的表现越来越敷衍了事，他们做事越来越斤斤计较，总在绞尽脑汁用最少的努力赢得最大的奖励，而不是想方设法创造高质量的产品。莱珀尔等人（Lepper et al.，1973）就此类现象做过研究。他让学前儿童使用特制的画笔画画。许多儿童对此热情很高。然后，研究者将儿童随机分成三组：第一组儿童被事先告知，如果他们给参观者画一幅画，就会受到奖励（优秀画家奖）；第二组儿童虽未事先告知，但在画完之后也会意外得到同样的奖励（但不是每次都能得到奖励）；第三组儿童不接受任何奖励。四天后，研究者记录了儿童的自由活动情况。结果发现，受到奖励的第一组儿童用于绘图的时间是第二组和第三组儿童所用时间的一半。莱珀尔等人据此提出，外在奖励会降低其内部动机。

尽管奖励受到众多非议，但因此取消一切奖励是不现实的。实际上，奖励的好处应该得到公认，关键在于奖励的质量比奖励形式更为重要。对奖励的成功运用取决于奖励时间和恰当的方式。教师要奖励个体的良好成绩和表现而非参与活动，奖励是对能力的认可。奖励要针对不感兴趣但需要完成的任务，奖励的内容要属于社会性的而非物质性的。奖励最好用于完成常规的任务，而不是新任务；要用于具体的、有目的的学习任务，而不是偶然发现的学习任务；要更多关注行为速度或者结果质量的任务，而不是创造性、艺术性的任务。最好把奖励作为促进学生达到行为技能标准的动力，如打字、拼写、数学运算，这些技能要求进行大量的练习，而不是作为进行重要研究或演示项目的动力。对于那些认为自己通过适当努力便有机会获奖的学生，奖励才具有有效性。所以，教师要想为全班学生而非能力较高的学生创造学习动力的话，就必须保证每名学生都有平等合理的机会获得奖励。这可能要求降低行为难度或采用其他一些较不正规的、个人化的成功标准（Stipek，1993）。

同时，奖励必须充分考虑学生的个别差异，从而有的放矢、对症下药。一般来说，对于低年级学生，教师评价起的作用更大；对于少年期的学生，通过集体舆论进行评价效果更好；对于缺乏自信心的学生，应给予更多表扬和鼓励；对于过于自信的学生，则应更多地提出严格要求；学业表现一般的学生对奖励敏感，故宜多奖励；学业表现好的学生往往对批评很敏感，故宜适当严格对待；对于所有学生，切忌当众严厉指责；等等。只有这样，奖励才能起到激发学习动机的作用。

六、合作与竞争

学生的学习大多是在课堂中进行的，课堂中的合作与竞争是影响学习动机的一个重要因素。有关群体对学习动机影响的系统研究始于多伊奇（Deutsch，1949）提出的目标结构理论，它是在勒温群体动力学的基础上提出的。多伊奇认为，团体对个人达到目标的奖励方式存在差异，这导致个体相互作用的方式不同。研究表明，个体相互作用的方式主要有相互对抗、相互促进和相互独立三种形式，与此相对应，也存在三种现实的群体目标结构：合作型、竞争型和个体化。

在**合作型目标结构**（cooperative goal structure）中，团体成员有着共同的目标，只有所有成员都达到目标，某一个体才有可能达到目标，从而取得成功。例如，一个团队排练一出话剧。这样，个体会以一种既有利于自己成功也有利于同伴成功的方式互动，同伴之间的关系是促进、积极的。这种情境容易激发以社会目标为中心的动机系统。在合作情境中，成员常常出现帮助行为，共同努力，每个成员都积极承担集体义务。当要求学生在合作性集体中学习时，即使学生的成绩具有显著差异，他们也认为自己的水平、能力相近，即这种合作性集体学习引起的是平等的自我评价。

在**竞争型目标结构**（competitive goal structure）中，个体成员的目标具有对抗性，只有其他人达不到目标时，某个个体才可能达到目标，取得成功，如百米赛跑只有一个冠军。在这种情况下，个体重视取胜，成功胜于公平，同伴之间的关系是对抗的、消极的。它激发的是学生以表现目标为中心的动机系统。竞争情境最大的特点是能力归因，它激发学生用社会标准进行比较。在这种情况下，只有最有能力、最有自信的学生的学习动机会得到激发，而能力较低的学生明显感到自己注定失败，他们通常回避这种情境。最后的结果是，竞争获胜者夸大自己的能力，失败者认为自己天生无能。

在**个体化目标结构**（individualistic goal structure）中，个体是否成功与团体中的其他成员是否达到目标没有关系，个体注重的是自己的学习完成情况和自身的进步幅度，因此，同伴之间的关系是相互独立、互不干涉的，如个体自己学习第二外语。这种情况激发学生以掌握目标为中心的动机系统，个体将成功归于自己的努力，注重自己和自己比，即使失败，也不否定自己的能力和水平。

三种目标结构激发学生不同的学习动机。大量研究表明（Slavin，1995），合作型目标结构能最大限度地调动学习的积极性，但是要使合作学习有效，必须将小组奖励和个体责任相结合，否则极有可能出现责任扩散和“搭便车”现象。

尽管竞争对学生的学习动机存在一定的消极作用，但是完全取消竞争亦不可取。竞争对学习有一定的促进作用。例如，查普曼和费德对五年级两个等组的儿童进行了10天（每天10分钟）的加法练习的对比实验。无竞赛组只按照教师的严格要求和规定进行练习；有竞赛组进行加法练习时，还有“为了每天统计表上的登记分数和红星”的诱因。结果有竞赛组的成绩优于无竞赛组。

在使用竞争时要注意这样三点（Stipek，1993）：第一，参与课堂活动要承担当众失败的风险，学校的考试制度包含了大量的竞争，引入更多的竞争因素可能对激发学习动机适得其反。第二，对大多数学生而言，竞争比奖励更透明，更容易使人分心。教师要为竞争设置一些客观指标，重视所学知识，而非谁赢谁输。第三，竞争既产生获胜者，也产生失败者，而且通常失败者远多于获胜者。那些常常失败而不获胜的人要忍受失败带来的信心的损失，而在小组中竞争输掉的小组成员可能会互相指责，寻找他们认为应为小组失败负责的成员。所以，当我们引入竞争作为动机策略时，一定要注意少用、慎用，采用按能力分组和鼓励自己与自己比赛等多种形式，让赢家更多一些，以调动大部分人的积极性。

关键术语

学习动机，兴趣，需要，诱因，期望，任务价值，内在价值，成就价值，效用价值，毅力，学业情绪，耶克斯-多德森定律，内部动机，外部动机，认知内驱力，自我提高内驱力，附属内驱力，个人动机，情境动机，需要层次理论，自我效能感，成就动机，内控点，外控点，归因理论，能力实体观，能力增长观，表现目标，掌握目标，自我价值理论，自我决定理论，外部调节，内摄调节，认同调节，整合调节，基本心理需要理论，调节聚焦理论，促进聚焦，防御聚焦，习得性无助，合作型目标结构，竞争型目标结构，个人化目标结构

思考题

一、选择题

1. 在下列各种学习动机中，属于内在动机的是（　　）。

A. 获得解答　　B. 获得高分　　C. 获得教师表扬　　D. 获得好名次

2. 某学生害怕被批评，这说明他在班上最缺少需要层次理论中的哪一种需要？（　　）

A. 求知与理解的需要　　B. 尊重的需要

C. 归属与爱的需要　　D. 自我实现的需要

3. 有人把学业失败的原因说成努力不够，这种归因属于（　　）归因。

A. 内部、稳定的　　B. 外部、不稳定的

C. 外部、稳定的　　D. 内部、不稳定的

4. 关于成就动机的研究表明，与害怕失败者相比，追求成功者倾向于选择（　　）。

A. 比较难的任务　B. 非常难的任务　C. 非常容易的任务 D. 难度适中的任务

5. 根据耶克斯-多德森定律，当学生完成较容易的作业时，教师应使其心理唤醒程度控制在（　　）。

A. 较高的水平　　B. 较低的水平　　C. 非常低的水平　D. 中等水平

二、简答题

1. 什么是学习动机，学习动机和学习效果有什么样的关系？

2. 马斯洛对缺失需要和成长需要的区分对教育有何意义？

3. 不同的归因对学生的学习有什么影响？如何指导学生进行积极归因？

4. 影响自我效能感的因素有哪些？

5. 分析不同目标定向的学生的差异。

6. 有效反馈应该把握什么原则？

7. 竞争是否必然导致消极的作用？

8. 如何激发学生的成就动机？

9. 根据自我决定理论，基本心理需要的满足是如何影响动机的？

10. 要想激发一名学生的学习动机，可以从哪些角度进行综合考虑？

选择题参考答案：1. A　2. C　3. D　4. D　5. A

扫码答题

第四部分

分类学习心理

第九章 知识的学习

人类的学习本身是复杂的，存在着不同的类型和水平，每类学习都能使我们获得不同的能力，没有哪一派的学习理论能解释所有的学习现象，各派学习理论只是反映了学习的不同水平和侧面而已。从本章开始的连续五章将分别讨论加涅划分的不同类型的学习过程。第九章介绍知识的学习，主要涉及知识和部分心智技能（概念）的学习，虽然从其形成过程上看概念可以被归到心智技能之中，但它本身是知识的重要组成部分；第十章介绍技能的学习，不仅包括动作技能，还包括比较模式化的心智技能（阅读和计算等）的学习；第十一章介绍问题解决的学习与创造性，这属于心智技能中的高级规则部分，在学习研究中占有重要的地位；第十二章介绍学习策略；第十三章介绍品德的形成。

本章将讨论知识的学习。在学校教育中，知识是学生学习的最基本内容。通过知识的学习，学生获得了生存和发展所必需的各种经验，并在这一过程中逐渐形成了各种态度和能力。根据建构主义的观点，知识的学习可以分为知识的生成与理解、知识的整合与深化、知识的应用与迁移三个阶段。知识的生成与理解问题参见第七章第二节“个人建构主义理论”中的“生成学习理论”，本章只从同化与顺应两个侧面分别介绍概念的学习与概念的转变问题。知识的整合与深化问题参见第七章第二节“个人建构主义理论”中的“认知灵活性理论”。本章还将介绍知识的应用与迁移问题。

本章要点

●知识的分类与表征

○知识及其含义

第一节 知识的分类与表征

一、知识及其含义

从认识论的本质上讲，**知识**（knowledge）是人对事物属性与联系的能动反映，是通过人与客观事物的相互作用形成的。人在与外界相互作用的实践活动中，获得来自客体的各种信息，用一定的方式对这些信息进行加工和组织，形成对事物的理解，从而形成知识。

知识不同于数据（data）和信息（information），但与它们相联系（图 9-1）。数据是客观世界的相对零散的事实。我们的网络购物行为就是数据，包括了一些客观的、零散的事实，如购买的物品、时间、数量、价格和频次等。信息是用符号表示，以一定语义规则加以排列和处理的数据。我们网络购物的事实被大数据公司收集、统计，然后用数字、语言或者图表描述出来，就形成了消费信息。知识是经过主体建构而赋予主观意义的信息。一些电商机构经过建构，如对信息进行联系和组织，对这些信息进行解释，赋予它们一定的主观意义，从而构成知识，如形成了对每个个体的购物偏好和某个群体的消费风格的认识，从而采取相应的决策和行动，如对不同个体或群体推送不同的广告。

信息是客观的、可以共享的，而知识是人的主观认识，一旦得到社会公认和传播，就成为客观知识。知识可以存储在个体的头脑中，成为个体知识或主观知识，

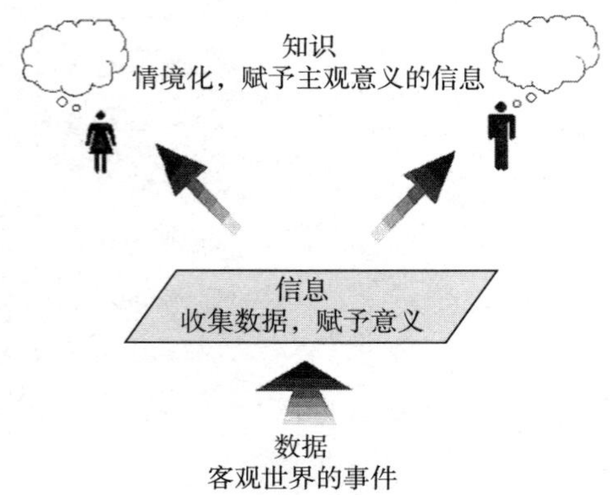

图 9-1 数据、信息与知识的关系（Meredith，May，& Piorun，2001）

同时，又可以通过文字符号等表述出来，传播开来，成为公共知识或客观知识。人可以通过学习和交往活动，借助于公共知识来发展自己的个体知识。知识是人们对实践经验或实践活动的认知成果，具有一定的稳定性和明确性。在教育领域，各门学科涉及的基本知识是该学科中较为确定、接近共识的内容，是人类积累下来的较为可靠的经验体系。但是，这些知识并不是千真万确、不可置疑的定论，正如亚里士多德的经典命题随着伽利略在斜塔上丢落的小球而被否定，作为科学典范的牛顿力学也在爱因斯坦的相对论面前露出自己的缺陷。知识总在不断进化和更新，人总在试图对世界做出更准确、更完整、更深刻的理解和解释。在学校教育中，我们不应把知识作为事先已经断定了的结论教给学生，不要用知识的“权威”去“压服”学生，而应该把知识当成一种看法、一种解释，让学生去理解，去分析，去鉴别。在不可超越、无可挑剔的“权威”面前，学生就不可能有展现自主性和创造性的空间。

知识不简单等同于能力，但知识是能力发展的重要基础。能力是更稳定的心理特性，是对知识和技能进一步概括和系统化的结果，是通过对知识和技能的广泛迁移而实现的（冯忠良，1998）。如何提高知识获得的效果和效率，如何使学生形成深层的、灵活的、有用的知识，始终是教学研究和改革的核心主题之一。

二、知识的分类

人类的知识本身复杂多样，研究者从不同的角度划分了不同类别的知识（表9-1）。

表 9-1 知识的分类

依据	划分类型	解释
获得知识的方式	直接知识和间接知识	直接知识来自个体亲身体验，间接知识来自书本
抽象水平	感性知识和理性知识	感性知识是对事物的外表特征和外部联系的反映，理性知识是对事物的本质特征与内在联系的反映
知识的客观性	主观知识和客观知识	两类知识的划分是相对的：主观知识指个人对事实的解释；客观知识则是相对约定俗成的知识，但不是一成不变的
知识的所有权	个人知识和公众知识	个人知识是独特的，如个人的学习方法；公众知识是社会所享有的，如牛顿定律、交通规则
知识与语言的关系（Polanyi，1958）	显性知识和隐性知识	显性知识是能用语言解释清楚的知识，如通过书本传播的知识；隐性知识是不能用语言充分表达的知识，如一位教师的教学方法
知识及其应用的复杂程度（Spiro et al.，1995）	结构良好领域知识和结构不良领域知识	结构良好领域知识是由明确的事实、概念和规则构成的结构化的知识，结构不良领域知识是有关知识被灵活应用的知识
知识的状态和表现方式（Anderson，1983）	陈述性知识和程序性知识	陈述性知识是关于“是什么”的知识，如北京的著名景点有哪些；程序性知识是关于“怎么做”的知识，解决这一类问题需要一定的程序，如用勾股定理解应用题

当然，对知识的划分远不止这几个维度，难以一一列举。以上的划分有些只是常识性的，有些则经过了大量研究的证明。下面对教育心理学领域中比较稳定、有一定研究依据的知识分类，做一些具体的解释。

（一）陈述性知识和程序性知识

安德森（Anderson，1983）从信息加工的角度，把知识分为陈述性知识（declarative knowledge）和程序性知识（productive knowledge）两类。**陈述性知识**是关于“是什么”的知识，是对事实、定义、规则和原理等的描述。**程序性知识**是关于“怎么做”的知识，如怎样进行推理、决策或者解决某类问题等。陈述性知识容易被人意识到，并且人能够明确地用词汇或者其他符号将其系统地表述出来。例如，中学生可以说出功的计算公式“$W=Fs$”。而程序性知识体现在实际活动中，个体是否有程序性知识，不是通过他的回忆，而是通过他的活动判断的。例如，同样对于知识“功”，学生不仅可以说出功的计算公式，而且可以根据公式对接收到的信息进行加工变换，用公式来解决有关的问题。如果他知道了力的大小为 5 N，物体在力的方向上通过的距离为 10 m，他就可以计算出功的值为 50 J，这就意味着他具有了这方面的程序性知识。程序性知识是与一定的问题相联系的，在一定的问题情境面前，它会被激活，然后被执行，这一过程几乎是自动进行的，不需要太多的意识。程序性知识（说母语的规则、骑自行车的技巧等）被掌握后，反而难以用语言描述出来。陈述性知识和程序性知识的学习过程有所不同。陈述性知识的学习要经历理解符号代表的意义，建立符号与事物之间的等值关系，对事实进行归类，掌握同类事物的关键特征，理解概念、事实之间的关系（邵瑞珍、皮连生，1997）等一系列步骤。陈述性知识的学习需要的是理解和记忆，而程序性知识的学习在此基础上，还包括两个相互联系的部分。①**模式识别**（pattern-recognition），即将输入的刺激信息与长时记忆中有关的信息进行匹配，从而辨认出该刺激属于什么范畴的过程。和陈述性知识的学习一样，程序性知识一般通过概括和区分的方法来完成，做到准确把握产生式的条件项。②**动作序列**（action-sequence）是顺利执行并完成一项活动的一系列操作序列。这个部分的重点是形成清晰的产生式，并对产生式进行综合。总之，不管是模式识别还是把动作序列化，都需要进行大量的练习和反馈，从而达到熟悉和自动化。

陈述性知识和程序性知识在实际的学习与问题解决活动中是相互联系的（Gagné，1985）。在实际活动中，陈述性知识常常可以为执行某个实际操作程序提供必要的信息。例如，当壶里的水烧开了的时候，就把火关掉，如何判断水是否已经烧开了？这就需要陈述性知识来提供信息。反过来，程序性知识的掌握也会促进陈述性知识的深化。例如，乘法交换律就是一个陈述性知识，学生学会之后利用它解题的步骤就涉及程序性知识。另外，陈述性知识还常常是创造的基础，专家对问题的灵活解决常常与其丰富的经验有关。在学习中，陈述性知识常常是学习程序性知识的基础。例如，儿童先背诵乘法口诀，然后学习乘法计算，并且在计算时还要边读口诀边计算。另外，掌握记笔记、阅读等程序性知识对学习陈述性知识也具有很重要的意义。

学生的学习常常从陈述性知识的获得开始，然后把陈述性知识与具体的任务目标联系起来，去解决一个又一个问题，变成可以灵活、熟练应用的程序性知识。安德森和科比特（Anderson & Corbett，1995）将个体把陈述性知识转化成程序性知识的过程称为知识编辑（knowledge compilation）。以分数通分为例，我们首先学习分数通分的规则，然后练习不同的分数通分题。在开始的时候，我们会仔细对照规则，观察两个分数的分母的特征，严格按照规则完成一个又一个步骤。到后来，我们把几个步骤联合起来一起做，根据不同类型的分母关系，直接采用简便算法，直到最终自动完成分数通分过程。像这样对规则步骤进行汇编的过程就是知识编辑。

迈耶（Mayer，1987）在安德森的基础上，将陈述性知识称为语义知识，并将程序性知识分为两类：用于具体情境的程序性知识和有关学习、记忆、问题解决的一般方法的**条件性知识**（conditional knowledge）。后者用来确定何时、为何要应用陈述性知识和程序性知识，解决的是“什么时候，为什么”的问题。例如，阅读时，条件性知识决定我们何时需要详细阅读某一段落或者跳过它。条件性知识与陈述性知识、程序性知识密切相关。条件性知识的实质是“有关……的知识”，也属于程序性知识。

这里有三点值得注意。①这里所说的知识是一种广义的知识，它已不单是对各种事物的了解，而且包含了运用知识解决问题的技能（皮连生，1996）。②陈述性知识和程序性知识不是对客观知识的划分，而是对人的头脑内的个体知识的分类。同样是学习一个知识点，学习者既可以形成关于它的陈述性知识，也可以形成关于它的程序性知识。例如，中学生学习摩擦力的知识，他们可以了解哪些因素影响摩擦力的大小，如物体的质量、接触表面的光滑程度等，这就构成了学习者的陈述性知识。在此基础上，学习者还可以用这种知识来解决实际问题。例如，自行车为了省力，它的车轴应该怎样设计？即怎样减小摩擦力。学习者便可以从这些影响摩擦力的因素上来分析这个问题，这就是关于它的程序性知识。我们一般不能说课本里的某个知识点属于陈述性知识，还是程序性知识，它是针对学习的结果而言的，是对个体头脑中的知识状态的分类，而不是对课本中的知识的划分。③程序性知识虽然是在陈述性知识的基础上发展起来的，但并不是所有的程序性知识都是高级的，如拿杯子喝水就很简单。

（二）显性知识和隐性知识

1958 年，英国科学家、哲学家波拉尼（Polanyi）提出了显性知识（explicit knowledge，又译为明确知识）和隐性知识（implicit knowledge，又译为缄默知识）的知识形态（转引自张民选，2003）。**显性知识**是指用书面文字、图表和数学表述的知识，通常是通过语言等人为方式来表述实现的，所以又被称为言明的知识（articulate knowledge）。**隐性知识**是指尚未被语言或其他形式表述的知识，是尚未言明或者难以言传的知识。例如，我们能够从成千上万张脸中认出某张脸，但通常我们说不出是怎样认出这张脸的。在学习方法交流会中，学生们提出的方法大同小异，但效果大不相同。波拉尼说：“我们知道的比我们能说出的多。”

显性知识与隐性知识的存在是相对而言的，两者能够相互转化。有人（Nonaka &

Takeuchi，1995）建立了一个知识转换的矩阵，来说明两种知识转化的途径（表 9-2）。

表 9-2　隐性知识和显性知识的转化

	隐性知识	显性知识
隐性知识	社会化	外化
显性知识	内化	综合化

通过隐性知识的社会化，我们分享别人的经历和经验，理解别人的思想和感情。通过隐性知识外化，我们用其他人能够理解的方式将隐性知识表达为显性知识。通过显性知识的内化，我们将显性知识与自己的原有知识进行综合，转换成个人的隐性知识。通过显性知识的综合化，我们将显性知识进行整合，转换成更复杂的显性知识。教师和学生在实践新的显性的教学模式和学习策略的过程中，也会产生自己的隐性知识。教师的教学和教育经验与学生的学习经验中也蕴藏着丰富的知识和才能，其中的显性知识能够被意识到，并能被分享，但有些隐性知识需要教师和学生进行观察、对比和分析才能整理出来，与其他人分享，成为显性知识。

三、知识的表征

知识的表征（knowledge representation）指知识在头脑中的表示形式和组织结构。知识是通过个体与信息，甚至是整个情境相互作用而获得的，个体一旦获得知识，就会在头脑中用某种形式和方式来代表其意义，把它储存起来。例如，我们用“狗”这个词来代表一类擅长跑、嗅觉灵敏的动物，一说起狗，我们头脑中就会浮现出狗的形象。在这里我们用概念或表象来表征知识。不同类型的知识在头脑中以不同的方式表征。例如，陈述性知识以概念、命题、命题网络、表象或图式表征，而程序性知识主要以产生式表征，有时也可用图式表征。

（一）概念

概念代表着事物的基本属性和基本特征，是一种简单的表征形式。例如，“眼镜”就包含了这样一些特征：有两个圆镜片，有两条眼镜腿，用来矫正视力，等等。特征本身又分为直觉特征（颜色等）、功能特征（用于凿洞等）、关系特征（表弟是某人的姨的孩子等）等。不同概念在头脑中是互相联系的，又具有一定的层次关系，因此，它们就构成了概念层次网络组织。

关于概念的表征，目前心理学中主要有两种理论：**特征表理论**（feature list theory）和**原型理论**（prototype theory）。特征表理论认为概念是由定义特征和概念规则两个因素构成的。定义特征是概念的实例共同具有的特征。概念规则是指一些定义特征之间的关系或整合这些定义特征的规则。概念规则有肯定、否定、合取、析取、关系等。特征表理论能解释具有明确的定义特征的概念，如物理中力的概念。对于那些难以确定定义特征的概念，如聚会，我们却知道聚会是什么样的，这是因为我们头脑中存有“聚会”的原型。原型理论认为，概念是由原型和与原型有相似性的成员构成的（Rosch，1975）。原型就是某一类别的最佳实例。而类别成员的代表程度，就是其他实例偏离原型的容许距离。杯子何时变成碗，何时变成花瓶（图 9-2）？确定一个物体属于某一个概念系统的依据是，它更符合哪一个原型。有人（Labov，1973）通过实验发现，被试认为 5 号是杯子的原型。

图 9-2　杯子的原型（Coon & Mitter，2015）

罗施（Rosch，1975）在一个实验研究中发现，椅子和沙发是“家具”概念的原型（最佳实例），而柜橱和床则是偏离原型距离较远的实例，肯定“椅子是家具”比“床是家具”所需的反应时间要短。概念原型和概念的其他成员相比具有更多的共同属性。概念容许其他实例在一定范围内发生变异，但原型是核心。这些各具特点的众多实例为原型组成一个整体提供了基础。有人指出，儿童最初似乎是从成人指出的最佳例子或原型中学习真实世界中的概念的。

（二）命题和命题网络

命题（proposition）是意义或观念的最小单元。用于表述一个事实或描述一个状态，通常由一个关系和一个以上的论题组成，关系限制论题。例如，在“电脑坏了”这一命题中，“电脑”是命题谈及的论题，而“坏了”则是这一命题的关系，对我们所知道的有关电脑的全部情况做了限制，使得我们只注意到电脑坏了这一内容，而不关注有关电脑的其他情况。一个命题虽然只能有一个关系，但其中包含的论题可以不止一个。例如，“小明读书”，命题中的关系仅有一个“读”，但涉及两个论题“小明”和“书”，“读”对这两个论题做了限制，说明在“小明”和“书”之间发生的情况是“读”而不是其他。

命题可以用句子来表达，但命题不等于句子。一个句子可以包含一个或多个命题。例如，“爱华听着古典音乐”这一句子包含着两个基本命题：“爱华听着音乐”和“音乐是古典的”。句子代表交流观念的方式，而命题代表观念本身。个体将观念储存在头脑中时，使用的是命题（句子的意思）而不是句子（确切的词语）。

如果命题之间具有相互关系，则构成**命题网络**（propositional network）。两个或多个命题常常因为有某个共同的成分而联系在一起，从而构成了命题网络，或称为语义网络。命题按照层次网络结构进行储存，相互有联系的信息组成网络。在图 9-3 中，动物之间的分类知识呈现出网络层级结构。例如，“金丝雀”与其他“鸟”共同的特征（“有翅膀”“有羽毛”）储存在上位“鸟”概念中，而不是与“金丝雀”或其他任何一种“鸟”一起储存。“金丝雀”层次虽不具有“鸟”的那些特征，但有连线与之相通，仍可得到“鸟”的特征。由于上位概念的特征只出现一次，无须在其他所有的下位概念中再储存，这样的分级表征可以大大节省储存空间，体现出“认知经济”原则，学习成效可以大幅提高。命题和命题网络是陈述性知识的主要表征方式。

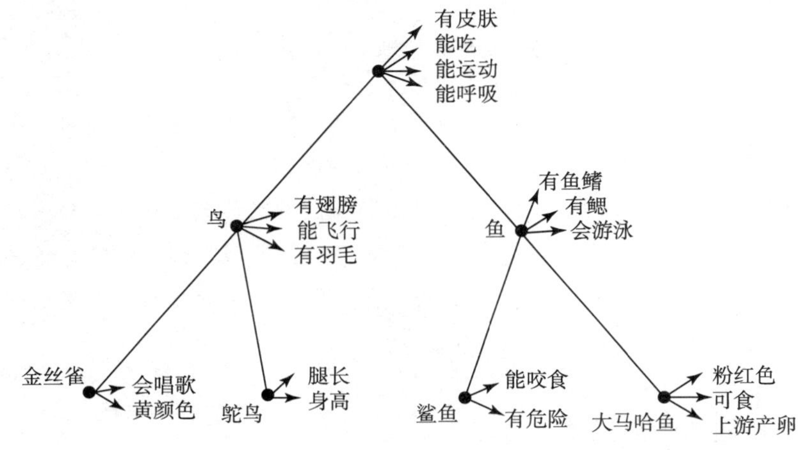

图 9-3 命题网络（Collins & Quillian，1969）

但也有一些研究表明，有些信息可能没有按照层次结构来存储。例如，老虎在动物概念的层次结构中更接近哺乳动物而不是兽，但是人们一般倾向于把老虎看作兽，而不是哺乳动物。熟悉的信息可能既储存在它的概念中，又储存在最概括的水平上（Anderson，1990）。如果一个人经常喂鱼吃东西，那他可能既会把“吃东西”和“动物”储存在一起，又会把“吃东西”和“鱼类”储存在一起。

（三）表象

表象（image）是人们头脑中形成的与现实世界的情境相类似的心理图像。R. 加涅的女儿 E. 加涅（Gagné，1993）认为，表象是对事物的物理特征做出连续保留的一种知识形式，是保存情境信息与形象信息的一种重要方式。当我们形成表象时，总是试图回忆或者重构信息的自然属性和空间结构。例如，判断"大象比狮子大"时，我们可能不假思索地说"对"，但是回顾做出判断的过程，我们就会发现，在短短的时间里，头脑中也出现了大象和狮子的模样，并在头脑中将这两个表象进行了比较，好像看到了这两个动物一样。又如，表达"书在桌上"时，人们可能在头脑中想象出一幅熟悉的画面，即用表象的形式来表达，当然这个句子也可以用命题的形式来表达（图 9-4）。

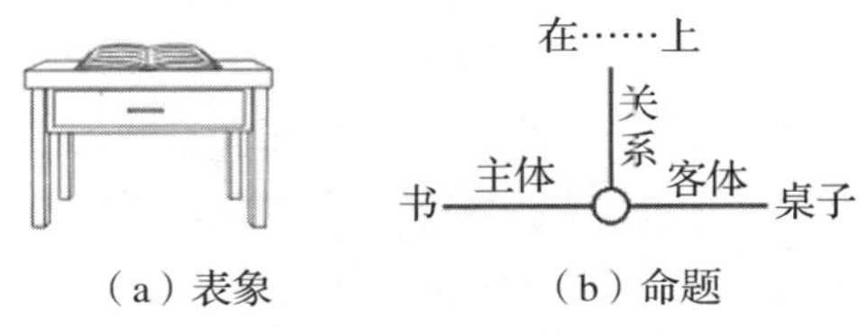

图 9-4　命题与表象表征的比较

图 9-4 中的表象表征为书、桌子以及它们的相对大小的三维空间关系提供了明确的信息；而命题表征虽然也表示了"书"和"桌子"的空间关系，但并未提供有关"书"和"桌子"相对大小方面的信息。命题是一种离散的、抽象的表征；表象则是一种连续的、模拟的表征，特别适合在工作记忆中对空间信息和视觉信息进行某种高效的表征。

（四）图式

命题和表象都只涉及单个观念，心理学家提出**图式**（schema）的概念来组合概念、命题和表象。图式表征了对某个主题的综合性知识。例如，我们在头脑中都有关于教室的图式，与它相关的信息有教师、学生、黑板、课桌、讲台等。通过这样的图式，我们可以预想到整个教室的布置和上课时的情境。

图式是指有组织的知识结构，即关于某个主题的一个知识单元，包括与该主题相关的一套相互联系的基本概念，构成了感知、理解外界信息的框架结构。安德森认为，图式是"对类别的规律性进行编码的一种形式。这些规律性既可以是知觉性的，也可以是命题性的"（Anderson，1995）。据此，图式不仅是命题表征的扩展，因为命题并不对知觉的规律性做出编码，只是表征事物的抽象含义，图式更是表征了特殊事物之间的相同点。这种相同点既可以是抽象命题水平的，也可以是知觉性质的。例如，“树”这一图式中既包含了树是水土保持卫士的抽象特征，也包含了树的高度和形状等知觉特征。

E. 加涅（1993）认为，图式一般具有三个基本特征。①变量或空位（slot）。也可以说是一些维度，每个空位的不同取值说明了事物在这个维度上的不同特征。例如，假如我们听别人说到一种猴子，虽然我们从来没有见过，但基于我们头脑中有关“猴子”的图式，我们可以想到这种猴子的一些维度或空位，如毛、眼睛、爪子和尾巴等，并想知道这种猴子在这些维度上的特征，也就是在这些变量或空位上的取值，如猴毛有长有短、眼睛有黑有蓝、尾巴可粗可细。②层次。不同抽象水平的图式可以互相嵌套。例如，“猴子”图式可以嵌套在“动物”图式中，而“动物”图式又可以嵌套在“生物”中。③推论。图式中这些空位与图式之间的层次关系构成了我们理解新信息的基础和参照框架，有助于我们对事物的特征和功能进行推论，形成对事物的预期，产生对事物的疑问，从而引发对信息的探寻活动（Woolfolk，2018）。例如，通过“杯子”被嵌套的“容器”图式，我们可以推论出杯子一面有底、有侧面等特征。又如，对于一种树，我们还没有见过，但基于“树”的图式，我们可以想到以下问题：从树的外形看，它是乔木还是灌木？从生长季节看，它是落叶的还是四季常青的？从叶子看，是阔叶的还是针叶的？

我们头脑中存储着多种不同类型的图式，如物体图式（杯子的图式）、事件图式（脚本）、动作图式（骑自行车的图式）等。**脚本**（script），即各事件发生的过程及其各过程间关系的图式。3 岁的儿童已经形成了对一些熟悉事件的脚本。图 9-5 就是一个幼儿园儿童关于“午饭”的脚本。

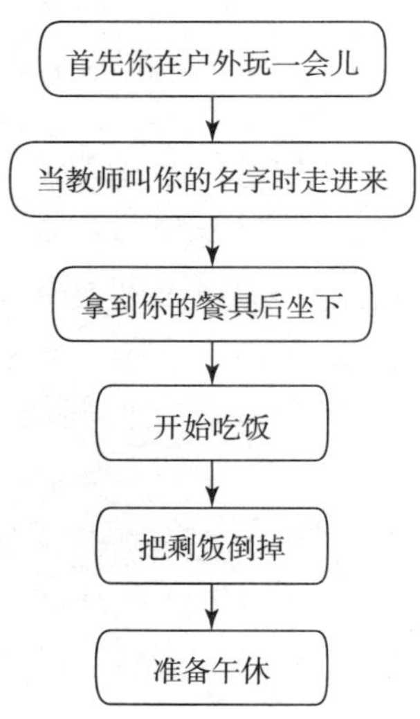

图 9-5　“午饭”脚本（Berk，1991）

故事语法是一种典型的图式结构，一般被称为文本或故事结构的图式，适用于许多具体的故事，可以帮助学生理解和记忆故事（Gagné，Yekovich，& Yekovich，1993）。例如，故事的六要素（人物、时间、地点、起因、经过和结果）就是一种故事语法。理解故事时，我们会选择合适的图式，如“有一个人……，想……，但是……，然后……，最后……”，再据此决定哪些细节更重要，选择记忆哪些信息。

（五）产生式

我们的日常活动通常包含一些决策。例如，如果口渴，就找水喝；如果学习累了，就听音乐调节一下；考试中如果不知道这道题的答案，就先做下面的题……做出这些决策时，我们通常需要先确定当时的情境和条件，然后采取相应的行动。

产生式（production rule）是指条件与动作的配对，即“如果某种条件满足，那么就执行某种动作”的知识。它表明了所要进行的活动以及发生这种活动的条件。它与前面的概念和命题网络的表征方式不同，它具有自动激活的特点，一旦满足了特定的条件，相应的行为就会发生，这常常不太需要明确的意识，如实施强化和鉴别三角形的产生式（表 9-3）。

表 9-3　实施强化和鉴别三角形的产生式（邵瑞珍、皮连生，1997）

P1 实施强化的产生式	如果　目标是要增加儿童的注意行为， 　　　且儿童注意时间比以前稍微延长， 则　　对儿童进行表扬
P2 鉴别三角形的产生式	如果　已知一个图形是两维的， 　　　且该图形有三条边， 　　　且三条边是封闭的， 则　　识别该图形为“三角形”，并说“三角形”

产生式是程序性知识的主要表征方式。程序性知识在获得之初是以命题网络的形式表征的，在变式练习的条件下，就转化为产生式的表征方式。一旦条件满足，行为自动激活。这就解释了熟练技能自动执行的心理机制。

一个产生式的结果可以作为另一个产生式的条件，从而引发其他的行动。这样，众多的产生式联系在一起，就构成了复杂的产生式系统。复杂的几何证明过程往往就是由一系列产生式系统表征的。

四、知识学习的基本机制

对于知识学习的机制，人们从知识类型、学习方式、学习深度等不同角度做出了实质性解释，并提出了相应的学习过程模式。例如，知识的学习可以根据知识的分类分为陈述性知识学习和程序性知识学习两类，或者分为符号学习、概念学习和命题学习三类。知识的学习也可以按照学习方式分为接受学习、发现学习与支架式学习三类。这些内容已经在前面相关章节进行了介绍。这里介绍另外几种概念。

鲁姆哈特和诺曼（Rumelhart & Norman，1978）根据图式理论提出，知识的获得有图式的积累（accretion）、调整（tuning）和重构（reconstruction）三种方式。积累指在原有的图式内积累新的事实和知识，从而导致图式的发展，这时，新经验与原来的图式是一致的，只要把新经验吸收到原来的图式里面就行了。调整是为了更准确地适应新的实际情况，已有图式常常需要做一些小的调整，包括推广或限制它的适用范围，确定其优劣之处等。重构指打破原来的图式，创建新的图式，这是图式的质变。

冯忠良等人提出，知识的掌握经历了领会、巩固和应用三个阶段。因此，直观、概括化和具体化等认知动作与识记和保持等记忆动作是实现这三个环节的核心。

斯皮罗等人提出知识获得（acquisition of knowledge）经历了初级学习和高级学习两个阶段。因此，理解和应用是实现这两个环节的重点。但是，知识的获得不是一次性完成的，知识的获得与知识的应用也不是绝对依次进行的。知识往往是在应用的过程中被获得、理解、深化和整合的。

从建构主义的观点看，知识学习都遵循知识的双向建构过程。个体获得知识的过程不是知识从外到内的传递转移过程，不是学习者原封不动地接受、掌握知识，而是学习者建构自己的知识的过程，这种建构活动是通过新信息与原有知识之间的双向、反复作用完成的（陈琦、张建伟，1998）。

首先，在知识建构过程中，学习者需要以原有知识为基础来同化新知识。对新信息的理解总是依赖于学习者原有的知识，学习者必须在新信息与原有知识之间建立适当的联系，才能获得新信息的意义。例如，在学习“三角形”时，儿童要将这一名词（符号）与他们看到的各种不同形状的三角形物体联系起来；在学习“直角三角形”时，学习者需要联系自己有关“直角”和“三角形”的知识以及生活中的一些实际经验，离开了与这些知识的联系，这些名词就成了没有意义的符号。像这样，学习者通过将新知识与原有知识联系起来，从而获得新知识的意义，把它纳入已有认知结构的过程，就叫作新知识的同化。同化过程涉及感知、判断、推理、记忆等一系列复杂的认知活动。一旦学习者在新知识与原有观念之间建立了逻辑联系，他就可以利用相关的背景知识对信息做出进一步的推论和预期。例如，只要学习者能将“定滑轮”与“杠杆”联系起来，即知道定滑轮实质上是一种等臂杠杆，那他就可以把有关杠杆力臂的知识推论到“定滑轮”上，知道它并不能省力。这样，通过积极地在新旧知识之间建立联系，将原有知识投射到新情境中，学习者就可以“超越所给的信息”，进一步生成更丰富的理解。因此，知识的同化过程实际上是一个不断建立联系，做出推论的过程，学习者正是通过这种联系和推论活动将外在信息转化成“自己的”知识的。

与此同时，随着新知识的同化，原有知识会因为新知识的纳入而发生一定的调整或改组，这就是知识的顺应。当新观念与原有知识之间可以融洽相处时，新观念的进入可以丰富、充实原有知识。例如，在学习了“力”的概念后，学习者又学习了“重力”“摩擦力”等，把它们作为“力”的下位概念同化到原有知识结构中，这就可以丰富学习者对“力”的具体理解。有时，新观念与原有知识之间有一定的偏差，这时，新观念的进入会使原有观念发生轻微的调整。例如，在上面提到的例子中，定滑轮实质上是一种等臂杠杆，在把“定滑轮”作为“杠杆”的一种特例同化到认知结构中时，学习者对“杠杆”的理解会发生一些变化：杠杆不一定是细长的，它也可以是一个圆轮子。更有甚者，有时新观念会与原有观念完全对立。例如，小学生学习地球的形状，这会与他们的日常经验相冲突。这时，学习者需要转变原有的错误观念，原有观念会发生更为明显的转变（张建伟，1998）。

同化意味着学习者通过联系、利用原有知识来获取新观念，它体现了知识发展的连续性和累积性。顺应则意味着新旧知识的磨合、协调，它体现了知识发展的对立性和改造性。通过同化理解新知识的意义是原有知识发生顺应的基础，而真正的同化也常常离不开顺应的发生，因为只有转变了原有的错误观念，解决了新旧知识之间的冲突，新观念才能与原有知识体系协调起来，从而真正实现一体化。知识建构一方面表现为新知识进入，另一方面又表现为原有知识的调整改变，同化和顺应作为知识建构的基本机制，是相互依存、不可分割的两个侧面。

综上所述，知识的建构是通过新旧知识之间充分的、双向的作用来实现的。在获得新知识时，学习者需要充分调动相关的知识，分析、组织当前的新信息，生成对信息的理解、解释。同时，学习者要反思新知识和旧知识的一致性，辨别、评判它们的合理性。

第二节　知识的理解

本节将主要从同化的角度来分析知识的理解过程。学习者学习知识是为了更好地理解世界，灵活地适应世界。这就是说，知识的学习不仅是能够背诵多少概念、原理，更主要的是看获得的知识的质量，看它能否灵活地被迁移到各种相关的情境中。为了达到这一目标，学习者需要对知识形成深层的、灵活的理解，而不只是字面的、表层的、僵化的理解。"为理解而学习"，是当今学习和教学理论的一条重要信念。

一、知识理解的过程

我们是怎样理解知识的？例如，读一段文字，似乎它所表达的意义就在字里行间，它"输入"我们的感官，进而进入我们的头脑，我们就可以很自然地明白它在说什么。但其实，理解过程并不是这么"简单"。请你阅读下面的文字（张庆林，1995)，理解其意思。

这个程序实际上很简单。首先，你把总件数分成几组。当然，如果件数不多的话，一次就行了……很重要的是，一次件数不能太多。也就是说，每次太多不如少些好。这在短时间内似乎无所谓，如果不注意这一点，就很容易造成麻烦。一旦带来麻烦，其代价可能是很昂贵的。一开始，整个程序可能看上去比较复杂，但要不了多久，它就会成为你生活中的一部分。

这段话你理解了吗？现在，如果有人告诉你这段文字的标题——"洗衣机使用说明书"，那么请你再看一遍上面这段话。

在这段文字中，每个字我们都认识，每句话似乎都能懂，但整段文字会让人感到困惑。一旦给了标题，我们又恍然大悟。一个简单的标题，实际上唤醒了我们头脑中的相关经验，有了这个经验背景，我们就可以解释、组织这段文字，而离开了经验背景，这段话就成了一些杂乱无章的文字符号。可见，理解并不是信息简单地通过感官"输入"我们的头脑，学习者已有的知识也"投射"到当前的情境，意义的理解正是通过外界信息与已有知识的相互作用而实现的。这种双向建构过程在上一节的知识学习的基本机制中已经做过介绍了。

维特罗克（1991）的生成学习理论对理解的这一生成过程（generative process）

做了深入分析和解释。他认为，学习是学习者生成信息的有意义的过程，这一过程是通过学习者原有的认知结构和相关知识与从环境中接收到的感觉信息的相互作用实现的。在这种相互作用过程中，学习者主动地选择信息和注意信息，主动地建构信息的意义。有关生成学习过程模式的详情请参见第七章第二节“个人建构主义理论”中的生成学习理论。

二、知识理解的影响因素

（一）客观因素

1. 学习材料的内容

第一，学习材料的意义性。有意义的学习材料应该有逻辑地、清晰地表达某种观念意义，具有激活学习者相关知识的可能性。那些无意义的音节或乱码是难以引发理解活动的。

第二，学习材料内容的具体程度。具体的、形象的、与生活经验更为贴近的信息，如科学课中的“水”“植物的花”“植物的根”等，容易激活学习者的先前经验，有助于学习者形成丰富的联系。抽象的内容往往是对具体内容的提炼、概括，只保留了其中的关键信息，概括了事物的一般特征或规律，远离学习者的具体经验，如“化学键”“分子式”等，对这样的学习材料，学习者需要用更多的认知努力，去分析、思考这些内容，生成与原有知识的联系，填补这些抽象内容与先前经验背景之间的缝隙。

第三，学习材料的相对复杂性和难度。涉及因素较少、概念之间关系比较直接的知识较易于为学习者接受和理解。当一个知识揭示的关系超越了学习者现有的知识基础和认知发展水平时，学习者的认知负荷将会超载，导致学习困难。

2. 学习材料的形式

同样的内容往往既可以用较抽象的方式来呈现，也可以用直观的方式来表现。直观的方式包括：①实物，即对实物的直接观察；②模型，即用模拟的形象来描述、表现一种事物，让学习者看到无法或难以直接观察的东西，如地球仪、分子结构模型、流程图等；③语言，形象的语言可以使事物的信息丰富起来、生动起来，从而让学习者感到身临其境，如鲁迅笔下的孔乙己。这些直观的方式可以为抽象内容提供具体感性信息的支持。但直观并不局限于感知水平，它可以为更高级的认知活动提供支持。例如，对实物特征的比较、分析、归纳，对模型结构中各种关系的辨别，对现象的实验操纵、分析，等等，其中都包含了高水平的思维活动。不要为了直观而直观，“在处理所有的事物时都渗透着推理……只教授事物而没有思维，只有感官知觉而没有与之相关的判断，这是最不符合自然本性的”（约翰·杜威，1991）。

当所教的内容较为复杂时，多媒体和虚拟现实等计算机技术则会起到很好的教学辅助作用。这些计算机技术可以用形象和直观的形式把一种动态的过程（生物课中的生长发育等）、各种复杂的变化（各种生物、物理、化学变化以及立体几何中的图形旋转等）、关系（数学中的比例、大小等）、结构（化学中的物质结构等）等用语言难以描述清楚的内容很好地表现出来，这对学习者的理解是非常有帮助的。

3. 教师语言的提示和指导

教师在不同教学阶段的语言提示和指导对学生的学习有直接的影响。在教学的开始阶段，教师可以用语言为学生创设一个问题情境，激发学生探索和求知的欲望；在具体讲述某一知识以前，教师通过课堂提问可以唤起学生对已有相关经验的回忆；在向学生陈述和解释知识的过程中，教师的语言提示可以帮助学生正确建立起知识中包含的各个概念之间以及新学知识和学生的已有知识之间的内在联系，并使学生从中获得所学知识的具体意义。在教学中，教师语言的作用不应仅仅局限于对某一具体知识的描述和解释，重要的是用语言引导学生进行主动的建构。

（二）主观因素

1. 原有知识背景

学习者对新信息的理解会受到原有知识背景的制约，这种知识背景有着广泛的含义。

第一，它不仅包括学习新知识所需要的直接的基础性知识（准备性知识），也包括相关领域的知识以及更一般的经验背景。例如，学习者解决数学问题的经验很可能会影响到他们解决物理问题，学习者的生活经验和语文知识都会影响到他们对数学应用题的学习。

第二，它不仅包括学习者在学校学习的正规知识，也包括他们的日常直觉经验。例如，学习者在生活中形成的关于多少、相等的观念是他们学习数学的重要基础，学习者对水、动植物以及各种机械的观察经验会直接影响到他们对自然科学的学习。

第三，它不仅包括与新知识相一致的、兼容的知识，也包括与新知识相冲突的经验。前者可以帮助学习者理解新知识，这是奥苏贝尔所说的可以作为新知识的固着点的先前知识，而那些与科学知识相违背的错误观念（misconception）则会使学习者难以真正理解新知识，感到困惑。

第四，它不仅包括具体领域的知识，还涉及学习者的基本信念。①本体论信念，指学习者关于世界及其运行方式的假定。例如，万事万物都是有规律可循的吗？事物的性质是确定的，还是偶然的？时间和空间是绝对的吗？等等。这些信念会影响到学习者对科学知识的理解（Posner et al.，1982）。②认识论信念，指学习者对知识、对学习的看法。例如，知识是静态的，还是动态的？知识是一堆零散的事实材料，还是一个相互联系的体系？学习是对这些知识的接受和记忆吗？等等。这种知识观和学习观会影响到他们对知识的加工理解方式和学习的效果（张建伟、孙燕青，1997；刘儒德，2005）。

第五，它不仅包括直接以现实的表征方式存在于长时记忆中的知识，也包括一些潜在的观念。有些问题学习者还从未接触过，一旦面对这种问题时，他们便可以依靠自己的知识背景、推理和判断能力，形成自己的假设和解释。这并不是胡乱的猜测，它们常常是从其经验背景中得出的具有一定合理性的推论。这种潜在的背景知识同样也会对新知识的理解产生影响。

第六，它有时被表述为学习者的认知结构。奥苏贝尔分析了认知结构的不同特征，如固着观念的可利用性、清晰性、稳定性和可辨别性，以及对知识理解及其保持的影响。

综上所述，学习者的原有知识背景会影响新知识的理解，而这种知识背景有着丰富而广泛的含义，它包括来源不同的、以不同的表征方式存在的知识，是一个动态的、整合的认知结构。

2. 学生的能力水平

（1）学生的认知发展水平

学生能否理解一个事实和一种特定的关系与其自身的认知发展水平有直接的关系。两类事物或现象可以构成各种各样的关系，如类属关系、交叉关系、并列关系、因果关系等，学生对这些关系的认知能力是渐进发展的。一般来说，学生对知识的理解水平是和其认知水平同步的，低年级学生的思维对事物的形象和表象有很大的依赖性，不能借助各种抽象的符号来进行心理运算。因此，他们往往只能理解两类事物或现象之间的一些直接的、初步的关系。只有当学生的抽象逻辑思维发展到一定水平后，他们才能真正理解一些较为复杂的、抽象的原理。

（2）学生的语言能力

知识（尤其是抽象知识）是用语言来表述的，有时学生语言能力的不足会制约其对某些知识的理解。在教育实践中我们经常会看到，由于学习兴趣和其他因素的影响，有些学生存在着明显的偏科现象。有的学生有数学天赋，数学能力发展较好，但不太重视语文知识的学习，到了高年级后，随着所学内容的难度不断加大，数学学习对一些基本语文知识的依赖性不断增大。这些语文基础较差的学生，不能正确理解一些数学原理的表述和数学问题的情境，这直接影响了对数学的学习。

3. 主动理解的意识与方法

（1）主动理解的意识倾向

许多教师和学生都认为，学生听了并记下了教师所讲的概念、规则和方法策略，看到了书中写的内容，自然而然就能理解这些内容了。这种关于学习的观念会严重阻碍他们对知识的理解。学生常常一遍遍地阅读，一遍遍地练习，却无法真正理解所学的内容，或者只是理解了一点字面意思。理解并不是随着这些新信息的进入而轻易地实现的，它需要学生主动地形成知识间的联系。如果学生能主动地形成知识间的联系，他们将会形成更深、更好的理解。

维特罗克（1991）强调，为了促进理解的形成，必须改变学生对学习活动的认识，改变他们对自己在学习活动中的作用的认识，即从记录、背诵教师所给的知识，转变为通过把所学知识与原有知识及真实生活经验联系起来而进行生成性学习。要让学生知道理解不是自动发生的，理解的程度取决于学生在学习中的思考活动，以及他们对自己的学习过程的意识和控制。为了形成自己的理解，学习者需要努力建立两类联系：①当前学习内容的各个部分之间的联系，如词、句、段以及更大的单元；②当前学习内容与原有的知识、信念或经验之间的联系，学习者必须带着“主动联系”的准备去学习，有意识地把自己的注意力集中在知识间的联系上，去思考、推断知识的真正含义。

（2）主动理解的策略和方法

维特罗克（1991）提出，为了促使学生把当前内容的不同部分联系起来，教学中可以采用如下策略。①加题目。为了给一篇文章加题目，学生需要综合不同的内容并加以提炼。加什么题目，并没有标准答案，但要抓住中心，要醒目而富有想象和创意。②列小标题。为了给一个或几个段落写小标题，学生需要综合这一部分的意思，这不仅可以用于语文教学，也可以用于其他社会学科和自然学科的教学。③提问题。针对当前的内容，学生提出自己想弄明白的问题，这就需要学生对内容进行综合和分析。提问题也可以用于多种学科。④说明目的。说明作者写这些内容的目的，这需要学生综合这段内容，结合前后文进行分析和推测。⑤总结或摘要。为全部内容写一份总结，或者更简要地概括它的中心意思，要尽量用自己的话来表达，而不是摘抄、罗列书上的原话、东拼西凑，要把内容的要点提炼出来，说清楚、说完整。这种方法可以用于语文、历史、地理、物理等学科的教学。⑥画关系图或列表。用画图或列表的方法概括和整理这段内容的要点，表现它们之间的关系，并分析和比较相关概念的异同。

为了帮助学生把当前的学习内容与原有的知识、经验联系起来，教师可以采用以下策略。①举例：从原有知识中找到适当的例子，来解释说明当前的内容。②类比与比喻：用自己熟悉的事物来比喻、类比新学习的知识，如用“水流”类比“电流”。③证明：以原有知识经验为基础来论证当前的概念和原理，为它们提供理由和证据。④释义：不是重复课本中的原话，而是用自己的话来表达所学知识的意思。⑤解释：用有关的知识来解释新学的知识，说明自己的具体理解。⑥推论：从这一知识出发，可以进一步推知什么。⑦应用：应用所学的知识来解决相关的问题，特别是与实际生活密切相关的实际问题，以及需要综合运用多种知识的综合性问题。

三、概念的学习

外在世界的信息变化繁杂，我们主要通过**概念**（concept）对信息进行分类处理。我们对世界的认识，是由概念与概念之间的关系构成的。概念的学习在学生的学习中占有重要的地位。下面介绍的概念的学习方法同样也适用于原理的学习。

（一）概念的界定、结构与类型

1. 概念的界定

概念就是代表一类具有共同特性的人、物体、事件或观念的符号。例如，“学生”就是一个概念，表示许多具有某些共同属性的一类人——所有学习某一课程的人。他们可能是年长的或年轻的、校内或校外的，他们可能学习计算机或跳交谊舞，但都属于学生。概念反映的不是一类事物的某一具体特征，而是一类事物共有的本质特征。概念是抽象的，在真实的世界中只存在概念的具体例子。

①概念的内涵和外延各有差异。有些概念内涵较小、外延较大，也就是说，概念的成员具有少量的共同属性，但包括大量的成员，如动物、植物等。有些概念内涵较大、外延较小，也就是说，概念的成员具有大量的共同属性，但包括少量的成员，如麻雀、郁金香等。

②有些概念的含义随着年龄的增长也在不断变化。例如，“公正”（justice）这一概念，人们终生都在试图理解它。皮亚杰曾具体研究过不同年龄儿童具有的“生命”的概念，他发现儿童对“生命”概念的形成有一个渐进的发展过程。6 岁以前的儿童认为任何东西都是有生命的，6～8 岁的儿童认为能动的东西才是有生命的，8～10 岁的儿童则认为自己能动的东西才是有生命的，到了 11 岁以后儿童才真正理解了生

命的含义。

③概念是有层次的。例如，郁金香这一概念指某一类特定的花，是花这一概念的一个例子，花又是植物这一概念的例子，而植物又是生物这一概念的例子。许多概念都是以一种相当复杂的方式联系在一起的。

概念有助于人将大量的信息组织成有意义的单位，从而大大简化了人的思维过程。我们不必为所遇到的每一样新事物命名和归类。我们通常把它们归入已有的类别。例如，自然界存在100万种可分辨的颜色。我们只需将它们归入有限的几十种颜色，就能相当好地整理这种多样性。如果不能形成概念，我们就会发现生活将是混沌一片、毫不相关的经验，无法对事物归类，没有用于思考相似事物的符号，人与人之间的交流也将变得不可能。

2. 概念的结构

概念一般由名称、定义、属性和例证组成（表9-4）。

（1）概念的名称

概念一般是由词汇表示的，但并非所有词汇都是概念。当一个词指代的是一类事物的属性时，才能被称为概念。心理学中使用的“概念”一词不一定非要用一个特定的词表示出来。例如，婴儿在不会讲话时就已形成一些概念了，如“妈妈”。动物不用语言也能形成一些基本的概念。例如，鸭子面前有三个不透明的杯子，分别用一个三角形和两个长方形做盖子，只有三角形盖子的杯子中有食物。经过多次尝试，不论三角形的大小如何，鸭子都能熟练地找到食物。这说明，鸭子已形成了三角形这一概念，并把三角形与食物联系起来了。

（2）概念的定义

概念的定义就是用一个或几个句子对概念代表的某类事物的共同特征进行的概括。概念的定义往往用于对一类事物共同特征的界定。一般来说，大部分概念都有一个具体的定义，但有些事物、事件或观念是非常复杂的，有时虽然我们知道一个概念的内涵，但真正要给它下一个定义却比较困难，如“友谊”。

（3）概念的属性

概念的属性又被称为关键特征，是一个概念的所有成员都具有的本质属性。属性是指概念中的各种可以辨别的特征，属性既可以是形状、颜色，也可以是大小、体积、形状、质量等。概念的特征可分为关键特征和无关特征两类。关键特征是所有概念成员共享的特征，如长有羽毛是所有鸟类的关键特征；无关特征是部分概念成员具有的特征，如是否能飞是鸟类的无关特征，有些鸟（麻雀等）能飞，有些鸟（鸭等）不能飞。

(4) 概念的例证

概念反映的是某一类事物的共同属性，每一个概念成员都是这一概念的具体例证。概念的例证大致可分为正例和反例两种。正例或肯定例证（positive instances）是完全符合概念关键特征的例证。正例还可以分为原型和变式两种：原型是概念的最佳实例；变式（variation）是概念在无关特征方面有变化的正例。例如，等腰梯形、直角梯形、上底宽下底窄的梯形都是梯形的变式。反例或否定例证（negative instances）是完全不符合或不完全符合概念关键特征的例证。

表 9-4　概念结构分析举例（改编自 Arends，2004）

概念的名称	概念的定义	概念的例证		概念的属性
		正例	反例	
岛屿	一种被水包围的陆地，没有像大洲那样大	美国夏威夷州，中国台湾，古巴	中国，美国佛罗里达州，澳大利亚	①陆地（非大洲），②水，③水包围陆地
湖	一种被陆地包围的水，主体部分位于内陆	密歇根湖，太湖，青海湖	尼罗河，黄河，池塘	①主体部分是水，②有陆地，③水被陆地包围
半岛	陆地部分或者几乎全部被水包围，但还是与大陆有陆地联系	意大利，美国佛罗里达州，中国山东	美国夏威夷州，中国海南省，亚洲	①陆地与大陆相连，②有水，③几乎所有的陆地都被水包围

3. 概念的类型

(1) 日常概念和科学概念

维果茨基认为，日常概念又称为前科学概念，是没经过专门的教学，而在日常生活中通过辨别学习、积累经验掌握的概念。例如，蜜蜂不是鸟类，鸭是鸟类。科学概念则是在教学过程中通过揭示概念的内涵而形成的概念。

(2) 难下定义的概念与易下定义的概念

赫尔斯（Hulse）根据关键特征的明显程度，把概念分为两种：一种是易下定义的概念，是关键特征明显，易用某种规则揭示出来的概念，如三角形；另一种是难下定义的概念，是关键特征不明显，不易用某种规则揭示出来的概念，如书、家具、游戏、智力等。

(3) 初级概念和二级概念

奥苏贝尔认为，关键特征可以从概念的正反例子中，通过分析和概括揭示出来的概念是初级概念（primary concept）；而二级概念（secondary concept）是不经过观察概念的正反例子，直接用定义的形式揭示出来，如等腰三角形等。

(4) 连言概念、选言概念和关系概念

连言概念指概念中同时具有某些属性，且属性之间具有相加的性质的概念，如毛笔、黑熊、高楼等。在这种概念中，其具有的属性缺一不可，必须同时具备。选言概念指概念中属性的组合，二者选一或二者兼备，如我们说一本书是“好书”，既可以指一本文字优美、装帧漂亮的书，也可以指一本内容曲折、生动、有教育意义的书。当然，同时具备以上两方面特征的书自然是好书。关系概念指概念的各种属性可以揭示出某种特殊关系，如许多表示方位、相对大小的概念都被称为关系概念。

（二）概念的获得

概念的获得实质上就是要理解一类事物的共同关键属性，也就是说，使符号代表一类事物，而不是特殊的事物。儿童获得概念的两种基本形式是概念形成（concept formation）和概念同化（concept assimilation）。

1. 概念形成

由于概念在我们生活中使用极广，对思维过程尤为重要，因此，许多心理学家都在研究这样一个问题：概念是怎样形成的。赫尔（1920）首创人工概念的经典研究，并提出了联想理论，试图根据强化反应的原理来解释**概念形成**，即同类事物的关键特征可以由学习者从大量同类事物的不同例证中独立发现。如果学生能够正确地识别出某个概念的一个例子，就给予强化，告诉他这是对的；如果学生对刺激识别错了，则告诉他这是错的。通过一系列尝试，正确的反应与适当的刺激就联结起来了，因此，学生的概念也就形成了。后来，布鲁纳等人提出了假设—检验理论，其基本观点是，在概念形成过程中，学生并不是被动地、消极地等待各种刺激的出现以形成联想，而是积极地、主动地去探究这一概念，通过一系列的假设—检验来发现这一概念。学生在形成概念的过程中，还会采取各种策略，以求加快发现这一概念的过程。心理学家罗施（1975）根据学生日常生活中使用概念的特点，提出了范例理论（example theory）。例如，“桌子”不是用颜色、形状、大小等特征的人为组合就可以描述出来的。事实上，这些概念是很难界定的，往往用具体的范例来代表概念。最典型的范例被称为原型。这些理论对实际的概念教学都具有一定的指导意义。原型和范例可以用作概念的识别，但是原型不是进行概念识别的唯一方法，如果没有合适的原型来表征概念，上下文的情境就能起到提示作用（图 9-6）。

在图 9-6（a）中，尽管这三个物体都不常见，但是物体①比较接近钳子的原型，可以被识别，但是物体②和③不能一下子被学生识别。这时候，呈现图 9-6（b），学生一定会豁然开朗，它们分别属于脱核器和脱粒器。

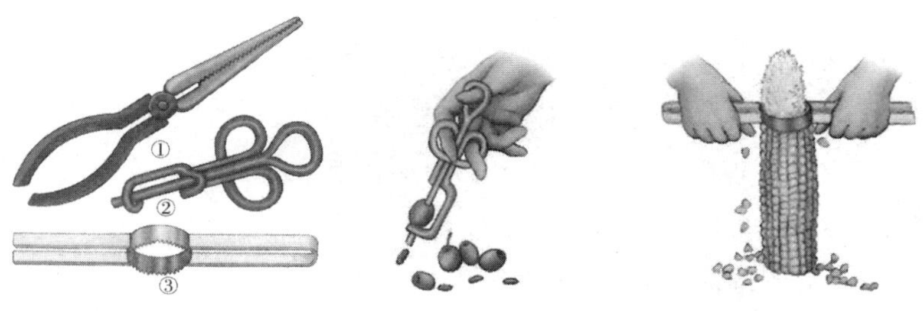

（a）原型的应用　　（b）情境对原型应用的补充

图 9-6　原型在概念形成中的作用（Coon & Mitter，2015）

对于学生来说，概念形成是概念获得的典型方式。尤其是学前儿童通过概念形成的方式来获得概念，主要是因为他们已有的知识比较具体而贫乏，理解能力有限。例如，成人在使用"叔叔"这一术语时，一般指任何人的父亲的弟弟，也泛指任何比父亲小的成年男子。如果我们把"叔叔"的定义就这样告诉儿童，他们或许能凭机械记忆记住这些词句，但是他们能否获得"叔叔"这个词的概念意义呢？由于儿童认知结构中的"父亲""弟弟""任何人"等词并不代表概念，只代表个别的人，同时，他们也不知道这些词在上述"叔叔"的定义句子中的句法功能，所以，儿童不能用定义的方式学习"叔叔"这个概念。儿童只能从大量的例子出发，从他们实际经验的肯定例证中，以归纳的方式抽取出一类事物的共同属性，从而获得某些初级概念。

2. 概念同化

学生在教学条件下学习概念，完全不同于人们在自然条件下形成概念或科学家发明与创造概念，也不同于在人工条件下形成概念。学生获得概念的主要形式是概念同化。**概念同化**是这样一种概念获得方式：利用学习者认知结构中原有的概念，以定义的方式直接给学习者提示概念的关键特征，从而使学习者获得概念。在学校教学中，概念的学习都是以已有的知识为基础的。在这一过程中，认知结构中的原有概念可以为一个新概念的吸收提供一个固定点，当学习者在已有的概念和新概念之间建立起一种实质性的、非人为的联系以后，学习者就会获得新概念的具体意义。

奥苏贝尔把概念同化分成了上位学习、下位学习和并列结合学习三种基本形式。

第一种形式是下位学习。当学生已经获得了一个抽象概括程度较大的概念以后，学生就会很容易地把握一个下位概念。例如，学生在获得了“汽车”这一概念并能准确地把公共汽车、大卡车、吉普车等纳入这一概念体系以后，在碰到又一种新的概念——“赛车”时，学生不需要经过概念学习的辨别、归纳的初级过程，只需要教师用下定义的方法告诉学生赛车是汽车的一种，并向学生进一步解释赛车和其他车型的区别后，学生就能较为准确地获得赛车这一概念。第二种形式是上位学习。当学生已经获得了几个同类的、包摄程度较低的概念以后，他们就可以在教师的引导下形成一个抽象概括程度较高的新概念。例如，学生在学习了黄瓜、茄子、豆角、西红柿等概念后，随着掌握的同类概念的不断增多，他们就会在主观经验上把这些概念联系起来，进而形成一个概括程度更高的概念——“蔬菜”。第三种形式是并列结合学习。当学生已经获得几个包摄程度相同并且相互关联的概念以后，便会在此基础上很容易地获得另一个同样性质的概念。例如，中学生在学习了钠、镁、铝等元素的性质和特征后，再学习铜、铁、锌等元素就非常容易了。这是因为它们是相同性质的概念，学生很容易在已有概念的基础上获得新概念的意义。事实上，课堂教学中的许多同类性质的概念都是通过这种并列结合学习的形式获得的。

（三）概念的学习和促进

1. 概念的学习方式

概念的获得有概念同化和概念形成两种形式，概念的教学也可采取相应的两种方法：概念接受学习和概念发现学习。

（1）概念接受学习

概念接受学习方式对应于概念同化，遵循“规则—例子—规则”的程序。其具体做法是：先给学生一个定义，接着呈现几个正例（反例），然后分析这些例子是如何代表这一定义的。学校所教的概念常常采用这种方式。例如，我们在学习本书前面的“学习”概念时，先下一个定义，然后分析该定义的主要特征，举出正例和反例。这种方法的效率比较高，比较适合高年级或者有了一定基础概念的学生。但是如果从建构主义的角度看，这种方法存在一定的局限性，它更多地关注了概念的定义特征，而忽略了学生已知的范例，可能对概念的加工和应用不够。

（2）概念发现学习

概念发现学习对应于概念形成，遵循“例子—规则—例子”的程序。其具体做法是：先呈现例子，再引导学生根据概念的特征，不断修正并推导出适合的概念，最后再呈现相关的例子，对概念加以巩固。这种方式更能促进学生的高层次思维，不仅能帮助学生建构对特殊概念的理解，还能发展学生的思维技能，如检验假设的能力。教师可以先呈现一个概念的正例和反例，让学生提出假设，猜这个概念是什么，通过不断提供正例、反例，学生对这个概念的特征把握得越来越精确，直到学生自己建构出新概念。为了加强对高层次思维的教学，教师还可以让学生反思自己的分析过程与思维策略（表 9-5）。

表 9-5　概念形成模式的教学阶段（Woolfolk，2004）

阶段	过程
阶段一： 呈现概念的定义或数据	教师呈现合适的正例和反例； 学生比较正例和反例的特征； 学生形成和检验假设； 学生根据这些基本的特征给出一个定义
阶段二： 验证概念的猜想	学生判断新的例子是否符合概念； 教师分析确认假设，给概念命名，并下定义； 学生举例
阶段三： 分析思考过程和思维策略	学生描述思考的过程； 学生讨论假设和特征的意义； 学生讨论假设的类型

2. 概念教学注意事项

无论采用什么教学方法，为了帮助学生有效掌握概念，教师要注意把握概念的四个方面的要素：概念的名称、定义、特征和例证。

（1）清楚交代概念的名称或别称

概念的名称需要交代清楚。例如，教师要让学生知道有些概念具有同义词或者别称，如长方形又被称为矩形；引导学生分辨一些表面相似的概念，如等边三角形和等腰三角形；说明在特定领域或情境中概念名称的特定含义，如心理学中的“气质”和“人格”与日常生活中的用法是不一样的。

（2）明确揭示概念的定义

一个良好的概念定义具有两个要素：一是指出新概念隶属的更一般的类别；二是给出新概念的定义特征。例如，等边三角形的两个要素是：一个平面的简单的封闭图形（一般类别），三个相等的边和角（定义特征）。好的定义并不能只靠语言表达。在某些概念的教学过程中，“一幅画抵得上一千句话”，特殊的例子或者图画对学生形成概念非常重要。对于一些复杂科目，如数学、历史等，学生利用图表和图画对概念的掌握效果要好于只利用文字材料。例如，教师讲海洋中的食物链时，可以展示一张形象的图片，甚至是动画，学生就能有效地掌握食物链的概念。

(3) 突出有关特征，控制无关特征

大量的实验研究和教学经验证明，概念的关键特征越明显，学习越容易，无关特征越多、越明显，学习就越困难。概念教学需要突出有关特征（定义特征），控制无关特征。能飞并不是鸟的有关特征，虽然许多鸟都会飞，但是，有些鸟不能飞（鸭），而有些不是鸟的动物却能飞（蜜蜂）。概念的无关特征是同时呈现还是随着举例而逐个呈现，一次呈现多少无关特征，如何控制无关特征的突出性或隐蔽性，都要根据概念的学习方式和学生的先前经验与思维水平来确定。

(4) 适当运用正例和反例，提供变式和比较

概念教学需要举例说明。在教那些对学生而言比较难的概念时，教师需要运用较多的例子。正例和反例在划分类别的界限中都是必不可少的。正例给出了概念外延，最有利于概括。为了便于学生从例子中概括出共同的特征，教师最好同时呈现若干正例，这些正例应包括许多无关特征（变式），防止学生**概括不足**（undergeneralization），即把属于这个概念本身的成员排除在外，人为缩小概念的外延。例如，在给“鸟”这一概念举例时，教师不仅要举麻雀、乌鸦、鹦鹉等能飞的正例，也需要举鸵鸟、鸭子等不能飞的例子，以防学生因概括不足而将不能飞的鸵鸟、鸭子等排除在鸟的概念之外。

反例与概念本身非常相关，只是少了一个或者几个关键特征，最有利于辨别。反例的适当运用可帮助学生排除无关特征的干扰，加深对概念本质的认识，可防止学生**过度概括**（overgeneralization），即把不属于概念本身的成员包含进来，人为扩大概念的外延。例如，在教“鸟”的概念时，教师不仅要举正例，还需要举出一些虽然能飞但不长有羽毛的反例，如蝙蝠、蜻蜓、蜜蜂等，以防学生因过度概括而将不是鸟的成员纳入鸟类。

概念教学的举例需要遵循一定的顺序，需要合理运用变式，同时要引导学生进行比较。研究者（Tennyson & Park，1980）指出在运用例子说明概念时的三条原理：①按由易到难的顺序呈现正例，先举原型，然后举其他正例；②选择彼此不相同的例子，也就是各种变式，比较原型和各种变式之间在概念特征上的异同；③比较正例和反例，尤其是比较两者在关键特征上的差异。例如，在教“液体”这一概念时，教师可以由易到难举例，先举水、果汁，然后举黄油、香波。黄油、香波在无关特征上彼此不相同，黄油较厚、不透明，香波则不能食用。这样可以防止因概括不足而导致概念的外延缩小。然后，教师可以举出几个反例，如沙子、稀泥，虽然它们也能倾泻，但不是液体。这样可以防止因过度概括而导致概念的外延扩大。

此外，例子有简单和复杂之分，简单的例子可以帮助学生形成某个概念，而那些比较复杂的例子才是检验概念是否真正形成的试金石。教师需要根据概念的学习方式、学生的先前经验和思维水平来确定在教学中一次呈现多少例子、呈现多少次例子；哪些例子用于教师的讲解说明，哪些用于学生的归纳概括，哪些用于学生的判断练习，或者哪些用于验证学生对概念的理解。例如，在教“三角形”概念时，教师可以先呈现多个正例，然后再呈现多个反例；也可以每举一个正例，接着举一个无关特征相同但关键特征相异的反例，如三条直边围成的平面封闭图形（正例）、三条曲边围成的封闭图形（反例）、三条直边围成的平面封闭图形（正例）、三条直边围成的平面未封闭图形（反例）等，以此突出对正例和反例的比较和辨别。

3. 概念网络的形成

概念教学不仅要让学生准确了解所教的概念，还要让学生把新学的概念和自己长时记忆中已有的概念联系起来，这就涉及**概念关系图**（concept mapping）——一种用图表的形式表征知识的方法。概念关系图是一种按照概念之间的内在逻辑关系，将一个概念和与其关联的其他概念组织在一起，形成概念网络的教学策略或教学方法，其目的是使概念之间的关系可视化（Novak & Gowin，1984；Novak & Musonda，1991）。我们一般以网络的形式组织知识，这个网络由节点和连线组成，节点表示概念，连线代表概念之间的关系（图 9-7）。概念关系图在教学中主要有两方面的功能。它可以作为一个教学工具。在建构概念图的过程中，学生能对概念之间关系的理解进行梳理，有利于理解的深入（张爱芹，2005）。同时，它也可以作为评价工具。一名学生如果在做概念关系图时遗漏了某些概念、某些连线，就表明学生对这一概念缺乏足够的理解。教师能以此来发现学生对概念（特别是概念之间关系）理解的疏漏。

4. 概念的运用

促进概念掌握和学习的方法还有很多。例如，教师在呈现例子时多采用可视化的工具，更重要的是给学生提供实际应用的机会，这样学生对概念就会更加熟悉，掌握概念的积极性就会提高。根据建构主义，概念的意义存在于对概念的应用之中。对概念的实际运用是概念具体化的过程，而概念的每一次具体化都会使概念进一步丰富和深化，对概念的理解就更完全、更深刻。已经获得的概念可以在知觉水平和思维水平上运用。

（1）在知觉水平上运用

人的认知结构已经获得同类事物的概念以后，如果再遇到这类事物的特例时，人就能立即把它看作这类事物中的具体例子，并将其归入一定的知觉类型。例如，

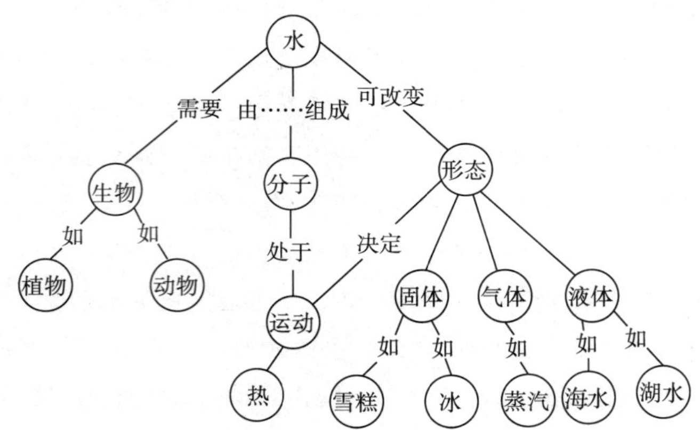

图 9-7　分子概念关系图（Arends，2004）

把特殊的房子看作一般的房子。这样就从知觉上理解了房子。此外，已经获得的概念在新的地方出现时，学习者不必经过一系列的认知过程，就可以直接从知觉上觉察它的意义。

（2）在思维水平上运用

在接受学习中，将新的概念归属于原有的层次较高的概念，或者识别某一类已知事物的一个不大明显的成员（在思维水平上分类），都属于在思维水平上的运用。发现学习常常需要运用原有的概念。例如，在解决比较复杂的问题时，我们必须重新组织原有的概念，以满足解决当前问题的需要。这也是概念在思维水平上运用的特征。

第三节　错误概念的转变

儿童并不是空着脑袋进入教室的。在日常生活和以往的学习中，他们形成了大量的知识，其中有些概念是与科学知识相一致的，可以作为新知识的起点（生长点），但也有很多理解与当前的科学理论不一致，甚至是错误的。20 世纪 70 年代以来，研究者对儿童的错误概念及其转变做了大量的研究，集中揭示了知识建构中顺应的一面，对教学具有重要的启发意义。本节就从这一侧面来透视知识建构的过程和规律。

一、错误概念及其性质

学习者的头脑里存在大量的**错误概念**（misconception）。错误概念或称为另类概念（alternative conception），指学习者持有的与当前科学理论对事物的理解相违背的概念（Driver & Easley，1978）。需要说明的是，这里的“概念”并不是本书前述的狭义上的概念，而是指与某个概念相关的所有知识，相当于观念或理念，甚至信念。如“中国人”这一概念包含个体知道的关于中国人的所有知识，如中国人的文化历史、民俗风情、外貌特征、个性品质等。

学习者的错误概念涵盖自然科学的方方面面。心理学家对此进行过大量研究。奥斯本和维特罗克（Osborne & Wittrock，1983）对小学儿童在科学概念，如电流的学习中常常遇到困难的原因做了研究。他们研究了美国、英国、澳大利亚和新西兰等地的儿童。例如，在由电池、灯泡和连接电池与灯泡的两根导线构成的简单的电路中，直流电的流动方式是怎样的？（图 9-8）

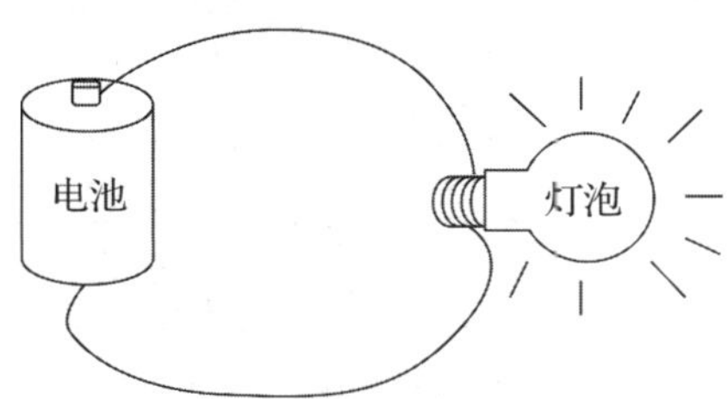

图 9-8　直流电流动的方向（Osborne & Wittrock，1983）

这些儿童对此问题有三种看法。大约三分之一的儿童认为，电流只是从电池流到灯泡，而另一根导线是为了排泄残余物，或为了安全。另有三分之一的儿童认为，电路中有两股电流，分别从电池的两端出发，直接流到灯泡，相互接触使灯泡发光。最后，有三分之一的儿童的观点与物理学家一致，他们认为直流电始终沿着一个方向流动，从电池的一极到灯泡，再回到电池的另一极，在整个电路中电流强度都是一样的。对于持前两种观点的儿童，研究者在电路中接上一个安培表，让他们看到电流并不是像他们所说的那样流动的。这时，他们对这一结果进行了特别的解释：“哦，可能在学校中不是，如果你跟我回家（到学校之外的真实世界中），你会看到电流是按照我说的那种方式流动的。”当研究者把电路和安培表带到他的家中，重复演示时，这个儿童常常会说：“这是你的安培表，你的电池、灯泡和导线。”儿童再次从演示中得出了这样的推理：教师操纵的环境和学科知识只是纯学术的，不能代表真实世界中发生的事情。当这些事实资料不支持他们的观点时，他们常常怀疑这些事实资料，以避免冲突，保留自己的观点。

错误概念不仅在儿童中出现，也会在大学生身上出现。克莱蒙特（Clement，1983）向工科学生呈现了如图 9-9 所示的问题情境（一个小方块物体被抛到空中，而后落下来），要求他们用箭头标出物体在各个位置上受力的方向。左侧的图显示了专家的答案，而右侧的图说明了学生表现出来的典型错误，即总认为在物体运动的方向上肯定有力的作用，力是改变物体运动状态的原因，这是与牛顿第一运动定律相违背的。在这一研究中，有 12％的没有学过大学物理的工科学生答对了这个问题，而在那些学过两个学期大学物理的学生中，只有 30％的学生答对了这个问题。这说明，尽管物理教学在一定程度上改变了学生的原有观念，但有相当多的学生（70％）仍旧坚持原来的看法。

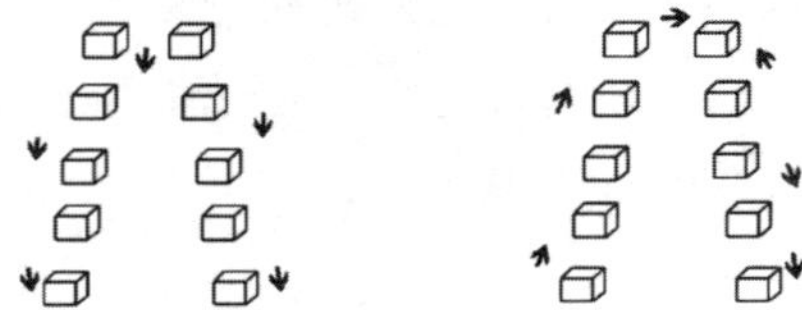

图 9-9　抛到空中的物体所受的力

错误概念出现的频率在各年龄阶段变化不太大（Gil-Pérez & Carrascosa，1990），并且与学生的学业水平之间没有明显的相关，优等生也常常有这些错误概念（Weller，1995）。以往的教学只关注新知识的传授，而正确概念的传授并不能自动校正学生原有的错误概念，儿童往往仍信奉原来的概念。在考试中，他们可能按照课本中的说法答题，但在与实际生活相关的情境中，他们仍坚持着原有的概念。改变错误概念并不容易，除非必要，否则人们不会轻易地放弃或改变原有的概念。可见，错误概念在科学教学中是很普遍的现象，且对科学知识的学习有着很深的影响。

从性质上看，错误概念不仅是由理解偏差或遗忘造成的错误，它们常常与学习者的日常直觉经验联系在一起，植根于一个与科学理论不相容的概念体系。很多时候，这些错误概念恰好是以前科学家主张的观点，如“太阳围着地球转”“重的物体更快落地”等。研究者（Vosniadou & Brewer，1992）访谈了儿童关于地球的理解，发现儿童的一些本体论的、认识论的基本信念会影响他们对地球形状的具体理解。例如，儿童通常有这样的假设：空间是有上下之分的，没有东西支持的物体将会落下去。这些基本观念使儿童无法相信地球是球形的，如果是那样的话，住在地球下方和两侧的人就要掉下去了。此外，他们还研究了儿童对昼夜交替的理解，也发现了相关概念的制约作用。如果一个儿童把大地看成平的而不是球形的，那么他便很难理解昼夜更替是地球自转造成的。因此，在教学中，简单告诉学生什么是正确的不能“换掉”他们的错误概念，学生必须看到这些概念与整个认知结构的密切联系。

二、概念转变及其过程

在与外界的相互作用过程中，个体常常会遇到已有经验无法解释的新现象、新观点。面对新旧经验的不一致，个体会感受到一种冲突，为了解决冲突，个体可能会对原来的概念进行调整、改造，使其适应新情境。**概念转变**（conceptual change）是认知冲突的引发和解决的过程，是个体原有的某种知识，由于受到与此不一致的新经验的影响，而发生的重大改变（张建伟，1998）。错误概念的转变是新旧知识相互作用的集中体现，是新经验对已有经验的影响和改造。

（一）认知冲突的引发

认知冲突是指人在原有概念与新经验之间出现对立性矛盾时，感受到的疑惑、紧张和不适的状态。基于原有的知识，人可以对行为的结果做出预期，而行为的实际结果与人的预期往往不完全一致，面对出乎意料的情境，人就会产生认知冲突。例如，小学生学完自然数后知道 4 比 2 大，在最初学习分数时，可能会产生 1/4 比 1/2 大的错误概念，当他发现 1/2 的西瓜比 1/4 的西瓜大一倍时，就产生了认知冲突。

认知冲突总是相对于个体的知识体系而言的，由于知识背景的不同，某种情境会与一个人的原有知识相冲突，但对另一个人来说可能不存在这种冲突。在与他人交往时，个体遇到与原有知识不一致的观点，也会感到认知冲突。例如，中国的老人都不太忌讳告诉别人自己的年龄，因为长寿往往意味着德高望重、资历深厚等。如果你问一位西方老人的年龄，这可能是对他的冒犯，他表现出的不愉快可能会给不明白个中缘由的中国人带来认知上的冲突。

认知冲突存在不同类型：①直接经验中的认知冲突与间接经验中的认知冲突。前者是指行为预期与实际结果之间的冲突；后者指个体在社会文化互动（阅读、听报告、讨论等）中，遇到与自己原有观点不同的观点，从而感到的冲突。②现实概念的冲突与潜在概念的冲突。前者指学习者头脑中实际存在的概念与新经验的冲突；有时，头脑中的概念不是以现实表征的方式存在的，而是以非言语表征的方式微弱地、含糊地存在的，甚至在教学前根本就不存在，若仅以学习者的整个经验结构为背景，就容易得出这样的理解，这种概念与新经验之间的冲突就是潜在概念的冲突。③针锋相对的认知冲突与可兼容的认知冲突。冲突的两个概念之间有时是针锋相对、此立彼破的，但有时可以同时成立，只有视角的不同，而没有根本性对立。

（二）认知冲突的解决

人不愿忍受认知冲突的压力，就会努力调整新旧知识，解决冲突以建立新的平衡。解决认知冲突有不同的途径。休森（Hewson，1981）分析了原有概念C在遇到新概念C′时，个体对新概念的处理方式：①径直地或者在经过认真分析之后拒绝新概念。②通过三种可能的方式纳入新概念。一是机械记忆；二是概念更换，以新概念代替旧概念，并与其他观念相协调；三是概念获取，将新概念C′与包括概念C在内的原有概念一起重新进行加工和整合，这意味着在原有知识背景中去理解新概念，新旧概念并不完全对立。

研究者（Chinn & Brewer，1993）考察了学习者面对反常信息时的各种反应：①用正确的知识替换不正确的知识；②忽视；③拒绝；④判断不相关的信息；⑤将其从所持观念中脱离出来，使所持信念免受其影响；⑥重新解释，使之确证所持观念；⑦使所持观念做出表面的而非根本性的转变。后六种情况都不利于积极的概念转变。

在个体面对新旧概念的对立冲突时，概念有时会发生整体性转变。研究者（Vosniadou，1994）将概念转变称为“原理转变”（principle change）或“信念转变”（belief change）。这种转变有时是渐进式的，学习者在建构新概念的同时往往还在继续使用原来的旧概念，并不完全如休森所说的那样简单明了。

三、概念转变的影响因素与条件

（一）概念转变的影响因素

概念转变存在许多影响因素，其中有学习者自身的因素，也有教学方面的因素。例如，研究者（Chinn & Brewer，1993）提出了四个复杂因素：①学习者先前知识的性质；②新的替代模式和理论的特征；③改变学习者观念时呈现信息的方法；④学习者对反常数据进行加工的深度。这里介绍学习者自身的影响因素，教学方面的因素在后面的“为概念转变而教”部分进行介绍。

1. 学习者的形式推理能力

为了避免错误概念，学习者需要理解新的科学概念，意识到证明新概念有效性的证据，看到事实材料是如何支持科学概念而反驳原有错误概念的。这些都依赖于学习者的形式推理能力。所以，对认识水平较低的儿童来说，证明地球是圆的这一事实是非常困难的。

2. 学习者的先前知识

学习者先前知识的强度、一致性和坚信度三个特征影响转变的可能性（Dole & Sinatra，1998）。强度指学习者先前知识的丰富程度，即学习者的先前知识是组织良好的，还是零散的。一致性指先前知识是否能对后续知识提供解释，是否能组合所有的证据。如果先前知识缺少一致性，则比较容易改变。坚信度指个体对于自身先前知识的坚信程度，这与个体的直觉经验、文化背景等都有关系。

3. 学习者的元认知能力

学习者的元认知能力对概念转变有影响（White & Gunstone，1989）。学习者的先前知识中有一些与所要学习的科学概念一致，即使如此，也不能保证学习过程一定成功。在很多学习情境中，这些先前知识不能自动进入学习过程，学习者要有意识地去利用先前知识，但是很少有学习者能有意识地、积极主动地利用自己的先前知识。当学习者学习新知识而没有利用自身的先前知识的时候，新知识就是在一种孤立的状态中学习的。学习者在实际情境中应用新知识时就会遇到困难。例如，在阅读过程中，读者常常意识不到文章中不一致、不协调的信息，幼小的儿童、阅读能力低的学习者对这些不一致信息更不敏感。学习者在新情境中激活、联想原有的知识，并且试图对新旧经验进行对照、整合，只有在这种积极的认知活动中，学习者才能意识到新旧经验之间的冲突，才能感受到原有概念的不足，认识到概念转换的必要性。

4. 学习者的动机以及对知识和学校的态度

概念转变也会受动机因素的影响（Pintrich et al.，1993）。①目标取向。内在的、掌握型的学习目标更有利于学习者对信息的深层加工，更有利于概念转变的发生。②自我效能感。它对概念转变的影响可能是双重的：一方面，学习者对自己原有概念的自信可能会妨碍概念转变的发生；另一方面，自我效能感使学习者相信自己能够改变原有的观点，运用策略对不同观点进行整合，进而有利于概念转变。③控制点。内控型的学习者相信自己能够支配自己的学习，面对新旧经验的不一致，他们可能会更积极地去解决。

概念转变也受学习者态度的影响。如果学习者认为学校知识“不是现实的”，那么有意义冲突的有效性就会减小。他们将日常生活和学校生活分成两个不同的世界。与日常知识相比，学校知识缺乏影响、日常知识和经验的支持。学习者并没有完全抛弃学校知识，他们只是认为用先前知识更“舒适”。此外，学习者在不安全的环境中很少使用认知冲突策略。有的学习者更喜欢新问题带来的认知冲突，有的学习者不太喜欢认知冲突。不喜欢认知冲突的学习者的自我概念、对学校和学习任务的态度都是消极的，焦虑程度比较高。他们在学校的行为与任务无关，只是希望获得教师的正强化。为了避免不安全感和威胁，他们避免冲突。

（二）概念转变的条件

波斯纳等人（Posner et al.，1982）提出，一个人原来的概念要发生转变（顺应）需要满足以下四个条件（图 9-10）。

第一，对原有概念的不满。只有当学习者发现自己相信的概念已经不起作用时，他们才会愿意去改变这种概念。在发生根本的概念转变之前，学习者往往积累了很多没有解决的疑惑和认知冲突，对用现有的概念解决这些问题已经失去了信心。让学习者看到原有概念无法解释的事实（反例），可以有效地使他们对原有概念产生不满。

第二，新概念的可理解性（intelligibility）。学习者需要懂得新概念的真正含义，这不仅是字面的理解，还是对新概念形成整体的理解和深层次的表征。

第三，新概念的合理性（plausibility）。学习者感到新概念合理，这意味着新概念与个体已接受的其他概念、信念是一致的，不存在什么冲突，它们可以被重新整合。这种一致包括新概念与原有信念的一致、与其他相关理论和知识的一致、与实际经验的一致、与直觉印象的一致等。学习者看到了新概念的合理性，意味着他相信新概念是对的。

第四，新概念的有效性（fruitfulness）。学习者还需要看到新概念对自己的价值：它能解决其他概念难以解决的问题，并且能向个体展示新的可能和方向，具有启发意义。有效性意味着个体把新概念看作解释某种问题更好的途径。

概念的可理解性、合理性和有效性三者密切相关，其严格程度逐级递增。人对概念有一定的理解是看到概念合理性的前提，而看到概念的合理性又是意识到概念有效性的前提。这里应注意，上述三个条件不是新概念实际上如何，而是学习者自己看到、意识到的可理解性、合理性和有效性，是个体对新旧经验整合过程中的自我意识。

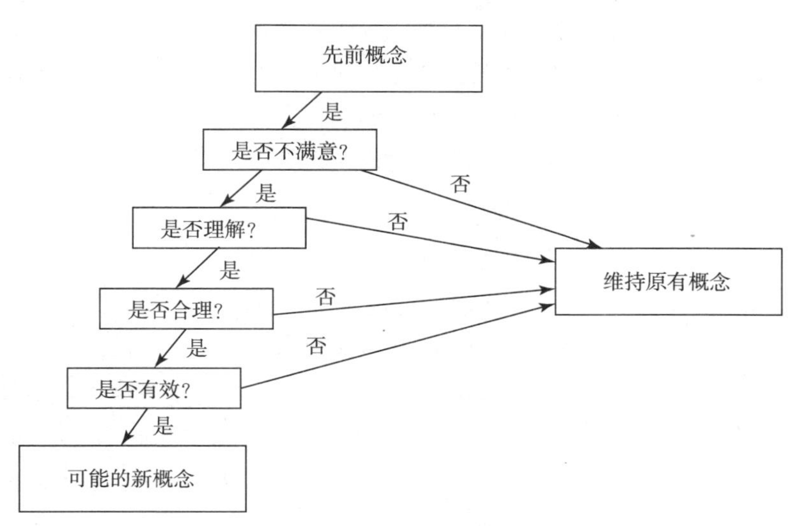

图 9-10　概念转变模型

拓展阅读

四、为概念转变而教

概念转变研究对教学具有很重要的启发意义。一方面，学习是新旧经验相互作用的过程，不仅包括以原有知识为背景获得的新知识，还包括在新知识（新经验）的作用下调整原有的知识。学习不仅意味着新知识的获得，还意味着原有知识的改变。另一方面，知识的学习不仅要解决“知”与“不知”的问题，而且要解决“信”与“不信”的问题。在学习过程中，学生要对概念（观点）的合理性、有效性进行主动鉴别和分析。在教学中，教师要用学生能理解的词语清楚地把学科内容呈现给学生，不能只呈现科学家对问题的完善解释，也不能只用仪器直接演示教学内容。教师首先需要探明学生原有的日常概念和相关的知识、信念，并用一定的策略促进错误概念的转变，而不是仅仅告诉学生“你的想法错了，……才是对的”。为了促进错误概念的转变，教学一般要包括三个环节：第一，揭示、洞察学生原有的概念；第二，引发认知冲突；第三，通过讨论分析，使学生调整原来的看法或形成新概念。下面对教学中应该注意的问题做具体分析。

（一）创设开放的、相互接纳的课堂气氛

为了了解学生的真正想法，促进错误概念的转变，教学应该创设一种开放的、

相互接纳的课堂气氛。不管是对是错，学生都可以表达自己真正的想法，所有的见解都应该得到尊重，而不是嘲笑不同的见解。只有这样，学生才能大胆地面对不同观点、事实之间的冲突，才能理智地思考、分析问题。

（二）倾听、洞察学生的经验世界

在教学的开始阶段，教师应该保留自己的观点或者书本中的见解，先去了解学生对当前主题的想法。在教学过程中以及在教学之后，教师需要不断地观察学生想法的变化。而为了了解、发现学生真正的想法，教学需要采用一些开放的、具有启发性的探测性问题，让学生在推论、预测中表现自己的想法，而不是让学生复述课本中的说法。例如，在关于地球形状的教学中，如果教师在教学后直接问学生："地球是什么形状的？"那学生可能都会说是球形的，因为这个问题只能诱导学生去复述所学的内容。为了反映学生真正的想法，教师可以问学生："假如你从你站的地方出发，一直向东走，没有山水挡你的路，你可以一直走下去，最后你会发现什么？"真正相信地球是球形的学生会说："我会发现我又回到了这个地方。"而如果一名学生内心深处仍觉得地球是平的，那么他可能会说："我发现我走到了大地的边缘。"这种探测学生真正想法的问题常常采用"如果……，将会……"的形式，即给学生描述一个事件或一种情境，让学生运用相关知识推测结果，这比文字性复述更能反映学生真正的想法。

（三）引发认知冲突

引发认知冲突可以让学生意识到与原有概念相对立的事实或观点，这是转变学生的错误概念的基本途径。呈现对立性事实的基本方法是实验和观察。例如，在学"浮力"时，很多学生认为，完全浸没在液体中的物体受到的浮力与物体浸没的深度有关。为了转变这一错误概念，教师可以用一个实验来检验这种想法：用弹簧秤挂住一个钩码，浸没在盛有水的烧杯中。这时，教师可以让学生预测：假如现在改变钩码所在的深度，弹簧秤的示数会有什么变化。在学生做出各种预测之后，教师开始改变钩码的深度，结果发现弹簧秤的示数并没有变化，持有错误概念的学生看到这种对立的事实就会产生认知冲突。在呈现事实和实验时，教师需要引导学生对外界的客观现象进行正确的感知，以防学生在建构意义的过程中，因提取了不正确的信息，而影响了自己对所学概念和原理的理解。除了直接进行实验和观察，教师也可以通过介绍科学家所做的实验来引发学生的认知冲突。认知冲突是在学生积极的推理、预测等思维活动中产生的。所以，引导学生投入积极的思维活动，对当前问题进行分析、推理，是引发认知冲突的重要条件。

（四）鼓励学生交流讨论

在认知冲突的情境中，教师要进一步引导学生思考其中的问题：为什么会有这种现象？它说明了什么？怎样解释？在分析思考的过程中，教师应该组织学生进行讨论，交流各自的看法，不同观点的交锋能更好地引发学生积极的思维活动，促进学生对问题的深层理解。教师不要在头脑中存有固定的讨论路线，不要牵强地把学生“诱导”到正确结论上，而是要按照学生在讨论中实际表现出来的真正思路，自然而然地相互讨论，逐渐澄清问题。

第四节　学习迁移

拓展阅读

一、迁移及其分类

（一）学习迁移的界定

学习是一个连续的过程，任何学习都是在学生已经具有的知识和认知结构、已经获得的动作技能、已经习得的态度等基础上进行的，而新的学习过程及其结果又会对学生的原有知识、技能和态度，甚至学习策略等产生影响，这种新旧学习之间的相互影响就是**学习迁移**（transfer of learning）。学习迁移是“一种情境中的技能、知识和理解的获得或态度的形成，对另一种情境中的技能、知识和理解的获得或态度的形成的影响”（索里、特尔福德，1982），或者简单地说，学习迁移是一种学习对于另一种学习的影响。

（二）学习迁移分类

1. 知识、技能和态度的迁移

从迁移发生的学习类型或领域上看，迁移不仅发生在知识和动作技能的学习中，同样也发生在情感和态度的学习与形成中。例如，学生利用所学的四则运算的知识，学习代数或解决实际生活中的运算问题；学会一种外语，有助于学习同一语系的第二种、第三种外语；学习了数学的基础知识，有助于理解物理学和化学中的一些数量关系与方程式。这些都属于知识的迁移。又如，学会弹钢琴有利于学习手风琴，

会骑自行车的人更容易掌握摩托车技术，这些则是动作技能的迁移。在某一学科中，教师要求作业必须整洁、有条理，这也许能培养学生严格要求自己的态度和习惯，不仅对其他学科，乃至一生中许多方面都受益，这就属于习惯、态度和情感领域的学习迁移。

2. 顺向迁移和逆向迁移

从迁移的方向而言，迁移可以是顺向的，即先前的学习对后来的学习的影响，这被称为**顺向迁移**（forward transfer）；也可以是逆向的，即后来的学习对先前的学习的影响，这被称为**逆向迁移**（backward transfer）。当学习者面临新的学习情境和问题情境时，如果利用原有的知识或技能获得了新知识或解决了新问题，这种迁移就是顺向迁移。例如，学生在物理中学习了“平衡”概念，就会对以后学习化学平衡、生态平衡、经济平衡、心理平衡产生影响。学习者原有的知识技能不足以使其学习新知识或解决新问题时，学习者需要对原有的知识进行补充、改组或修正，这种后来学习对先前学习的影响就是逆向迁移。学习者后来学习的新概念使学习者对先前概念的理解发生了变化，也是一种逆向迁移。

3. 正迁移和负迁移

从迁移的影响效果方面看，迁移的发生既可以是积极的，也可以是消极的。

正迁移（positive transfer）是指一种学习对另一种学习的积极影响，包括一种学习使另一种学习具有了良好的心理准备状态，或使另一种学习活动所需的时间或练习的次数减少，或使另一种学习的深度增加或单位时间内的学习量增加，或者已经具有的知识使学习者顺利地解决了面临的问题等情况。例如，学习骑自行车对学习骑摩托车有正迁移作用。加涅（Gagné，1985）把正迁移又分为横向迁移（lateral transfer）和纵向迁移（vertical transfer）两种。横向迁移是指个体把已学到的经验推广应用到其他内容和难度类似的情境中。而纵向迁移是不同难度的学习之间的相互影响：一种是已有的较容易的学习对较难的学习的影响，往往是通过对已有的学习进行概括和总结，形成更具一般性的方法或原理的结果；另一种是较高层次的学习原则对较低层次的学习的影响，原则的迁移（transfer of principle）是指较高层次的学习产生的原则在适合的具体学习情境中的迁移。

负迁移（negative transfer）是指一种学习对另一种学习的消极影响，包括一种学习形成的心理状态（如反应定势）对另一学习的效率或准确性产生的消极影响（潘菽，1980），或一种学习使另一学习所需的学习时间或练习次数增加，或阻碍另一种学习的顺利进行、知识的正确掌握等。例如，学习汉语拼音会对学习英语国际音标产生负迁移。

4. 特殊迁移和非特殊迁移

从迁移发生的方式和范围看，迁移可分为**特殊迁移**（special transfer）和**非特殊迁移**（nonspecial transfer）两类。特殊迁移是指某一领域或课题的学习直接对学习另一领域或课题产生的影响。非特殊迁移又被称为一般迁移，是指迁移产生的原因不明确，既可能是原理原则的迁移，也可能是态度的迁移。这样产生的迁移既可能是由动机、注意等因素引起的，也可能是由学习的其他准备活动或学习方法、策略引起的。布鲁纳认为，一般的技巧、策略和方法有广泛迁移的可能性，他十分重视非特殊迁移的重要性。

5. 近迁移和远迁移

这是根据学习迁移的不同程度而划分的。**近迁移**（near transfer）指将所学的经验迁移到与原学习情境比较相似的情境中。**远迁移**（far transfer）指个体将所学的经验迁移到与原学习情境极不相似的其他情境中。例如，学生学习解决有关汽车的路程问题的应用题后，能够利用时间、速度和路程的关系解决坐飞机、骑自行车、坐轮船或者步行等情境中的路程问题，这属于近迁移；如果能够利用这种三量关系（单位时间的量乘时间等于总量）解决工程问题（隐含着天数、每天完成工作数量与总工作数量的关系）的应用题，就属于远迁移。在远迁移的情况下，前后两种学习的结构特征相同（如相同的三量关系），而情境特征不同。但在近迁移情况下，两种学习的结构特征相同，并且情境特征相似。

6. 低通路迁移和高通路迁移

这是根据迁移发生的自动化水平划分的。**低通路迁移**（low-road transfer）指反复练习的技能自动化的迁移，如驾驶不同类型的汽车；**高通路迁移**（high-road transfer）指有意识地将在某一情境中习得的抽象知识运用到新的情境中，如利用做笔记策略来阅读文章。

对迁移的不同分类方法体现了人们对迁移的理解深度和研究角度的不同。随着迁移研究的不断深入，研究者逐渐认识到，在不同的任务中，迁移的机制以及迁移所需的基本成分是不同的，并提出了一些新的分类。

二、迁移的理论与研究

经验分享

自从有了学习活动以来，学习迁移的现象一直被人们关注。从理论上对迁移进行系统的解释和研究开始于18世纪中叶。此后，不同的研究者从不同的理论基础和哲学基础出发，对迁移发生的原因、过程以及影响因素等方面进行研究和解释，形成了众多的有关迁移的理论和解释。

(一) 早期的迁移理论

1. 形式训练说

形式训练说（formal discipline theory）是一种早期的学习迁移理论，源于古希腊罗马，形成于17世纪，盛行于18—19世纪。它主张迁移要经过一个"形式训练"的过程才能产生。这种理论是以官能心理学（faculty psychology）为理论基础的。官能心理学认为，人的心智（mind）是由许多不同的官能（faculties）组成的，这些官能包括注意、意志、记忆、知觉、想象、推断、判断等，不同的官能是一个个的实体，它们相互组合就构成各种各样的心理活动。由于对各种官能施加的训练不同，各种官能及其组成的活动会有不同的强弱。也就是说，各种官能可以像训练肌肉一样通过练习增加力量（能力），记忆的官能通过记忆的训练得到增强，推理和想象的官能则通过推理与想象的训练得以增强。形式训练说认为，通过一定的训练，心智的各种官能可以得到发展，从而转移到其他学习上去。

这种理论认为，数学有利于训练推理能力的发展，几何学有助于训练逻辑思维的发展，拉丁语和希腊语对训练记忆力大有好处。所以，在学校教育中，传递知识远不如训练官能来得重要。学生在校学习的时间是有限的，而知识浩如烟海，我们不可能把所有的知识都传授给学生。如果学生的官能出于训练而得到发展，学生可以随时获得任何知识。所以，掌握知识是次要的，官能的发展才是最重要的。知识的价值在于其作为训练官能的材料。形式训练说的倡导者之一洛克说过："我只认为研究数学一定会使人获得推理的方法，当他们有机会时，就会把推理的方法用到知识的其他部分……所以，学习数学有无限的用处。"

但在20世纪初以后，形式训练说不断遭到来自心理学实验结果的驳斥。詹姆斯于1890年首先用记忆实验来检验形式训练说，其结论是记忆能力不受训练的影响，记忆的改善不在于记忆能力的改善，而在于记忆方法的改善。另外，桑代克的实验发现，训练可以迁移到类似的学习活动中，不相似的学习活动之间无迁移现象，如学习拉丁文能促进对有拉丁字根的英文的学习，却不能促进对有盎格鲁-撒克逊字根的英文的学习。其他人的研究结果也显示，对某种材料做的观察、记忆或思维的训练对于该材料的感知、记忆或思维有显著的促进作用，而对于其他的材料则促进甚微，甚至可能产生负迁移。这些研究表明，形式训练说所主张的官能可以因训练而得到普遍促进，缺乏足够的实验依据和现实依据。

2. 相同元素说

桑代克于20世纪初提出**相同元素说**（identical elements theory）。相同元素说认为，只有在原先的学习情境与新的学习情境有相同元素时，原先的学习才有可能迁移到新的学习中。并且，迁移的程度取决于这两种情境中相同元素的数量。也就是说，相同元素越多，迁移的程度越高；相同元素越少，迁移的程度越低。

这种理论是建立在桑代克与伍德沃思（Thorndike & Woodworth，1901）的一项实验研究上的。在实验中，桑代克训练大学生判断大小和形状不同的纸张面积。首先，前测被试判断面积的一般能力，让被试估计127个长方形、三角形、圆形和不规则图形的面积。然后，让每个被试估计90个面积从10 cm^2 到100 cm^2 不等的平行四边形的面积。接着，把被试分成两组：要求第一组被试判断13个类似于前面训练过的平行四边形的长方形的面积；要求第二组被试判断27个三角形、圆形和不规则图形的面积。结果表明：平行四边形面积的训练有助于学生更好地判断长方形的面积，而对估计三角形、圆形和不规则图形的面积没什么帮助。

桑代克的结论是，如果两种学习情境之间要有任何正迁移的话，这两种情境必须是非常相似的。伍德沃思后来把相同元素说改为共同要素说（common components theory），也就是说两种活动有共同的成分才能发生迁移。

桑代克的相同元素说在当时的教育界曾起过积极的作用，使学校脱离了那种在形式训练说影响下不考虑实际生活只注重形式训练的教学状况，在课程方面开始重视应用学科，教学内容的安排也尽量与将来的实际应用相结合。桑代克的相同元素说也揭示了迁移现象中的一些事实，对迁移理论的研究做出了重大贡献。

但桑代克提出的相同元素实际是从联结主义的观点出发的，只是指学习内容中元素间一对一的对应，即共同的刺激和反应的联结，学习上的迁移只是相同联结的转移而已。这种观点把迁移局限于相同的刺激和反应的联结，未能充分考虑学习者头脑内部的训练过程。

3. 概括化理论

概括化理论（generalization theory）是由贾德（Judd，1908）提出的。他并未考察刺激—反应之间的关系（相似或相异等），而是以实验研究了原理（principle）和概括性（generality）的迁移。这一理论认为，在经验中学到的原理是迁移发生的主要原因。学习者在A学习中获得的一般原理可以部分地或全部地运用到B活动的学习中。贾德曾做过一个著名的水中打靶实验。他把十一二岁的小学生分成A、B两组练习水中打靶。A组被试先被教授光在水中的折射原理，然后进行练习；B组则不教授原理，只进行练习、尝试。当他们达到相同的训练成绩以后，实验者增加水中目标的深度，让他们继续打靶。结果表明，学过折射原理的A组的练习成绩明显优于未学过折射原理的B组。贾德认为，这是因为学过折射原理的A组被试已经把折射原理概括化，从而对不同深度的靶子都能很快地做出调整和适应，把原理运用到了不同深度的特殊情境中去。贾德提出，凭借理论（折射原理），被试把有关的全部经验——水外的、深水的与浅水的经验——组织成了整体的思维体系。他们在理论的高度上把握了实际情况，然后就能利用概括的经验去迅速地解决需要按实际情况做分析和调整的新问题。

根据迁移的概括化理论，对原理了解和概括得越好，对新情境中学习的迁移就越好。后来，亨德里克森和施罗德（Hendrickson & Schroeder，1941）改进了贾德的实验。他们把被试分成三组：第一组被试不做任何原理指导；第二组被试学习物理学中的折射原理，知道在水中和陆地上物体的位置有差异，在水中的目标位置与眼睛所见的位置不同；第三组则进一步指导，向他们解释水越深，目标所在位置与眼睛所见的位置相差越大。第一次实验时靶在水深6 inch（1 inch≈2.54 cm）处，第二次靶在水深2 inch处。实验结果见表9-6。

表9-6　水下打靶实验中水深和练习次数与迁移程度

组别	击中靶所需的练习次数		迁移的进步（%）
	水深6 inch	水深2 inch	
第一组机械学习	9.10	6.03	34.00
第二组了解折射原理	8.50	5.37	37.00
第三组了解折射原理和深浅比例	7.73	4.63	40.00

结果表明，在学习打靶时，由于第二组、第三组被试了解原理，成绩优于第一组；而且第三组的成绩优于第二组。这说明，了解了折射原理与其实际应用情境的关系，迁移效果会更好。这一实验进一步证实了贾德的理论，并揭示出概括化不是一个自动的过程。如果在教学方法上注意如何概括，就能增加正迁移出现的可能性。

对原理的概括能力存在较大的年龄差异性。年幼的学生不容易形成对原理的概括能力，对原理的概括能力会随着年龄的增长而提高。在每一年龄阶段，教师有意识地培养概括能力，都有助于学生产生积极的迁移。值得注意的是，在对知识进行概括时常会出现两种错误：一种是过度概括化，即夸大了两种学习情境之间相同的原理，忽略了差异，把已学到的原则生搬硬套到新知识的学习中；另一种是错误的概括化，其会导致定势，从而引发负迁移。

后来的研究支持了概括化理论。例如，格式塔学派提出的迁移的关系理论（relationship theory）和斯彭斯（Spence）的转换理论（transposition theory）因为彼此相近而被合称为转换—关系理论，这是对概括化理论的进一步发展。这一理论认为，迁移的关键在于被试对情境中各种关系或完形的顿悟，如果两个问题具有相同的深层结构关系，那么对其中一个问题的训练将对另一个问题产生迁移。

4. 奥斯古德的三维迁移模型

奥斯古德（Osgood，1949）在总结了大量迁移实验资料的基础上提出了迁移的三维模型（图 9-11），又被称为迁移逆向曲面（transfer surface）模型。这一模型表明了迁移与两个学习情境的刺激或学习材料的相似程度和反应的相似程度的关系。

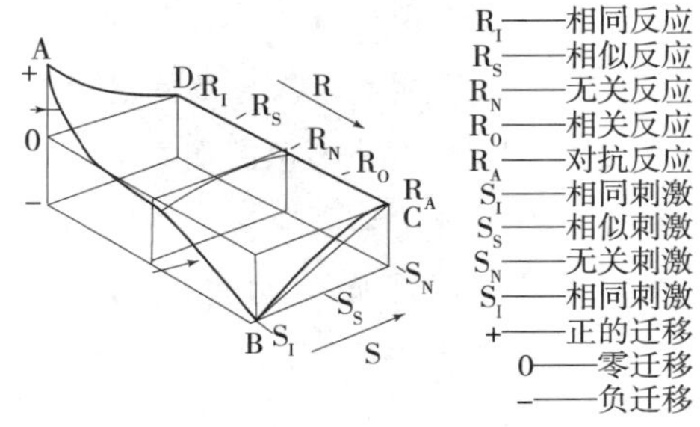

图 9-11 迁移的三维模型

图中 S 代表刺激系列，箭头表示两个学习情境中的刺激从完全相同到完全无关的相似性变化。R 代表反应系列。箭头表示从反应完全相同到完全无关以至相反和对抗的变化。从加号（＋）到减号（－）表明迁移的情况由正到零再到负。以粗线勾画的曲面则表示迁移发生的方向与数量，即迁移的逆向曲面。图中 A 点表明在先后两个学习材料的刺激相同（S_I）而反应也相同（R_I）的情况下，会产生最大的正迁移；B 点则表示当刺激相同（S_I）而反应为对抗（R_A）时，产生最大的负迁移；如果先后两个材料刺激相同（S_I），而反应却由相似（R_S）到无关（R_N）以至对抗（R_A），则迁移由正到负，以至最大的负迁移，AB 曲线表明了这种变化。C 点为无关刺激（S_N）与对抗反应（R_A）产生零迁移；如果先后两个材料刺激由相同到相似到无关，反应为对抗，则负迁移由最大到零，如 BC 曲线所示；如果先后两个材料刺激无关，反应无论是相同或无关，以至对抗，迁移效果都是零，如 CD 线所示；AD 线则表明随着刺激相似程度减少以至无关，反应相同，其迁移效果可以从最大到零。总之，在这一曲面中，正负迁移的数量是刺激条件和所需反应两者相似性之间变化的函数。

这一曲面既解释了迁移中的一些问题，也得到了一些实验证明。由于奥斯古德总结的实验数据是从机械学习—对偶联想学习得来的，因此，在说明较为简单的学习的迁移现象时较有说服力，但要用以说明高级学习（特别是意义学习）中的迁移现象则会遇到很大的困难。

（二）现代的迁移研究

在一般的课堂学习中，各个主题的学习并不是孤立存在的。先前学习是后继学习的准备和前提，后继学习是在与先前学习的联系中进行的。在现代学习理论家看来，学习和学习迁移都遵循同样的规律。例如，布鲁纳认为，迁移可以被看作学习者把习得的认知结构用于新的案例。奥苏贝尔认为，一切有意义学习必然包括迁移，因为一切有意义学习都是在原有学习的基础上产生的，不受原有认知结构影响的有意义学习是不存在的。学习的信息加工理论提出，迁移的可能性取决于学习者在记忆搜寻过程中遇到相关信息或技能的可能性。教育的问题就成了如何提高学生在面临现实生活问题时，运用课堂中习得的相关知识的能力的问题。在帮助学生建立抽象的知识结构和认知图式时，教师应给学生呈现最大范围的实例和这些知识的应用情境，以使学生了解课堂中习得的知识是如何应用的。建构主义认为，学习迁移实质上就是在新情境中对知识的应用（刘儒德，2001）。

有关学习迁移的现代理论解释，我们可以从前面有关认知学习理论和建构主义学习理论的章节中借鉴，这里主要介绍有关迁移的现代研究中的一些问题。

1. 一般迁移与特殊迁移的新争论

20 世纪 80 年代初，信息技术开始迅速应用于教育领域，信息技术教学和信息技术在教育中的应用对学生的学习乃至智力有何影响，成为教育工作者和研究人员关注的问题，并引发了一场关于一般迁移与特殊迁移的新的争论。

当时，对教育影响较大的是麻省理工学院的佩珀特（Papert，1980），他在《智力风暴》一书中介绍了他依据皮亚杰开发的 LOGO 语言（一种程序设计语言），并提出儿童通过学习 LOGO 语言可以“改变他们学习任何东西的方式”。LOGO 语言的教学“既是教学生基本的数学、物理和语言学概念的有效方法，还是提高儿童思维能力和解决问题能力的一种强有力的手段”。他的观点一发表便在国际上引起了巨大的反响。全世界都有其追随者，并且成立了 LOGO 语言教学的国际组织。人们纷纷把 LOGO 语言当作培养思维能力、解决问题能力以及发展创造性的重要手段，进行了多方面的实验并且大肆宣传。

经过数年对程序设计语言教学的综合研究，以加利福尼亚大学伯克利分校的林教授（Linn，1983，转引自陈琦，1987）和银行街教育学院的佩亚教授（Pea & Kurland，转引自陈琦，1987）为代表，人们对佩珀特的论断提出了疑问，这引起了美国教育界的轰动。林教授的研究指出，表面上看，程序设计课的特点能促进学生解决问题的能力，但是，这些能力是不是一般能力，能否迁移到其他领域的学习却值得怀疑。佩亚教授则更加明确地指出，银行街教育学院经过5年的关于儿童学习LOGO语言的研究，尚未能证明LOGO语言的学习能发展一般的解决问题能力，只有当教学强调某一方面时，学生在该方面才能有所进步。佩珀特的反对者们还认为，强调程序设计对一般解决问题能力的迁移，犹如20世纪初官能心理学的翻版：试图通过某一门学科的学习而去发展某种高级的心理机能只是一种空想、一种奇闻逸事，研究证明是不可行的。然而，佩珀特的反对者们并没有全部否认LOGO语言学习对认知能力可能产生的影响。林教授认为，LOGO语言学习可以培养的认知成果可能是一个连续体，这种认知连续体存在不同的等级。程序设计课达到的目标可以是连续体上的不同位置。仅仅通过一门几十小时的课的学习不能达到连续体的高级位置——问题解决的一般技能，它只能是一个开端，经过一个漫长的过程才能培养解决问题的能力。

这一争论归结起来还是一般能力与特殊能力、一般迁移与特殊迁移的关系之争。佩珀特的问题不在于他强调了LOGO语言教学的一般迁移效果，而在于他不适当地夸大了一门学科能产生的一般迁移效果。

到了20世纪80年代末90年代初，在认知建构主义学派中，关于一般迁移与特殊迁移问题的争论又以新的形式表现出来。极端建构主义者在主张情境性学习的同时夸大其作用，认为所有的知识只有在完成任务的特定情境中才有用，因此，更一般性的知识无法迁移到现实世界的情境中。莱芙（Lave，1988）所举的典型例子是，某地的家庭主妇对超级市场的畅销商品可以算得非常好，但是在解决学校里用纸笔进行计算的数学问题时就差得多；反之，有人在学校里可以算得很好，但在实际购物时却不能做出正确的计算。其他人的研究也指出，巴西的儿童在街头做买卖时可以计算得很好，却不能回答在学校背景中的类似问题（Carraher et al.，1985）。他们由此否定一般迁移的存在，也否定任何形式的抽象和概括，这走向了另一个极端。

2. 专家—新手解决问题的研究

有关专家—新手解决问题的研究(de Groot，1978；Chi，Glaser，& Rees，1981)发现，无论象棋大师还是物理学专家，他们在解决问题时都表现出积极的迁移——在一个新的问题情境中利用已有的信息解决问题。他们在解决新问题时共同的特点是：①把新问题归为某一特定的问题类型，②在头脑中形成有关问题的直观表征，③利用自己熟知的解决问题的路线解决。也就是说，他们用问题图式来解决问题，一旦他们发现对新问题形成的表征与长时记忆中的问题图式相符，问题便迎刃而解。而新手则没有或缺乏这种精细的图式，每一个问题对他们来说都是全新的。这一研究与其他有关迁移的认知解释，如基于问题空间假说的迁移理论等是相符的。

3. 元认知与迁移

人们注意到了元认知与迁移的关系。弗拉维尔（Flavell，1979）认为，元认知是对认知过程和认知策略的认识，具有元认知能力的学习者能自动地掌握、控制和监控自己的认知过程。在学习及其迁移中元认知有两种：有关自己已有知识的思考和有关如何调控自己学习过程的思考。后者又表现为对自己学习过程及其所用策略的反思，对自己学习掌握程度及完成情况的判断和预期等。

具有较好的元认知技能的学习者在面临一种新的学习情境时，能主动寻求当前情境与已有学习经验的共同点或联系，能运用已有的经验对当前情境进行分析、概括，寻求解决问题的策略。具有较高元认知水平的学习者在学习的过程中会就如下问题反躬自问：①有关这个主题我已掌握了哪些知识？②我需要花多长时间去学习这个主题？③解决这个问题有什么好的计划？④我应该如何去预测和评估学习的结果？⑤我应该如何时时修正我的学习步骤？⑥如果出错了，我如何查出来？⑦我能理解刚刚读过的内容吗？这样，运用元认知技能学习或解决问题的过程就是一种迁移的过程。元认知与一般迁移相互影响，要提高学生的元认知能力就要为学习的积极迁移创造条件，而元认知能力的提高又会促进积极迁移的发生。

4. 基于问题空间假说的迁移理论

基于问题空间假说的迁移理论强调两个方面：一是问题空间，二是解决问题的程序或技能。这一理论认为，迁移是通过问题空间的类比实现的，即通过将已掌握的问题空间与新问题的问题空间进行匹配，将原问题空间中的操作、关系或路径等匹配或迁移到未知的目标系统中相应的操作、关系或路径上。可是，许多研究表明，对于简单的迁移任务而言，类比能很好地发挥作用；当新的情境比较复杂时，类比常常不能奏效。可见，用类比来说明所有的迁移都是值得思考的。

在认知技能方面，人们关心如何在新的问题情境中使用已经习得的技能。研究（Singley & Anderson，1989）发现，在教被试几种文本编辑器后，被试学习后面的编辑器时比前面的更快。两种编辑器共有的过程元素的量能预言这种迁移的量。他们还发现，在两种表面结构很不相同，但具有共同的抽象结构的文本编辑器学习之间，有很大的迁移效果。此外，他们也发现同样的原理支配着数学能力在各种领域中的迁移。这种观点似乎是桑代克相同要素说的现代翻版。

拓展阅读

三、为迁移而教

迁移贯穿于人一生各种形式的学习中，在学校教育教学中无所不在，尤其与培养学生的解决问题能力和创造性密切相关。鉴于迁移在学习中的普遍性和重要性，教育界提出了“为迁移而教”的口号。为迁移而教并不是一种显性的单一课程，而是教师在充分理解迁移的发生规律及其影响因素的基础上，在每一项教学活动中，在与学生的每一次正规与非正规的接触中，都注意创设和利用有利于积极迁移的条件与教育契机，促进学生积极主动地迁移。为迁移而教的思想对教材的选择和编写、教学方法的选择以及教学过程的组织都有重要的实践意义。根据迁移理论与影响迁移的个人因素（智力、年龄、学生的认知结构、对学习的态度等）和情境因素（学习材料的特性、教师的指导、学习情境的相似性等），下面提出一些为迁移而教的建议。

（一）整合学科内容

教师要注意把各个独立的教学内容整合起来，即要注意各门学科的横向联系。教师应该鼓励学生把在某一门学科中学到的知识运用到其他学科中去。例如，教师要引导学生关注历史与地理、几何与三角、化学与生物、数学与物理等学科之间的关系。若有必要，教师可做这方面的示范。这就是加涅所说的横向迁移。

（二）加强知识联系

教师要重视简单的知识技能与复杂的知识技能、新旧知识技能之间的联系。教师要促使学生把已学过的内容迁移到新的学习内容中去。教师进行提问或简单的提示，有利于学生利用已有知识，从而比较容易学习新的、比较复杂的内容，即纵向迁移。

（三）强调概括总结

教师在教学中要注意启发学生对所学内容进行概括总结。一方面，在教学中，教师引导学生对原理进行概括，培养和提高其概括总结的能力，充分利用原理的迁移；另一方面，在讲解原理时，教师要在最大范围内列举各种变式，使学生正确把握其内涵和外延。教师还需要结合原理的具体运用情境进行教学，使学生能脱离学习原理的背景而把握其实质，并能在遇到该原理适用的背景时，准确地运用原理学习新知识或解决新问题，即达到对原理的去情境化（decontextualized），以防止学生对某一原理的理解和运用仅局限于习得该原理时的情境。在允许的情况下，教师可以尽量让学生在真实情境中去观察、实践原理的应用，如亲自操作的教学实验、实习、见习等；若条件不允许或无法亲自观察实践，教师也应利用直观教具或生动的教学语言、计算机模拟等手段，让学生尽可能地增加感性认识。在这方面，计算机及其附属设备提供的虚拟现实环境具有较大优势。总之，要将所学与所用的情境联系起来。

（四）重视学习策略

教师应有意识地教学生学会如何学习，帮他们掌握概括化的认知策略和元认知策略。研究者（Brown & Palincsar，1982）在阅读理解的实验中，用矫正性反馈训练法教给学生元认知策略，结果不仅使学生对阅读理解问题正确反应的百分数明显提高，而且使其学到的元认知策略迁移到了常规课堂的其他学习中。教师在教学中有意识地教学生一些认知策略和元认知策略将有助于学生学会如何学习，从而促进学习的迁移。

（五）培养迁移意识

教师可以通过反馈和归因控制等方式使学生形成关于学习和学校的积极态度。教师要注意对学生的反馈，当学生用其他学科的知识来解决某一学科的问题时，应予以鼓励。如果某位教师对学生说："我都被搞糊涂了，我们在讲历史知识，而你却在谈论地理知识。"这种话肯定会对学生产生负迁移的效果。

此外，教师还要结合学生的年龄特点，创设和改造学校的环境和气氛，增加学校对学生的吸引力。在每次学习前，教师也应帮助学生形成良好的心理准备状态，避免不良情绪、反应定势等消极心态产生的消极迁移。

关键术语

知识，陈述性知识，程序性知识，条件性知识，模式识别，动作序列，显性知识，隐性知识，命题，命题网络，表象，图式，脚本，产生式，概念，概念的特征表理论，概念的原型理论，原型，概念形成，概念同化，概括不足，过度概括，概念接受学习，概念发现学习，概念关系图，错误概念，概念转变，学习迁移，顺向迁移，逆向迁移，正迁移，负迁移，特殊迁移，非特殊迁移，近迁移，远迁移，低通路迁移，高通路迁移，形式训练说，相同元素说，概括化理论

思考题

一、选择题

1. “我们知道的比我们能说出的多”讲的是什么知识？（　　）

A. 陈述性知识　B. 条件性知识　C. 程序性知识　D. 隐性知识

2. 程序性知识特有的表征方式是（　　）。

A. 命题　B. 图式　C. 产生式　D. 故事脚本

3. 在概念教学中为了防止学生出现概括不足，需要给学生呈现（　　）。

A. 名称　B. 规则　C. 反例　D. 变式

4. 学习三角形和四边形的关系属于（　　）。

A. 词汇学习　B. 符号学习　C. 概念学习　D. 原理学习

5. 共同要素说强调以下哪种因素在学习迁移中的作用？（　　）

A. 心理官能的发展　B. 两种任务的共同要素

C. 概括化的原理　D. 对各要素间整体关系的理解

6. 两种任务在学习过程、学习材料、学习目标等方面具有的共同成分越多，迁移效果越明显。这表明何种因素起主要作用？（　　）

A. 相似性　B. 概括经验　C. 学习策略　D. 心向

7. 哪种迁移理论认为迁移是具体的，而非一般的？（　　）

A. 形式训练说　B. 共同要素说

C. 经验类化说　D. 关系转换说

8. 举一反三、闻一知十、触类旁通属于哪种迁移？（　　）

A. 同化迁移　B. 顺应迁移　C. 重组迁移　D. 逆向迁移

9. 学习骑自行车不利于学习骑三轮车，这种迁移属于（　　）。

A. 顺向正迁移　B. 顺向负迁移　C. 逆向正迁移　D. 逆向负迁移

二、简答题

1. 数据、信息和知识三者之间有什么关系？

2. 简述陈述性知识、程序性知识和条件性知识的关系。

3. 简单谈谈原型对概念教学的影响。

4. 用概念学习中“例子—规则—例子”的方法设计一堂概念学习课。

5. 概念关系图对学习和教学有哪些影响？

6. 简述波斯纳概念转变模型中提到的概念转变的四个条件。

7. 谈谈情境对迁移的影响。

8. 如何在教学中促进正迁移的发生？

选择题参考答案：1. D　2. C　3. D　4. D　5. B　6. A　7. B　8. A　9. B

扫码答题

第十章
技能的学习

学生不仅需要掌握知识，同样需要形成技能。我国当前高度重视技能人才，大力发展职业教育，弘扬工匠精神，支撑产业升级与经济转型。习近平总书记指出，“要高度重视技能人才工作，大力弘扬劳模精神、劳动精神、工匠精神，激励更多劳动者特别是青年一代走技能成才、技能报国之路，培养更多高技能人才和大国工匠”。

技能是什么？知识和技能又有怎样的关系？动作技能和心智技能的获得与培养各有哪些特点？这些都是本章所要探讨的内容。

本章要点

●技能的概述

○技能及其特点和作用

○技能与知识及习惯的关系

○技能的分类

●动作技能

○动作技能的结构、特点与种类

○动作技能的形成

○动作技能的培养

●心智技能

○心智技能与动作技能的关系

○心智技能的形成过程

○心智技能的培养

第一节 技能的概述

在日常生活中，人们往往在不同语境中使用“技能”（skill）这一术语，如骑车技能、阅读技能、劳动技能、生活技能、社交技能等。本节将对技能及其与知识的关系进行分析。

一、技能及其特点和作用

技能是通过练习形成的合乎规则或程序的身体或认知活动方式（皮连生，1996；冯忠良等，2000）。跳水、跳高和打字等外显动作方式是身体方面的技能，解应用题和写作等非外显的动作方式则是认知方面的技能。

这一界定反映了技能的下列特点。①技能是由练习形成的。技能不同于本能行为，如眨眼反射、咳嗽动作等，而是通过不断的练习，由不会到会，由会到熟练而逐步完善的。②技能表现为身体或认知动作。技能的掌握不是通过言语表述而是通过实际的动作活动表现出来的。③合乎规则或程序是技能形成的前提。在技能形成过程中，各个动作要素及顺序都要遵循活动本身的要求。例如，初学打太极拳时，我们必须按太极拳的法则要求严格执行各个动作，后通过反复练习逐渐实现自动化。高手打太极拳时的一招一式看似信手拈来，动作行云流水，其实每个动作都是合乎（规则）要领的。

技能的学习及掌握对于学生来说具有特别重要的作用。第一，技能的掌握是进行学习活动、提高学习效率的必要条件，是学校教学的重要目标之一。第二，技能的形成有助于有关知识的掌握。虽然技能的形成要以有关知识的掌握为前提，但技能的形成过程又能促进对这些知识的理解和掌握。例如，学生要掌握分数和小数的互化运算技能，他们首先必须掌握分数、小数及其相互关系的知识。同时，他们练习分数和小数互相转化形成运算技能的过程，也促进了他们对分数、小数知识的理解和掌握。第三，技能的形成也有利于智力、能力的发展。学生掌握了某种技能，就能够熟练地按照合理的动作方式完成相应的活动任务，而这种活动效率的提高就是他们的智力、能力发展的具体体现。研究表明，能力的发展是以掌握有关技能为前提的。培养和造就某种人才，除了让他们具备有关的知识之外，还必须让他们掌握有关技能。例如，不掌握音乐方面的吹、拉、弹、唱等技能，就难以发展音乐才能。

二、技能与知识及习惯的关系

（一）技能与知识的关系

在常识中，人们往往用“知”与“会”来区分知识和技能。对知识的学习旨在理解并记住一些事实、概念和原理，涉及知道不知道、懂不懂的问题；对技能的学习旨在掌握完成某种活动要求的动作来解决问题，涉及会不会、熟练不熟练的问题。

根据认知心理学，广义的知识可以分为陈述性知识和程序性知识两类。一个人是否具有知识，不仅要看他说什么，还要看他做什么。陈述性知识相当于常识中的（狭义的）知识，程序性知识则相当于常识中的技能（皮连生，1996）。如果某个人能够成功地将分数转换为小数或打好领带，传统常识就认为他掌握了相应技能，而认知心理学则解释为他掌握了一套支配其行为的程序。可见，程序性知识与技能分属于不同的话语体系，但指向同一对象。

程序性知识的学习和技能的学习都是将有关事情、动作序列的规则转化为相应的活动方式。以学习游泳为例，从认知心理学的视角看，学习者是通过实际的下水游泳活动，将游泳的动作步骤与要领（陈述性知识）转换成实际的动作系列（程序性知识）。如果学习者只能用明确的语言将这些动作步骤及要领描述出来，那么他仍然处于陈述性知识学习阶段。学习者只能通过实际的游泳动作，来判断他是否掌握了有关游泳的程序性知识。从技能学习的角度说，学习者必须通过合乎动作要领的实际练习，掌握相应的动作方式，获得活动的经验，才能掌握游泳技能。学习者一旦表现出游泳技能，就可能忘记或不能明确说出游泳的动作步骤和要领。

陈述性知识的学习不同于技能的学习，却是技能学习的起点。陈述性知识的学习目的在于形成比较宽泛的知识背景，它不一定能立刻被应用到问题的解决中，而是对理解问题、分析问题起到帮助作用。而技能是为了完成某种任务而学的，学习的结果不要求对整个知识的来龙去脉、相关概念有多么深刻的了解，而是要求熟练掌握技能。例如，织毛衣的技能，只要会织，织得好，不一定对毛线、毛衣针的发展历史和材料有细致的了解。但是，在技能学习之初，学习者首先要理解并记忆活动必需的陈述性知识（如新概念和规则等），如三角形定义和乘法口诀等，为应用相关的知识解决问题做准备。如果学生没有相关的先前知识，工作记忆的负荷就可能过大，以至于难以继续。

如果一定要说它们存在什么区别的话，技能是一种合乎规则的动作方式，而程序性知识内隐在活动的动作方式中。此外，从语用的角度看，人们常常用陈述性知识与程序性知识来区分个体的主观知识。人们在实际的教学中常常用知识和技能来区分教学内容，因为在教学内容中许多（狭义的）知识（梯形的概念等）和技能（说外语等）都涉及陈述性知识与程序性知识的学习。

（二）技能与习惯的关系

熟练的技能与习惯之间既有联系又有区别。

一方面，习惯和熟练的技能都是自动化的动作系统。任何习惯离开了自动化的动作系统都无法完成。一个有卫生习惯的人，饭前洗手、便后洗手的动作都是自动化的。人们在完成习惯性动作时，意识的调节作用相对较弱。

另一方面，习惯和熟练的技能之间存在一些区别。①习惯是为了满足某种需要，成为实现某种自动化动作系统的一种心理倾向。当个体适时地将某种习惯（抽烟等）实现时就获得了心理满足，反之，会引起不愉快的情绪。熟练的技能仅仅是一种自动化的动作方式，不一定与人的需要联系在一起。例如，会骑自行车的学生不一定非要骑自行车，为了避雨他可能会乘公共汽车。②熟练技能是在有目的、有计划的练习中形成的，而习惯可以在无意中通过简单的重复养成。日常生活中的一些习惯，如洗脸和刷牙等，都是通过这条途径形成的。当然，习惯也可以通过有意识的训练来培养，尤其是学生良好的学习习惯和生活习惯，大都是在教师对他们进行的常规训练中养成的。③熟练技能有高级和低级之分，但没有好坏之分；而习惯可以根据其对个人和社会的意义分为好、坏习惯。那些有益于社会、他人或自己身心健康的习惯，如有礼貌、讲卫生、团结同学、遵守纪律等，被称为好习惯；而那些损害社会和他人利益以及威胁个人身心健康的习惯，如扰乱课堂纪律等，被称为坏习惯。

三、技能的分类

按技能本身的性质和特点，技能通常分为动作技能（motor skill）和心智技能（intellectual skill）两种。

（一）动作技能

动作技能，又被称为运动技能或操作技能，是指由一系列的外部动作以合理的程序组成的操作活动方式，如书写、体操、骑自行车等技能。

根据是否需要操纵一定的工具，动作技能可以分为两种：操纵器具的动作技能（写字、绘画、骑自行车和撑杆跳高等）和机体动作技能（田径、体操、唱歌和跳舞等）。尽管动作技能的表现形式多种多样，但它们都是借助于肌肉、骨骼的动作和相应的神经系统的活动来完成的。从这种意义上来说，凡是动作技能，皆是由一系列的骨骼和肌肉的随意动作组成的。

（二）心智技能

心智技能，又被称为智慧技能或智力技能，是指一种借助于内部语言在人脑中进行的认知活动方式，如默读、心算、写作、观察和分析等技能。学生在观察、记忆和解决问题时采用的策略也是心智技能的不同形式。

在心智技能中，根据适用的范围不同，又可以将它分为专门心智技能（special intellectual skill）和一般心智技能（general intellectual skill）两种。**专门心智技能**是某种专门的认知活动所必需的，也是在相应的专门智力活动中形成和发展的。例如，默读与心算等技能是学生在学习活动中必须掌握的最基本的专门心智技能。**一般心智技能**是指可以广泛应用于许多领域的心智技能，是在多种专门心智技能的基础上通过概括化形成和发展起来的，如观察技能、分析技能、综合技能和比较技能等。

一般来说，一般心智技能体现在各种专门心智技能中，而各种专门心智技能总是包含着一般心智技能，两者是在同一智力活动中形成和发展的。例如，学生在从事写作活动时，不仅形成和发展了“打腹稿”的专门心智技能，也形成和发展了分析、综合、比较等一般心智技能。

正如熟练的动作技能可以使人们出色地完成各种外部活动任务一样，熟练的心智技能也是人们有效完成各种智力任务的重要条件。一个具有创作技能的人，因为能够正确地构思、布局、选择适当的语言材料，所以能充分表达自己的思想和感情，使文章富有感染力。

第二节　动作技能

动作技能对个人具有重要的作用。个体在生命早期就已经学会了诸如伸手、抓握等基本动作，并且这些动作成为个体全部技能中极少需要意识控制的部分。随着年龄的增长、生活情境的变化，个体开始不断学习更复杂的动作技能，如旋转、跳绳、使用铅笔等，后来还需要学会使用一些新型的工具，如计算机等。各种各样的专门的动作技能和智力领域的学习活动有密切的关系。本节将介绍动作技能的结构、特点与种类以及动作技能的形成及培养，分析练习和反馈在技能训练中的重要作用。

一、动作技能的结构、特点与种类

（一）动作技能的结构

从结构上来说，动作技能包括感受部分、中枢部分和动作部分三种基本成分。人们在完成一项特殊的动作任务时，感觉器官在内外环境特定刺激的作用下，将这些信息迅速地输入人脑，进行信息加工，并做出指令调节和支配效应器官的动作，使各种动作协调进行，使自身的肌肉活动适应变化着的环境条件，产生某种动作的节律。

克拉蒂（Cratty，1967）从七个维度分析了动作技能，并把每一种维度看成机能的连续体（表 10-1）。这样，人的某一种特定的技能就可以用这七种连续体上的特定位置来说明。

表 10-1　动作技能机能的七个维度

维度	内容
①言语—运动连续体	人在进行某种运动技能时，对言语（外部言语和内部言语）的依赖程度是不一样的。不规则而急速的运动对言语的依赖程度较小，而缓慢、不连续的运动对言语的依赖程度较大；技能的熟练程度不同，对言语的依赖程度也不一样。在技能形成初期，言语的作用非常重要；而在技能形成后期，言语的作用就不大明显了
②知觉—运动连续体	在运动技能形成中，知觉的作用是不同的。在技能形成的初期，知觉的作用较大；而在技能形成后期，知觉的作用逐渐减少
③力量—准确性连续体	运动技能是由力量、空间准确性和时间因素（速度和韵律）组成的。可以以力量为一端，以准确性为另一端来确定某种技能的特点
④视觉—运动连续体	在运动技能形成的过程中，视觉控制所起的作用是不同的。通常在技能形成初期，视觉控制的作用较大；而在技能形成后期，视觉控制的作用逐渐让位于动觉控制。另外，在不同性质的运动技能中，视觉的作用也不一样。例如，钟表和仪器的修理技能、写字技能等，对视觉控制依赖程度大，即使这些技能熟练了，也离不开视觉控制
⑤精细—粗大连续体	运动技能有精细和粗大之分。精细技能，如手指的动作，往往是身体的局部运动，这种运动幅度小；粗大技能，如手臂的运动技能、腿脚的运动技能等，往往是全身性的运动技能，运动幅度大
⑥简单—复杂连续体	运动技能有简单和复杂之分。技能的复杂程度往往是从感觉信息运动类型的复杂程度和技能形成的阶段等方面来考察的

续表

维度	内容
⑦个人差异一最大努力连续体	运动技能具有一般的模式，完成这种技能要求人们付出最大的努力，这是运动技能中的一端，同时，个体在完成这种技能时，又有自己的选择和偏好，存在着个别差异，这是运动技能中的另一端。例如，一个人赶路时每小时可走 6 km，但他偏好的步行速度可能为每小时 4.5 km。跳远的助跑距离有人需要 6 m，有人只需要 5 m，这都显示了个人的偏好和差异

（二）动作技能的特点

动作技能除了具有一般技能的基本特点，如遵循一定的法则、具有顺序性之外，还有其他一些特点（表 10-2）。

表 10-2　动作技能的特点（冯忠良等，2000）

特征	解释
客观性	动作的对象——操作客观的物体或肌肉，操作的过程——通过外显的肢体动作来表示
精确性	符合规范要求，符合动作原理，无论是动作的力量、速度、幅度，还是结构等方面都有标准可循，如投篮等
协调性	由一系列动作成分构成，各成分以整合的、互不干扰的方式和顺序运行；各个动作成分按照时空顺序，遵循动作规则并达到动觉和视觉的统合
适应性	能适应各种变化的条件，活动是稳定性和灵活性的统一

（三）动作技能的种类

根据第一节对动作技能的介绍，动作技能可以根据操作对象的不同而分为器械型操作技能与徒手型操作技能两种类型。动作技能可以根据其在三个维度的连续体上的位置加以描述（加涅，1999）。

1. 精细技能和粗大技能

两者的区别在于与动作有关的身体肌肉的数量。**粗大技能**（gross motor skill）是指运用大肌肉，并且经常涉及整个身体，如游泳、打球、跑步等。学会这些动作技能的用意不在于发展肌肉的力量，而在于精确掌握动作并适时使用。与此相对应，处于这个连续体另一端的被称为**精细技能**（fine motor skill），主要指在较狭窄的空间内进行较精巧的协调动作，主要表现为腕关节和手指运动，如穿针引线、写字、弹钢琴等。但是，手工技能并不是精细动作技能的全部，声带在演说或唱歌中的使用、耳朵的摆动等也属于精细动作技能的范畴。

2. 连贯技能和不连贯技能

连贯技能（continuous skill）指以连续、不间断的方式完成一系列动作，如说话、打字、唱歌等。动作之间没有明显的可以直观感受到的开端和终点，一般持续的时间较长，当然这种连续性也会对任务进行不断的调整。与此相反，一个不连续的运动任务通常是对特定的外部刺激做出的特定的运动。**不连贯技能**（discrete skill）具有可以直接感知的开端和终点。完成这种技能的时间相对短暂，如挪动棋子、倒水等，该技能一般是由突然爆发的动作组成。

3. 封闭性技能和开放性技能

封闭性技能（closed skill）是一种完全依赖内部肌肉反馈的技能。这种任务闭着眼睛也能完成。例如，在黑板上徒手快速画一个大圆，就接近于封闭性技能。而生活中许多操作任务都具有开放的特征，其动作反应或多或少地受到外部刺激的影响。**开放性技能**（open loop skill）也被称为开放环路技能，主要依赖于周围环境提供的信息，正确地感知周围环境成为运动调节的重要因素，如打篮球等。开放性技能要求人们具有处理外界信息变化的能力和对事件发生的预见能力。

经验分享

二、动作技能的形成

（一）动作技能形成的阶段

动作技能形成的过程是个体通过练习逐步掌握某种动作方式的过程。这一过程的内在机制存在着不同的理论。行为主义把复杂的动作技能看作一系列刺激与反应的联结的形成。认知心理学则认为，在技能的学习中，学习者经过多次练习会在头脑中形成关于动作程序的认知结构，即**动作程序图式**（action procedure scheme）。这种动作程序图式在相似情境的激发下就会自动地调节和控制人的行为，使其活动进行下去。

菲茨和波斯纳（Fitts & Posner，1967）将动作技能的形成过程分为**认知阶段**（cognitive stage）、**联系阶段**（associative stage）和**自动化阶段**（automatic stage）三个阶段。

1. 认知阶段

掌握一种技能，首先要学习与它有关的知识，了解完成这种技能动作的基本要求，在头脑中形成这种技能的最一般、最粗略的表象。练习者要将组成某种动作技能的活动方式反映到头脑中，形成动作映象，并对自己的任务水平进行估计，明确自己能够做得如何，这就是认知阶段。例如，学习安装一个书架，就需要参照说明书上的步骤进行尝试，一边做一边按照书中的步骤进行检查。在这个阶段，我们需要时刻想着每一个步骤，头脑中还会形成一个画面，如想象"给螺丝拧上螺帽"是怎么样的。工作记忆的负荷非常沉重。

该阶段的主要任务是：对示范动作或者参考书、参考图示进行观察，了解需要学习的动作技能的动作结构和特点，以及各组成动作之间的联系，从而在头脑中形成动作映象。要形成这个映象，我们需要对线索和有关信息进行适当的编码，这个过程类似于尝试—错误。例如，我们选择的螺丝可能不合适，需要重新尝试。当然，每个人可以有不同的编码方式。在这个阶段的关键是认识到"做什么"和"怎样做"。

在这个阶段，动作映象的形成十分重要。正确的动作映象能帮助学习者有效地掌握某种动作技能；反之，错误的动作映象会使技能学习出现偏差。除了动作映象之外，学习者还要依据自己以往成功或者失败的经验和能力，以及目前任务的难易，形成自己对能达到水平的期望。一般来说，有明确目标期望的学习，比目标期望模糊的学习更有效。

2. 联系阶段

如果说认知阶段是形成对技能整体的理解，并熟悉每一个技能的具体动作，那么联系阶段就是对各个独立的步骤进行合并或者"组块"，以形成更大的单元。例如，上例中"选择合适的螺丝""并把它放在合适的位置"两个步骤产生自然的联系，动作之间形成连锁反应。

最初，由于学习者对动作并不熟悉，注意范围比较狭窄，认知负荷较大，其注意力只能集中在个别动作上，并且不能控制动作的细节。同时，他们在生活中已经形成了许多习惯性动作，而这些习惯性动作又往往与需要学习的动作方式不相符合，会对新的动作产生干扰。例如，会开汽车的人在学习开飞机时可能会受到干扰，因为飞机的转弯是用脚控制的，所以他必须克服用手转动控制盘的习惯。

这个阶段，学习者的注意力已从认知转向动作，逐渐从个别动作转向动作的协调与组织，开始把个别动作结合起来，以形成比较连贯的动作。但他们常常忘记动作之间的联系，在动作转换和交替之际，往往出现短暂的停顿现象。协同动作是交替进行的，即先集中注意力做出一个动作，而后再集中注意力做出另一个动作，反复地进行着交替。随着练习时间或次数的增加，这种动作交替慢慢加快，技能结构的层次也不断增多，最终构成了整体的动作系统，动作技能已接近形成。这时，他们的动作的紧张度降低，但并没有消失，稍一分心，还会出现错误动作。

3. 自动化阶段

经过联系阶段，动作技能的学习进入自动化阶段，整个程序的完成无需注意。这是技能形成的最后阶段。在这个阶段，学习者所学习的动作技能的各个动作在时间和空间上已联合成为一个有机的整体并巩固下来；各个动作已达到自动化，只要有一个启动信号就能迅速准确地按照动作的程序以连锁反应的方式来实现；意识对动作的控制作用降到最低限度，整个动作系统从始到终几乎一气呵成，动作的连贯性主要是由本体感受器提供的动觉信号来调节的。例如，如果你组装了足够多的书架，那么在组装的同时还可以和人聊天，对组装的任务本身只需要很少的注意力。

但是，达到自动化水平需要经过长期的实践。例如，有人经过长期的研究，发现雪茄生产工人的动作技能在 4 年的时间内都在进步，工人掌握一定水平的技能需要经过大量的实践。许多体育技能的训练表明，一个运动员要达到自己的最高水平需要多年的练习；另外，技能的保持也需要大量的练习（邵瑞珍、皮连生，1997）。

（二）冯忠良的四阶段模型

1. 操作的定向

操作的定向就是了解操作活动的结构与要求，在头脑中建立起操作活动的定向映象的过程。操作活动的定向映象的形成包括两方面：一是有关操作活动本身的各种信息，涉及操作活动的结构要素及其关系或顺序与操作活动方式，如操作的轨迹、方向、幅度、力量、速度、频率和动作衔接等；二是有关操作技能学习的各种有关或无关的内外刺激信息，如可被利用的反馈信息、容易引起分心的刺激等。学习者了解这些信息后，就可以在头脑中建立起相应的心理表征，即起到定向作用的心理映象。

2. 操作的模仿

操作的模仿就是实际再现特定的动作或行为模式。即个体将其在操作定向阶段头脑中形成的定向映象以外显的实际动作表现出来，也就是将头脑中的各种认识与实际的肌肉动作联系起来。模仿一方面可以检验已经形成的动作定向映象，使之完善和充实，另一方面可以加强个体的动觉感受。在这一阶段，学习者动作的稳定性、准确性、灵活性较差，各个动作要素之间的协调性也不理想；各要素相互干扰；个体动作主要靠视觉控制；完成某一操作任务的效能较低。

3. 操作的整合

操作的整合就是把模仿阶段习得的动作固定下来，并使各动作成分相结合，成为定型的、一体化的动作。学习者通过融合前一阶段习得的动作，使各个动作成分变得协调，动作结构逐步趋于合理，动作的初步概括化得以实现，个体对动作的有效控制也逐步增强。在这一阶段，学习者的动作可以表现出一定的稳定性、精确性和灵活性，动作的各个成分趋于分化，整体动作趋于协调和连贯；动作成分间的干扰减少；视觉控制不再起主导作用，逐渐让位于动觉控制；动作效能有所提高；疲劳感和紧张感降低。

4. 操作的熟练

操作的熟练指形成的动作方式对各种变化的条件具有高度的适应性，动作的执行达到高度的完善化和自动化。自动化并非无意识，而是指执行过程不需要意识的高度控制，个体可以将注意力分配于其他活动。操作的熟练是技能形成的一个重要阶段，也是操作技能转化为能力的关键环节。在这一阶段，学习者的动作对各种变化的条件表现出高度的灵活性、稳定性和准确性；各个动作之间的干扰消失，衔接连贯，高度协调，不再需要专门控制和有意识的活动；视觉注意范围扩大；心理消耗和体力消耗降至最低，紧张感、疲劳感减少，动作具有轻快感。

（三）动作技能形成中的特征变化

在动作技能学习的不同阶段，个体的操作表现特征是不同的。动作技能一旦形成并熟练后，就会在他们的实际操作中产生明显的变化。合乎法则的熟练技能具有以下特征（Holding，1989；Anderson，1995）：①流畅性，即各动作成分以整合的、互不干涉的方式和顺序进行；②迅速性，即快速地做出准确的反应；③经济性，即完成某种活动所需的生理和心理能量较小，工作记忆的负荷较小；④同时性，即熟练的活动的各成分可以同时被执行，或者可以同时进行无关的活动；⑤适应性，即能够灵活地适应各种变化的条件。

与动作技能形成的初期阶段相比较，已形成并达到熟练程度的动作技能发生了质的变化。这种变化具有一些典型的特征（表 10-3）。

表 10-3 动作技能形成的特征

特征	解释	举例
意识控制的变化	在技能形成初期，学习者完成每一个技能动作，都要受到意识的控制。如果稍有减弱，动作就会停顿或出现错误，心情就会随之紧张起来。随着技能逐渐形成，意识对动作的控制也随之减弱，被自动控制取代。这时，其操作受内部程序控制，表现出预见性，反应方式和时刻都很精确，动作流畅，好像完全自动化了。学习者只关心怎样使这种技能服务于当前任务的需要，精神紧张状态也随之消失	初学瑜伽，头脑中时刻想着下一个动作，不是忘了动作就是忘了呼吸法，时刻绷着神经。经过练习，动作之间的联系逐渐自然，心态随之放松，头脑中不再装着动作步骤，甚至可以在意识中进行冥想
动作控制方式的变化	①利用线索的变化。初期，需要更多的外部提醒才能利用线索；随着技能的形成，逐渐能运用细微的线索使动作日趋完善；达到熟练时，学习者头脑中已储存了与一系列线索有关的特有信息，甚至微弱的信息。当某种线索一出现，他们就能预测动作的结果，灵活地进行一系列的反应。②动觉反馈作用的加强。在动作技能形成初期，学习者依靠视觉反馈（外反馈）来控制动作。随着动作技能的形成，动作的视觉反馈控制逐渐开始让位于内部反馈（动作程序图式和动觉反馈）控制，错误往往能够被排除在发生之前。当动作技能达到熟练时，动觉反馈对动作的控制作用得到进一步的加强，达到稳定而牢固的程度	刚学打字的学习者总是一边看着自己的手指和键盘上的字，一边按键盘，甚至需要教师的指导语才能发生反应。然而，随着动作的熟练，他们能独自察觉到自己动作的细微差别。在这个过程中动觉反馈作用也得到强化。例如，当一个人在走路时偶尔踩到一块小石头，就会立即产生防止跌倒的动作。这是由于脚部的动觉反馈信息对动作程序的调节作用
动作品质的变化	动作的稳定性是逐渐加强的，当技能形成之后，整个动作系统已成为一种相对稳定的方式。技能的稳定性并不意味着动作是机械刻板的。恰恰相反，熟练是与情境的种种变化相适应的一种高水平的技能。当情境发生变化时，熟练者就能当机立断，及时调整自己的动作，在不利条件下维持正常操作水平，甚至使出绝招出奇制胜，灵活而巧妙地应付这种变化	书法动作一旦掌握就相对稳定，但是一位书法家在执笔、运笔进行书写时总是按一定的方式迅速完成书写的整套动作，以至于形成自己独特的风格，并适应当时的情境
动作协调性的变化	动作的协调性逐渐加强，多余动作逐渐减少。当技能达到熟练时，整个动作系统已成为一个协调化的动作模式，协调化动作模式的形成是熟练的重要标志。它有两种主要类型：一是同时性协调化动作模式，二是连续性协调化动作模式	同时性协调化动作模式，如学生在朗读课文时的眼和口的紧密配合；连续性协调化动作模式，如学生写字时的先后程序动作

（四）动作技能的保持

大家都有共同的经验：动作技能一旦学会，就不容易被遗忘。例如，学会了游泳和骑自行车的人，过了若干年以后，虽未经练习，其技能还能保持如初。可见动作技能的保持不同于知识，它具有自身的特点。

究其原因，可能是因为动作技能的获得需要大量的练习。过度学习有利于保持记忆。另外，动作技能本身包括许多局部的动作，动作之间的关联也有助于回忆信息的提取过程。最后，动作技能的掌握可能符合分布式认知的理论。大量的任务通过外部的任务分配出去，而头脑的认知负荷相对较轻。动作技能不同于言语知识，其保持高度依赖于小脑和脑的低级中枢，这些中枢可能比脑的其他部位有更大的能力保持动作痕迹。

三、动作技能的培养

练习是动作技能形成的基本途径。为了帮助学生提高练习的效果，迅速而准确地掌握动作技能，教师应该注意这样几个问题。

（一）指导与示范

在动作技能形成的认知阶段，教师需要帮助学生理解动作技能，明确学习任务，形成作业期望，并获得一定的完成任务的学习策略。

1. 掌握相关的知识

如果学生在学习技能之前没有掌握相关的知识（图式、技能等），就会对工作记忆产生巨大的压力，导致认知负荷过大，甚至可能难以继续以后的学习。所以，教师需要帮助学生梳理必要的先前知识。如果学生的先前技能习惯与新技能相矛盾，教师更需要提供合适的任务，使学生认识到技能之间的区别，避免干扰。此外，为了帮助学生记忆，可以将动作要领或程序编成歌诀。例如，要求汽车司机在过马路时“一慢二看三通过”。

2. 明确练习目的和要求

每一种运动技能都有其特定的目的和要求。只有学生明确了所学技能的目的和要求，他们才能自觉地组织自己的行动来掌握这种技能。练习是一种有目的、有计划、有组织的学习过程，不同于单纯的重复。如果缺乏明确的练习目的和具体的要求，机械地重复一种动作方式，就不可能使行动方式有所改善。例如，有的学生虽然天天写字，可书写的字体仍然没有多大改观。可见在学习技能的过程中，学生为自己树立的练习目标对于练习的效果具有重要意义。

3. 形成正确的动作映象

人们的各种运动动作是在动作映象的定向调节支配下做出来的。因此，在学生对所学的运动技能进行练习之前或过程中，教师应通过自己的动作示范帮助他们在头脑中形成正确的动作映象。为此，教师要进行充分而准确的示范。教师的示范要做到：①动作示范与语言解释相结合；②整体示范与分解示范相结合；③示范动作要重复，动作速度要放慢；④指导学生观察，并纠正学生的错误理解。做好上述四个方面的工作，就可以促进学生在头脑中形成正确的动作映象，大大增强运动技能学习的效果。

在整个示范过程中，教师要防止学生的认知负荷超载。每次示范的信息量和速度要切合学生的实际水平。因为初学者在刚刚接触一个新的动作时，往往顾此失彼，很容易因为新的信息量过多而超载。

4. 获得一定的学习策略

动作技能的学习也包含学习策略或者窍门问题。完成动作任务需要涉及的策略面也很广。有的是学习者自我生成（self-generated）的策略（邵瑞珍、皮连生，1997）。例如，学习者如何从自己的“动作库”中选择并组织基本动作，形成“目标意象”，即在头脑中假想出一套连贯的并自认为有效的动作模式；如何选择动作的参数，如力量、速度、角度、时间和节奏等；如何对动作进行编码；等等。在学习或完成作业时，学习者会有意无意地表现出自己采用的策略。有的策略是由指导者提供的，这些外加的策略通常是在成功完成任务的基础上总结出来的。指导者可以通过演示、解说或播放有关录像等方法对学习者进行指导。一旦学习者利用外加的策略有效地完成任务后，这些策略就会成为学习者的经验，并有可能自发地在后继学习中使用。

（二）练习

动作技能只有经过一定的练习（practice）才能形成。练习是指以形成某种技能为目的的学习活动，是以掌握一定的动作方式为目标而进行的反复操作过程。练习包括重复和反馈，不是单纯的反复操作或机械重复，而是以掌握一定的活动方式为目标的反复。通过练习，我们可以促进所学技能的进步和完善。

1. 练习曲线

在练习过程中，技能进步情况可以用练习曲线来表示。**练习曲线**（practice

curve）是指在连续多次的练习过程中发生的动作效率变化的图解。通常，练习曲线有三种表示法（图 10-1）。

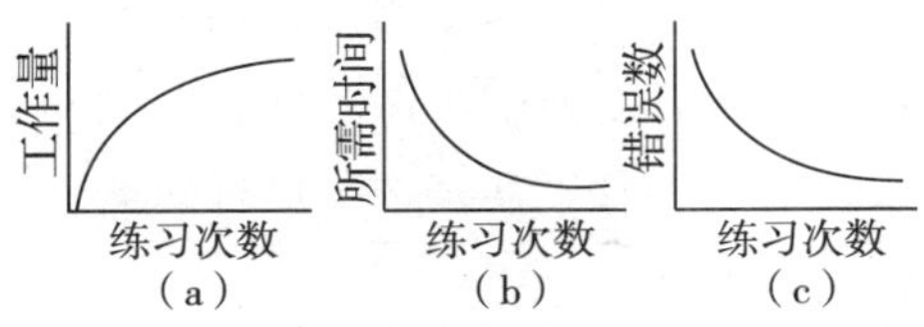

图 10-1　练习曲线的不同表示方法

图 10-1(a)表示练习次数与单位时间完成的工作量的关系，随着练习次数的增加，每次完成的工作量逐渐上升；图 10-1(b)表示练习的次数与完成动作所需时间的关系，随着练习次数的增加，所需的时间越来越少；图 10-1（c）表示练习次数与错误数的关系，练习中的错误将随着练习次数的增加而减少。

练习曲线表明，学生的动作技能形成过程中普遍存在下列四种情况。

（1）练习成绩逐步提高

学生的动作技能的练习成绩逐步提高主要表现在动作速度加快和准确性提高上，其表现形式有三种。①练习进步先快后慢。这是因为：第一，练习初期有旧经验的积极影响，但到了练习后期，可供利用的旧经验逐渐减少，而需要建立的新的神经联系则相应增加，因此提高成绩就比较困难；第二，练习初期要掌握的只是局部动作，比较简单，又是单独进行练习，所以成绩提高较快，而练习后期要对各种局部动作进行调整和完善以形成动作系统，比较困难，所以成绩提高缓慢；第三，学生在练习初期可能兴趣比较浓厚，情绪高涨，而到了练习后期，这些方面都有可能降低，再加上疲劳，因此会影响练习成绩的进步。②练习进步先慢后快。这是因为学生在练习初期需要花费一定的时间去掌握有关的基础知识和基本技能，再加上已有的习惯动作的干扰，所以进步缓慢，但是在掌握了这些之后，练习成绩的进步就会明显加快。③练习进步的先后顺序比较一致。这种情况是个别的。

（2）练习中的高原现象

在学生动作技能的形成中，练习到一定阶段往往会出现进步暂时停顿的现象，这被称为**高原现象**（plateau phenomenon）。它表现为练习曲线保持在一定的水平而不再上升，甚至有所下降。但是，在高原期后，练习曲线又会上升，即表示练习成绩又可以有所进步。最早用实验的方法证明高原现象的是布瑞安等人的研究。他们在对收发电报动作技能进行的研究中发现，在收报练习 15～28 天后，成绩一度停滞，虽有练习，但成绩不见提高（转引自彭聃龄，2001）。

高原现象（图 10-2）产生的原因主要有两个方面：①当练习成绩已经达到一定水平时，继续进步需要改变现有的活动结构和完成活动的方式，改变成新的活动结构和完成活动的新的方式。旧的技能结构限制了人们按照新的方式组织动作。在没有完成这种改造之前，练习成绩只会处于停滞甚至暂时下降的状态。②经过较长时间的练习，学生的练习兴趣有所下降，甚至产生厌倦情绪，或者由于身体疲劳等原因，练习成绩出现暂时停滞的现象。

必须指出，高原现象不具有普遍性，也不能表明动作技能的掌握已临近学生身心发展的极限，相反它就像是黎明前的黑夜。同时，高原现象并非不能再进步的代名词，只要突破这一关，学生获得的将是巨大的进步，并且创造性的成果往往发生在高原期之后。

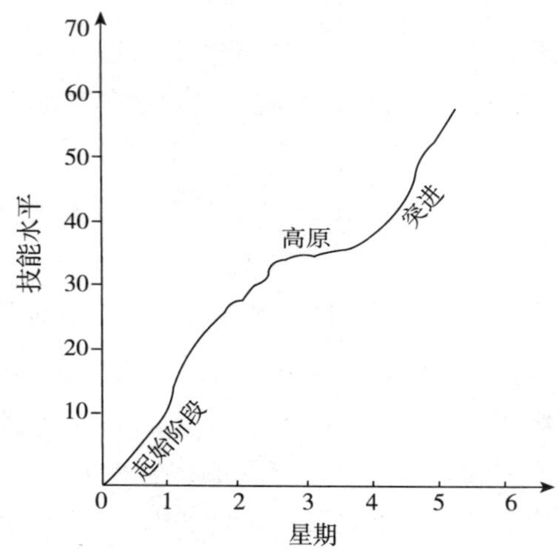

图 10-2　练习中的高原现象（Karmlesh，1983）

（3）练习成绩的起伏现象

在动作技能的练习曲线中，我们可以看到练习成绩时而提高、时而下降、时而停顿的现象，这就是练习成绩的起伏现象。之所以产生这种现象，其原因主要有二：一是客观条件有了变化，如学习环境、练习工具以及教师指导的改变等；二是学生的主观条件有了变化，如有无强烈的学习动机和浓厚的学习兴趣，注意力是否集中、稳定，有无骄傲自满情绪，意志努力程度如何。练习成绩的起伏是正常现象，但如果练习成绩出现明显的下降，教师就应该帮助学生分析原因并加强教育和指导，以便使他们的练习成绩能够尽快提高。

在技能发展的最后阶段，练习成绩相对稳定，不再提高，人们将其称为技能发展的极限。但是这不是绝对的，一些研究表明，这种极限也可以被突破。

（4）学生动作技能形成中的个别差异

不同的学生在学习同一技能，或同一名学生学习不同技能时，其练习进程又表现出明显的个别差异。这是由学生个体的练习态度、知识经验、预备训练情况以及练习方式方法等方面的不同造成的。

2. 练习方式

除了实际的身体练习，学生还可以进行心理练习。研究表明，心理练习对自由投篮技能发展有显著作用，与打网球、倒车以及投标枪等作业改进存在一定的相关（转引自邵瑞珍、皮连生，1997）。如果将身体练习与心理练习结合起来，效果更佳。当然，心理练习的效果取决于三个因素：①学生对练习任务是否熟悉。如果学生从未进行身体练习，就不可能进行心理练习，即使练习也只能是错误练习。②心理练习的时间长短。心理练习的时间不能太长，否则容易产生厌烦情绪，使作业水平下降。③任务的性质。如果任务中认知因素起的作用较小，反应主要依靠肌肉的线索，则心理练习作用甚微。

3. 练习时间

在练习时间的安排上，学生应力求集中练习和分散练习相结合。集中练习是指学生在学习一种技能时，在一段较长的时间内对某种技能进行反复的练习。而分散练习是指学生把练习技能的时间分散开来，安排在几个时间段内或几天内进行，每次练习的时间较短。研究表明，分散练习的效果优于集中练习。究其原因，是因为集中练习容易产生反应性抑制的累积作用，有碍于练习成绩的提高，而分散练习则不容易产生反应性抑制的累积作用。

从整体上来说，虽然分散练习优于集中练习，但在合理安排练习时间上，还应从技能的性质、学生的学习能力以及如何消除疲劳、克服遗忘等方面来考虑。研究表明，当学生初学一种技能时，先进行集中练习再改用分散练习，要比单纯的分散练习效果更佳。

（三）反馈

在技能的练习中，让学生及时了解自己的练习结果，有利于提高练习效率。具体来说，如果学生在运动技能练习时能够及时掌握练习的情况，如知道自己的成绩和错误、优点和不足等，就可以把符合要求的、达到目的的动作保留下来，把不符合要求的动作抛弃掉，这样才能有助于迅速提高练习质量。可见，在练习中给学生提供反馈信息是提高练习效果的有效措施。在提供反馈时，要注意下列几个问题。

1. 结果反馈

在技能的练习中，让学生及时地了解自己的练习结果，有利于练习效率的提高，可以帮助学生形成联结，自动识别相关的线索，把一些小的步骤形成大的产生式或者步骤。

2. 情境反馈

反馈不仅针对学习的结果，一针见血地指出问题所在，更重要的是给学生提供技能使用的具体情境。真实的情境不仅能帮助学生学会技能本身，而且能帮助学生学会为什么要使用这个技能和何时使用（Collins，Brown，& Newman，1989；Gagné，Yekovich，& Yekovich，1993）。即使在认知阶段，进行这些练习时，学生也要了解真实的情境中技能的整个过程。

3. 根据情况反馈

如果某个特定的步骤、成分或者过程出现了问题，学生就要对其进行分解，单独练习，直到这个单元自动化，再把它整合到整个系列中，以降低工作记忆的负荷（Anderson，Reder，& Simon，1996）。所以，在技能形成的不同阶段，教师要给学生提供不同类型的反馈。

在练习初期，教师应积极向学生提供关于他们练习时身体动作过程和动作姿势方面的信息，因为这些信息是学生用来改进自己的动作技能的主要线索，而这些信息又是学生本人很难获得的。这时，教师或者其他旁观者可以提供较多的反馈信息，也可以通过录像或其他手段记录动作的过程，让学生自己观察自己，提供真实与客观的信息。这种反馈不仅能纠正学生的错误动作，而且可以避免初学者过高估计自己的能力。

在练习后期，教师应指导学生细心体会自己的练习行为并力求发现自己的经验。因为这时的练习是以技能动作的连贯、协调和自动化为目的的。要实现这一目标，只能依靠学生自己在练习中细心地去体验。

还要特别注意的是，技能的学习不只是肌肉动作层面的学习，其中每一步都包含了认知的重要成分。例如，就算是经验丰富的老司机，在开车的时候也需要注意当时的交通路况，因为条件在不停地变化，难以完全自动化。当你决定改变方向时，转弯的技术动作会自动完成，但是转弯的决定是能被意识到的——这一决定以当时的交通路况为依据，属于具体领域的策略。为了促进这种策略的学习，教师需要给学生提供在多种不同情境中的练习机会。

4. 内在的动觉反馈

在练习中，实现对动作的动觉控制（替代视觉控制）是学生运动技能形成的重要标志之一。因此，教师要做到：①指导学生将动作的视觉形象与动觉表象结合起来；②指导学生认真体会动作的动觉刺激，以加速视、听分析器与运动分析器之间以及运动分析器中的动觉细胞与运动细胞之间的联系的建立；③在练习后期，应指导学生运用视觉控制与动觉控制交替练习的方法，促进动觉控制替代视觉控制的转化。以此逐步增强学生内在反馈的作用，提高学生对各种肌肉动作的自我调节、控制能力。

最后，需要指出，任何学习不仅仅停留在动作和知识层面，情绪情感对学习的结果也有着重要的影响。如果学生对技能本身没有明确的目标，没有积极的接纳态度，就难以产生主动的学习。另外，旧技能的惯性作用往往会阻碍新技能的接受，即使“被迫”学会了新的技能，如果学生在情感和态度上没有接受，这种技能也会因为疏于使用而荒废掉。

第三节　心智技能

一、心智技能与动作技能的关系

动作技能与心智技能既有区别又有联系。它们的不同之处在于动作技能具有物质性、外显性和扩展性等特点，而心智技能则具有观念性、内隐性和简缩性等特点。换言之，前者主要表现为外显的肌肉骨骼的操作活动，后者主要表现为内隐的思维操作活动。同时，它们又密切地联系在一起。心智技能是动作技能的调节者和必要组成部分，动作技能是心智技能形成的最初依据和外部体现。两者相辅相成、互相制约、互相促进。例如，学生的学习活动不仅需要心智技能的参与，也需要动作技能的参与，常常是这两种技能的有机统一，即手脑并用。因此，确定某种技能到底是属于心智技能，还是属于动作技能时，关键取决于其活动的主导成分。例如，打字、体操主要是肌肉骨骼的动作，虽然这种动作也受到人的思维的调节支配，但它们属于动作技能；而阅读、写作、运算主要是人脑内的思维活动，虽然借助于发音器官和手的动作来实现，但它们仍属于心智技能。

心智技能一旦形成，必然会在人们的智力活动中表现出以下三个方面的特征。

①从智力活动的方式来看，智力活动的各个环节逐渐联合成为一个有机的整体，

内部言语趋于概括化和简约化，观念之间的泛化现象逐渐减少以至消失。在解决课题时，开展性推理转化为“简缩性推理”。

②从智力活动的调节来看，智力活动能在很大程度上自动进行，不需要太多的意识参与调节和控制，达到运用自如、得心应手的程度。学生已经觉察不到自己头脑中的内部操作过程和程序，只能觉察到内部活动的结果，具有内潜性。

③从智力活动的对象来看，心智技能“操作”的对象往往不是外显的物体或者肌肉，更多的是在头脑中进行的，因此操作的对象往往是观念、概念或者原理。例如，使用解析技能时，头脑中浮现的是问题特征、数量关系和算法等概念与规则。

二、心智技能的形成过程

（一）加里培林的五阶段模式

苏联著名心理学家加里培林等人根据维果茨基的活动论的观点（智力活动是外部的、物质活动的反映，是通过实践活动内化而实现的）提出，学生心智技能的形成是“外部物质活动转化到……知觉、表象和概念水平的结果”。这种转化（内化）过程需要经历五个阶段。

1. 活动定向阶段

活动定向是让学生在头脑中形成对活动程序和活动结果的映象。教师需要根据学生的基础水平，将活动分解成学生能够理解，并且能够做到的操作程序，建立起学生对活动原型的定向预期。例如，教师在演示加法运算时，要让学生明白加法运算的目的在于求几个数的和，了解运算的对象是事物的数量，知道运算的操作程序和方法，懂得运算的关键是进位等，由此在头脑中形成完整的定向映象。

2. 物质活动或物质化活动阶段

物质活动是指运用实物的教学活动，物质化活动则是指利用实物的模拟品（标本、模型和示意图等）进行的教学活动。例如，在加法运算中，教师可以让学生利用小木棒进行演算活动，或者利用图片中的小木棒进行演算活动，掌握加法运算的实际动作程序。物质活动和物质化活动是两种基本的直观形式，后者实际上是前者的一种变形。在课堂教学中，无论对自然科学知识，还是对社会科学知识，学生不可能完全通过直接经验的方式利用物质活动来进行学习，这时物质活动就成为一种主要的方式。

在这一阶段，教师要将动作展开，让学生实际完成每个动作；要经常变换动作对象，让学生对动作方式进行概括；还要指导学生通过省略或合并操作程序，简化动作方式，甚至使动作方式与言语活动结合起来，为过渡到下一阶段做准备。

例如，在教授异分母分数加法“$\frac{1}{3}+\frac{3}{4}=?$”时，教师先将计算过程逐步展开：

$$\frac{1}{3}+\frac{3}{4}=\frac{1\times4}{3\times4}+\frac{3\times3}{4\times3}=\frac{4}{12}+\frac{9}{12}=\frac{4+9}{12}=\frac{13}{12}=1\frac{1}{12}。$$

先通分，求出 4 和 3 的最小公倍数作为公分母，再将每个分数的分子和分母乘相同的倍数，然后进行同分母的分子相加，最后将分数简化为带分数。学生需要在多种异分母分数的加法计算中独立完成这一系列运算步骤，概括出异分母分数加法运算的一般法则，并将这一活动的全部操作进一步简化，如省略$\frac{1\times4}{3\times4}+\frac{3\times3}{4\times3}$和$\frac{4+9}{12}$两步，并且与相应的言语活动结合起来，过渡到下一阶段。

3. 有声的言语活动阶段

有声的言语活动是指不直接依赖实物或模拟品，而是借助出声的外部言语活动来完成各个操作步骤。这是活动从外部形式向内部形式转化的开始。例如，在加法运算中，学生能根据加法题目的数字出声地说出“3 加 2 等于 5”或“8 加 4 等于 12”等。通过这种出声的言语活动，学生可以抽象和简化各步动作，并促使活动的定型化与自动化。教师需要指导学生运用言语确切地表达各步实际动作，也需要对言语活动进行展开、概括和简化的不断改造。

4. 无声的外部言语活动阶段

无声的外部言语活动是指以词的声音表象、动觉表象为中介，进行智力活动。这种不出声的外部言语活动似乎只是言语减去了声音，实则是动作向智力转向的开始。因为最初的智力活动是以不出声的言语和动作方式形成的。加里培林认为，“头脑中言语的有声形象成为词的声音形象的表象”。这种无声言语的变化要求学生对言语机制进行很大的改造，需要学生重新学习。教师同样需要指导学生对无声的外部言语动作进行展开、概括和简化。

5. 内部言语活动阶段

内部言语活动是指简化了、似乎可以在较少意识参与下自动进行的智力活动。这一阶段是外部动作转化为内在智力的最后阶段。其特点之一是简缩，这是因为它指向学生自己，不必考虑外部言语作为交际手段的机能（要完整地表达）。其特点之二是自动化，这是因为它基本上是在学生自己觉察不到的情况下进行的。例如，学生演算进位加法时，已经不再需要默念公式和法则，而是在头脑中出现几个关键词，随之而来的就是自动化的操作。整个运算过程的智力活动在他们头脑中被“压缩”和“简化”了，以至于他们可能已经觉察不到运算过程，能觉察到的只是运算的结果。

（二）冯忠良的三阶段模型

冯忠良（1998）提出了心智技能形成的三阶段模型。

1. 原型定向

这是指了解心智技能的实践模式或原型活动的结构，如动作构成要素、动作执行次序和执行要求等。

2. 原型操作

这是指依据心智技能的实践模式，以外显的物质与物质化操作方式，执行在头脑中建立的活动程序和计划。

3. 原型内化

这是指心智技能的实践模式从外部言语开始转向内部言语，最终向头脑内部转化，达到活动方式的定型化、简缩化和自动化。

三、心智技能的培养

中小学阶段是人的心智技能形成和发展的重要时期。因此，教育工作者要重视对学生心智技能的训练，要促进其发展。

（一）心智技能的原型模拟

心智技能的培养相当复杂，仅仅依靠分析的方法难以建立心智技能的实践模式。苏联心理学家兰达（转引自冯忠良等，2000）最早使用了心理模拟法，主要原理是模拟人的心理功能系统的运行法则，找出能与心理关键特征一一对应的物质系统，如计算机对人脑的模拟。一般来说用心理模拟法建立智力活动的实践模式需要经过两个步骤：确立模型和检验修正模型。

为了确立心智技能的操作原型，首先需要对活动本身进行系统的分析，分解出足够的操作步骤。但是这只是一个假设性的操作步骤，还应通过实验来检验这种原型的有效性。如果原型取得预期的效果，就可以在教学中实际应用；如果原型不符合心智技能的活动原则，就需要对原型重新进行分析。检验的模式可以用教育心理学的实验方法，还可以将详细的步骤分解开来，让计算机检验。

（二）心智技能培养中应注意的问题

1. 遵循智力活动按阶段形成的理论

心智技能按阶段形成的理论充分体现了心智技能形成的一般规律。因此，教师在培养学生形成心智技能时应遵循这一理论，积极创造条件，帮助他们从外部的物质活动向内部的智力活动转化。

2. 根据心智技能的种类选择方法

心智技能与动作技能一样，也有简单和复杂之分，要根据其不同的复杂程度而采用不同的途径。对于那些复杂的由多种智力活动方式组成的心智技能，如写作技能、解题技能等，可以采用从部分到整体的训练方法，即从单个智力活动训练开始，并使之掌握，然后按照统一顺序将它们联结起来，构成一种复杂的心智技能。而对于那些简单的心智技能，如加减运算、字形笔画分析等，宜采用整体方法来训练。

3. 积极创造应用心智技能的机会

学生的实践活动是心智技能形成和发展的基础。只有经受实践的考验，运用自如，才能形成稳定有效的心智技能。要想促进学生心智技能的形成和发展，使之达到熟练掌握和灵活运用的水平，教师必须积极创设问题情境，让他们的心智技能在解决问题的练习中得到锻炼。此外，教师还应该加强指导，帮助他们正确运用心智技能来解决有关问题。

4. 注重思维训练

学生心智技能的核心心理成分是思维。因此，培养学生良好的思维方法和思维品质是一项对学生心智技能的形成与发展具有特别重要意义的措施。为此，教师在教学过程中要重视学生的思维训练，培养他们思维的独立性与批判性、敏捷性与灵活性、流畅性与逻辑性以及敏感性等良好品质，养成认真思考的习惯。

拓展阅读

关键术语

技能，动作技能，心智技能，专门心智技能，一般心智技能，粗大技能，精细技能，连贯技能，不连贯技能，封闭性技能，开放性技能，认知阶段，联系阶段，自动化阶段，动作程序图式，练习曲线，高原现象，加里培林的五阶段模式

思考题

一、选择题

1. 下列对技能描述正确的是（　　）。

A. 技能就是活动程序　　B. 技能就是潜能

C. 技能是通过练习能提高的　　D. 技能一下子就能学会

2. 操作技能按照操作的不同连续性分为（　　）。

A. 精细技能和粗大技能　　B. 连贯技能和不连贯技能

C. 封闭性技能和开放性技能　　D. 器械型技能和开放型技能

3. 下列属于常见的心智技能的是（　　）。

A. 驾驶汽车　　B. 洗衣服

C. 解两步应用题　　D. 听到声音

4. 下列不属于心智技能的特点的是（　　）。

A. 内潜性　　B. 客观性　　C. 简缩性　　D. 观念性

5. 下列有关动作技能学习中的练习的说法不正确的是（　　）。

A. 练习包括有意义的重复和反馈

B. 练习就是不断地重复

C. 练习中存在高原现象

D. 练习进步有先快后慢、先慢后快、快慢变化不大三种形式

二、简答题

1. 简述技能和习惯的区别和联系。

2. 动作技能和心智技能之间有哪些相同点和不同点？

3. 简述动作技能的形成阶段。

4. 简述练习在动作技能学习中的意义。

5. 简述高原现象产生的原因。

6. 简述加里培林关于心智技能形成的五阶段模式。

选择题参考答案：1. C　2. B　3. C　4. B　5. B

扫码答题

第十一章
问题解决的学习与创造性

人掌握知识的目的在于解决问题。人类的文明史，从火的发现到宇宙飞船上天，就是一部问题解决史。问题解决是高级形式的学习活动。发展学生的问题解决能力，并让学生在解决问题的过程中学习知识、获得各种思维技能，是教学的一个重要目标。创造性思维作为一种高级的问题解决活动，也越来越受到人们的重视。本章主要介绍问题解决及创造性思维的机制、特点和培养方法。

本章要点

●问题与问题解决

○问题及其分类

○问题解决的界定

●问题解决的过程

○问题解决的模式

○一般问题的解决过程

○结构不良问题的解决过程

●问题解决的训练

○问题解决的影响因素

○问题解决能力的训练

●创造性思维

○创造性思维的本质和过程

○创造性思维的训练

第一节　问题与问题解决

问题解决（problem solving）对学生的学习有着重要的作用。加涅（1977）认为，“教育课程的重要的最终目标就是教学生解决问题——数学和物理问题、健康问题、社会问题以及个人适应性问题”。本节主要探讨问题及其分类、问题解决的界定。

一、问题及其分类

（一）问题的界定

问题（problem）是指这样一种情境：个体想做某件事，但不能马上知道完成这件事需要采取的一系列行动（罗伯逊，2004）。当我们遇到不可能直接完成的事时，问题就产生了，如诊断疾病、解答数学应用题、设计大桥、编写剧本等。无论简单或复杂、抽象或具体、持续的时间长或短，每一个问题都必然包含三种成分：①给定信息，指有关问题初始状态的一系列描述；②目标，指有关问题结果状态的描述；③障碍，指在解决问题的过程中会遇到的种种需解决的因素。如此看来，问题就是给定信息与要实现的目标之间有某些障碍需要克服的情境。在问题解决的过程中还有一个重要的组成部分，那就是方法。方法是指个体可以用来解决问题的程序和步骤。在问题解决的过程中，可以使用的方法常常会受到某些方面的限制，如资金、工具等。

（二）问题的分类

人们在生活中的问题复杂多样，研究者对问题进行了不同的区分。乔纳森（Jonassen，2000）曾经区分出 11 种典型的问题。表 11-1 罗列了人们对问题做出的一些分类。

表 11-1　问题的分类

维度	类别	描述	举例
概括水平	①概括性问题	指向具有某一特征的一群人或物，具有一定普遍意义；适用于抽样、定量研究	随着光照时间的增加，植物生长速度呈现什么规律
	②特殊性问题	指向特殊的个体或现象，不具有广泛的概括性；适用于个案、质性研究	小学生张三的学习积极性如何

续表

维度	类别	描述	举例
关注焦点	①关系性问题	关注事物或现象的结果、事物或现象间的异同以及相互关联，适用于定量研究	探究学习方法对学生学业表现是否有积极影响
	②过程性问题	关注事物或现象发生和发展的动态变化，适用于质的研究	探究学习方法是如何对学生学习产生影响的
内容特性	①概念性问题	问题内容涉及学术性概念	长方体的表面积与体积之间存在什么关系
	②经验性问题	问题涉及生活经验	在冰面上行走时如何防滑
	③价值问题	问题涉及伦理道德、是非判断	初中生该不该早恋
探究深度	①描述性问题	描述事物的现状及其变化过程	某城市的空气污染状况
	②解释性问题	解释事物变化的原因，适用于定量研究、质的研究	在高山上用水煮食物为什么煮不熟
	③预测性问题	基于对因果关系的解释而预测事物的未来变化，适用于定量研究	下周的天气变化
领域范围	①单学科问题	可用某一学科知识加以解决	数学相遇问题
	②跨学科问题	需综合多学科知识加以解决	本地区空气污染问题
	③生活实际问题	不直接隶属于某个学科，是学生在生活中面临的、感兴趣的	电视节目的益处与危害
组织程度	①结构良好问题	具有明确的目标、条件和解答的问题	野人和书生过河问题
	②结构不良问题	具有不明确的目标、条件和解答的问题	如何激发学生的学习动机

下面重点介绍两种分类。

1. 结构良好问题和结构不良问题

问题按照组织程度分为结构良好问题（well-structured problem）和结构不良问题（ill-structured problem）两类，这是一种比较流行的分类。

结构良好问题是指那些具有明确的初始状态、目标状态以及解决方法的问题。学生在学科学习中遇到的绝大多数问题是结构良好问题。例如，“求边长为 2 cm 的正方形的面积”，其初始状态和目标状态，以及问题解决的方法都是明确的。另外，让学生进行四则运算，在考试中进行单项选择，或者解决一个复杂的物理问题等，都是结构良好问题，因为学生可以根据给定信息和目标，选择明确的解决方案来达到问题解决的目的。

结构不良问题是指那些没有明确的初始状态、目标状态或解决方法的问题。结构不良问题并不是指问题本身有什么错误或是不恰当，而是指它没有明确的结构或解决途径。例如，“修电脑”的初始状态不明确，要先检查故障出在哪儿；“用 Photoshop 做一朵漂亮的玫瑰花”，其目标状态不明确，什么样的玫瑰花才算“漂亮”；让学生考察当地城市的污染状况，并写出一篇论文，其初始状态、目标状态甚至问题解决方案都不明确，是名副其实的结构不良问题。

结构不良问题与结构良好问题存在的差异如表 11-2 所示。

表 11-2　结构良好问题与结构不良问题的比较（Shin，Jonassen，& McGee，2003；Jonassen，1997；Voss，1988；Meacham & Emont，1989）

比较维度	类别	
	好	不良
问题条件或数据	全部呈现	部分呈现或冗余
答案	标准的、唯一的、确定的或封闭的	多样的、开放的或者根本没有答案
解决方案	唯一的、规定性的	多种方案
涉及的概念、规则和原理及其组织	常规的、经过良好组织、来自结构良好领域	不明确的
学科	单一学科	跨学科
目标界定	清晰、确定	模糊、不清晰
评价标准	单一	多样化
与真实生活相联系	无联系	来自真实生活情境
解决方法	熟悉的、确定的、唯一的	不熟悉的、多样化的

结构不良问题不是在所有方面都具有结构不良的特征。结构不良问题既可以在某一个方面具有结构不良的特征，如问题条件冗余，也可以在以上所有方面都结构不良。结构良好问题和结构不良问题实际是一个问题的连续体，很多结构不良问题可能位于连续体的中间。有些维度是相互联系的，如果一个问题的答案是开放的，那么其解决思路不是唯一的，其涉及的概念、规则和原理很有可能是不明确的，没有经过良好组织的。

解决结构良好问题实际上是一个通过大量的练习和反馈熟练掌握知识与技能的活动过程。它是成功解决结构不良问题的基础。解决结构不良问题的价值要远远大于解决结构良好问题。

2. **常规问题和真实性问题**

按照问题的领域范围可以把单学科和跨学科问题合称为常规问题（routine problem），也就是学生在学校中大量遇到的问题，如“有人买来5根2米长的木头，他能锯出几根1米长的木头”。生活实际问题，也被研究者称为真实性问题（authentic problem）。例如，与上面的常规问题相对应的真实性问题为“有人买来4根2.5米长的木头，他能锯出几根1米长的木头”。研究者发现学生能很好地答出常规的问题，但是对于真实性问题，只有17%的人能给出真实的答案（Verschaffel，De Corte，& Lasure，1994；刘儒德、陈红艳，2002）。真实性问题也属于结构不良问题。学生在学校中大量处理的问题都属于常规问题。对于与生活实际紧密联系的问题，他们却认为，“这些事我都知道，但我从来没有想到要把它放到数学题中来。数学讲的并不是这种事，讲的是怎么计算正确，不需要知道正确计算以外的事”。更让人感到震惊的是，有些学生十分机械而僵化地解答真实应用题，表现出一见到数字就加或减的心理定式，而不考虑这些数字的意义。例如，有人曾经对学生进行这样一则测试题：“这里有26只山羊，10只绵羊，船长的年龄有多大?”结果表明，许多学生回答“36岁”。学生虽然考虑到了真实情境，但一想到“数学问题一定是有一个答案的”，就会想方设法地给出一个合理答案。同样是有关牧羊的问题，“这里有125只羊，5只狗，牧羊人的年龄有多大?”大多数接受测试的学生都准备给这样的问题提供答案，其中一名学生给出了“25岁”的答案，他的思维草图是这样的：“125＋5＝130，这太大了；125－5＝120，还是太大了；而125÷5＝25，正好。所以，牧羊人25岁。”（Wyndhamn & Saljo，1997；Reusser，1988）

二、问题解决的界定

问题解决是指个体在面临问题情境而没有现成方法可以利用时，将已知情境转化为目标情境的认知过程。当常规或自动化的反应不适用于当前的情境时，问题解决者需要超越对过去所学规则的简单应用，对所学规则进行一定的组合，产生一个解答，达到问题解决的目的。加涅在对学习的分类中，将问题解决看作学生利用已有规则生成新的高级规则。请看下面这个例子。

已知这样三个定理：

①如果两个三角形的两条边及其夹角对应相等，那么这两个三角形全等；

②如果两个三角形全等，那么这两个三角形的所有对应的边和角都相等；

③三角形中两边相等，那么它们所对应的角也相等。

现在求证两个问题：

①从图 11-1 的条件中能得出什么结论？

②根据图 11-2 中的条件求证：BE=CE。

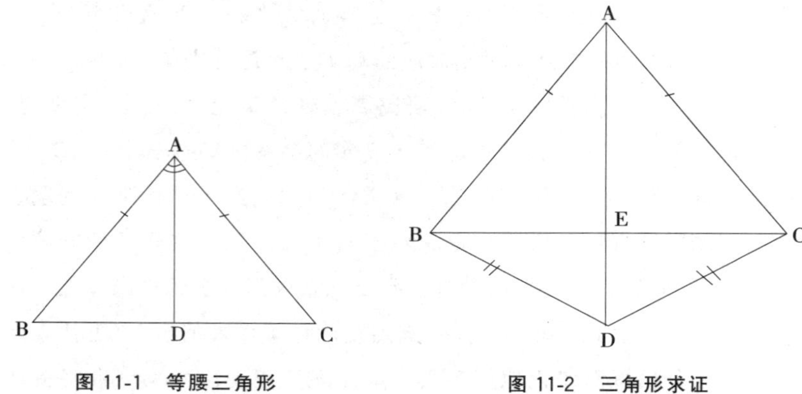

图 11-1　等腰三角形　　图 11-2　三角形求证

第一题不构成问题，学生只需要将已知的定理直接运用于新的情境。第二题才构成问题，学生需要转换和组合已知的定理，才能达到既定的目的。

无论领域如何不同，问题情境怎样，问题解决的难易程度如何，问题解决都具有一些共同的特点。①要解决的是新的问题，即初次遇到的问题。如果不是第一次尝试解答，而是第二次、第三次甚至多次解答过，就不能算是问题解决，只是一种操练（drill）或练习。②在问题解决中，个体要把已掌握的规则重新组合，形成高级规则，以适用于当前问题。③一旦问题解决，个体的能力或倾向可能就会随之发生变化。在解决问题中产生的高级规则会储存下来，并构成个体知识库中的一个组成部分。个体在遇到同类情境时，借助回忆就可以做出回答而不再视为问题了；在遇到新的更复杂的问题时，还可以将其作为组合成新的更高级规则的基础。

问题解决涉及认知、情感和行为活动成分。例如，完成一道数学心算题，学生需要利用基本计算技能与工作记忆，这是认知成分；学生是否相信自己有能力解决问题，这是情感成分；学生把计算结果写下来，这是行为成分。后两种成分对问题解决是至关重要的。如果教师让学生解一道趣味题，可是学生不感兴趣，并认为不值得花时间去解决，他就不会参与这一活动，也就无法解决这一问题。

第二节　问题解决的过程

一、问题解决的模式

解决问题的过程是如何展开的？怎样才能培养学生的问题解决能力？这些问题是教育学家和心理学家历来探讨的重点。

（一）传统观点

对于问题解决的模式，传统的观点主要有桑代克的**试误说**（trial and error theory）与苛勒的**顿悟说**（insight theory）。试误说认为，问题解决是由刺激情境与适当反应之间形成的联结构成的，这种联结是通过尝试错误逐渐形成的。问题解决者首先通过一系列盲目的操作，不断地尝试和犯错，发现一种问题解决的方法，即形成刺激情境与反应的联结，然后再不断巩固这种联结，直到能立即解决问题。顿悟说认为，问题解决者遇到问题时重组问题情境的当前结构，以弥补问题的缺口，达成新的完形，从而联想起一种可行的解决方案。这一过程的突出特点是顿悟，即对问题情境的突然领悟。

试误说看到了问题解决过程中一系列建立刺激与反应联结的尝试错误的阶段，重视问题解决的过程和一系列操作。但是，它认为问题解决的尝试错误过程是盲目的，忽略了认知因素在问题解决中的重要作用。顿悟说注意到了重组情境的认知成分，这启发了后来者对问题的理解和表征的强调，但是顿悟说把这种认知成分看成是先验的，并且片面强调顿悟，忽视了对问题解决过程的研究。如果剔除试误说中的盲目性和顿悟说中的先验性的一面，根据对立统一的辩证观，试误和顿悟是问题解决的既对立又联系的两个方面。人面对一个新问题时，总要用已有的经验（非先验地）转换问题，重组问题的当前结构，以期联想起一种可行的解决方案。如果实在不成功，人就会有计划、有目的地（非盲目地）尝试一种又一种解决方案。有时，表面上的一个顿悟，实际上是经过了好多次的试误之后才出现的。试误和顿悟的这种对立统一在后来的一些模式中将有所反映。

（二）信息加工的观点

信息加工理论者把问题解决看作信息加工系统（大脑或计算机）对信息的加工，

把最初的信息转换成最终状态的信息。随着计算机技术的迅猛发展，许多心理学工作者试图用计算机模拟人类的问题解决过程，根据计算机的运行机制来推测人类解决问题的过程机制。纽厄尔和西蒙（Newell & Simon，1972）认为问题一般包括三个方面：①初始状态——开始时的不完全的信息或令人不满意的状况；②目标状态——希望获得的信息或状态；③操作（operator，又译为算子）——从初始状态迈向目标状态可能采取的步骤。这三个部分合起来构成了**问题空间**（problem space），这是对问题构成的一个表征。例如，猫走迷津时，走出迷津就是问题空间，从开始的位置（初始状态）到出口（目标状态），可以做一些转弯（允许的操作）。

问题解决就是从初始状态向目标状态的一系列转换操作（安德森，2012）。其首要关键环节是对问题情境建构起一个心理表征或心理模型，也就是问题空间（Newell & Simon，1972；Jonassen，2000）。个体的问题空间涉及多种知识，如结构化知识、程序性知识、反思性知识、系统表象和隐喻以及策略性知识（Jonassen & Henning，1999）。例如，对于同一个问题，由于形成的问题空间不同，解决问题的操作就有所不同。例如，同样是胃痛问题，西医形成的问题空间可能是：初始状态是胃里有害细菌检查呈阳性，目标状态是阴性，状态转换操作是吃抗生素药物杀死有害细菌。而中医形成的问题空间可能是：初始状态是脾胃不和，目标状态是脾胃调和，状态转换操作是喝中药。由于西医和中医采用的概念框架系统不同，形成的问题空间就不同，解决问题的方法也就不同了。

（三）现代认知派模式

关于解决问题的具体过程，杜威最早提出了五阶段论：①开始意识到难题的存在；②识别出问题；③收集材料并分类整理，提出假设；④接受和拒绝试探性的假设；⑤形成和评价结论。后来，还有许多人提出了各种阶段论，但都大同小异，基本继承了杜威的阶段论思想。1910—1950年，直到皮亚杰的工作以及其他应用各种认知和信息加工策略的模型被引入之前，杜威的模式一直被人们看作一种经典的问题解决的方法。

自从皮亚杰的认知理论面世和现代认知心理学产生以后，人们热衷于从认知的角度来解释人类解决问题的过程。他们虽然也和杜威等阶段论者那样，将人类解决问题的过程划分成了各个阶段，但是，他们的描述不只是停留在对表面现象的描述之上，而是使用“认知结构”“图式激活”“问题表征”等术语对问题解决的各阶段进行更深入的描述，是传统阶段论的一个螺旋上升。并且，他们更加注重各阶段之间的动态联系，更真实地描述了人类解决问题的动态过程，这对问题解决技能的培养和教学具有更好的指导意义。

其中，最有影响力的是吉克等人提出的问题解决模式。吉克等人（Gick，1986；Derry & Murphy，1986）根据对解决问题策略的研究，认为一般性的解决问题的策略包括四个阶段（图 11-3）。

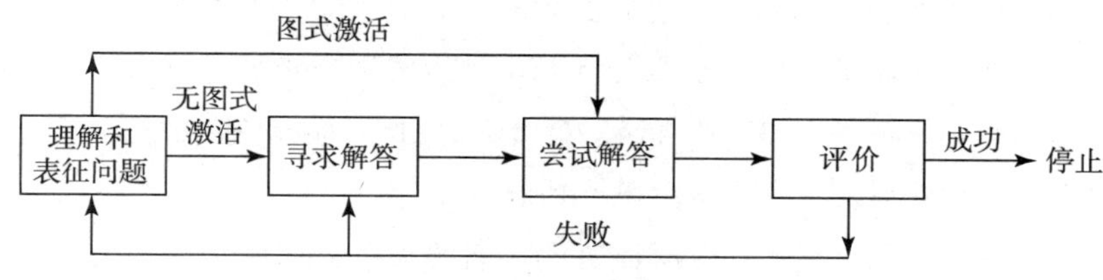

图 11-3 吉克的问题解决模式

根据这一模式，问题解决有理解和表征问题、寻求解答、尝试解答与评价四个阶段。问题解决者第一步从记忆中激活旧有的信息，形成问题表征或问题空间，如果能够激活已有图式，就直接进入第三阶段执行现有图式；如果没有现成图式可以利用，就进入第二阶段寻求解答或制订解答计划，如将问题划分成不同的中间状态、列出子计划等，然后再进入第三阶段执行解答计划。第四阶段对解答进行评价，如果成功则问题解决活动结束，如果失败了，则可能退回到最初的问题，或重新定义问题，或寻求解决问题的方法。这种问题解决不是线性的，问题解决者可能跳来跳去，跨过或联合一些步骤。

二、一般问题的解决过程

下面根据吉克的问题解决模式分阶段介绍问题解决的过程。

（一）理解和表征问题阶段

1. 识别有效信息

解决问题的第一步是确定问题到底是什么。这意味着首先要找出相关信息而忽略无关的细节。请看如下问题。

在抽屉里，黑色和棕色的两种短袜混在一起，黑袜和棕袜之比为 4∶5。请问：为了得到一双相同颜色的短袜，需要从抽屉中取出多少只短袜？

什么信息与解决这个问题有关？你是否意识到有关黑袜、棕袜之比为 4∶5 的信息是无关的。因为抽屉里只有两种不同颜色的短袜，只要取出 3 只，其中有两只一定是一双。再如，本书建构主义学习理论一章中的抛锚式教学，学生观看录像之后，需要确定录像中的哪些信息与录像最终问题的解答有关，哪些信息是无关的。

2. 理解信息含义

除了能识别问题的相关信息，学生还必须准确地表征问题。这就要求学生有某一问题领域特定的知识。例如，要理解路程应用题，学生需要具备速度、时间和距离三个关系的知识。如果要成功地表征问题，学生需要完成两个任务。第一个是语言理解，理解问题中每一个句子的含义。请看下面的代数应用题。

小船在静水中的速度比在流水中每小时快 6 km。

这是一个关系命题，它描述了两种速度之间的关系：小船在静水中的速度和在流水中的速度。我们再来看另外一个应用题中的句子。

糖的价格是 15 元/kg。

这是一个指定命题（assignment proposition），即一个赋值语句。它只指明了某种东西的价格，即糖的单价。

解决包含这两种命题的问题一定要弄清每个句子告诉了我们什么。有些句子可能比另一些句子更难理解。研究表明，关系命题比指定命题更难理解和记住。在一个研究中，学生复述关系命题的错误率是指定命题的 3 倍。有些学生将关系命题转换成了指定命题，如将“小船在静水中的速度比在流水中每小时快 6 km”记成了“小船在静水中的速度为每小时 6 km”。一旦误解了问题中每个句子的含义，学生就很难正确地表征整个问题。

3. 整体表征

表征问题的第二个任务是将问题的所有句子综合在一起，达成对整个问题的准确理解。有时候即使学生懂得问题中的每一个句子，也有可能误解整个问题，我们来看这样一个例子。

两个火车站相距 100 mile（1 mile≈1.61 km），某个周六下午 2：00，两列火车以每小时 25 mile 的速度分别从两站相向而行，正当火车驶出车站时，有一只鸟以每小时 100 mile 的速度从第一列火车出发飞向第二列火车，到达第二列火车后，又飞回第一列火车，如此反复，直到两车相遇。请问在两车相遇之前，小鸟的飞行距离是多少？（图 11-4）

如果把这个问题理解成一个距离问题（先算出小鸟从第一列火车到第二列火车的距离，然后返回飞到第一列火车的距离，如此往复……再求出这些距离的总和），那么问题解决者将会感到非常棘手。其实，我们可以把这一个问题表征为一个时间问题，把注意力放在小鸟在空中飞行的时间上，如果知道小鸟在空中飞行了多长时

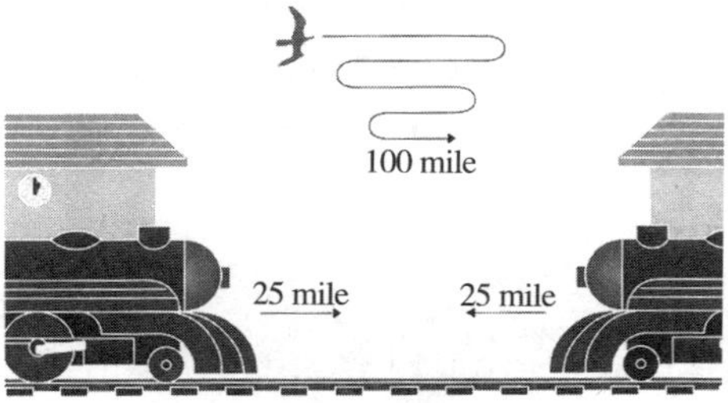

图 11-4　小鸟飞行问题（Weiten，1995）

间，那么就很容易确定它在空中飞行了多远的距离，因为它飞行的速度是已知的。解决方法如下。

第一步求出小鸟在与火车相遇之前飞行的时间（实际上是火车相遇前行驶的时间）。

小鸟飞行时间＝两站距离÷（第一列火车的速度＋第二列火车的速度）＝100÷（25＋25）＝2（小时）

第二步求出小鸟在两车相遇前飞行的距离。

飞行距离＝小鸟飞行速度×小鸟飞行时间＝100×2＝200（英里）

对于许多问题，图形表征可能是更为有效的方法。请看下面这个例子（格里格、津巴多，2016）。

有一个人要到山顶，山路绕山而上。这个人日出时步行上山，日落时才到达山顶，在山上过了一夜，第二天日出时下山，只用了半天时间，中午就到达了山底。请问：山路中这个人上山下山时同时经过的一个地方在哪里？（图 11-5、图 11-6）

图 11-5　上山问题

图 11-6　上山问题的同构问题

这似乎是一个很难的问题，因为人们可能会认为这人上山和下山走的路是不一样的。如果采用下面这种表征的方法可以使这个问题变得容易：假想有两个人，日出时一个从山顶向下走，一个以一半的速度从山底向上走，这样就能计算出他们的相遇点了。在解应用题时，学生往往需要采用画图的方法，便于自己理解问题、表征问题，形成问题空间。

4. 问题归类

在实际的解决问题过程中，学生有时能够很快决定所问的问题是什么。有些学生只看一下标准代数题开头的几个句子，就能马上做出决定，并且将问题归入某一类型中。一旦将问题归入某一类，如距离问题，一个特定的图式就被激活了，这个图式将引导对有关信息的注意，并预期正确答案。

当学生使用适当的图式表征问题时，他们似乎不容易被无关信息或欺骗性的文字迷惑。但是，当学生使用错误的图式时，他将跳过关键信息，使用无关信息，甚至可能为了迎合这个错误的图式而误读或认错某些信息，最终导致错误地表征问题，从而增加解决问题的困难。在某个具体领域中，要想促进学生转换和选择图式，就需要让学生观察各种不同类型的例题，并且让学生比较这些例题，想想每种解答有什么相同点和不同点。迈耶（Mayer，1983）建议给学生进行下列练习：①识别和归类各种不同类型的问题；②用具体的方式（图形、符号或图像等）或者用语言表征问题；③选择问题的相关信息和无关信息。

从吉克等人的问题解决过程的模式中，我们可以看到，问题表征阶段有两个主要的结果：第一，如果个体对问题的表征能使他联想起一个即时的顿悟式的解决方案，那么他就能解决这一个问题了。根据格式塔心理学的顿悟说，这就是顿悟式地解决问题，即对问题进行突然的重新组织或重新归类，从而明确了问题，联想起了一个可行的解决方法。用认知心理学家的话说，一个适当的图式已经激活了，解决方法跃然而出。在某种意义上说，个体没有真正解决一个新问题，他只是再认了一个新问题，只是把这个问题看成了过去解决过的旧问题的一个“伪装”版本而已。这就是图式—驱动问题解决，即在问题情境与个体头脑中的解题系统之间进行匹配。这样，个体按“图式激活”的捷径，直接进入尝试解答阶段。第二，如果没有一个现成的图式能使个体联想起一个即时的解答，他就得遵循寻求解答的路径。这条路径没有前面那条路径有效，但有时这是唯一的路径。

（二）寻求解答阶段

在寻求解答时，可能存在算法式（algorithm）和启发式（heuristic）两种一般的途径。

1. **算法式**

算法是指为达到某一个目标或解决某个问题而采取的一步一步的程序。**算法式**就是严格执行算法程序来获得问题的解答。它通常与某一个特定的课题领域相联系。在解决某一个问题时，如果个体选择的算法合适，并且能正确地完成这种算法，那么他一定能获得一个正确的答案。在实际教学中，这样的例子屡见不鲜。例如，做一道大数目除法：3674859÷11。只要仔细地按照乘—减的算法，反复地做下去，就能获得最终的答案。

应用算法式途径可能会导致胡乱地应用算法。例如，有人在玩魔方时，一会儿这样试，一会儿那样试。他们可能偶尔碰巧得到了正确答案，但并未真正理解自己是如何得到的，或许他们对问题的表征是不准确的，或许他们对问题的表征是正确的，但不知道正确解决问题的算法。

应用算法式途径解决有些问题时显得非常烦琐。例如，要解决这样的问题：1+2+3+4+5+……+10000=？如果用连加的算法，虽然也能获得答案，但是非常烦琐。有时题目非常烦琐，采用算法式途径不可能获得最终的解，这时就可以采用启发式。

2. **启发式**

启发式就是指根据目标的指引，试图不断地将问题状态转换成与目标状态相近的状态，只试探那些对成功趋向目标状态有价值的操作，也就是使用一般的策略试图解决问题。这种一般的策略可能会得出一个正确的答案。例如，在解上面的连加题（1+2+3+4+5+…+10000=?）时，我们就可以根据其特点，转换成[（1+10000）×10000÷2]进行简便计算。我们日常生活中的许多问题错综复杂、难以界定，也没有明显的算法。这时采用启发式方法就显得非常重要。下面讨论几种启发式方法。

（1）手段—目的分析法

手段—目的分析（means-ends analysis）**法**是指将目标划分成许多子目标，将问题划分成许多子问题后，寻找解决每一个子问题的手段。例如，写一篇 20 页的论文对于某些学生而言是十分头痛的问题，如果将这个任务划分成几个子任务，如选题、查找信息资料、阅读和组织信息、制订大纲等，他们就可能表现得好一些。

在日常生活中，我们常常采用这种方法来解决问题。例如，我们在北京天坛，目标是要到天安门去。我们先想到天坛与天安门有什么差异。这个差异主要是距离上的差异，大约是 10 km。然后，我们思考要用什么操作手段去缩短这一空间距离。我们可以坐公共汽车去，或者乘出租车去，也可以步行去。我们可以运用已掌握的任何可行的操作方法去缩短这个距离。如果时间紧迫，我们就坐出租车，但是还要考虑用什么方式把出租车叫来。这里又产生一个“距离”，要缩短这个“距离”，也就是减小差异，我们就得依据现有条件，决定是线上叫辆出租车，还是在路边拦出租车。

上述事例中解决问题所用的方法就是手段—目的分析法。这种方法概括地说，就是先有一个目标，它与个人当前的状态之间存在着差异，当个人认识到这个差异时，就要想出某种活动来减小这个差异。但是要完成这个活动，还要先满足某些条件，也就是说要设法减小这方面的差异。手段—目的分析法中的目的就是目标，手段就是用什么活动去达成这个目标。

（2）逆向反推法

逆向反推法是在寻求解答时从问题目标状态，开始逐步倒推到初始状态。这种方法对解决几何证明题有时非常有效。

例如，已知图 11-7 中的 ABDC 是一个长方形，证明 AD 与 BC 相等。

从目标出发进行反推时，学生会问：“如何才能证明 AD 与 BC 相等？如果我能证明三角形 ACD 与 BDC 全等，那么就能证明 AD 等于 BC。”下一步的推理就是“如果我能证明两边和一个夹角相等，那么就能证明三角形 ACD 和三角形 BDC 全等”。这样，学生从一个子目标出发，反推到另一个子目标。

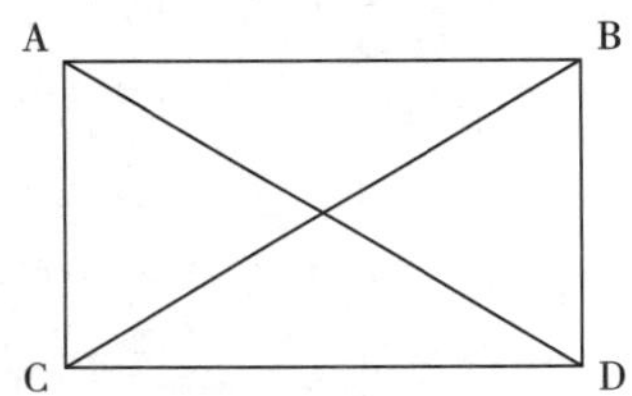

图 11-7　逆向反推法的几何题举例

逆向反推法与手段—目的分析法都要考虑目标，并且都要确定运用何种操作去达到目标。手段—目的分析法要考虑目标状态与当前状态之间的差别，而逆向反推法却不用考虑这一点。手段—目的分析法在搜索问题空间时受到的约束较大。如果通向目标状态的途径很多，假途径也较少，这是一种很有用的搜寻方法。当问题空间中从初始状态可以引出许多途径，而从目标状态返回到初始状态的途径相对较少时，用逆向反推法就相对容易些。

在处理生活中的问题时，设置中间期限也是一种很好的方法。例如，如果 3 周之内要让编辑部收到文章，那么我必须在某一天发邮件提交稿件，在某一天修改好文本，在某一天打完草稿……

（3）爬山法

爬山法的基本思想是设立一个目标，然后，选取与起始点邻近的未被访问的任一节点，向目标方向运动，逐步逼近目标。这就像爬山，如果在山脚下，要想爬到山顶，就得一点一点地往上走，一直走到最高点。爬山法在日常生活中是有用的方法，不少实际的问题就是靠这种方法解决的。例如，医生在给慢性病人用药时常常用这种方法来确定药的剂量。爬山法的最大弱点就是只能保证爬到眼前山上的最高点，而不一定是真正的最高点，问题解决者常常会到达一个小山丘，而不是真正的山顶。这时问题解决者只好再爬下来，重新爬上最高的山顶。例如，医生给病人的药达到一定剂量后，病情有好转，再超量就会引起调理反应。这时，医生往往会误以为这个剂量就是最佳剂量，然而，事实上也许更大剂量才能使病人真正痊愈。问题解决者在使用爬山法时，最好选择几个不同的起点一起来尝试，如果几个起点到达的都是同一个点，这一点才算是真正的目的地。

（4）类比思维法

面对某种问题情境时，个体可以运用类比思维法，先寻求与此有些相似的情境的解答。当人们第一次发明潜艇后，工程师们要想办法让战舰确定潜艇隐藏在海下的方位，于是开始研究蝙蝠导航的机制，终于发明了声呐，并将其运用于潜艇的定位。

吉克和霍利约克（Gick & Holyoak，1980）通过实验演示了“类比”的功效。他们呈现给被试一个较难的医学问题。这个问题是如何运用放射线治疗癌症，同时将癌症部位周围组织的伤害控制在最低限度。他们同时呈现了一个已解决的军事问题作为类似问题，来启发学生进行类比。这个故事讲述一位将军如何让部队分散开来，各自通过敌人的防线，然后在城下聚集，攻克城堡。结果发现，如果只给被试类似问题，类似问题不会自动促进被试使用此方法来解决目标问题（将小剂量的射线通过周围组织而聚焦在癌症部位），然而如果提示他们两个故事的关系，被试解决问题的能力就会提高。给被试提供两个类似故事比只提供一个故事效果更好。

人们在解决问题时，可以寻求各种不同的解答。但是人们一般不去寻求最优的途径，而要求找到一个满意的途径，这就是西蒙提出的满意原则。例如，要数清一节车厢里有多少个苹果，一种方法是可以一个一个地去数，获得最精确的数目。但人们一般不这样做，而是先数出一个纸盒中有多少个苹果，然后，根据纸盒的数量，估算出整车厢的苹果数目。即使是解决最简单的问题，要想以最少的尝试次数、最高的效率来解决也是非常困难的，因此人们可以通过调节自己的抱负水平来调节对问题解决的满意度。

（三）尝试解答阶段

在表征某个问题并选好某种解决方案后，下一步就是执行计划、尝试解答。如果解决方案主要涉及某些算法的使用，如解数学应用题中的列式计算，就要注意避免在使用算法的过程中产生一些错误的算式或系统性的“错误”（bug）。有些研究表明，学生常常非常有逻辑地或“聪明”地犯错误，但很少有错误是随机的、偶然的，他们通常使用某些错误的规则或程序来回答问题或解决问题。伯顿和布朗开发了一些计算机程序，这些程序能查出学生在解决减法问题时出现的错误。他们的研究表明，儿童算法中存在的错误比教师想象的要多得多。例如，他们发现减法中存在这样一个错误的算法，学生总是从大数中减去小数，不管哪个数在上面。教师一旦发现了错误，就要进行纠正，这比单纯要求学生细心或重做一遍要有用得多。

（四）评价阶段

当选定并执行某个解决方案之后，学生还需要对结果进行评价。评价结果的方法之一就是寻找能够证实或证伪这种解答的证据。许多人总是在达到最终的答案之前就停止了工作，只是接受在某种情况下行得通的答案。

例如，有3个人一起下象棋，每人下了2盘，问总共下了几盘棋？

有的人脱口而出：6盘。这个答案适用于3个人分别与其他人下棋，不适用于3人相互下棋。只要核查，马上就会发现解答有错误。

再如，有一个中学生解这样一个方程组：

$$\begin{cases}8x+4y=28\\4x-2y=10\end{cases}$$

他很快写出$x=2$，$y=3$。这一解答只在第一个等式中行得通，在第二个等式中行不通。这名学生找了证据来验证这个解答，但没有把验证进行到底，检查这一解答是否适用于问题的所有方面。对于这种具有冲动性认知方式的学生，教师应当给予额外的帮助。

在解决数学问题时，我们常常采用验算的方法来检验解答。例如，以减法验算加法，以加法验算减法，改变相加的顺序验算连加算式等。有时候，我们可能会凭着对答案的估计来评价答案。例如，11×21的答案应在200左右，因为$10\times20=200$，如果答案为2311或23或562，那么我们就应该马上意识到这些得数是不正确的。

三、结构不良问题的解决过程

结构不良问题与结构良好问题的解决过程存在明显的差别。结构不良问题的解决过程不仅是在一定的逻辑结构中进行系统解法的搜寻，更是一种对解决方案的设计过程。辛诺特（Sinnott，1989）对成人解决结构不良问题的过程进行了口语报告分析。结果发现，问题解决者需要明确问题、创建问题表征、权衡问题的不同侧面、设计不同的解决方案并对各种方案进行比较和衡量。乔纳森（1997）把结构不良问题的解决过程总结为以下环节。

（一）厘清问题及其情境限制

问题解决者首先需要确定问题是否真的存在，然后厘清问题的实质。结构不良问题常常在一定的情境或事件中自然而然地出现，问题的条件和目标常常是不确定、不明朗的。解决者需要分析问题的背景信息，弄明白问题的目标到底是什么、障碍是什么，权衡各种可能的理解角度，建立有利于问题解决的问题表征。例如，在一个旅馆中，住在高层的房客常常抱怨电梯运行得太慢。对于这一问题，人们最直接的理解是“怎样提高电梯的运行速度”，而该旅馆的经理对这一问题的理解是怎样减少房客在乘电梯时的“等待感”。因此，他让人在电梯中装上了一面大镜子，把房客的注意力从“等待”上转移开。

在厘清问题时，问题解决者需要综合该领域的多个概念、原理，联系原有的各种具体经验。针对当前的具体情境，他需要想：我已经知道的事实有哪些？我有什么假定？我解决过相关问题吗？我学过哪些有关的知识？我还应该查阅哪方面的资料？等等。问题解决者需要利用这些知识经验，对问题中各种可能的因素和制约条件（时间、资金、人员、设备和社会支持等）进行具体分析。

（二）澄清、明确各种可能的角度、立场和利害关系

问题解决者需要从多个角度和立场综合考虑问题中的多种可能性，权衡各方面的利害关系。例如，这一问题关系到哪些人的利益？各方追求的目标分别是什么？他们是怎样看待这一问题的？问题解决者需要协调各方之间的关系，确定哪种理解方式最有利于问题的解决。例如，治理城市空气污染涉及大量普通市民，他们希望能有更清新的空气；涉及车辆所有人、车辆制造商以及造成空气污染的工厂等，他们也希望治理污染，但不希望有太多的额外开支；也涉及政府，它既要保护环境，

又要保证经济发展……不同的立场实际上反映了问题的不同侧面，解决这种问题需要整体考察各种不同的侧面。

（三）提出可能的解决方法

问题解决者需要从问题的条件和原因出发，设计解决方案。因为不同的理解会导致不同的思路，所以问题解决者需要从不同立场和理解方式出发，看看有哪些相应的解决方法。例如，在治疗疾病的时候，医生可以采用口服药物治疗、外涂药物治疗、手术治疗、理疗、化疗和放疗等。

（四）评价各种方法的有效性

结构不良问题通常没有唯一的标准答案。问题解决者需要综合评价各种可选解决方案的有效性，选择自己最能接纳的解决方案。问题解决者需要为自己确定的解法提供证据，用有力的、充分的理由来支持自己的判断，还需要预测某种方案可能导致的后果，事物、现象将会由此发生怎样的变化，并说明做出预测的依据（Voss，1988）。例如，医生选择某种主要治疗手段，需要说明理由，并预测病程进展情况。

（五）对问题表征和解法的反思监控

问题解决者需要监控对解决过程的规划，看看自己对问题解决过程的规划是否合理、周全；需要监察自己的理解状况，反思自己的知识意味着什么，并从自己的思路中跳出来，看看其他人从其他角度出发会怎样理解问题和解决问题。值得注意的是，对问题表征和解法的监控并不是一个独立的、在问题解决之后发生的活动环节，它贯穿在整个问题解决的过程中。

（六）实施和监察解决方案

问题解决者需要实际实施解决方案，在实施过程中需要认真监察问题解决的进度和效果，看它能否达到期望的目标，能否满足不同方面的要求，能否在给定的条件（时间、经费、人力等）下解决问题，以及是否有更有效、更便捷的解决方案等。

（七）调整解决方案

问题解决往往不是一次性完成的，针对问题解决结果的反馈信息，问题解决者需要调整解决方案，或者改变理解问题的方式和思路。在有效解决问题之后，问题解决者还需要反思此次解决问题的思路，看这种解决方法对其他问题的解决有什么启示，从这个问题中自己获得了什么新知识、新策略，这对于问题图式的获得以及问题解决水平的提高来说具有关键意义。

在日常生活中，人们面对的是大量的结构不良问题。它们在目标、条件和解答方法上都是不明确的。结构不良问题的解决常常不是一个人的事情，而是团队集体智慧的结晶，其解决过程远比这里描述的要复杂得多。斯滕伯格和史渥林（斯滕伯格、史渥林，2001）曾经列举过真实生活中问题解决的许多特征（表 11-3）。

表 11-3 真实生活中问题解决的特征

特征	解释	举例
①在真实生活中，问题解决的第一步是确定问题的存在	发现问题比解决问题更重要，因此，给学生在识别问题方面提供帮助非常必要	在国际上，政府用了很长时间才意识到艾滋病的危害，这时艾滋病已经成为一个全球性的问题
②找出问题比找出问题的解决办法更难	要确定问题的具体含义，它们是否有价值，这通常比较困难	教师发现教出的大学生不能很好地适应企业的要求，要进行改革，但是不知道哪个环节出了问题
③日常问题的结构性比较差	研究者把问题划分为结构良好和不良的，结构不良的问题不能清楚地列出具体的步骤	高考后，如何选择学校和专业既没有标准答案，也没有一定步骤
④解决问题需要哪些信息通常不明确，通常也不清楚从何处可以得到这些信息	问题本身错综复杂，确定资料的来源并找到资料不是一件简单的事情	在研究性学习课上，让学生查找资料解决水污染的问题
⑤解决办法受问题背景的限制，反过来也影响问题的背景	问题不是孤立存在的，和前后问题都有着直接或间接的关系，解决一个问题需要同时考虑多个因素	宇航飞船的上天要考虑技术问题的多种背景，如天气、人员素质等
⑥问题通常没有单一的正确答案，甚至什么是正确答案也不清晰	问题具有发散性，对问题的解决没有固定答案	电脑的出现给人们带来了什么影响

续表

特征	解释	举例
⑦正规的和非正规的知识同等重要	这些非正规的知识，没有人具体教授过，甚至没有被表述成语言，被人们称为“缄默知识或者心照不宣的知识”	在面试中，你被录取与很多背景有关，包括你的专业知识、表达能力等，同样重要的是非正规的知识，如对单位的了解、观察力，甚至穿着
⑧在日常生活中，重大问题的解决意义重大	生活中的问题的解决和它的后果是不能分开的，后果往往关系重大	外科手术前，病人要签一份同意书，上面描述了手术可能的后果
⑨问题的解决经常发生在群体中	要发展学生团队合作的能力，使他们学会在交流中学习进步	微软的设计开发工作不可能由一个人完成，而是一个团队共同努力的结果
⑩问题可以是复杂的、混乱的和顽固的	在有些情况下，问题并没有随着它的解决而结束，而是刚刚开始，还可能有潜在的困难和影响	今年的流感打乱了春天的生活节奏，人们一起抵抗过去了，但是以后的春天和冬天，人们仍然可能面对它的威胁

第三节　问题解决的训练

一、问题解决的影响因素

问题解决的思维过程受多种心理因素的影响，有些因素能促进思维活动对问题的解决，有些因素则妨碍思维活动对问题的解决。这些因素可以分成问题因素和个人因素两类。问题因素包括问题的刺激特点、功能固着、反应定势，以及酝酿效应。个人因素包括有关的知识背景、智力水平、对问题的敏感性、好奇心和综合各种观念的能力，以及动机与气质。两种因素相互作用，共同影响了问题解决的过程和结果。这里重点介绍问题因素对问题解决的影响。

（一）问题的刺激特点

在个体解决一个问题时，问题中的事件和物体将以某种特点呈现在个体面前，如空间位置、距离、时间、时间顺序，以及物体当时表现出的特定功能。这些特点以及它们之间的关系将影响个体对问题的理解和表征。某些呈现方式能直接提供解决问题的线索，便于寻找解答的方向、途径和方法；某些呈现方式则可能掩蔽或干扰解决问题的线索，增加解答的难度，甚至导入歧途。

问题的刺激特点影响着问题解决的思维过程。例如，在图 11-8 中，图（b）比图（a）提供的线索更隐蔽，因而解答起来相对难一些。已知圆的半径 R 的长度，求正方形的面积。

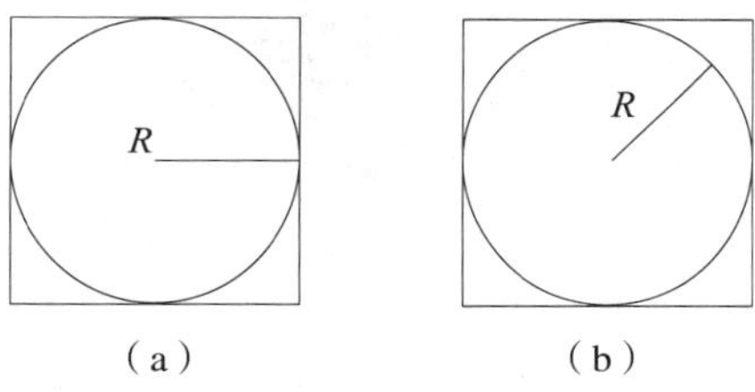

图 11-8　求正方形的面积

问题本身的具体性是解决问题的一个重要的促进因素。当解决问题者是年幼儿童，或者解决问题者对问题涉及的领域特别陌生时，问题的具体性就显得更为重要。

另外，问题的最初信息会影响问题解决者对后面信息的加工，出现锚定效应(anchoring effect)，即人会以最初的信息为参照，调整对事件的理解和决策。例如，请在 5 秒之内估算下面两行算式的结果。

A：8×7×6×5×4×3×2×1＝？

B：1×2×3×4×5×6×7×8＝？

研究结果表明（Tversky & Kahneman，1974），被试对第一道题估计的结果是 2250，对第二道题估计的结果是 512。两者的差别很大，但都远远小于正确答案 40320。被试在对问题做了最初的几步运算以后，产生了锚定效应，就以获得的初步结果为参照，调整对整个乘积的估计。由于两道题的乘数数字排列不同，第一道题的最初几步的运算结果大于第二道题的结果，因此其整个乘积估计也较大。

（二）功能固着

功能固着（functional fixedness）是由德国心理学家邓克（Duncker，1945）提出

的，是指一个人看到某个物品有一种惯常的用途后，就很难看出它的其他新用途。初次看到的物品用途越重要，就越难看出它的其他用途。请看以下情境。

你在一个屋子里，这个屋里没有灯，一到晚上就会很黑。你的任务就是把蜡烛固定到门上，你有以下几种材料可以使用［图 11-9（a）和（b）］，可是当你清点材料时，却发现其中没有可以固定蜡烛的烛台，也没有把钉子钉到墙上的锤子。晚上快到了，你该如何解决这个问题呢？

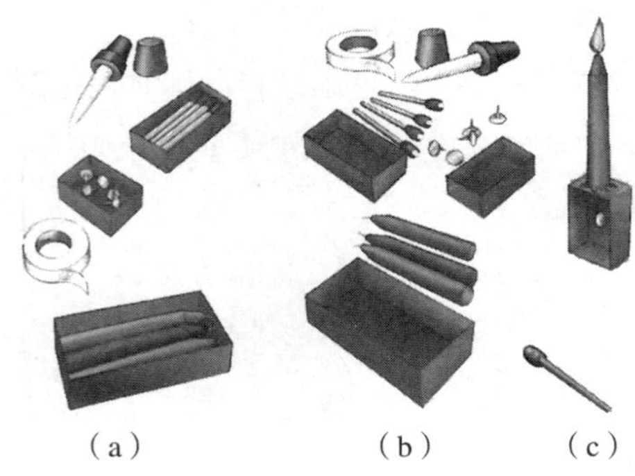

图 11-9 蜡烛问题（Coon & Mitier，2015）

结果发现，同样是给被试材料，如果采用图 11-9（a）的方式，将所有的材料整齐归档，被试往往难以解决问题，这就是功能固着。如果采用图 11-9（b）的方式，将所有的材料都零散地呈现，被试成功解决问题的比例大大增加。整齐摆放的材料更容易产生功能固着。人们在日常生活中经常遇到这种现象，常常是因为不能想到某个惯常使用的物品的一些非常规的用途，而难以灵活解决问题。假设一个螺丝松了，非要找螺丝刀吗？你是否想到使用一把小刀？这种功能固着使我们倾向于以习惯的方式运用物品，从而妨碍以新的方式来解决问题。

（三）反应定势

反应定势（response set）有时也称定势，指以最熟悉的方式做出反应的倾向。最初研究定势在解决问题中的作用的是迈尔（Maier，1930）。他在实验中利用指导语对部分被试做指向性暗示，对另一些被试不做指向性暗示。结果，在第一种情况中绝大多数被试能解决问题，而在第二种情况中几乎没有一个被试能解决问题。

虽然定势有时有助于问题的解决，但有时定势会使解决问题的思维活动刻板化，会妨碍问题的解决。请思考下面这个问题（Raudsepp & Hough，1977）。在这四个问题中，每个问题都是：只移动一根火柴，使之变成一个真正的等式。

\ / = \ / | |

\ / | = × |

× | | = \ / | |

\ / | | = |

个体可能很快就解决了第一个问题，只需从右边移动一根火柴到左边，形成“\ / | = \ / |”。第二个和第三个问题也不会很困难，可以变“\ / |”为“× |”或变“× |”为“\ / |”，就能解决。但是第四个问题就不那么容易解决了。要解决这个问题，个体必须改变定势，或者转换图式，前三次的解决方法在这里可能行不通。这个答案将有赖于运用阿拉伯数字和平方根的知识。变“\ / | | = |”为“$\sqrt{1}$ = |”，它表示1的平方根等于1。

图式的刺激特点、功能固着和反应定势都反映了灵活性在理解问题中的重要性。如果一开始就把真正的问题做了不准确或无效的表征，要得到答案可就费劲了。有时，不妨仔细“玩味”问题，问问自己：我知道什么？要解决这个问题我必须知道什么？我能不能从另外一个角度来看这个问题？观念的灵活性和流畅性是创造性的重要特点。

(四) 酝酿效应

有人在反复探索一个问题的解答而毫无结果时，如果把问题暂时搁置几小时、几天或几周，然后再回过头来解决，这时常常可以很快找到解决方法。许多科学家在研究工作中都报告过这类经历。这种现象被称为**酝酿效应**（incubation effects）。酝酿效应打破了解决问题时不恰当思路的定势，从而促进了新思路的产生。

二、问题解决能力的训练

关于问题解决，存在着一个长久的争论。有些心理学家认为，有效的问题解决策略只是在某个具体的问题领域起作用。数学中的问题解决策略只能对数学有用，艺术领域中的策略只能用于艺术等，要想成为某个领域中的一名专家问题解决者，就得掌握这个领域中的策略。一些心理学家则认为，存在一些在许多领域都能发生作用的一般问题解决策略。这两种观点都能找到支持性证据。在这里，我们先分别看看这两派在问题解决能力训练方面的研究工作，然后再探讨教师在实际教学中可以采取的措施。

（一）一般问题解决能力的训练

训练问题解决能力最流行的做法就是教学生各种一般原理或原则，这些原理或原则来自对问题解决过程的理论分析和对成功的解题者与不成功的解题者的比较观察，如“在尝试解决某问题前，对问题进行简洁的陈述，并规定界限”“抛开那些先入为主的想法，另做其他的考虑和选择”“弄明白任何前提依据的假设”“思考提出的论据有多大的可靠性和代表性”等。这些原则上的启示有助于问题解决能力的培养。但是，这只是对解决所有问题都可采用的泛泛之谈，对解决特殊问题的效果不大。一般来说，在那些旨在提高问题解决能力的特殊思维训练程序中，短期的训练程序并未取得相应的效果，但长期而深入的训练程序却可以取得较好的效果。

1. 创造性思维教程

研究者(Covington et al. ,1974)从 1967 年起,开始用一个名叫创造性思维教程(productive thinking programs)的系统教学程序，开展有关训练学生解决问题的研究，历时 6 年之久。这个程序由 16 册卡通小书组成，每册有若干篇以故事形式表达的课文。为了让所有问题之间有连续的线索，整个教程塑造了两名小学生与他们的叔叔等人物，通过他们来叙述每一个探险故事。学生要独自学习课文，解决“深奥”的难题，即每名学生要各抒己见，找出有分歧的意见，并做评鉴，提出疑问等。在后面的篇幅中，他把自己的想法和一系列有关系的、有成果的和独到的范例进行比较。该教程旨在教会学生像有想象力的科学家和侦探那样，运用智力解决问题，学习、练习并掌握各种思维技能和策略。这些策略是产生不同寻常的新看法，改变心向，从不同角度看问题，摸清问题的要点，注意与问题有密切关系的事实和条件等，最重要的是在关键时刻决定最佳行动方针的策略。

2. 德·波诺的 CoRT 教程

德·波诺（de Bono，1975，1985）的 CoRT（cognitive research trust）教程，即“认知研究基金会思维教学计划”，旨在教导学生如何看待他们可能在校外面临的问题，并对问题进行独特的解答。教程包括广度、组织、交互、创造力、信息和感觉、行动 6 个单元，每个单元包括 10 课，每一课都集中训练表征或分析某一问题情境的特定策略。每一课开始，先由教师简要解释所要学习的认知技能。例如，结合实例解释什么是“处理各种想法”，然后将学生分组，让他们练习问题的解答，几分钟过后，各组汇报自己的进展，在教师的组织下进行讨论。大多数例题来自实践和现实生活，而不是人为编制的智力测验性质的测题或游戏。请看这套教程中的一个问题（爱德华·德·波诺、彼得·德·波诺，2002）。

当你在公共汽车上被挤得连呼吸都有些困难而车却在拥挤的道路上缓慢前行时，

你一定在想，让这一切都快些结束吧！此时你对改善这种状况的愿望一定特别迫切。这时，有人向你提出了一个解决问题的方法："要是能把车上的座位都拆掉就好了，可以多拉些人。"你对这个方法抱有什么态度？

这一问题被用来教授一种称为 PMI（plus，minus，interest）的思维方法，即一种对观点或建议进行全面分析的思维方法。P 是指优点或有利因素；M 是指缺点或不利因素；I 是指兴趣点，即让人感兴趣的方面，或者既非优点亦非缺点的方面。针对这个问题，我们可以展开三个方面的讨论。

P（有利因素）：每辆车可以搭载更多的人，上下车更方便，制造和维修公共汽车的成本更低。

M（不利因素）：如果公共汽车突然刹车，乘客会摔倒；老人和残疾人乘车时会遇到很多困难；上车携带挎包或者小孩的人有诸多不便。

I（兴趣点）：可以生产两类公共汽车，一类有座位，另一类没有座位；同一辆公共汽车可以有多种用途；公共汽车的舒适度并不重要。

实际上，这些兴趣点被应用到实践之中，可以在一定程度上解决交通拥堵的问题。在泰国，上班高峰的公共汽车是无座的，可以多拉一些人，在其他时间被当作货运车使用，而其他时间的公共汽车是有座位的，方便老人和孩子。

从这样的讨论和练习中，学生将学会在面对一种观点或建议时，不凭直觉表示喜欢或不喜欢，不轻易下结论。而是先分析其优点，再分析其缺点，最后找出既不是优点也不是缺点但吸引人的特点，经过利弊权衡，才有理由说自己赞同或不赞同这种观点或建议。

3. 批判性思维教程

问题解决离不开**批判性思维**（critical thinking）能力的培养。批判性思维指通过逻辑、系统地检查问题、证据以及解决方案，对结论的有效性和价值进行评估（安妮塔·伍尔福克，2015）。例如，识破有误导性的广告，衡量竞争双方的证据，看出辩论中的假设或谬误等。在过去的 20 多年里，为了提高学生的批判性思维能力，人们已经开发了丰富的教学程序。

关于批判性思维包含哪些技能，人们从不同的学科领域出发，提出了不同的看法。有人根据一般性的分析，提出批判性思维包含一些基本的技能，如拜尔（Beyer，1988）和尼德勒（Kneedler，1985）。其中，尼德勒提供的批判性思维基本技能一览表较有代表性（表 11-4）。他认为，批判性思维包含 12 种基本技能，这些技能可以分为定义和明确问题、判断相关信息以及解决问题或得出结论三个方面。

表 11-4 批判性思维基本技能一览表

类别	基本技能
定义和明确问题	①识别中心论题或问题。识别一篇文字、一个评论、一个政治讽刺画的中心大意或包含在评论中的理由和结论 ②比较异同点。能比较各种人物、观点、同一时刻或不同时刻的情境的相同点和不同点 ③确定哪些信息是相关的。能识别可证实的和不可证实的、相关和不相关的信息之间的差别 ④形成适当的疑问。这个疑问能引导人们对某个问题或情境进行更深刻、更清楚的理解
判断相关信息	⑤区别事实、观点和合理的判断。能运用某个标准去判断某个观察和推理的质量 ⑥核查一致性。能确定某种论述或符号在上下文中是否一致，如一场政治辩论中的不同观点是否与中心议题相关和一致 ⑦识别字里行间的假设。能识别那些没有明确表述但可以推想得到的假设、观点和结论 ⑧识别原型和套话。能识别对某个人、团体或观点的陈词滥调或惯用语，这些套话的含义一般是恒定的 ⑨识别偏见、情感因素、宣传以及语义倾向性。能识别一篇文字或图表中的偏见，确定来源的可靠性 ⑩识别不同的价值系统和意识形态。能识别不同的价值系统和意识形态之间的异同
解决问题或得出结论	⑪识别材料的适当性。能判断提供的信息在质和量上是否足以支持一个结论、决定、概括性的命题或合理的假设 ⑫预测可能的后果。能预测某个事件或一系列事件的可能后果

4. 弗斯坦的思维工具强化教程

以色列教育家弗斯坦（Feuerstein，1980）的思维工具强化教程（instrument enrichment）是目前最广为人知并且进行了广泛研究的思维技能课程。学生通过一系列的纸笔练习，培养抽象逻辑思维以及分析问题等智力技能，发展学生对自己智力过程的洞察力，并且使他们成为积极的思考者。这种课程有一个重要的特点，就是运用“架桥”（bridging）的方法将该课程中所教的知识技能和真实世界的问题联系起来。思维工具强化教程还曾被用于对发展迟缓或学习障碍的青少年的干预，每周 3～4 小时，历时至少两年。研究表明，这种课程对能力倾向测验，如智力（IQ）测验等有积极的效果，但对学业成就的效果一般。该课程曾在委内瑞拉等国作为智力开发课程进行过广泛的推广。

5. 问题解决模式

问题解决模式（pattern of problem solving）是鲁宾斯坦（Rubinstein，1975）编制的一套供大学生使用的训练教程。它向学生提供了许多解决问题的工具。例如，使用矩阵来表示逻辑前提，用等式表现故事中包含的问题，用示意图澄清不熟悉的命题表述等。这一教程的教学大约花了10周时间，包含了许多解答问题的样例，主要涉及工程学或数学领域。教程的前半部分教导一般技术，讲解如何使用思维工具；教程的后半部分探讨问题解决的数学基础，包括概率论、决策论，还包含许多问题解决过程的实例，学生能从中学到表征问题的抽象技术。这一教程十分流行，较受欢迎。但是，有人评论说，除了鲁宾斯坦的一个未发表的报告，几乎所有的其他研究都证明这一教程所教的解决问题的思维策略只能产生特定的迁移，而不能促进一般的问题解决活动。

一般的问题解决能力训练研究往往要注意以下几个问题：①影响解决问题的因素很多，很难决定训练的内容和方法；②实验室条件下的短期结果能否推演到学校和日常生活情境中解决问题能力的长期变化；③训练效果是否具有普遍性。

（二）专家和新手

1. 专家知识

大多数心理学家一致认为，有效的问题解决是以某一问题领域丰富的知识存储为基础的。想想前面所举火柴的例子，为了解决这一问题，个体必须懂得罗马数字、阿拉伯数字和平方根的概念，也必须知道1的算术平方根是1。

对专家知识的现代研究开始于对象棋大师的探讨（Simon & Chase，1973）。要求象棋大师和新手棋手分别看真实与虚假的棋局，让他们进行复盘（在新的棋盘上尽可能多地摆出刚才看到的棋子的位置）（图11-10）。研究结果表明，对于真实棋局，象棋大师只需看几秒钟就能回忆出每一个棋子的位置，复盘率高达90%，而新手棋手只有30%。但是，当棋子被随机摆在棋盘上时，象棋大师回忆的成绩还不如普通人。

（1）庞大的知识储备

在某一领域，专家拥有大量的知识、事实、概念和程序。并且，这些知识被精细加工和组织，以便需要时从长时记忆中提取出来。象棋大师的头脑中储存着约5万个不同的象棋定势。对于象棋大师而言，定势就仿佛词语，如果在词语存储库中显示一个词语几秒钟，他就能想出词中的每一个字及其顺序。一个人如果要获得专业所需的知识，成为某一领域的专家，至少需要10年的时间。所以，问题解决专家

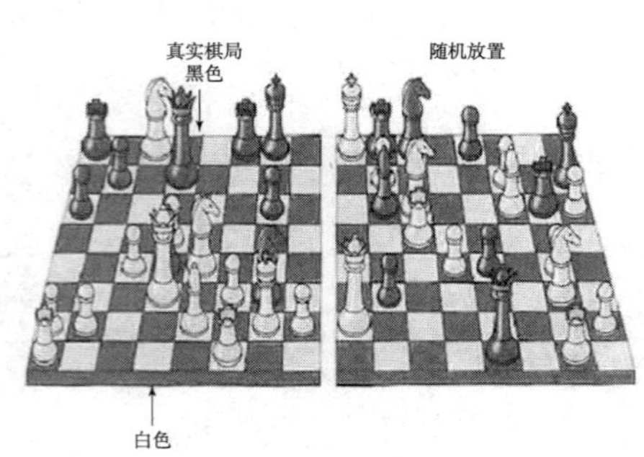

图 11-10　象棋大师和新手棋手的记忆棋局（Coon & Mitter，2015）

同时也很有毅力。在他们解决问题的过程中动机起了重要的作用。“成功的问题解决者常常是那些只花必需的努力的人。”

（2）独特的知识组织方式

专家不仅具有丰富的陈述性知识——事实和言语信息，还具有以自己的方式储存的大量程序性知识——知道如何去做的策略知识。专家解决问题的过程不同于新手。例如，面对某一个问题，新手围绕问题中陈述的细节来组织他们有限的知识，专家则围绕中心原理来组织他们的知识。专家较少对细节进行自下而上的加工，却能很快找到所需要的模式去解决某一个特定的问题，而不会给工作记忆带来沉重的负担。从表面上看，专家并没有进行苦苦的思索。与其说象棋大师是一个深刻的思维者，不如说他们是一个超级的再认者。其他领域也有类似现象。由于有再认模式作为基础，专家对如何解决一个问题似乎有一种直觉。

除了能很快表征问题，专家还知道下一步做什么。他储存了大量的条件产生式（condition-action schemata）——关于在什么情境下采取什么行动的知识。这样，理解问题和选择解答的两个步骤就自然而然地一起发生了。专家似乎更容易走问题解决过程模式中图式激活的捷径。当然，他们具有大量的某一特定领域的知识存储，拥有大量的可利用的图式。要做到这一点，必须经历这个领域中许多不同的问题解决，看其他人如何解决问题，亲自实践以解决许多问题。

专家和新手解决问题的差异可以归纳为以下三点。①专家不注意中间过程，可以很快地解决问题；新手则需要很多中间过程，并且需要有意识地加以注意。②新手先明确目的，从尾到头地解决问题；专家或者立即推理，或者收集信息，从头到尾地解决问题，即一种再认的过程。③专家更多地利用直觉，即根据生活经验的表征来解决问题；新手则更多地依赖正确的方程式来解决问题。专家解决问题依据的经验中的基本关系是复杂方程式的基础。

2. 新手的误区

对某一领域专家和新手的差异的研究表明：新手有时持有一些错误的直觉观念。物理学提供了许多例子。大多数初学者用大量的错误信息来解决物理学问题。我们有许多关于物理世界的直观认识都是错误的。例如，大多数小学生认为光线通过照亮物体周围的区域来帮助我们看见物体。他们没有认识到我们看见一个物体是因为物体将光线反射到我们的眼睛。可这一原理并不符合我们日常生活中用一束光照亮黑暗区域的经验。研究表明，即使有些人学过了反射的光线引起视觉，也坚持他们的直观认识。可见，科学教师了解学生心目中的直观概念是非常重要的。为了学习新的信息，学生一定要放弃错误的观念。

（三）教学中问题解决能力的培养

在实际教学中，学生解决问题的能力完全可以结合各门学科的内容来进行训练和提高。在教学中，教师要把重点放在课程的知识上，放在特定学科的问题解决的逻辑推理和策略上，以及有效解决问题的一般原理和原则上。教师要注意为学生创造适当的氛围，以便解决问题。

1. 鼓励质疑

相对来说，由教师提出问题时，学生比较被动。教师要尽量从自己提出问题过渡到学生质疑，从而培养学生主动质疑的内在动机；要鼓励学生在课堂上主动提问，减少这样那样的限制，形成一种自由探究的气氛。

2. 设置难度适当的问题

教师给学生设置的问题要可解，但要有一定的难度。题目过难，不容易被学生理解，就不能期待学生解答出来；反之，过分容易，也起不到应有的效果。但是每名学生的起点水平是不同的，在培养问题解决能力上，教师要注意将班级教学与个别辅导相结合。例如，有的教师在课堂练习中为不同学生提供数量不等的难题。

3. 帮助学生正确表征问题

学生用所学知识解释问题，或者画草图、列表、写方程式等，这对回忆相关信息都有很好的作用。

4. 帮助学生养成分析问题的习惯

教师要帮助学生养成系统考虑问题的方式和系统分析的习惯。教师要注意避免两种倾向：一是不能因为让学生自己找出答案，就采取放任态度，让学生进行盲目的尝试和错误练习；二是不能过分热心，越俎代庖，先把结论告诉学生。教师要使学生主动投入解题过程，鼓励学生提出多种解法，而不只是教学生如何解答。教师在学生有困难时，要给学生提供适当的线索，或者补充必要的知识，以弥补其起点行为的不足。

5. 辅导学生从记忆中提取信息

解决问题需要对原有知识、原则进行重新组合，教师要帮助学生从记忆中迅速提取与解决问题有关的信息，并能很快找出可供利用的信息，明确问题情境与欲达到的目的，迅速做出判断。这里要注意，教师只是帮助学生回忆、提取信息，而不是代替他们，要鼓励学生进行类比。但是，教师也要预防学生总是从过去的方式、方法中找答案，避免造成一定的定势。

教师要鼓励学生从不同的角度去看问题。有时学生习惯于按一种逻辑进行思考，教师就应该让他们运用水平思考法，突破原来的事实和原则的限制。由于问题解决需要组合已有的知识和规则，一个人所拥有的知识技能越多，对信息做出更多组合的可能性就越大，从而解决问题的机会也越多。

6. 训练学生陈述自己的假设及其步骤

教师要培养学生由依赖别人的言语指导转变为自行指导思考，然后再要求他们用言语表达自己的指导步骤。例如，四则运算中的先乘除后加减，最初教师给出一点指示、提醒，后面就可由学生自己陈述，这样学生可进行自我强化。

研究（Cooper & Sweller，1987）表明，试图将解决问题的计划以及选择这个计划的理由说出来或写下来，可以帮助个体成功地解决问题。在我们的生活中，有时当我们向别人解释某个问题时，头脑中可能会涌现一个新的计划，而把计划说出来有利于更好地解释问题。加涅（1962）等人发现，教导九年级或十年级的学生说出他们解决问题采取的每一个步骤的原因时，他们在解决问题时比其他人更成功。

此外，教师要给学生提供充分的时间进行解答。实践证明，在时间紧迫的情况下让学生做难题，学生通常完成不了，只好草草了事。教师也要鼓励学生验证解答，防止以偏概全，可做类比练习，加以巩固。

第四节　创造性思维

培养学生的创造性思维（creative thinking）能力，目前已是一个全球性的问题。习近平总书记多次强调，“创新是一个民族进步的灵魂，是一个国家兴旺发达的不竭动力”。创新是科学家精神和科学精神的重要组成部分。习近平总书记在党的二十大会议上提出，着力造就拔尖创新人才。“为创造性而教”已经成为学校的主要目标之一。对于创造性（creativity），人们往往从作品（产物）、个性特质和过程三方面来考虑，也就是创造性的产物、具有创造力的人、创作者进行创造的活动。对于个体而言，创造力是指在特定环境下，产生新颖的和适合的思想与产品的能力（Sternberg & Lubart，1999）。

一、创造性思维的本质和过程

（一）创造性思维的本质

心理学各派对创造性思维的本质提出了不同的看法。联想心理学认为，创造性思维过程是在有关因素之间形成新奇的联结，被联结的因素之间的距离越是遥远，那么这种思维过程或解决方法就越具创造性。格式塔心理学则强调“心理场”在问题解决中的作用，认为创造性思维就是重新组织问题，使其形成新的完形。精神分析心理学认为，创造力来源于意识和无意识驱力之间的张力。弗洛伊德认为，艺术家或作家创造作品的过程实际上是用一种公众可以接受的方式来表达自己无意识愿望的途径。创造行为跟个体很多其他行为一样，是本我欲望的升华。这些本我欲望包括名誉、权力、财富和爱等（Vermon，1970）。人本主义心理学家认为，创造性与个性因素密切相关，尤其是与“对经验的敏感性”和“不轻信原理和概念”的品质有关。有研究者（Wechsler，1950）曾经收集了众多诺贝尔奖得主在青少年时期的智商资料，结果发现，他们的智商大多处于中等或中上等水平，但他们的个性与一般人存在很大区别。

智力心理学认为，创造性思维与发散思维（divergent thinking）和聚合思维（convergent thinking）相关。**发散思维**就是产生尽可能多的观点和答案的能力；**聚合思维**则是确定一个唯一答案的能力（Woolfolk，2018）。一些心理学家将创造性思维与发散思维联系起来，在吉尔福特（Guilford，1967）看来，在他提出的智力结构的模式中，与创造性思维关系最为密切的是发散思维和转换。转换是指对信息进行重新排列，因此他列举了23种发散思维的要素、25种转换能力的要素。虽然创造性思维与发散思维具有许多相同特点，创造性思维通常更多地或首先表现在发散性上。但是，创造性思维并不完全等同于发散思维，而是发散思维和聚合思维的统一。

（二）创造性思维的过程

创造性思维是思维活动的高级过程，是在个人已有经验的基础上，发现新事物、创造新方法、解决新问题的思维过程。华莱士（Wallas，1926，转引自克雷奇等，1983）在1926年提出四阶段论：①准备，即收集信息的阶段；②沉思，即处于酝酿状态；③灵感或启迪，即突然涌现出问题的解决办法；④验证，即检验各种解决办法。华莱士的四阶段论也具有相当的影响力，更多的是被引作创造性问题解决过程的阶段，这四个阶段较好地反映了问题解决的几种不同的认知状态。

芬克等人（Finke et al.，1992）提出了创造性思维的生成探索模型（geneplore model）（图11-11）。该模型认为，创造性思维就是对心理表征进行提炼和重建的过程，具体包括生成阶段（generative processes）和探索阶段（exploratory processes）。

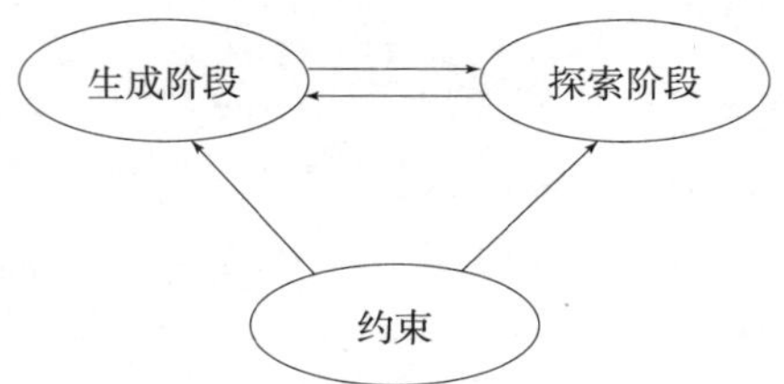

图 11-11　生成探索模型（Finke，Ward，& Smith，1992）

在生成阶段，个体要构建一种叫前发明结构（preinventive structures）的心理表征。这种表征不是最终完整的产品或方案，常常只是一个思想的萌芽。但是，它们有可能会产生创造性的结果。

在探索阶段，人们要寻找有意义的方式来解释前发明结构，从而获得创造性的发现。如果最初的探索就能够圆满地完成当前任务，那么最初的前发明结构就能直接生成创造性产品。但是，如果最初探索无效，个体就要放弃最初的前发明结构而尝试生成另一个更有希望的前发明结构，或者修改最初的结构并运用修改后的结构重新进行探索过程。如此循环往复，直到这些前发明结构产生一个最终的创造性观点或产品。

生成探索模型还假设，对于最终结果的约束（constraints）可以发生在生成或探索阶段的任何时候。例如，资源上的约束可能限制生成的结构的类型，而实用性上的约束则会限制允许的解释类型等。但生成探索模型的主要问题在于没有提出一个结构化的步骤或方法，让人们按照它来进行实际的创造活动。

（三）创造性思维的特点

一般认为，创造性思维具有流畅性（fluency）、灵活性（flexibility）和独创性（originality）三个特征。对创造性的测量重在考察这些特征。托兰斯（Torrance，

1972；Torrance & Hall，1980）用文字和图形两种类型的测验来考察创造性。在文字测验中，可能要求给一段文章命名，或是考虑如何把一个普通的玩具变得更有趣；而在图形测验中，可能对图画进行补充（图 11-12）。所有的答案都按照流畅性、灵活性和独创性三个方面来评分。

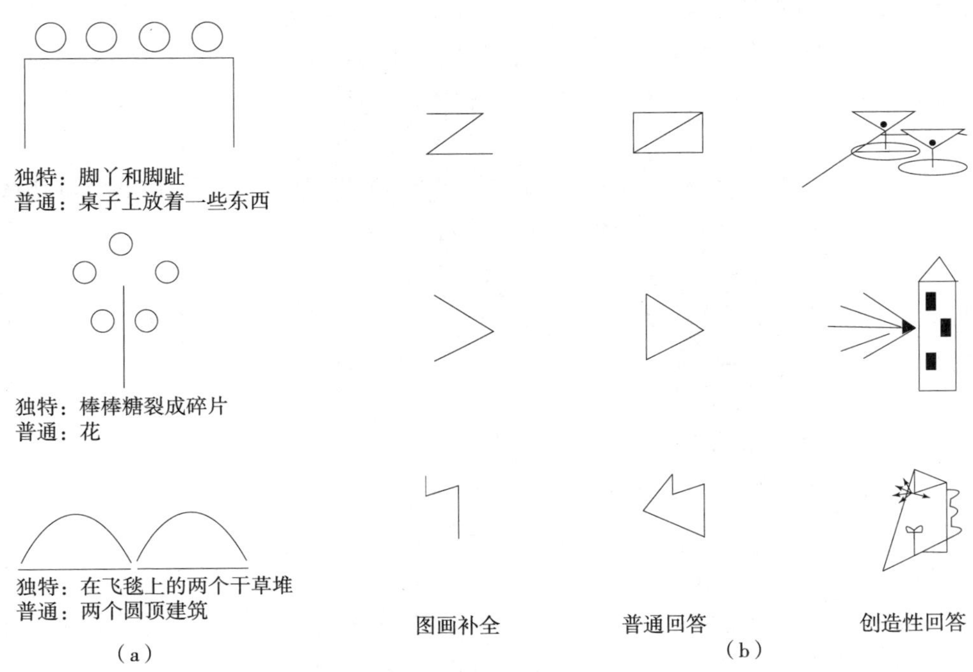

图 11-12　创造性测验（Coon & Mitter，2015）

1. 思维的流畅性

思维的流畅性是指在限定时间内产生观念数量的多少。在短时间内产生的观念多，思维流畅性高；反之，思维缺乏流畅性。吉尔福特把思维流畅性分为四种形式：①用词的流畅性，是指一定时间内能产生含有规定的字母或字母组合的词汇量；②联想的流畅性，是指在限定的时间内能够从一个指定的词当中产生同义词或反义词的数量；③表达的流畅性，是指按照句子结构要求排列词汇的数量；④观念的流畅性，即能够在限定时间内产生满足一定要求的观念的多少，也就是提出解决问题答案的多少。前三种流畅性必须依靠语言，后一种既可以借助语言也可以借助动作。

2. 思维的灵活性

思维的灵活性是指摒弃以往的习惯思维方法，开创不同思维方向的那种能力。例如，让被试"尽可能举出报纸的用途"，他会有"学习""包东西""当坐垫""折玩具""剪成碎片""裹在身上取暖""用来引火"等各种各样的答案。富有创造力的人的思维比一般人涉及的方面多、范围大；而缺乏创造力的人，思维通常只涉及一个方面，缺乏灵活性。

3. 思维的独创性

思维的独创性是指产生不寻常的和不落常规的反应的能力，此外还有重新定义或按新的方式对我们的所见所闻加以组织的能力。例如，在吉尔福特的“命题测验”中，主试向被试提出一般的故事情节，要求他们按照自己的意思给出一个适当的题目。富有创造力的人给出的题目较为独特，而缺乏创造力的人常常被禁锢在常规的思维之中。

当然，有创造性思维的人对新颖独特的观念具有高度的敏感性，具有及时把握它们的能力。托兰斯承袭了吉尔福特的观点，又增加了一个特性，就是精密性（elaboration）（Dembo，1994）。他认为，有创造性思维的人必须善于考虑事物的精密细节。在科学飞速发展、技术日益精细的现代社会，这一品质是十分重要的，如果思考不注意精细严密，那么创造性将会受到限制。

（四）智力等其他因素与创造性的关系

第一，创造性似乎需要中等以上的智力。研究表明，IQ 和创造性并不相关。非常聪明的人可能非常有创造性、创造性一般或者在两者之间。中等智力的人可能较有创造性，也可能创造性较差。

第二，大脑两半球单侧化的研究也发现右半球与创造性有关。有些学者则明确指出，两半球的和谐发展与协同活动是创造性发展的物质基础。因此，教师要在学生发展过程中开发两半球的功能，特别是使右半球的功能得到充分的发展。

第三，思维必须以大量的信息为基础。关于知识与创造性思维之间的关系存在两种观点（斯塔科，2003；刘儒德，2010）：一种观点是张力观（tension view），认为创造性思维以特定数量的知识为基础，但是过多的经验又会导致个体的思维定势，反而阻碍其创新。因此，在知识与创造性思维之间存在某种张力，中等程度的知识与创造性思维同时发生，即知识与创造性思维之间呈倒 U 形曲线。另一种观点是地基观（foundation view），认为知识与创造性思维之间的关系，就像地基与高楼一样，只有建立了牢固的地基才能修筑高楼大厦。因此，丰富的知识是创造性思维的基础，并且知识量越多，创造性越高，两者之间呈正相关关系。

第四，创造性也受到动机和个性等因素的影响。有创造性思维的人一般会受好奇心的驱动，即渴望找到问题的答案，对各种问题都很敏感，始终不倦地解决问题。但是，如果动机过于强烈，就会变成创造性思维的障碍。当人们不受生活琐事或紧迫任务的束缚时，是萌发创造性思维的最佳时机。有高度创造性的人，其焦虑水平通常处于中等水平。焦虑水平太低或太高时都会抑制创造性。

人们对艺术、建筑、文学、科学等领域中有创造性的人的个性特征的研究表明，一般说来，有创造性的人倾向于有见识、洞察力，好独立判断，善于吸取经验教训，言语流利，兴趣广泛。他们对理论观念与符号转换的兴趣大于对实际而具体的事物的兴趣。有创造性的人有雄心、有决心、敢于前进，且能预见自己的“命运”，他们常常不落俗套，倔强，喜欢表现。有的研究还提出，创造性和智力均高者，自信心和自尊心高，不采取防御姿态，社会地位高，积极寻找志趣相同的人，还表现出很大的注意广度和集中注意力的能力，但同时也有出现猎奇行为和犯规行为的倾向。

第五，创造性非常容易受到环境的影响，父母的管教方式、家庭气氛以及学校和整个社会的文化导向都会对创造性产生影响，家庭因素是影响孩子创造性发展的主要因素。如果家庭教育过分严格、父母过分要求孩子服从，孩子的创造性就差；反之，如果家庭气氛比较民主，父母注意发展孩子的创造性，情况就会好得多。

美国心理学家奥斯本对一些科学界精英进行调查后发现，一些有创造性的人往往来自不幸的家庭，其中一些人童年时期缺少家庭和谐和父母的爱抚。此外，最富有创造精神的人，一般是兄弟姐妹中的老大。

二、创造性思维的训练

社会中许多经济、社会和环境问题的解决需要创造性思维。在学校中培养学生的创造性思维是很有必要的。但是教师如何促进学生的创造性思维呢？教师并非总是创造性的最佳裁判。托兰斯（1972）在进行了12年追踪研究之后提出，教师对学生创造性的判断和这些学生在成年生活中显示出的创造性并不相关。即使对于那些看起来缺乏创造性的学生，创造性的培养也是值得的，并且是可能的。这里有几种培养学生创造性思维的策略。

（一）头脑风暴法

教师鼓励学生创造性的最重要的一步是让学生知道，他们的创造性会受到赞扬。教师是否接受新奇和想象对鼓励或抑制创造性至关重要，拒绝对创造性而言是致命的打击。

除了在与学生的日常交往中鼓励创造性，教师还要帮助学生检查各种可能的解决方案。教师可以试一试**头脑风暴法**（brainstorming，又译为脑激励法），其核心思想就是把产生想法和评价想法区分开来（Osborn，1963）。基本做法是：教师先提出问题，然后鼓励学生寻找尽可能多的答案，不必考虑该答案是否正确，教师也不做评论，一直到所有可能想到的答案都提出来为止。延迟对答案做评论，一方面可以鼓励学生多给出答案，另一方面防止他们因害怕说错后受批评而不敢说。在这种情况下，一种想法可能会启发另一种想法，同时，有些想法可能初看起来荒谬，但这可以使真正体现创造性的想法不致被扼杀。这种做法在我国有时被人们称为“诸葛亮会”。

课堂教学中常常采用小组讨论的方式来解决问题。但是进行头脑风暴法的讨论一般在 10～12 个人的情况下最有效。通过集体讨论，每名学生从不同的角度提出不同的见解，大大拓宽了解决问题方法的范围，最有利于产生被社会心理学家称为“社会促进”（social facilitation）的现象，即当一个人看到其他人正在完成某个任务时，自己也想要更快、更好地完成任务。在小组讨论中，当学生看到其他学生积极发言时，自己也会积极思考。

但是我们在操作中常常会发现，头脑风暴法的会议却成了批判会，所以有必要在进行头脑风暴法之前达成以下的“协定”，遵循以下原则。

①不许评价——要到头脑风暴法的会议结束时才对观点进行评判。

②异想天开——说出想到的任何主意。让大家闭嘴容易，开口难。说服一个狂热的想法比想出一个立即生效的观点要容易得多。所以，观点越“疯狂”就越要给予鼓励。

③越多越好——重数量而非质量。进行头脑风暴法讨论的核心目的就是尽可能涵盖所有可能的观点，寻求观点的量，精简观点清单是会后的工作。如果头脑风暴法的讨论结束时有大量的观点，那么发现一个非常好的观点的概率就会大大提高。

④见解无专利——鼓励综合数种见解或在他人见解的基础上进行发挥。

鼓励每个人参与，但是呈现出来的每个观点都属于团体，只有所有参与者能够自由地和自信地贡献观点，才是进行脑激励的体现。当然，每个人的独特视角在相互碰撞中很可能会产生新的火花。如果个人的观点是建立在其他人的观点之上的，只要进行了扩展和发挥，也能受到鼓励，这与生成一系列观点一样有意义。

个体也可以和小组讨论一样，通过头脑风暴法获得益处。假如个体想写一篇文章，不妨先列出所有想到的标题、大纲、美妙的句子、例子等，然后综合评价，决定取舍，最后整理出一篇佳作来。头脑风暴法在个体无从着手某个计划时非常有用。

（二）分合法

分合法（synectics）是戈登（Gordon，1961）提出的一套团体问题解决的方法得出的，其本意是“把原本不相同、不相关的元素加以整合”，包括两种心理运作过程：“使熟悉的事物变得新奇”和“使新奇的事物变得熟悉”（陈龙安，1999）。熟悉的事物陌生化的过程要求学生用新颖而富有创意的观点去重新了解旧问题、旧事物、旧观念，从另一个新奇的角度来解释一些熟悉的概念。例如，“母鸡”是一个我们熟悉的概念，采用化熟悉为新奇的方法得出的是“母鸡只是一种生蛋的工具”。而熟悉陌生事物的过程在于增进学生对不同新奇事物的理解，使不同的材料主观化。面对陌生事物或新观念时，学生可以先从熟悉的概念入手，通过分析法和类比法来尽快熟悉陌生事物。

戈登的分合法主要是运用类比（analogies）和隐喻（metaphors）的技术来帮助学生分析问题，形成不同观点。隐喻的功能在于使事物之间形成“概念距离”（conceptual distance），以激发学生的新想法。例如，问学生“如果教室像电影院”，让学生以新的途径去思考熟悉的事物。相反，也可以让学生用原有方式去思考新的主题。例如，用人体去比拟交通运输系统。通过这种概念上距离的形成，学生能够自由地思考其生活中的活动或经验，发挥想象力，增强领悟力。

戈登提出了四种类比的方法。

1. 狂想类比

狂想类比（fantasy analogy）是让学生考虑解决问题的途径，尽可能以不寻常的思路去思考或尽可能牵强附会。例如，教师问学生：“将球场上一块大石头搬走，可以用什么方法?”学生通过狂想类比提出下列解答，“用大气球把它吊走”“用大象搬”“用好多小蚂蚁来搬”等。最后教师带领学生对观点进行实际分析与评价，然后决定哪种方式为最有效的途径。这种类比方法常用的句型是“假如……就会……”或“请尽量列举……”。

2. 直接类比

直接类比（direct analogy）是将两种不同的事物进行隐喻或类比，触类旁通，举一反三。这种策略的运用，要求学生找出与实际生活情境相类似的问题情境，或直接比较类似的事实、知识或技术。例如，将电话比作听觉系统的构造，将电脑比作人脑的构造等。直接类比主要是简单地比较两种事物或概念。它的作用在于将一个问题情境或主题的要素转换到另一个问题情境或主题，以便对问题情境或主题产生新观念。狂想类比与直接类比的主要区别在于前者纯属幻想虚构，不依据事实，而后者则要求必须有与问题相类似的实际生活情境。

3. 拟人类比

拟人类比（personal analogy）是将事物拟人化或人性化。例如，要求学生写一篇作文，想象一棵树生病了会怎么样。学生把自己想象成一棵生病的小树，将自己生病时的症状和感受都赋予这棵小树，因此写得生动感人。

4. 符号类比

符号类比（symbolic analogy）就是运用符号象征化的类比。利用一些字词，或将两个矛盾的词汇连接在一起，可以引申或解析某一较高层次的意境或观念，如“真实的谎言”“公开的秘密”等。符号的类比是一种“直指人心，立即感悟”的作用方式。例如，有的漫画家在人物的眼睛里画上“＄”的符号，便生动地刻画出了该人物贪婪的形象。又如，我们看到一些交通标志，立刻可以联想一些规定。

（三）联想技术

联想技术包括定向联想和自由联想两种。定向联想对联想的方向给出了规定，是有限制的联想方法。例如，教师给学生一个杯子，让他们思考它的各种用途，一般会有一些规则。**自由联想技术**（free association techniques），即教师提供一个刺激，让学生以不同的方式自由反应。学生从已学知识、已有经验出发，运用联想技巧，去寻找并建立事物间新奇而富有意义的联系。教师对于学生提出的意见或看法不给予建议或批评，完全让学生依据自己的方式，自由提出各种不同的想法及观念。当学生提出独特的、新颖的构想时，教师则进行鼓励。例如，教师提出一个“鸟”字，学生可能会自由联想到“小鸟”“飞机”“天空”“羽毛”“翱翔”等词或事物。下面就是一个例子（董旻昱，2006）。

一位三年级语文教师出示一名学生写的作文开头：“山涧中，小鸟在天空飞翔，它在笑；小花在风中摇晃，它在笑；小河在山间流淌，它在笑。”教师引导学生补充修饰词，有的学生说“小鸟”前能加“可爱”“活泼机灵”等词，“天空”前能加“湛蓝深远”“一望无际”等，“飞翔”前能加“自由自在”等词，以此类推。最后出现了一句：“飘着茶香的山涧中，活泼机灵的小鸟在湛蓝深远的天空中自由自在地飞翔，它在笑；五彩缤纷的小花在轻柔的微风中羞涩地摇晃，它在笑；清澈见底的小河在温暖的河床中快乐地流淌，它在笑。”

自由联想技术用在字词方面就是字词联想，用在图片上就是图画联想，当然也可以应用在其他方面。

经验分享

关键术语

问题，结构良好问题，结构不良问题，问题解决，试误说，顿悟说，问题空间，算法式，启发式，手段—目的分析，功能固着，反应定势，酝酿效应，批判性思维，创造性思维，发散思维，聚合思维，思维的流畅性，思维的灵活性，思维的独创性，头脑风暴法，分合法，自由联想技术

思考题

一、选择题

1. 下列任务属于问题解决的是（　　）。

A. 运用公式 $S=\pi R^2$ 计算 R 为 15 cm 的圆的面积　　B. 系鞋带

C. 写创造性思维的论文　　D. 打电话

2. 熟悉了杯子是喝水用的，却想不到杯子倒过来可以当作烛台，这属于（　　）。

A. 定势　　B. 功能固着　　C. 缺乏生活经验　　D. 粗心大意

3. 下列关于专家和新手差异表述不正确的是（　　）。

A. 专家有庞大的知识系统　　B. 专家是超级的再认者

C. 新手从尾到头解决问题　　D. 专家比新手更能记住随机的棋局

4. 思考和讨论时，首先尽量列出所有可能的方法，最后再集中加以评判，这种创造性思维的训练方法被称为（　　）。

A. 头脑风暴法　　B. 分合法　　C. 自由联想技术　　D. 定向联想法

5. 个人面对某种问题情境时，在规定的时间内产生观念的数量表示的是创造性的什么特征？（　　）

A. 独创性　　B. 灵活性　　C. 流畅性　　D. 新颖性

二、简答题

1. 结合教学实际阐述影响问题解决的因素。

2. 用一种模式来说明解决问题的过程。

3. 举例说明几种批判性思维技能。

4. 简述问题解决的过程。

5. 谈谈什么是定势及其对解决问题的影响。

6. 什么是头脑风暴法？简述其实施的原则。

7. 如何在课堂中利用自由联想技术？

选择题参考答案：1. C　2. B　3. D　4. A　5. C

扫码答题

第十二章
学习策略

随着信息社会的发展与社会竞争的日益激烈，学会学习和终身教育理念的广泛普及，越来越多的人认识到“未来的文盲，不再是不识字的人，而是没有学会学习的人”。如何学习成了教育心理学中一个相当热门的课题。学习策略、元认知等方面的研究为学会学习提供了理论和实践的指导。在这一章里，我们将着重讨论学习策略、应用以及促进的方法。

本章要点

●学习策略的概述
○学习策略的界定
○学习策略的分类
○学习策略与信息加工过程及元认知的关系
○学习策略与自我调节学习
●认知策略
○复述策略
○精细加工策略
○组织策略
●元认知策略与资源管理策略
○元认知的结构
○元认知策略
○资源管理策略
●学习策略的促进
○学习策略的促进原则
○常见的学习策略
○学习策略的促进方法

第一节　学习策略的概述

一、学习策略的界定

在有关**学习策略**（learning strategies）的研究中，学习策略的界定始终是一个基本的问题。对于什么是学习策略，人们从不同的研究角度，提出了各自的看法，至今仍然没有达成一个统一的认识。有的被用来指具体的学习技能，如复述、想象和列提纲等；有的被用来指一般性的自我管理活动，如计划、领会、监控等；有的被用来指组合几种具体技术的复杂计划；甚至有的与元认知、认知策略、自我调节学习等术语的含义相互重叠。概括起来，大致可以分为三种。

①把学习策略视为学习活动或步骤。它不是简单的事件，而是用于提高学习效率，对信息进行编码、分析和提取的智力活动，是选择、整合和应用学习技巧的一套操作过程（Mayer，1987，转引自邵瑞珍、皮连生等，1990；Nisbet & Shucksmith，1986；Kail & Basen，1982；Dansereau，1985，转引自史耀芳，1994）。

②把学习策略视为学习的规则（Duffy，1991，转引自史耀芳，1994）、能力或技能（Weinstein，1985；Pintrich，2000，转引自 Dembo，1994）。

③把学习策略视为学习计划，是学习者“为了完成学习目标而制订的复杂的计划”（Derry & Murphy，1986）。

综合这些看法，学习策略是指学习者为了提高学习的效果和效率，有目的、有意识地制订的有关学习过程的复杂的方案。这一界定明确了学习策略的四个方面的特征（表 12-1）。

表 12-1　学习策略的特征

特征	解释
主动性	学习者采用学习策略一般是有意识的心理过程。学习者先要分析学习任务和自己的特点，然后据此制订适当的学习计划。对于较新的学习任务，学习者总在有意识、有目的地思考着学习过程的计划。只有反复使用的策略才能达到自动化的水平
有效性	策略实际上是相对效果和效率而言的。一个人在做某件事时，即使使用最原始的方法，最终也可能达到目的，但效果不会好，效率也不会高。例如，记忆一组英语单词，你如果一遍又一遍地朗读，只要有足够的时间，最终也能记住，但是记忆保持时间不会太长，记忆也不会很牢靠；如果采用分散复习或尝试背诵的方法，记忆的效果和效率会得到很大的提高

续表

特征	解释
过程性	学习策略是有关学习过程的。它规定学习时做什么不做什么，先做什么后做什么，用什么方式做，做到什么程度等方面的问题
程序性	学习策略是学习者制订的学习计划，由规则和技能构成。每一次学习都有相应的计划，每一次的学习策略也不同。但是，同一种类型的学习存在着基本相同的计划，这些基本相同的计划就是我们常见的一些学习策略，如 PQ4R 阅读法

学习策略种类繁多。丹塞罗（Dansereau，1985）认为学习策略差异的原因如下。

①一种学习策略可能对目标信息有直接的作用，如领会策略；也可能通过在总体上增强学习者认知功能的水平，对目标信息产生间接的作用，如专心策略。

②一种学习策略可能是算法式的，如针对某些任务的固定的过程序列；也可能是启发式的，如根据任务的条件和学习者的需求与技能，优先选择的过程序列。

③学习策略可能因需要完成的任务规模而不同，如 PQ4R 阅读法一般用于量大的学习材料，而首字连词法一般只用于量小的材料。

④学习策略在特定性水平上存在差异。有些学习策略具有高度的特定性，是专门用于特定任务的，依赖于学习的具体内容；有些学习策略则具有高度的一般性，独立于学习的内容以外，可以广泛地用于许多学习任务。例如，PQ4R 阅读法可以广泛适用于课本学习任务，而不管其具体的内容；相反，有些阅读方法只适用于学习科学理论或故事。

尽管还有其他一些可能重要的维度，如潜力、所要求的认知努力的量、与学习者现有学习技能的接近程度等，但是，这四个维度足以使我们对学习策略的特征有一个大致的认识。

二、学习策略的分类

许多学者对学习策略的成分和层次提出了自己的看法，据此对学习策略做出不同的分类。以下是几种典型的分类。

（一）温斯坦的分类

温斯坦等人（Weinstein et al.，1985）认为，学习策略包括：①认知信息加工策略，如精细加工策略；②积极学习策略，如应试策略；③辅助性策略，如处理焦虑；④元认知策略，如监控新信息的获得。她与同事们编制的学习策略量表（转引自刘儒德，1996）包括十个分量表：信息加工、选择要点、应试策略、态度、动机、时间管理、专心、焦虑、学习辅助手段和自我测查。

（二）丹瑟洛的分类

丹瑟洛（1985）认为，学习策略是由相互作用的两种成分组成的：基本策略（primary strategies）和辅助性策略（support strategies）。

基本策略被用来直接操作课本材料，包括获得和存储信息的策略（领会和保持策略），以及提取和使用这些存储信息的策略（提取和利用策略）。领会和保持策略又包括理解（understanding）、回想（recall）、消化（digest）、扩展（expand）、复查（review）五个子策略。提取和利用策略又包括理解、回想、详述（detail）、扩展和复查五个子策略。

辅助性策略被用来维持合适的学习心理状态，包括三种策略：计划和时间安排（planning and scheduling）、专心管理（concentration management）以及监控与诊断（monitoring and diagnosing）。专心管理进一步分为心境设置（mood setting）和心境维持（mood maintenance）两种。这些辅助性策略帮助学生产生和维持某种内在状态，以使学生有效完成基本任务。

（三）迈克卡的分类

迈克卡等人（McKeachie et al.，1990）将学习策略分为认知策略、元认知策略和资源管理策略三种，并对它们之间的层次关系进行了分析（图 12-1）。

- 学习策略
  - 认知策略
    - 复述策略：重复、抄写、做记录、画线等
    - 精细加工策略：想象、口述、总结、做笔记、类比、答疑等
    - 组织策略：组块、选择要点、列提纲、画地图等
  - 元认知策略
    - 计划策略：设置目标、浏览、设疑等
    - 监察策略：自我检查、集中注意力、监控、领会等
    - 调节策略：调整阅读速度、重新阅读、复查、使用应试策略等
  - 资源管理策略
    - 时间管理策略：如建立时间表、设置目标等
    - 学习环境管理策略：寻找固定地方、安静地方、有组织的地方等
    - 努力管理策略：归因与努力、调整心境、自我谈话、坚持不懈、自我强化等
    - 学业求助管理策略：寻求教师帮助、伙伴帮助、通过与伙伴或小组学习、获得个别指导等

图 12-1 学习策略的分类

值得注意的是，学习策略可能因知识的类型而有所不同。复述策略、精细加工

策略和组织策略是针对陈述性知识的，模式再认或动作系列过程等是针对程序性知识的。

三、学习策略与信息加工过程及元认知的关系

登博（Dembo，1994）以大脑信息加工的过程为基础，结合弗拉维尔（Flavell，1976）的元认知理论，提出了有关学习的信息加工过程的模式（图 12-2）。

根据这一模式，学习策略涉及信息流程中所有环节所使用的方法和技术，如注意、复述、精细加工、组织等过程，以及对它们的计划、监视和调节等控制过程。其中，复述、精细加工和组织是直接对信息进行的加工，属于认知策略；对信息加工的控制过程则控制着信息的流程，监控和指导认知过程的进行，属于元认知策略，包括计划策略、监察策略（注意策略）和调节策略。认知策略和元认知策略的执行过程是在工作记忆中进行的，而学习策略本身作为元认知知识的一部分是存储在长时记忆中的。关于元认知的具体内容将在第三节介绍。

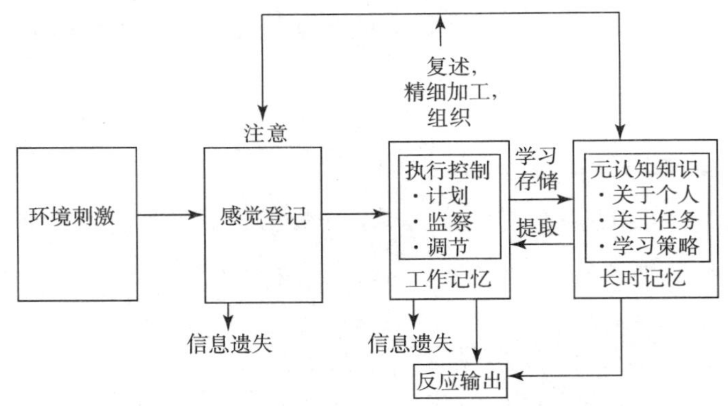

图 12-2　学习的信息加工过程的模式

四、学习策略与自我调节学习

学生掌握学习策略不意味着学习一定非常有效率，学生还必须给自己设定可以达到的、使用有效策略的目标（Zimmerman & Schunk，2001）。如果一名学生拥有许多学习策略方面的知识，却没有尝试这些策略的意愿，这就好比一个人家中有很多书，但总是想不起来看，或者一个人懂得各种记忆方法，但从来没有受到激励在适当的场合去运用，就难以发挥其功效。教师在重视学生的学习策略的同时，还要

鼓励学生进行自我调节学习（self-regulated learning）。

自我调节学习是指学习者主动激励自己并且积极使用适当的学习策略的学习。自我调节学习可以被看作学习者的一种动态的学习过程或活动。在这一过程中，学生首先要为自己确定学习目标，然后监察、调节、控制自己的认知、动机和行为（Pintrich，2000）。齐默尔曼（Zimmerman，2002）提出了自我调节学习的三阶段循环模式（图 12-3），突出强调非认知因素在自我调节学习中的重要性。

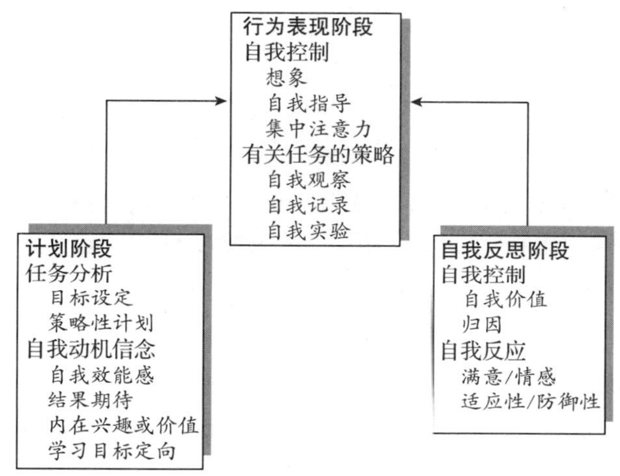

图 12-3 自我调节学习的三阶段循环模式

自我调节的学习者是积极的学习者，他们进行自我计划、自我观察、自我判断、自我反应。在计划阶段，学习者要给自己设置清晰、具体、合理的目标，并思考运用哪些学习策略来实现这些目标，同时要对自己有信心，相信自己将要使用的学习策略是有效的，是能提高自己对知识的理解和学业表现的。在行为表现阶段，学习者将面临各种各样的挑战。他可以运用想象、自我指导、集中注意力等技术来进行自我控制。在这个阶段，自我观察就像第三只眼，它需要观察学习策略的使用情况，如记录自己的学习时间、学习效果，并根据学习效果来调整学习策略。最后，学习者需要不断地反思自己的学习结果，尝试着把学习的成功归因于努力和良好的学习策略，从而形成良好的自我效能感。

自我调节学习可以被视为一种相对稳定的学习能力。自我调节学习者和被动的学习者相比，在选择和注意课文或讲演中的重要信息时拥有更有效的策略，并且能够以更有效的方式组织材料（Gagné，1985）。

第二节　认知策略

认知策略（cognitive strategies）是加工信息的一些方法和技术，能使信息有效地从记忆中提取出来。认知策略可以分为复述策略、精细加工策略和组织策略三种。

一、复述策略

复述策略（rehearsal strategies）指在工作记忆中为了保持信息，通过内部语言在大脑中重现学习材料或刺激，以便将注意力维持在学习材料之上的学习策略。在某些简单的任务（如查找一个电话号码）中，人们会用到复述策略。为了在长时记忆中存储信息，人们也需要复述策略。

（一）利用记忆规律

工作记忆的容量有限，要想尽可能多地复述内容，需要了解并合理利用一些基本的记忆规律。

1. 干扰

干扰（interference）会阻碍个体复述刚才所学的信息。彼得森等人（Peterson et al.，1959）经过实验发现，在学习了任务后（识记无意义的字符串），进行倒减计算的实验组被试的遗忘率要大大高于未进行倒减计算的控制组，倒减计算剥夺了被试在头脑中复述这些无意义的字符串的机会，从而无法在短时记忆中保存它们。在学习时，我们需要考虑短时记忆的有限容量，在进行进一步学习之前，要在头脑中进行复述，避免干扰。例如，我们初次与多个人见面，在对方介绍自己的姓名后，我们会发现自己连一个人的姓名都没有记住。倘若我们在认识下一个人之前，在头脑中有意识地复述前一个人的信息，这对我们保持新朋友的信息是有帮助的。

2. 抑制和促进

前后所学的信息之间的消极影响被称为抑制（inhibition）。当后面所学的信息干扰了先前所学的信息在记忆中的保存时，就会出现倒摄抑制（retroactive inhibition）；当先前所学的信息干扰了后面信息的学习时，就会出现前摄抑制（proactive inhibition）。前后所学信息之间的影响也存在积极的方面。学习某件事常常有助于以后学习类似的事，这种现象叫作前摄促进（proactive facilitation）。后面所学的信息有助于先前信息的学习，这种现象叫作倒摄促进（retroactive facilitation）。在所有遗忘的原因中，倒摄抑制可能是最重要的。这一现象可以解释为什么我们难以记住那些频繁重复的事情，如上周三晚餐的场景。在安排复述时，学习者要尽量考虑抑制和促进的作用。

3. **首因效应和近因效应**

教育心理学中最为古老的发现之一，就是当我们学完一系列词汇后马上进行测验，我们对开始和结尾的几个词的记忆效果一般要比中间词好得多。人们倾向于记住开始的事情，其原因可能是我们对首先呈现的项目投入了更多注意和心理努力，这造成了首因效应（primacy effect）。在长时记忆中建立新信息时，进行心理复述是很重要的。一般来说，较多的心理努力会花在首先呈现的项目上。另外，最后呈现的项目和测验之间几乎不存在其他信息的干扰，这造成了近因效应（recency effect）（图 12-4）。

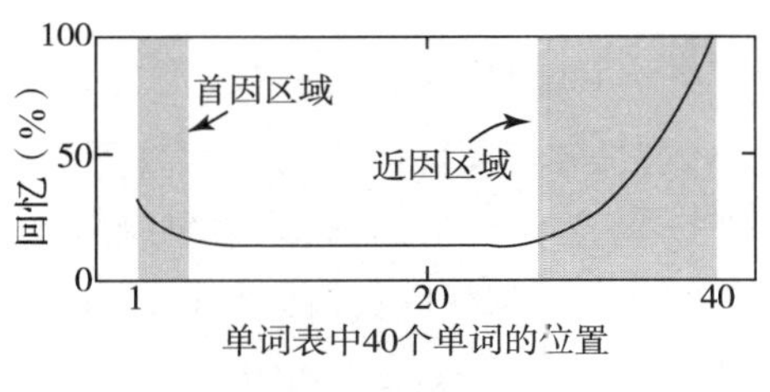

图 12-4　系列位置曲线

根据首因效应和近因效应的原理，开始阶段和最后阶段所学的信息比其他信息更易被记住。有人进一步提出，在 20 分钟以上的学习时间中，大脑对信息的保持率可以分为三个阶段：开始阶段是高效期-1，中间是低谷期，结尾是高效期-2（图 12-5）。教师需要根据这一规律安排教学。

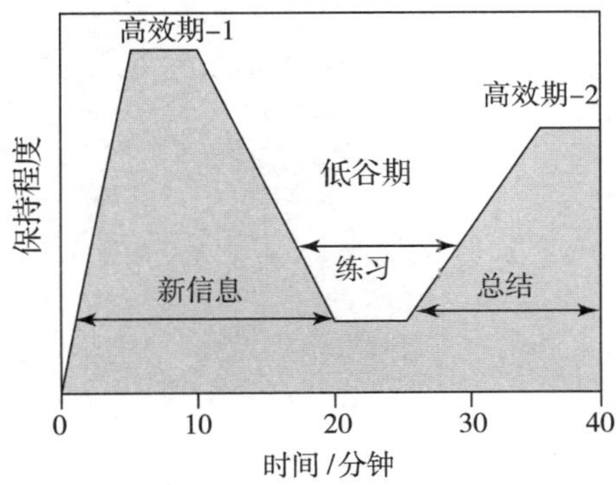

图 12-5　学习情境中的保持（Sousa，2005）

根据这一建议，教师要精心组织课堂教学，把最重要的新概念放在课文的开头讲解。有些教师一上课就检查家庭作业、点名等，这并不科学。上课一开始应该先介绍基本的概念。教师可以利用低谷期对新学习的材料进行练习和回顾，练习有助于学生将它们组织好，进行进一步加工。在课程结束之前，教师要对整节课进行总结，这有助于学生记忆得更牢固，并且可促进学生的整体理解。

学生要把最重要的任务置于学习时间的首尾，不要把首尾时间花在整理材料、削铅笔之类的事上。教师在给学生发放材料时要将重要的内容放在首尾位置上，在指导学生背诵课文或单词表时、每次复习时按不同的顺序进行，以使更多的重要内容有机会处在首尾位置上，更好地利用首因效应和近因效应来增强记忆效果。

(二) 合理复习

1. 及时复习

对于遗忘的进程，心理学家很早就表现出了极大的兴趣，并做了大量的研究。艾宾浩斯（Ebbinghaus）通过实验，发现遗忘的进程是不均衡的，有先快后慢的特点，提出了遗忘曲线（图 12-6）。在学习后的最初极短时间内，学生会发生大量的遗忘。学生如果过了很长时间，一直等到考试前才复习，就几乎等于重新学习了。苏联教育家乌申斯基曾指出，我们应当“巩固建筑物”，而不要“修补已经垮掉的建筑物”。所以，根据这一规律，复习最好及时进行。复习的黄金 2 分钟是指学习结束后 10 分钟就开始复习，只用 2 分钟复习就能取得良好效果。

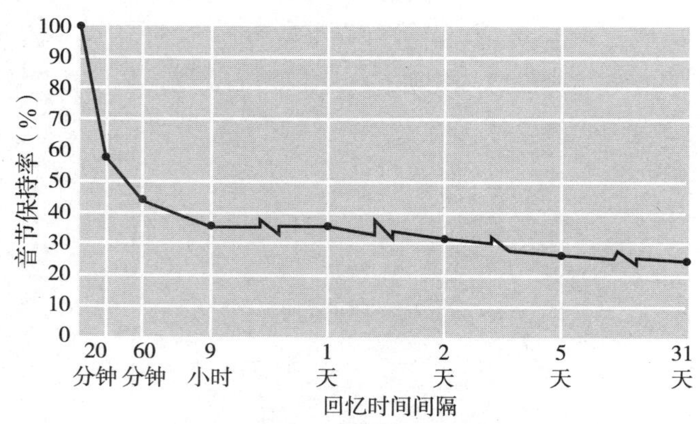

图 12-6 遗忘曲线（Weiten，1995）

2. 集中复习和分散复习

集中复习（mass practice）是在一段时间内一次性进行多次重复学习；分散复习（distributed practice）就是每隔一段时间进行一次或几次重复学习。在考试前一夜临时"抱佛脚"，或许能帮助你通过考试，但这些信息并未整合到你的长时记忆中，而分散复习能显著增强知识和技能的长期保持效果。这一规律已得到了许多实验的证明。

学生学习之后要多次复习才能将所学内容长期牢固地储存在头脑里。一般认为，初期复习的时间间隔要短些，以后可以逐渐延长。例如，可以将时间安排为：10 分钟、1 天、1 周、1 个月、2 个月、半年对同一个材料各复习一次。

3. 部分学习和整体学习

对于某种知识技能进行整体学习（whole learning），可以减少其他事情对学习的干扰。教孩子骑自行车或者提高口语技能等学习就比较适合这种形式。但是对于许多人来说，一下子学习较长的内容是极其困难的。相反，将较长的内容分成小段来学习则相对容易，这就是部分学习（part learning）。教师教乘法口诀表时，总是先教乘数为 2 的那一列，然后教乘数为 3 的那一列，这就是尊重了学生的记忆规律。值得注意的是，这种策略有助于减少倒摄抑制，因为在学习后面的部分之前学生已学会了前面的部分。

4. 自问自答或尝试背诵

自问自答或尝试背诵的练习就是在学习一篇材料时一边阅读一边自问自答，或自己背诵。尝试背诵是记忆研究中的一个热点问题。传统的认知心理学和教育心理学只是将测试作为考察学习者学习或记忆效果的手段，就像尺子只能测量而不能改变物体的长度一样，测试只能检测记忆效果，它本身并不能改变学习和记忆的效果（Karpicke & Blunt，2011）。然而，研究者（Tulving，1967）发现，与单纯的重复学习相比，在学习过程中有目的地加入测试，能更加有效地帮助学习者巩固已学知识，并提高其长时记忆的效果，研究者将这种现象命名为测试效应（testing effect）。后来，研究者（Roediger & Karpicke，2006）进一步考察了自我测试的直接作用和间接作用。在直接作用方面，自我测试本身就能增强尝试记忆的效果。在间接作用方面，自我测试让学习者了解到自己对不同学习内容的掌握程度，以调整下一步学习的计划，将更多的时间和精力投入不会的内容，从而增强学习效果。测试效应的发现引发了大量研究者的关注，研究者们采用不同的学习材料（单词、配对词组、短文、视觉空间信息等）对其进行了广泛的验证。有人（Rawson & Dunlosky，2011）统计了国外百年来有关测试效应的研究，发现 150 多篇文章中 300 多个实验均证实了测试效应的存在。

然而，学习者在实验条件下（Karpicke，2009）和真实的学习情境中（Karpicke，Butler，& Roediger，2009；Hagemeier，Holly，& Mason，2011；张俊，2012）都倾向于选择重

复学习策略。测试效应启发我们，学习时需要根据自己回答或背诵的情况，检查自己的错误和薄弱环节，从而重新分配努力。这样学起来印象深刻，记忆牢固。而简单的重复学习犹如小和尚念经，有口无心，只是空虚的口头功夫，学习效率难以提高。

5. **过度学习**

当学习一篇文章时，若每次从头到尾读一遍后立即回忆，要读 10 次才能做出完全无误的回忆，那么这 10 次就是我们的掌握水平。接下来，继续读这一篇文章，记忆的保持效果就会加强，这一策略被称为过度学习（overlearning）。有人通过实验研究发现，过度学习的次数越多，知识的保持成绩越好，保持的时间也越长。当然，过度学习在教学实践中的应用并非毫无限制。它对那些需要长期准确回忆且本身没什么意义的信息最有效。最典型的例子就是乘法口诀表，学生必须能够准确无误、不假思索地背诵。汉字书写和英语单词的拼写同样需要过度学习。

（三）自动化

并非每一件事都要求学习者有意识地注意，我们的大脑并不会特意注意我们的心跳和呼吸。刚开始学写字时，我们不得不有意识地注意怎样一笔一画地写字；但是随着经验的积累，我们在写字时花费的注意力就少多了；随着技能的提高，我们完成任务需要的注意力就越来越少。这样的过程叫作自动化（automatic）。需要高度思考的任务，如果已被学得非常透彻，不需要太多注意就能进行。自动化是非常重要的，它可以把一些如写字、计算等基本知识技能变成我们的第二天性，以便腾出我们的工作记忆去完成更复杂的任务。布卢姆在研究了自动化在优秀画家、数学家、运动员等精英人物的活动中的作用后，把自动化称为“天才的手脚”。自动化主要是通过练习获得的。

（四）亲自参与

在学习完成各种任务时，让个体亲自参与这些任务，要比只看说明书或者只看教师完成这一任务学得多。例如，如果让学生亲自画立体几何图，比只让他们看教师画，学到的东西要多得多。

从多个方面灵活运用所学的内容，也是一种有效的复习方法。这包含两种含义：一种是指运用多种感官的学习，如用视觉阅读、用听觉听讲，再加上口语练习与书写的动作等，多种感官的参与能有效地增强记忆；另一种是指复习情境的变化，如将所学的书本知识用实验证明、写成报告、做出总结、在谈话中使用以及向别人讲解等，这些能够使学习更有成效。

（五）情境相似性和情绪或生理状态相似性

俗话说“触景生情”“睹物思人”。在一定的情境中，人能联想起在这一情境中发生过的事。例如，故地重游时，我们往往能回想出许多上次游玩的情形。这说明相似的情境有助于回忆。

研究者做了这样一个实验，他们让佩戴水下呼吸器的潜水员在海滩上或在水下学习一些单词，然后在其中的一个环境中测验他们对这些单词的保持程度（图 12-7）。结果发现，当识记和回忆的环境匹配时，成绩提高了近 50%，尽管学习内容与水或潜水根本没有关系。可见，如果测验场合与学习场合相同，回忆成绩似乎较好。同样地，当背景音乐的节奏在识记和回忆时保持一致时，人们在记忆任务中也会表现得更好。

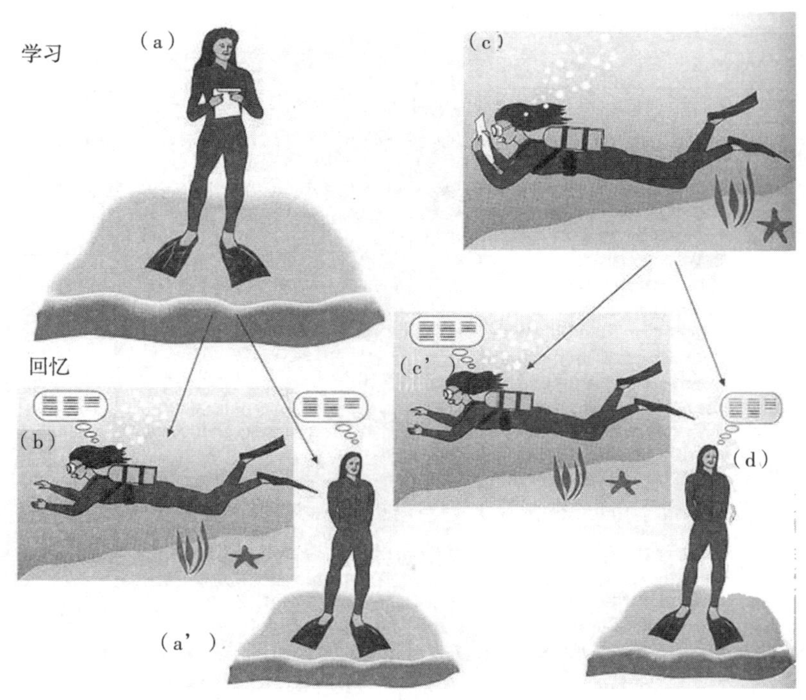

图 12-7 情境相似性实验（Coon，1998）

情绪或生理状态相似性和情境相似性一样，也大大影响着记忆。兴奋时，我们能回想起许多愉快的事；心境不佳时，我们能回想起许多不愉快的事。鲍尔（Bower，1981）做了这样一个实验来证明这一点。他让被试学习两个项目单。一个项目单是在由催眠引起的愉快情绪下学习的，即让被试回忆自己生活中的一个愉快事件，然后学习；另一个项目单是在由催眠引起的不愉快情绪下学习的，即让被试回忆自己生活中的一个伤心事件，然后学习。后来的回忆测验仍然是在由催眠引起的愉快或不愉快情绪下进行的。结果发现，在测验时与学习时情绪状态相同的情况下，记忆成绩较好。

此外，有一种与此有关的现象叫作依存于状态的学习。人们发现，如果能够恢复到与自己学习某种知识时同样的情绪或生理状态，就能回忆起这种知识。例如，我们常常听到这样的说法：喝醉的人在清醒后不记得自己喝醉时把酒瓶藏在何处，而当他喝醉时则不记得自己清醒时把钱藏在哪里。

环境相似性和情绪或生理状态相似性对记忆的影响能给我们的复习带来什么启示？我们不妨考虑分别在不同的情境、不同的情绪或生理状态下进行复习，这样回忆时（如考试）的情境与情绪或生理状态和复习时的情境与情绪或生理状态相似的可能性更大。因为，回忆时的情境与状态是无法预料的。假如你在晴天、阴天、下雨天都复习过，在每个教室、图书馆、实验室都复习过，在清醒、乏困、感冒、紧张状态下都复习过，那么就能保证考试时的情境和状态与复习时的情境和状态相似的概率更大。例如，你在考试前由于紧张复习几天未睡好觉，晕晕乎乎的，又连下几天雨；考试时好几个监考员走来走去，令你紧张不安。尽管如此，你仍能获得一定的相似性，有比较好的回忆效果。

（六）心理倾向、态度和兴趣

心理倾向、态度和兴趣也是影响记忆的重要因素。感兴趣的事或持积极态度的事，我们记得牢固；不感兴趣的事或持消极态度的事，我们记得差一些。这个因素在政治认识或信仰上所起的作用尤其明显。与人信仰相同的观念或事实容易被吸收，并有助于记忆；否则倾向于被排斥，容易被遗忘。这称为选择性的保留和遗忘。

研究者（转引自张德绣，1981）曾做过这样一个实验，他们找来两组被试，一组赞成苏联，一组反对苏联，让这两组被试阅读两篇文章（一篇是赞颂苏联的，一篇是批判苏联的），阅读完后立即测验他们的学习成绩，隔一段时间后测验他们的保持成绩。结果发现，个人态度与文章观点一致者的学习成绩和保持成绩明显高于个人态度与文章观点不一致者。

这个实验结果启示我们，在教学时：一方面，教材的意义必须适合学生的态度和兴趣；另一方面，学生的态度和兴趣并不是先天固定的，教师可以引导学生形成建设性的态度和兴趣，使他们容易记住和保持所学的知识。我们要设法调整自己的态度和兴趣，以适应对知识的学习和记忆。孔子说："知之者不如好之者，好之者不如乐之者。"直到现在，这句话仍具有启发性。

在学习中，这些复述策略只能发挥有限的作用，它们能影响信息加工系统对信息的注意和编码，却不能帮助你在这些信息和你已经知道的信息之间建立联系。这就是复述策略在长时记忆中一般无效的原因。复述策略往往需要结合其他有助于学习者组织整合长时记忆信息的学习策略。这些策略就是精细加工策略（elaboration strategies）和组织策略（organizational strategies）。

二、精细加工策略

精细加工策略是指在所学的新信息和已有的知识之间建立联系，以增加新信息意义的策略。一个信息与其他信息联系得越多，能回忆出该信息原貌的途径就越多，提取的线索也就越多。以下是几种精细加工策略。

（一）记忆术

记忆术（mnemonics）指一种通过给识记材料建立一定的联系以帮助记忆并提高记忆效果的方法。记忆术是一种有用的精细加工技术，在记忆名词、种类、系列或项目组等信息时非常有用，其基本做法是利用视觉表象或者寻找语义联系来记住新材料。常用的记忆术有位置记忆法、首字联词法、谐音联想法等。

1. 位置记忆法

位置记忆法是一种传统的西方记忆术，最早被古希腊演讲家使用，尤其是在古代的脱稿讲演中曾被广泛使用，并且沿用至今。西塞罗（Cicero）在《论讲演》一书中把这一方法的起源归功于一位诗人。

古希腊的一位诗人西蒙尼德斯（Simonides），有一次在一个大宴会厅里朗诵一首抒情诗，朗诵完之后，他被在诗中赞美过的卡斯托尔（Castor）和波拉克斯（Pollax）两位大神叫出宴会厅。正在这时，宴会厅塌了，厅内宾客无一幸存。尸体模糊，亲属无法辨认，而西蒙尼德斯却能根据各人在宴会厅里的座位把尸体一一辨认出来。

西蒙尼德斯这一记忆成果使他相信，把要记住的东西按次序放在自己熟悉的位置上是很有用的方法。位置记忆法是通过联系自己熟悉的某些地点顺序来记忆一些名称或者客体顺序的方法。位置记忆法对于记忆有顺序的系列项目特别有用，其具体做法就是将所记项目与熟悉的某种位置顺序联系起来。例如，如果要长久记住一些项目，如一份杂货单——奶粉、黄油、面包、啤酒和香蕉，你可以首先在头脑中创建一个熟悉的场景，在这个场景中确定一条明确的路线，如校园里从宿舍到商店的路，在这条路线上确定一些特定的点，如路上有书店、邮局、招待所、水房和食堂。然后，将需要记的项目全都转变成视觉形象，并按顺序与这条路线上的各个点联系起来，这种联想越奇特越好。例如，书店里弥漫着奶粉香气，书本上都沾满了奶粉，在邮局里人们全用黄油贴邮票，招待所里家具全是面包制成的，水房的水龙头流出热气腾腾的啤酒，穿着香蕉样式衣服的人们正在食堂翩翩起舞。回忆时，按这条路线上的各个点提取所记的项目。

2. 首字联词法

首字联词法是利用每个词的第一个字形成一个缩写。例如，二十四节气缩编为：春雨惊春清谷天，夏满芒夏暑相连，秋处露秋寒霜降，冬雪雪冬小大寒。这样就把二十四个节气都记住了。在实际的学习过程中，有些同学采用这种方法巧妙记住了一些知识。例如，莎士比亚的四大名剧——《哈姆雷特》、《罗密欧与朱丽叶》、《李尔王》和《麦克白》，我们可以从每部剧中取出一个字，组合起来，变成“哈啰(罗)，李白”。

与此相类似的还有句子记忆术，将每个句子的第一个字作为记忆句子中的每一个字。我们常常采用一些歌谣口诀来帮助记忆，也常常使用一些简语来帮助记忆。例如，《辛丑条约》内容为：①清政府要赔款；②清政府要保证禁止人民反抗；③允许外国在中国驻兵；④划分租界，建领事馆。可用“钱禁兵馆”（谐音“前进宾馆”）来帮助记忆。

另外一种首字联词法是用一系列词的第一个字描述某个过程的每个步骤。例如，用一首古诗中每句的第一个字说明某个行动的每一步。

3. 谐音联想法

有这样一个有趣的故事，据说有一个私塾先生，每天让学生背诵圆周率(π=3.14159265358979323846 26……)，自己却到山上的寺庙里与一和尚饮酒。学生们总是背不会，一天，有一名学生编了一个顺口溜，学生们很快就背会了。结果使先生大吃一惊，这个顺口溜是：“山巅一寺一壶酒，尔乐苦煞吾，把酒吃，酒杀尔，杀不死，乐尔乐。”在这里，学生将无意义的数字系列赋予意义，并且化作视觉表象，把有意义的信息或视觉表象当作“衣钩”来“挂住”所要记住的数字。

学习一种新材料时运用联想，赋予意义，对记忆亦很有帮助。威廉·詹姆斯曾用比喻来说明，联想有助于学习记忆。他将联想比成钓鱼的钩子，可以将像水中的鱼一样的新知识用钩子钓起来，挂在一起，保留在学生的记忆系统中，这确实很有道理。有的学生也利用视觉表象和语义联想去记住一系列材料。

4. 琴栓-单词法

琴栓-单词法（peg-word method）类似于位置记忆法，只是学习者要把序列中的项目与一系列线索而不是熟悉的地点相联系。典型的琴栓-单词法是将数字和单词联系起来的一些韵律。例如，要按顺序记忆苹果、面包、牙膏、胡萝卜、派，然后学习一系列与数字韵律相符的单词（琴栓词），如“one is a sun”，最后把要学的每个项目和琴栓词以一种奇特的方式联系起来，形成形象的心理图像。再回忆的时候，学习者首先会想到数字顺序，因为琴栓词与数字有相似的节奏，记忆很快被激活，然后就可以依次回忆起目标项目了（图 12-8）。

图 12-8 琴栓-单词法

5. 关键词法

关键词法（key-word method）就是将新词或概念与相似的声音线索词，通过视觉表象联系起来。例如，英文单词“tiger”可以联想成“泰山上一只虎”。这种方法在教外语词汇时非常有用。例如，economy—依靠农民—经济，ambulance—俺不能死—救护车，ambition—俺必胜—雄心。

这种记忆术也同样适用于其他信息的学习，如数学、物理公式、省会城市（自治区首府）名称、阅读理解、地理信息等。例如，绝对值不等式的解集：$|x|>a$，$x>a$ 或 $x<-a$；$|x|<a$，$-a<x<a$。可用谐音法记作“大鱼取两边，小鱼取中间”。同时联想到吃大鱼时只吃两边的肉，吃小鱼时掐头去尾，只吃中间。

6. 视觉想象

许多有力的记忆术的基础是利用心理表象进行联想记忆。前面所说的位置记忆法实际上就是一种视觉联想法，利用了心理表象。视觉想象是一种非常有效的记忆辅助手段，其他的关键词法、限定词法都利用了视觉表象。联想时，想象越奇特、合理，记忆就越牢固。学习者可以使用夸张、动态、奇异的手段进行联想。例如，可以将“飞机—箱子”想象为“飞机穿过箱子”，将“橘子—狗”想象为“一个比狗还大的橘子砸中了一条狗”，将“计算器—书”想象为“计算器印在书的封皮上”，等等。此外，还有一种借助想象增强记忆的经典方法，即编造一个故事，将所有要记的信息编在一起。例如，人们一直在用有关星座的神话来回忆星座的名字。对于三个宇宙速度，有的学生是这样记忆的。

第一宇宙速度：7.9 km/s（谐音：吃点儿酒）。第二宇宙速度：11.2 km/s（谐音：要一点儿）。第三宇宙速度:16.7 km/s(谐音：要留点儿吃)。

记忆这组谐音时，我们不妨把三个谐音短句当作一个故事来记忆：一个没钱的酒鬼去讨酒吃，向店家喊道：“吃点儿酒。”店家不允许，酒鬼说：“要一点儿（嘛）。”店家当时余酒不多，答道：“要留点儿（自己）吃。”通过这样的奇特联想，这三个宇宙速度很容易被记住。

（二）灵活处理信息

除了采用记忆术，学习者还可以采用一些方法主动对信息进行加工。例如，寻找信息之间的意义，主动应用这些信息。

1. 意义识记

卡图纳曾做过这样的研究，说明了有意记忆的重要作用。他以数字为学习材料对意义识记和机械识记做了对比实验。下面两行数字，就是实验的样本。

5 8 1 2 1 5 1 9 2 2 2 6

2 9 3 3 3 6 4 0 4 3 4 7

被试分为两组：一组为意义识记组（找出数字之间的关系）；另一组为机械识记组。这两组在学完半小时后接受同样的测验，结果是意义识记组的保持率为 38%，机械识记组的保持率为 33%。3 周后进行第二次测验，结果是意义识记组的保持率为 23%，机械识记组的保持率为 0%。

在学习时，我们不要孤立地去记东西，而要找出事物之间的关系，这样即使所学信息部分被遗忘了，学习者也可以利用信息之间的关系将其推导出来。例如，利用数字的平方来记忆历史年代。如公元前 525 年波斯征服埃及，636 年阿拉伯与拜占庭会战，这两个年份都是前一个数字的平方等于后两位数。

2. 主动应用

我们学习的好多信息往往只能适用于限定的、人为的环境中，如果不在实际中应用，就会成为惰性知识，难以发挥功效。例如，学生在数学课上学了容量问题，但在生活中不知道如何用几个杯子量出一定的水。因此，学习者不仅要记住某个信息，而且要知道如何以及何时使用拥有的信息。学生在学习信息时，教师不仅要帮助学生理解这些信息的意义，而且要帮助学生认识到这些信息的有用性，能把这些信息和其他信息联系起来，并在课堂以外的环境中应用它们。

3. 利用背景知识

精细加工策略强调在新学信息和已有知识之间建立联系。对于某一事物，你到底能学会多少，最重要的决定因素就是你对这一方面的了解程度。一个研究（Kuhara-Kojima & Hatano，1991）很清楚地说明了这一点。他们让大学生学习棒球和音乐方面的信息。结果发现，那些熟悉棒球但不熟悉音乐的学生，对棒球方面的信息学得多一些；相反，那些熟悉音乐而不熟悉棒球的学生，对音乐方面的信息学得多一些。事实上，背景知识比一般学习能力更能帮我们判断学生能学会多少。一名学生如果非常了解某一课题，那么他就有更丰富的图式来融合新的知识。但是，学生往往不会使用他们先前的知识来帮助自己学习新的材料，教师一定要把新的学习和学生已有的背景知识联系起来。

上述都是一些基本的精细加工策略，对于比较复杂的课文学习，精细加工策略有说出大意、总结、建立类比、用自己的话做笔记、解释、提问以及回答问题等。与逐字逐句学习的学生相比，那些能在学习时进行精细加工的学生一般能更好地理解信息。

三、组织策略

组织策略指整合所学新知识之间、新旧知识之间的内在联系，形成新的知识结构的策略。组织是学习和记忆新信息的重要手段，其方法是将学习材料分成一些小的单元，并将这些小的单元置于适当的类别中，从而使每项信息和其他信息联系在一起。假如你要去买食品，东西很多很杂，难免丢三落四，如果你把这些东西组织起来，按照主食、蔬菜、肉类、水果、饮料、调味品归类，这些东西就会变得有意义，容易被记住。温斯坦和迈耶（Weinstein & Mayer，1986）提出了两种有用的组织策略：列提纲（outlining）和画地图（mapping）。这些策略能帮助学生分析材料的结构，更好地理解材料。下面将介绍几种重要的组织策略。

（一）列提纲

列提纲是以简要的词语写下主要和次要的观点，采用金字塔的形式呈现材料的要点，使每个具体的细节都包含在更高层级的类别中。提纲就是一本书或者一篇文章的主要脉络。它直观、概括，具有条理性，让人一眼望去，便能清晰明了地把握其层次与脉络。我们能通过提纲很快抓住书本或文章的要点，并明晰各部分之间的关系，记忆起来也简单多了。回忆时，我们只要按照提纲的要点，就可以按图索骥地去补充具体的内容。例如，秦始皇为巩固统一而实行的措施。

政治措施：①称始皇帝，掌管官吏任免权；②在中央设置“三公九卿”；③实行郡县制，全国分三十六郡。

经济措施：①统一货币；②统一度量衡。

思想文化措施：①焚书；②统一文字；③坑儒。

军事措施：①南攻百越；②北击匈奴；③修筑长城。

在教列提纲技能时，教师可以采用逐渐撤出支架的方式分步对学生进行训练：①提供一个几乎完整的提纲，仅留少数空缺，这些空缺可以是学生听课或阅读时的一些支持性的细节；②提供一个只有主题的提纲，要求学生填写所有的支持性细节；③提供一个只有支持性细节的提纲，要求学生填写主要的观点。如果学生进行适当的练习，就能写出很好的提纲。

（二）画图解

1. 系统结构图

研究表明，存储在长时记忆中的信息就是以金字塔的结构组织的。在金字塔结构里，具体的项目归类于较一般的题目下，这种结构能够帮助学生理解，有效地在短时记忆中管理材料，快速地在长时记忆中找到所需要的信息。

鲍尔等人（Bower et al.，1969）做了这样一个研究，他们教学生 112 个矿物方面的词。一组材料是以随机的顺序给出的，另一组材料是以一定的顺序给出的（图 12-9）。

结果表明，后面一组学生平均能回想出 100 个词，而前面一组学生平均只能回想出 65 个词，这说明了组织材料的呈现效果。

这提示我们，在教复杂概念时，教师不仅要有序地组织材料，还要让学生清楚这个组织性的框架。还是以图 12-9 为例，教师要经常回顾这个框架，并且要标明从一

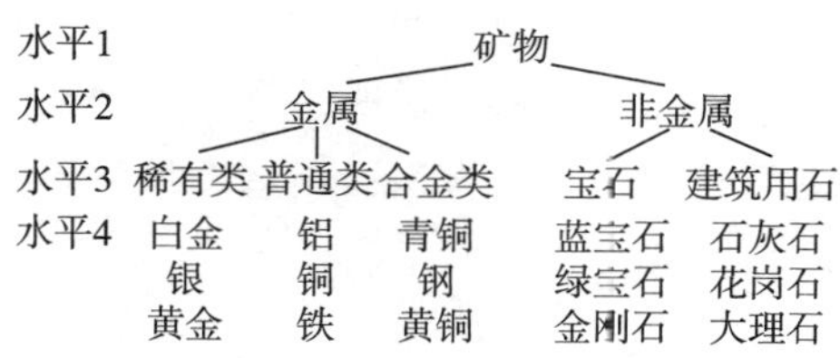

图 12-9 矿物分类（Bower et al.，1969）

部分向另一部分的过渡，如“回想合金是两种以上金属的结合”“我们已经讲了稀有金属、普通金属和合金类金属，这些都属于第一类矿物——金属，下面我们来看第二类矿物——非金属”。

2. 概念关系图

关系图是用图解的方式表示概念之间的相互联系，也就是先指出中心思想，然后图解它们之间的关系。制作关系图可以用来替代做笔记和列提纲。其中重要的形式为概念关系图（concept map），它能解释各种观点是如何相互联系的（图 12-10）。

本书“知识的学习”一章介绍过概念关系图。这里从学习策略视角介绍一下具体做法。建构概念关系图的过程是一个把自己头脑中的知识外显的过程，它需要遵循一定的步骤（Mintzes，Wandersee，& Novak，2002）：①选择核心概念（一般将上位概念列在最上面）；②选择相关的概念，放在不同的层次上；③添加概念之间的连线，并标注文字说明；④反思。熟练制作某种或几种概念关系图后，可以不拘泥于一种形式，采用综合的模型。

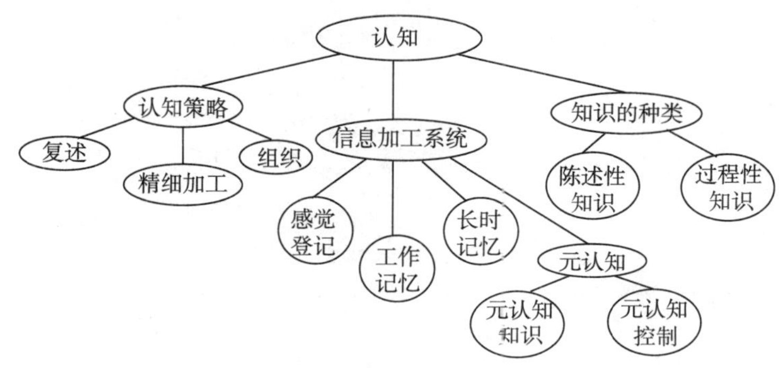

图 12-10 有关认知心理学知识的概念关系图（Dembo，1994）

3. 运用理论模型

对于复杂的课题，可以采用图解的方式来说明某个过程中要素之间的相互联系，建立相符的理论模型。例如，前面所讲的学习的信息加工过程就是一个经典的理论模型的例子，这种模型可以组织和整合信息。电子学、机械、计算机程序以及遵循某个规律的过程都可以利用理论模型进行说明。当某一课程中含有模型时，学生不仅能学得更好，而且能运用他们学到的知识去创造性地解决问题。此外，程序性知识的学习可以采用流程图的形式。

(三) 做表格

对于复杂的信息，各种形式的表格（如一览表和矩阵表）都可以对信息起到组织的作用，有利于形成信息的视觉化，能促进对信息的记忆和理解。一览表还可以表示人物之间的关系。例如，《红楼梦》一书中人物众多、关系复杂且信息分散，鲁迅先生综合各章信息后，制作了一张主要人物关系表（图 12-11）。

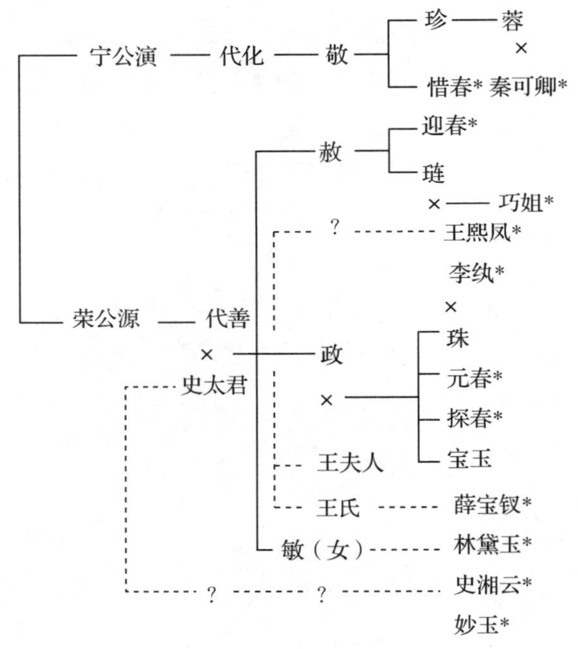

图 12-11 《红楼梦》主要人物关系表

注：用虚线连接的是有姻亲关系的人，标注“×”的是夫妻关系的人，标注“*”的是位列“金陵十二钗”的人。

方阵表的使用相当广泛，包括火车站的列车时刻表、飞机场的航班表、商店的价目表、食品的成分图，以及学生日常使用的课表等。学生常常使用方阵表整理一些知识。例如，初学英语人称代词和物主代词时，由于它们与汉语中的用法完全不同，学生或多或少会出现混淆和错用的现象。为了方便记忆，学生可以把物主代词和人称代词列成方阵表（表 12-2）。

表 12-2 英语中的人称代词与物主代词

		人称代词	物主代词		
		主格	宾格	形容词性	名词性
第一人称	单数	I	me	my	mine
	复数	we	us	our	ours
第二人称	单数	you	you	your	yours
	复数	you	you	your	yours
第三人称	单数	he	him	his	his
		she	her	her	hers
		it	it	its	its
	复数	they	them	their	theirs

实际上，学生在学校中所学的绝大多数材料会提供一些组织线索，可以让学生在某种认知结构内吸收新知识，使其有意义，从而加深学生对它的领会，并增强记忆。多年来，人们一直建议使用这样一种基本的阅读技巧——组织材料，可以先扫描一下章、节、小节的标题。学生要学会使用这些线索。有时，学生也可以通过提问来组织材料，这将在第四节中加以讨论。

上面讲了三种认知策略，教师要教学生分析他们使用的认知策略，考虑在什么情况下使用复述策略、精细加工策略和组织策略。

第三节 元认知策略与资源管理策略

一、元认知的结构

根据弗拉维尔的观点，**元认知**（metacognition）就是对认知的认知，具体地说，是关于个体认知过程的知识和调节这些过程的能力，是对思维和学习活动的认知和控制（Flavell，1976）。他认为，元认知具有两个独立但又相互联系的成分：①元认知知识，即对认知过程的知识和观念（存储在长时记忆中）；②元认知控制，即对认知行为的调节和控制（存储在工作记忆中）。元认知知识是对有效完成任务所需的技能、策略及其来源的意识——知道做什么；元认知控制则是运用自我监控机制确保任务能成功地完成——知道何时做、如何做。

（一）元认知知识

元认知知识就是人们对于什么因素影响个体的认知活动的过程与结果，这些因素是如何起作用的，它们之间又是如何相互作用的等问题的认识。元认知知识主要包括以下三个方面的内容。

1. 有关个人作为学习者的知识

这是有关人（自己或他人）作为学习者或思考者的一切特征的知识。这方面的知识可以再细分为以下三类：①关于个体内差异的认识，如正确地认识自己的兴趣、爱好、学习习惯、能力及其限度，以及知道如何克服自己在认知方面存在的不足等；②关于个体间差异的认知，如清楚地认识人与人之间在认知方面以及其他方面存在的种种差异；③关于个体认知水平和影响认知活动的各种个体因素的认识，如知道记忆、理解有不同的水平，知道注意在认知活动中的重要性，知道人的认知能力可以改变。

2. 有关任务的知识

这是对学习材料、学习任务和学习目的的认知。其中，学习材料的知识包括材料的性质、难度、熟悉程度、结构特点等因素。

3. 有关学习策略及其使用的知识

这是个体对自己在学习过程中对学习策略的选取、调节和控制的认识。

（二）元认知控制

元认知控制是对认知行为的管理和控制。它包括检查理解程度、预测结果、评价某个尝试的有效性、计划下一步动作、测试策略、确定适当的时机和努力、修改或变换策略以克服遇到的困难等。包括以下三个方面。

1. 计划

根据认知活动的特定目标，在一项认知活动之前规划各种活动，预测结果，选择策略，想出各种解决问题的方法，并评估其有效性。

2. 监察

在认知活动进行的实际过程中，根据认知目标及时评价、反馈认知活动的结果与不足，正确估计自己达到认知目标的程度、水平，根据有效性标准评价各种认知行动、策略的效果。

3. 调节

根据对认知活动结果的检查，如果发现问题，则采取相应的补救措施；根据对认知策略的效果的检查，及时修正、调整认知策略。

一般来说，元认知控制与认知目标、认知课题和情境等因素密切相连。除了弗拉维尔的二分法，也有人认为元认知包括三个方面的内容（董奇，1989）：①元认知知识，即个体关于自己或他人的认识活动、过程、结果以及与之有关的知识；②元认知体验，即伴随着认知活动产生的认知体验或情感体验；③元认知监控，即个体在认知活动进行的过程中，对自己的认知活动进行积极监控，并相应地对其进行调节，以达到预定的目标。在实际的认知活动中，元认知知识、元认知体验和元认知监控三者是相互联系、相互影响和相互制约的。

二、元认知策略

元认知策略（metacognitive strategies）是对信息加工流程进行控制的策略。假如你读一本书，遇到一段读不懂的内容，你该怎么办呢？你或许会慢慢地再读一遍；或许会寻找其他线索（如图、表、索引等）来帮助理解，或许退回到这一章更前面的部分。这意味着你要知道自己为什么不懂，以及如何去改正。此外，你还要预测可能会发生什么，或者能说出什么是明智的，什么是不明智的。这些都属于元认知策略。概括起来，元认知策略可分为计划策略（planning strategies）、监察策略（monitoring strategies）和调节策略（regulation strategies）。

（一）计划策略

计划策略指这样一种策略：学习者根据认知活动的特定目标，在一项认知活动之前计划各种活动，预估结果、选择策略，想出解决问题的各种方法，并预估其有效性。计划过程涉及设置学习目标、浏览阅读材料、提出待回答的问题以及分析完成学习任务的具体步骤。通俗地说，给学习制订计划就好比足球教练在比赛前针对对方特点与出场情况提出对策。不论是为了完成作业，还是为了应付测验，学生在每一节课上都应当有一个明确的“对策”。成功的学生并不只是听课、做笔记和等待教师布置任务，他们会预测完成作业需要的时间，在写作前获取相关信息，在考试前复习笔记，在必要时组织学习小组，以及运用其他有效方法。

（二）监察策略

监察策略指这样一种策略：学习者在认知活动的实际过程中，根据认知目标，及时评价、反馈自己认知活动的结果与不足，正确估计自己达到认知目标的程度、水平，根据有效性标准评价各种认知行动和策略的效果。监察过程涉及阅读时对注意状态进行跟踪、对材料进行自我提问和考试时监控自己的答题速度和时间。这些策略使学习者警觉并找出自己在注意和理解方面可能出现的问题，并加以修改。例如，当为了应考而学习时，你会向自己提出问题，觉察某些章节内容理解上的困难，意识到当前的阅读和记笔记方法对这些章节的局限性，并尝试其他的学习策略。下面说说两种具体的监察策略——领会监控和集中注意力。

1. 领会监控

领会监控是一种具体的监察策略，一般在阅读中使用。熟练的读者在头脑里有一个领会的目标，如发现某个细节、找出要点等。于是，他开始为了该目标而浏览课文。随着这一策略的执行，达到目标后他会体验到一种满意感。如果没有找到这个细节，或者不懂课文，他就会产生一种挫折感。如果领会监控的最终目标没有达到，读者就会采取补救措施，如重新浏览材料或者更仔细地阅读课文。

一些研究表明，从幼儿园到大学，许多人都缺乏这种领会监控技能，他们只是机械地采取再读或者不停地记笔记的方法来阅读，却不得要领。迪瓦恩（Devine，1981）提出提高领会监控技能的方法（表 12-3）。

表 12-3　提高领会监控技能的方法

方法	解释
变化阅读的速度	适应对不同课文领会能力的差异：对于比较容易的章节读快点，抓住作者的整体观点；对于较难的章节，则要放慢速度
中止判断	如果不太明白某些信息，就继续读下去，作者可能会在后面填补这一空隙，增加更多的信息，或在后文中明确说明
猜测	当不明白所读的某些信息时，养成猜测的习惯，猜测看不明白的段落的含义，并且读下去，看看自己的猜测是否正确
重读较难的段落	重新阅读较难的段落，尤其是当信息仿佛自相矛盾或模棱两可时，最简单的策略往往是最有效的

2. 集中注意力

注意力和金钱、能源一样，是一种有限的资源，在某个时刻，我们只能注意有限的事物。当教师要求学生将他们有限的注意力全都集中在他所说的每一件事上时，学生只能放弃对其他刺激的积极注意，改变优先级，将其他刺激全部清出去。例如，当人们对一个有趣的谈话者全神贯注时，他们就意识不到细微的身体感觉（如饥饿），甚至注意不到其他刺激。有经验的讲演家知道，听众一旦心不在焉，就不会再集中注意力听讲了，可能已经转向注意午餐或其他活动了，因此就要重新抓回他们的注意力。

在课堂中，有些学生往往很难把注意力集中在教学任务上，而分心于那些有吸引力的、能分散注意力的事物。教师常常抱怨课堂上那些不能维持注意力的学生，认为他们不成熟、注意力有缺陷或者不想学。不幸的是，使用不同的标签去描述注意力问题无助于提高学生的学业表现。如果学生无法集中注意力，就很难计划和控制他们的学习。教师需要教学生一些抑制分心的学习策略，来帮助他们对行为进行自我管理和自我调节，如注意此刻自己正在做什么，避免接触能分散注意力的事物等。许多心理学家认为学生缺乏注意力管理的知识，犹如他们缺乏数学概念。如果能教他们一些对注意力进行监控和自我管理的技能，教师就不需要在课堂上刻意强调注意力方面的问题。学生无论在家还是在学校，都能使用这些技能来提高他们的学习效率。

有效选择课本或讲演中的重要信息是某些学生常常使用的一个策略。教师要做的第一件事就是帮助学生挑选重要的材料，鼓励他们对其进行注意，减少能分散注意力的事物，并且教他们处理那些能分散注意力的事物的技巧。要做到这一点，教师可以采用下面几个方法来提高学生的注意力（表 12-4）。

表 12-4　提高注意力的方法

方法	解释
提前注意学习目标	在上课之前，告诉学生要注意的目标，学生会学得更好
重点标示	教师升高或降低声音，或者使用手势表达关键信息；课本常常用不同的颜色或不同的排版指明要点
增加材料的情绪性	选择情绪色彩浓的词来赢得注意，这就是为什么报纸的标题说“某某议员枪毙了某教育法案”，而不说“某某议员否决了某教育法案”
使用独特的刺激	例如，物理教师上课时可以做演示，引起学生的好奇心，吸引学生的注意力

续表

方法	解释
告知重要性	许多学生常常会预期在随后的测验中出现的问题，以此来确定课中重要的信息，这种技能可以增强学生对相关材料的注意；为了避免学生只复习教师提到的重点，可以告诉学生测验的题型和范围，同时也有必要告诉学生哪些材料不重要，以提高学习效率

（三）调节策略

调节策略指这样一种策略：核查认知活动结果并采取相应的补救措施，核查认知策略的效果，并及时修正和调整认知策略。调节策略与监察策略有关。例如，当学生意识到他不理解课程的某一部分时，他就会返回去阅读困难的段落；在阅读困难或不熟的材料时放慢速度，复习他们不懂的课程材料；测验时跳过某个难题先做简单的题目等。调节策略能帮助学生矫正他们的学习行为，弥补理解上的不足。

下面，我们举一个例子来说明这些元认知策略是如何起作用的。假设有一名学生正在学习甲午中日战争的历史。这名学生意识到这些知识将会以简答题和论述题的形式进行测验，他决定做一个学习计划来理解要点和记住重要的事实。于是，他用自己的话口头复述这一章的每一节内容，列出重要的历史事件。他监察自己的学习进程，当发现自己在比较不同战争和条约时有困难，于是，他决定写下在测验中可能出现的简答题的答案。这种以可行的策略替代不可行的策略，从而改变或调整自己行为的能力，正是学会学习的一个重要特征。

元认知策略总是和认知策略一同起作用的。如果一个人没有使用认知策略的技能和愿望，他就不可能成功地进行计划、监察和调节。元认知过程对于帮助我们估计学习的程度和决定如何学习是非常重要的；认知策略则帮助我们将新信息与已知信息整合在一起，并且存储在长时记忆中。认知策略，如画线、口头复述等，是学习内容必不可少的工具，元认知策略则监控和指导认知策略的运用。也就是说，学生可以学习使用许多不同的策略，如果没有必要的元认知策略帮助他们决定在某种情况下使用哪种策略或改变策略，那么他们就不是成功的学习者。

三、资源管理策略

成功的学生常常使用**资源管理策略**（resource management strategies）来帮助他们适应环境及调节环境以满足自己的需要。资源管理策略是辅助学生管理可用环境和资源的策略，包括时间管理策略（time management strategies)、学习环境管理策略、努力管理策略、学业求助策略（help-seeking strategies)。其中，学习环境管理策略主要指选择安静、干扰较小的地点开展学习活动，充分利用学习情境的相似性等。努力管理策略主要指掌握一些方法来排除学习干扰，使自己的精力有效地集中在学习任务上。努力管理策略在“学习动机”一章中做过介绍了，这里重点阐述时间管理策略和学业求助策略。

（一）时间管理策略

时间是极其重要的学习资源。有效的时间管理可以促进学习，并增强自我效能感；低效的时间利用则会削弱信心，降低学习效率。时间管理倾向可能通过个体的学习动机、态度等因素对学生的学业表现产生影响（莫雷，2002)。**时间管理策略**是通过一定的方法合理安排时间、有效利用学习资源的策略。有人（Macan et al., 1990）认为，时间管理行为应该包括分辨需求，根据其重要性进行排序，以及据此分配相应的时间和资源。训练学生掌握时间管理策略，需要帮助他们意识到时间计划的重要性，并合理安排时间的优先级。

1. 时间排序

时间管理的方法可以因人而异，你可以给自己制订每小时的详细计划，也可以对一天的事情排序。排序的依据一般为事情的重要程度和紧急程度，依据这两个维度可以把事情分为四种类型（图 12-12)，然后再按照分类得到的四类事情合理分配时间。

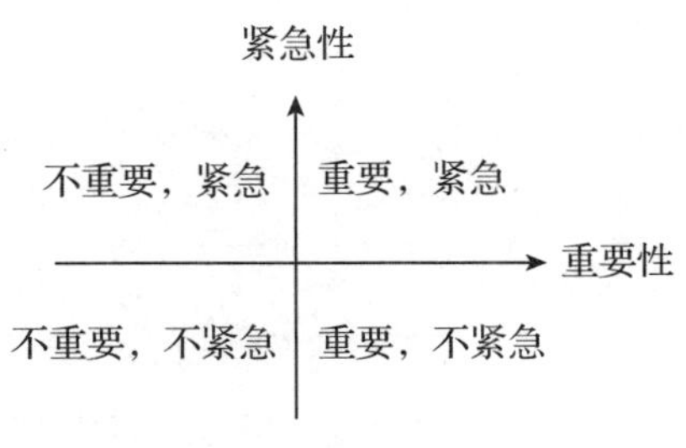

图 12-12　时间管理坐标图

你觉得一般人在哪个象限耗费的时间最多？答案是第三象限（不重要，不紧急)，因为处理这类事务没有任何压力，如削铅笔、整理文具盒之类都是可做可不做的工作。其次是第二象限（不重要，紧急)，紧急的事情总会吸引人们的注意力。处理这些事情耗费了大量的时间，以减少处理第一象限、第四象限的时间为代价，成了一种变相的拖延。这就解释了为什么有的人总是显得很忙，却毫无效率可言。高效的时间管理需要把精力放在第一象限、第四象限。

在处理既重要又紧急的事情（第一象限）时，普通人和成功的人都要投入一定的精力（20%～30%）。造成时间管理效果差异的秘密在第四象限（重要，不紧急）。成功的人花 60%～68%的时间（普通人只有 20%左右）来处理重要但是不紧急的事情，不断地提高自己，有规律有计划地完成任务，做有创造性的工作，与此同时也极力地压缩了在第二象限、第三象限停留的时间。这就等于掌握时间的主动权，保持生活的平衡，减少未来可能出现的危机。

2. 有效时间管理的使用

知道应该把精力主要放在哪里，不等于进行了有效的时间管理，还必须进行实践，并且持之以恒。下面就举一个有效的时间管理策略的例子（表 12-5），供大家参考。当然，具体的策略是因人而异的。

表 12-5　有效的时间管理策略

策略	内容
确立有规律的学习时段	如果每天预留固定的几小时来学习，那么学习就不需要每天重新计划，而会成为一种习惯化的活动
确立切合实际的目标	很多学生倾向于低估完成一个学习任务所需的时间，因此他们应该稍微高估所需的时间，直到能够更精确地估计为止
使用固定的学习区域	当学生在一个采光良好、远离噪声、没有分心因素、能够集中注意力的地方学习时，他们的时间利用会更有效
分清任务的轻重缓急	当有很多事情需要做时，应分清事情的轻重缓急，先完成相对重要的事情；通常，先解决困难的科目，然后完成相对容易的科目，因为人们的注意力往往在开始的时候更为专注
学会对分心的事物说“不”	当朋友、兄弟姐妹或其他人想和你聊天，而不是共同学习时，或者试图让你完全放弃学习时，你可以用一种不冒犯的方式对他们说“不”
自我奖励学习上的成功	学生可以把完成学习任务后做自己喜欢的其他活动作为激励条件，来提高自己的注意力，但关键是要保证各种奖励只有在学习目标实现之后才能获得

（二）学业求助策略

学习不是一个人的事情，必须与他人进行有效的合作，在遇到自己解决不了的问题时，更需要向他人寻求帮助。**学业求助策略**指当学生在学习上遇到困难时向他人请求帮助的行为，是一种重要的社会支持管理策略。纳尔逊-勒加（Nelson-Le Gall，1985）按照求助者的目的将学业求助划分为两类（表 12-6）：**执行性求助**（executive help-seeking）指请求他人“替”自己解决困难的行为；**工具性求助**（instrumental help-seeking）（又被称为适应性求助），指借助他人的力量以达到自己解决问题或者实现目标的行为。

表 12-6 学业求助策略（Nelson-Le Gall，1985）

求助形式	特点	目的
执行性求助	他人“替”自己解决困难	只想要答案或者希望尽快完成任务，他们不做任何尝试就放弃获得成就的努力，选择了依赖而非独立掌握知识
工具性求助	他人提供思路和工具	为了独立地学习，借助他人的力量以达到自己解决问题或者实现目标的目的

使用工具性求助策略的学生在自己能够解决问题的时候会拒绝他人的帮助，能够自觉选择和控制别人对他的帮助。除此之外，也有一些学生在遇到无法独立解决的困难时选择了回避求助，因为他们担心别人会认为自己很笨。学生需要认识到，他人的帮助如同课本一样是重要的学习资源。学业求助不是自身能力缺乏的标志，而是获取知识、增长能力的一种途径，是一种重要的学习策略（庞维国，2003）。

纳尔逊-勒加把学业求助过程划分为五个阶段（转引自李晓东，1999）：①意识到求助的需要。个体意识到任务的复杂性和困难程度，发现仅靠自己的能力难以实现目标。②决定求助。个体对求助行为的受益和代价进行权衡，决定是否求助。③识别和选择潜在的帮助者。在做出求助决定后，个体需要决定向谁求助，帮助者的能力和态度是个体选择帮助者的主要考虑因素。④取得帮助。取得帮助的策略有两类：一类是非言语性的，如求助的目光、困惑的表情等；另一类是言语性的，即直接开口求助。如果求助者发现从某人那里得到的帮助不能满足自己的需求，还需要继续向别人求助。⑤评价反应。求助者最后还需要对求助结果进行评价，这包括获得的帮助对解决问题的有效性、求助策略的可行性、他人对求助的反应等方面。

第四节 学习策略的促进

常常有学生把学习中的困难归因于缺乏能力。而他们的实际问题在于，从来没有人教过他们如何学习。国外有一项研究发现，小学教师只用3%左右的时间向学生提出一些记忆和学习策略的建议。面对所有课程中的所有任务，有些学生只会使用一两个主要学习策略，缺乏必要的策略来学习复杂的材料。例如，当教师所提的问题需要学生对材料做分析时，逐字逐句地对教师的话做笔记的作用较小。只有那些懂得怎么在需要深度思维的课堂上做笔记的学生，才能较好地运用他们的笔记准备课程学习和考试。另外，学生只了解各种学习策略还不够，他们还必须学会如何与何时适当地使用这些策略，并愿意（受激励）使用它们。例如，有些学生在参加考试前把书本阅读了两三遍，结果学业表现不理想。这些学生不会检查他们的理解。他们自认为懂了，却不知道用什么方法来检验自己是否真懂了，只有到考试结束后，才知道自己并不懂这些内容。教师的任务就是在考试之前、交作业之前教学生监控他们的学习，以使他们改变学习策略，从而增加成功的可能性。

一、学习策略的促进原则

人们在学习、阅读时常常使用不同的策略。很少有什么学习策略总是有效的，也很少有什么策略总是无效的。学习策略的价值依赖于具体情况和使用。研究者（Thomas & Rohwer，1986）提出了一套适用于具体学习方法的有效学习原则（Slavin，1994）。

（一）特定性

学习策略一定要适合学习目标和学生的类型。研究者发现，对于同样一个策略，年长者和年幼者、学业表现好者和学业表现差者对其的使用效果不同。例如，写出阅读提纲可能是一种有效的学习方法，但对年幼者来说可能比较困难。同时，策略教学还要考虑学习策略的层次，教师必须教给学生大量的策略——不仅要有一般的策略，而且要有非常具体的策略，如前面所讲的各种记忆术。

（二）生成性

有效学习策略最重要的原则之一就是利用学习策略对学习的材料进行重新加工，产生某种新的理解。这就要求学生进行高度的心理加工。要想使一种学习策略有效，这种心理加工是必不可少的。生成性程度高的策略有：给别人写内容提纲，向别人提问，将笔记列成提纲，图解要点之间的关系，向同伴讲授课程的内容要求。生成性程度低的策略有：不加区分的画线，不抓要点的记录，不抓重要信息的提纲等。

这些对学习都是无益的。

(三) 有效的监控

教学生何时、何地与为何使用策略似乎非常重要，但教师常常忽视这一点。这可能是因为他们没有意识到其重要性，也可能是医为他们认为学生自己能行。如果交代清楚何时、何地与为何使用一个策略，学生就更有可能记住和应用它。根据有效监控的原则，学生应当知道何时、如何应用他们的学习策略，以及当这些策略正在运作时能够说出来。

(四) 个人效能感

学生可能知道何时与如何使用策略，如果他们不愿意使用这些策略，他们的一般学习能力可能无法得到提高。教师需要给学生提供一些机会让他们感受到策略的效力。策略训练课程必须包括动机训练。学生应当清楚地意识到一分努力就有一分收获。教师要树立这样一种意识：在学生学习某材料时，要不断向学生提问和测查，并且根据这些评价给学生定成绩，由此促进学生使用学习策略，并愿意使用这些策略，学习就会有所收获。

二、常见的学习策略

掌握促进学习策略的原则，了解适合学生学习内容的有效方法，并采用生动的手段和方法进行讲解。在第二节、第三节中，我们具体阐述了三大策略，并介绍了一些基本的方法。在这里，我们结合学生的一般学习内容，介绍几种常见的学习策略，它们既属于认知策略范畴，同时也包含元认知策略的某些特征。

(一) 画线

画线（underlining）是一种最常用的学习策略。画线可以帮助我们快速找到和复习课文中重要的信息，监测学习的进度和效果。但在使用画线策略的时候，我们应该注意只画出确实重要的信息，如果什么都画，就失去使用这个策略的价值了。研究表明，只有每段画一个句子，才会促进学习（Snowman，1984）。因为画出无关信息会干扰我们真正将注意力集中到重要信息上，从而影响回忆的效果。另外，单独使用画线策略不是学习材料的好方法，因为画线不能提供思考材料的机会。将画线与其他策略（如在画线的旁边做注释）结合起来使用可能会得到更好的效果。

画线有一定的方法（表12-7）。首先，教师可以解释在一个段落中什么是重要的，如主题句；其次，教学生谨慎地画线，可以只画一到两个句子；最后，教学生复习并用自己的话解释这些画线部分的含义。

表12-7 画线的方法

画线的方法
①圈出不知道的术语
②标出定义
③标明例子
④列出观点原因或事件序号
⑤在重要段落前加强调符号
⑥在混乱部分加问号
⑦标出可能的测验项目
⑧画箭头表明事件或观点之间的关系
⑨标注评论，记下不同点和相似点，如“通过力量的平衡来防止战争……”，你可能联想并标注“恐怖主义是否也可以用力量的平衡来预防？”
⑩标出总结性的陈述

（二）做笔记

在阅读和听讲中用得比较普遍的学习策略是做笔记（note taking/making）。我们记笔记似乎是为了复习，笔记仅仅成了用来复习的外部信息存储。其实，笔记的意义远不止于这些。它能促进新信息的精细加工和整合。

笔记的种类将影响整合和组织信息的方法。逐字逐句地做笔记是对材料进行一字一句的编码，做总结性笔记将增进对材料的再组织和整合。用自己的话做简要笔记，组织和总结讲演中的要点，可以使笔记更适合自己。有人发现用自己的话做笔记（用不同的词表达中心思想）和为了准备教别人而做笔记是很有效的，它们要求对信息进行高水平的心理加工。有一定心理加工的笔记比纯粹的记录阅读材料要有效得多。在复杂的理论性材料中，当关键的任务是找出思想大意时，做笔记似乎效果最佳。为了增强学生做笔记的能力，教师在讲课或阅读之前，可以给学生提供一个提纲，这相当于给学生一个类目，引导他们做笔记。这种做笔记的方法，再加上复习，能提高学习效果。

研究者（McWhorter，1992）提出了一个做笔记的方法。这个方法包括三个步骤：①在笔记的每一页的左边留出 3～7 cm 的空白；②做笔记时保持这部分是空白的；③做完笔记后，在空白处用词和句子简要总结笔记。这些词或句子应当有助于引发对笔记上所有信息的回忆，起到标签的作用。除了在空白处写总结性的词和句子，还可以写出一些问题，这些问题可以提醒你回忆笔记上的信息，检查自己对这些材料的理解。

做笔记虽然有助于编码加工，但是学生只记笔记却不复习达不到应有的效果。学生自己做笔记并且进行复习，比只做笔记不复习和借别人的笔记复习要学得好。复习笔记的益处在于它允许对材料的进一步精细加工和整合。学生不仅需要反复地复习笔记，还要积极地思考笔记中的观点，并且和其他所学的信息进行联系。当然，如果错过了一次课，不妨借阅他人的笔记，看别人的笔记也能从中受益。

研究者（Kiewra，1989）提出，教师可以通过下列一些方法促进学生做笔记和复习笔记：①讲课慢一点；②重复复杂的主题材料；③呈现做笔记的线索；④在黑板上写出重要的信息；⑤给学生提供一套完整的笔记，让他们观看；⑥给学生提供结构式的辅助手段，如提纲或二维方格表等。

当然，在听讲的同时做笔记，必定会占用有限的注意力资源，所以并不是所有的学生都能从做笔记中受益。对于能力较低的学生和处理听觉信息有困难的学生而言，做笔记的效果较差。这样的学生先认真听教师讲课，然后看教师的讲义，效果会更好一些。

（三）写提要

写提要（summarizing）就是写下能表达所读信息的中心思想的简短陈述。这种策略和前面所讲的列提纲、建立网络、画关系图等学习策略类似，都要求学生以概要的形式总结所学的材料，能增强对书面材料的领会和保持。教师可以让学生每读完一段文字后，用一句话概括，或者让学生准备一个概要来帮助别人学习材料，这种活动可以使学生认真考虑什么重要，什么不重要。

（四）PQ4R 方法

PQ4R **方法**是由托马斯和鲁宾逊（Thomas & Robinson，1972）提出来的，改自他们早期版本 SQ3R（Robinson，1961）。PQ4R 是一种非常有效的能帮助学生理解和记忆的学习技术，由几个步骤首字母的缩写组成，分别代表预习（preview）、设问（question）、阅读（read）、反思（reflect）、背诵（recite）和复习（review）（表 12-

8)。研究表明，PQ4R方法对稍大的儿童有效。PQ4R程序的进行可以使学生集中注意力，有意义地组织信息，使用其他有效的策略，如产生疑问、精细加工、过一段时间后复习等。

表 12-8　PQ4R方法（Slavin，2012）

步骤	解释
预习	快速浏览材料，对材料的基本组织主题和副主题有一个了解；注意标题和小标题，找出你要读的和学习的信息
设问	阅读时自己问自己一些问题，根据标题，用“谁”“什么”“为什么”“哪儿”“怎样”等疑问词提一些问题
阅读	阅读材料，不要泛泛地做笔记；试图回答自己提出的问题
反思	通过以下途径，试图理解信息并使信息有意义：①把信息和已知的事物联系起来；②把课本中的副标题和主要概念及原理联系起来；③试图消除对呈现的信息的分心情况；④试图用这些材料去解决联想到的类似的问题
背诵	通过大声陈述和一问一答，反复练习并记住这些信息，可以使用标题、画线的词和对要点所做的笔记来提问
复习	积极地复习材料，主要是提出问题，只有当你答不出来时，才重新阅读材料

（五）提问策略

提问是一种有助于学生学习课文、讲演以及其他信息的策略。许多研究者曾训练学生寻找故事中的角色、情境、问题和问题解答，一开始提一些具体的问题，然后让学生找出这些关键要素。研究者（Paris et al.，1984；King，1992）发现，如果教学生在阅读时提一些“谁”“什么”“哪儿”“如何”的问题，他们就能领会得很好。研究者（Englert et al.，1991）给学生一张清单帮助他们构思创作，这张清单教学生问自己一些问题，如“我写给谁看的?”“要解释什么?”“有什么步骤”等。基本上，教师要训练学生在活动中自己和自己对话，自己问自己或彼此问问题。结果表明，学生在解数学题、拼写、创作和许多其他任务中能成功地学会自我对话。课堂中70%～80%的时间被用来提问和回答，但是其效果没有很好地体现出来。研究（Atwood & Wilen，1991；Brown & Wragg，1993；Wilen，1991）表明，在每五个问题中，有三个需要回忆的知识点，有一个是有关课堂管理的，还有一个是要求更高层次的思维活动的。教师有必要了解该提出什么样的问题，怎么提问，以及该注意哪些问题。

1. 提问类型

布卢姆根据学习的结果把学习分为识记、理解、应用、分析、综合和评价。教师如果想促进学生达到相应的学习结果，就需要提出相应的问题（表 12-9）。

表 12-9　提问分类图解（加里·D. 鲍里奇，2002）

提问类型	学生行为预期	教学过程	关键词	举例
识记	能够回忆信息，识别事实、定义和规则	重复，记忆	定义，描述，识别	资本主义的定义是什么？
理解	能够改变交流的形式，转述或重新组织学过的知识	解释，说明	归纳，转述，重新组织	你能用自己的话解释一下资本主义的概念吗？
应用（转化）	能够将所学知识运用于新情境	练习，转换	应用，使用	以下国家中，你认为哪些国家采取的是资本主义经济制度？
分析	能够将一个问题分成几部分，并能在各个部分之间建立联系	推理，演绎	练习，分辨，区别	哪些因素能将资本主义和社会主义区分开来？
综合（创造）	能够将各个部分的知识加以整合，构建对一个问题的独特的回答	发散思维，归纳	明确表达，组织，创造	整合资本主义和社会主义主要特征的一种经济制度是什么样的？
评价（判断）	能够按照一定标准对不同方法、思想、人物或产品的价值做出判断	辨别，推断	评判，断定，说明	根据你选择的证据，判断是资本主义国家还是社会主义国家的生活水平更高

2. 提问的序列

问题应该随提问顺序的不同而变化。最基本的提问顺序是组织、激发、反应，但是也可以有其他的变化。最常见的提问顺序往往由开放性问题导向封闭性问题，以从一般到具体的方式进行。例如，在以下的对话中，教师开始时鼓励推测性的答案，然后把问题缩小，只需要简单的推论。

教师：在月球上，宇航员穿什么？

学生：宇航服。

教师：那么，哪种大气成分在地球上有而在月球上没有？

这种形式被形象地称为“漏斗型”方法，当然还有其他方法。例如，系统地从回忆到解决问题、评价及得出结论的“逐步提高型”，与之相反的“逐步下降型”，以及先提出主题，再问开放性问题，然后提出具体问题，最后回到对最初提出的问题进行重新界定的“播种收获型”等（Hunkins，1989）。教师可以根据具体的目标、内容和学生的情况进行选择。

3. **提问中应注意的问题**

提问是一种重要的教学手段，能使学生对提供的材料进行思考，并解决问题，进而积极参与学习过程。下面是一些有关课堂提问的建议。

①事先计划好问题。脱口秀的节目主持人的问题看似脱口而出，其实在台下做了大量的功课。所以，教师需要根据教学目标选择合适的问题。

②提问应该简洁、明确、主题性强。提问时，教师应该使用自然的对话语言，就像老朋友一样。它既可以是一个简单的问题，也可以是一个问题情境，但是要注意不能模棱两可。例如，在历史课上，“我们知道美国政府的三个分支机构是什么，可是它们是怎么来的，如何设计的，又是如何联系的？”这就比较复杂了，可以改为“让我们回忆一下美国政府的三个分支：行政、司法和立法。按照宪法的规定，各个机构分别行使什么政府职能？”

③给学生时间思考。有关提问的研究发现，不少教师在转向下一名学生或者下一个问题之前，并没有给被提问者足够的时间思考（Gage & Berliner，1992）。对于低层次的问题，等待的时间至少为3～4秒，如果是高层次的问题，应该增加到15秒。另外，教师要避免自己回答问题，或中途打断学生的回答，如下。

教师：那么，是哪位总统解放了奴隶？

学生：亚伯拉罕——

教师：林肯！对，对了。

④要让学生保持好奇。提问时，教师要注意先提出问题，然后再请学生来回答。选择学生时要有随机性，这样始终会保持一种悬念，既增加了问题的趣味性，又让学生始终保持注意力和警觉。

⑤对学生的回答应做出积极、及时的反馈。对于正确的答案，教师要加以鼓励，并对答案进行进一步询问，说明或者转向另一个问题。很重要的是，教师要传达给学生：我已经听到了并权衡了你的答案。对于不正确、不完整的回答，教师应该进一步询问，要注意避免只接受自己期望的答案，扼杀学生的创造性。

例如，一位教师在讲《小小的船》时，出示了一幅月亮的画面，问学生一个问题：“同学们，你们看这个月亮像什么？”教师的意图是引出小船这一答案，可是学生千奇百怪地给出了许多答案，镰刀、钩子、香蕉等。于是，教师就对学生的答案给予了无情的否定，终于有学生说出了“小船”，教学得以顺利进入下个环节，但是学生失去了最初的创造性。

三、学习策略的促进方法

经验分享

人们越来越认识到，学习策略是可教的，并且是可以迁移的。许多教育心理学家研发了各种学习策略训练教程，并进行了实验性的训练研究。例如，约翰等人（John et al.，2002）的学习策略指导教程，丹瑟洛的学习指导教程，温斯坦的认知策略教程，赫伯（Herber）的内容指导学习教程等。下面，我们来看看几种有代表性的学习策略教学模式。

（一）直接教学

直接教学（direct instruction）模式与传统的讲授法十分相似，是指教师以尽可能直接的方式把学习策略的规则和动作序列传达给学生的过程，由激发、讲解、练习、反馈和迁移等环节构成。在教学中，教师先向学生解释选定的学习策略的具体步骤和条件，在具体应用过程中不断给予提示，让其明确解释和口头叙述操作的每一个步骤，以及报告自己应用学习策略时的思维。通过不断重复，这种内部定向思维可以加强学生对学习策略的感知、理解与保持。同时，教师可以选择许多恰当的事例来说明策略应用的多种可能性，使学生形成对策略的概括化认识；提供的事例应从学生的认识水平出发，由简到繁，使学生从单一策略的应用发展到多种策略的综合应用，从而形成一种综合应用能力。

（二）交互式教学

交互式教学（reciprocal teaching）是美国教育心理学家布朗和帕林卡萨提出的，指教师和学生轮流承担教学角色的课堂教学组织形式，旨在教授学生总结、提问、澄清和预测四种策略（Palincsar & Brown，1984）：①总结，总结段落内容；②提问，提出与要点有关的问题；③澄清，明确材料中的难点；④预测，预测下文会出现什么。一开始，教师示范这四种策略。例如，朗读一段课文，并就其核心内容进行提问，直到最后概括出本段课文的中心大意。提问是为了引起讨论，概述大意则有助于小组成员为阅读下一段课文做准备。然后，教师指定一名学生扮演教师，效仿教师的步骤，带领大家分析下一段内容。学生轮流担当教师。教师先树立一些榜样行为，这些行为是他想要学生做的。然后，教师改变自己的角色，当学生产生问题时，教师起到促进者和组织者的作用。对交互式教学的研究发现，这种策略能提高学业表现不理想的学生的学业成绩。下面这个教学片段说明了交互式教学的一般过程（鲍里奇，2002）。

教师：（读出课文中的语句）尖嘴鱼改变它们的颜色和姿态，以便与它们周围的环境融为一体。例如，生活在绿色植物中的尖嘴鱼将它们的身体颜色变成绿色，从而与植物的颜色相匹配。

克莱尔：（组织讨论）关于这段话，我的一个问题是，尖嘴鱼看起来有什么特别的地方？

教师：（阐明）你指的是它身体是绿色的这个方面吗？

安迪：（详细说明）并不仅仅是身体是绿色这个方面，还指它的颜色与它周围所有物体的颜色是一样的。

克莱尔：（继续）是的。我对这段话的总结是想告诉大家尖嘴鱼的特征，以及它的颜色如何与周围的环境融为一体。我的预测是，这和它的敌人有关，以及它如何保护自己。

蒙蒂：（对总结进行补充）这段话还告诉我们尖嘴鱼是如何活动的……

基斯：（回答）它来回摆动……

安迪：（补充）……和其他植物一起摆动。

教师：（询问）当某种东西与其他东西看起来相似且行动也相似时，我们把它叫作什么？想想我们昨天将昆虫想象成手杖的那次讨论，当时我们提出了这个词。

安杰尔：模仿。

教师：对了，我们可以说，尖嘴鱼模仿了……

学生：（大家一起说）植物。

教师：好的，我们来看一下克莱尔的推测是否正确。

（全班开始翻开课本。）

（三）脚本式合作

许多学生可能已经发现，当自己和同学讨论读到的和听到的材料时会获益匪浅。丹瑟洛（1985）与同事做了一些研究，把这样一种学习活动模式提炼为**脚本式合作**（scripted cooperation）。脚本式合作指学生两两配对进行学习，并轮流概括所学的材料。在这种学习活动中，两名学生一组，一节一节地轮流向对方总结材料。当一名学生主讲时，另一名学生听着，并纠正错误和遗漏。然后，两名学生变换角色，直到学完所学材料为止。关于这种学习方法的一系列研究证明，以这种方式学习的学生相比于独自总结的学生或简单阅读材料的学生，其学习和保持效果都有效得多。有意思的是，脚本式合作的两个参与者都能从这种学习活动中受益，并且主讲者比听者获益更多。

在实际教学中，教师不管采用什么方法促进学生掌握学习策略，都要结合学科知识。学习策略知识不是孤立的，不能脱离专门知识。专门领域的基础知识是有效利用策略的前提条件，脱离知识内容的单纯训练容易导致形式化，难以保证学生提高学习策略水平。教师要善于不断优化自己的教学步骤，为学生提供可以模仿的活动程序；同时，要根据学生原有的学习方式和基础来启发学生，让其有意识地内化有效的学习策略。

关键术语

学习策略，自我调节学习，认知策略，复述策略，精细加工策略，记忆术，组织策略，元认知，元认知策略，计划策略，监察策略，调节策略，资源管理策略，时间管理策略，学业求助策略，执行性求助，工具性求助，PQ4R 方法，直接教学，交互式教学，脚本式合作

思考题

一、选择题

1. 学生在解题过程中对题目浏览、检查、完成情况的监控及对速度的把握主要采用了（　　）。

A. 认知策略　　B. 元认知策略　　C. 管理策略　　D. 复述策略

2. 遗忘曲线表明遗忘的进程（　　）。

A. 先快后慢　　B. 先慢后快　　C. 前后一样快　　D. 没有规律

3. 以下哪种学习策略属于精细加工策略？（　　）

A. 谐音联想法　　B. 分散复习　　C. 多种感官参与　　D. 画出系统结构图

4. 学业求助属于学习策略中的（　　）。

A. 认知策略　　B. 精细加工策略　　C. 元认知策略　　D. 资源管理策略

5. 下列关于元认知叙述正确的是（　　）。

A. 元认知控制包括元认知计划、元认知监察和元认知调节三个环节

B. 元认知最早是由著名心理学家安德森提出的

C. 时间管理策略属于元认知计划策略

D. 元认知知识储存在工作记忆中

二、简答题

1. 什么是学习策略?

2. 举例说明元认知策略。

3. 学习策略的结构是怎样的? 三大学习策略之间有什么关系?

4. 什么是自我调节学习?

5. 什么是PQ4R方法?

6. 举例说明学习策略的促进原则。

7. 利用交互式学习的方法谈谈如何促进学生的资源管理策略。

选择题参考答案：1. B　2. A　3. A　4. D　5. A

扫码答题

第十三章
品德的形成

立德树人是我国教育的根本任务。习近平总书记强调："加强品德教育，既有个人品德，也有社会公德、热爱祖国和人民的大德。"培养学生形成良好的道德品质和促进学生形成正确的态度和价值观是教育的重要组成部分，也是学校教育的一项重要的教学目标。发展学生的道德和态度与其他明确的知识的学习过程不完全一致。本章将介绍学生的道德形成过程与品德培养。

本章要点

●品德心理的概述

○品德的基本界定

○品德的心理结构

○社会规范学习与品德发展的实质

●道德发展

○道德认知的发展

○道德情感的发展

○道德行为的发展

●品德的形成与培养

○品德的内化过程

○品德形成的影响因素

○品德培养的方法

第一节　品德心理的概述

一、品德的基本界定

品德或道德品质（moral trait）指个人依据一定的道德行为准则行动时形成和表现出来的某些稳固的特征。**品德**是一种个体心理现象，是社会道德在个体身上的反映。**道德**（moral）是依靠社会舆论和个体内心信念的行为准则的总和。个人遵守行为准则会受到公众的赞赏，个人也会感到问心无愧；违反行为准则就会引起公众的谴责和个人的羞愧或内疚。社会道德舆论和社会道德风气影响着个人品德的形成与发展，它往往以一种无形的社会压力迫使个人的行为就范。反过来，社会道德也无法离开个人的品德而存在。社会上众多个体的品德也构成或影响着一定社会的道德面貌或风气。

品德与个性、性格等概念之间有所区别。品德是个性中最有道德评价意义的部分。性格是指个人稳定且一贯的对现实的态度和行为方式。性格中既有不具有道德评价意义的方面，如内向、外向、乐观好动和沉默寡言等不能作为道德评价的依据，其只是个人不同的性格特征；也有具有道德评价意义的方面，如在对人、对事的态度中，诚实、正直、勤奋和忠义等都是人们公认的积极品格（性格），而虚伪、偏见、自私和懒惰等则是消极品格，这种具有道德评价意义的性格特征就是品德。

二、品德的心理结构

品德包括道德认知、道德情感和道德行为三种基本心理成分（表 13-1）。

表 13-1　品德的心理结构

心理结构	解释
道德认知	是对行动准则的善恶及其意义的认识，既包含对一定道德知识（如道德概念与道德行为准则等）的领会，也包括将这些知识变成自己的行动指南和信念，并以此来评价自己和别人的道德行为
道德情感	是伴随道德认知的，是道德需要是否得到实现时产生的一种内心体验，与道德信念紧密联系；道德情感与道德认知往往结合在一起，构成人的道德动机
道德行为	道德动机的具体表现与外部标志，也是实现道德动机的手段

作为品德的基本组成部分，三者是缺一不可的。德育活动必须全面兼顾品德的各个方面，不能仅仅让学生记忆各种社会规范，也不能仅仅依靠纪律、惩罚等约束学生的行为，必须将道德认知、道德情感和道德行为结合起来。

三、社会规范学习与品德发展的实质

规范（norm）一词来源于拉丁文“norma”，原义指木匠使用的规尺，后被用来研究人的社会行为，作为人的行为标准。社会心理学家谢里夫（Sherif）1935 年进行了一项关于社会规范形成的经典实验（章志光、金盛华，2015）。实验者让被试坐在一间漆黑的房间里，在距被试大约 5 米处呈现一个光点。随着光点的明灭，看似不动的光点似乎在移动（自运动现象），然后让被试估计光点移动的距离。在各个被试单独进行估计时，个体间的差异很大。但是，若将其组成两人或三人的小组，让他们同时在一个房间一起观察，尽管每个人最初还是报告自己的估计，但他们很快会产生相互影响，并最终达成一致，趋向一个平均距离。可见，社会规范是一定社会群体成员间相互作用、协调的产物，是整个群体的行为标准。它对群体成员产生约束力，从而保障整个群体和谐、稳定地发展。

社会规范（social norms）是社会组织为了控制社会秩序，维护社会稳定，根据自身需要制订的，用来调节其成员社会行为的标准、准则或规则（冯忠良，1992，1998）。社会规范是个体社会行为的价值标准，用来衡量并判断个体行为的社会意义，它同时包括社会群体成员可接受或不可接受行为的各项文化价值标准（Knapp，1993）。

社会规范学习（social norm learning）是指个体接受社会规范，内化社会价值，将外在的行为要求内化为自己的行为需要，从而建构主体内部的社会行为调节机制的过程，即社会规范的内化过程（冯忠良，2000）。社会规范的学习是指个体逐步积累社会行为标准、规则，并将其内化为个人意识，从而约束人的行为。社会规范学习的目的在于使个体适应社会生活。

品德的发展就是个体学习社会规范，逐渐建构自己的行为判断准则的过程。皮亚杰认为，发展的实质是主体对客体的适应（adaptation），在于取得有机体与环境的平衡（equilibrium）。品德发展的实质是个体对社会生活（规范）的适应。品德的发展就是个体在与环境的相互作用中，不断将社会规范、道德准则内化，主动建构相对稳定的行为判断准则，逐渐达到平衡的过程，从而更好地适应社会。

第二节　道德发展

一、道德认知的发展

(一) 皮亚杰的道德认知发展理论

皮亚杰在儿童认知发展领域做出了巨大的贡献，同时他是第一个系统地追踪研究儿童道德认知（确切地说是道德判断）发展的心理学家。他1932年出版的《儿童道德判断》是心理学研究儿童道德发展的里程碑。皮亚杰认为，道德是由种种规则体系构成的，道德的实质包括两方面的内容：一是对社会规则的理解和认识；二是对人类关系中平等、互惠的关心。他以独创的临床研究法（谈话法）为研究方法，即先给儿童讲包含道德价值内容的**对偶故事**，然后在观察和实验过程中向儿童提出一些事先设计好了的问题，分析儿童的回答，尤其是错误的回答，从中找出规律性的东西，揭示儿童道德认知发展的阶段及其影响因素。在研究儿童对过失行为的判断时，他向儿童叙述了下面一则故事，然后要求儿童说出评定的理由。下例是一则对偶故事。

故事一

一个叫约翰的小男孩在他的房间里，家人叫他去吃饭，他走进餐厅，门后有一把椅子，椅子上有一个放着15只杯子的托盘。约翰并不知道门后有这些东西，他推门进去，门撞倒了托盘，结果15只杯子都碎了。

故事二

一个小男孩叫亨利。一天，他的母亲外出了，他想从碗橱里拿出一些果酱，但是放果酱的地方太高，他的手臂够不着，他试图取果酱时，碰倒了一只杯子，结果杯子掉下来打碎了。

问题：①这些孩子的过失是否相同？②这两个孩子哪一个更坏？为什么？

皮亚杰从认知发展的观点考察和分析了儿童对这些问题的回答，认为随着认知能力的发展，儿童道德认知发展也经历了一个从他律到自律的过程。在此之前，儿童还要经历一个具有自我中心的规则概念的阶段——前道德阶段。

1. 前道德阶段——无律（anomalous）阶段

在皮亚杰看来，5岁幼儿以自我为中心来考虑问题，对引起事情的结果只有朦胧的了解，其行为直接受行为结果支配。他只做规定的事情，因为他想避免受到惩罚或得到奖励。因此，这一阶段的儿童既不是道德的，也不是非道德的。随着年龄的增长，他才能对行为做出判断。

2. 他律（heteronomous）道德阶段

5～8 岁的儿童处于**他律道德阶段**，这一阶段的道德认知一般服从外部规则，接受权威指定的规范，他们只根据行为后果来判断对错。让这个时期的儿童对上面的对偶故事做判断，他往往认为前者犯的错误更大。处在他律阶段的儿童一般认为前者更淘气，因为他打碎了更多的玻璃杯，而不考虑两个小孩的动机。有人称该时期为道德现实主义或他律的道德时期。这一阶段的儿童提议的惩罚比较严厉。

3. 自律（autonomous）道德阶段

9～11 岁儿童进入**自律道德阶段**。道德发展到这个时期，不再无条件服从权威。当然，这个时期儿童的判断能力还是不成熟的，要到十一二岁后才能独立判断。有人称其为道德相对主义、合作的道德。

皮亚杰认为，儿童的道德认知发展是从他律道德向自律道德转化的过程。他律道德是根据外在的道德法则做判断，只注意行为的外在结果，而不考虑行为的动机，是非标准取决于是否服从成人的命令或规定，这是一种受自身之外的价值标准支配的道德判断；自律道德已能从主观动机出发，用平等不平等、公道不公道等新的标准来判断是非，这是一种受儿童已具有的主观价值支配的道德判断。皮亚杰认为，儿童只有达到这个水平，才算有了真正的道德。下面对他律道德阶段和自律道德阶段的区别与联系做进一步的说明（表 13-2）。

表 13-2　他律道德阶段和自律道德阶段的比较（Lamb，1978）

他律道德阶段	自律道德阶段
基于强制的关系，如儿童完全接受成人的指令	基于个体间的平等合作与相互认同的关系
把规则看成不可改变的，来源于外部，具有权威性，不可协商；完全服从于成人或规则就是对的	把规则看成灵活的、彼此都认可的、可以协商的，与合作和相互尊重的原则相一致的行为方式就是对的
根据要禁止或惩罚的事来定义道德错误	依据是否违背了合作精神来定义道德错误
错误的程度是由破坏的数量决定的	依据犯错误者的想法去评定错误
同伴中的侵犯性行为应受到外部权威的惩罚	同伴的侵犯性行为应受到受害者报复性行为的惩罚
儿童应服从，因为是那些权威者制订的规则	儿童应服从规则，因为大家都关心其他人的权利

皮亚杰认为，儿童的道德发展源于主体与社会环境的积极作用。他强调要充分发挥儿童的自主性、能动性，以促进儿童道德观念的发展和道德水平的提高。集体和同伴对儿童道德发展也有重要的意义。

（二）科尔伯格的道德认知发展理论

科尔伯格（Kohlberg，1927—1987，图 13-1）继承了皮亚杰的理论，认为儿童道德的发展是分阶段的，在 20 世纪 60 年代提出了著名的三水平六阶段的道德发展阶段论。

图 13-1 科尔伯格

1. 研究方法

科尔伯格开创了**道德两难**（moral dilemma）**故事法**，该方法是研究道德发展问题的重要研究方法。道德两难故事法是皮亚杰对偶故事法的发展，同样用情境故事设置道德冲突并提出道德问题，让被试在自己的反应中“投射”内心的观念，反映出个体的道德发展水平。他共设计了九个两难故事，这故事都包含两种尖锐对立的不同价值选择，代表的冲突是青少年关注的，引发的冲突对个体在较高的发展水平上有意义（Kuhmerker，1980）。他采用这种方法测试了十个不同国家 6～21 岁的被试，发现虽然被试在种族、文化和社会规范等各方面存在不同，但道德判断能力随年龄发展而发展的趋势是一致的。道德两难故事法举例如下（Kohlberg，1969）。

故事一：海因兹偷药

欧洲有一个妇女患有一种特殊的癌症，生命垂危。医生诊断后认为，只有一种药物能救她的命，这就是本城药剂师发明的一种新药——镭。该药成本较高（400 美元），而药剂师的报价是成本的 10 倍（4000 美元）。病妇的丈夫海因兹多方求援，只凑到药费的一半（2000 美元）。海因兹把实情告诉药剂师，他的妻子快要死了，请求把药便宜一点卖给他，或者允许赊账，但药剂师说：“不行，我发明此药就是为了赚钱。”海因兹走投无路，竟铤而走险，于夜深人静时撬开了药剂师经营的药店的门，偷走了药物。

科尔伯格向儿童提出的问题有：①海因兹该不该偷药？为什么？②海因兹是对的还是错的？为什么？③海因兹有责任和义务去偷药吗？④人们竭尽所能去挽救另一个人的生命是否很重要？为什么？⑤海因兹偷药是违法的。他偷药在道义上是不是错误的？为什么？⑥仔细回想故事中的情境，你认为海因兹最负责任的行为应该是什么？为什么？

故事二：海因兹偷药以后

海因兹撬门进入药店。他偷到了药，给他妻子服用。第二天报纸上就刊登了一则失窃的消息。布朗先生是一位警察，他认识海因兹，想起曾看到海因兹从药店跑出来，意识到偷药的人就是海因兹。布朗先生在考虑是否应该告发海因兹是盗贼。最后，布朗告发了海因兹，海因兹被捕，被带到了法庭，法庭组织了一个陪审团，陪审团认为海因兹有罪，法官判决了海因兹的罪行。

2. 阶段理论

科尔伯格按照个体道德判断结果的性质，将个体的道德发展进行了划分，提出了三水平六阶段模型（Kohlberg，1975）。道德判断是个体根据自己的道德观念和道德认识对自己或他人的行为作出判断与推理的过程。根据科尔伯格的观点，道德判断涉及内容和结构（形式）两个方面。内容涉及对行为的是非、好坏的判断，在海因兹偷药这一两难问题中，表现为判断他应不应该偷药，他偷药对不对；形式则涉及对内容的理由的说明与推理过程。一般而言，道德认知的发展水平并不取决于道德判断内容（判断海因兹是否应当偷药），而是取决于其背后的结构（形式），即个体道德推理所依据的社会观点。

科尔伯格由此将个体的道德发展划分为三种水平：前习俗水平、习俗水平和后习俗水平，分别对应于具体个人观点、社会成员观点和超社会观点。习俗指遵守和坚持的社会或权威的规则、期望和习俗。前习俗水平的视角是具体的个人观点，是考虑自己利益和他人利益时的个人看法。例如，遵守法律是为了不受惩罚。习俗水平的视角是社会成员的观点，个体关心整个社会利益。例如，认为法律是大家制定的并为大家服务的，大家要遵守。后习俗水平的视角是超社会的观点，个体用所有道德个体公认合理的方式来重新界定社会义务，会依据个人的道德观点来质疑和重新解释社会规则。三个水平各包含两个阶段，共六个阶段。

（1）前习俗水平（preconventional level）

大约出现在幼儿园及小学低中年级阶段。该时期的特征是，儿童遵守规范，但尚未形成自己的主见，着眼于人物行为的具体结果，关心自身的利害。这一时期又分为两个阶段。

①惩罚和服从的定向阶段。儿童缺乏是非善恶观念，只是因为恐惧惩罚而避免它，所以服从规范，认为免受处罚的行为是好的，遭到批评指责的事是坏的。对于海因兹偷药的行为，该阶段的儿童会从偷药行为的后果来考虑问题，认为海因兹不应该去偷药，因为被人抓住是会坐牢的。有些儿童则赞成偷药，其理由是，他的妻

子去世了，他就会陷入困境，会因为没有花钱去帮她而受到责备。

②工具性的相对主义定向阶段。行为的好坏由行为的后果带来的赏罚来定，得赏者为是，受罚者为非，没有主观的是非标准，或是认为对自己有利就是好，对自己不利就是不好。该阶段的有些儿童认为，海因兹应该去偷药，他们的理由是："谁让那个药剂师那么坏，便宜一点不行吗！"有些儿童反对偷药，其理由是，即使他偷了药也不会被判太长的刑期，但在他出狱之前，他妻子可能已经去世了，所以这样做没有什么好处。

（2）习俗水平（conventional level）

这是在小学中年级以上出现的，一直到青年、成年。这一时期的特征是个人逐渐认识到团体的行为规范，进而接受并付诸实践，这一时期又可分为两段。

①人际协调的定向阶段。个体按照人们认为的"好孩子"要求去做，以得到别人的赞许，如"偷"是不对的，"互助"是对的。有些儿童认为，海因兹应该去偷药，因为做一个好丈夫就应该照顾好自己的妻子，否则，最后妻子去世了，别人都会骂他见死不救，没有良心。有些儿童反对偷药，其理由是，海因兹可能被人们看作一个罪犯，他给自己和家族带来耻辱，他无法面对他人。

②维护权威或秩序的定向阶段。服从团体规范，"尽本分"，要尊重法律权威，这时个体已有法治观念。维护权威或秩序的个体会从法制出发，认为海因兹不应该偷药，如果人人都违法去偷东西的话，社会就会变得很混乱。有些儿童则赞成偷药，其理由是，海因兹在结婚时发过誓言，他有责任保护妻子的生命，但偷窃是不对的，他应该带着该付的钱或者做好因违反法律而受到惩罚的准备去拿药。

（3）后习俗水平（postconventional level）

这个阶段的儿童已经超越现实道德规范的约束，达到完全自律（自己支配）的境界。至少是青年期人格成熟的人，才能达到这层境界。这个水平是理想的境界，只有少数成人才能达到。这一时期可分为两个阶段。

①社会契约定向阶段。有强烈的责任心与义务感，尊重法律，但相信它是人制定的，不适应社会时理应修正。该阶段获得社会契约意识的个体会认为，海因兹应该偷药，因为一个人生命的价值远远大于药剂师个人对财产的所有权。反对偷药者的理由是，海因兹会失去在社会中的地位和尊重，并且违反法律。如果他被情绪冲昏了头脑，也会失去对自己的尊重。

②普遍道德原则的定向阶段。此时，个体有个人的人生哲学，对是非善恶有其独立的价值标准，对事有所为有所不为，不受现实规范的限制。当个体达到这个阶段时，他就能超越某些规章制度，更多地考虑道德的本质，而非具体的原则，因此

他们认为海因兹应该去偷药，因为和种种可考虑的事情相比，没有什么比人类的生命更宝贵。反对偷药者的理由是，如果海因兹偷了药，别人也许不会责怪他，但他会谴责自己，因为他没有遵循自己的良心和诚实标准。

3. 对科尔伯格的批评

科尔伯格的研究为我们深入理解道德思维的发展提供了视角，但是研究者对科尔伯格的发展论也存在一些不同的声音。研究者发现，对于具体的道德问题，个人以不同的方式进行思考，道德思维是“情境相似性”或“情境特异性”的（转引自霍尔、戴维斯，2003）。科尔伯格的研究并没有澄清道德发展的阶段是否有严格的顺序，获得一种新的思维方式是否要求抛弃前一种思维方式。图里尔（Turiel）认为，从一个阶段向下一个阶段的转变包含着对先前那个阶段的重新构造和取代（转引自霍尔、戴维斯，2003）。另外，科尔伯格在进行道德教育的实验中也承认，在现实的教学背景下，其所提出的道德发展理论过于复杂，操作性不强。不过，针对两难故事进行小组或者团体讨论的形式，能够被广泛地应用。

另外，科尔伯格的研究虽然注意跨文化的特点，但是被试主要以男性为主，具有一定的局限性（Aron，1977）。吉利根（Gilligan）注意到在道德判断和认知方面存在着性别差异，提出女性关怀道德发展理论。这种理论认为，在道德概念和道德标准上，男性更注重如公正和尊重他人权利等抽象而理智的原则，而女性则更倾向于关心和同情；在移情上，女性也更容易移情，即在与他人交往时，更容易理解他人的想法，对亲密的人际关系更敏感；在心理取向上，男性更倾向于竞争取向，而女性更倾向于合作取向；在道德推理上，男性的道德推理更关注个体的利益，而女性的道德推理则更关注个体对他人所负的责任。因此，在解决道德两难问题时，女性一般倾向于认可利他主义和自我牺牲，而不是仅关注权利和规则。

对于这种女性关怀的道德发展理论，并没有形成定论。一些研究结果（Gilligan & Attnucci，1988；Haste & Baddeley，1991）证明了吉利根的观点，认为男性的道德推理主要围绕公正，而女性的道德推理则围绕对他人的关怀和责任。但也有研究（Smetana，Killen，& Turiel，1991；Thoma & Rest，1999；Walker，1991）发现，男性和女性一样在道德判断上会考虑关怀这一因素，并发现尽管成年女性比成年男性更可能表达自己的关怀，但是他们在道德成熟度上并没有差异。目前也没有令人信服的证据表明女性比男性更富有爱心、更加合作或者更加乐于助人（Turiel，1998；Walker，1991）。

科尔伯格的研究关注公正，吉利根的研究关注关怀。但品德教育所包含的内容不止这两个方面。在我国，社会主义核心价值观就是一种德，既是个人的德，也是一种大德，是国家的德、社会的德。习近平总书记明确指出："社会主义核心价值观是当代中国精神的集中体现，凝结着全体人民共同的价值追求。"社会主义核心价值观把涉及国家、社会和公民的价值要求融为一体。其中，富强、民主、文明、和谐是国家层面的价值目标，自由、平等、公正、法治是社会层面的价值取向，爱国、敬业、诚信、友善是公民个人层面的价值准则。习近平总书记提出："把社会主义核心价值观融入社会发展各方面，转化为人们的情感认同和行为习惯。"

二、道德情感的发展

（一）精神分析学派对道德情感的研究

品德是个性的一个方面，我们在讨论道德心理发展时，需要了解一下弗洛伊德（Freud，1856—1939，图 13-2）个性理论中有关道德的重要概念。

图 13-2　弗洛伊德

弗洛伊德认为，个性是一个整体，由彼此相关的本我（id）、自我（ego）和超我（superego）构成。这三个部分相互作用形成的内在动力，支配了个体的行为。个体道德行为的原动力来自超我的支配。

本我是个性结构中最原始的部分，包括一些生物性或本能性的冲动，弗洛伊德称为"力比多"（libido）。在力比多的冲动之下，个体寻求即时的满足，没有任何自制力。所以，由本我支配的行为只是冲动，毫无道德可言。初生婴儿的行为属于此类。

随着年龄的增长，个体与环境中人、事、物发生交互作用，在本我之外增加了自我成分。自我是意识的结构部分，它位于本我和外部世界之间，根据外部世界的需要进行活动。它的心理能量大部分消耗在对本我的控制和压抑上。自我的力量似乎还不足以控制本我。经过幼儿期，个体生活进入了社会化的历程，个体的需求和满足需求的方式都受到其他人的批评和纠正，必须符合社会规范的要求。于是，超我出现了。超我具有主宰全局、支配个体趋向社会规范的力量。

弗洛伊德认为，儿童道德发展的过程是一个逐步内化的过程。父母很早就向儿童提出了社会化的要求。儿童将父母的批评和社会的批评内化成超我（俗称"良心"）。良心或超我代表了内化的父母形象，它是相当严厉的，是惩罚性的。良心的发展可以帮助儿童在父母不在眼前时按道德规范来行动，抵制外界的诱惑。如果个体的行为违反了超我的意向，个体就会感到自责和**内疚**（guilty）。因此，在弗洛伊德看来，**自居作用**（identification with the aggressor）、自我惩罚（self-punishment）、内疚是儿童道德发展的强大推动力。自居作用使儿童以这些大人为榜样，建立了自己仰望的一种理想的自我。内疚是严厉的超我和附属的自我之间的紧张，它作为一种惩罚而表现出来。

在弗洛伊德看来，道德情感的形成导致了儿童内在的双重性，一方面是超我的力量，另一方面是本能需要。遵从超我的力量，儿童就要把遵守社会规范当作一种义务。恰当的超我将使儿童形成合理内化的道德情感，这是一种稳定的、不可改变的道德情感。

埃里克森后来发展了弗洛伊德的理论，更多地从文化对个体个性的影响上考虑个性的发展。他认为，儿童的发展经历了八个阶段。在每一阶段，个体均面临一个积极的选择与一个潜在的消极选择之间的冲突，这一冲突就是这一阶段儿童面临的发展危机，个体解决这一危机的方式对个体的自我概念和社会观有着深远的影响。他的理论对道德情感的养成也有重要的作用。

（二）人本主义情感取向的道德教育研究

人本主义学派强调道德情感在道德教育中的重要作用，认为情感构成行为模式的动力系统。在罗杰斯看来，道德的发展（价值采纳）是一件不断增长自我意识的事，用马斯洛的话来说就是自我实现。人本主义心理学家提出发展自我是教育的重要任务，认为学校要将道德教育的理念与实践融入各科教学活动，在潜移默化中，使学生养成健全人格。这是从情感的领域来发展道德的观念和行为。

价值教育作为道德教学的代表，其主要目的在于增强学生的六种能力：沟通、移情、问题解决、批判、决策和个人一致（Casteel & Stahl，1975）。价值教育主要是为了培养独立自主、深思熟虑、重视人类价值和尊严的有道德的人。人本主义发展出来的治疗原则（或称教育原则）对道德情感的促进有着重要的意义。

1. 真诚

真诚原则强调人的真实的需要和情感不被误解。如果师生关系仅流于形式，掩盖了教师和学生的真情实感，就无法促进学生的自我意识和他人意识的形成。一位教师给学生做出的最好的榜样就是他表达自己做决策时的坦诚，因为道德决策必须以一个人自己的思想和情感为基础。

2. 接受和信任

教师与学生之间形成良好交流的特征就是接受和信任。教师必须尊重学生的完整性，只有这样才能接受他们的思想和情感，学生才可能与教师分享他们的思想和情感。双方的信任是交流的基础，学生不会因为教师的权威而觉得害怕，教师也不必认为学生的提问是对自己知识的挑战。

3. 移情性理解

这一原则强调教师持这样一种态度：根据学生的观点来理解世界。这种态度和常见的评价性理解是不同的。移情性理解是非判断性的，它是一种与理智洞察力一样的感受或直觉体验。有时候学生的考虑在教师看来是肤浅和不成熟的，但这对于他们自己而言已经足够了。移情性理解给成人的世界和年轻人的世界架构了一座桥梁。如果在一个团体中发展出这些关系，人们就可以感受到一种全新的课堂气氛。在这种真诚和坦率的气氛下，学生将更清楚地表达他自己的观点和决策。

4. 主动倾听

学生从事道德问题的讨论时会将真实的感受表达出来。主动倾听原则强调教师利用学生的感受表达，对学生表达出来的感受做出反馈，使学生觉得教师能够理解自己的感受。主动倾听原则并不一定意味着教师要接受或回应学生的陈述，而是教师要认可他这个人以及他的感受的存在。

（三）有关道德情感的移情研究

20 世纪六七十年代，关于道德情感的理论出现了一个大的转折，依恋、爱、同情和移情开始受到人们的重视。**移情**就是对事物进行判断和决策之前，将自己置于他人位置，考虑他人的心理反应，理解他人的态度和情感的能力。在道德培养的过程中，移情是最具有动力特征的因素。

移情是**亲社会行为**（prosocial behavior）的动机基础，能激发与促进亲社会行为的发展。亲社会行为具体指人们在社会交往中表现出的那些有利于他人和社会的行为，一切积极的、有社会责任感的行为，如助人、分享、谦让、合作、自我牺牲等。许多研究者都把移情看作亲社会行为的内部中介。表现出亲社会行为的孩子，无论男女，都比未表现出亲社会行为的孩子具有更高的移情能力。亲社会行为的儿童比攻击性儿童和经常被欺负的儿童更受欢迎，表现出更多的移情，并且亲社会的儿童比攻击性的儿童更有办法对付糟糕的社会处境（Warden & Mackinnon，2003）。移情是维系积极的社会关系的重要社会性因素，是人们内心世界相互沟通的桥梁和人际互动的良好补充，在人际关系中必不可少。还有研究指出，移情作为亲社会行为（助人、慰抚、分享等）的动机基础，能激发与促进个体亲社会行为的发展。

移情的作用不可忽视。它作为一种替代分享他人情绪情感状态的心理过程，对侵犯行为甚至违法犯罪行为也具有显著的抑制作用。研究者（Mehrabian & Epstein，

1972）曾对 88 名加州大学的学生进行移情反应测验，然后请他们在一周后参加另一项研究。

实验者把每名被试与同性别的一名实验助手配对，指定助手为“学生”，被试为“教师”，然后让“学生”阅读一段材料，并告知他要进行测验。同时，给“教师”一份测验答案，要求“教师”在“学生”出错时予以惩罚。惩罚方式是由“教师”选择七种电击强度之一来电击“学生”。实际上，“学生”并未真正受到电击，而是通过仪器模仿出适合被试感知的电击水平的痛苦反应。实验分为两种条件：在直接的条件下，“学生”与“教师”相隔大约 2 米，彼此能看见；在非直接的条件下，双方避开视线，但能清楚地听见对方的声音。实验结果表明，低移情的被试在两种条件下侵犯数目（电击次数、电击水平）相同，高移情的被试在直接条件下比在非直接条件下侵犯数目要少，比低移情的被试少得多。

还有研究发现，不吸毒者的移情能力显著高于吸毒者，无违法行为的在校大学生的移情能力显著高于被监禁的违法大学生。

三、道德行为的发展

（一）道德行为的社会学习理论

本书学习理论部分介绍过班杜拉的社会学习理论。这里谈谈他在品德方面的研究。班杜拉对品德问题的基本观点是：道德行为的决定因素是环境、社会文化关系，以及各种客观条件、榜样和强化等。他认为，只要利用一定的条件与方法，奖励学生的适当行为，有助于学生良好行为的形成与发展。班杜拉等人主要采取实验来研究品德形成问题。在实验研究的基础上，他们提出了三个有关道德行为获得的基本概念。

1. 抗拒诱惑

这是社会学习理论的基本概念。他们认为，生物界的弱肉强食现象说明有机体为了生存必须在环境中寻求一切满足其生存需要的东西，如果人类只保持生物性的求生本能的话，就谈不上道德。社会成员有组织，有规范，有纪律，要在社会中生存就必须学会两种生存的方式：①满足自己的需求；②学会如何不违反社会的约定。第二种方式就是“抗拒诱惑”。**抗拒诱惑**（resistance to temptation）就是在具有诱惑力的情境中，个人能依据社会规范，抑制自己的愿望、冲动等行为倾向，使自己在行动上不致做出违反社会规范的行为。抗拒诱惑实际上就是个人学到的社会规范在生活情境中的运用。如何抗拒诱惑？榜样的作用是十分明显的。

此类实验还有很多。例如，阿隆弗里德（Aronfreed，1968）做了如下实验。

在小学儿童面前放两个玩具：一个玩具新奇好玩，对儿童特别有诱惑力；另一个玩具则是儿童玩过的、熟悉的，没有吸引力。实验者要儿童取其中一个玩具并编一则故事来说明该玩具的特色。实验分三种情境，第一组、第二组为实验组，处理情境不同，第三组为控制组。第一组儿童取新奇玩具时（正想取，还未取到），实验者立即厉声制止，说："不行，那是留给大孩子的！"被试只好取另一玩具。第二组则在儿童取到玩具后再以同样方式来制止。目的是了解不同情况的惩罚对抗拒诱惑和自制力的效果。第三组是控制组，不给予限制。这一实验相当于进行抗拒诱惑的训练，明明自己喜欢那个玩具，但因为要留给大孩子，所以只好控制自己。

训练后，在无人监管情况下，让儿童随意拿喜爱的玩具以检验训练的效果，实验者只在暗中记录。结果是在抗拒诱惑的自制力上，第一组最好，第二组其次，第三组最差。根据实验结果，实验者建议，为了使儿童能抗拒诱惑，惩罚不仅要适度，而且要适时。

2. 赏罚控制

赏罚控制就是运用赏罚的办法培养品德。当行为符合道德标准时，给予奖赏，以期在相同情境下能出现同样的行为；当行为不符合道德标准时，给予惩罚，使学生从害怕惩罚到学会避免惩罚，从而建立道德意识。

赏罚控制的实验是班杜拉和罗斯在1965年做的，在本书社会学习理论部分曾经做过介绍。

他们选择了66名4岁的儿童作为被试，并随机分成3组，每组22人。不同组的儿童观看电影中同一攻击行为的不同对待结果。第一组是攻击—奖赏组，一个成年人采取攻击行为后，另一个成人对他进行奖赏，称赞他为勇敢的胜利者，并给他巧克力糖和汽水等食品；第二组为攻击—惩罚组，一个成人采取攻击行为后，另一个成人指责他，骂他是暴徒，打他并迫使他低头逃跑；第三组是控制组，一个成人采取攻击性行为后既没有受到奖赏，也没有得到惩罚。然后，实验者把儿童带到与电影相同的实验情境中，让儿童玩10分钟，通过单向玻璃观察儿童的行为。结果发现，与其他两组相比，攻击—惩罚组几乎没有人模仿攻击性行为。他们认为，替代惩罚降低了对攻击行为的模仿（图13-3）。

3. 模仿学习

模仿学习（imitative learning）也被称为观察学习，是以仿效榜样的行为方式或行为模式进行学习的一种方式。这个问题我们在社会学习理论中做过介绍。榜样学习的关键在于对他影响最大的人表现出的以身作则的"身教"作用。有些不良行为

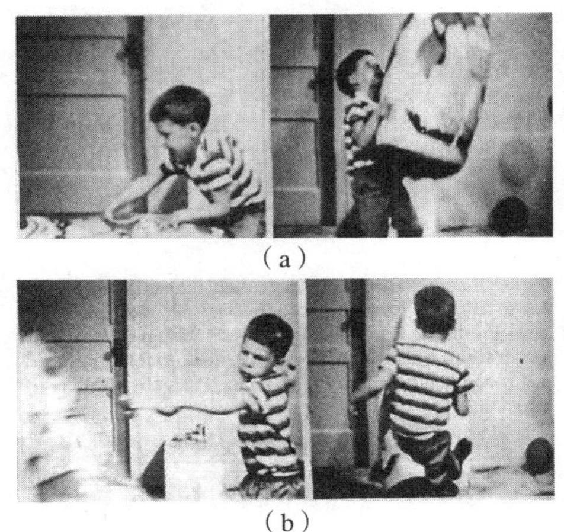
（a）
（b）
图 13-3 赏罚控制的实验情境（Coon & Mitter，2015）

也可以通过向榜样学习而养成。下面的实验（张春兴、林清山，1982）具体说明了模仿不良行为的情况。

实验者找来一些大学生到实验室做实验，说明实验将分两个阶段进行。在前一阶段，实验者拿出各种品牌的饼干，让学生品尝，结果他们不知道自己是在参加实验，吃下很多饼干，自然都感到口渴。此时，实验者宣布将他们分为两组，分别到两个休息室，让他们等待下一阶段的实验。休息室内各有一个饮水器，但旁边挂的一块牌子写着“禁止使用”。其中一组有一人（实验者的同伴）带头违反规定，结果大家都去饮水，而另一组虽然同样口渴难忍，但因无人带头犯禁，所以始终没有人去饮水。这一实验结果说明，团体中一个人的行为可以成为其他人的榜样，引发众人模仿学习。

（二）雅各布森论调节道德行为的心理机制

当个人利益与社会利益发生冲突时，一个人一般会通过法制调节和道德调节（即非法制调节）来调节自己的行为。雅各布森（Jacobson）设想，把自己的行为与道德标准相对照是道德调节心理机制的主要环节之一，于是设计了如下实验，用来揭示儿童在把自己的行为同善与恶两个对立的标准同时进行对照时的心理特点，探讨用哪些方法可以促使儿童把自己的行为与道德标准相对照（陈会昌，1983；王晓艳、冯晓霞，2004；陈琦、刘儒德，2004）。

实验者让儿童分配玩具，考察儿童是否公正。实验者将三个被试用屏风隔开，一个主要被试把一定数量的玩具分发给另外两名被试，这两名被试看不见分发者留给自己多少玩具。然后实验者撤掉屏风，让这两名被试对分发者说出自己的看法。

实验者对三组被试分别采用三种方法进行评价训练：①让儿童熟悉两种对立的道德标准，请他们自己按这两种标准与自己的具体行为相对照。实验者选用了托尔斯泰小说《金钥匙和普罗提诺奇遇记》中两个人物作为对立道德标准“善”与“恶”、“好”与“坏”的代表。②让别人用道德评价的方式，对儿童的行为做出客观的评价，并把评价结果告诉儿童。③让别的儿童评定儿童的总体行为是好的，但让儿童认识到自己的个别“坏”行为是否符合坏的标准。

三组被试各进行一次诊断性测验，经过几周再复测一次。结果表明，第一组被试都知道小说中谁是好人，谁是坏人（“卡拉巴斯小气，自己拿得多，普罗提诺是好人，总是平均分配”），但是，他们自己依然以不公正的方式分配；第二组发现了小说中的代表与自己行为的关系，但在20个被试中只有两个转为公正的分配方式；第三组有许多被试很快转为公正的分配方式。

雅各布森对这一结果做了如下解释：第一种方法没有效果并不是因为儿童不懂得客观标准，而是根本没有把两种分配方法与对立标准建立联系；第二种方法从儿童极力申辩自己不是坏的代表中可以看出，别人对他这样的评价会引起他极大的不愉快；第三种方法之所以最有效，是因为在选择道德行为的情境里加入了一个新的成分——儿童自己的形象。这样，原来存在的道德价值与个人利害关系的外部矛盾变成了自己整个形象与个人（局部）利益之间的矛盾，使儿童感到自己整个形象是好的，又感到某个具体行为是不好的，两者不能相容，就迫使他克服不好的行为。雅各布森的实验研究告诉我们，每名儿童都有积极肯定自己、希望得到他人表扬的强烈愿望，这是儿童遵守道德规范、道德希望的条件之一。

第三节　品德的形成与培养

党的十八大以来，习近平总书记高度重视立德树人在教育中的重要地位和作用。他强调，“全面贯彻党的教育方针，落实立德树人根本任务，培养德智体美劳全面发展的社会主义建设者和接班人”“人才培养一定是育人和育才相统一的过程，而育人是本。人无德不立，育人的根本在于立德”。中共中央、国务院印发《关于加强和改进新形势下高校思想政治工作的意见》，文件提出以立德树人为根本，以理想信念教育为核心，以社会主义核心价值观为引领。坚持全员全过程全方位育人（简称“三全育人”），把思想价值引领贯穿教育教学全过程和各环节。品德的培养和其他知识的教育不完全相同，它反对单纯的教育灌输，提倡给学生提供形成良好品德的环境和氛围。本节就具体介绍一些有利于品德形成与培养的方法，并对一些品德问题进行分析，以供教师识别和处理这些现象。

一、品德的内化过程

品德的形成经历了从外到内的转化过程，它是社会规范的接受和内化过程，这种内化大致经历了以下三个阶段（冯忠良，1998）。

（一）社会规范的依从

依从，即表面上接受规范，按照规范的要求来行动，但对规范的必要性或根据缺乏认识，甚至有抵触情绪。依从具有一定的盲目性和被动性，个体对规范要求的行为缺乏足够的了解，只是迫于权威或情境的压力才遵从了规范。因此，依从水平上的规范是最不稳定的，一旦外部监控和压力消失了，相应的规范行为就可能会动摇和改变。依从是规范内化的初级阶段，也是进一步内化的基础。

（二）社会规范的认同

认同比依从更深入了一层，简单地说，它是对自己认可、仰慕的榜样的遵从、模仿。个体在思想、情感和态度上主动地接受了规范，从而试图与之保持一致，这已不单是因为外部压力。认同具有自觉性和主动性，虽然学习者对规范必要性的认识还有不足，但他已有明确的行为意图，团体的规范对学习者具有一定的吸引力和感染力。相应地，认同水平的规范已经具有一定的稳定性。认同是规范内化的深入阶段。

（三）社会规范的信奉

信奉是内化的最高阶段，学习者对社会规范及其价值原则有了深刻的理解，并持有积极的情感体验，使之成为自己的一种信念，与原有的价值观念一体化。这时，学习者做出的规范行为是由自己的价值信念驱动的，而不是因为外界的压力或控制。当个体按照自己的价值标准做出行动时，他就会感到满意和快乐，而当做了违背自己的价值信念的事情时，他就会感到内疚，受到良心的责问。对规范的信奉具有高度的自觉性和主动性，因此形成了稳定的品德。

可见，德育要从道德行为的纪律约束和外部控制开始，不能仅仅停留在表面依从的水平上。品德是学习者作为活动主体所具有的自觉的、自主的品质，而不仅仅是对规范的“阳奉阴违”。教师必须引导学生对规范及其价值原则进行思考、分析和判断，促进对规范的认同和信奉，否则就没有真正完成品德的建构。

二、品德形成的影响因素

影响学生品德形成的因素极其复杂，归纳起来有环境因素和自身因素两个方面，环境因素包括家庭、社会、班集体和同辈团体等，自身因素包括学生自身的智力水平、个性、学业水平等。下面仅就其中一些重要因素做分析。

（一）家庭因素

家庭环境包括家庭教养方式，父母的价值观，家庭文化、经济、政治背景，家庭成员构成和父母的道德观念等。它对学生品德的形成和发展起着奠基的作用。

首先，家庭教养方式会影响儿童品德的发展。按照父母对子女的不同的控制程度，家庭教养方式可以分为溺爱型、民主型和专制型。有人（Peck et al.，1960）对儿童的品德与家庭教养方式之间的关系做了研究，发现父母信任、民主、宽容的作风与儿童的优良品德之间具有正相关关系，过分严厉、溺爱都不利于儿童形成良好的品德。

其次，父母的道德观念会影响儿童品德的发展。父母的道德观念会体现在他们待人接物的方式和态度中。父母是儿童最早认同和模仿的对象，儿童会以观察学习的方式受到父母的影响。

最后，家庭成员构成也可能与儿童品德的发展有一定的关系。孩子和父母两代人一起生活的家庭被称为核心家庭，孩子、父母以及爷爷和奶奶（外公和外婆）三代人一起生活的家庭被称为直系家庭。有人认为，核心家庭比直系家庭更有利于孩子的品德培养。

（二）社会环境

一方面，社会风气对儿童品德的形成和发展具有重要影响。随着儿童年龄的增长，他们与社会的接触也越来越广泛。因为儿童好奇心强，喜欢模仿，对社会信息敏感，所以，社会风气对他们品德的影响越来越大。社会风气有着广泛性、复杂性等特点，儿童（尤其是小学生）的识别能力较差，他们往往自发地、偶然地、不知不觉地接受社会的影响。他们既可能接受社会中积极因素的影响而形成良好的品德，也可能接受消极影响而变坏。由于消极的社会风气的影响，学校德育出现了“5＋2＝0”的怪现象，即学生在学校受到了5天的正向影响，而在周末受到了2天来自社会的负向影响，这在结果上就抵消、抹杀了德育的效果。

另一方面，电视、书刊和网络等构成的大众传媒对儿童的成长产生了深刻的影响。早期的研究证实，观看大量电视暴力的儿童更倾向于具有攻击性。例如，研究（Parke & Berkowitz，1977）表明，在其他社会条件相同的条件下，观看暴力电影的学生比其他学生表现出了更多的攻击性行为。彼得森（Peterson）等人对美国7～11岁学生的调查表明，常看暴力电视节目的学生有更多的恐惧感，担心一个人在外面玩时会被人伤害，有的学生甚至对社会失去了信心（转引自皮连生，1997）。

（三）班集体与同辈团体

良好的班集体对学生的品德发展具有很重要的意义。如果一个班级有良好的师生关系，同学关系融洽，有凝聚力和明确的纪律规范，那么这种班风就构成了一种无形的影响力，对那些品德不良的学生构成了一种压力，同时又提供了很好的榜样。

另外，随着学生的成长，一些学生会因为共同的兴趣爱好、共同的活动而形成相互交往、彼此接纳的同辈团体，这构成了在父母和教师之外对学生极具影响力的又一种因素。同学之间常常会相互模仿、相互感染，既可能使好的习惯和品德得以推广，也可能使不良的思想行为得以蔓延。教师应该对学生中的同辈团体加以积极引导，引导他们更多地开展积极向上的、有意义的活动，自觉抵制不良风气的影响。

（四）自身的智力水平

智力水平与品德之间的关系非常复杂。研究者（转引自皮连生，1997）对500名有法庭记录的青少年罪犯的智商进行了测量，发现他们的智商分布与随机抽样的儿童的智商分布很相似，但他们的平均智商低8～10分。相对而言，在他们当中智商较低者较多，智商较高者较少。但是，在智商全距的各个水平上都有青少年罪犯，这就是说，他们中既有智力超常者，也有智力低下者。一个智力较高的人，并不一定有积极的道德取向，一旦他们形成了不良的品德，高智力反而会促进其恶劣行为。

三、品德培养的方法

经验分享

(一) 道德认知的培养方法

道德认知是品德结构中的引导性要素。德育工作必须使学生对基本的道德观念、道德准则形成正确的理解，并提高学生的道德分析判断能力。

1. 言语说服

教师经常要通过言语讲解和说服来使学生理解和接受一定的道德观念与道德准则（社会规范）。下面是一些进行有效说服的技巧（皮连生，1997）。

（1）单面论据与双面论据

在讲解某种道德观念或准则时，是应该只提供正面的论点和证据，还是应该同时提供不同的论点和反面的论据？社会心理学家霍夫兰（Hovland）等人提出，对于受教育程度高的人来说，提供正反两方面的论据更容易使他们信服，而对于受教育程度低的人来说，只提供正面论据更好一些，这可能是因为他们的理解力比较差，难以对正反论据做出恰当的分辨和判断。由此看来，对低年级的学生来说，教师可以只提供正面论据；而对高年级学生来说，教师可以考虑同时提供正反两方面的论据。另有研究表明，如果在教师提出自己的观点之后，学生没有产生相反的观点，则只提供正面的观点和材料有助于学生形成肯定的态度。如果在这种情况下再提出反面观点和材料，就可能引起学生对反面材料的兴趣。从说服的任务和效果看，正面的观点和材料能在短时间内见效，解决当务之急，而同时提供正反两方面的论据和资料则更有利于培养学生长期稳定的态度。

（2）以理服人与以情动人

在向学生说明某种道理时，有时教师需要以理服人，即用严密、有条理的论证来说明。有时教师则需要以情动人，即在说明中带有强烈的情绪色彩，以情绪、情感来打动学生。一般而言，带情绪色彩的说服效果立竿见影，但这种影响往往不能持久。另外，对于低年级的学生来说，富有感情色彩、生动感人的说服内容更容易产生影响，而对高年级学生而言，逻辑性强的说服内容更为有效。

2. 小组道德讨论

小组道德讨论就是让学生在小组中就某个有关道德的典型事件进行讨论，以提高他们的道德判断水平。这是基于科尔伯格道德判断理论而设计的德育模式。小组讨论的内容一般是能引起学生争议的道德两难故事，通常是根据在家庭和学校中人与人之间或群体之间各种权利、义务的矛盾冲突关系，编制的道德情境故事，也可能是各种媒体报道的一些社会道德问题。小组构成最好是将道德判断和思想认识不同的学生编在一组中，使他们能面对不同的观点。在小组讨论中，教师具有重要作用，他应该了解学生道德发展的有关理论，能启发学生积极地思考，做出判断，进行交流辩论。教师也要鼓励学生考虑其他人的意见，协调彼此的分歧。教师要像“精神助产士”那样循循善诱，帮助学生通过讨论提高他们的道德判断能力。

3. 道德概念分析

这种方法集中分析作为道德思维组成部分的最一般的概念或观念，一个道德概念可以是一种具体活动的名称，如说谎或遵守诺言，也可以是一种比较一般的概念，如友谊、义务或者良心。这种方法的提出基于这样一种假设，人们在思考行为时会运用这些一般的词语或概念作为决策的工具。人们越是理解这些概念的意义，就越能更好地进行思考。

运用这种方法时，首先要给概念提供一个具体的情境。以“谎言”为例，当一个案例研究讨论某一说谎情境时，就需要弄清楚“谎言”具体指什么。教师在开始这个讨论时问学生，一个善意的谎言（white lie）是什么，它与普通的谎言有什么不同；其次对各种红色的（red）、绿色的（green）和黄色的（yellow）谎言的含义进行考虑和区分；要求学生举出善意谎言的例子，如“对祖母说，你喜欢她的帽子”，在这个阶段，虽然没有明确指出，但是学生似乎已经采纳了这样的看法——某些谎言是可以接受的；再次对各种引人误解的陈述进行讨论；最后，通过进一步的讨论使学生对概念的理解更加精确。请看下列讨论的片段。

教师：如果你问我现在的时间，我会看一下表告诉你，现在是 11 点 30 分。可是，我的手表停了，我却不知道，实际已经 12 点 15 了，那会怎样？

学生 1：那你就是在说谎。

学生 2：不是。

学生 3：他不知道自己的表停了。

学生 1：好吧，他是错的，并且当他说这一点时，也许有人会相信他。

学生 2：他不可能故意说谎，他不知道自己正在说谎。当你在说谎时，你必须知道你在说谎。

教师：如果我的确相信我所说的，那么它就不是谎言了，对吗？

学生 2：对，你必须知道你所说的话是错的。

教师：错的，还是虚假的？

学生 2：我想是虚假的。

在概念分析的方法中，我们可以采用大量的情境和讨论，分析在讨论中包含的思维技巧。例如，①定义——什么是谎言?②鉴别——各类谎言、事实和价值之间的区别。③编组——类似的各类谎言。④分类——从动机和结果意义上进行分类。⑤形成秩序——哪一个最重要?

附加的鉴别和分组：①检验——寻找相反的案例；②预言——谎言的后果；③概括——类似的事件要求类似的判断。

用于组织这种类型的分析的教学材料包括：①内容分析——各种不同的定义和概念的区别；②假想案例；③角色承担；④讨论集中在各种陈述上；⑤各种可选择策略的图解；⑥各种不同观点和原则的理论陈述。

（二）道德情感的培养方法

1. 共情能力的培养

在人际交往中，人们会在感情上彼此沟通，相互分享感受。共情是由真实或臆想的他人情绪、情感状态引起的并与之一致的情绪、情感体验，是一种替代性的情绪、情感反应，是一种无意识的、有时十分强烈的对他人情绪状态的体验。共情作用是维系积极的社会关系、促进亲社会行为的重要因素，是人们内心世界相互沟通的桥梁。当看到他人处于困难、痛苦境地时，个体是否会做出帮助他人的行为，依赖于个体是否能感知并体验到对方的情绪体验。如果对对方的痛苦情绪毫无知觉，他就可能冷漠无情，置之不理。

李辽研究了共情训练对亲社会行为（助人、慰抚、分享等）的促进作用，发现通过共情训练，青少年可以更为敏感地知觉到在想象的或真实的社会情境下他人的情绪、情感状态，并唤起相应的情绪反应模式。当发现别人处在困难的、不良的境地时，他们更可能设身处地去感受别人的心理反应，更可能做出帮助他人的行为（章志光，1993）。

发展共情能力可以从以下方面着手。①表情识别：通过观察对方的表情来判断对方的态度、需求和情绪、情感体验，这可以通过照片、图片等来训练。②情境理解：理解当事人的处境，从他的处境去感受他的情绪体验，考虑他需要的帮助。可以采用故事讨论的形式，让学生分析故事中人物的处境和体验。③情绪追忆：针对一定的情境，通过言语提示唤醒学生与此有关的感受，并对这种情绪体验产生的情境、原因、事件进行追忆，加强情绪体验与特定情境之间的联系。这样可以用自己切身的体验来理解他人的感受（李伯黍、岑国桢，1999）。

2. 羞愧感

羞愧感（shame）是当认识到未能成功地以自己信以为真的方式行动或思考时，

产生的痛苦的情绪。库尔奇茨卡娅设计了一些可以引起儿童羞愧感的情境（转引自陈会昌，1983；边玉芳，2013）。例如，主试将儿童领进房间，让他玩一些玩具，告诉他有一个玩具是别人的，不能动。当儿童按捺不住，打开这个玩具的包装时，就将他带出房间，观察他的情绪反应。库尔奇茨卡娅通过这些实验研究了产生羞愧感的条件，如儿童对自己的哪些行为感到羞愧，在哪些人面前感到羞愧，哪个年龄会受舆论的影响等。结果表明：①儿童只有形成了个人自尊感，理解了自己的各种品质（首先是那些优良品质），才能认识到自己的过失和错误，才能从道德角度对自己做出评价，才懂得哪些行为引起了成人不好的评价，并为之羞愧；②3 岁儿童已出现萌芽状态的羞愧感，但这种羞愧感并不是由于认识到自己的过失才产生的，而是由于成人带有责备和生气的口吻才产生的，儿童还没有从惧怕中摆脱出来，其羞愧感全部表露在外；③学前期儿童已不需要成人的刺激，就能自己认识到行为不对而感到羞愧，惧怕感与羞愧感可以分开；④小班和中班儿童只在成人面前感到羞愧，大班儿童在同伴面前，特别是在本班同伴面前也会感到羞愧，这表明集体舆论已越来越重要；⑤随着年龄增长，儿童羞愧感的范围在不断扩大，越来越社会化，但羞愧感外部表现的范围在缩小，对羞愧感的体验在加深，儿童还会记住产生这种情绪的条件，以后遇到类似情境便会努力克制可能导致重犯错误的动机和行为，将成人的要求逐渐变为自己的要求。库尔奇茨卡娅最后总结认为，儿童羞愧感的产生意味着儿童个性正在发生变化，当它成为个性中一种稳定的东西时，就会改变个性的结构。

（三）道德行为的培养方法

1. 群体约定

经过集体成员讨论制订的公约、规则有助于学生形成积极的态度。由于各个成员参与了规则的讨论和制订，每个人都对规则负有责任，这会增加规则的约束力。同时，群体中意见高度一致，行为取向一致，这会形成一种无形的规范力。一般认为，教师引导学生集体讨论、集体制订的过程包括七个步骤（皮连生，1997）：①清晰而客观地介绍问题的性质；②帮助班集体唤起对问题的意识，认识到改变的必要性；③清楚而客观地介绍需要形成的新态度；④引导全体学生讨论改变态度的具体方法；⑤使全体学生同意把计划付诸行动，每名学生都承担执行计划的义务；⑥学生在执行计划的过程中改变态度；⑦引导集体对已经改变的态度做出评价，使态度进一步概括化和稳定化。如果未能达到预期的改变，教师不要责怪学生，只能强调计划有缺点，要鼓励学生再从第四步开始，重新制订计划。

2. 道德自律

品德培养应该使学生达到道德自律的水平，即能按照自己内在的价值标准来评判自己的行为，从而规范自己，做自己认为应该做的事，避免做那些不应该做的事。自律行为大致包括三个主要的环节（Bandura，1978；张春兴，1998）。①自我观察：个人对自己的所作所为的觉察。这可以是在活动过程中的自觉，也可以是事后的反省。教师可以让学生自己写日记，记录自己何时何地做了哪些不当行为。②自我评价：在自我观察的基础上，个体根据自己的行为标准来评判自己的行为，看自己的所作所为是否符合道德标准。③自我强化：在对自己的行为做了自我评价之后，个体在心理上对自己的行为给予奖励或惩罚。对自己正确行为的自我肯定和奖励可以产生满足感与成就感，而对自己不当行为的自责可以引起愧疚感，从而可以提醒自己改进。

曾子说："吾日三省吾身。"这种自省的确是通向完美人格修养的重要途径。德育应该引导学生主动地进行道德反省，培养他们的道德自律能力，把品德学习与人生观、价值观的发展联系起来，与健全人格的塑造联系起来，使学生形成独立、进取、开放、接纳、宽容、仁爱的个性。

在培养和教育儿童道德行为时，我们应当看到每名儿童都有积极肯定自己、希望得到他人表扬的强烈愿望，这是儿童遵守道德规范、道德行为的条件之一。面对儿童消极的、不符合社会道德的行为，我们不能采用简单的比较法或上纲上线地批评，而要就事论事、对事不对人，使儿童感到自己只是在某个具体行为上不符合社会要求，要调动儿童自身的积极性来改变不良行为。

（四）品德的综合培养方法

1. 案例研究法

教育是一种促进发展的环境，帮助年轻人形成这种观点的教育项目，必须有两个基本的特征：①它必须以关于行为的决策为中心，并将注意力集中于学生对行为或决策提出的各种疑问；②强调过程和方法。

案例研究法（case study）就是一种有效的方法，是发展道德推理技能和能力的一种实际活动。它从关于具体行为的各种决策开始，而不是从各种原则、价值或理想入手，从中归纳出相关的原则和价值范畴。在这种方法中，教师先给学生一个假设的情境（某人面临一个决策），然后让学生根据他们的观点考虑这个问题，并要求他们就这一情境推断"如果他们遇到类似的决策情境会如何行动"（霍尔、戴维斯，2003）。这种活动的目的是双重的：通过考虑各种可供选择的行为方式，学生就会自然地把他选择的决策与另一种决策相比较，明白他做出的某种决策将会带来何种结果；同时，他也会明白各种决策包含的道德义务。下面用一则实例介绍案例研究法的基本步骤。

（1）呈现案例

教师在班级或者讨论小组内陈述一个行为决策的情境。这个情境最好是开放的，尽量少给学生做倾向性的提示。丰富的案例和情境的来源可以是日常生活经验，也可以是历史故事。下面就是一个案例。

一群孩子每天放学后都要去附近的一个糖果店，开始时他们表现很好，可是不久之后就开始拿了东西不付钱了。有一天，店主抓住了他们，他们也承认了这段时间都在偷糖果。这个店主该怎么办？为什么？

（2）找出各种可能的选择

教师要求学生寻找某个问题中各种可供选择的行为方式。教师要注意引导学生保持开放的态度，避免对问题情境做非此即彼的决策，尝试得到某种新的、先前未考虑过的行为方式。有时候，较有创造性的选择通常会成为各种决策正反两方面的理由。下面就是一个案例。

①告诉他们的父母。

②报警。

③警告他们，如果再这样做就告诉他们的父母。

④打他们的屁股，然后送他们回家。

（3）估计各种后果

教师要求学生对各种选项的后果做出判断，如可能发生什么事，可能会有什么反应；让学生比较各个选项的优缺点，从中发展出相应的道德观点。学生经常提到的各种后果如下。

①告诉父母没什么用。有些父母有时会过分严厉地惩罚孩子，而另一些父母不顾具体情形地为孩子辩护。

②报警似乎太过激了，警察可能处理得过于严厉。

③警告有时会有效，但是也有无效的时候，如果这样就需要店主另找办法。

④店主没有权力打邻居孩子的屁股，这样做也可能给他带来麻烦。

（4）探究

教师和学生进行一系列提问探究来检验这些后果。这种探究的过程要集中于问题本身，而不是简单的由教师提问、学生回答。一般来说，探究集中在四个方面。

①区分事实与价值。这样有助于澄清道德思维。在这个案例中，事实相当清楚，

但是当进行探究和区分的时候，学生还可能会碰到实际的问题。例如，如果其中一个是店主的儿子，那么店主可能会怀疑这不是偷窃行为。

②找出最好的理由。这是针对道德动机和理由的讨论，从中确立最重要的或最好的理由。这样，在交互讨论的过程中可促进学生道德判断水平的提高。

③将决策看作一般的准则。学生要尽量全面地看问题，要根据所有参与者的观点来做出决策。例如，如果学生认为店主应该报警，教师就可以问学生，如果他是家长，是否会赞同这种选择。需要指出的是，并不是人人都赞成的方式就是好的。

④观念和价值。判断的结果最后要归结到道德思维的观念上。不同的观念和价值会导致不同的决策，而一个人形成的观念和价值是整个社会道德在他身上的反映。例如，愿意花时间处理这个问题的店主，可能会亲自处理这些问题；而只对自己经营感兴趣的店主，可能会委托给他人尽快处理。所以，教师需要促使学生理解这些观念在个人生活中的意义和地位，而不仅仅是发展某种单一的观点。

（5）做出决策

这是道德思维的最后一步。尽管道德推理的过程很长，但是决策是最为重要的一步。在困难的情境中任何一种决策都可能会导致一些后果，意识到这一点尤为重要。学会接受一个人各种决策的后果是需要勇气的，培养这种勇气也是道德发展的一个重要方面。这就提示我们，德育更重要的目的并不是一定要得出一种一致的看法。教师也不应该强制某个班级得出某种“对”的答案，只要学生得出属于自己的决策就可以了。利用写决策的方法能很好地整理学生的思路。

当然，案例的形式有很多种，采用科尔伯格提出的道德两难情境来展开讨论就是不错的方法。学生可以对两难故事进行思考后，陈述对这个情境的某种看法，接下来检验这些看法的推理过程，最后对推理进行反省。

2. 游戏和模拟

游戏的使用可能没有案例研究方法那么普遍，但是它可以为其他道德教育学习活动提供重要的工具。游戏不仅允许我们处理人们认为应该做出的决策，而且允许我们处理人们的实际选择。教育游戏的根本目的是，为决策行为提供直接的经验。

在一个社会中，不同的人有不同的角色，如父母、孩子、教师……不同的角色具有不同的地位和身份，人们对不同的角色有相应的期望、要求和评价标准。**角色扮演**（role-playing）就是一种很好的技术，它使个人暂时置身于他人的社会位置，并按这一位置所要求的方式和态度行事，以增进个人对他人社会角色及自身原有角色的理解，从而更有效地履行自己的角色。例如，让不太关心班集体的学生在班级中担当一定的职务。在扮演一定角色的过程中，儿童可以充分理解体现在这一角色身上的规范要求，感受到相应的情绪体验，练习相应的行为方式，而且这可以进一步改变别人对他的印象，也可以改变他对自己的评价，从而导致整个行为系统的改变。

角色扮演在发展人们的社会理解力和改善人际关系方面有着尤其重要的作用。所以，许多教师非常喜欢运用这种技巧，或者作为讨论的起点，或者在讨论中引出人们的实际情感，或者引起人们在某一种情境中对某个人的同情。不仅如此，较长时间的角色扮演还可以改变人们的心理结构。由于扮演中真实、直接的情感体验的支持，扮演角色的某些特征最终能被“固定”在人们的心理结构当中，因此使人们的个性发生实质性的变化。有人（Staub，1971）曾用实验的方法检验了儿童扮演角色的活动对道德行为发展的影响。他先把儿童一一配对，然后让其中一名儿童扮演需要帮助的角色。例如，他想搬一张凳子，可凳子太重，搬不动；他恰好站在马路上，迎面骑来一辆自行车。另一名儿童扮演帮助别人的角色，他要想出合适的方法来帮助别人，并且要表现出来。然后两个人交换角色。训练一周后，为儿童提供如下的机会，以便评估儿童的助人行为是否有进步。

一名儿童在隔壁房间里，从椅子上跌下来，正在哭。

一名儿童想搬一把对他来说很难搬动的凳子。

一名儿童因为积木被另一个儿童拿走了而感到苦恼。

一名儿童正站在自行车道上。

一名儿童跌倒受伤了。

实验结果表明，受过这种训练的儿童比没有受过这种训练的儿童表现出更多的助人行为。另有研究（李幼穗、王晓庄，1996）发现，角色训练使幼儿角色意识显著提高；角色训练后，实验班幼儿助人行为呈上升趋势。实验班与对照班幼儿助人行为表现出显著性差异；角色训练对于幼儿在特定情境下的助人行为及动机水平有重要的促进作用。

值得注意的是，在课堂中运用角色扮演需要一些表演和模拟的技能，实现起来并不容易，可以通过清楚地定义角色、进行预演等方式得以改进。

游戏模拟不仅包括角色扮演，婚姻扮演、评价模拟和人际关系游戏等形式都是重要的游戏类型。但是需要明确的是，游戏给我们提供的只是各种未经加工的材料，真正的效果取决于游戏之后的分享和反思，只有花时间反省并思考自己的经验，才能从中受益。不管采用何种形式，进行游戏扮演的讨论都是非常重要的，通过团体的形式让学生理解并看清楚自己的情感、分享自己的体验是值得借鉴的道德教育方法。

道德问题往往涉及多种因素的相互作用，这不仅仅是个人的品德问题，还涉及整个社会的氛围。单靠说教来提高个人的修养显然不能从根本上解决问题，但也不能把所有的问题和解决途径都推给社会的发展与制度的完善。在品德发展和道德教育中，教师给学生提供更多的真实情境，以情感促认识、促行动，采取多种有效的道德干预手段才是解决之道。

关键术语

品德或道德品质，道德，对偶故事法，道德两难故事法，他律道德阶段，自律道德阶段，道德判断，自居作用，内疚，良心，共情，亲社会行为，模仿学习，抗拒诱惑，赏罚控制，案例研究法，角色扮演

思考题

一、选择题

1. 下列关于品德描述正确的是（　　）。

A. 品德包括道德认知、道德情感、道德行为　　B. 品德就是道德
C. 品德就是个性　　D. 品德一定危害社会

2. 皮亚杰对道德认知的研究方法是（　　）。

A. 道德两难故事　　B. 守恒实验　　C. 沙盘游戏　　D. 对偶故事法

3. 下面哪种方法是综合培养品德的方法？（　　）

A. 言语说服　　B. 角色扮演　　C. 共情训练　　D. 小组讨论

4. 对事物进行判断和决策之前，将自己放在他人位置，考虑他人的心理反应，理解他人的态度和情感的能力是（　　）。

A. 同感　　B. 以病人为中心　　C. 共情　　D. 自我

二、简答题

1. 品德的心理结构是什么？

2. 简述皮亚杰道德认知发展理论。

3. 谈谈道德两难故事法的重要作用。

4. 科尔伯格三阶段六水平的道德认知发展理论是什么?

5. 社会学习理论中关于道德行为研究的三个经典实验是什么?

6. 角色扮演的重要作用有哪些?

7. 谈谈如何利用案例研究法来进行品德教育。

8. 根据德西的自我决定理论,谈谈品德的内化机制。

选择题参考答案:1. A　2. D　3. B　4. C

扫码答题

第五部分

教学心理

第十四章
教学设计

教师的教学设计在许多方面决定了学生将要学什么、怎么学。教师通过教学设计将课程转变成学生的活动、作业和任务。教师一旦设置好了一个教学计划，就试图把它贯穿于所有的学习材料和活动之中。当然，这并不意味着教学设计一旦制订，就控制着课堂中的每一个环节，实际上，有经验的教师往往把自己的计划看作指导课堂行为的可变性框架。教学设计主要包括设置教学目标、选择教学模式以及设置教学环境等步骤。本章将主要讨论这三个方面的问题。

本章要点

●设置教学目标

○设置教学目标的意义

○教学目标的表述方法

○教学目标的分类

○教学目标的设计

●选择教学模式

○直接教学

○探究学习

○基于问题学习

○合作学习

○个别化教学

●设置教学环境

○课堂空间

○教学组织方式

○教学媒体

第一节 设置教学目标

教学目标（instructional objective）是预期学生通过教学活动获得的学习结果。在教学中，教师首先要决定学生在学习结束时将会发生哪些变化。教学存在不同层次的目标，有国家层面的宏大目标，有课堂教学的具体目标。教师要将国家的宏大目标转化为课堂上能够实现的具体目标。例如，2014 年教育部印发的《关于全面深化课程改革落实立德树人根本任务的意见》中首次提出“中国学生发展核心素养体系”（core competencies and values for Chinese students' development）概念。中国学生发展核心素养指学生应具备的适应终身发展和社会发展需要的必备品格和关键能力。它是对立德树人和德智体美劳全面发展的进一步具体化。核心素养分为文化基础（人文底蕴、科学精神）、自主发展（学会学习、健康生活）和社会参与（责任担当、实践创新）三个方面六大素养，并进一步分为 18 个基本要点。2024 年秋季学期开始，义务教育各学科起始学段全面启用依据 2022 年版新课标编写的教材，全面落实核心素养。在实际教学中，教师还需要将这 18 个基本要点转变为具体的教学目标，并进一步分解成可测量的具体的表现目标。

下面将介绍设置教学目标的意义、教学目标的表述方法、教学目标的分类以及教学目标的设计方面的问题。

一、设置教学目标的意义

设置教学目标对学生的学习、课堂行为以及教学评价具有重要的作用。

第一，可以促进学生的学习。对于一些组织结构松散的学习活动，如讲课、看电影，或者学习材料和活动本身无法使学生知晓什么是重要信息时，教学目标能够帮助学生将注意力集中于关键的信息。此外，向学生表述教学目标，可以帮助学生认识到学习的意义，从而激发学习动机，促进学生的学习。

第二，可以促进课堂行为和交流。教学目标为教师指引课堂行为和交流提供了方向。明确了教学目标，教师也就明确了应该让学生产生什么样的变化，从而选择和创造那些能帮助学生掌握重要目标的活动，使课堂行为和交流（如提问）朝着目标前进。这不仅会使预期的变化更容易达到，而且会增进师生、生生之间的交流。

第三，有利于教学评价和测验。教师评价学生的学业表现往往立足于学习目标。教师即使从来没有确定过教学目标，学生也能通过他对测验和作业的评价逐渐意识到教学目标。例如，如果教师总是给那些把事实记得很好的学生高分，学生就会认为这个教师的教学目标就是记忆事实。如果教师事先提供了教学目标，对学生来说，一旦知道了学习标准，其学习将变得更容易、更高效；对教师来说，准备测验就变成一项比较简单的工作了，并且能更容易地根据这种测验的结果，评价学生的学业表现和教学的有效性。

二、教学目标的表述方法

教师的学习观影响了教学目标的设置。持行为主义学习观的教师表述出来的目标主要集中在学生可观察和测量的变化上，他们会用一些如“列出”“定义”“计算”等术语来表述目标；而持认知学习观的人表述出来的目标则强调学生内在的变化，他们会用如“理解”“再认”“创造”或“应用”等术语来表述目标。下面具体介绍行为目标和认知目标的表述方法。

（一）行为目标表述法

马杰（Mager，1975）认为，教学目标应当描述学生的成就表现行为，获得这些成就行为的方式、方法，以及教师如何获悉学生的成就表现行为。在马杰看来，一个好的目标具有三个部分（表 14-1）：第一，描述预期的学生行为——学生必须做什么；第二，列出行为发生的条件——这种行为如何被识别和测验；第三，给出在测验中可接受的一个标准。

马杰的行为目标表述法强调要对学生的最终行为做非常清楚的表述。他相信这种努力是有价值的，如果给学生提供清楚的目标，学生就能自己教自己。

表 14-1 马杰的三部分系统（Woolfolk，2004）

部分	中心问题	举例
学生的行为	做什么	用字母 F 标出文字中的事实，用字母 O 标出其中的观点
行为条件	在什么条件下	提供一篇报纸中的文字
行为标准	有多好	标对了文字中的 75%

（二）认知目标表述法

格兰隆德（Gronlund，1999）认为，教师应当最先以一般的术语（理解、鉴赏等）表述一个教学目标，然后列举一些行为样例，再进一步明确（表 14-2）。这些样例行为能为学生是否达到目标提供依据，格兰隆德的系统经常被用来表述认知目标。

格兰隆德认为，真正的目标是理解，教师并不想让学生停留在定义、识别和区分等具体行为上，而是根据这些样例任务的成绩来决定学生是否已经理解。格兰隆德强调要把具体的目标当作较为一般能力的样例。由于教师不可能列出真正理解某个主题的所有行为，表述一般目标可让人们做到心中有数：理解才是目的。

表 14-2 格兰隆德表述目标的联合系统（Gronlund，1999）

部分	举例
一般目标	理解元认知的一些术语
子目标 A	用自己的话定义这些术语
子目标 B	在上下文背景中识别这些术语的意义
子目标 C	区分那些在意义上相似的术语

（三）综合方法

综合方法是一种较为完善的表述具体目标的方法。如表 14-3 所示，左边一栏中相对一般的认知目标已经被转化成了右边一栏中相对具体的行为目标，从而使较为一般的目标变得可测量了。假如教师给学生的目标是推理、理解，怎么告知学生是否完成了目标？方法之一就是给学生一个具体的、可测量的、能说明行为变化的任务。

不管采用什么方法表述教学目标，教师都要尽量避免采用宏大而模糊的词语，使学生不清楚要传达的意图，要确保测试与目标有关，在表述目标的同时写出测验草稿，并根据各目标的重要性以及在每个目标上花费的时间来加权测验。此外，教师要使学习活动符合目标。例如，对于词汇记忆目标，教师要给学生提供有关记忆的辅助方法和实践练习；对于发展学生深入的见解，教师可考虑采用撰写议论文和展开辩论等教学手段。

表 14-3 教学目标的写作方法（Woolfolk，1990）

一般的认知目标	相对具体的行为目标
学生在解简单算术问题中推理	学生解一个以新的形式书写的简单算术问题，如 $3+4=?$ 和 $4+3=X$
学生理解古诗中绝句的概念	学生从各种不同的古诗中识别出绝句
学生懂得配合	学生在适当的时候传球

三、教学目标的分类

教学往往要同时设置几种不同的目标。布卢姆（1956）将教学目标分为三种类型：认知（cognitive）目标、情感（affective）目标和动作技能（psychomotor）目标。在实际生活中，这三方面的行为几乎是同时发生的。例如，学生写字时（动作技能），也在进行记忆和推理（认知），同时，对这个任务会产生某种情绪反应（情感）。还有人提出，教学目标还应包括人际关系技能，即有效地与他人沟通的能力，如集体工作、咨询技术、管理技能、讨论等。

下面将分别探讨布卢姆的三种领域目标的设置以及评价。

（一）认知目标

布卢姆等人认为，认知方面的目标包括知识、领会、运用、分析、综合和评价六个水平（图 14-1）。

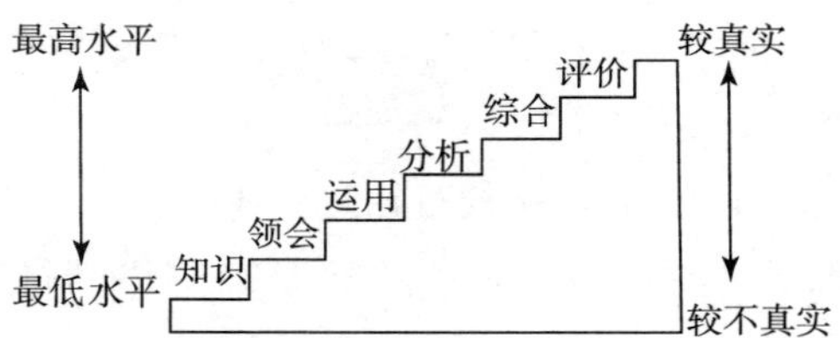

图 14-1　布卢姆的认知目标分类（Bloom et al.，1956）

2001 年，一些教育研究者出版了布卢姆分类法的首次修订版（Anderson & Krathwohl，2001）。新版本继续保持了认知目标的六个水平（维度），只是顺序上稍有不同。这六个认知过程为记忆（知识）、理解（领会）、应用（运用）、分析、评价、创造（综合）。下面以新版本为例，具体介绍各级水平的定义与相应的例子，如表 14-4 所示。

这六个水平由简单到复杂构成金字塔式排列。布卢姆认为较高水平的目标包含并依赖于较低水平的认知技能。例如，评价水平的目标比认知水平的目标要求更复杂的心理操作。同时，较高水平的目标比较低水平的目标更具体，更可能代表现实世界所要求的行为。

表 14-4 认知目标的具体内容

水平	含义	举例
记忆（remember）	回忆信息	回忆一篇课文的标题
理解（understand）	用自己的话解释信息	用自己的话表述这篇课文的主要内容
应用（apply）	在新情境中运用知识	用这篇课文中的词语和短语表达自己的感受
分析（analyze）	将知识分解为要素，理清要素间的相互关系	区分这篇课文中的事实与观点
评价（evaluate）	根据给定的标准作出价值判断	评定两篇仿照课文的习作哪一篇更好
创造（create）	将各种要素综合为新的整体，为适应新情境而建立联系	根据给定的一些素材，依照课文仿写一篇作文

在实际教学中，对于每一种教学内容，教师都可以设置这些目标，甚至可以同时设置各级水平的目标。例如，在讨论前面马杰的观点时所举的例子，区分新闻中的事实和观点，就是在分析水平上的一个例子。在评价水平上，目标可以是：提供两篇对最近一个事件持相反观点的文章，决定哪篇文章比较公正，并且证明你的选择。在创造水平上，这堂课的目标可以是给予三个事实，写一篇由两个段落构成的新闻报道，发表对这个问题的见解，以及用这些事实来证明这个见解。

对于认知目标的评价，记忆水平的目标可以用是非题、简答题、匹配题以及多项选择题进行测验。理解、应用和分析水平的目标也可以用这些测验来评价。但是，评价水平的目标不适合使用这些测验，而更适合使用论文测验。论文测验对中等水平的目标也能行得通，但是对测量记忆水平的目标则不那么有效。因此，在评价中等水平的目标时，教师可以选择不同的方法，但在评价最高水平和最低水平的目标时，教师一定要注意评价方法是否适合这些目标。

在修订后的认知目标分类中，研究者还将认知过程中所处理的知识划分为四种类型：①事实性知识，即知识术语和知识包含的具体细节和要素，如事件、时间、地点、人物等；②概念性知识，包含类别知识、原理与概括知识，以及理论与结构知识，如牛顿三大定律；③程序性知识，包括具体学科的技能和算法知识、技巧和方法知识，以及确定运用适当程序的知识，如在写作之初确定使用说明文体裁；④元认知知识，包括策略知识、关于认知任务的知识，以及自我知识，如了解自己在完成某项任务上的优势与不足。

将认知水平与知识类型两个维度相结合，可以组合出多种具体的认知教学目标，即教学目标双向细目表。每一个教学内容都包含了不同的知识类型，也可能涵盖了多种认知过程，因此需要设置多个认知目标。例如，在小学数学“正方体的表面积”课程中，就包含了“理解概念性知识”（描述正方体表面的概念），以及“应用程序性知识”（运用正方体表面积公式计算正方体的表面积）。

（二）情感目标

教学不仅需要设置认知方面的目标，也要考虑情感方面的目标，如培养学生的兴趣、态度以及价值观等。情感方面包括接受、反应、形成价值观念、组织价值观念系统和价值体系个性化五种基本的目标（表 14-5）。

表 14-5　情感目标的具体内容

水平	含义	学习结果	举例
接受 (receiving)	专注于特定现象或刺激，如专注于课堂教学活动、教科书、音乐等，即意识到或愿意注意某一刺激（听或看）	从意识到某物的存在到有选择的注意之间	当教师阅读《火烧赤壁》时，学生专心坐着听
反应 (responding)	积极参与活动，以某种方式做出反应，如学生提一些有关火烧赤壁的问题。这时，学生不仅专注于某一特定现象，而且采取某种方式作用于自己注意的对象	着重于默认的反应、自愿的反应、满足的反应等方面	阅读指定教材，自愿阅读未指定的教材，为满足兴趣或享受而阅读
形成价值观念 (valuing)	对特定的对象、现象或行为的价值或重要性的认识	注重行为的连贯和足够的稳定	当讨论有关瓦斯爆炸事件时，学生能积极表达自己关注生命等观点
组织价值观念系统 (organization)	组合不同的价值、解决价值问题的冲突、建立一种内部协调的价值体系等，其重点在于价值的比较、联系和综合	注重价值概念的形成（如认识自己对改善人与人关系的责任）、价值体系的建立等	学生应该能明确阐述其支持版权法的理由，并能识别出那些不支持其信条的观点
价值体系个性化 (characterization by value)	具有了一种价值体系，这一价值体系在相当长的时间内控制着他的行为，并使他形成独特的生活方式	包括广泛的活动范围，但重在那些有代表性的行为或行为特征	学生应该对弱势群体表现出乐于帮助和关心的态度，在课堂内外帮助该群体解决行动不便的问题

在设置一个具体的目标时，教师必须表述学生在接受和反应时学会了什么。例如，一节有关版权法的课在形成价值观念的水平上的目标可以表述如下：在学完盗版的危害性后，至少50％的学生会抵制盗版，以支持正规出版业的发展。

在对情感目标进行评价时，教师可以在上课之前，先将这些目标当作诊断的标准，判断给学生带来了什么价值体系。这样，课后的评价就可以帮助教师估量自己在多大程度上成功地使学生的态度或价值观朝期望的方向变化了。例如，一节科学课的重要目标是让学生遵守从事科研的伦理学原则。如果教师在课前了解到，学生对一个人为了巩固自己的观点而伪造科学结果持赞成态度，那么教师在这节课中始终要有一个情感目标：改变学生的态度。如果教师在课程结束之后了解到学生仍然坚持这种态度，教师就要设法在下一次使用不同的方法来达到这一目标。

事实上，情感目标是否已经达到很难测量。在版权法的例子中，教师怎么才能确定学生不买盗版书籍以此共同抵制盗版行为？最好的方法可能是让学生匿名报告自己购买出版物的情况。

（三）动作技能目标

动作技能目标分为知觉、模仿、操作、准确、连贯和习惯化六种（表14-6）。

表14-6　动作技能目标及其具体内容

水平	含义	举例
知觉 (perception)	通过感官对动作、物体、性质或关系等的意识能力，以及进行心理、躯体和情绪等的预备调节能力	观看游泳的演示，能感知正确的游泳方法和正确的步骤
模仿 (imitation)	按提示要求行动或重复被显示的动作的能力，但模仿行为经常是缺乏控制的，如表演动作是冲动的、不完善的	在观看游泳的姿势之后，能以一定的精确度演示这一动作
操作 (operation)	按提示要求行动的能力，但不是模仿性的观察，如按照指示表演或练习动作等	在进行了一段时间的练习之后，能在10级操作成绩表上达到7级水平
准确 (accuracy)	全面完成复杂作业的能力，通过练习可以把错误减少到最低限度，如有控制地、正确地、准确地再现某些动作	能表演一个可以接受的抽球动作，成功率达到75％
连贯 (consistency)	按规定顺序和协调要求而调整行为、动作等的能力，如准确而有节奏地演奏	能准确而有节奏地演奏一首曲子

续表

水平	含义	举例
习惯化 (habituation)	自发或自觉地行动的能力，如经常性的、自然和稳定的行为就是习惯化的行为，也就是学生能下意识地、有效率地、各部分协调一致地操作	在需要的时候，不借助模板就能正确画出三角形、四边形和圆形

动作技能不仅是体育课或手工课的教学目标，其他课也常常需要设置动作技能方面的目标。例如，化学、物理和生物等课同样需要专门的动作和手眼协调能力。使用实验设备、鼠标或艺术材料都意味着学习了一种新的动作技能，书写文字更是如此。

学生一旦达到动作技能方面的目标，就意味着发展出了某种特定的表现能力。教育者可以通过两种方式来评价学生的表现：第一种方式是要求学生演示这种技能，以观察其效率。当学生进行实际表现时，教师需要制订一份核查记分单。一份核查记分单通常从几个维度来测量学生的表现，每个维度留出一系列的空间供教师描述自己的判断和打分，或者提供划分等级的标准。在舞蹈比赛和体操比赛中，裁判们常常使用这样的方法。第二种方式是评价学生的产品。在某些情况下，学生每表现一项技能就会产生一个产品，因此，对产品的评价可以替代对实际表现的观察。例如，教师通过对书法、绘画作品的分析鉴赏，可以评价学生的相应技能。

四、教学目标的设计

一个完整的教学目标包括两个步骤。

（一）列举学习内容和行为

列表格的具体做法如下。首先确定课程的一般目标，用广义的术语加以表述。然后，将每一个一般目标分为两个维度：一个维度是学生的行为，如获得知识、理解、分析以及概括等；另一个维度是课程内容，即覆盖该课程的各个课题。例如，在语文课中，关于中国现代文学的教学单元的一般目标是增强学生对中国现代文学的鉴赏能力。那么，学生的行为就可能包括知识（作者、历史时期等方面的知识）、理解能力（理解作品的主题、风格等）、比较能力（比较不同的风格、不同的主题）、批判性思维能力（判断艺术水平的高低等）、综合能力（写作表达能力等）以及形成价值观念（形成积极的态度等）等；课程的内容就可能包括各种小说、诗歌、散文等。

在画矩阵表时，横向列出学生的行为，从最简单到最复杂地排列，纵向列出课程的内容。表 14-7 是关于中国现代文学课的教学目标的**行为—内容矩阵表**。在表中每一个行为和内容交叉的方格里的数字显示出教师设置了多少个目标。可以看到，这位教师决定在这一单元里强调对中国现代文学的综合能力和价值观，并且比较重视小说和诗歌。

表 14-7　关于中国现代文学课的教学目标的行为—内容矩阵表

内容	行为						总目标数
	知识	理解	分析	综合	评价	价值	
小说	2	1	2	2	1	2	10
诗歌	1	2	2	2	1	2	10
散文	1	1	1	2	1	2	8
总目标数	4	4	5	6	3	6	28

在矩阵表的每一格中，某个特定的行为和某个特定的内容范围相交叉，从而形成每一个方格中的教学目标。这种方法能确保所有重要的行为和主题都被看作可能的目标，使整个课程的所有目标一目了然，并且以更符合逻辑的顺序组织它们。教师也可以设置优先级，在有些方格中可以设置几个目标，在有些方格中有时可能连一个目标都没有，这取决于追求的教学结果。在测验时，教师可以强调关键的地方，在最重要的地方多提一些问题。

（二）任务分析

当确定了课程的所有教学目标之后，就要对每一个教学目标进行**任务分析**（task analysis）。任务分析是指将目标划分成各级任务，再将各级任务逐级划分成各种技能和子技能的过程。在课堂里，教师一开始要问自己："学生在达到我头脑中的最终目标之前，先得做什么？"对这个问题的解答可能有助于其确定几种基本的技能。如果教师确定了五种技能，那么他要接着问："学生要成功地达到这五种技能，必须做什么？"对这个问题的解答又能使每种基本技能产生许多子技能。如此反推，有助于描绘出学生成功完成目标必须具有的所有能力。

下面举一个完整的例子来说明任务分析。假定表 14-7 中学生对小说的综合能力这一方格中，有一个目标是学生必须利用图书馆的资料写一篇有关中国现代小说的议论文。这一任务要求具备哪些技能和子技能？如果没有进行任务分析，会发生什么情况？有些学生可能不知道如何使用电子目录或者电子数据库查找百科全书，并以其中的文章为基础写出一篇总结。本来要求他们综合几种资料，但一些学生只用了其中一种，所以他们的作业得分较低。另外一些学生可能知道如何使用电子目录、内容表、索引，但得出结论却有困难，他们可能会交出一篇冗长的文章，这篇文章只是罗列了大量的不同观点，这些学生同样只能获得低分。还有一些学生可能会做结论，但是，他们的表达却混乱不清、语病繁多，让人难以弄清他们想要说什么。这些学生都不成功，但原因各不相同。

通过任务分析，教师能明确实现最终目标的各个步骤的逻辑顺序。这将有助于教师在给学生布置作业前确保学生具有必需的技能。此外，当学生有困难时，教师能一针见血地指出问题。如果教师对刚才所举的例子做了任务分析的话，就能为学生制订几个不同的目标。例如，有些学生在完成最终的任务时还必须达到一些辅助性目标，有些学生则可直接进入图书馆工作。

通过对学生所犯错误的分析，教师可以了解到学生要成功完成任务需要具备的某项技能。教师可以利用从学生的错误中得来的信息，进一步分析整个任务，给下一年级做准备。这些积累的经验将使教学变得越来越好。

第二节　选择教学模式

设计好了教学目标，教师下一步就需要选择一定的**教学模式**（model of teaching）以实现这一教学目标。教学模式是以一定的学习和教学理论为基础，为了实现特定的教学目标而采用的在教学资源、教学形式、教学活动过程以及教学评价方面的模式化的结构。一般来说，可供选择的教学模式主要有直接教学、探究学习、基于问题学习、合作学习、个别化教学、接受学习、发现学习等，鉴于后两者在第六章做过介绍，下面介绍前五种模式。

一、直接教学

直接教学（direct instruction）是以学业表现为中心，在教师指导下使用结构化的有序材料的课堂教学模式。在直接教学中，学生清楚教学的目标，分配给教学的时间是充足和连续的，包含的内容是广泛的；学生的表现受到监控；学生收到的反馈是及时的，并且主要是学业性的。在直接教学中，教师控制着教学目标，选择适合学生能力的材料，控制教学的进度，交互作用是结构化的，但并非权威性的。学习在一个欢乐的学业氛围中进行。

研究者（Rosenshine，1988；Rosenshine & Stevens，1986）在有效教学研究的基础上，提出了六种主要的教学活动（表 14-8）。这些活动可以被看作教授结构良好领域基本技能的典型框架。这些活动与我国的传统教学不谋而合。

表 14-8　直接教学的教学过程（案例为第二次世界大战的起因）（鲍里奇，2002）

教学功能活动	解释	举例
①复习和检查过去的学习	检查作业； 重教学生出错的内容，对相关概念或技能进行必要的复习，弄清楚学生是否已经掌握了作为先决条件的技能	凡尔赛和约签订的耻辱条款：①赔偿；②鲁尔的非军事化；③领土以及殖民地的丧失 德国缺乏民主
②呈现新内容并赋予结构	提供概述； 以小步骤前进，但节奏要快； 如有必要，详细而反复地指导和解释； 在测量旧技能时逐步引入新技能	希特勒出现之前的德国局势：①魏玛共和国的失败；②经济问题、通货膨胀以及美国经济大萧条的严重影响；③由于政治家的背叛，德国在第一次世界大战中的信念丧失；④惧怕共产主义 希特勒执掌政权的主要事件：①纳粹党、冲锋队；②啤酒馆暴动和希特勒的拘禁；③选举和任命大臣
③提供有指导的练习	进行高频率的提问和公开的学生练习； 初次学习时适时给予提示； 让所有学生都有机会回答并获得反馈； 通过评估学生的回答检查其理解情况； 继续练习直到学生能够肯定地回答； 初次学习的成功率要达到 80%或者更高	让学生写出三条原因，说明为什么在 20 世纪 20—30 年代初期，德国局势决定了希特勒的出现，并让学生对自己的答案进行充分的解释

续表

教学功能活动	解释	举例
④提供反馈和纠正	给学生反馈，特别是在他们回答正确却还犹豫的时候； 学生的错误给教师提供了反馈，有必要纠正或重教； 通过简化问题、给出线索、解释或复习步骤等方法来纠正，必要时，以更小的步骤重新教授	随机点名，让学生陈述自己关于希特勒得逞原因的分析，讨论大家对原因论证的优劣
⑤提供独立的练习	让学生做当堂练习或家庭作业； 对学生的疑问提供解释，允许学生彼此帮助； 独立练习的成功率要达到95%，直到所学技能因过度学习而达到自动化	布置家庭作业，并说明要求
⑥提供每周或每月的复习，以巩固学生的学习	每一周开始时复习上一周的课，每月月末复习这4周所学的东西； 复习形式包括做家庭作业、经常性的测验、补习在测验中未通过的材料等； 如有必要，要重教	在下周课上或者月末课上，考察学生关于当时德国的局势、希特勒得逞的原因，以及他掌权时所发生的主要事件的掌握情况，让学生交上答卷

表14-8中的这些活动并非一定遵循表中的顺序而展开。例如，反馈、复习、补课等只要有必要就要进行。教学活动的顺序可以根据学生的能力状况以及他们对内容掌握的程度做出调整（图14-2）。学生对内容的掌握程度与他们有效运用课堂时间以及积极练习直接相关。

直接教学模式尤其适合教授那些学生必须掌握的、有良好结构的信息或技能。直接教学甚至在某些方面是必不可少的。例如，学生对某些基本事实、规则和动作序列必须达到熟练掌握的程度，或者为了促进后续学习而必须进行过度学习（Good & Grouws，1987）。如果教学的主要目标是深层的概念转变、探究、发现，或者是开放的教学目标，就不宜使用直接教学。

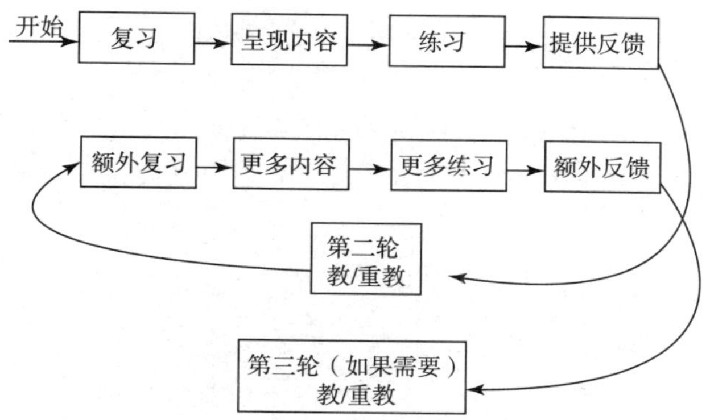

图 14-2　直接教学的教学活动序列举例（鲍里奇，2002）

二、探究学习

探究学习

（一）探究学习的定义

探究学习是在 20 世纪 50 年代美国掀起的“教育现代化运动”中，由施瓦布（Schwab，1962）提出的。随着研究深入，探究学习已经成为一种符合建构主义思想的重要教学模式和学习方式。具体说来，**探究学习**（inquiry learning/inquiry-based learning）是指学生仿照科学研究的过程来学习科学内容，体验、理解和应用科学研究方法，获得科学研究能力的一种学习方式（刘儒德，2005）。根据美国国家研究理事会 2000 年的阐述，它包括以下五个方面的活动：①提出问题，学生围绕科学性问题展开探究活动；②收集数据，学生获取可以帮助他们解释和评价科学性问题的证据；③形成解释，学生要根据事实证据形成解释，对科学性问题做出回答；④评价结果，学生通过比较其他可能的解释，特别是那些体现出科学性理解的解释，来评价他们自己的解释，使解释和科学知识相联系；⑤表达结果，学生要阐述、论证和交流他们提出的解释。

探究学习重视科学概念、科学方法、科学态度三者的综合和对科学研究过程的理解。它传达的意义在于，科学知识不是固定不变的，而是随着探究方式的更新不断被修正，因此不能被当作绝对的真理教给学生，而应作为有证据的结论。探究获得的知识不仅仅是事实的知识，还是对事实的解释，是一种解释性的事实。此外，教学内容应当包括学科特有的探究方法。

（二）探究学习的程度

根据师生在探究活动中的作用程度，探究学习分为自由探究和定向探究。在自由探究中，学生独立完成各种探究活动，极少得到教师的指导和帮助。例如，在中学科学课的专题学习活动中，教师请学生共同做一个探究，做什么、怎么做都由学生决定，只要与科学有关且有条件做就行。首先学生分组讨论所选的课题，再由全班同学投票决定一个题目，如“市场上哪种品牌的洗衣粉效果最好”。接着小组讨论如何做，然后全班共同确定探究方案。在定向探究中，学生在教师的充分指导和帮助下完成各种探究活动。

其实，探究学习的每一种探究活动在学生自主程度上都存在一个连续体，自主程度最高者为自由探究，自主程度最低者为定向探究。任何一次探究学习都是由自主程度高低不同的五种探究活动组成的（表 14-9）。

表 14-9　基本探究活动的不同自主程度

探究活动	自由探究	低度指导探究	高度指导探究	定向探究
提出问题	自己提出	从所给问题中选择，据此提出新问题	来自教师、学习材料或其他途径，但问题不那么直接，需要学生有所改变或体会其含义	直接来自教师、学习材料或其他途径
收集数据	自己确定什么可作为证据并进行收集	在他人的指导下收集某些数据	数据直接给出，学生进行分析	数据和分析方法都提供给学生
形成解释	学生总结证据后做出解释	在他人的指导下收集论据，形成解释	形成解释的可能途径已知	证据已知
评价结果	独立地考察其他事实来源，建立事实与已有解释的联系	被引导到科学知识的领域和来源	给出可能的联系	给出可能的联系
表达结果	用合理的、合乎逻辑的论据表达自己的理解	阐述自己解释的过程中得到他人的指导	阐述自己解释的过程中得到了广泛的指导	给出表达的步骤和程序
多——学生自主探究的程度——少 少——教师指导和帮助的程度——多				

（三）探究学习的模式

各种探究学习的基本活动和特征虽然是一致的，但是因为探究内容、探究主体不同，所以有不同的探究模式。比较经典的探究学习的模式有萨奇曼的**探究训练模式**（inquiry training model）、施瓦布的生物科学探究模式等（转引自刘儒德，2005）。这里以最有代表性的萨奇曼的探究训练模式为例说明探究学习的过程。萨奇曼考察、研究了科学家的创造性的探究活动，从中提炼出科学研究过程的基本要素和程序，如组织信息、进行因果关系推理、提出并验证理论等，并压缩这一程序，结合教学法的要求，概括出了一套探究的训练程序。这套程序旨在训练学生通过收集事实来建立理论的科学思维能力，并教给学生一些学术研究的技巧和语言，教会学生调查和解释异常现象。从学生的课堂活动来看，探究训练模式包括四个基本环节（刘儒德，2005）。

1. 面对问题情境

教师向学生展示问题，设置疑难情境。学生理解所要探究的问题，并了解探究的程序。例如，一位生物教师在教"动物与其天敌相互关系的自然平衡"这一单元时，用学生比较熟悉的狼和鹿的关系作为一般问题的实例，向学生创设了如下的问题情境（埃金、考切克、哈德，1990）。

许多年前，西南部山区有很多鹿，其数量一直变化不大。山里还有狼。一些来自城镇的人曾经亲眼看见狼群咬死了鹿群里的两只小鹿，感到非常震惊，发起了一场灭狼运动。但奇怪的是，在随后几年里，鹿的数量反而明显减少了。既然狼是鹿的天敌，为什么会发生这种情况呢？

2. 提出假设，收集资料

提出假设和收集资料是紧密相连的。学生可以先提出假设再收集资料，也可以先收集资料再提出假设，还可以边收集资料边提出假设。学生需要循环往复地"提出假设—收集资料"。教师充当资料的提供者。学生通过向教师提一些只能用"是"或"否"回答的问题，来收集资料，以证明自己的假设。（注：下面所有的对话由学生提问，教师回答。）

"人们看见其他动物在杀鹿吗？""是的。"

"在狼被消灭之后，其他的食肉动物，如美洲野猫、郊狼，就能更有效地捕杀鹿，所以，鹿的数量就下降了。""你能否用一些资料证明这一假设？"

"狼被消灭后，鹿区的美洲野猫增多了吗？""没有。"

“郊狼呢?”“也没有增多。”

……

当这一假设得不到相应资料的证实时，学生便开始提出另外一个假设，并围绕这一假设提问。

“在鹿的天敌被消灭后，鹿的数量增加了。之后，那个地区不能供养它们，所以它们很快就饿死了，数量自然就下降了。”“能够用一些资料来证明这个观点吗?”

“在狼被消灭后，在这个地区发现了很多鹿的尸体吗?”“是的。”

“后来更多了吗?”“是的。”

“那些尸体很瘦吗?”“是的。”

“那些尸体是得过病的吗?”“有一些是得过病的。”

“那个地区冬季很冷吗?”“是的。”

在最初阶段，学生收集资料时有一定的盲目性。随着经验的积累，他们越来越倾向于有意识地为验证假设而收集资料。

3. 形成解释，做出结论

学生不断解释收集的资料，验证假设，做出结论。

“我们发现一些鹿可能是饿死的，因为它们的尸体很瘦，一些树的树皮被啃光了。同时，我们还发现一些鹿的尸体显示出得过病的迹象，这也说明疾病可能是一些鹿死亡的原因。我认为，这个假设可以修改为：在鹿的天敌被消灭以后，它们的数量增加了，以至于那个地区无法供养它们，鹿更容易饿死，或者得病而死。以前狼吃掉了鹿群中最弱小的部分，所以，鹿群整体上能够保持健康。”“好。”

“我们并不知道狼吃的是什么样的鹿呀?”

“在狼被消灭之前，已发现的鹿的尸体中，壮年期的鹿一般较少，幼小的或衰老的鹿一般较多吗?”“是的。”

“那就对了，这就证明了这个观点：狼吃掉了鹿群中的弱小者。”

当学生无法解释资料时，教师要求学生进一步收集或分析资料。有时，学生请教师评判他们的解释。

4. 分析探究过程

学生分析和认识他们自己的探究过程，为今后改善探究过程提供依据。这是发展学生探究能力必不可少的阶段。

三、基于问题学习

（一）基于问题学习的内涵

基于问题学习（problem-based learning，简称 PBL）是一种让学生通过解决不一定具有正确答案的真实性问题来获取知识的教学，是由理解和解决问题的活动构成的一种学习方式（Barrows & Tamblyn，1980）。PBL 作为一种问题取向的教学思路，可以追溯到美国教育家杜威的进步教育运动。杜威认为教师应当通过吸引和激发学生研究与进行创造的过程来进行教学。PBL 作为一种教学模式起源于 20 世纪 60 年代加拿大麦克马斯特大学（McMaster University）的医学教育。

PBL 注重培养学生灵活的知识基础、高层次思维能力和自主学习能力，倡导从问题入手获取知识，并应用所学知识来解决问题，如此反复循环，不断深化对知识的理解并提高对知识的灵活应用，强调发挥学生的自主性和教师的促进者作用（刘儒德，2002a，2002b）。

研究者（Norman & Schmidt，2000；Dochy et al.，2003）做了大量的研究来探讨 PBL 的效果，发现 PBL 虽然在短期内不能让学生学到更多的知识，但从长期看，参与 PBL 的学生对知识的保持程度要更好，并且能让学生在短时间里获得解决问题、高层次思维等能力，对学习过程保持更高的满意感。

（二）基于问题学习的环节

下面结合一个案例介绍 PBL 的基本环节。

1. 呈现问题情境

问题情境应该与学生在日常生活中关注的东西联系在一起，如学生的个人经验、家庭或朋友的经验，或者学生喜欢的电视、电影、音乐等。例如，一位教师了解到学生对学校新校区的建设非常关注，顺势提出了与之相关的问题，学生对此非常感兴趣，通过一系列的澄清，教师和学生共同提出了对问题的表述。

我们学校边上将要建造一所新的小学，大约有 600 个孩子，从幼儿园到五年级。学校的总造价是 3000 万美元，其中 7.5% 用于操场的建造。你们的任务是在预算内和能容纳所有孩子的前提下给建造者提供操场的设计模型。

不是所有的疑问都能成为好的问题情境，教师选择的问题应该考虑以下几个特点：①从学生的先前经验出发；②问题具有真实性；③与教学目标相结合；④鼓励结构不良问题；⑤问题需要合作解决。在 PBL 过程中，教师的角色主要是设计者、支持者与评价者（刘儒德，2002b）。此外，一次给学生提供的信息不应过多，学生必须通过设问来获得更多的信息和资料，在这个具体的、有限的问题中分析更多的信息。

2. 研究问题

学生以小组为单位对问题进行研究，工作白板（whiteboard）就是一个非常好的思考工具，包括问题中的事实信息（facts）、学生的想法和假设（ideas）、所确定的学习议题（learning issues）和行动计划（action plan）（表 14-10）。教师要从学生中挑选一个人做记录员，负责在白板上记录解决问题的过程。师生一同填写这个白板以进一步澄清学生的思想。

表 14-10 PBL 工作白板

事实信息	想法和假设	学习议题	行动计划

当学生熟悉白板的操作后，要让他们尽可能地提出解决问题的想法、有关问题的事实以及待澄清的学习议题。完成白板的前三栏后，每组学生可以选择一个想法来加以检验。一旦这个想法被认可，这组学生就要查看学习议题栏，并从中选择一个或几个疑问去调查和研究。最后转到第四栏，看看什么信息来源可以给他们所选的疑问提供最多的信息。他们要使用最后两栏中的信息，草拟出一份具体的行动计划。教师告诉学生，他们可以利用多少节课来进行独立研究工作，并让他们开始工作（表 14-11）。教师可以适当地引导，如问学生是否应该把某些概念列在他们的学习要点中。随着学习的进行，学生能更多地管理他们的学习要点，这时教师就要慢慢地"隐退"，让学生分头去探索他们已确定的学习要点。

表 14-11 学生对行动计划的记录

事实	想法	学习议题	行动计划
①600 个孩子 ②7.5%总造价（3000 万美元） ③从幼儿园到五年级 ④要建造一个模型	①雇用人来完成 ②去别的学校看看相同的操场 ③在操场里放置我们想要的设施	①操场空间的大小 ②孩子们想要玩的游戏 ③设备的安全管理问题 ④设备的投资成本	①调查小学生需要在操场上玩什么样的游戏 ②打电话咨询有关安全管理部门 ③去设备购买处询问价格 ④参观其他学校

3. 重新研究问题

当学生做完独立研究以后，全班学生重新聚集在一起，对问题进行再次考察。教师首先让每组学生报告他们的工作。与此同时，教师要对学生使用的资源、时间的利用以及他们行动计划的整体有效性进行评定。

学生根据其他小组做的研究产生了新的疑问，或者想到了一些新的解决办法。这时教师就要给学生提供额外的研究时间，让他们检验这些新的疑问和解决方法。在第二轮研究中，各小组可能会研究在第一轮研究中没有研究的其他解决方法。如果没有新的疑问和解决方法产生，全班学生或者各小组可以投票决定他们想用哪一个解决方法来完成他们的项目。教师可以补充一些新问题，让学生针对新的问题再去做调查。针对上面的例子，教师可以做如下补充。

大家都知道需要给建筑工人付工资，我们需要知道每小时工人的报酬，以及他们安装设备需要用多长时间。或者，比如说，我们希望操场上有一块地能玩儿童足球游戏或者跳房子游戏，我们要计算需要的沥青和费用。

4. 交流与汇报

交流和汇报研究成果是整个 PBL 任务要达到的目标，它能反映出学生的学习成果。最后的研究成果包括许多不同的部分，可以由每名学生或每组学生分别完成各部分，也可以由各组创作出各自的项目。

5. 反思与评价

为了帮助学生提炼学到的东西，教师要有意识地鼓励学生反思问题解决的过程，思考这个问题与以前遇到的问题的共同点和不同点，这对帮助学生概括和理解新知识的应用情境非常有帮助。评价是贯穿在整个研究过程中的，涉及多个主体（教师与学生）和多种方式（形成性评价、诊断性评价、教师评价、学生自评、互评）。教师要鼓励学生评价自己的表现、整个小组的表现以及问题本身的质量。开始的时候，学生可能会遇到一些困难，教师要给他们提供一张自我评价表来帮助学生渡过难关（表 14-12）。

表 14-12　学生自我评价表

学生：　　　　班级：　　　　日期：

活动	一般	好	很好
我贡献了想法（或事实）			
我提出了一些学习议题			

续表

活动	一般	好	很好
在做研究时，我使用了各种各样的资源			
我帮全组思考了这个问题			
我贡献了新的信息			
我帮小组从事了研究工作			

与基于问题学习相似的另外一种学习方式是项目式学习（project-based learning）。项目式学习当前备受我国义务教育的重视。2019 年，中共中央、国务院印发的《关于深化教育教学改革全面提高义务教育质量的意见》提出“探索基于学科的课程综合化教学，开展研究型、项目化、合作式学习”。《义务教育课程方案（2022 年版）》提出要“探索大单元教学，积极开展主题化、项目式学习等综合性教学活动”。项目式学习是一种通过完成与真实生活中相似的项目而获得新知识、新技能的学习方式。其基本做法是：教师针对课程内容设计出一个个学习单元（项目），每个项目都围绕着一个具有启发性的问题展开。学生以合作的方式来分析问题、收集资料、确定方案步骤，直至解决问题，最终形成能表达自己理解的实际产品，如报告、模型、表演、信件或者多媒体演示文件、网站等。项目式学习有助于学生整合各学科知识，发展解决实际问题的能力。

四、合作学习

合作学习（cooperative learning）是一种结构化的教学策略：由 2～6 名能力各异的学生组成一个小组，以合作和互助的方式从事学习活动，共同完成小组的学习目标，在提高每个人的学习水平的前提下，提高整体的学业表现，并获取小组奖励。合作学习的目的不仅是培养学生主动求知的能力，而且是发展学生在合作过程中的人际交流能力。美国明尼苏达大学“合作学习中心”的约翰逊兄弟（Johnson & Johnson，1989）、约翰斯·霍普金斯大学的斯莱文（Slavin，1983）以及以色列特拉维夫大学的沙兰（Sharan）在教育研究工作者和实践工作者中发展了合作学习，使之成为教育领域研究得最好的一种教学方法。

（一）合作学习的基本要素

约翰逊兄弟（1989）认为，合作学习需要具备五个要素。

1. **积极的相互依赖**

积极的相互依赖（positive interdependence）是指在合作学习中学生应知道他们不仅要为自己的学习负责，而且要为其所在小组的其他同伴负责，他们彼此需要“荣辱与共”。每个组员都知道，要想自己获奖，必须与他人合作，帮助他人，只有大家都获奖，自己才能获奖。

2. **面对面的促进性相互作用**

面对面的促进性相互作用（face-to-face promotive interaction）是指学生之间有机会相互交流、相互帮助和相互激励。只有通过相互作用，才能产生希望的合作效果，如产生合作性的认知活动（解释问题解决过程、讨论概念、阐明知识的联系），产生社会性规范和影响（承担责任、相互启发和促进等），通过言语和非言语反应对彼此的学习表现提供反馈，有机会使缺乏学习动机的同伴参与学习，相互了解并建立良好的人际关系等。

3. **个人责任**

个人责任（individual accountability）是指每个组员必须承担一定的学习任务，并掌握被分配的任务。为了落实个体责任，每个组员的作业必须受到评估，其结果要反馈给各个组员。小组成员必须知道在完成作业的过程中，谁最需要帮助、支持和鼓励，并保证不能有人“搭便车”。

4. **社会技能**

学生具有社会技能（social skills）是小组合作取得成效的关键所在。为了协调各种关系，达成共同的目标，学生必须做到：①彼此认可和信任；②彼此进行准确的交流；③彼此接纳和支持；④建设性地解决问题。只有这样，组员之间才能进行有效的沟通，学会共同的活动方式，建立并维持组员间的相互信任，以及有效解决组内冲突等。教师必须教学生一些社会技能，以帮助他们进行高效合作。

5. **小组自加工**

小组自加工（group processing）也被称为小组自评，是指小组成员对在某一活动时期内哪些组员的活动有益和无益、哪些活动可以继续或需要改进的一种反思。小组自加工的作用在于：①有利于组员维持彼此良好的工作关系；②便于组员学习合作技能；③增进组员对自己参与情况的了解；④促进组员在元认知和认知水平上的思维能力发展；⑤强化组员的积极行为和小组的成功。

（二）合作学习模式

合作学习的方法有许多种。大多数都是让四个能力各异的学生组成一组，也有两个为一组的，有些则使用规模大小不同的小组。一般来说，学生被分配在一个小组里一起学习几周或几个月。表 14-13 中列举的是四种一般性的合作学习模式(Slavin，1994)，适用于大多数年级和课题：①**学生小组—成绩分组**（student team-achievement divisions，STAD）；②**团队—竞赛—锦标赛**（teams-games-tounament，TGT）；③**交错搭配**；④**团队辅导的个别化**（team assisted individualization，TAI）。

1. 学生小组—成绩分组

这种合作学习模式由斯莱文（2016）提出，每四名学生组成一个学习小组，他们的学习成绩、性别、种族各不相同。首先，教师用常规方法向全班呈现课程信息。其次，学生在小组中一起学习，已掌握课程的学生要帮助未掌握课程的同伴，以保证小组中的所有成员都掌握了课程。小组一起进行训练和练习，学生也可以参与讨论和提问。最后，所有的学生都参加测验，测验时学生不能相互帮助。教师将学生的测验分数与他们自己过去的平均成绩相比较，根据学生超出他们自己以前成绩的程度，即根据进步程度来决定是否给予积分，这些积分汇总起来构成小组的分数。如果小组的分数达到某种标准，则可以获得某一证书或其他奖励。小组每隔 5～6 周改编一次，给每名学生提供一个与其他学生合作学习的机会，并给分数低的小组的成员提供一个新的机会。这种方法最适合那些目标明确、有唯一正确答案的科目，如数学计算与应用、语言、地理知识、科学事实和概念等。

2. 团队—竞赛—锦标赛

这种合作学习模式也是由斯莱文提出的，小组由三名学生组成。该小组的学生每周与其他小组举行一次比赛，为自己的小组赢得分数，而不是进行测验以获得个人分数。成绩高的小组将获得证书或其他形式的小组奖励。为了平衡，根据个人表现，小组每周改编一次。

3. 交错搭配

这种合作学习模式由阿伦森（Aronson）提出，4～5 名学生组成一个小组学习课程材料，要学习的材料被分成几个部分。每个小组成员认真学习其中一部分材料，学习时各个小组中负责相同材料内容的成员聚集在一起，形成“专家组”，然后共同学习讨论，并成为这部分材料内容的“专家”。然后大家分别回到各自小组，轮流给小组成员讲授自己在“专家组”中学习到的那部分内容。最后，所有学生都参加测验，同时得到小组分数。

4. 团队辅导的个别化

这种合作学习模式由斯莱文等人提出，在三到六年级，通过测验，根据能力分组，每一组都由四名能力不同的学生组成，各小组以他们自己的速度学习不同的单元。小组成员相互帮助，并检查彼此的学习情况。最后一个单元的测验是在没有小组帮助的情况下进行的。根据标准分和单元测试通过的次数来颁发小组奖。因为学生把大量的时间花在小组练习上，所以教师就能有更多时间与那些需要额外辅导的小组在一起。

四种合作学习模式的比较见表 14-13。

表 14-13　四种合作学习模式的比较（鲍里奇，2002）

学生小组—成绩分组	团队—竞赛—锦标赛	交错搭配	团队辅导的个别化
教师提供演讲或讨论的材料	教师提供演讲或讨论的材料	学生阅读课文的某部分内容，承担独立的主题	由班长对学生进行诊断性测验或练习，从而决定学习材料的水平
团队完成练习本上的问题	团队完成练习本上的问题	在组内承担相同任务的学生在“专家组”中相会	学生以他们自己的步调工作
教师对所学材料进行测验	组间进行知识点的智力竞赛	学生返回原来的组，同自己的同伴分享该课题的知识	团队的同伴对照课文检查答案，班长进行测验
教师判断小组平均分和个人进步分	教师判断 4 周以来的小组得分，评出最佳组和最佳个人	学生对每个讨论的课题进行测验 个人测验得分被用于计算团队得分和个人提高得分	班长统计团队测验得分、平均完成的单元数，计算出团队得分

五、个别化教学

个别化教学（individualized instruction）是为了适应个别学生的需要、兴趣、能力和学习进度而设计的教学方法。教师要想调整学习活动以适应个别学生，教学过程中就要调整学习步调，选择教学目标，使学习活动或材料多样化，考虑到学生阅读水平的差异，并采用多样化评价方式等。下面介绍几种个别化教学模式。

（一）程序教学

程序教学（programmed instruction）是指一种能让学生以自己的速度和水平，学习自我教学性材料（以特定顺序和小步子的方式安排的材料）的个别化教学方法。

程序教学是以斯金纳的操作性条件作用理论为基础的。它按顺序以小步子的方式呈现学习内容，学生以自己的速度进行学习，然后完成填空题、选择题或者问题解决。学生的每一个反应都获得及时反馈。这种程序能够融入书、教学机器（一种集成了程序学习功能的设备）或计算机。

斯金纳的程序教学为**直线式程序**（linear program），即程序材料以一种直线方式呈现，学完一步进入第二步，所有的学生都以同样的顺序学习这些材料（图 14-3）。为了避免任何错误，程序的每一个模块或小段都包括一小片知识，直线式程序中的模块很少超过两个句子。

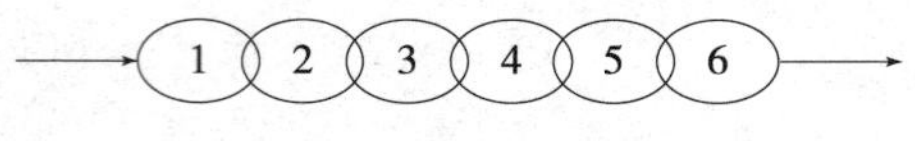

图 14-3　直线式程序图解

图 14-3 中的每个项目都是由某些重叠部分连接起来的。

后来，N. A. 克劳德（N. A. Crowder）在斯金纳直线式程序的基础上发展出了**分支式程序**（branching program），即程序的材料以各项可选的路径来呈现，学生的反应决定了后面学习的路径（图 14-4）。

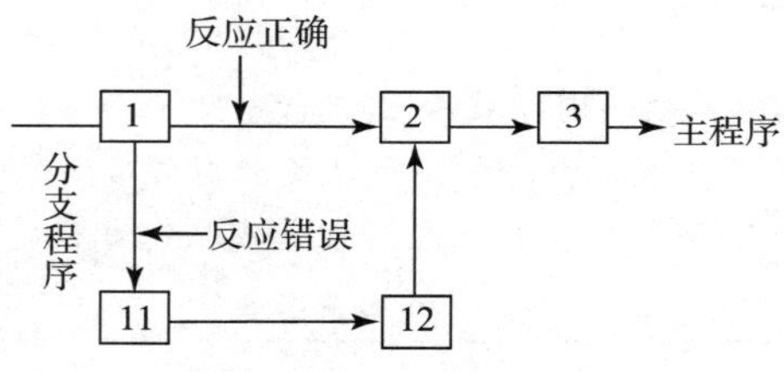

图 14-4　分支式程序图解

对第一代程序教学的研究并没有取得令人满意的结果，但是，程序教学材料常常被用于特殊教育中，作为对传统方法的补充。它有助于满足那些高于全班水平或低于全班水平的学生的需求。

（二）掌握学习

掌握学习（mastery learning）是指这样一种个别化教学方法，即让学生在学习新内容之前，通过具体学习目标和校正性教学（corrective instruction）而学习以程序教学形式呈现的材料，确保所有的或几乎所有的学生对某一确定技能的学习都达到预定的掌握水平。

掌握学习由布卢姆在 1976 年最先提出，旨在解决个体差异的问题。其基本假设是：只要给予学生足够的时间和适当的教学，并在学生遇到困难时在困难内容上给予帮助，几乎所有的学生对几乎所有的学习内容都可以达到掌握的程度（通常要求完成 80%～90%的评价项目）。学习能力上的差异并不能决定学生能否掌握学习内容和学习效果的好坏，而只能决定他将要花多少时间才能掌握该项内容。换句话说，学习能力强的学生，可以在较短的时间内达到掌握水平；学习能力差的学生，则要花较长的时间才能达到同样的掌握程度。但他们都能获得通常意义上的 A 等或 B 等成绩。

掌握学习的一种形式依据学生不同的需要来调整教学时间。为那些需要继续学习基本概念的学生提供矫正性教学，让其他学生做一些扩展性的作业。但有人质疑，认为慢生因为接受了矫正性教学可以学得较好，但是快生因等待其他人而速度减慢了。如果利用常规课时间进行矫正性教学，那么教学内容包含的量就减少了，帮助慢生是以牺牲快生为代价的。

因此，掌握学习的一个本质问题是：怎样为需要额外教学时间的学生提供这部分时间。在有关掌握学习的一些研究中，额外教学是在正规的课堂时间之外进行的，如放学后或者课间休息时。如果学生上完课后没有达到预定的掌握标准（正确率达到 90%），那么教师将给他们提供额外的矫正性教学，直到他们在相似的测验中达到 90%的正确率为止。有关掌握学习的研究发现，在正常的课堂教学之外实施矫正性教学的掌握学习方案，能够提高学生的学业表现，尤其能提高学业表现较差的学生的学业表现（Slavin，1987）。

（三）独立学习

独立学习（independent study）是指学生在教师的指导下利用校内外的资源学习某个主题。在 20 世纪 60 年代，它引入了弹性模块式时间表（flexible module scheduling）。弹性模块式时间表是为了增加弹性，将一天的上课时间或作息时间划分成许多小的时间单元，然后将上课时间划分成全班教学（约占 40%）、小组教学（约占 40%）和独立教学（约占 20%）。根据教师的专业经验，全班教学、小组教学和独立教学之间的比例是可以调整的。独立学习要求学生要有好奇、兴趣和独立的阅读与学习技能。

国外的研究表明，在英语和历史课上，传统课堂上的学生和参加独立学习的学生在第一年都没有差异。但到了第二或第三年，学生和教师都熟悉了独立学习方式，学生学业表现显著提高，并且随着学生独立学习经验的增多，他们逐渐显示出较高的创造性，对学校有更高的满意度，掌握了更好的学习习惯和图书馆技能，具有更丰富的个人资源以及对班级越来越少的依赖性。

（四）适应性教学

适应性教学（adaptive instruction）是从匹兹堡大学的个别化处方性教学（individually prescribed instruction，IPI）发展而来的。适应性教学首先对学生的能力和学习技能（包括加工信息的技能、学会学习的技能、兴趣、态度等）进行最初诊断以及阶段性诊断，然后对课堂教学做出灵活调整，以满足不同学生的需求和能力。采用的方法有：改变不同学生学习各种技能、主题、科目的时间量，为不同的学生设立不同的目标，根据能力、需要、任务对学生分组，调整任务和作业以适应不同的学习方式、能力倾向、兴趣等，提供可选择的不同课程内容。

研究表明，如果教学能够适应不同学生的需求，那么这些学生（尤其是差生或有轻度学习障碍的学生）会比传统班上的学生学得好。有人对 38 个研究报告以及 10 年内的 7200 名学生做了定量分析后指出，对于不同年级、不同内容领域，适应性教学都对学生的学业表现具有显著的影响。

（五）个别辅导

个别辅导（tutoring）包括同伴辅导、成人辅导和模拟一对一教学情境的个别化教学程序，如程序教学和计算机辅助教学等形式。

同伴辅导（peer tutoring）可以分为同龄辅导（same-age tutoring）和跨龄辅导（cross-age tutoring）。跨龄辅导的具体做法是，将一部分高年级学生送到低年级，将一部分低年级学生送到高年级，或者在图书馆等其他学校设施中进行。研究表明，同伴辅导能提高辅导者和被辅导者的学业表现。事实上，许多研究还发现，辅导者比被辅导者收获更大。同伴辅导常常用来提高年长的学习能力较差学生的学业表现，也用来提高被辅导的学生的学业表现。

成人辅导（adult tutoring）是指成人对儿童的一对一的个别辅导，这是最有效的教学策略，它从根本上解决了教学的适当水平的问题。这种方法的主要障碍是其代价。但是，小规模地给在常规课中有学习问题的学生提供成人辅导是有可能的。

第三节 设置教学环境

教学目标和活动配以相应的学习环境，将有助于达到教学目标。教学环境包括物理环境与社会环境两个方面。前者涉及课堂空间设计、教学媒体等，后者涉及教学组织方式、课堂氛围等，课堂氛围将在课堂管理一章进行讨论。

一、课堂空间

课堂空间一般通过两种基本的组织方法来发挥作用。一种遵循领域原则，将空间划分成一个个领域，某些领域只属于某个人，直到教师重新调整某人的位置为止。小学教师常常听到学生说“这是我的课桌”，这正是这种安排的结果。这种安排适合大班上课。另一种是按功能安排空间，即教师将空间划分为各种兴趣范围或工作中心，每个人都能进入所有的区域。这种安排适合小组同时进行各种不同的活动。这两种空间组织方式并不相互排斥，许多教师常常将它们组合起来使用，这里介绍第一种空间组织方式。

（一）课堂空间设计的形式

座位的空间安排往往影响课堂教学和学生学习效率。一般来说，最受关注的学生常常是坐在前排和中线上的学生。如果让学生自己选择座位，那些对课程最感兴趣的学生往往坐在前排，而那些想尽早离开课堂的学生总是靠门而坐。

1. 基本的课堂空间设计

基本的课堂座位排列是传统的纵横排列模式（图 14-5）。

传统的排列模式最适合课堂授课、问答，可以使学生更接近教师，集中注意力。这种排列也适合独立的课堂作业，使学生更容易进行配对学习。如果教师希望进行大组交流，这种模式就不适合了。

2. 特殊的课堂空间设计

由于传统的排列模式减少了师生以及生生之间的目光接触和交流，增加了教师的控制力和学生的被动性，因此以学生为中心的教师更倾向于采用非传统座位排列，如矩形、环形、马蹄形排列等（图 14-6）。

矩形排列容许学生相互交流、相互帮助，但使教师对班级的控制变得比较困难。

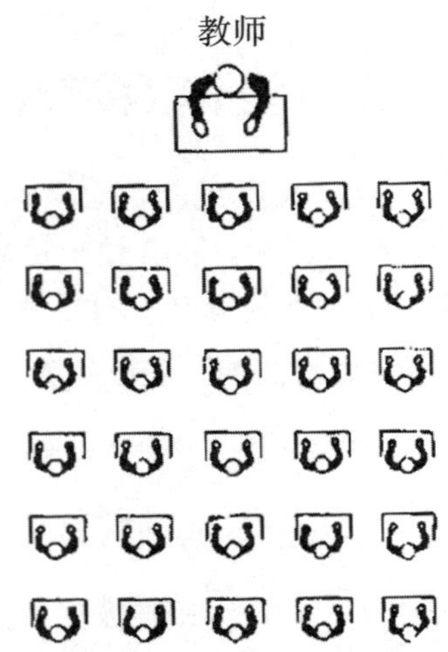

图 14-5　传统的课堂空间设计模式

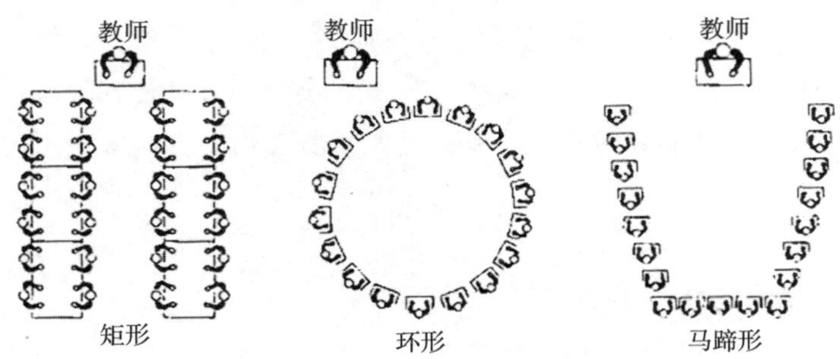

图 14-6　特殊的课堂空间设计模式

环形排列比较适合课堂讨论与课堂作业。当任务需要较多的学生讨论交流时，这两种排列较为有效。由于学生面对面坐着，那些缺乏内在控制力的学生可能表现出更多的不当行为，其结果是他们花在学习任务上的时间减少，因此没有把握的教师以及不擅长课堂管理的教师应慎用这些排列。在马蹄形排列中，教师处在U字缺口的对面，与学生目光接触的频率会提高，可以让全班学生尽可能多地参与课堂活动，这种排列比较适合教师和学生一同讨论问题。

矩形、环形和马蹄形排列一般适用于20～25人，25人以上需要使用双矩形、双环形和双马蹄形排列（图14-7）。

开放课堂（open classroom）的座位排列比较灵活，桌子以组或簇的形式安排，并且可以移动。教室里有许多书架、桌子和工作区，供小组教学和个别化教学使用。

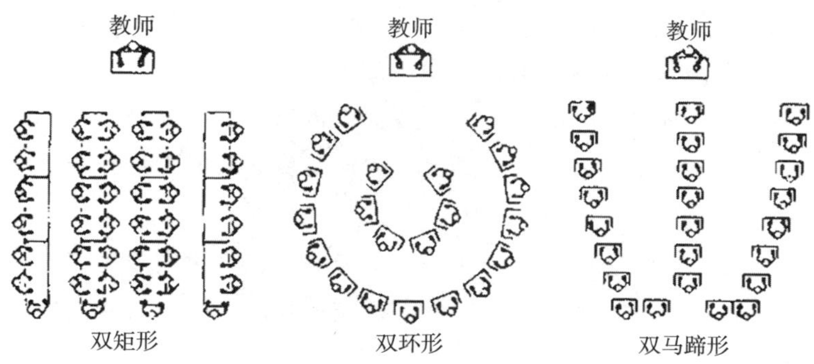

图 14-7　25 人以上的课堂空间设计模式

3. 暂时性的课堂空间设计

下面列出几种暂时性的课堂空间设计模式，如图 14-8 所示。

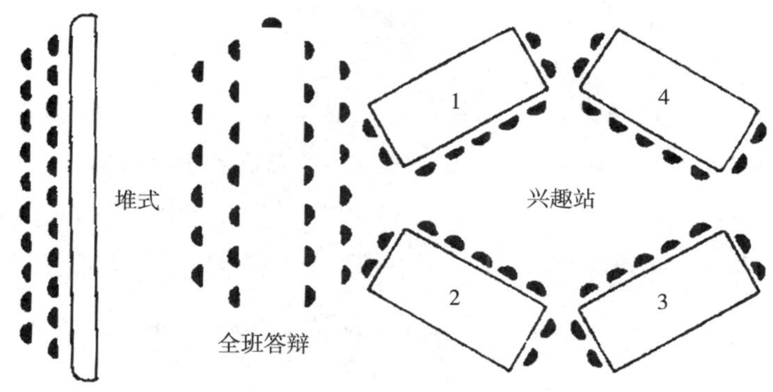

图 14-8　暂时性的课堂空间设计模式

辩论安排和兴趣站都适用于讨论会或者演讲会，而合作学习则主要采用兴趣站的形式。在堆式排列中，学生紧坐在一起，靠近注意的中心（后排甚至可以站着）。这种排列有利于产生凝聚力，比较适合课堂呈现和演示、让全班学生以头脑风暴法解决问题，或者进行多媒体教学。这些特殊的排列可能会增加学生的交流，导致纪律问题，这种方式要求教师有良好的管理技能。所有这些设计都能使教师灵活安排活动，也能增进小组凝聚力和合作意识。

（二）课堂空间设计中应考虑的因素

课堂空间设计取决于教室的大小、学生人数、桌椅尺寸和形状、可移动家具的数量、固定设施的位置、可使用的视听设备、学校的实践、教师的方法和经验。在安排课堂时应考虑以下几个因素。

首先，教室设备的摆放以及空间安排。教师在进行设备摆放和空间安排时要考虑教室里的固定设施，如门窗、电线插座等的位置，电子设备需要靠近插座，电线不要绕到屋子的中央等。所有的材料和设备都应当保持干净和状态良好，并放在易于拿到的地方，以便活动及时开始和结束，将不必要的时间降低到最低。学习区和交通区及设备区应尽量分开，使学习免受干扰。

其次，教师要考虑可见性。教师应当能从屋子的任何部分看见所有的学生，以减少管理上的问题，加强教学监督。学生应当无须移动自己的书桌或伸着脖子就能看见教师、黑板和投影。

再次，课堂设计应当尽量灵活，以便能做出修改，以适应不同活动的要求和教学的不同分组。只有经过长时间的实践，教师才能了解到某一个教学安排是否适合他们的教学方式和学生的需求。可能要经过不断的尝试和改进，教师才能使自己的课堂设计有助于学生的有效学习，使所需的材料得到最好的利用，使教学和监督更容易进行。

最后，保持最大的活动区（action zone）。研究（Adams & Biddles，1970）发现，教学的物理环境似乎以教师和学生意识不到的方式限制着学生的参与，坐在教室中间的学生似乎是最积极的学生，语言交流大多集中在教室的这个区域以及教室正中线上，教师大多时间都站在这条线的前面，研究者把这一区域称为活动区（图 14-9）。

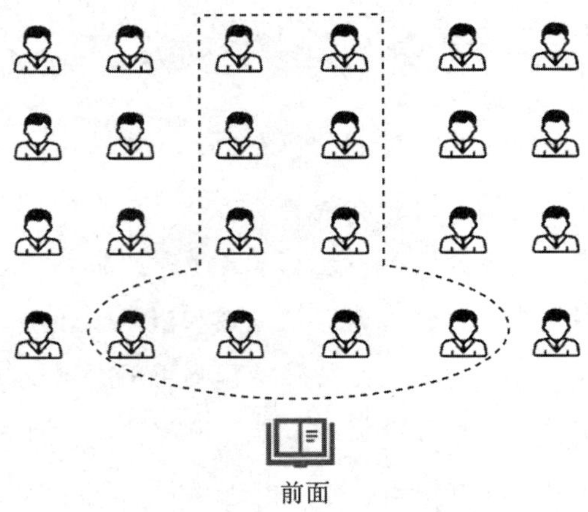

图 14-9　教室中的活动区

那些对课程感兴趣和一心想参与的学生是否选择前面的座位，教师是否指派一心想参与的学生坐在前面的座位上，以及前面的座位是否能使学生更有兴趣和更投入，这些问题有待于进一步研究。但是，前面的座位似乎能增加那些喜欢发言的学生的参与程度，后面的座位则使学生难以参与，并且学生更容易走神。此外，虽然多数教室有一个参与最多的活动区，但这些区并非都在前面和中间。在有些课堂中，这个区可能在一边或某个特定的学习中心。因此，许多教师都会变换课堂中的学生座位，使某些学生不总是坐在后面，或者教师在教学中经常走动，使每名学生都被关照或者易于参与。

二、教学组织方式

在教学中，教师往往采用三种基本的教学组织方式，即全班教学、小组教学以及个别化教学。个别化教学在第二节已经讲过，不再赘述。

（一）全班教学

全班教学是最为传统和普遍的教学组织形式。教师按照假想的平均水平进行教学，以满足大多数学生的需求。教师向全班讲解和演示某一主题，提问并对学生的回答进行反馈，提供相同的训练和练习，解决同样的问题，使用同样的材料。教学是针对全班的，但教师可能要求某名学生回答问题，监督某名学生完成作业，并且辅导个别学生。

全班教学是一个经济而有效的教学方法，适用于教师向全班学生教授同样的技能或同样的课程、布置作业、监考、给小组提要求等。让全班同学一起从事某个活动能增强他们对班级的归属感，并且有助于他们建立集体感和班级精神。通过一起学习、共享资源、制订学习环境方面的规则条例、交流思想，全班学生将学会合作。这种方法还能够有效地指导和管理大量的学生。

全班教学的最大缺陷是不能满足个体学生的需要和兴趣。使用这种方法的教师倾向于把全班学生看作一个在一般能力、兴趣、学习方式和动机等方面同质的组。教师教学针对假想的中等水平的学生，并且希望所有的学生都以相似的方式学习和表现，教师根据全班的平均水平评价学生，选择教学方法和材料，确定学习进度等。每名学生的独特性被忽略了。学生在大集体中较容易表现出问题行为。尽管一名好教师能够弥补这些问题，但最好与其他的个别化教学方式相结合，使教学具有灵活性和多样性。

（二）小组教学

把学生分成 5～8 人的小组进行学习能有效弥补全班教学带来的不足。研究表明，小组教学能增强学生的合作性和社会技能，适当的小组经验能培养学生的民主价值观、对人际差异的欣赏，并且小组为学生提供了安全的学习情境，容许学生以自己的方式学习，鼓励学生对小组活动做出贡献。把全班分成小组有助于教师通过提问、讨论、检查作业来检查某个小组的学习情况，监控学生的学习，评定学生的进步。教师同样也有机会用适合某个小组的水平介绍新技能。

教师可以根据学生的数量、能力差异的范围以及教师能控制的组数将全班划分成 2～3 个小组。教师在分组时应考虑以下几个因素：①在某一特定主题或活动中，根据特殊兴趣和技能建立成员关系；②对于具体的课或具体的内容，如不同的作业或练习，要按能力分组或在全班内重新分组；③融洽同学的人际关系。

不管分组的标准是什么，任务都应当尽量具体，并且在学生的能力和兴趣范围之内，这样小组才能不需要教师的帮助就能自主学习，这样教师才能单独注意某个小组或帮助个别学生。在进行小组教学时需要注意下面两个方面的问题。

1. 能力分组

处理异质问题的最常见途径就是根据能力将学生分配到不同的班级或学校，如重点高中、职业高中等。这就是班间能力分组（between-class ability grouping）。这种分组受到了人们普遍的批评。这种分班对优等生固然有诸多益处，但对于待优生则危害较大。人们对这些待优生的期望很低，对其教学时间较少，其家庭作业和学习时间也相对少一些。他们的自尊心也将受到损害。相反，班内能力分组（within-class ability grouping）则被认为对所有学生都是有效的，甚至在异质班中的学生以同质的方式重新分组，比不进行这种分组的班中学生学得多，在阅读和数学课中尤其如此。在班内小组中，学生将以不同的进度学习不同的材料。

2. 小组活动

小组活动根据其组建目的（认知、情感和社会目标等）的不同可以分为以下几类：①帮助教师应对学生的差异；②给学生提供机会一起计划和实施具体的计划；③促进学生的交往和社会化。教师可以用不同的方法来安排小组活动，如头脑风暴法、辩论、圆桌会议、综合报告等。在小组活动中，教师的角色从工程师或指导者转变为促进者或资源提供者。

小组活动成功的关键在于教师的组织方法。安排得当的小组活动应该具有下列五个特点：①任务结构促使小组成员之间进行合作；②学生根据小组的目标，以自己的进度进行学习；③具有发展参与者社会和人际交往技能的机会；④具有基于小组成绩的奖励结构；⑤组队（team-building）策略的多样性。在这种情况下学生才能学会合作，学会欣赏个体的多样性，重视个人的长处等。

值得一提的是，前一节所讲的合作学习及人本主义教育强调的无年级教学（non-graded instruction）都属于小组教学的模式。

三、教学媒体

教学媒体（instructional media）是指在教学过程中传递信息的物质工具。按感官来分主要包括听觉型（广播、磁带等）、视觉型（书本、图片等）、视听型（电视、电影、录像等）以及交互型（计算机等）。按媒体的表达手段可分为口语、印刷和电子媒体。在教学过程中，教师应当按照教学任务、教学内容、学生的需要和水平以及教学条件进行恰当的选择。

（一）教学媒体的选择

选择教学媒体时，教师要综合权衡教学情境（全班、小组和自学等）、学生学习特点（阅读、非阅读、视听偏好等）、教学目标性质（认知、情感和动作技能等）、教学媒体的特性（静止图像、动画、文字、口语等）等方面的因素。戴尔（Dale，1969）从直接具体经验到抽象经验排列了 11 种媒体，构成了一个经验锥形（cone of experience）图（图 14-10）。

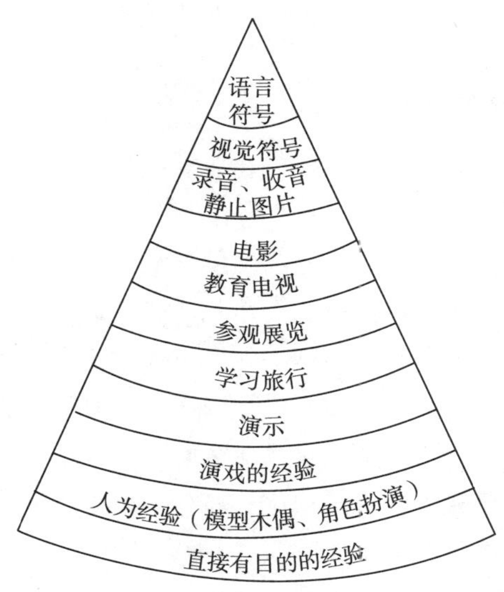

图 14-10　戴尔的经验锥形图（Dale，1969）

在这一经验锥形中，学生开始被看作一个实际经验的参与者，然后是一个实际事件的观察者和中介事件（通过某种媒体呈现的事件）的观察者，最后是一个（表征某一事件的）符号的观察者。这种排列有助于我们根据学习者的学习能力和先前经验水平选择适当的媒体。例如，在“直接有目的的经验”的水平上，学生通过与实物、动物和人接触，“在做中学”。随着年龄的增长，图片或其他模拟手段的替代物能被用来获得某些经验。对于成熟的学生，通过锥形顶端的“语言符号”进行阅读学习是十分有效的。

使用教学媒体是为了使教学遵循这样一个顺序而进行：从经验的直接动作表征、经验的图像表征直到经验的符号表征。因此，教师要确定学生的当前经验水平，利用教学媒体融入一定程度的具体经验，帮助学生整合新旧经验，促进学生对抽象概念的理解。例如，许多学生可能见过蚕在不同阶段发育的形态，也看见过茧，但是，他们需要将所有这些经验整合成一个抽象的概念：蚕的发育生长过程。当然，教师要注意在学习经验的具体性水平与学习时间的限制之间取得平衡。

值得一提的是，戴尔的经验锥形没有列入计算机，这是受时代所限的。在当今以信息技术为标志的信息时代，计算机和网络对人们头脑中的传统教学媒体观念带来了冲击。计算机能集成文字、图形、图像、声音以及动画等多种媒体，并且具有很强的交互作用、存储巨量信息的能力以及虚拟现实的能力，而网络则提供了信息结构非线性与远程通信能力。这些潜力是前述各种媒体无法比拟的，有助于营造出一个理想的学习环境，促进现有教学模式从教学目标、内容、方法到组织形式的根本性变革，因此，这成为教育改革的基本背景之一。

（二）教学多媒体的呈现

当信息的呈现包括两种或两种以上的方式时，如文字和图片，该信息就是多媒体信息。学生在处理多媒体信息时，具有独立的视觉和听觉信息的加工通道（Clark & Paivio，1991），而每个通道在加工容量上是有限的（Chandler & Sweller，1992）。学生的工作记忆容量有限，如果同时从事几种活动，就会存在资源分配的问题，分配遵循“此多彼少，总量不变”。当某种材料包含多种信息的相互作用，其所需的资源总量超过了学生已具有的资源总量，会导致资源分配不足的问题，从而影响学习或问题解决的效率，这就是认知负荷超载。根据认知负荷理论，认知负荷分为内在认知负荷、外在认知负荷和生成认知负荷三部分。在教学媒体设计时，教师需要尽量减少外在认知负荷，增强生成认知负荷。

为了减少多媒体教学中的学生外在认知负荷，教学者可以考虑通过一些基本效应（Mayer & Moreno，2003）产生良好的教学效果。例如，空间邻近效应将两个需要建立联结的要素在呈现空间上尽量靠近；时间邻近效应将两个需要建立联结的要素在呈现时间上尽量靠近。

(三)信息技术与教学整合

1. 计算机辅助教学

计算机辅助教学(computer-assisted instruction,简称 CAI)是计算机辅助教育(computer-based education,CBE)的一部分,是指使用计算机作为辅导工具,呈现信息,给学生提供练习机会,评价学生的学业表现以及提供额外的教学。

起初,CAI 和程序教学类似,以行为主义原理为基础。随着 CAI 的发展,尤其是多媒体的发展,人们越来越认识到认知心理学对 CAI 的重要性,逐渐开始强调知识结构、认知学习、自我调节学习、元认知控制、知识的非线性关系等因素在 CAI 中的应用。CAI 在教学中具有六种模式。

①操练与练习(drill and practice)。这种模式由计算机向学生逐个显示习题,要求学生联机解答,然后计算机给予反馈。若学生回答正确,则计算机给予肯定,并进入下一个问题。否则,计算机会告诉他正确答案后再显示同类问题,或给予适当提示后再显示同一问题。这种模式的教学目的不在于向学生传授新知识,而在于使学生通过做大量的习题,巩固知识和形成技能。

②个别辅导(tutorial instruction)。这种模式模拟教师对学生的个别化指导情境,即让计算机扮演授课教师的角色。它基本上采用分支式程序教学方法。具体做法是将教材分成一系列小的教学单元,每个单元介绍一个概念或事物,有原理,也有举例。让学生略加思考和理解后,再向学生提出有关问题,检验他们的理解情况。如果回答正确则转入下一个单元,否则将转向相应的分支程序,进行更为详细和有效的补充学习,帮助他们成功掌握当前的单元。

③对话(dialogue)。这一模式是通过 CAI 与学生的频繁对话达到个别指导目的的,其特点是允许学生用自然语言来解答问题,也允许学生用自然语言主动提出与教学内容有关的问题,它表现了人机之间的真正对话。这种教学情境与苏格拉底倡导的谈话法相似,因此又被称为"苏格拉底教学模式"。

④模拟(simulation)。模拟指利用模型模仿真实现象的过程(自然或人为的现象)。模拟的方法是科研中常用的一种方法,而计算机的应用给科学的模拟工作带来了极大便利。在教学中运用计算机来模拟各种自然现象、环境条件、社会特征等,形象直观,生动活泼,安全可靠,节时省事,非常有利于培养学生解决问题的能力,取得了很好的教学效果,受到广大师生的欢迎和重视。

⑤游戏(game)。游戏是利用计算机产生一种带有竞争性的学习环境,把科学性、趣味性和教育性融为一体,能大大激发学生的学习动机,起到寓教于乐的作用。

⑥问题求解(problem solving)。问题求解是指在各学科教学中将计算机作为解

决各种计算问题的工具，使学生在短期内就能解决较多的与实际背景较为接近的问题。

除了用作教学，计算机也能用于管理，如计算错误率、学生的进步、班级的平均水平，根据对学生的诊断而安排学习任务等。这些功能属于计算机管理教学（computer-managed instruction，CMI）。

2. 专门的学习系统、环境和软件工具

多媒体网络学习环境［如大规模在线课程（massive open online courses，MOOC）、微课或一些教育电商公司的网站］为学生营造了一个虚拟的教学环境和平台。学生可以利用其中的问题情境、学习资源、学习工具、交流平台以及评价工具，进行有效的学习和交流。例如，在资源型学习中，学生利用信息技术获取资源、分析资源，利用资源验证假设。信息技术还可以作为一种重要的认知工具，帮助学生获取、存储、处理和交流信息、表达思想以及解决问题等。例如，几何画板软件是一个平面几何工具软件。学生利用这一工具，可以自己制作各种几何图形，并测量图形的长度，可以对自己制作的图形进行各种操作处理（如缩短、拉长、旋转等），甚至可以编写程序（引入多媒体图像和声音）。通过这些操作，学生可以创作各种特殊的图形，发现和研究图形的内在关系。教师可以利用这一软件制作各种演示图形和动画。同时，这一软件包含的思想和操作也值得学生学习。有的学校利用这一软件改革中学几何教学，进行“发现几何学”教学。

3. 常用软件工具的应用

目前，教学中常用的软件工具主要有文字处理软件、多媒体演示软件、电子表格软件、数据库软件、绘图软件等，这些软件工具可以帮助教师节省写教案、做教学笔记、撰写研究报告、绘制各种表格等工作的时间。学生利用这些工具可以撰写、编辑自己创作的诗歌、故事、小说等文学作品，还可以处理数据、制作图表、绘制画图、撰写研究报告、呈现信息等。

随着以大语言模型为核心的新一代人工智能的发展，人们积极探索其在教育领域的应用。例如，人们在医学教育、编程学习、专业大学教育、儿童思考和提问技巧训练中开发出基于自然语言的智能学习系统，实现个性化学习。联合国教科文组织发布了有关教育环境中应用生成式人工智能的指南，这反映了生成式人工智能模型的潜力和趋势（Holmes & Miao，2023）。生成式人工智能和大语言模型在教育领域的应用将成为智能导学系统研究和开发的关注焦点（徐升等，2024）。

关键术语

教学目标，行为目标表述法，认知目标表述法，行为—内容矩阵表，任务分析，

教学模式，直接教学，探究学习，探究训练模式，基于问题学习，合作学习，个别化教学，程序教学，直线式程序，分支式程序，掌握学习，独立学习，适应性教学，个别辅导，教学媒体，计算机辅助教学

经验分享

思考题

一、选择题

1. 按照布卢姆等人的认知教育目标分类，代表创造性思维的认知学习目标是(　　)。

A. 综合　　B. 运用　　C. 评价　　D. 领会

2. 直接教学模式适合于(　　)。

A. 事实性知识　　B. 教授论文的写作　　C. 结构不良领域知识　　D. 态度学习

3. 比较适合新手教师采用的课堂设计形式是(　　)。

A. 特殊的课堂设计　　B. 基本的课堂设计　　C. 暂时的课堂设计　　D. 全班讨论

4. 掌握学习模式是心理学家(　　)提出的。

A. 斯金纳　　B. 布鲁纳　　C. 布卢姆　　D. 斯莱文

5. 下列教学模式不属于个别化教学的是(　　)。

A. 程序教学　　B. 合作学习　　C. 适应性教学　　D. 独立学习

二、简答题

1. 教学目标都有哪些表述方法?

2. 布卢姆将目标分为哪几类，每类的评价方法是什么?

3. 简述直接教学的过程及其适用条件。

4. 教学中如何设计探究学习模式?

5. 基于问题学习，如何向学生呈现问题情境?

6. 合作学习的基本成分有哪些? 有哪几种主要的合作模式?

7. 简述几种主要的个别化教学模式的含义及其优缺点。

8. 简述三种主要的教学组织方式以及各自的优缺点。

选择题参考答案：1. A　2. A　3. B　4. C　5. B

扫码答题

第十五章 课堂管理

课堂管理是有效教学的重要组成部分，涉及教学管理、时间管理、环境管理和行为管理等。课堂管理与教学密不可分，它们通过教学过程中的许多变量产生相互影响。一方面，课堂管理影响教学，如控制型的课堂管理风格能使学生保持安静，但会影响学生积极的学习态度。另一方面，教学也会影响课堂管理。例如，全身心投入学习的学生一般不会同时陷入与教师或同学的冲突。课堂管理的目标是为学生创造更多的学习时间，使更多的学生投入学习，帮助学生进行自我管理。要完成这些目标，教师必须创设一个良好的学习环境。因此，教师首先要设计规则和程序，接着在开学的第一天教学生如何遵守这些规则和程序，最后是维持良好的学习环境。一旦出现了问题，教师应当妥善处理。本章将详细介绍这些内容。

本章要点

●课堂管理的概述
○课堂管理的相关概念
○课堂管理的阶段性
○课堂管理的目标
●课堂管理过程
○课堂规则和程序的设计
○课堂规则和程序的建立
○课堂规则和程序的维持与完善
●处理严重的问题行为
○不良行为的原因分析
○行为矫正原则
○实用行为分析程序

第一节 课堂管理的概述

课堂管理（classroom management）是指教师为了有效利用时间，创造愉快的和富有建设性的（productive）学习环境及减少问题行为等，而采取的组织教学、设计学习环境、处理课堂行为等一系列的活动与措施。

一、课堂管理的相关概念

（一）课堂

课堂是一种特别的环境。多伊尔（Doyle，1986）描述了课堂的六大特征。

1．多维性（multidimensional）

课堂中，不同的人有不同的目标、爱好和能力，他们要共享资源，完成不同的任务，要进出教室，等等。此外，教师的一个行为可能会产生多重效果。教师鼓励能力较弱的学生回答问题，却影响了讨论的进度。一旦学生回答不出来，还可能引发一些管理问题。

2．同时性（simultaneity）

同时性与多维性有关。在课堂上很多事情都同时发生。一位教师正在解释一个概念，他还要同时注意学生是否听懂了他的解释，决定忽视或制止两名正在说悄悄话的学生，确定是否有足够的时间进行下一个主题，并且还要决定由谁来回答刚才提出的问题。

3．即时性（immediacy）

课堂生活节奏快，一件事情之后马上就有另一件事情发生。教师一天之内和学生有着成百上千个即刻的交流。

4．不可预测性（unpredictable）

在这种风风火火的环境下，事件是不可预测的。即使教师周密细致地做好了一个计划，一切准备就绪，课堂计划也有可能被打乱。例如，突然停电，学生突然病了，或者窗外有汽车声等，都能打乱课堂计划。

5．公开性（public）

全班学生都在看着并评判着教师如何处理这些意外事件，因为课堂是公开的，学生总在注意教师是否公正、是否偏心，想着打破规则的结果是什么。

6．**历史性**（histories）

教师或学生的行为部分依赖于以前发生的事。教师对学生第十五次迟到的反应要不同于第一次迟到。另外，学校最初几周的生活会影响全年的班级生活。

（二）课堂气氛

课堂气氛（classroom climate）是指班上各种心理的和社会的气氛，如拘谨的程度、灵活性、结构、焦虑、教师的控制、主动性及激励作用等。课堂气氛的类型与教师的领导方式有关。在民主型的领导方式下，教师和学生确立合作性的学习目标，共同讨论，解决问题；学生能够独立思考，又能相互交流；教师充分调动了学生的积极性，形成既活泼又严谨的课堂气氛。在专制型的领导方式下，学生往往由于被忽视而产生抵触情绪，在学习过程中因受到惩罚而感到焦虑，形成沉闷、低落的学习气氛。在放任型的领导方式下，学生学习不稳定，纪律松弛，学习效率低下，会形成无纪律、无目的的课堂气氛。

（三）纪律

纪律（discipline）是指学生行为适当的度，蕴含在课堂活动中，表现为指向性的任务。换句话说，教师采取某些方法来防止和处理学生的行为问题以减少行为问题的发生。因此，纪律只是课堂管理的一个方面，即行为管理。而课堂管理的其他方面，如教学管理、时间管理、环境管理等，则关系到教学组织、教师行为以及课堂组织模式等，如教师如何根据个别化、竞争性和合作性学习活动组织课堂等。因此，课堂管理和纪律意义不能等同，前者比后者意义更广。

二、课堂管理的阶段性

不同年龄阶段的学生需要不同的课堂管理方式，赢得幼儿园学生的合作绝不同于赢得高中生的合作。研究者（Brophy & Evertson，1978）将课堂管理划分为四个阶段。

（一）幼儿园和小学低年级阶段的管理

此时，儿童正在学习如何上学，他们将要适应新的社会角色。教师在这一阶段要直接教授课堂规则和程序，儿童只有掌握了基本的规则和程序，才可能进行学习活动。

（二）小学中年级阶段的管理

这一阶段的儿童已熟悉了学生这一角色，已经掌握了很多学校和课堂常规。但是，当某个特别活动中的具体的、新的规则和程序出现时，教师必须直接教授给他们。有时，活动规则发生了变化，学生就会说："去年那个老师不是这么做的。"因此，在这一阶段，教师要花较多的时间监控和维持管理秩序，而不是直接教授规则和程序。

（三）小学高年级和初中阶段的管理

在这一阶段，友谊以及在伙伴团体中的地位对学生来说更重要，他们不再取悦教师而是取悦伙伴，有些学生甚至开始质疑和否定权威。这一阶段管理的关键是如何建设性地处理这些混乱，如何激励那些不再关心教师观点的学生及对社会生活更感兴趣的学生。

（四）高中阶段的管理

许多学生又重新开始关注学业。这一阶段的主要任务是管理课程，使学业材料适合学生的兴趣和能力，帮助学生更好地管理自己的学习。在每一学期开始的几节课，教师都要教学生一些特别的程序，如使用材料和设备、做记录、做作业等。多数学生知道教师期望的是什么。

三、课堂管理的目标

课堂管理不是用来维持课堂秩序、驯服学生的，而是用来促进学生的学习和发展的。它的重要意义主要体现在它要实现的目标上。课堂管理具有三个目标。

（一）争取更多的时间用于学习

学生在校学习时间有限，教师要在规定的教学时间里为学生争取更多的学习时间。教学时间可以被划分为四个层次（图 15-1）：①**分配时间**（allocated time）是教师为某一特定的学科课程设计的时间，这是由课表决定的；②**教学时间**（instructional time）是在完成常规管理和管理任务（记考勤、处理课堂行为问题等）之后剩余的用于教学的时间；③**投入时间**（engaged time），也被称为专注于功课的时间（time-on-task），属于教学时间，它是学生实际上积极投入学习或专注于学习的时间；④**学**

业学习时间（academic learning time）是学生以高效率完成功课花费的时间。

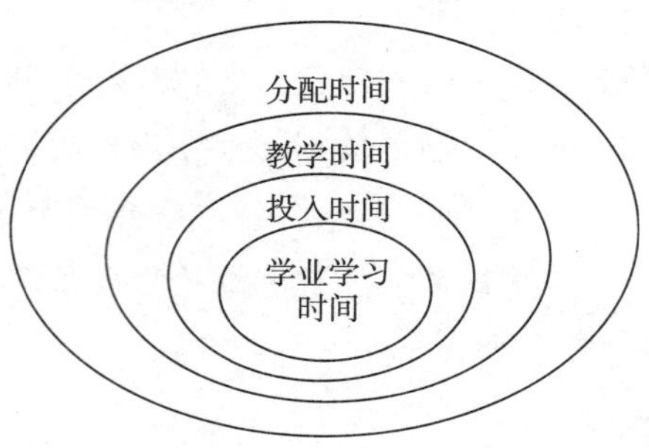

图 15-1　**教学时间的层次**（Dembo，1994）

高质量的课堂学习取决于学生投入学习的时间以及学习的效率。为学生争取更多的学习时间，就是使学生投入有价值的学习活动，从而提高所用时间的质量。有两种途径可以为学生争取更多的时间用于学习。直接的途径是教师不旷课、不迟到早退，上课后要尽快让学生静下来等，这是学校对教师的起码要求。间接的途径包括本章讨论的所有课堂管理措施，包括处理学生不良行为。

（二）争取更多的学生投入学习

学生参与课堂活动需要遵循一定的规则。课堂活动不同，其规则也会有所不同。例如，在有些课上，学生回答问题先要举手，而在有些课上则不必举手，只要看一眼教师就行。为了让每名学生都成功参与一项课堂活动，教师需要确保他们理解活动规则。

第一，教师要确保每名学生都知道每项具体活动的参与规则与教师的期望。在课堂上，对有些活动的规则，教师做过明确表述；对有些规则却常常未做过表述，教师和学生都没有意识到他们在不同的活动中遵循着不同的规则，如回答问题时举手与不举手的规则。教师需要弄清哪些规则是明确表述过的，哪些是内隐的、惯例性的，考虑自己发出的参与信号是否前后一致，是否需要表述那些内隐的活动规则。

第二，关注课堂活动规则与学生先前的活动经验的关系。每个家庭里也有一套活动规则。有些学生家里的活动规则和学校的比较一致，他们在学校中的参与性就要好一些。但有时两者不一致。例如，在有些家庭，家人在谈话时，每个成员都可以随时插话，但在学校的交流中，这会被看作打断别人的谈话。教师在制订课堂活动规则时需要考虑：这些规则是否适合学生？是否与学生的其他权威形象相一致？

（三）帮助学生自我管理

为了让学生对课堂行为进行自我管理，教师可以考虑以下措施（Dembo，1994）：第一，让学生更多地投入课堂规则的制订；第二，用较多的时间要求学生反思需要某些规则的原因以及他们不良行为产生的原因；第三，给学生提供机会，让他们考虑如何计划、监视和调节自己的行为；第四，教师可以要求学生回顾一下课堂规则，提一些必要的修改建议。

第二节　课堂管理过程

有效的课堂管理系统的形成需要经历三个时期：设计（学年开始之前）、建立（学年开始几周）、维持和完善（学年之中）（Evertson & Emmer，1982）。

一、课堂规则和程序的设计

课堂管理始于开学之际对课堂规则和程序的设计。课堂规则和程序的设计涉及三个方面的工作：①确定期望的学生行为；②把期望转换成程序和规则；③确定后果。

（一）确定期望的学生行为

教师期望的行为要与课堂的运转方式相匹配，同时需要顾及课堂活动的多样性，如课堂自习、小组讨论、全班教学等。在不同的教学情境中，教师期望学生表现出不同的行为。例如，在全班教学中呈现信息时，教师期望学生安静地倾听，但这一行为显然不是在小组讨论中教师期望的行为。此外，教师还要充分考虑空间的最优使用、设备及一些常规程序。在确定期望行为时，教师最好结合在别人课堂上观察到的有效的课堂程序和自己以往的教学经验。

（二）把期望转换成程序和规则

程序（procedures）是有关活动的步骤，涉及学生如何参与课堂活动。例如，如何分发和收集材料与作业，在什么条件下能离开教室，上课铃响和下课铃响时应当如何反应，怎样完成语文、数学的家庭作业与假期作业等，以及一些与设备安全等有关的特殊步骤。它们是学生在班级中完成各项事务的方法，很少被写成书面形式。

规则（rules）则是一些条文，这些条文确定期望的和禁止的行为，往往要写成书面的内容并且传达给学生。教师设立的规则最好是一般性的规则，而不是罗列所有能做和不能做的具体行为。但是，如果有一些具体的动作是被禁止的，如在课堂上咬手指、咬笔尖，那么就要有一条规则做出明确的规定。

值得注意的是，由于不同的活动有不同的规则，在彻底学会所有的规则之前，小学生可能会混淆。因此，教师不妨制作一个告示牌，列出每个活动的规则，然后在活动开始时显示相应的告示牌并提醒学生。

无论是小学生规则还是中学生规则，教师都需要教给学生并解释清楚，告知学生这个规则包括和排除的行为，以免学生对教师期望的行为产生误解。

（三）确定后果

教师需要与学生讨论遵守或者违反课堂规则和程序的后果。学生需要事先知道破坏规则、违反程序的后果；如果等到规则被破坏之后才决定给予的后果，就为时已晚了。根据行为主义理论，教师需要适当地强化学生的良好行为，如微笑、给予荣誉及一些权利等；如果学生破坏了规则，教师就要使用一些惩罚，如撤销权利等。这一工作的关键就是对学生的适当行为建立有效的强化系统。

二、课堂规则和程序的建立

开学的前几周决定了此后一年学生在课堂上如何与教师和同学交往（Evertson & Emmer，1982）。教师要在接下来的几周在全班建立起设计的规则和程序系统，甚至在开学的第一天就集中精力建立规则和程序。教师可以在开学的前几周做下列几件事情。

①在开学第一堂课上专门花一些时间讨论课堂规则。

②系统地教授课堂程序和规则。

③让学生按照课堂规则和程序完成一些简单的任务，使他们在开学的头几天获得高度的成功感。

④至少在开始几天，开展一些需要全班注意的活动。

⑤强化学生遵守具体的课堂常规。

⑥多次重申某一程序。不要认为学生经过一次尝试后就知道如何执行某一程序，

换句话说，对某些事只做一次解释并不意味着学生已经理解教师想让他们做什么。

有人（Evertson & Emmer，1982）比较了有效的管理者和无效的管理者在一些重要教学行为上的差异（表15-1）。

表15-1　有效的管理者和无效的管理者的行为评级平均值

变量	有效的管理者	无效的管理者
准备材料	6.2	4.4
目光接触	6.1	4.9
清楚的呈现	5.8	4.1
表明态度	5.5	3.9
学生的高度成功	5.5	3.9
给予适当行为的信号	5.4	3.8
教师的倾听技能	5.4	3.8
明确的指示	5.2	3.8
与学生兴趣有关的内容	5.2	3.6
教师情感的表述	5.0	3.2
奖赏的多样性	4.3	3.1

注：评定者从1至7分评级，1表示最低，7表示最高。

有效的管理者不会想当然地认为学生以前就知道有关规则。他们在一开学就制订规则和程序，并且把这些规则和程序教授给学生。他们解释、传达和讨论每个规则的合理性，如“如果我在帮助别人时你打断我，我就要花更长时间来帮他”或“如果每个人同时说话，我什么也听不见”。有效的管理者不仅让学生反复操练这些规则和常规，还监督他们遵守的程度。在某些情况下，教师需要示范合适的行为，并要求学生做一遍。例如，离开教室之前保持书桌整洁，或者把设备放在适当的位置。而无效的管理者可能也有规则，但是，他们的规则通常是模糊不清的，偶尔进行介绍，但不进行讨论。

有效的管理者会及时处理课堂问题，不忽视任何违反课堂规则和程序的行为。而无效的管理者不会监督自己的班级，允许发生不当行为，不能有效处理不遵守规则和程序的学生。

有效的管理者会给出较明确的指导，并且使用较完善的教学程序，很好地处理从一个活动顺利过渡到另一个活动，给学生提供反馈。而无效的管理者课堂组织能力差，学生不会长时间学习学业材料，教师指令混乱，学生做完作业之后不知道该做什么。

与无效的管理者相比，有效的管理者似乎更能理解学生的需要和关心的事情，更容易知道什么时候修改教学活动，所以，他们能把课程设计得更好，能使用更有趣的材料。

总之，教师要在开学几周内明确传达学业和行为标准、课堂规则和程序，并且始终如一地给予强化，使学生的行为受到严密的监视，使破坏规则的行为能得到及时处理。

三、课堂规则和程序的维持与完善

为了维持课堂规则和程序，教师需要始终让学生投入富有建设性的学习任务，预防问题的发生，妥善处理不良的课堂行为。

（一）鼓励投入学习

学生一旦积极投入学习，就不会出现课堂行为问题，这有利于学生获得更多的投入时间。而学生是否投入学习取决于学生对功课的注意和意愿。“学习动机”一章已经讨论了一些保持投入的方法，这里介绍一些其他策略（Emmer et al.，1980；Evertson et al.，1982，1985，1989；Woolfolk，2018）。

1. 注意教学进程的组织性

课堂的组织性会影响学生的投入。一般而言，教师的监督和连续的任务可以增强课堂的组织性。随着教师的监督增强，学生投入的时间也会增加。受监督的学生只损失5%的时间，而在不受监督、独立学习、自定学习步调的情况下则会损失15%的时间，并且从一个活动向另一个活动过渡还会损失10%的时间。因此，学生进行独立学习时，教师也要进行仔细的监督，独立并不意味着让学生没有指导地完全独自进行。另外，当学习任务具有很好的连续性时，学生知道下一步应该做什么，他们就会更好地投入学习。这就要求活动步骤简洁明了，一个步骤自然会引出下一个步骤。另外，学生完成任务所需的材料应该完备，为学生投入学习提供保障，避免干扰和分心。

2. 提高教学活动的参与性

增加学生投入时间的最好途径就是使教学既有趣又有参与性。一旦教师的课与学生的兴趣有关，学生就愿意做要求他们做的事，自然而然地参与教学。学生的参与性在教师教课时比在课堂自习时尤其是没有监督的课堂自习时更高，学生的投入时间在结构完善的合作学习课程中比在独立的课堂自习中更多。

3. 保持教学过渡的流畅性

流畅性（smoothness）是指不断地注意教学意义的连续性。流畅的教学从一个活动转向另一个活动时花费的时间极少，并且能给学生一个注意信号，避免毫无目的地在不同的活动之间跳转。当教师正在重复和复习学生早已弄懂了的材料，无故中断上课，或处理一件无关紧要的小事时，都会产生纪律问题。

4. 确保教学节奏的紧凑性

流畅性和动量（momentum）是相互联系的。和动量一样，流畅性和学生的投入时间及成绩有密切的关系（Kounin，1970；Brophy & Evertson，1976）。动量是指避免打断或减慢，即平时所说的紧凑。上课时保持动量（main-taining momentum）是学生高度参与的关键。在一个保持良好动量的班级里，学生总是有事可做，并且一旦做起来就不会被打断。当学生正聚精会神地听讲时，教师突然中断讲课，处理一件本可以忽略的小事，这对学生的干扰极大。学生浪费的不仅仅是几分钟的时间，更糟的是，在处理事故之后他们需要更多的时间才能安定下来，使自己的注意力重新回到课堂上。

5. 维持班级整体的注意焦点

上课时，维持班级整体的注意焦点是指使用课堂组织策略和提问技术，确保班上所有学生都始终投入课堂，即使教师只叫一名学生回答问题也是如此。这里介绍维持班级整体注意焦点的两个基本策略：问责制和群体警觉（Kounin，1970），它们会影响学生在当下任务（on-task）中的行为。

问责制（accountability）是指在提问和回答期间教师让学生反映并说明他们完成任务的情况。例如，所有的学生都举着他们的作业让教师看，教师在学生中间走动，看他们正在做什么时，要求其他学生注意某名学生的任务完成情况，教师对全班同学说："我要你们所有的人都看看张某某是怎么做的，然后你们要告诉我，你们是否同意他的回答。"

这些策略隐含着这样一个目的：课堂上的任何时候都要保证所有学生的投入。在提问与回答时，被叫起来回答问题的学生很少，这时教师需要确保所有的学生都集中注意力。教师要把所有学生吸引到课堂活动中，避免安排一些使大多数学生长时间成为旁观者的活动。例如，一个非常普遍的错误是，让一两名学生到黑板上解决一个复杂的问题或朗读长篇文章，其他学生却无事可做。

群体警觉（group alerting）是指在讲课和讨论期间教师用来鼓励学生保持注意力的提问方法。比较下面两种做法：

给定△ABC，已知边 AB 和 AC 的长度和角 A 的大小，我们能知道这个三角形的其他什么信息……（停顿）……张某某？

张某某，给定△ABC，已知边 AB 和 AC 的长度和角 A 的大小，我们能知道这个三角形的其他什么信息……

在第一种方法中，在叫张某某之前，全班所有的学生都在进行思考；在第二种方法中，只有张某某保持警觉，因此就有了截然不同的提问效果。

随机点名可以保持群体警觉，这能使学生知道，教师可能会问他们一些与上一个回答者有关的问题。如：

"张某某刚才使用的先决条件是什么？李某某。"

6. 增强课堂自习的投入度

课堂自习为学生提供了一个最好的个别辅导的机会，但教师也要监督学生的学习。教师可以正式检查个别学生的功课，在学生的课桌周围走动，看他们正在做什么，以及时解决学生面临的问题，以免他们进行错误的练习或感到气馁。但教师不要对个别学生花费太多时间，否则，班上的其他学生就可能敷衍了事或者陷入难题。

学生对课堂自习的投入度与教师提供的功课的挑战性及多样性也有关。如果作业难度水平合适并且有趣、多样化，学生就会长时间认真做作业。如果作业太简单，学生就会感到乏味。作业不能太难，教师要在挑战性水平和成功可能性之间进行平衡，让学生能在完成作业中体验到高度的成就感。

7. 鼓励学生管理自己的学习

教师既不能监督每一名学生，又不能完全依靠学生的好奇心。教师必须想出别的方法来保证学生自主学习和完成任务。有效的课堂管理者往往设有一个鼓励学生管理他们自己的学习的完善体系。

值得注意的是，在争取更多的参与学习时间时，要防止"假参与"（mock participation）的倾向，即不从教学需要出发，而是为了参与而过分强调参与，这会妨碍学习。如果一味地追求较高水平的专注于功课的时间而避免复杂的或不稳定的任务，这种教学策略显然是不好的。维持课堂秩序毕竟只是教学的众多目标中的一个。

（二）预防不良行为

维持管理体系的最佳方法是防患于未然。课堂规则和程序一旦建立，教师就要仔细监督学生的行为，要求学生严格遵守，防微杜渐。对于课堂不良行为要以预防为主，处理为辅。研究者（Kounin，1970）观察有效课堂管理者和无效管理者的行为后发现，当问题出现以后两者的处理没什么不同，不同的是成功的管理者能较好地预防问题。这里介绍四种预防课堂不良行为的策略（Kounin，1970）。

1. 明察秋毫

明察秋毫（with-it-ness）是指教师要让学生知道，他注意到了课堂里发生的每一件事，不会漏下任何一件。明察秋毫的教师尽量避免被少数几名学生吸引或只与他们交流，他们总是扫视教室，与学生保持目光接触。有些教师甚至在黑板上写板书时都知道谁在搞小动作，脑后仿佛长有一双眼睛。

这些教师从最初能预防少数人捣乱逐渐演变成能预防多数人捣乱。他们知道是谁在捣乱，并且能准确处理当事人，不会犯时机错误（等很长时间才进行干预）或目标错误（批评错了学生，让真正的当事人逃避惩罚）（Kounin，1970）。如果两个问题同时发生，有效的管理者总是首先处理更严重的问题。

2. 一心多用

一心多用（overlapping）是指同时跟踪和监督几个活动。这同样需要教师不断地监控全班。例如，教师在检查个别学生的作业的同时还要对其他学生说："好，继续！"让他们继续学习。

3. 关注整体

关注整体（group focusing）是指使尽量多的学生投入班级活动，避免把注意力集中在一两名学生身上。在课上，所有的学生都应当有事可做。例如，教师要求每名学生写出问题的答案，然后指定某名学生回答，同时让其他学生比较他们的答案。当教师在班上走动时，要求学生做出相应的反应（Charles，2010）。一些教师让学生使用小黑板或彩卡做出反应，既能确保每名学生都投入其中，也能检查学生是否理解了学习材料。例如，在语法课上，教师可以说："认为该用'了'（完成时）的人举起卡的红面，认为该用'着'（进行时）的人举起卡的绿面。"

4. 转换管理

转换（transitions）是从一个活动向另一个活动的变化，如从讲解到课堂自习，从一门课到另一门课，或从上课到午休。转换是课堂管理的"缝隙"，课堂秩序最容易被打破。**转换管理**（transition management）是指使课堂和全班学生能够顺利地完成过渡，有适当而灵活的进度，能够多样化地变换活动。有效的教师会避免突然过渡，如在获得学生的注意之前宣布新的活动，或者在一个活动中间开始新的活动。在这些情境中，全班三分之一的学生将会做新的活动，许多人将会继续参与旧的活动，课堂会变得混乱。

在过渡时，注意避免过于缓慢（slow-down）（Kounin，1970），即在开始一个新的活动时花费的时间不要过长。请看下面的指导语。

“大家注意，都拿出一张纸……好，现在拿一支铅笔……在左上角写上你的名字……看看姓名……现在在右上角写上日期……今天是……”

还没等教师说完，学生可能早已对这一安排失去了兴趣。

当教师让某一名学生做事情，而让全班其他人等待观望时，问题行为可能会出现。例如，在有的课上，教师让学生展示某个动作，一列一列地做，或者一个一个地做，就很难保证班上其他人不出问题。

在进行活动转换时要遵循三条规则。

①转换时应给学生一个明确的信号。学生应当早就被教导过如何对这些信号作出反应。例如，听到铃声后，马上安静听讲。

②在转换之前，学生一定要明确收到信号后要做什么。例如，教师可以说：“当我说‘走’时，我希望你们都合上书本站在座位旁，都准备好了吗？好，走!”

③转换时要求所有的人同时进行，不要一次一名学生地进行。

教师如果能够成功地鼓励学生投入学习并预防不良行为，课堂就显得充实、繁忙、有序。学生都在积极地学习，获得胜任感和自我价值感，而不是做出不良行为以赢得别人的注意或获得某种地位。

（三）处理纪律问题

每一个课堂都可能发生问题，在高年级尤其如此。教师处理的大多数不良行为问题都是一些小问题，如做小动作、四处张望、擅自起立等。这些行为虽然并不严重，但为了保证学习的正常进行，这些行为必须得到纠正。面对出现的问题，教师必须言行一致、说话算数，“言必信，行必果”。但是，作为一个有效的管理者，教师不应有意公开地纠正每一个小的犯规行为。教师要明白，消除不良行为不只是为了维持纪律，更重要的是促进学生的发展。

由于花在维持学生纪律上的时间与学生的成绩呈现负相关关系，在处理日常课堂行为问题时，教师要以最少干预为原则，用最简短的干预纠正学生的行为，尽量做到既有效又不打断上课。下面是一系列处理典型纪律问题的策略。这些策略是根据中断上课的程度排列的，前面的策略中断程度最小，后面的策略中断程度最大。

1. 非言语线索

使用非言语线索能消除许多课堂不良行为，并且不必中断上课。这些非言语线索包括目光接触、手势、身体靠近和触摸等。例如，有两名学生正交头接耳，教师只需看向这两名学生或其中的一名就会有很好的效果。走向行为不良的学生也能制止其行为。如果这一招不管用，那么把手轻轻放在学生的肩膀上可能会奏效，但对青少年要慎用，因为这样做可能会让他们感到不适。这些非言语策略传递了同一个信息："我看见你正在做什么了，我不喜欢你这样，快回到学习上来。"

2. 表扬与不良行为相反的行为

对许多学生来说，表扬是强有力的激励。教师要想减少学生的不良行为，就要从这些学生的正确行为入手，表扬他们做出的与不良行为相反的行为。如果学生常擅自离开座位，教师就要在他们坐在座位上认真学习的时候表扬他们。

3. 表扬其他做出良好行为的学生

表扬其他做出良好行为的学生，常会使其他学生也做出这一行为。例如，如果张某某正在做小动作，这时教师说："我很高兴……看到这么多学生都在认真学习，李某某做得不错，王某某在专心致志……"当张某某开始学习时，教师也应当表扬他，不计较他曾走神的表现，"我看见赵某某、孙某某和张某某都在全神贯注地做功课"。

4. 言语提示

如果以上策略不能奏效，简单的言语提示可能会使学生重新回到学习上来。在学生犯规之后，教师要立即给予提示，延缓的提示是无效的，并且应当给予正面的提示以表达对其未来行为的期望，告诉学生应该遵守规则，做教师要求的事，而不是纠缠他正在做的错事。例如，说"张某某，请你做自己的作业"就要比说"张某某，别抄李某某的作业"要好一些。当然，教师也可以通过一种平和、友好的方法让学生自己说出正确的规则和程序，然后遵守。值得注意的是，给予提示要对事不对人，尽管某名学生的表现令人无法容忍，但他本人始终是受班级接纳和欢迎的对象。

5. 反复提示

有时候，学生会拒绝听从简单的提示，有意无视教师的要求，或者向教师提出请求，想以此试探教师的意志。这时，教师应该反复地给出提示，无视任何无关的请求和争吵。这就是坎特等人（Canter，& Canter，1992）提出的"坚定纪律"（assertive discipline），它是对学生不良行为的明确而友好的反应。教师应明确他们想要学生做的行为，清楚地告诉学生，并且重复，直到学生领会为止。如果学生认识到教师立场坚定，并且会采取适当的措施，这种试探将会慢慢消失。下面是一则案例。

教师："张某某，我要你开始做作业。"（说出愿望）

张某某："我画好这个图马上就做，只要几秒钟。"

教师（坚定地）："张某某，我知道，但是我要你现在马上做作业。"

张某某："你从未给我足够的时间来画图。"

教师（平静地、坚定地）："问题不在这里，我要你现在马上做作业。"

张某某："我不喜欢做作业。"

教师（坚定地）："我知道，但是，我要你现在马上做作业。"

张某某："好，你一定要我做，那我就做吧。"

坚定性反应可以让学生知道，教师禁止不适当行为是因为关心他们，因此，教师要明确表达对学生的期望。为了更有效，教师还可以看着学生的眼睛，叫他们的名字，碰一碰学生的肩膀。教师的声音要平静、坚定而自信，不斥责学生"你不懂"或"你不喜欢我"，不和学生讨论规则的公正性，只是期望他改变，而不是承诺和道歉。

6. 应用后果

当前面所有的步骤都不奏效时，最后一招就是应用后果（applying consequences），让学生做出选择：要么听从，要么承担后果，如把学生请出教室，让学生站几分钟，让学生放学后留下或者请学生家长等。

不听从的后果应当是轻微的不快，并且尽可能在行为发生后立即实施。教师要说话算话，并且尽量不要使用长时间的、严厉的惩罚，如一周不许上课。长时间的、严厉的惩罚会让学生出现仇视和敌对态度；而轻微又必然的后果能使学生知道："我不能容忍这种行为，但我还是很关心你的，希望你尽快准备好，重新来上课。"

后果必须能够贯彻实施，切不可空洞或者含糊。当教师对学生说"你要么马上学习，要么停止一切活动 5 分钟"时，教师一定要确保有人能监督学生 5 分钟。空洞或模糊的威胁（如"你赶快停止这样做，否则你小心点"或"你马上开始学习，否则我会让你暂停一个月的活动"）不仅没用，反而会更糟糕，因为教师不能实施这一后果，学生根本不会把它当回事。

当后果实施完毕后，教师尽量不要再提这一事件。例如，当学生站立 10 分钟后，教师应当接纳他，该学生将会珍惜新的开始。

第三节　处理严重的问题行为

在学校里，学生的一些行为比上节中提到的常见的课堂不良行为要严重得多，如打架、偷窃、毁坏公物、辱骂教师等。对于这些严重的不良行为，必须给予及时而必然的惩罚，任何延迟的和不定的惩罚都会使惩罚无效。如果使用的措施屡次无效，就要实施一个计划来解决这一问题。行为主义学习论指出，不受强化或受到惩罚的行为将会减少其发生的频率，这一思想可以运用到严重问题行为的矫正中。以下内容根据实用行为分析（applied behavior analysis），即应用行为主义学习原则来分析课堂行为，采用具体的行为矫正策略来预防和处理不良行为。

一、不良行为的原因分析

学生的不良行为一定是有原因的。行为主义学习理论的基本原则说明，一个行为之所以持续了很长时间，是因为受到了某些强化，要想减少课堂不良行为，教师就需要知道是什么强化物在维持不良行为。课堂不良行为最常见的强化物一般有两种：一是获得教师或同伴的注意，二是逃避不愉快的状态或活动。

（一）教师的注意

有时候，学生表现出不良行为是为了获得教师的注意，哪怕是消极的注意，斥责对他们来说也起到了强化作用。教师的解决方法是尽量忽视那些表现不良的学生，而关注那些表现好的学生；如果实在无法忽视他们的不良行为，就暂时请他们出去，如让学生站在一个安静的角落或者送到校长办公室。

（二）同伴的注意

学生表现不良的另一个普遍原因是为了获得同学的注意和赞赏。青少年时期这一现象更为普遍。这时，忽视受同伴强化的不良行为是无济于事的。例如，一名学生将书放在头上晃来晃去惹得全班哄堂大笑。教师如果选择忽视，这一行为就会继续下去，并且还可能鼓励其他人做出类似的行为；如果斥责他，又会吸引全班更多的注意，甚至还会增强他在同伴中的地位。对于受同伴强化的不良行为，教师可以采用以下两种方法：一是请违规者出去，以减少司伴的注意；二是使用集体绩效，根据全班（或小组）所有成员的表现给予奖励，这可以消除同伴对不良行为的支持。

（三）逃避不愉快的状态或活动

对不良行为的第三个重要强化是逃避烦闷、挫折、乏味和不愉快的活动。根据行为主义学习理论，逃避不愉快的刺激就是一种强化。那些在学校里反复遭受失败的学生把许多事都看作不愉快的、烦闷的、挫折的和疲惫的。他们会频繁请求上洗手间、削铅笔，在自习课上做作业时比听讲时更容易提出这些请求。课堂作业使他们更容易感到挫折和焦虑，甚至最有能力的学生有时也会感到烦闷和挫折。有时候，学生表现不良就是想被请出课堂，把这样的学生请到班外或校长办公室会产生相反的效果。

解决由这一原因引起的不良行为的最好方法就是防患于未然。教师可以使用合作学习的方法，选择具有挑战性但又不至于太难的学习材料等，让学生积极参与课堂，帮助学生获得成功，从而消除由挫折引起的行为问题。表扬对大多数学生都很有效，但对学业表现不理想的学生可能无效，如果给他们提供特殊的学习指导，他们的不良行为可能就会消失。在自己的水平上体验成功，减少他们通过不良行为来逃避挫折和失败的倾向。

二、行为矫正原则

行为矫正（behavior modification）是指一种系统地应用先前刺激和后果来改变行为的方法。教师可以对个别学生进行行为矫正，也可以对全班同学进行行为矫正。建立和使用任何行为矫正程序，都需要遵循由行为观察到程序完成，再到程序评定等一系列步骤。这里所讲的只是全部行为矫正程序的一部分。

（一）识别目标行为和强化

完成一个行为矫正程序，首先要观察行为不良的学生，以识别出一个或少数几个行为作为目标行为（target behavior）。第一个被作为目标的行为应当是最严重、最容易看出、最重要并且发生频率较高的。教师要观察哪些强化物在维持这一行为。观察的另一个意图就是设立一个基点（baseline），以便比较后来的改进。

（二）设立基点行为

教师要在后面的几天里（至少 3 天）观察学生，看看其目标行为发生的频率。在此之前，教师需要明确界定这一行为的构成。例如，如果目标行为是“打扰同伴”，那么你就得决定什么具体行为构成了“打扰”（或许是打趣、伸头、打断、拿走材料）。

教师可以根据频率（如擅自离开座位多少次）或时间（离开座位多少分钟）来测量行为基点。频率记录更容易保持一些，只需在讲桌上放一些纸，在纸上做一个标记。

（三）选择强化物和强化的标准

行为主义学习论和行为矫正的原则都强调强化适当行为，而不是惩罚不当行为。教师在开始阶段需要始终一致地强化适当的行为，但随着行为的改进，强化提供的频率可以越来越少，直至逐渐消失。有时，教师可能需要使用一两种惩罚策略，但只有在无法使用强化策略或强化策略不管用时才予以使用。

典型的课堂强化物包括表扬、特权、奖品等。在一个结构严密的行为矫正程序里，表扬对改善学生的行为极其有效，有意忽视不当行为与表扬适当行为的效果常常相当。除了表扬，给学生红星、微笑或其他小的奖品也很有用。有些教师给学生的作业盖上橡皮章，以象征其学习表现良好。这些小小的奖品使教师的表扬更具体化，并且学生可以把作业带回家，受到父母的表扬。

（四）必要的惩罚及其标准

当使用强化程序无法解决某个严重的行为问题时，教师需要使用惩罚策略。学校里常见的惩罚有申斥或停止学习等。有人（O'Leary & O'Leary，1977）提出七条有效而人道地使用惩罚的原则：①偶尔使用惩罚；②使学生明白为什么自己要受惩罚；③给学生提供一个可选的方法以获得某种积极的强化；④强化与问题行为相反的行为；⑤避免使用体罚；⑥避免在非常愤怒或情绪不好时使用惩罚；⑦在某个行为开始而不是结束时使用惩罚。

（五）观察行为并与基点做比较

评价程序的有效性是非常重要的。一个行为矫正程序往往要持续好几天，如果一周以后行为并未得到改善，那么教师就要尝试其他系统或强化物了。

（六）减少强化的频率

一个行为矫正程序实施了一段时间后，如果学生的行为得到了改善，并且稳定在某个新的水平上，强化的频率就可以减少了。一开始，适当的行为每出现一次就给予一次强化。随着时间的推移，出现几次适当行为才给予一次强化，减少强化的频率有助于长时间维持新的行为，并且有助于把行为延伸到其他情境中。

三、实用行为分析程序

下面介绍四种实用行为分析程序：以家庭为背景的强化、个人日志卡、整班代币强化和群体绩效系统。一般来说，前两者适用于个体学生，后两者适用于全班学生。

（一）以家庭为背景的强化

以家庭为背景的强化（home-based reinforcement）是指把学生在学校的行为报告给家长，家长提供奖励。教师让学生把一张每日或每周报告卡拿回家，根据教师的报告，家长给学生提供特权或奖励。

以家庭为背景的强化方法常常被用来改善个别学生在课堂上的捣乱行为，也可用于整个班级。有人曾用它来激励学生交家庭作业、完成学校任务、禁止窃窃私语等。以家庭为背景的强化具有这样几个好处：第一，父母能提供比学校更有效力的奖励和权力；第二，能常常给父母提供有关孩子的好消息；第三，容易管理和执行；第四，一段时间以后日志卡（individual daily report cards）会逐渐被周志卡取代，渐渐地周志卡也变得无效，直到学校使用 6 周、9 周记录卡。

（二）个人日志卡

日志卡是要求父母参与并强化期望结果的一种行为管理系统。在日志卡上，教师需要记录每堂课上学生的行为和作业评价。学生整天拿着这张卡，让上课的教师给他评分，每天回家，他会拿这张卡给父母看。当他的得分达到某一标准后，父母就给予奖励，如果学生忘了带回家，父母就会认为他没达到标准。

日志卡需要各位教师、父母共同协作，如果个人日志卡的确能减少学生的不良行为，那么这种努力也是值得的。建立和完善日志卡可以采用下列步骤：①确定日志卡包括的行为；②向父母解释这一程序；③当行为得到改善时，减少报告的频率。

（三）整班代币强化

整班代币强化（whole-class token reinforcement）是指学生把因学习和积极的课堂行为而获得的代币（小红星、分数等）转换成他们想要的奖品的一种强化系统。研究表明，以整班为单位的代币强化系统对学生的行为特别有效。由于这种方法花费太高，因此除了在特殊教育中，其他地方很少使用。一般来讲，它已让位于更有效的群体绩效和以家庭为背景的强化系统。

（四）群体绩效系统

群体绩效系统（group consequence system）是根据群体成员的行为对整个集体进行奖励的一种强化体系。它比其他行为矫正方法，如以家庭为背景的课堂管理策略更容易实施。一方面，做全班记录通常要容易得多；另一方面，大多数情况下整个班级要么得奖，要么不得奖，该方法可以避免分别处理学生的情况。

群体绩效系统的理论基础是，当群体因为每个成员的行为而得到奖励时，群体成员将会彼此鼓励，以使群体获得奖励，使同伴由支持不良行为转变为反对不良行为。其实，人们已成功地用群体绩效法实现了各种不同的意图。例如，教师说“如果所有学生都放下手中的活，保持安静，我就讲故事”，或者说“如果全班同学在明天的测验中平均分超过 90 分，下一周家庭作业就免了”。这些群体绩效行为管理使用的是一个简单的声明，如果稍加组织，就会增强其效果。教师可以考虑如下方法：①确定哪些行为要受强化；②设置一个适当的计分系统；③考虑给严重不良行为扣分；④当行为得到改善后，减少记分和强化的频率；⑤如有必要，将群体绩效与个人日志卡结合使用。

值得注意的是，严重问题行为和日常课堂不良行为并不是泾渭分明的。这些原则和策略有时同样适用于日常课堂不良行为的处理。

经验分享

关键术语

课堂管理，投入时间，学业学习时间，问责制，群体警觉，程序，规则，明察秋毫，一心多用，关注整体，转换管理，行为矫正，以家庭为背景的强化，群体绩效系统

思考题

一、选择题

1. 最能反映学生学习时间质量的是（　　）。

A. 分配时间　　B. 教学时间　　C. 投入时间　　D. 学业学习时间

2. 群体绩效系统最适合哪类有不良行为的学生？（　　）

A. 获得教师注意的学生　B. 获得同伴注意的学生

C. 逃避不愉快刺激的学生　D. 以上三种学生

3. 能够最低限度打断课堂上的不良行为的处理方式是（　　）。

A. 非言语线索　B. 反复提示　C. 应用后果　D. 表扬

4. 最容易实施的实用行为分析程序是（　　）。

A. 以家庭为背景的强化　B. 个人日志卡

C. 整班代币强化　D. 群体绩效系统

5. 某一班级约定上课前要静静地等待教师到来，这一约定属于（　　）。

A. 群体凝聚力　B. 群体规范　C. 课堂气氛　D. 人际关系

二、简答题

1. 课堂管理的目标是什么？

2. 如何提高学生学习时间的质量？

3. 如何设计规则和程序？

4. 在开学前几周如何才能成为一位有效的管理者？

5. 如何预防常见的课堂不良行为？举例说明。

6. 如何处理常见的课堂不良行为？举例说明。

7. 如何通过后果来消除不良行为？举例说明。

8. 学生不良行为有哪些原因？这对我们有什么启示？

9. 如何进行行为矫正？举例说明。

选择题参考答案：1. D　2. B　3. A　4. D　5. B

扫码答题

第十六章 学习评定

学习评定旨在运用适当的测验、仪器和技术收集有关学生学习过程和结果的信息，从而描述和分析学生的学习与行为状况，并对课程、教学方法和培养方案做出决策。学习评定是教学过程的有机组成部分，不仅有助于准确评价教学成效，还能改善教与学的质量。本章将着重介绍学习评定的有关理论、方法及其最新进展等内容。

本章要点

●学习评定的概述
○学习评定的相关概念
○学习评定的重要性
○学习评定的模式
○学习评定的方法
○教育决策与学习评定
○良好评定的指标
●标准化测验
○标准化测验的类型
○标准化测验的优点与劣势
○测验的新进展
●教师自编测验
○教师自编测验与标准化成就测验的区别
○设计测验前的计划
○教师自编测验的具体形式
○编制测验的注意事项
○学习理论的启示
●真实性评定与评定结果报告
○真实性评定
○评定结果的报告方式

第一节　学习评定的概述

在教学中，教师需要通过收集学生在课堂中的信息，对学生的学习状况进行判断和决策，并制订出最适合学生发展的教学计划。教师对学生的学习成效进行测量的各种手段都是**学习评定**，如小测验、作文、周记等。

一、学习评定的相关概念

一提起评定（assessment），人们往往联想到测量（measurement）、测验（tests）。虽然它们互相关联，但存在着区别。评定是一个更为一般化的术语，是指利用各种方法获取与学生学业有关的信息（纸笔测验、开放性问题及对真实性问题的操作等），并对学生学业进步的价值进行判断的过程，它要回答的问题是："个人的表现如何?"测量是根据教育目标和测量的具体目标，建立测量的量度标准，据此对学生现有的行为水平进行量化描述的方法，它要回答的是"程度"的问题，是评定中做出价值判断的主要依据。测验是评价的一种特定的形式，是由一组题目组成，并在相同的条件下通过施测来测量一个行为样本的工具或者系统的方法。它也回答"在与他人比较时个人的表现如何"这一问题。其实，这三个过程解决了不同的问题：测量是用量化资料来描述学生的学习情况，限于定量描述；评定是根据定量描述（测量）和定性描述（非测量）做出的一种主观的价值判断；测验是一种特定的测量活动或测量工具，它的含义在这三个概念中最具体。图 16-1 体现了评定的全面性及测量和非测量手段在评定过程中的作用。

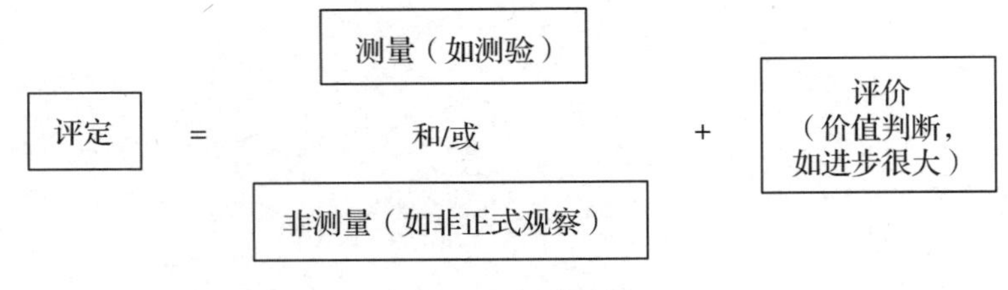

图 16-1　评定过程

此外，学习评定还涉及评价（evaluation）的概念。评价是指为了特定的目的而对观点、作品、解答、方法或材料的价值做出的判断。这些判断可能是定量的（如一些数字），也可以是定性的（如一些品质术语）。这些判断是学生自己确定的，或者是提供给学生的标准。这些标准被用来评定作品、观点或者特定解答的准确性、有效性、经济性或者满意度。在一定的语境中，评定与评价相互通用。

学习评定、课堂评定、教育评定是逐级包含的关系。课堂评定一般是教师对学生的学习、行为、社会化程度和道德方面的评价，但重点是学习评定。教育评定包括教育活动中的所有评定工作，除了课堂评定，还有学校对教师教学成效的评定等。与教育评定相比，课堂评定的概念更加具体、范围更小。学习评定的概念最具体，仅指对学生学习活动或学业成就的评定，是课堂评定的一个最重要的组成部分。

二、学习评定的重要性

学习评定为教学提供了大量的信息，任何教育政策的确定都必须建立在评定的基础上。在教育系统中，不同类型的群体基于各自的考虑，都会受益于学习评定（表 16-1）。总的来说，评定的功能主要体现在以下几方面：提供反馈、提供信息、作为诱因、衡量教学。

表 16-1　学习评定的目的

不同群体	目的
政策制定者	确定评定的标准，检查教育目标和教育质量，奖励或认可一些做法，形成政策，解决有关人事和经济方面的资源分配问题，确定测验的效果
行政人员和学校计划人员	检查课程的有效性，明确课程的优点与缺点，指出课程的缺陷，评价可供选择的其他方法，提出新的课程或改进课程，评定和考察教师与学校的业绩
教师和行政管理人员	①筛查：对所有的学生进行粗略、简单的考核与测试，确定哪些学生需要更全面、更综合的检查 ②决定分类、分组或分班：决定学生应该接受什么水平的教育；对于特殊儿童，可以确定学生需要接受哪类特殊教育 ③进行教育决策：对学生进行一系列详细的测查，了解学生的优势与不足以及对教学的准备情况，以便为教育决策提供信息，如提供关于学生的掌握、升级、分数等情况及其他反馈、选拔学生或者奖励学生 ④制订教学计划：根据评定结果，教师可以针对个别学生制订出更适合其能力发展的培养计划；评定信息是对学生进行分类，确定教学目标和内容以及制订教学的特殊计划的重要依据 ⑤指导学生：通过前测和后测的比较，了解学生的学业成就和正在取得的进步，以便对学生进行学习和职业指导；有许多方法可供使用，如正式测验、观察、课程本位评定等 ⑥对课程的教学效果进行评定，帮助教师反思和改进教学
学生及家长	测量学生的进步，评价学生的优点与缺点，确定学校的信誉，做出合理的教育和职业决策，配合学校的教育，在家庭内建立一套以评定为标准的强化系统

（一）提供反馈

学习评定为师生调整和改进教学提供了充足的反馈信息，教师可以了解教学效果。在课堂上，教师可以随时提问学生，根据回答的情况推想学生对讲课内容的理解程度；经常让学生做一些小测验，能更准确地把握学生的学习进展情况。

学生通过学习评定，能明确自己对知识的掌握情况。例如，在等边三角形的测验中，有些学生对等边三角形中线的计算方法不清楚，有些学生会发现自己对等边三角形的概念理解不够。如果学生明白了自己的不足，在下节课的学习中就会对症下药。

评定信息越明确，越具体（只要是积极的、建设性的），反馈越有效。研究（Cross & Cross，1980）发现，给学生提供具体的描述性反馈，学生更容易对成功进行内部归因，而只给学生提供等级分数，学生更偏向外部归因，如运气等。很多专家型教师最开始使用积极性反馈来表扬他们，然后用建设性反馈告诉他们应该改进什么（表 16-2）。

表 16-2　积极性反馈、建设性反馈与无用反馈的对照（斯滕伯格、威廉姆斯，2012）

积极性反馈	建设性反馈	无用反馈
①为了完成这个作业，你很努力 ②优秀的工作 ③这表明你真的努力了 ④你的确是一名好学生 ⑤我喜欢阅读这个	①试着用能够理解你的主题思想的句子展开你的作文 ②每天晚上做一些数学练习题，直到你对有关分数的知识掌握到满意为止 ③你的答案表明你有很好的想法，但没有很好的组织，你试着写一个纲要改进一下 ④每一栏你减得都很正确，但是你忘了从十位借一	①下一次试着做得好一些 ②你参加过这种测验吗 ③你忘记了作业的要点 ④工作差 ⑤下次努力学习 ⑥在写之前好好想想

（二）提供信息

学习评定为家长了解学生的学习情况，为学校鉴别学生的学业表现提供信息。学校通过成绩单向家长报告学生的评定结果，可以使家长及时了解学生在学校中的表现。此外，成绩单有助于家长配合学校的教育，家庭应该建立一套以评定为标准的强化系统。由于家长倾向于鼓励孩子取得好的学业表现，在学校做好学生，所以学业表现作为一个有效且重要的刺激物，可以促进学生的积极行为和学业的进步。

学校根据评定的结果来选拔学生，对学生进行职业指导，并为学生设计出更适合其能力发展的培养计划。评定信息是制订特殊学生教育方案的重要依据。

（三）作为诱因

评定结果作为诱因可以激励学生努力学习。学习评定能够激励学生付出最大的努力。高分、奖品等都是对出色工作的奖励。要想通过评定提高学生的努力程度，需要注意下列事项：①评定对学生实现有价值的目标有影响或者起关键作用，否则分数就无法成为诱因。一些中学生看重分数，是因为这对他们进入大学很重要。②评定要公平、客观。它对所有的人都是一致的，并且要与学生的真实表现紧密相连。③要有清晰的评估标准，学生知道怎么做才能获得好的评价。④对评估要有合理的解释，根据情境不同而不同。例如，一些学生认为，当其他同学不做作业而自己做了一些时，就说明自己很努力。⑤评估应该具有经常性和挑战性，进行频繁而短小的测验比偶尔的大测验更能促进学生学习，并且评估要对所有的学生都有挑战性，能够根据学生进步和改善的程度进行评估。

（四）衡量教学

学习评定和教学的关系决定了评定这一教学过程的有效性。学习评定与教学活动是密切联系的。学习评定与教学的关系越密切，教学过程就越有效。实际上，整个教学活动可以被简化成一个包含学习评定的系统（图 16-2）。

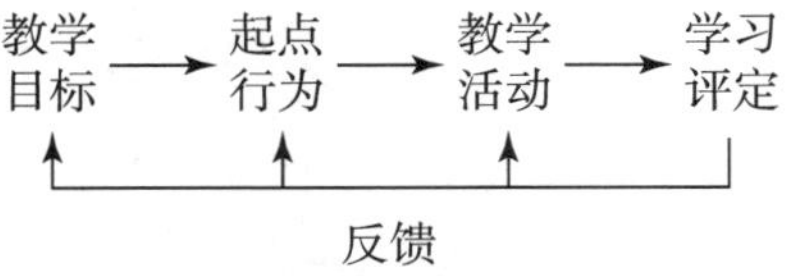

图 16-2　基本教学模式示意图

教学系统中的四个因素都或多或少地影响到教学活动的成效。教学目标是目的，是教学活动的基础，后三个因素是达到这一目的所需的手段或途径。学习评定的功能非常独特且关键，对前三个因素具有重要的反馈作用。在教学活动中，评定旨在通过预期的教学目标对教学效果进行价值判断，确定教学行为在多大程度上接近预设的目标，判断教学活动的效果与效率。教学过程是一个需要通过学习评定不断向教学目标、起点行为和教学活动提供反馈，反复循环上升，不断逼近教学目标的过程。如果学习评定的结果表明教学已经达到了既定的目标，那么这就标志着教学过程的结束，而新的循环又将开始。因此，成功的教学除了包括合理可行的教学目标、对起点行为的准确把握、适当的教学活动，还必须包括有效的评定方法。最初的评定通常在教学前开始，但是在教学过程中和结束时，教师还应不断地进行评定，以便准确、及时地掌握学生逐渐改变的学习状况。这样，不间断的多次评定和决策确保了有效的教学能够顺利实现。

三、学习评定的模式

心理学家对评定的看法一直存在着分歧，围绕不同的理论内核形成了不同的评定模式。常用的评定中大致存在着三类模式：传统评定模式、动态评定模式和课程本位评定模式。后两种模式在实际教学活动中的影响日益深入。

（一）传统评定模式

学校人员使用传统评定（traditional assessment）模式是为了解答几个方面的问题：学生在学习上有何特点？他的各项基本能力处在什么样的发展水平？他的长处和短处是什么？怎样帮助学生在今后的学习中取得进步？学生的进步情况如何？

传统评定在指导思想上更多地受到了行为主义和早期认知心理学的影响。它经常使用的测验是标准化常模参照测验。不过，除了标准化测验，教师有时也借鉴其他非正式评价的手段，来确定学生学习的状况及原因。学校人员根据传统模式的评定结果，可以进行相关的教育决策，包括对学生进行分班，确定学生在某些技能发展上的优势与不足。

（二）动态评定模式

近些年来，传统评定模式由于其僵化性在应用过程中受到了不少批评。一些教育心理学家十分重视评定对教学的作用，积极推荐动态评定（dynamic assessment），并探讨了动态评定的方法和程序（Palinscar，Brown，& Campione，1991；Palincsar & Brown，1984；Feuerstein，1979；Vygotsky，1978）。他们提出动态评定不仅是简单的前测和后测，而是一个连续不断的过程，评定需要与教学融为一体，能直接指导教学。

教师使用动态评定的目的是评价学生在教学情境中的学习能力，而不是确定学生已经掌握的知识。因此，标准化测验的重要性有所下降，非正式评价被提升到显著的位置。非正式评价可以由学生自己进行。例如，学生就自己完成某一学习目标所做的活动以及活动的效果进行反思和总结，学生对他人学习进步的思考等。教师采用的非正式评价对学生具有很强的针对性和指导性，且评定的资料大多是采用非正式方式收集的。例如，以学生学习过程的案卷（portfolio）为基础来评价学生的学习过程。非正式评价只要运用得当，就会取得与正式测验类似的效果。总之，为了获得自己感兴趣或关心的信息，教师需要经常自行编制测验或设计评定活动，自己决定评定的目标、对象、性质和时间。因此，动态评定具有很大的灵活性和连续性。

动态评定的目的是确定学生在适宜的条件下能够学得多好，评价学生在师生交互作用的教学条件下的学习情况。动态评定的关键因素是学习发生的社会环境。当学生和教师之间建立了一种健康的相互作用的关系时，学生的学习能力会得到发展，从而可能最大限度地发挥出学习的潜能。动态评定的过程一般是教师先提供教学，再观察学生在教学中的反应和表现，然后进行主观评价。因为评定结果主要用于调整和指导教学，所以评定的标准不是测验分数，而是教师自定或者与学生协商的。

（三）课程本位评定模式

课程本位评定（curriculum-based assessment）模式是以课程内容为依据、使用标准参照测验进行的评定，是特殊教育领域使用得最为广泛的评定模式。标准参照评价是基于某种特定的标准，来评价学生对教学密切关联的具体知识和技能的掌握程度。由于标准参照评价不考虑其他个体对任务的完成情况，故有时又叫自我参照评定。

课程本位评定针对的是学生的掌握情况，而不考虑与常模团体的比较，是传统评定方式的有效补充。它把教学提到最显著的位置，注重课程目标，降低了测验与考试的作用（Shinn & Hubbard，1992）。与传统评定相比，评定的内容一般经过了良好的界定，提供的信息也比较详细，有助于描述学生对课程的掌握情况。它使用的材料通常是教材和教学内容，有时甚至就是学生在课堂中学习的内容。例如，教师计划在本月教会学生读写 100 个汉字，那么月底的评定就是测查学生对这 100 个汉字的掌握情况。根据特定学校或班级的课程要求对学生的学习进行评价，有助于加强评定与教学的联系。另外，课程本位评定还能降低竞争带来的一些负面影响，如同学关系的淡漠、对学习和考试的消极情绪等。

课程本位评定要求教师：首先，制订课程范围或个体教育计划的目标，即希望学生学会什么内容，掌握到何种程度。教育计划的目标应该详细，甚至可以具体到个别学生。其次，经常对课程范围内的问题或学习任务进行系统性、重复性的测量，以此来评定学生。最后，在图表上绘制出评定结果，这样，学生和教师都可以清晰地看到学生取得的进步。

图 16-3 是根据课程本位评定结果绘制的示意图，显示了学生 4 个月内朗诵成绩

的进步情况。纵坐标表示学生在1分钟内正确、流利地读出的汉字数。阶段A代表基线成绩，是学生在教学前连续3天的测量结果。阶段B是教师运用目标教学进行教学干预后学生取得的进步，用学生在后继的14周的每周五的测验成绩来表示。虚线是个别教育计划的目标，即教师设想通过14周的教学，学生能够每分钟朗读120个汉字。

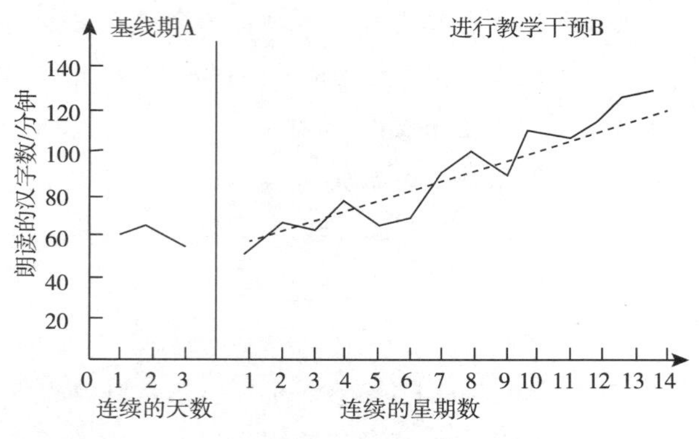

图 16-3 课程本位评定的图示

课程本位评定缩小了课程和教学之间的差距，加强了教学的目的性，为教学活动尤其是学习困难儿童的特殊教学，提供了行之有效的评定手段。它的特征是：①多采用标准参照评价的形式，是传统常模参照测验的有效补充；②以学生的学校或班级所教的课程内容为核心；③把测验与教学有机地结合起来；④与个体教育计划相联系；⑤要求对评定结果绘图；⑥使用直接的重复性测量来表示学生在某一连续时间段内取得的进步。

经验分享

四、学习评定的方法

评定策略必须与评定的目的相适应（McMillan，2001)。要想正确地应用评定，首先要了解不同的评定方法。

（一）诊断性评价、形成性评价和总结性评价

布卢姆依据学习评定在教学工作中的作用，把它划分为三类：**诊断性评价**（diagnostic evaluation，又被称为配置性或准备性评定)、**形成性评价**（formative evaluation，又被称为诊断进步评定或进展评定）和**总结性评价**（summative evaluation，又被称为终结性评定）。它们在教学活动的不同阶段表现出不同的功能。具体如表16-3

所示。

表 16-3 诊断性评价、形成性评价与总结性评价的比较

评定方法	使用时机	目的	评定结果的处理
诊断性评价	教学目标确定后，教学前	分析学生的起点行为，确定学生对新任务的准备状况	只供教师安排教学时参考，不记作学生的成绩，也可以与学习后的数据相比较，根据成绩的改变来评价教学和学生学习的效果
形成性评价	在教学中多次进行	了解教学效果，探索教学中存在的问题	测验分数不计入成绩册，也不评定学生的等级或名次
总结性评价	一门课程或教学活动结束后，如单元、章节、科目、学期结束时	判断是否达到教学目标，检查教学的有效性和教材教法的适当性，考核学生的学习效果，确定学生的最终学习成绩	要对学生的成绩进行分组，记入成绩报告单，作为某种资格认定或升、留级的根据

（二）常模参照评价与标准参照评价

根据评定时的比较标准还可以把评定分为常模参照评价和标准（效标）参照评价。**常模参照评价**（norm-referenced evaluation）是指评定时将学生的学业表现与其所在团体或常模团体进行比较，根据个体在团体中的相对位置来报告评价结果。**标准参照评价**（criterion-referenced evaluation）是基于某种特定的标准，来评价学生对与教学密切关联的具体知识和技能的掌握程度，可以用来判断学生是否需要更多的指导。好的标准参照评价应该与特定的教学目标或者教授课程的特定内容密切相连。表 16-4 对常模参照评价和标准参照评价的主要特征与目的等进行了比较。

表 16-4 标准参照评价与常模参照评价的比较

特点	标准参照评价	常模参照评价
适用范围	掌握性评价	调查性评价
侧重点	描述学生能够完成的任务	测查个体之间的学业表现差异
结果解释	将学生的学业表现与明确、具体的学业表现标准相比较	与其他个体的结果相比较
内容覆盖面	一般集中在有限的一些学习任务上	一般包括较广泛的内容
题目设计的特性	经常使用详细的内容说明	经常使用细目表

续表

特点	标准参照评价	常模参照评价
选择题目的程序	需要有足够的题量来覆盖所测成就的全部方面，不需要为了增加评价的效度而改变题目的难度或者删去简单的题目	所选的题目具有较大的区分度，能拉开学生分数的差距，简单的题目应从评价中删去
最终学业表现的评定	由绝对标准决定	由特定团体的相对标准决定

常模参照评价和标准参照评价既可以用标准化测验，也可以用教师自编测验。由于性质不同，常模参照评价对总结性评价的作用较大，而标准参照评价通常适用于形成性评价。

(三) 正式评价与非正式评价

学习评定按照其严谨程度可以分为正式评价与非正式评价。正式评价（formal evaluation）指学生在相同的情况下接受相同的评定，且采用的评定工具比较客观，如测验、问卷等。非正式评价（informal evaluation）则针对个别学生，且评定的资料大多是采用非正式方式收集的，如观察、谈话等。有时，教师也会采用非正式评价，作为正式评价的补充。例如，教师已经接到了小西的智力测验的结果，再结合他平时的观察以及与小西面谈的情况，可以得到比较全面的评价：小西的测验得分并不是能力的准确反映，因为他比较好动、注意力不易集中，所以在智力测验中的表现较差。

(四) 团体评价与个体评价

在同一时间对一定数量的学生（一个班、一个年级等）的评定，叫作团体评价（group evaluation）。教师事先准备好试卷，然后要求学生在课堂上作答的形式大部分属于这种类型的评定。团体评价需要使用团体测验，团体评价的标准既可能是标准参照的，也可能是常模参照的。

在同一时间对一名学生进行的评定叫作个体评价（individual evaluation）。例如，一名学生接受一位导师的指导，这位导师将全面地考察学生运用所学知识解决问题的能力，并根据观察来的信息主观地评定其学业成就，这就是个体评价。个体评价的形式包括标准参照评价和常模参照评价，使用的测验大多是个体测验。但是由于一些测验的特殊性质或被试的特殊性，有时即使测量工具是用于团体测验的，也必须以个体评价的方式进行。

五、教育决策与学习评定

通过以上的分析可以发现，任何教育决策的制定都必须建立在评定的基础上，由于评定方式存在差异，因此教师在制订教育决策前，还应该考虑相应的评定方式，判断自己采用的评定方式能否收集到有用的资料。表 16-5 简单地说明了通常的情况，教师在实际使用时可以进行一些适当的调整。

表 16-5　教育决策和相应的学习评定方式（Dembo，1994）

教育决策的类型	评定方式
特定的学生群体，教学计划的现实性	学术能力测验、以前成就测验的记录
学生是否应接受分组教学	能力和成就测验、以前的记录
学生对新教学内容的准备程度	准备性测验、所需技能的前测、以前的记录
学生对课程要点的掌握程度	掌握性测验、观察、作品分析
学生的学业进步	定期测验、一般的成就测验、观察、作品分析
学生遇到的学习困难	诊断性测验、观察、学生的讨论会、作品分析、学生的自我评价
学生是否应接受咨询或特殊教育	学术能力测验、成就测验、诊断性测验、观察
学校对学生的评定	综合分析所有的评定资料
教学的有效性	成就测验、教育管理人员的评定、作品分析

六、良好评定的指标

教育与心理测量学表明，良好的评定必须具有较高的信度（reliability）和效度（validity）指标，这样的评定信息才能对学生的学业表现提供准确的估计，使得教师或其他决策者可以进行恰如其分的决策。

（一）信度

信度指评定的可靠性，即多次评定的分数稳定、一致的程度。它回答的问题是，某一个体或班级的评定结果是否跟某段时间内的评定结果大致相同，是否跟另一环境下的评定结果大致相同，是否跟另一个评分者的评定结果大致相同。例如，如果在三种互不相干的地方和氛围中，每次的回答都是相同的，那么这样的信息被认为是可信的。通常，主观题的评分者信度较低，客观题的评分者信度较高。明确评分标准，对评分人员进行培训，会提高评分者信度。增加题目的数目也会提高测评的信度。

（二）效度

效度指评定的正确性，即一个评定在何种程度上测量了它想测的东西，并且在何种程度上允许对学生的技能和能力进行适宜的概化。例如，学生在完成一份有 10 道题目的加减法测验后，做对了 9 道题目。如果这个测验是有效的，那么我们可以很安全地概括：随意让这名学生完成同样类型的题目，即使是测验题中没有出现过的题目，他也能做得一样好。评定结果将显示测验题目拟评定的目标、学生是怎样对待和完成的。测量专家指出，测验效度和使用评定的目的密切相关。由此，一个测验对某一目的或许有效，但对另一个目的则全无效果。例如，数学测验对于评定学生加减运算的掌握水平是适宜的，但不适用于评定数学天才儿童。

第二节　标准化测验

测验是测量一个行为样本的系统程序，即通过观察少数具有代表性的行为或现象，来量化描述人们的心理特征。标准化测验（standardized test）是指由专家或学者们编制的适用于大规模评定个体心理特征水平的测验。这种测验的命题、施测、评分和解释都有一定的标准或规定，并且具有较好的信度和效度。

一、标准化测验的类型

（一）智力测验

由比奈（Binet）编制的第一份智力测验量表——比奈量表，于 1905 年问世后，各种智力量表依据不同的智力理论纷纷出现，其中最有影响力的是斯坦福-比奈量表和韦氏智力量表。我国也先后对比奈量表和韦氏智力量表进行了修订，从而使其推广到全国。

1. 斯坦福-比奈量表

斯坦福-比奈量表（表 16-6）是比奈早期智力测验的现代版本。它具有较高的信度，它的各年龄段上的等值性系数一般在 0.90 以上，随着年龄的增大，信度增加，且智商低者比智商高者有更高的信度；无论内容效度、构想效度还是效标关联效度，都令人满意。它适用于个体施测的智力测验。此外，斯坦福-比奈量表的计分虽然只以智力年龄和智商来表示，但是一位合格的测验人员能够通过测验数据获得大量的关于儿童的智力、情绪、社会适应等方面的重要线索。

表 16-6　斯坦福-比奈量表中的项目举例（斯滕伯格、威廉姆斯，2012）

内容范围	问题解释	可能的问题举例
词语推理	描述一个词语与其他另外三个词的差异	从下面的一列词中选择一个与其他的词都不相同的词：瓶子　叉子　吸管　杯子 （说明：你喝饮料时不会用到叉子，但可能会用到瓶子、吸管和杯子）
数量推理	比较一个数列	在下面这个数列后面，最有可能出现的数值是： 3，10，17，24，________
图形抽象推理	把一些几何图形组合成一个特殊的几何形状	将下面的几何图形组成一个三棱锥： ◁　▽　□　▷
短时记忆	主试说一个句子，被试立即准确地复述该句子	试着跟我复述下面的句子： “爱丽丝跳过一个矮树丛跑到了河边。”

注：这里的问题样例不是量表中的实际问题。

2. 韦氏智力量表

韦氏智力量表（表 16-7）是由贝尔维奥（Bellevue）医院的韦克斯勒（Wechsler）编制的。韦克斯勒没有建立一个单一的多年龄阶段的量表，对于不同的年龄范围，他使用了不同水平但又有关联的量表，它们是韦氏儿童智力量表（WISC，1949）、韦氏成人智力量表（WAIS，1955）、韦氏学龄前儿童智力量表（WPPSI，1963），并在 1974 年对韦氏儿童智力量表做了修订（WISC-R），1981 年修订了韦氏成人智力量表（WAIS-R）。韦氏智力量表由言语分量表和操作分量表组成，每个分量表又包括一些分测验。因此，韦氏智力量表报告的是言语的智力分数、操作（非言语）的智力分数、总智力分数及不同子测验的计分，这有利于收集较精确的诊断资料，并予以解释。与斯坦福-比奈量表比较，它的智力分数都是以 100 为平均数，以 15 为标准差的离差智商。

表 16-7　韦氏智力量表中的项目举例（Thorndike & Hagen，1977）

<table>
<tr><th>分量表</th><th>内容范围</th><th colspan="11">可能的问题举例</th></tr>
<tr><td rowspan="4">言语分量表</td><td>一般理解力</td><td colspan="11">人们为什么购买火灾保险？</td></tr>
<tr><td>数学推理</td><td colspan="11">如果一打（12 个）鸡蛋需要 6 毛钱，那么一个鸡蛋需要多少钱？</td></tr>
<tr><td>相似性</td><td colspan="11">羊毛和棉花在哪些方面相似？</td></tr>
<tr><td>数字记忆广度</td><td colspan="11">仔细听。当我说完后，马上把这些数字说出来。
7—3—4—1—8—6
现在我说出更多的数字，希望你按照从前往后的顺序将它们说出来。
3—8—4—1—6</td></tr>
<tr><td rowspan="4">操作分量表</td><td rowspan="3">数形替代</td><td>编号</td><td>△</td><td>○</td><td>▱</td><td>×</td><td>8</td><td colspan="5"></td></tr>
<tr><td></td><td>1</td><td>2</td><td>3</td><td>4</td><td>5</td><td colspan="5"></td></tr>
<tr><td>测验</td><td>△</td><td>8</td><td>×</td><td>○</td><td>△</td><td>▱</td><td>8</td><td>×</td><td>△</td><td>8</td></tr>
<tr><td>拼图</td><td colspan="11">使用这 4 个图，拼成下面的样子：</td></tr>
</table>

注：这里的问题样例不是量表中的实际问题。

（二）成就测验

成就测验（achievement test）测量在阅读理解、数学、社会学科、自然学科等一个或多个领域内通过努力取得的成就。目前，最常用的成就测验是艾奥瓦基本技能测验（Iowa tests of basic skill）、科学研究协会系列成就测验（Science Research Association achievement series）、加利福尼亚成就测验（California achievement test）、城市成就测验（metropolitan achievement test）、斯坦福成就测验（Stanford achievement test）。所有测验都包括对多个领域的成绩进行测量。例如，加利福尼亚成就测验的内容包括词汇、阅读理解、数学概念及其应用、拼写、研究能力、自然科学、社会学科等。这些测验能够在从小学到中学的多个水平上使用。表 16-8 列出了这些测验中包含的典型项目的例子。

表 16-8 成就测验的项目类型列举（斯滕伯格、威廉姆斯，2012）

内容范围	对问题（或任务）的解释	问题（或任务）举例
句子理解	要求理解词汇的意义、用法和关系	选择一个最适合整个句子的词或一列词。例如，______ 最一般的用途就是锁门或开门（钥匙）
词语类比		选择与给出的一对词具有同样关系的另外一对词（类比）。例如，“水管工”与“水槽”相当于“机械工”与“发动机”
阅读理解	说明对文章段落的理解	读完一段后，正确地回答一些多项选择题。例如，这个故事的主要任务是希望获得什么目标
数量技能	几何、代数、分数、算术、指数等运算	从多选题的几个可能的答案中，选择一个正确答案。例如，看一个多边形，这个多边形的一些边和角标有数字，而另外一个边和角没有，要求学生从选项中挑出正确的数字，填到那些空白边上

二、标准化测验的优点与劣势

标准化测验既存在明显的优势，又有不足。教师需要在更高层次上分析它，扬长避短地使用它。

（一）标准化测验的优点

标准化测验的支持者可能会从心理测验理论、统计证据、标准化的优点、具体测验的预测效度、客观性计分程序等方面对标准化测验加以肯定，认为在各种评定学习和其他心理能力的程序中，测验是最简便、有效、公正、偏见最少的手段。

1. 客观性

标准化测验最大的优势在于它的客观性。在大多数情况中，标准化测验是一种比教师自编测验更加客观的测量工具。教师对学生的情况了如指掌，因此他们对不同的学生有着不同的预期。因此，在批改模棱两可的答案时，教师就极有可能给学优生高分，而给待优生低分。标准化测验是由测验专家编制的，他们与接受测验的学生没有个人情感上的联系，因此可以避免此类问题。测验专家在进行测验内容取样和题目编制时，也比教师更系统、合理。总之，标准化测验的编制者能比较全面地考虑造成测验误差的各项因素，并最大限度地减少这些因素的影响，从而将各方面的误差控制在尽可能小的范围内，使测验可靠准确。

2. 计划性

标准化测验更具有计划性。因为专家在编制标准化测验时，已经考虑到所需的时间和经费，所以标准化测验比大部分的课堂测验更有计划性。例如，艾奥瓦基本技能测验是一套常用于美国小学三到八年级学生的成就测验，包括不同类型的多水平的题目，可测量词汇、阅读、拼写、计算、使用可视化资料和参考资料，可解决数学问题（Hieroymus et al.，1978）。该测验的试题测量了208项具体的、独立的技能，都是在专家系统考虑、分析公立学校的课程，学校管理人员进行说明，国家课程管理小组提出建议后确定的。每个测验项目的选择都要经过证实和判断的程序，包括由来自不同文化背景团体的有声望的专家进行评价。当项目被选定后，测验就在每年秋季和春季的两次测验中举行，每个年级取大约19000名学生进行标准化测验。

3. 可比性

标准化测验具有统一的参照标准，使得不同考试的分数具有可比性。标准化测验有助于将一名学生的分数与标准化样本比较，以便了解学生在某个特定的学科领域里的优势和弱点，还可以用于比较一个班级的学生与标准化样本的状况。不仅可以用于测验成就，也可以用于对比其他特征的测验。例如，兴趣测查量表测查了学生对日常生活中各种有关活动的兴趣。这个测验的高分和低分反映了兴趣的模式，几乎与能力无关。它不能说明个体在具体某项活动中的作业的好坏，至多能说明个体对这项活动的兴趣与普通人相比更高或更低。这些测验的最终分数都必须把初始分值与标准化样本相比，转换成量表分。

（二）标准化测验的劣势

标准化测验在很多方面卓有成效，一旦忽略某些条件就会出现纰漏，而且它以测量基本技能和知识为目标，忽视了测量学生解决实际问题的能力，因此受到一些批评。

1. 不能促进学习

标准化测验不能提高或促进学生的学习成果。首先，要评定的学习成果必须与测验针对的目标一致。一个用于测量高等代数运算的标准化成就测验，不能用来测量刚刚学习了代数定义的学生的学业成就。在我国，各地区的教学状况还存在着一定的差距，同一个年级或地区的教学内容可能不同于另一个地区。因此，一些地区的学生所学到的内容与标准化样本所学的内容有差别。这就要求教师在选用标准化测验前仔细查阅内容效度，使测验的目标与评价的目的相匹配。

在实际的教学应用中，标准化测验与学校课程之间的关系往往非常不合理。一方面，如果标准化成就测验的内容不是学校课程强调的部分，那么标准化测验的结果就不能有效地评定学生的学业成就；另一方面，标准化测验成为教学的指挥棒，统治、限制了教学，使教师为了应对考试而进行教学，这样教学完全偏离了本来的目标，而一味照搬测验涉及的内容。在这点上，教师必须认识到：标准化测验是服从于教学的。测验可用则用，测验不合适时教师应考虑使用自编测验。例如，上海、武汉等地的一些中学相继试行"素质学分制"，学生无须参加高考，学校通过评价学生在各门类课程上的表现，决定学生的毕业与升学。

另外，标准化成就测验难以支持实际的教学活动。标准化测验不可能完全测量某个领域内的所有知识和技能，只是粗略地刻画学生的成就，只能在由测验专家事先划定好的范围内提供关于成就的一般性信息，它们不能对学生的技能、能力和学习方式的全貌进行详细的描述。所以，标准化测验的结果只是教师在对学生或课程进行学业决策时依据的一部分评定信息。只有结合其他评定信息或者多次用标准化测验施测，才能做出合理的教育决策，以便为学生提供及时反馈，改善学生的学习过程，诊断学习问题。

2. 使用条件非常严格

标准化测验所需的条件是非常严格的。标准化测验要求接受测验的人在所有的重要方面必须接近标准化样本。这说明，标准化测验的分数不是绝对正确的，而解释分数和与其他人比较尤其需要谨慎。由于标准化测验通过标准化样本来制订常模，因此标准化成就和能力测验对个体学生的成就有较低的预测性。虽然标准化测验能较好地预测团体以后的成就，但很难准确预测个体的成就水平。例如，比较阅读测验的高分组和低分组，毫无疑问，我们能推测低分组会出现更多的阅读困难者；然而，对取得高分的个体，我们不能断定他的阅读水平一定很高。标准化测验只是一个目标行为的样本，是理想化的结果。只有在限定的范围内，它才是比较准确且良好的。

由于测验分数可能会出错，因此我们利用标准化测验对学生进行分类和贴标签，往往会带来更大的危害。在进行重要的教育决策时，教师必须考虑：学生是否属于标准化测验对应的样本，标准化测验是否能为决策提供充分的信息，这种方法是否比用其他途径收集来的信息更有价值。

3. 未必真正公平

标准化测验的公平性也是一个问题。严格地说，几乎没有一个评定方法能完全解决公平性问题。这提醒我们，在编制测验时应尽可能多地照顾到多数人；在使用测验时不能照搬国外的测验，要考虑测验适用的文化背景和人群特点，这样才能进行有效的测量。

三、测验的新进展

(一) 智力测验的变革

近年来，智力理论和研究技术的发展，给智力测验注入了新的活力。传统的智力理论基本上是一种关于结构差异的理论，以静态的结构整体和因素为基础。新的智力理论聚焦心理过程来理解人的智力，即注重探索对认知任务的操作发生的心理过程。这是一种关于过程的认知理论，以动态的过程整体或智力成分为基础。但是在寻求这种理解时，不同的研究者有不同的看法。

一种观点是根据认知加工的速度来解释智力，用测量简单反应时或选择反应时来考察人类智力的差异。例如，艾森克（Eysenck）认为一般智力因素实际上是一种心理操作的速度和力度，因此他侧重研究了平均诱发电位与智商的相关。詹森（Jensen，1987）认为智力可以被看作神经传导速度，他探讨了复杂反应时与智力的关系。另一种信息加工理论根据复杂的问题解决过程来理解智力，更多地强调信息加工过程的精确度和策略、智力活动的高级过程和元认知成分。例如，斯滕伯格（1988，1990）的智力理论中的智力成分论，把智力成分划分为三个层次：元成分、操作成分和知识获得成分。元成分作为智力活动的高级管理成分，起着计划、评价和监控的作用，它的作用表现在六个方面：确定问题的性质、选择解决问题的成分、选择策略把这些成分结合起来、确定心理表征、资源分配、监控解决过程。戴斯（Das）和纳格利尔里（Naglieri）在探讨智力时提出了PASS模型，分别对智力的计划性（P）、注意性（A）、并列加工（S）、序列加工（S）进行测定，强调元认知作为智力结构中最高层次的功能系统，对人类认知和行为具有计划、监控、调节和评价等功能。这些学者都主持或直接参与了测验的编制与开发工作，通过最新智力理论的指导来带动测验技术的发展。

随着研究者对智力本质的认识日益深刻，人们意识到原有理论对智力的理解过于狭隘。新的智力理论突破了传统的束缚，提出多元的智力观，开始强调处理日常生活事件的能力、思维的全面性和领悟性、管理心理资源的能力等。例如，斯滕伯格的智力理论就包含了情境能力，即个体使用心理结构和过程来满足日常生活需求的能力。日常生活中经常出现这样的情况，一些人很善于利用他们的能力来完成常规心理测验中的高度抽象或与学业有关的任务，但是他们不会把这种能力迁移到日常生活中。而有些人正好相反，虽然他们在智力测验中表现不佳，但是能够很好地处理在生活中遇到的各类事件。斯滕伯格在自己编制的智力测验中设置了测量这种能力的分测验，被试必须使用创造性的思维方式来应对和解决新情境中的问题。此外，有些测验还侧重考察了个体思维的全面性与领悟性。例如，弗里德曼的智力测验要求学生除了简单地回答选择题，还要创造出新的解答以显示他们的思维能力。

此外，还有心理学家认为智力不仅表现在认知方面，还有可能表现在社会交往、下棋、手工操作等方面。加德纳（Gardner，1985）提出人类的智力应该包括八个方面：语言、音乐、数学逻辑、空间、身体运动、自然、人际和内省。个体通常会在一个或少数几个领域展现出高水平的能力，但在其他领域则表现平平。因此，这些心理学家主张仅仅使用考察认知能力的智力测验来评价学生的智力是远远不够的，还需要多侧面、多层次地评价学生的多种智力水平。

总之，在新智力理论的影响下，智力测验的发展表现出新的特点。一方面，开始注重对多种智力成分的测量，扩大了智力测验的范围，强调处理日常生活事件以及适应陌生情境的能力；另一方面，心理学家主张把测验和学习联系起来，消除学习和评定的分界线，更加重视应用训练程序对儿童或者某些认知功能较差的成人提供帮助，从而在整体上提高智力水平。智力测验不仅是一种智力评定的工具，而且逐渐成为训练、辅导和提高智力的有效工具。

智力测验的编制者还对元认知能力、监控能力、学习策略等给予了充分的重视。为了测量这些能力和策略知识，心理学家专门编制出了一些测验，如元认知问卷（metacognition questionnaire）、自我监控学习评定量表（self-regulated learning rating scale）等，这些测验大多是最近发展起来的，在理论和实践应用方面还不够成熟，信度、效度有待进一步提高。

（二）计算机化的适应性测验

标准化测验的最新发展趋势还包括计算机化的适应性测验（computerized adaptive testing，CAT），它是运用最先进的信息技术来改革测验工具和模式的尝试，利用计算机的优点使之成为一种测验工具，而不仅仅是纸笔测验的呈现器。计算机在测验生成、组织测验和进行测试后分析等各方面已经成为教师的优良工具，但是计算机化的适应性测验的含义不仅限于此。

计算机化的适应性测验将多个富有创造性的测验特性结合在一起，它能根据被试当前正确和错误反应的情况，来调整后面若干测验项目的难度，以此来决定被试的水平。因此，一个较短的测验就能提供与较长的传统测验相同的评定结果。并且，计算机化的适应性测验产生的测验更清晰，更易于作答，更被测验者青睐。从指导思想看，计算机化的适应性测验以测查在某一科目或某一工作上的操作或实际表现为目的。这反映了测验领域的一种趋势，即把教学目标的测验和对知识获得的测验结合起来。因为，一方面，人们在关注学生的最终学习结果的同时，越来越关注学生如何取得该结果及学生的日常表现如何；另一方面，计算机已经融入人们的日常生活，日常表现在评定中应占有一席之地，对日常表现的评估主要就是评定和作品分析。计算机化的适应性测验能部分地满足这一需要，但现有的软件离这种理想还有较大差距。

计算机适应性测验在选题上很有特色。一方面，测验将安排大量的题目类型来测量同一种心理特质，教师把大量组织好的试题连同对试卷的要求（题目范围、难易程度、类型、预计测验时间等）都存放在计算机的题库管理系统中，形成计算机化的题库；另一方面，测验能够根据被试的反应情况，自动选择难度适合的题目。这样，测验可以在较短的时间内取得满意的结果。能力高的被试不必在简单的题目上浪费时间，而能力稍差的被试不用完成他无法答出的题目。但是，学生的每次测验可能会接受不同类型、不同数量的题目，很难保证测验的等值性。良好的适应性测验在分数的解释和管理方面很简便。测验不仅可以解释某名学生在每个分量表上的表现，而且能够随时对他在每一道题目上的作答情况进行分析，以便决定下面题目的难度。由于使用了计算机，它不仅可以迅速完成对学生的能力和缺陷的分析，还能对试卷编制水平、教学情况等教育信息进行系列分析，为提高测试水平和教育质量创造了条件。

对于计算机化的适应性测验，心理学的研究主要探讨了影响测验成绩的因素和人机对话的问题。例如，计算机的反馈信息应该在什么时间提供，详细到何种程度；计算机化测验的信度和效度；在计算机测验中，各种题目类型的适宜性；怎样提高被试的答题动机，尤其是低学业成就学生；等等。

（三）认知诊断测验

学生的考试分数并不能提供给他关于自己知识和技能的掌握情况的具体信息。例如，学生 A 和 B 在数学考试中都得了 90 分，但是两个人在对知识的掌握模式上可能完全不同：学生 A 可能没有掌握路程问题，学生 B 则可能没有掌握分数的加减法。笼统的 90 分并不能帮助学生了解自己的认知优势和劣势。另外，单纯的分数信息也不能告诉教师每名学生具体在哪个地方出现了错误，无助于教师进行针对性的补救教学。传统测验也有一定的诊断作用，但不够精确与细致。例如，传统的考试发现学生在关于牛顿运动定律的题目上出现了错误，但这一诊断并不能清楚地揭示该学生是对牛顿运动定律的合外力、矢量性、瞬时性等理解存在缺陷，还是在进行受力分析、运动分析时发生了错误，这将使教师的后续教学缺乏针对性、效率降低，甚至有教师因为感到无从下手，只能被动地采用题海战术来应对。

针对传统测验的这些局限，测量学家提出了认知诊断或认知诊断测验（cognitive diagnosis/cognitive diagnosis assessment）的方法。认知诊断强调对个体的认知属性（cognitive attribute）（包括知识结构、加工技能或认知过程）进行诊断和评估，从而提供个体的具体的、针对性的掌握情况信息。目前，认知诊断在世界范围内越来越受人们重视。2001 年，美国通过《不让一个孩子掉队法案》（*No Child Left Behind Act*，NCLB），规定美国所有实施的测验必须给家长、教师和学生提供诊断信息。下面以二年级的"探索规律"为例，简单介绍认知诊断的一般过程。

1. 基本认知属性的确定

认知诊断的第一步就是确定要测查的内容包含的基本认知属性。对教学内容"探索规律"的认知诊断中，第一步需要分析小学课程标准和教材，并请小学生在解决"探索规律"问题的同时进行出声思维报告，再结合对小学数学教师的访谈，分析得出小学生在解决"探索规律"问题时包含的认知属性（子技能）。例如，"探索规律"问题的解决包含两大认知属性：对规律的理解（A1），建立起余数除法与物体顺序间的关系（A2）。同时，A2 是以 A1 为前提的，如图 16-4 所示。

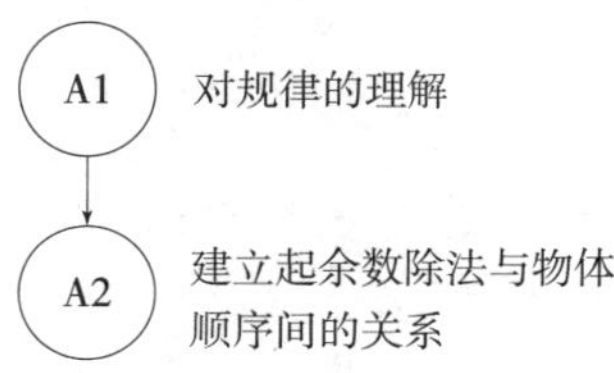

图 16-4 认知属性分析举例

2. 编制认知诊断题目

在确定了认知属性及其层级关系之后，我们就需要进一步分析学生在以上这些认知属性上可能出现的掌握模式。从理论上讲，学生在以上两种属性上可能的掌握模式应该有四种：A1 不掌握，A2 不掌握；A1 掌握，A2 不掌握；A1 不掌握，A2 掌握；A1 掌握，A2 掌握。如果用"0"表示不掌握，"1"表示掌握，则可以简化为"00""10""01""11"四种掌握模式。事实上，我们需要根据属性间的层级关系删除不可能的掌握模式。因为 A1 是 A2 的前提，所以学生掌握了 A2 就必定同时掌握了 A1。因此，"01"的掌握模式是不存在的，不予考虑。最终剩下"00""10"和"11"三种可能的掌握模式。

在确定了可能的掌握模式之后，我们需要针对每一种掌握模式出题，一般要求每种掌握模式至少有三个对应的题目。由于“00”模式意味着学生所有属性均未掌握，学生会表现出在所有测量题目上的错误，因此无须单独针对这类掌握模式出题，只需要对“10”和“11”模式分别出三个以上的题目。对于“10”模式，对应的题目应该是只考察对规律的理解（A1）的题目。例如，“以下图形的规律是 ____个动物为一组，每组的第一个动物是____，第二个动物是____ ，第三个动物是 ____ ，第四个动物是 ____ ”。也可以将题目设置为“请通过画图的方式表示出排在第 13 位的是什么动物”，如图 16-5 所示。

图 16-5　认知诊断题目编制举例（一）

针对“11”模式的题目则可以是一个完整的运用余数除法解决找规律问题的题目。例如，如图 16-6 所示，排在第 98 位的衣服是什么颜色的？请用余数除法解决。

黄色　紫色　蓝色　黄色　紫色　蓝色……

图 16-6　认知诊断题目编制举例（二）

3. 分析学生的掌握模式

学生参与了认知诊断测验之后，就可以通过统计手段分析出参与测验的所有学生对每种属性的掌握情况，如掌握模式为“00”“10”和“11”的人数分布情况。例如，全班有 1%的学生属于“00”模式，即所有题目均出错，说明这些学生对两种属性均未掌握；全班有 20%的学生属于“10”模式，即“10”模式的题目回答正确，但在“11”模式上发生错误，说明这些学生还未很好地建立起余数除法与有规律物体的顺序之间的关系；全班有 79%的学生属于“11”模式，即在所有题目上都回答正确，说明这些学生很好地掌握了本节课所要求的认知属性。根据认知诊断测验的分析结果，教师可以筛选出那些没有完全掌握的学生（“00”和“10”模式的学生），并分别进行针对性的补救教学和强化训练（只针对未掌握的属性进行强化训练），然后进行再一次的认知诊断，直到其掌握模式变为“11”为止。

第三节　教师自编测验

调查发现，学生5%～15%的课堂时间是在做测验。除了标准化成就测验，教师还要自编学业成就测验。

一、教师自编测验与标准化成就测验的区别

教师自编测验（teacher-made/developed test）是由教师根据具体的教学目标、教材内容和测验目的编制的测验。教师自编测验通常用于测量学生的学习状况，而标准化成就测验则用来判断学生与常模相比时所处的水平。表16-9列举了教师自编测验和标准化成就测验的异同点（Dembo，1994）。

表16-9　教师自编测验与标准化成就测验的比较

维度	教师自编测验	标准化成就测验
施测及计分	通常没有统一、具体的规定	具有特别的标准化施测和计分方法的说明
内容取样	内容及其取样全部由任课教师决定	内容由课程及教材专家决定，包含对教学大纲、教科书和教学发展计划的深入研究，并对教材内容做了系统的取样
编制过程	可能是随意编成的，通常没有测验计划、题目测试、项目分析或修订，其测验品质可能很差	经过细心策划的编制程序，包括编制目标及测验计划，并经过题目测试、项目分析及项目修订和筛选步骤
常模	只采用本班常模	除了本班常模，标准化测验必须具备全国性常模、学区性常模
目的及应用	最适用于测量教师设定的特殊教学目标，作为班内比较的依据	最适用于测量广泛的课程目标，作为班级、校际及地区性比较的依据

由上表可知，教师自编测验与标准化成就测验相比，最关键的区别在于其标准化程度远远低于标准化测验。

二、设计测验前的计划

为了收集到恰当的资料、做出正确的决策，教师应该尽量使自己使用的测验具有较好的信度和效度指标。这就意味着教师在设计测验前，有必要完成一些准备工

作。这些工作包括五个步骤。

①确定测验的目的。测验是用于形成性目标还是总结性目标，或者为了诊断学习困难的儿童，以便提供特殊教育？不同的测验目标决定了测验的长度和题目的取样，也会影响测验题型的构成。这个问题是教师在编制测验前必须解决的。

②确定测验要考察的学习结果。教师必须依据特定的教学目标和布卢姆及其他心理学家划分的教学目标等级。如果在教学前已经具有了明确的目的，那么考试的重点与这个目标应该基本一致。例如，教师在教课时主要讲解了与测验有关的内容，在后续的考试中，大部分的试题应该与这方面的内容有关。如果教师在教学前没有明确的目标，那么在编写试题前，应该查阅自己的备课本和教科书，并考虑需要考察学生的哪些学习结果。

③列出测验要包括的课程内容。

④写出考试计划或细目表。细目表是将考试具体化的最重要的工具，可以使测验能够与教学目标和内容保持一致。细目表的形式是二维表，一般纵列表示学习结果，横列表示课程的内容或范围。教师根据自己的情况在中间的栏目填写在测验中计划测量的学习结果和课程内容的比例。表 16-10 是有关两步应用题考试计划细目表的例子。

表 16-10　两步应用题考试计划的细目表

学习结果	两步应用题的特点和形式（30%）	解答两步应用题（50%）	自己编制应用题（20%）
知识（6%）	两步应用题的形式（6%），是非题 2 道、填空题 2 道		
领会（16%）	两步应用题的特点和结构（6%），是非题 3 道	写出简单应用题的条件和解答步骤（10%），是非题 3 道、填空题 3 道	
运用（35%）	分析两步应用题的结构，明确变量之间的关系（10%），是非题 2 道	找出应用题的隐藏条件（15%），填空题 3 道	根据列式，能够自己编出题目（10%），填空题 3 道
分析（10%）		（10%）解答题 2 道	
综合（33%）	知道两步应用题是由两个有联系的一步应用题组成的（8%），解答题 1 道	解答应用题时，从已知条件入手或者从问题入手（15%），解答题 3 道	10%自编题目 2 道
共计：满分 100 分；是非题 10 道 18 分；填空题 11 道 39 分；解答题 6 道 33 分；自编题目 2 道 10 分			

具体制订细目表时，可以遵循下列步骤：第一步，确定每个具体的教学目标属于哪一类型；第二步，确定测量每个教学目标大约需要多少题目，并在教学目标一栏标上数字；第三步，重复前两个步骤，直至每个教学目标都得到分类和足够的题目数；第四步，将每个教学目标的数字相加，写在总计处；第五步，重复前四个步骤，直至每一项内容都具体化；第六步，将每个教学内容的数字相加，写在总计处；第七步，计算出每个小单元内的百分数。

⑤针对计划测量的学习结果，选择适合的题型。由于每种题型各有利弊，因此教师在选择时，应该仔细权衡。

三、教师自编测验的具体形式

教师自编测验的题目可分为客观题和主观题。**客观题**（objective tests）具有良好的结构，对学生的反应限制较多。学生的回答只有对错之分，因此教师评分只可能是得分或失分。**主观题**（subjective tests）则要求学生自己组织材料，并采用合适的方式表达出来。教师在评分时，对学生的回答需要给出不同的分值，而不仅仅是满分或零分。

也有人（McCown & Roop，1992）把教师自编测验分为选择性反应题与构造性反应题。**选择性反应题**（selected response tests）是指题目呈现给学生一系列项目，要求学生从中选择出正确答案；**构造性反应题**（constructed response tests）则要求学生必须自己构造出答案。选择性反应题侧重对正确答案的再认能力，而构造性反应题注重学生的回忆、重组知识的能力。虽然测验有不同的分类，但是不同的类型包含着相同的试题形式（表 16-11）。

表 16-11　测验的类型与具体的试题形式

类型	选择性反应题	构造性反应题
客观题	选择题 是非题 匹配题	填空题
主观题		论文题

（一）选择题

选择题是由题干和两个或更多的选择项组成的。题干可以以直接提问或者以不完整的句子的形式出现，目的是设置问题情境。选择项则提供可供选择的答案，包括一个正确答案和若干具有干扰性的错误项或迷惑项。学生的任务是阅读题目，再从一系列选择项中挑选出正确的选项。下面的例子说明了两种形式的题干。

1. 将等量的黄色和蓝色颜料混合，会得到什么颜色?

A. 黑色　　B. 灰色

C. 绿色　　D. 红色

2. 在心理学流派中，______主张整体大于部分之和。

A. 行为主义　B. 人本主义

B. 格式塔　　D. 机能主义

选择题具有如下优点：有较大的灵活性；能够在一个测验里尽可能多地从课程内容中取样；易于计分，客观性强。教师在自己编制选择题时要牢记，有能力的学生应该能够选出正确的答案，不受错误选项的干扰。另外，错误答案要具有迷惑性，要避免不了解相关知识的学生仅凭猜测就能选对答案，否则就降低了测验的信度和效度。表 16-12 列出了选择题差的样例和好的样例。

表 16-12　选择题差的样例和好的样例（改编自斯滕伯格、威廉姆斯，2012）

差的样例	好的样例
①下面的神经递质中哪一个常常与精神分裂症联系在一起? A. 多巴胺 B. 叶绿素 C. 血小板 D. γ 氨基丁酸	①下面的神经递质中哪一个常常与精神分裂症联系在一起? A. 多巴胺 B. 血清素 C. 乙酰胆碱 D. γ 氨基丁酸
不好的原因：B 和 C 两个选项不是神经递质，很容易放弃选择它们。	
②下面哪种动物是会飞的哺乳动物? A. 蜘蛛 B. 蝙蝠 C. 蜘蛛类节肢动物 D. 秃鹰	②下面哪种动物是会飞的哺乳动物? A. 蜘蛛 B. 蝙蝠 C. 飞蛾 D. 秃鹰
不好的原因：“蜘蛛类节肢动物”是一个学生不熟悉的术语，过于专业，只是测量了学生的理解能力，而没有触及教师感兴趣的技能。	

续表

差的样例	好的样例
③海明威被有些评论家认为是对话体作品的大师。下列作品中哪一个是他的作品？ A.《乞力马扎罗的雪》 B.《温柔如夜》 C.《妓女马吉》 D.《愤怒的葡萄》	③下列作品中哪一个是海明威的作品？ A.《乞力马扎罗的雪》 B.《温柔如夜》 C.《妓女马吉》 D.《愤怒的葡萄》
不好的原因：开头那句话与测验无关，无关的细节使题目不明确，容易引起混淆。	
④下面这些词汇中，哪一个指一段音乐中的节拍？ A. 强音 B. 渐弱渐慢 C. 钢琴 D. 缓慢	④下面这些词汇中，哪一个指一段音乐中的节拍？ A. 强音 B. 渐慢 C. 钢琴 D. 缓慢
不好的原因：选项的长短不平衡，有一个比其余的都长，正确答案与众不同，很容易选择。	
⑤品牌葡萄酒是指 ________。 A. 一种表明用不同种类的葡萄酿造的酒 B. 一种表明常常用最有名的葡萄酿造的酒 C. 一种表明用不同年份收获的葡萄酿造的酒 D. 一种表明用不同葡萄园产的葡萄酿造的酒	⑤品牌葡萄酒是一种用 ________ 酿造的酒。 A. 不同种类的葡萄 B. 最有名的葡萄 C. 不同年份收获的葡萄 D. 不同葡萄园产的葡萄
不好的原因：题干应该包括各选项中相同的话，选项过于冗长。	
⑥下面这些人物中，哪一个不是《奥德赛》中的人物？ A. 忒勒马科斯 B. 珀涅罗珀 C. 拉厄耳忒斯 D. 珀尔塞福涅	⑥下面这些人物中，哪一个**不是**《奥德赛》中的人物？ A. 忒勒马科斯 B. 珀涅罗珀 C. 拉厄耳忒斯 D. 珀尔塞福涅
不好的原因：没有强调“不是”，容易产生误解，本题不是考察学生是否认真阅读题目。	

续表

差的样例	好的样例
⑦计算的样本平均数 ________。 A. 永远不会等于总体平均数 B. 总是等于样本平均数 C. 总是等于总体中数 D. 是总体平均数的一个估计值	⑦下面哪个句子是对样本平均数统计重要性的最佳描述？ A. 它不等于总体平均数 B. 它等于总体平均数 C. 它等于总体中数 D. 它代表的是总体平均数的估计值
不好的原因："总是""永远"很少是正确的选项，很容易被轻易排除。	

经过精心设计的题干和选择项，可以测查目标系列中的高于知识水平的任何等级。此外，选择题还有一种常用变式，选择项中有一至多个正确答案，即通常被称为多选题。这种题型的难度大大高于常规的选择题（单选题），可以有效地检查高一级的学习成果，在测验中使用得较广。

（二）是非题

是非题常用的形式是陈述一句话，要求学生判断对错或是非。是非题可用于测量不同水平的教学目标，形式简单，能够在一份试卷内覆盖大量的内容，教师在评判时较客观，计分简便省时。但是，是非题只有两种选择：对或错。所以，即使在完全猜测的情况下，学生也有50%的机会选择正确答案。因此，教师要增加题目的数量，对题目总体的取样应较全面，使学生很难只凭猜测获得高分。表16-13列出了是非题差的样例和好的样例。

表16-13　是非题差的样例和好的样例（改编自斯滕伯格、威廉姆斯，2012）

差的样例	好的样例
①道德发展有六个阶段。错/对	①按照科尔伯格的理论，道德发展有六个阶段。错/对
不好的原因：没有指明是谁的理论，有人会认为陈述既对又错。如果涉及意见、观点性的内容，那么题目要提到出处或观点的提出者。	
②高智商的儿童总是在学校获得高的等级。错/对	②高智商的儿童倾向于在学校获得高的等级。错/对
不好的原因：绝对性的词很少是对的。	

续表

差的样例	好的样例
③亚伯拉罕·林肯要比尤利西斯·格兰特高大。错/对	③根据身高，亚伯拉罕·林肯要比尤利西斯·格兰特高大。错/对
不好的原因：没有指明在哪个范围（如声望）是高的，句子的意思不明确。	
④汽车是在缝纫机和留声机之前发明的。错/对	④汽车是在留声机之前发明的。错/对
不好的原因：两个比较和两层意思容易导致表述不清晰。一句话应只包含一层意思，除非涉及因果关系。	

（三）匹配题

匹配题是另一种可提供多种选择的考试形式，题目包括两列词句，学生根据题意，按照某种关系将左右的项目连接起来。匹配题形式简单，能够有效地测查学生对知识联系的掌握情况，且易于计分。但是，它只能用于测查彼此之间存在着简单关系的知识。匹配题要求项目之间具有内在联系，属于同一类型，这使得项目编写困难。匹配题对于较低水平的学习更为有效。同时，它难以独立成题，只能与其他类型的题目配合使用。表 16-14 列出了匹配题差的样例和好的样例。

表 16-14　匹配题差的样例和好的样例（鲍里奇，2002）

差的样例		好的样例	
①匹配这两个栏目，把作曲家和他们的乐曲名对应起来。		①把 B 栏作曲家与 A 栏乐曲名对应匹配。	
A 栏	B 栏	A 栏	B 栏
____莫扎特 ____爱之甘醇 ____塞维利亚理发师 ____格什温 ____阿依达	A. 威尔第 B. 波吉与贝丝 C. 多尼采蒂 D. 费加罗的婚礼 E. 罗西尼	____ 爱之甘醇 ____ 费加罗的婚礼 ____ 塞维利亚理发师 ____ 波吉与贝丝 ____ 阿依达	A. 罗西尼 B. 格什温 C. 多尼采蒂 D. 莫扎特 E. 威尔第 F. 马克·吐温
不好的原因：在同一栏里混淆了作曲家和他的作品，使题目混淆不清。而且 A 栏和 B 栏选择数目相同，导致最后一个匹配顺理成章，无法有效考察学生的相应知识。			

续表

<table>
<tr><th colspan="2">差的样例</th><th colspan="2">好的样例</th></tr>
<tr><td colspan="2">②将 A 栏和 B 栏配对。</td><td colspan="2">②A 栏包括历史事件的简要描述，B 栏是美国总统的姓名，将 B 栏姓名的代码填入 A 栏前的空格中，使当时发生的历史事件与总统配对。</td></tr>
<tr><td>A 栏</td><td>B 栏</td><td>A 栏</td><td>B 栏</td></tr>
<tr><td>____ 唯一不经选举就职的总统
____ 发表《解放宣言》
____ 唯一引咎辞职的总统
____ 唯一任职超过两届的总统
____ 首任总统</td><td>A. 亚伯拉罕·林肯
B. 理查德·尼克松
C. 杰拉尔德·福特
D. 乔治·华盛顿
E. 富兰克林·罗斯福
F. 西奥多·罗斯福</td><td>____ 唯一不经选举就职的总统
____ 发表《解放宣言》
____ 唯一引咎辞职的总统
____ 唯一任职超过两届的总统
____ 首任总统</td><td>A. 亚伯拉罕·林肯
B. 理查德·尼克松
C. 杰拉尔德·福特
D. 乔治·华盛顿
E. 富兰克林·罗斯福
F. 西奥多·罗斯福</td></tr>
<tr><td colspan="4">不好的原因：配对指南过于简略，没有指出配对的原则。</td></tr>
</table>

（四）填空题

填空题是一种特殊形式的小型论文题，学生只需要用一个词、短语或一句话来回答。常见的形式是，呈现给学生一句或一段不完整的话或者直接提问，要求学生简要作答。当教师的目的只是让学生写出事实时，填空题是非常有用的。填空题经过认真设计后，也可以要求学生构想出一个有意义的论点。它的优点在于，填空题考察了学生的回忆和再认能力，把学生猜测的可能性降到最低。但是，填空题往往要求学生简单地写出答案，因此经常只能考察较低层次的信息加工内容。此外，评分还会受到笔迹、用词等无关因素的影响。表 16-15 列出了填空题差的样例和好的样例。

表 16-15　填空题差的样例和好的样例（改编自斯滕伯格、威廉姆斯，2012）

<table>
<tr><th>差的样例</th><th>好的样例</th></tr>
<tr><td>① ______ 战争一直从____年持续到 1865 年。</td><td>①美国内战开始于 ________ 年，结束于 ____ 年。</td></tr>
<tr><td colspan="2">不好的原因：用词太少，题目的意思模糊不清或者学生读不懂。</td></tr>
</table>

续表

差的样例	好的样例
② ________ 类测验题通常比 ________ 类测验判分 ________。	②与客观类测验题相比，________ 类测验题通常判分更困难。
不好的原因：需要填写的空格太多，删除了过多的基本成分，导致内容的意义不完整。	
③植物细胞有 ________。	③与动物细胞不同，植物中含有与光合作用有关的 ________ 分子。
不好的原因：植物细胞具有许多特征。教师应该事先预估到学生可能出现的回答，列出题目的答案。	
④ ________、________ 和 ________ 都赢得了诺贝尔化学奖。	④3 位共同赢得诺贝尔化学奖的人是______、________ 和 ________。
不好的原因：空格出现在问题前面，可能导致句子不通顺，会引起混淆，空格应尽量处于句子结尾的位置。	

（五）论文题

论文题的题目要求学生阐述相关观点，论文篇幅可以从几段到几页不等。一般较常使用的有两种类型：有限制的问答题和开放式论文。有限制的问答题是指教师对回答的内容和长度都有规定，如平时测验中的简答题和论述题等。开放式论文则允许学生在内容上自由选材，并且篇幅较长。例如，教师要求学生就目前我国小学数学学习评定的情况写一份报告，学生可以从不同角度来探讨这个问题。论文题既可以测验学生的知识、理解或运用水平，又可以考察学生的分析、综合、类比和评估知识的能力。对于考察高级的思维技能，论文题是最佳选择。论文题还有一项独特的功能——能考察学生组织信息或表达陈述某项意见的能力。

但是，学生回答论文题需要花费很多时间，学生的写作能力会影响其学业表现，教师可以多出几道简答题。教师在判卷时对于论文题很难做到客观，导致信度较低，因此，只有客观题不太有效时才考虑使用论文题。为了确保效度和信度，教师必须保证论文题目文字清晰，不模棱两可，确保学生明白题意，并且要明确地提供正确答案包含的要点，以免论文偏离要点。表 16-16 列出了论文题差的样例和好的样例。

表 16-16　论文题差的样例和好的样例（改编自斯滕伯格、威廉姆斯，2012）

差的样例	好的样例
①根据阿尔茨海默病病人的变化，描述其生命历程。	①区分有关阿尔茨海默病病人生命历程阶段模型的6个阶段。至少说出3个阶段，并举例说明每个阶段可观察到的病人的行为和生理变化。
不好的原因：含义不清，让人不知道如何回答。生命历程是一个很宽泛的概念，学生几乎可以写出任何东西。	
②描述黑猩猩的社交机制。	②根据独立等级、战略智慧、互利互惠这几个方面，描述黑猩猩群落中的社会机制。举一个行为例证，来说明黑猩猩群落中的社交模式。
不好的原因：问题过于宽泛、不确定，不知道要考察哪一种机制。	

在评判论文时最难的是保持测验的公平性和准确性。首先，教师应该提前建立论文的评分标准，这是评分的依据。在此基础上，有三种具体的评分方法。

第一种方法：如果只有一篇论文，先把所有论文通览一下，分成几个等级，如五等，第一等级最优秀，第五等级最差。给所有论文排序后，评判相应的分数：第一等级为5分，第二等级为4分，以此类推。

第二种方法：在评分前，给每道题目写出一个答案范例，包括所有事实和主要论点，写出正确答案中每一部分的得分。这种方法适用于评估引出事实回忆和直接说明的论文。

第三种方法：建立一个通用计分要点，该要点可以用于多种不同类型的论文评估。这种计分要点由每个分数等级组成。例如，许多教师用1～5级量表评分，1代表差的论文，5代表好的论文。

为了保证评分的公平性，在准备批阅第二个问题前，先评定所有学生对第一个问题的回答，防止偏见。让学生把名字写在试卷的背面也是一个好办法，可以防止晕轮效应。表16-17列举了论述题的评分方案。

表 16-17　论述题的评分方案举例（改编自鲍里奇，2002）

标准	1	2	3	4	5
内容	很有限的调查，很少或没有与事实相关的材料		明显有一些调查和对事实的注意		广泛的调查研究，良好的细节和对事实的注意

续表

标准	1	2	3	4	5
结构	很少的观点结构，观点的阐述混乱且让人难以把握		有一些思想的结构，但是逻辑结构需要改善		好的结构，观点在逻辑上关联且环环相扣
加工	对观点有很少论证和支撑，最后的结论和判断材料证实不足		有一些观点的论证或支撑，最后的结论和判断尚需事实证明		良好的论证和支撑观点，事实充分证明最后的结论或判断
精确	很少注意事实，误读或忽视资料		对事实予以一些注意，对资料的解释尚需提高		充分注意到事实，对资料予以充分的解释
完整	很少指向细节，观念虚浮而不完整		有一些注意细节，更关注所需细节		对细节给予充分关注，观念充分而完整
原创	回答缺少原创性，没有新东西或新创造		有一定的原创性，但需要更大的原创性		回答具有创意和原创性，有许多新奇和意想不到的观点

四、编制测验的注意事项

（一）测验应与教学目标密切相关

自编测验的最重要的原则是，不能脱离教学目标和内容（Fuchs et al.，1991；Linn，1983）。测验应该考察学生对教学或课程中最重要的概念和技能的掌握状况。如果学生在接受课堂测验时，发现许多东西都很陌生、没有学过，或者都是不重要的部分，那么这份测验的编制可以说是失败的。

（二）测验必须是教学内容的良好取样

测验几乎不可能评定学生学到的所有知识或技能。通常，题目是从学习结果的总体中取样得到的，代表了教学的目标和内容。例如，教师在讲授应用题时，如果大部分时间都在讲述两步应用题，那么这部分知识在试卷中所占的分值应该多于其他部分。这启发和引导了学生，虽然他们不能确定考试题是什么，但是只要他们把所学内容全部复习了，就可以通过考试。如果测验不能很好地代表教学内容，不仅会造成评定和教学的脱节，还会增加学生准备考试的难度。

（三）根据测验目的，确定测验的结构

教师应先明确测验的信息用于什么评价。形成性评价要求测验的内容与最近的教学内容相关，而总结性评价的测验涉及的知识和技能的范围超出前者。如果要判断班里阅读困难学生的问题，诊断性测验是最好的选择；而要评定学生的一般能力和知识水平，就应该考虑预测性测验。在确定了测验的性质后，还需根据要测量的学习结果，选择最适宜的题目类型。选择题对于考察学生的再认能力比较有效，如果教师的目的是评价学生解决数学问题的能力，那么选择题显然不太适合。

（四）注意测验的信度，解释结果时应慎重

信度是衡量测验可靠程度的一项指标。教师可以通过增加题目数量、减少区分度低的题目、界定好题目使之与教学目标联系紧密等方法，来提高测验的信度。即使测验的信度较高，也还有很多因素会影响到学生的得分，如考试技巧、考试焦虑、学生猜测的运气、天气的好坏等。所以，教师在解释结果时，要知道测验分数只是大致反映了学生的学习水平，不可能是绝对准确的表示值。教师一般不要下绝对的定论，应更多思考为什么会是这样的结果。

（五）测验应该能促进学生的学习

测验是教学的一个环节，所以不少专家强调把测验功能与学习功能结合起来，教师可以利用测验调整教学并指导学生的学习（Foos & Fisher，1988）。教师在测验后，应尽快把评价信息反馈给学生，纠正学生的错误，告诉他们正确答案和合理的思考方式。教师要参考测验获得的信息，确定学生理解了哪些内容，还有哪些内容需要解释，从而制订出教学计划和进度。此外，如果没有特殊的原因，教师事先应向学生说明测验的范围和时间，以便督促学生复习。学生系统地回顾和整理已学知识，也是一种学习。

五、学习理论的启示

评定方法是由我们的学习观决定的。随着建构主义学习理论的影响扩大，评定观念也呈现出相应的变化趋势。传统的评定方法是建立在行为主义学习理论的基础上的。根据早期的行为主义学习理论，复杂的高级技能是以小步子形式获得的，即可以把学习任务分割成一系列简单技能，让学生逐步掌握。这里隐含着一个错误的

假设：靠死记硬背可以学会基本技能，然后这些技能联结和组合成为复杂的理解与领悟。然而，建构主义理论认为，所有的学习都是反思、建构和自我调控的过程。这种有意义学习要求学习者自己设定目标、选择任务，发展出自我评定的标准，能计划下一步的学习活动。学习者不是事实性信息的接收者和记录者，而是具有自己独特知识结构的创造者。学习并不单单是被动地接收信息，还需要主动解释信息，并与已有知识发生联系，建构出自己的理解。以往选择题测验只能检查学生是否掌握小块的孤立信息，而不能有效地评定有意义的学习活动。现在，评定的重点是学生是否以及怎样在解决复杂问题情境中组织、构造和使用这些信息，以确定学生是否真正理解和掌握了知识。

建构主义学习理论指出，仅仅训练与鼓励事实性知识的操练和练习对学生的学习危害极大。操练和练习把孤立和分离的事实与技能以单调、机械的方式组织和联系起来，它们之间缺乏内在的有意义的联系，并且情境性差。这样的学习任务难度很大，即使学生生硬地记住了非情境性的概念和原理，他们在现实情境中也难以使用和发展相应的高级思维技能。因此，学习必须根植于一定的情境，评定也需要设计一些情境性的任务。

建构主义学习观主张学习是非线性的，是先前的认知结构与当前背景下信息的相互作用，它能同时从多个方向、以不平衡的步子进行加工。例如，概念学习并不是等到掌握了所有基本事实后才开始的。所有年龄阶段和能力水平的人们都可以自觉或不自觉地使用与界定概念。这无疑对传统的线性测验方式提出了严峻的挑战。

学习与动机的有关研究着重指出了情感性和元认知技能在学习中的重要性。例如，最近有研究发现，表现较差的思考者或问题解决者的劣势不是缺乏特定的技能，而是不能在特定任务中灵活地运用技能。知识与技能的获得不能保证个体成为合格的思考者或问题解决者。个体还需要有想使用技能和策略的强烈愿望，并且知道应该在什么时候以及怎样使用它们，这些都是评定应该关注的目标。

学习的社会背景对高级认知能力和动机的促进作用也得到了人们充分的关注。人们已注意到，真实生活中的问题经常需要人们以小组的形式在问题解决情境中工作。学习者通过与其他人合作、沟通来发展新的观念和理解。团体可以通过几个途径促进学习，如示范有效的思考策略、支持复杂的操作、提供双向的建设性反馈、识别批判性思维中有价值的成分。然而，传统教学和评定多涉及的是独立作业而不是小团体协作工作。因此，团体评价也是评定发展的一个热点。

行为主义与建构主义对评定的看法可以总结如下（表 16-18）。

表 16-18 行为主义和建构主义对评定看法的比较

评定的重点	行为主义观点	建构主义观点
对学习者的看法	被动的，对环境的反应	积极主动的，建构知识和发展学习策略
评定范围	非连续性、孤立的技能	整合和跨学科
如何看待学习	孤立的事实和技能的积累	知识的灵活运用
教学与评定的关键	尽可能多地传递有效的材料	注重元认知、动机和自我调节，强调有意义的学习与评定
评定的特征	纸笔、客观、选择题、简短的答案	使用情境性问题进行真实性评定，问题与被试有关并且富有意义，强调高级思维，没有唯一正确的答案，事先有公认的标准，淡化了对速度的要求
评定的频率	一种场合	在时间上的取样（多次、连续地进行），为教师、学生和家长的评定提供基础
评定对象	个别评定	通过协作性任务来评定整个团体对信息的加工技能
用于管理和计分的技术	机器计分的答题纸	高技术的应用，如计算机适应性测验、专家系统、模拟性环境
评定的内容	学习者的单一特征	多维度的评定，注意到人类的多种能力和天赋，学生能力具有可塑性，智商并非固定不变的

当然，在评定对支持和推动学校发展与课程改革方面的重要性上，众多观点中仍存在一些不变的理念。例如，①为了保证教学决策的准确，学生应该尽可能从多种来源获取评定信息；②学生应参与评定目标和标准的制订；③学生在完成评定任务时，必须操作、创造、制造某种东西或从事某种活动；④评定任务需要学生使用高级思维或问题解决技能；⑤评定任务能测量元认知技能、态度、合作技能、自我调节技能及其他较常见的智力产品；⑥评定任务测量了有意义的教学活动；⑦评定任务通常可以在现实条件下的一定情境中出现；⑧根据具体的评分标准对学生的反应进行评分，并且学生事先知道这些标准。

第四节　真实性评定与评定结果报告

许多教育家认为，标准化测验和教师自编的课堂测验的整个前提都是有缺陷的，认为测验应该反映教育为学生准备的现实生活的各种表现形式。因此，新的评价系统就应运而生。这些评定系统蕴含的核心思想是：要求学生应用在学校学习到的知识和技能来完成一些实际的操作，在真实的情境中展示水平。这些评定方式被称为**真实性评定**（authentic assessment）（Ellis，2001；Stiggins，2000；Weber，1999；Wiggins，1999）。

经验分享

一、真实性评定

研究者（Linn & Gronlund，2003）描述了四种真实性测验，这些测验通过模拟现实生活中的表现来评定学生的差异程度。与现实生活表现相似程度最低的是第一类测验——纸笔测验。第二类测验是辨别性测验，它要求学生描述一些东西来展现他们的知识。例如，医学生对人体骨骼的了解，学习雕塑的学生对各种工具用途的了解，等等。第三类测验是模拟性表现评估，它要求在某种情境中，学生创造性地模拟现实生活，如在有保护措施的情况下在蹦床上练习高台跳水。第四类测验是工作样本评估，评估的情境与现实生活一致，如在观众面前进行音乐表演，兽医专业学生对死去的动物进行尸检。

可见，真实性评定并不排除纸笔测验，教师可以设计这样的测验，要求学生完成与现实生活有关的任务。例如，给一位当选的官员写一封建议信，给一座房子设计一个建筑计划，等等。真实性评定会有多种形式，关键是这类测验评估的应该是现实生活必需的技能。下面介绍几种真实性评定的具体方法。

（一）概念图

当我们试图测量学生对知识的深层理解时，概念图（concept mapping）是一个值得考虑的选择。借助概念图，教师可以清晰地把握学生在一段时间内知识理解的演变情况及先前知识的准备状态。概念图的理论支持来自当前学习心理学的发现：知识不是孤立、分离的，而是彼此联结，构成了复杂的知识结构。测量学家从现象学的描述角度出发，让个体把自己头脑中的认知结构以可视化的方式展现出来。也就是说，个体绘制的示意图就是他们理解概念及其相互关系的知识框架的一个模型。

概念图一般采用树状或非线性的结构来表现文本，节点表示一个概念或主题思想，连线表示概念之间的关系。在树状结构中，除了处在开始或终结位置的节点，每个节点都与上一级概念和下一级概念联结，从而构成一种阶层结构。某一个水平的节点只能通过其上、下水平来访问。非线性结构又叫网络结构，其性质刚好和树状结构相反，它的节点可以跟其他所有的节点相连，形成了一个网络状联系，于是各级水平之间的信息都存在多种联系（图 16-7）。

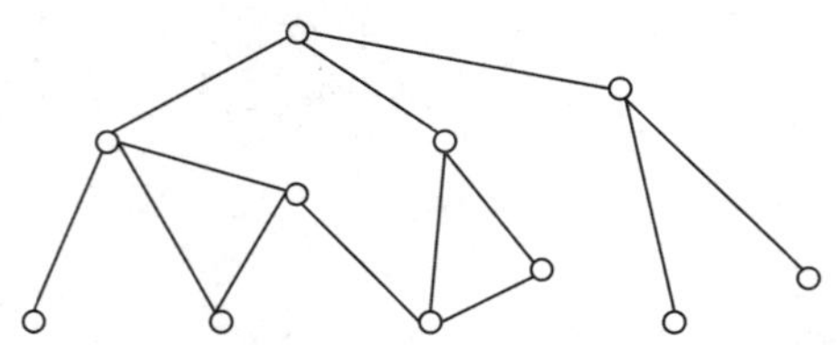

注：○代表一个概念。

图 16-7　概念图的非线性结构

在评价时，可供参考的维度有：概念图的结构、概念之间的关系和类别、包含的信息量、具体的错误概念。概念图的结构主要指空间构造、结构的形式、连线结构等。在具备合理性的基础上，非线性结构往往代表了较高水平的理解。对概念之间关系的描述是个体对概念进行因果关系推理和概括的结果。同时，概念树层次的合理性与数量也显示了个体对概念的概括和理解水平。每个概念层次涉及的信息节点越多，表明个体拥有的知识越丰富。如果概念树的分层和分类标准混乱，那么我们可以从中推测出包含的错误概念和错误类型。评分时，教师根据特定教学目标和内容在每个维度上赋值，再综合考虑。文本的语义空间分析技术能揭示概念之间关系的强弱和类型，然后依据拓扑学原理把个体的概念图进行分类和赋值（图 16-8）。

对概念图的评价标准可由以下几部分组成：一个清晰的核心概念，相当数量的关键概念、观点，恰当的细节，贴切的事例，各资料间的正确联系，整洁，明确，易读。

在实施时，概念图的获得通常是让学生按照一定要求自己绘制，但也有一些间接评定的做法。例如，词语联结或分类任务（包括自由联想）、访谈和讨论、记日记、就某一定义或命题进行写作、在两个维度构成的象限中注明概念或主题的位置、出声思维等。通过这些方式收集到数据后，教师和研究者应根据事先拟定的标准把数据转换为概念图，或直接运用概念图的统计思想来处理数据和得出结论。此外，值得一提的是，尽管概念图最初的用途是解决知识的评定问题，但现在研究者开始利用概念图来评定学生的态度、观念和信念等。

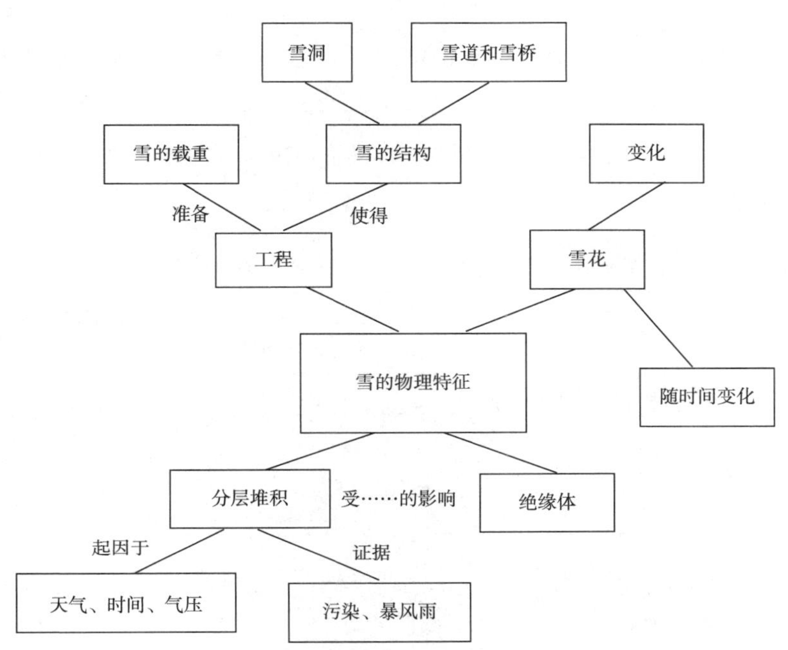

图 16-8 一个科学概念图的评价标准（Campbell，Campbell，& Dickinson，1998）

（二）案卷分析

案卷，又被称为档案袋、文件夹、工作包或作品集。**案卷分析**（portfolio assessment）主要是按照一定标准收集学生认知活动的成果（Herman，Aschbacher，& Winters 1992）。案卷是学生在长时间学习过程中表现的集合，而不是瞬间的、零散的资料，如平常的各类作业、各类测验的集合等。案卷既可以是成品，如学生的家庭作业或课堂练习、论文、日记、手工制作的模型、绘画等各种作品，也可以是各种辅助性信息，如学生作品的草稿或草图、学生对自己作品的自评、家长的评价等。对这些材料进行考察分析，并就学生的能力和学业状况形成某种判断和决策的过程就是案卷分析。由于学生在能力和知识上存在个别差异，他们的学习过程也互不相同。通过分析每名学生的案卷，教师不仅能准确地了解每名学生的学习结果，而且能更准确地分析他们是如何进行学习的，这与新近的一些教学理论（特别是引人注目的建构主义理论）有契合之处。

案卷分析适用于不同学科，但是在语文的阅读和写作（表 16-19）中的应用范围更广。不少教师主张，这种评价也可以由学生本人或其他同学进行，以便提高学生完成作业的兴趣和动机。但是采用这种方式后，教师要同时评定学生的作业和评价意见，因此工作量较大。在进行案卷分析时，教师可以参考如下建议：①对学生的作品进行恰当的取样；②让家长参与评定，使家长了解学生在学校所学的内容和从事的学习活动；③向学生说明评定的目的和标准，让学生把最能体现他们的特长、完成得最满意的作业交给教师；④通过班级讨论，决定评价的标准；⑤要求学生写明评价的内容和依据。

表 16-19 应用案卷分析评估学生写作能力的标准举例（改编自 Block，1993）

标准	评估指标的连续体 优秀——→表现有待改善		
多样性	广泛的阅读和不同题材的写作	有一些变化	很少或没有变化， 作品没有广度或深度
过程	有创新性和关键性的学习经历	不灵活、机械	很少应用过程来反映成绩
反应	内容充实， 讨论关键问题， 批判性的质疑	有个人思考，但思维狭窄	对孤立事件的简单重复
自我评价	多维， 多角度的观察， 建立有意义的目标， 记录自己的改善情况	形成顿悟， 关注某些具体方面， 目标的确立有局限性， 没有明确地意识到改善	偏颇而泛泛的评价， 设定的目标太宽泛或无目标
个别成分	有效控制各个不同要素， 组织、组合各种表面特征等	有一定的控制能力， 有些错误，但主要观点清晰	有待改进， 观点、结构特征与表面特征等混乱
问题解决	应用多种资源处理问题， 喜欢解决问题， 学习解决问题的新方法	使用有限的资源， 想一蹴而就地解决问题	无助， 遇到困难就气馁
有目的性地规划用途	利用阅读或写作来达到不同的目标，包括与他人交流	利用阅读和写作来实现他人的目标	冷漠，对抗

（三）操作评定

教师在进行学习评定时，除了使用标准化测验，还可以通过编制问题解决题来考察学生高级思维技能和创造能力，这就是**操作评定**（performance assessment）。

问题解决题给学生设置一定的问题情境和目标情境，要求学生通过对知识进行选择、组织和运用等复杂的程序来解决问题。其通常有两种形式，一种是间接测验，采用纸笔测验来评价学生的学业成就或能力。学生在完成时，必须遵循自己的思路写出若干步骤或过程。教师在评分时，按照步骤计分，如果缺少某些步骤就不能获得相应的分数。平时的理科考试多采用这种类型的问题解决题。例如，①为了考察学生对凸凹透镜性质的掌握情况，可以让学生完成一些计算题或安装透镜的题目；②设想一个可以解决本市垃圾处理问题的方案，要求只写可行性措施，不超过 500 字；③测量学校操场的面积；④自己制作一个简易门铃。

在问题解决题中，更受研究者重视的是另一种方式——直接测验，让学生动手制作和发明一些东西。由于它考察了学生解决实际问题的能力，有时又被称为操作评定。一些专家（Jones et al.，1994）强调，评定应该以操作为基础，学生的学习成果表现在建构自己对知识的理解和完成自己的作品上。操作评定通常要求学生从事一项复杂的任务，可能需要创造出自己的认知产品。这些评定任务与现实世界中的任务极为相似，需要运用大量生活常识和技能，所以这些任务又叫真实性任务（authentic task）。图 16-9 就是一个操作评定任务的例子，学生要通过做实验解决图中的问题。表 16-20 是另外一个操作评定任务的例子。

探寻神秘的盒子中间都有些什么东西。盒子中有5种不同的东西。

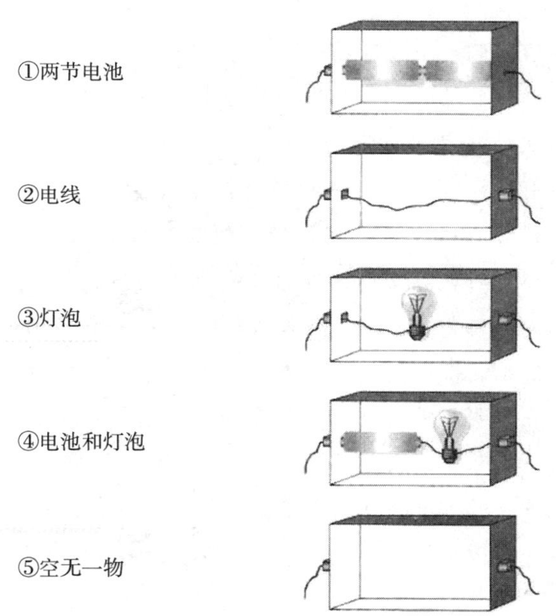

试着将每个盒子连成一个线路，这有助于你推测盒子中的东西。你可以根据需要来使用灯泡、电池和电线等物品。

图 16-9　操作评定任务举例（Shavelson，Baxter，& Pine，1992）

表 16-20　操作评定任务的其他例子

操作评定任务
写一封求职信
大声朗读一段故事
为两个城市制作反映一个月平均降雨量的表
在一张空白的地图上标出各个国家的名字
准备并发表一个演讲，劝说人们保护环境
设计一个估计加速度的调查研究，研究对象自选。例如，一个下落的球棒。描述所用的程序，呈现收集的数据并进行分析，陈述你的结论

操作评定不是一个新概念，至少不是新的思想。早在五六千年前，舜为了考察大禹治理国家的才干，曾经要求大禹解决三个难题。这就是一种操作评定。医学院、商学院和教育学院学生的实习也是一种操作评定。虽然现在操作评定的做法和以前的差异不大，但在指导思想上有明显的进步。首先，从理想的角度看，学生应该参与操作标准的制订，以及整个评定的设计和结果报告。其次，评定必须能促进教学。评定应该与课程目标匹配，考察重要的知识、技能、内容和主题，提供真实的操作背景。操作的指标应明确，表述应清楚，并且在评定前学生应一直按照这些标准来要求自己。事实上，对自己的学习和思考建立起一整套要求与评价标准，本身就是学习的一部分。再次，评定应与课程和教学密切相关。它既有对个体的评定，也有对团体的评定；既有自评、同学互评和教师评定，也有对态度、思考过程的评定；既有在形成产品时的草图和半成品的评定，也有对成品的评定；既有开放性问题，也有结构性任务，还有对人际交往、沟通及实际生活技能的应用进行的评定。当评定学生在一段时间内的复杂学习时，应考虑多种测量手段，如问卷、检查表、日记、作图、口头汇报、展示、模型制作、案卷及其他信息等。最后，评定需要统一的标准，这些标准应事先说明每种活动应该具有的表现形式（Arter & Mc-Tighe，2001；Lewin & Shoemaker，1998），并且不同活动或任务要有不同的评分标准（表 16-21）。家长和学生应熟悉评定的标准，并且能够运用该标准去评定个体或团体的表现。学习理论主张评定应该和教学紧密结合，把评定隐藏在学习过程中。

表 16-21 评分标准举例

<table>
<tr><th colspan="2">任务</th></tr>
<tr><td colspan="2">让一年级学生按照季节顺序，把 4 幅有关树的画安排在 4 个箱子里，并在箱子上写上每个季节的名字</td></tr>
<tr><td colspan="2">评分标准</td></tr>
<tr><td>2 分</td><td>学生从任意一个季节开始排序，画的顺序正确</td></tr>
<tr><td>1 分</td><td>学生开始了任务，但是没有完成任务</td></tr>
<tr><td>0 分</td><td>学生没有做出适当的反应</td></tr>
</table>

要帮助学生在课堂上通过完成真实性任务来建构学习，评定还应具备以下几点特征：尽量构造成开放性问题，允许学生讨论和修改新的见解；让学生树立“没有唯一正确的答案”的意识，提倡发散性思维和百家争鸣；考虑其他形式的呈现方式，而不必拘泥于纸笔测试；设计的任务能够引导学生进行分析、比较、概括、预测、提出和修正模型；评定任务有助于激发学生进行合作的兴趣；操作评定是不断进行的形成性评价，能反映出学生在一段时间内的进步。

教师在编写操作评定题目时，要注意下列事项。①操作评定题目的内容一般是教材中被常规测验忽略或者难以考察的部分。②题目要紧扣知识和教材，把课本所学的知识作为学生完成操作或任务的一项必要工具，不要盲目追求复杂、偏僻或脱离教材的求解思路。例如，地理教师为了考察学生的知识掌握情况，可以要求学生根据特定的经费预算、文化风俗、地理交通和现实性等情况，制订旅游计划。③任务需要具体化，给学生创造出一个合情合理的问题情境。目的是使评定任务具有丰富的情境特征，如模拟、个案研究和实习等。丰富的任务情境一般能提供多种考虑角度、处理风格和解决方案，学生为了成功地解决问题必须发挥出决策能力，而且情境的真实性让学生愿意接受情境包含的前提、限制和挑战。于是，学生会不知不觉地忘记了自己正在被评定检查，而把注意力集中在解决问题的过程中。④评定的关键是设计出有意义的任务，而不是有用的、实用的或者可以动手操作的任务。有意义的任务能够引发学生思考并激发其钻研问题的兴趣，这些任务既可能与实际生活有关，又可能是科学理论上的争论。⑤题目关注的是学生的操作，而不是操练，所以设计出的题目应该具有系统性、层次感，而不是把许多简单、孤立的动手任务堆砌在一起。因为简单的操练并不能测查出学生的计划、推理、决策等高级思维能力。⑥教师需要向学生提供范例和评分标准。即使任务是非结构化的，教师也要明确界定它的目标、标准、预期的结果，这样学生才有努力的方向，否则学生会产生一些疑问，如“我做完了吗?”“我该做些什么?”“我这样做对吗?”。

尽管操作评定是考察高级思维技能的有效工具，但往往费时费钱，并且评分的主观性较强。反对者对操作评定的效度提出疑问，认为支持者声称的高效度实质上是一种表面效度，并不能代表测验本身具有良好的结构效度和效标效度。

(四) 观察

教学过程中的非正式观察能够收集到大量的关于学生学业成就的信息。这种观察不仅限于智能的发展，还包括学生生理、社会和情绪的发展。为了确保观察的有效性，教师应注意自然地对学生进行全面系统的观察，然后客观、详细地记录下观察信息。

1. 行为检查单

教师可以使用检查单（checklist）来记录学生在教学中的观察结果。检查单一般包括一系列教师认为重要的目标行为，通常采用有或无的方式记录，但有时也记录次数。如果行为属于某一个好—坏连续体上的某一点，那么更适宜的方式是使用等级评定量表。当观察目标是具体、特定的经过了明确界定的行为时，检查单会非常有效。

在编制检查单前，教师需要确定观察的目标，然后进一步具体化，列出检查的内容，详细地写出一系列的目标行为。将这些目标行为按照逻辑和内在关系排序，再加上需要填写的学生个人资料，打印成表格，便形成了一份检查单。表 16-22 就是一份用于评价学生劳动行为的检查单的一部分。

表 16-22 劳动行为检查单（部分）

姓名：小西

时间：6 月 24 日—6 月 30 日

观察教师：

行为表现	出现左边的行为，请画√	备注
①擦桌子	√	
②打扫走廊	√	班长布置的
③为班级打水		
④帮教师擦黑板	√	
⑤擦玻璃窗		

2. 轶事记录

轶事记录（anecdotal records）是描述人们观察到的事件。与检查单相比，轶事记录可以提供更详细的信息。这些记录一般按照发生时间排列。教师可以事先有明确的观察目标，就某一方面的行为进行记录；也可以没有明确目的，事后再专门分析或考察某一件事，这时教师就需要记下很多资料，甚至包括一些无关信息。轶事记录要求教师单纯地记录下观察到的内容，而不要掺杂个人的意见或观点。许多教师在他们的教案或工作日记上都有轶事记录。但是，轶事记录比较费时，也很难排除主观偏见（Kubiszyn & Borich，1987；Popham，1981）。

3. 等级评价量表

等级评价量表（rating scales）对于连续性的行为可能更为有效。它可用于判断某种行为的发生频率和某种操作或活动的质量，使观察信息得以量化。等级评价量表是一种间接的观察技术。通过量化观察到的信息，我们可以迅速而简便地获得概括性的信息。

等级评价量表和行为检查单有一定关系。两者都要求教师对学生的行为进行评估，可以在观察过程中或结束后进行。但是它们的评定标准不同，检查单只需要做定性的判断，而等级评价量表需要做定量的判断。

等级评价量表使用一系列数值，来表示从“不好”到“好”或从“不满意”到“满意”之间的几个等级，然后用这些数值对一些项目或描述进行判断。例如，图16-10表示了教师对学生行为的一项评定。

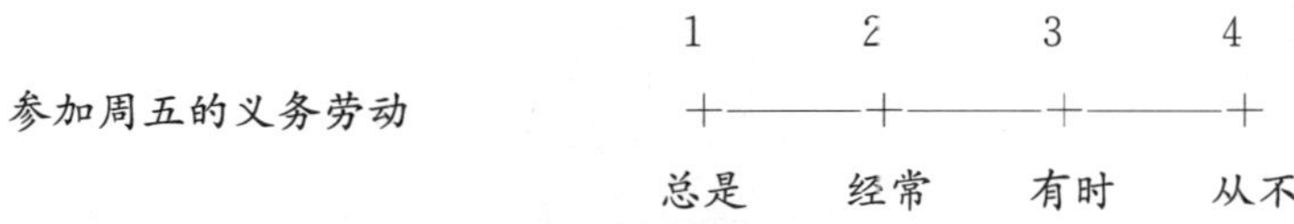

图 16-10 教师对学生行为的评定

许多学习结果可以通过这些观察技术来测量，包括口头表达能力、写作能力、听力、朗读技能、实验操作技能、演奏乐器的能力、学习技能和社会技能等。教师结合测验结果再分析这些资料，可以对学生进行较客观的评定。还有一些项目很难使用纸笔测验，而且纸笔测验的结果也不准确，如学生的社会态度、兴趣、与同伴的关系、对赞扬和批评的反应、情绪的稳定性等（Gronlund，1985），因此通过观察来收集资料是十分重要的。

二、评定结果的报告方式

教师在用各种方法评定学生的学业表现之后，要得出最后评分，并报告评分结果。

（一）评分步骤

霍普金斯和安特斯（Hopkins & Antes，1990）认为合理的评分过程应包括如下步骤。

①收集有关学生的信息。信息可以来源于不同类型、性质的测验，甚至是观察的评定方式。例如，教师对学生期末学习成绩的评定通常是期末考试成绩占70%，平时作业和考试成绩占20%，课堂表现占10%。

②系统地记录下评定的结果，并随时保持最新的结果。

③尽量将收集的资料量化，用数据来反映学生的学习情况。

④为了把评定的重点放在最终的学习成就上，教师需要加大最后测验得分的权重。

⑤评定应该以成就为依据，而其他特征的评定不应与成就的评定相混淆。

（二）评分体系

1. 分数

教师通常用分数或数值来报告评定的结果，如试卷的得分、成绩单上的成绩等。评分时，首先要确定比较的标准，它根据性质可以分为绝对标准和相对标准。

绝对标准是以学生所学的课程内容为依据的。学生的分数和其他同学的回答情况没有关系。绝对标准强调，由于不同学生的学习起点和背景情况存在差异，因此他们的学习结果是不可比较的。它对应的评定方式是标准参照评价。

相对标准是以其他学生的学业表现为依据的，对应于常模参照评价。相对标准的评定不仅与学生自己的成绩有关，还与其他同学的成绩有关。例如，小西的阅读学业表现是80分（满分100），按照绝对标准属于及格，但是按照相对标准有不同的解释。如果班里同学都得的是50～60分，那么他的相对分数很高，达到了优秀水平；反之，如果同学们的分数都在92～98分，那么他的相对分数就非常低，可能属于偏低水平。

这两种分数都可以用数值或者1～5的等级来表示。绝对分数是学生的试卷得分，而相对分数需要经过转化。此外，相对标准的评定结果还可以用百分等级表示。教师通常习惯用绝对分数来评定学生的成就，当把全班成绩排序时，就相当于使用相对标准来衡量学生的成就。

2. 合格与不合格

有些课程采用合格或不合格来评定学生的成就，而不使用传统的分数。教师可以根据学生每次是否完成作业来评定，也可以根据学生的几次作业情况进行评分，甚至评分标准可以包括学生的出勤情况。这种评分方法最大的优点在于，降低了学生之间的竞争性，从而减轻了学生的考试焦虑。它创造了比较轻松、宽容的学习氛围，鼓励学生敢于尝试有挑战性的学习任务。同时，它的评分标准大多是由教师和学生一起商议得到的，有助于加强教师和学生合作，协调师生关系。

与传统评分方法相比，它提供的信息较少，教师、家长和学生不能从评定结果中了解学生在学习中存在的问题和不足。同时，由于没有分数的压力，学生很容易通过评定，因此他们极可能放松对自己的要求，把标准降低到合格或及格的程度。一些关于大学选修课程的研究（Gold et al.，1971；Hales et al.，1971）发现，当教师对学生采用分数评定时，学生的学习状况普遍好于采用合格或不合格的评定方式。因为这种评定方式的标准较低，当学生不能通过时，他体验到的情绪困扰更严重。此外，这种评定方法难以做到客观和准确。例如，教师的评定标准不一对学生的影响可能不是几分的出入，而是合格与不合格的区别。

一般在考察性的选修科目上，教师倾向于采用这种方法。更多的时候，教师把它和传统评分方法结合起来使用。

3. 评定结果的其他报告方式

除了常用的评分方法，教师还可以使用其他方式来报告评定结果。教师可以写学生的个人鉴定或定期的综合评定，提供给家长和学生。这使得教师有机会思考每名学生的优点和缺点。教师在指出学生的缺点后，还应提出改正的建议和教育对策，并留下空间，鼓励家长和学生写下自己的意见。这项工作有助于教师重视每名学生的表现，但比较费时，有较强的主观性，并且对教师的书面表达能力要求较高。

前面介绍的观察报告也是一种报告评定结果的形式。例如，教师可以使用检查单来报告评定结果。同前一种方法相比，它可以对信息进行初步的量化，又比分数提供的信息更具体详细。学生可以从检查单上看到自己完成了哪些学习内容，在哪些方面还需要努力。由于检查单易于理解，可以考察学生态度、行为等非学业方面的内容，因此其在教学中的应用较广。

此外，通过面谈，教师与家长可以交流关于学生的学习、行为和态度等方面的情况。教师可采用家访或者家长会的形式与家长见面，一起探讨学生的学习状况和适合他的教育计划。虽然这种方式比较费时，并且不够正式，但是教师都十分重视和家长的面谈。通过谈话，教师可以向家长通报学生在学校的表现，也可以了解到学生课外的情况，从而对学生在教学中的某些问题找到可能的解释。从这个意义上看，面谈也是一种收集资料的有效途径。此外，与家长面谈还有助于加强学校和家庭的联系与合作，提高对学生教育的有效性。

关键术语

学习评定，课程本位评定，诊断性评价，形成性评价，总结性评价，常模参照评价，标准参照评价，信度，效度，标准化测验，教师自编测验，客观题，主观题，选择性反应题，构造性反应题，真实性评定，案卷分析，操作评定

思考题

一、选择题

1. 与教师自编测验相比，高考则是一种（　　）成就测验。

A. 效标参照　　B. 常模参照　　C. 标准化　　D. 正式

2. 标准化成就测验具有客观性、计划性和（　　）。

A. 可靠性　　B. 有效性　　C. 公平性　　D. 可比性

3. 如果教师想知道学生在班级上的排名，应该使用（　　）评定。

A. 常模参照　　B. 标准参照　　C. 诊断性　　D. 总结性

4. 如果将期末考试结果的解释视为总结性评价，那么对各单元测验的解释就是（　　）性评价。

A. 诊断　　B. 形成　　C. 非正式　　D. 阶段

5. 既属于客观题又属于建构性反应题的是（　　）。

A. 填空题　　B. 论文题　　C. 是非题　　D. 匹配题

6. 最能够有效测量学生对知识的深层理解的方法是（　　）。

A. 概念图　　B. 操作评定　　C. 案卷分析　　D. 观察

7. 旨在测评学生解决实际问题能力的方法是（　　）。

A. 概念图　　B. 操作评定　　C. 案卷分析　　D. 观察

8. 旨在测评学生学习过程中表现的方法是（　　）。

A. 概念图　　B. 操作评定　　C. 案卷分析　　D. 观察

二、简答题

1. 描述标准化测验的优点和存在的问题。

2. 解释诊断性评价、形成性评价和总结性评价的相同点与不同点。

3. 我们为什么使用传统评定测验？为什么使用操作评定？

4. 运用实际案例论证学习评定的重要性。

选择题参考答案：1. C　2. D　3. A　4. B　5. A　6. A　7. B　8. C

扫码答题

第六部分

教师心理

第十七章 教师心理

习近平总书记指出，“教育是国之大计、党之大计”“国家繁荣、民族振兴、教育发展，需要我们大力培养造就一支师德高尚、业务精湛、结构合理、充满活力的高素质专业化教师队伍，需要涌现一大批好老师”。教师、教师教育和教师专业化日益成为人们关注的焦点，也是教师心理的重要组成部分，本章主要包括教师的专业品质、教师和学生之间的相互影响，以及教师的成长和培养。

本章要点

●教师的角色与特征

○教师的角色概述

○教师的专业品质

○教师的角色特征

○教师的个性特征

○教师的职业倦怠

●师生互动

○教师对学生的影响

○学生对教师的影响

○师生的相互作用

●教师的成长与培养

○教师的专业发展

○教师成长和培养的途径

第一节 教师的角色与特征

随着社会的发展，教师在社会中的重要作用及其不可替代性被人们重视，社会对教师提出了更高的要求。在教育改革和发展的浪潮中，教师需要转变传统的角色，具备特定的专业品质和特定的人格特征。

一、教师的角色概述

在传统教学中，教师的角色是比较单一的。教师在教学中处于中心地位，直接以文化权威的身份出现，在知识、技能和道德等方面具有不可动摇的权威性。然而随着科技的飞速发展和社会的急剧变革，特别是信息与通信技术在教育中的应用，教育目标、教育内容、教育方法等都在发生巨大变化，教师的角色也相应地发生了重大变化。教师要在教学中扮演以下重要角色。

（一）设计者

作为教学的设计者，教师要更多地考虑学生的因素，在理解和灵活运用各种教学策略和原则的基础上，针对学生的特点、特定的教学内容等，创设一定的学习环境；设计学生与教师和同伴、教学内容及媒体与实物之间的相互作用；设计出一定的测验手段，来检查教学和学习的效果，针对其中的不足做出相应的调整和补救。

（二）信息源

教师作为信息源有两层含义：一是指教师按自己设计的方案主动向学生提供一定的信息；二是指学生在对一定的问题情境进行探索时，主动向教师寻求一定的信息。随着计算机信息网络等在教学中的普及应用，学生可以从更广泛的途径获得信息。在这种背景下，教师不再是学生唯一的甚至最主要的信息源。这时教师作为信息源的最主要的方面不是将所有的信息都装在头脑中，而是掌握了获得信息的线索，知道该以何种方式及到哪里去寻找信息，从而为学生提供支持和帮助。

（三）指导者和促进者

任何时候教师的指导和促进作用都是不能否定的。必要的讲解和指点，特别是对低年级学生而言，是永远不可缺少的。促进者是指教师要从过去作为单纯灌输者的角色中解放出来，成为学生学习的激发者、辅导者、各种能力和积极个性的培养者。教师要把教学的重心放在如何育人和促进学生“学习”上，帮助学生构建自己的知识体系。

（四）组织者和管理者

维持一定的教学秩序是进行教学的前提。教师要激发学生的学习动机，进行班级管理，组织课堂教学，处理教学中的偶发事件等；要组织学生参加合作、讨论和练习等学习活动；要准备考试内容；要记录学生的表现，并与家长和其他教师进行交流。

（五）平等中的首席

在传统的课堂理念中，教师的角色是课堂活动的监控者，是教学活动中的绝对权威。现在，教师需要从居高临下的权威转向“平等中的首席”，以平等的身份和学生讨论或合作，作为学习的同伴与学生共同进行意义的理解建构，共同解决问题。教师作为成熟水平较高的社会成员，有更丰富的经验和更高的能力，通过与学生的交往，可以促进学生的最近发展区向现实发展的转化。

（六）反思者与研究者

教师需要不断对自己的教学活动进行反思和评价，提高对自己的教学活动的自我觉察，发现和分析其中存在的问题，提出改进的方案。教师之间还可以相互进行观察分析，讨论交流，帮助对方发现问题，共同提高教学水平。教师还可以寻求专家小组的支持，通过专家的专业引领提高专业素质。教师还需要对自己的教学进行研究，成为一个科学研究者，能够以一定的理论为基础，灵活地解决教学中的各种实际问题。

（七）终身学习者

教师是学生学习能力的培养者，但首先必须是一个好的学习者。以往的教师教、学生学将逐渐让位于师生互教互学。对教师而言，这意味着上课不再是单向的付出，而是与学生相互理解、相互启发、教学相长。随着学生获取知识渠道的多样化，教师作为学生唯一知识源的地位已经受到动摇。教师需要重新定位，以学习促进发展，改变自己的生存状态。

二、教师的专业品质

教师的专业品质是广受研究者关注的主题之一，研究者讨论了教师的品质结构，涉及教师的信念、知识结构、能力结构等。研究者的视角、研究方法各有不同，所得出的教师专业品质结构也有所差异。2014 年 9 月 9 日，习近平总书记在北京师范大学师生座谈会上，就如何做一名好老师提出了四点要求，即要有理想信念、有道德情操、有扎实学识、有仁爱之心。2022 年，教育部启动“优师计划”师范生培养工作，就是要为国家和人民最需要的地方造就一批“四有”好老师。

我国 2012 年颁布的中小学教师的专业标准，立足于“师德为先”“学生为本”“能力为重”“终身学习”的基本理念，规定了中小学教师在专业理念与职业道德规范、专业知识和专业能力三大领域的专业标准。专业理念与职业道德规范领域包括职业理解与认识，对学生、教育教学的态度和行为，以及个人修养与行为。专业知识领域包括学生发展知识、学科知识、教育教学知识和通识性知识。专业能力领域包括教育教学设计、组织与实施、激励与评价、沟通与合作、反思能力等。这些在教师专业标准中都有详细描述，这里就不一一介绍了。

（一）教师的基本信念系统

好教师还应当具有教育家精神。习近平总书记在 2023 年教师节前夕致信出席全国优秀教师代表座谈会的代表时提出：“教师群体中涌现出一批教育家和优秀教师，他们具有心有大我、至诚报国的理想信念，言为士则、行为世范的道德情操，启智润心、因材施教的育人智慧，勤学笃行、求是创新的躬耕态度，乐教爱生、甘于奉献的仁爱之心，胸怀天下、以文化人的弘道追求，展现了中国特有的教育家精神。”

教师要具备一定的教学和学习的理论知识。然而，教师了解了某种理论后，并不能自动地对教学活动产生影响。研究者（Osterman & Kottkamp，1993）将教师的理论知识分为两类：一类是倡导的理论（espoused theories），这种知识教师容易意识到，容易报告出来，它更容易受外界新信息的影响而产生变化，但它并不能对教学行为产生直接的影响；另一类是采用的理论（theories-in-use），这类知识可以直接对教学行为产生重要影响，不容易被意识到，并且不容易受新信息的影响而产生变化，而是更多地受文化和习惯的影响。这两类知识并非截然不同，倡导的理论可以转化为采用的理论而对教学活动产生影响（图 17-1）。

区分这两类知识有重大意义。很多教学改革之所以失败，一个主要的原因往往

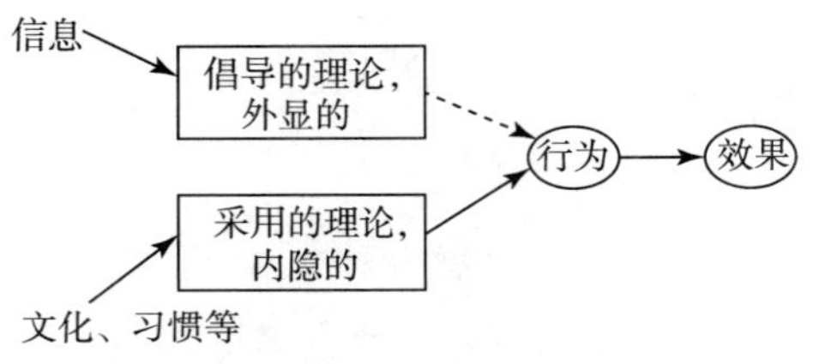

图 17-1 教师的两种理论及其关系

是忽略了这两类知识的差别，误认为向教师介绍了新的教学思想便可以自然而然地促进教学行为的革新，却不知教师还在用老一套思想进行教学。例如，一位教师接受了建构主义学习理论的培训后，知道了让学生对一定的问题情境进行探索的重要性，这种理论便基本成为“倡导的理论”，但他在教学中可能完全是另一种做法，仍旧沿袭“满堂灌”的模式。

（二）教师的教学能力

教师的教学能力可以分为三个方面：教学认知能力、教学操作能力和教学监控能力（周建达、林崇德，1994；沃建中，1994）。在整个教学能力结构中，教学认知能力是基础，教学操作能力是教学能力的集中体现，而教学监控能力是关键。下面就对这三个方面分别进行介绍。

1. 教学认知能力

教学认知能力是指教师对所教学科的定理、法则和概念等的概括化程度，以及对所教的学生的心理特点和自己使用的教学策略的理解程度，它包括以下四个方面：①概念，能揭示出概念的本质特征；②类同，能概括出两者的共同特征；③运算，指关系转化和推理；④理解，主要指对学生的动机水平、年龄特点、个体差异及教学策略的理解。

2. 教学操作能力

教学操作能力指教师在教学中使用策略的水平，其水平高低主要看他们是如何引导学生掌握知识、积极思考、运用多种策略解决问题的。它是教师课堂教学能力的集中体现，主要有以下几方面的教学策略：①制订教学目标的策略；②编制教学计划的策略；③教学方法的选择及运用策略；④教学材料和教学技术的选择设计策略；⑤课堂管理策略；⑥对学习和教学进行测试与评价的策略。

3. 教学监控能力

教学监控能力是指教师为了保证教学达到预期的目的，在教学的全过程中，将教学活动本身作为意识对象，不断地对其进行积极主动的计划、检查、评价、反馈、控制和调节的能力。此外，反思作为教师对自己教学决策、教学过程及结果的觉察，也是教学监控的一种重要形式。这将在后面“教师的成长与培养”一节中进行详细讨论。

（三）教师的交互沟通能力

教师的交互沟通能力也是很重要的。教师善于倾听尤其重要。研究者（Huckins et al.，1978）按照倾听的对象把倾听分为三类：①个人内部的，这里关心的是自己（满足自己的需要和兴趣）；②人与人之间的，重点是在别人而不是自己；③外在的，重点在于某些内容或信息，而不在于人。其又按照倾听的方式把倾听区分为五种类型：①鸡尾酒会式的倾听；②竞赛式的倾听；③内容的倾听；④承担义务的倾听；⑤创造性的倾听。优秀的教师不仅应该善于倾听，不断提高听的技能，而且也应该对有这方面问题的学生进行帮助。

三、教师的角色特征

研究者（Reilly & Lewis，1983）对大学生进行了调查，发现好教师与差教师在以下 15 项特征上有重要差别（表 17-1）。

表 17-1　好教师与差教师的品质

好教师	差教师
严肃认真	不喜欢教学
耐心	消极
灵活	刻板
好的素养	喜怒无常、易变、过敏
关怀、助人	过度地批判
高期望	冷淡、不受个人情感影响
对学生很友好	对学生不友好
公正、诚实	不公平
一致	缺乏素养
把学生看成许多个人	教室中形成“坏的感情”，如内疚、怕、嫉妒、不满、发怒

续表

好教师	差教师
热情、喜欢教学	呆板、厌烦
理解	分心的习惯
善于组织	惩罚性的
幽默感	对学生缺乏信任（不信任学生）
在学科上知识渊博	在学科上无知

另有研究者（Ryans，1960）开发的教师特征表也得到了很多研究的支持。这个特征表将教师的行为划分为25个方面。观察者观察一节50分钟的课堂，根据这些方面给教师的行为打分，最后确定教师的三种基本行为类型：①是温和的、融合的和理解的，还是冷淡的、利己的（自我中心的）和约束的；②是负责的、有条理的、系统的，还是推托的、无计划的、敷衍了事的；③是激励性的、富有想象力的，还是迟钝呆板的、墨守成规的。

还有研究者（转引自麦金太尔·奥黑尔，2002）设计了一种教师特征测试。这份测试问卷包括28个截然不同的项目，要求被试在五个连续水平上选择一个最接近自己行为的选项。这份测试隐含的理论假设是：①一位有创造力的教师应该是富有想象力的、经验丰富的和创新的，而一位缺乏创造力的教师则是循规蹈矩的、严厉的和谨慎的；②一位有活力的教师应该是开朗的、精力充沛的和外向的，而一位缺乏活力的教师则是消极的、退缩的和缺乏主见的；③一位有组织力的教师是果断的、足智多谋的和有控制力的，而一位缺乏组织力的教师是反复无常的、怪异的和浮躁的；④一位热心的教师是友善的、和蔼可亲的和有耐心的，而一位冷漠的教师则是不友好的、不亲切的和缺少耐心的。

这些教师特征测试工具有助于我们思考教师应当具备什么样的角色特征。

四、教师的个性特征

教师作为一个人，有自己的个性特征。在教师的个性特征之中，有些特征对教学活动有重要的影响，这里就介绍一些这方面的研究。

（一）烦躁型、胆怯型与整合型

研究者（Heil，1960）曾把教师分为三种类型：①烦躁型，教师在教学中往往表现出烦躁、冲动和自发性的特征，缺乏精心的组织和调控；②胆怯型，教师在教学中往往过于胆怯和焦虑，过于坚守规则，不敢越雷池一步；③高度整合型（well-integrated type），教师在教学中往往表现出自控、有条理和目的性。海尔等人（Heil et al.，1960）将这三种类型和学生的学习效果联系起来进行研究，结果发现：烦躁型教师只对奋斗型或顺从型的学生有效果；胆怯型教师在三种教师中效果最差，只对奋斗型的学生有效；高度整合型教师则对各种学生都有效，尤其是焦虑的和怀有敌意的学生，这类教师具有明显的优势。

（二）具体—抽象倾向

具体—抽象是对个人信念的一种分类维度，是个人在认知活动中表现出的稳定的特征倾向。倾向于具体的人往往关注事物的细节和直观特征，注重事物特殊性的一面；而倾向于抽象的人则喜欢对事物的特征进行概括，更关注事物的一般特征。研究（Harvey，Hunt，& Schroder，1961）表明，抽象水平高的教师往往更能在教学中灵活应变，较少进行专制和惩罚。这样的教师教出的学生比那些具体思维水平的教师教出的学生学习更专心，更积极主动，更有合作精神，也更有成就。另有人（Hunt & Joyce，1967）研究发现，抽象水平高的教师往往更爱思考，更能发现和运用来自学生的信息线索来鼓励学生提出问题、提出假设。

近年来，人们采用心理距离（psychological distance）来描述人关注事物的具体—抽象水平。在生活中，我们经常有这样的经验：在远距离时，看到的是事物的整体、抽象特征；在近距离时，看到的是事物的局部和具体细节。心理距离是个体以自我为中心（以此时此地自己的直接经验为参照点）对描述的事件或行为在时空上的远或近以及发生概率的大或小的感知（Trope，Liberman，& Wakslak，2007）。心理距离包括时间距离（当下—过去或将来）、空间距离（邻近—遥远）、社会距离（自己—他人）和假设距离（事情发生概率的大小）四个维度。在一个考试上可能得满分而不是已经得满分会显得更遥远。能得满分的概率越小，心理距离就越远。

心理距离影响人对事物的解释水平。根据解释水平理论（construal level theory），人倾向于更多地使用反映事物内涵的一般的、核心的、去情境化的特征来解释心理距离遥远的事物，更多使用偶然的、外围的、情境化的特征来解释心理距离较近的事物（Trope & liberman，2003）。前者为高解释水平，后者为低解释水平。例如，人对马上要做的事情、自己要做的事情、更可能发生的事情更倾向于考虑怎么做，对未来要做的事情、别人要做的事情、更不可能发生的事情更倾向于考虑为什么做。

个体的解释水平存在一定的差异，有的人倾向于对事物做出高水平解释，有的人则倾向于对事物做出低水平解释。教师的具体—抽象倾向反映了教师解释水平的差异。

五、教师的职业倦怠

职业倦怠（burnout）是由美国临床心理学家弗罗伊登伯格（Freudenberger）于1974年首次提出的，也有人译为“职业枯竭”或“工作耗竭”。弗罗伊登伯格从临床的观点出发，认为职业倦怠是指由工作强度过高并且无视自己的个人需要引起的疲惫不堪的状态。这种情况在那些乐于奉献和承担义务的人身上比较常见，这些人往往工作量过大、工作时间过长、工作压力过大。职业倦怠被认为是“过分努力去达到一些个人或社会的不切实际的期望”的结果（Freudenberger，1974）。

教师职业倦怠（teacher burnout）是个体长期不能顺利应对工作压力时的一种极端反应，表现为情绪、态度和行为的衰竭状态。根据职业倦怠的三维模型（Maslach et al.，1986），教师的职业倦怠同样存在三个方面的表现。①**情绪衰竭**（emotional exhaustion）：教师丧失工作热情，情绪波动大，容易迁怒他人，情绪情感处于极度疲劳状态。例如，有的教师做了多年班主任，感觉自己每天做着重复的工作，加上一些问题学生捣乱，就有可能对工作没有热情，教学方面得过且过，对班里的学生也放任自流，整天琢磨着跳槽，期盼着换一份有新鲜感的工作。②**去人性化**（depersonalization）：教师以消极、冷漠、否定、忽视的态度对待自己的学生、同事和家人。例如，有的班主任由于班务繁杂和教学任务繁重而感到心情烦躁，面对学生的捣乱行为或者看到教室里乱糟糟的场面，就有可能突然发怒，训斥学生。③**低个人成就感**（reduced personal accomplishment）：教师个人成就感降低，自我效能感下降，消极地评价自己，认为自己的工作没有意义和价值，对学校和社会不满，工作变得机械化且效率低下，缺乏适应性。例如，有的教师开始接手待优班时可能信心满满地想要和学生一起努力提高全班的学业表现，如果一年之后班级的学业表现没有起色，教师就可能开始怀疑自己是否能力太差，感到自卑与自责。

研究者（Farber，1991）认为，虽然教师职业倦怠可以从情绪衰竭、去人性化和低个人成就感三个角度进行描述，但是职业倦怠在不同个体身上的表现是不同的。具体而言，主要有三种表现形式。①精疲力竭型（burnout）：这类教师在高压力下的表现是放弃努力，以减少对工作的投入来求得心理平衡。这类教师的职业倦怠一旦出现，要想恢复就很困难，因为这些症状会得到自我强化。②狂热型（frenetic）：这类教师有着极强的成功信念，能狂热地投入工作，但理想与现实之间的巨大反差使他们的热情难以持久，最终导致整个信念系统突然坍塌，在精力耗竭中屈服。③低挑战型（underchallenged）：对于这类教师而言，工作本身缺乏刺激，他们觉得以自己的能力来做当前的工作是大材小用，因此厌倦工作。他们在工作一段时间后，就开始对工作敷衍了事，并考虑更换其他工作。这三种类型不是完全独立的，有时候是以混合交叉的形式存在的。

教师职业倦怠是在长期的工作环境及伴随的压力中积累下来的，需要从社会因素、组织因素和个人因素三个方面加以应对。

经验分享

第二节 师生互动

一、教师对学生的影响

教师对学生的影响是多方面的，有许多都是无形的影响。我们常常看到某些幼儿园儿童或小学低年级儿童在玩“学校”的游戏时，用教师的口气或语言来对待他的小朋友或他的洋娃娃，也看到有的班级班风与班主任的作风极端相似，写作文全班一种风格，等等。有人曾对哈佛大学二年级、三年级的学生调查后发现，他们只能模糊地记得大约75%的前任教师，其中只有8.5%的教师被认为具有强大影响力。教师是这一集体中的权威人物，如果学生很喜欢他，就会有意识地学他，但是如果学生不喜欢这些教师，也会不自觉地吸取、模仿教师的某些方式和态度。这里以教师期望对学生学习的影响来做进一步的说明。

有关的理论和研究表明，教师对学生的期望与教师自己的行为及学生的学业表现有关（Cooper & Good，1983；Cooper & Tom，1984；Litovsky & Dusek，1985）。罗森塔尔和雅各布森（Rosenthal & Jacobson，1968）最早对教师期望进行了研究。他们在开学初对小学生进行了一个非言语智力测验，并告诉教师这个测验能预测学生的智力发展。研究者随机选取20%的学生，然后将学生名单告诉教师，并称这些学生是有发展潜力的。当然，教师不知道该测验不能预测智力的发展潜力，也不知道选取的学生的测验分数与他们的实际能力无关。然后，教师进行正常教学。一年后，被指定为有发展潜力的学生和控制组的学生（未被指定为有发展潜力者）之间出现了智力上的显著差异，这种差异在一年级和二年级的学生身上表现得最为突出（图17-2）。

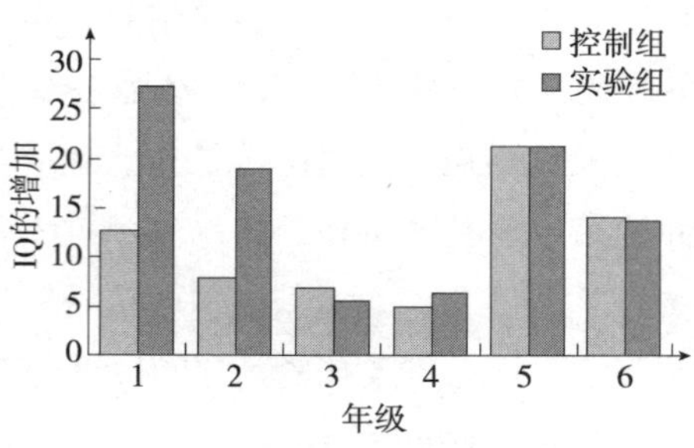

图 17-2　智商测验得分的增加

罗森塔尔和雅各布森认为，教师的期望是一种自我实现的预言，因为学生的学业表现最终反映了这种期望。他们还认为，这种预期效应在年幼儿童身上比较明显，因为儿童与教师有直接的接触，年龄大的学生在换了一个新教师后可能表现得更好。

罗森塔尔等人将这一实验中的现象称为教师期望效应。这一效应也被称为**罗森塔尔效应**或**皮格马利翁效应**（Pygmalion effect），该术语源于希腊神话。皮格马利翁是古希腊神话中的一个主人公的名字，相传他是塞浦路斯国王，善雕刻。他对自己用象牙雕刻的少女雕像产生了爱恋之情，他热诚的期望竟使这座少女雕像变成了真人而与他结为伴侣。皮格马利翁效应指人们基于某种情境的知觉而形成的期望或预言，会使该情境产生适应这一期望或预言的效应。如果教师根据对某一学生的了解而形成一定的期望，就会使该学生的学业表现和行为表现发生符合这一期望的变化。

有两类教师期望效应。第一类为自我应验效应（self-fulfilling prophecy effect），即原先错误的期望引起把这个错误的期望变成现实的行为。如果某同学的父亲是著名的作家，那么他的教师很自然地认为他应该具有成为出色作家的潜力。假设该学生文学天赋平平，但这位教师对其充满热情，对其能力充满信心，鼓励他经常练习，还常常对其作业进行额外的批改，这种对待最终使他成为优秀的作家。如果教师不特别对待这位学生，结果就不会是这样，这就可以看作自我应验效应。

第二类是维持性期望效应（sustaining expectation effect），即教师认为学生将维持以前的发展模式。其问题在于，如果教师认可这种模式，那么他将很难注意和利用学生潜在能力的发展。例如，教师对待优生和学优生的不同期望，使得他很难关注待优生的进步，甚至对其进步持怀疑态度，认定他们是在别人的帮助下，甚至是作弊得到的。这种期望维持甚至增大了学优生和待优生的差距。

研究者从概念和方法论的角度对这一研究提出了批评。另外，重复的实验也没有得到相似的结论（Cooper & Good，1983；Elashoff & Snow，1971；Jensen，1969）。罗森塔尔本人尝试重做这一研究，发现这种效应只在一个年级里有明显效果。布罗菲和古德（Brophy & Good，1970）发现教师对学生能力的洞察可以影响学生的学业表现。他们在一项研究中要求一年级教师按其对学生潜力的看法对学生进行排队，然后看教师如何处理不同学业表现的学生（名单上分数高和分数低的学生）。观察表明，教师对待这两部分学生的态度在无意中有细微的区别。与低分学生相比，他们对高分学生的正确答案给予更多强化，并对高分学生提供更多的提示。这说明教师对不同学生有不同期望，因此采用不同方法；学生对此反应不同，学生的反应又对教师行为进行补充或加强。

二、学生对教师的影响

如果说教师行为对不同学生有重要但各不相同的影响的话，那么，确切地说，学生对教师行为也有重要的影响。教师在改变和改进学生的反应的同时，也自问："我在什么程度上受到我的学生们的操纵？"

对于一个难带的婴儿（爱哭、挑食、执拗等），家长一方面感到难带，另一方面也将其视为对自己育儿的技能和创造性的挑战。同样，那些学得慢的学生、多动的学生及不听话的学生，对教师而言也是一种挑战。对某些优秀教师来说，妥善处理这类学生的问题也是一种满足。如果说学生对教师有影响的话，那么这种影响也是通过教师对其理解和接受的方式得以体现的。例如，有一项研究以 219 名八年级男女生为被试，让他们描述自己的人格特征（自我报告），而教师则受到这些报告的影响，来考虑选择自己的教育教学方法，对不同学生用不同方法。实际上，在日常教育工作中，教师在学生作业中看到的反映他本人特点的一些情况也会成为教师选择方法的依据。

研究（Cantor & Gelfand，1977）提供了学生影响教师的反应的证明。研究者用指示和视频训练 7～10 岁学生对他们的教师应答或不应答。与某些教师在一起，他们寻求帮助和赞同，受称赞时微笑，对教师的评论反应热情；而与另一些教师在一起时，则不征求意见，也不争取赞同，只是简短地回答问题，而且避免直视教师，避免对他们微笑或与他们谈话。后一种行为类型是典型的极端怕羞、与社会脱离的学生的行为特征。实验者总结指出：①这些学生有能力控制成人的社会行为——他们能调节成人提供言语和非言语帮助的比率，以及成人对他们的其他积极关注形式；②成人认为，那些对他们做出应答的学生比那些不做应答的学生更聪明、更具吸引力。实验者提出，对于习惯性不做应答、不善社交的学生，引导他们在对成人的反应上做出非常简单的改变是有可能实现的。

三、师生间的相互作用

师生间的作用是双向的。对师生相互作用的研究也是教育心理学的一个重要研究主题。

有人（Domino，1971）研究了师生风格的相互作用对学生成就动机的影响。研究者先评定900名心理系学生的遵从性和独立性，然后把100名极端分数段的学生挑出来，每25人分成一组，共四组，控制每组学生的性别和学业能力。由同一位教师用不同方法进行教学，其中两组要求学生采用遵从的方式，另外两组则要求学生采用独立的方式。结果表明，当具有独立定向的学生被指定到一个独立方式的组时，他们会更满意；喜欢服从的学生被分配到一个服从风格的组时，他们会取得更好的学业表现，感到更满意，对教师的评定也更高。

师生相互作用的方式随着学生年龄的不同而变化。中学生与小学生的需要和偏好是不同的。在小学里，为了促进学生对学习内容的掌握，直接教学的风格可能更有效；到了中学，随着学生自主和独立需要的增长，教师可以给学生更多个人练习的自由，这样做比直接教学更有效。在一项有关非直接教学的研究中，中学生认为，与传统学校相比，这里的教师更友好、更可亲近、更有帮助，而且他们可以谈论任何事情，可以自由地活动和做决定，他们很喜欢与教师相互作用的机会，他们的学业表现更好。

弗兰德斯（Flanders）从20世纪70年代开始，用系统观察的方法研究课堂教学过程中师生的交互作用，提出了相互作用分析的模式（表17-2）。研究发现，间接的教学行为常常与好的学业表现、动机和对部分学生的态度密切相关。当然这并不是要强迫教师改变他们的教学方法，限制教师的创造性，而是给教师提供了一种工具来了解自己的教学方式，认识自主指导与学生的相互作用。

表17-2　相互作用分析的模式（Flanders，1970，转引自王坦、鲍兆宁，1988）

<table>
<tr><td rowspan="4">教师的间接影响</td><td>①接受感情：用没有威胁的方式接受和阐明学生的情感；可以是肯定的和否定的，也包括预期的和回忆的感受</td></tr>
<tr><td>②称赞或鼓励：称赞或鼓励学生的动作或行为，包括缓和紧张气氛的笑话，但不应当取笑另一个人，或点头表示同意，或说“嗯，嗯……”“请说下去”等</td></tr>
<tr><td>③接受或采用学生的观点：阐明、建构或发展学生的看法</td></tr>
<tr><td>④提问：问学生有关内容或程序方面的问题，旨在让学生回答</td></tr>
</table>

续表

教师的直接影响	⑤讲解：叙述事实或讲述教学内容、程序或见解；谈论自己的想法，提出一些反问（学生不必回答，只为加深印象） ⑥给予指导：指导、要求或命令，希望学生照着做 ⑦批评或证明权威的正确性：进行陈述，以便把学生的行为从不听从改变为听从；责备学生，说明教师为什么这样做；极力证明自己是正确的
学生的讲话	⑧学生的反应性讲话：回答教师的提问，由教师开始询问或要求学生叙述 ⑨学生的主动讲话：由学生主动开始的讲话，包括向教师主动提问 ⑩沉默或混乱：暂停、短时的沉默或观察者不能理解交流时的混乱

随着多人同步脑成像技术的出现，研究者们采用脑活动同步的方法刻画师生互动的言语交流过程。脑活动同步是指互动双方大脑活动模式在时间和频率上的相似性。研究（郑丽芬等，2023）表明，在言语交流过程中，交流双方在语言网络上会出现相似的脑活动模式，并且相似度越高理解得越好。师生在进行同一个活动或任务时的脑活动状态，可以作为评估课程教学效果的重要指标（王乃弋、曾行，2024）。在有师生互动的课堂情境下，师生的情感亲密度会增强师生脑活动同步性，学习效果也相应提升（Bevilacqua et al.，2019）。反过来，师生的脑活动同步可以揭示师生关系的质量，并且师生关系质量需要通过师生互动过程建立起来（Zheng et al.，2020）。

第三节 教师的成长与培养

一、教师的专业发展

（一）教师专业发展概述

从20世纪80年代**教师专业发展**（professional development of teachers）的概念被提出，到20世纪90年代成为教师心理研究的重要内容，至今这一概念已经成为世界许多国家重视教师教育、推动教师成长和培养过程的核心话题。

教师专业发展是指教师在整个专业生涯中，通过终身专业训练，习得教育专业知识技能，实施专业自主，表现专业道德，并逐步提高自身从教素质，成为一个良好的教育专业工作者的专业成长过程（唐松林、徐厚道，2000）。近年来，教师专业发展主要呈现出以下三种取向。

1．教师专业发展的理性取向

教师的专业发展就是教师接受充足的学科知识与教学法知识的过程。有效教学的影响因素既包括教师自身具备的学科知识储备，也包括其运用这些知识将学科内容传递给学生的能力。因此，这种取向的教师专业发展，主要就是向专家学习某一学科的学科知识和教育知识。

2．教师专业发展的实践—反思取向

教师专业发展的主要目的并不在于外在的、技术性知识的获取，而在于通过这种或那种形式的反思，促使教师对于自己、自己的专业活动、相关的事物有更为深入的理解，发现其中的意义，以促成反思性实践。

3．教师专业发展的生态取向

教师实现专业发展不仅要通过个人的学习与实践反思，更为重要的是在教师群体中形成合作的专业发展文化与模式。教师并非孤立地形成与改进其教学策略与风格，而是在很大程度上依赖教学文化或教师文化（teacher culture）。正是这些文化为教师的工作提供了意义、支持和身份认同，并使教师发展聚焦于途径或方式，而不是仅仅局限于专业发展的具体内容。

（二）有关教师专业发展的理论

教师的专业成长是一个动态变化的过程，但存在一些标志性的阶段。许多研究者从不同视角对教师专业成长阶段做出了具体的描述和分析。例如，有学者（Fuller，1969）将教师职业生涯分为四个阶段：教学前关注阶段、早期生存关注阶段、教学情境关注阶段与关注学生阶段。另有学者（Berliner，1988）提出教师成长经历了五个阶段：新手教师、高级入门教师、胜任教师、熟练教师、专家教师。有研究者（Fessler，1992）历时8年，在研究了160位中小学教师后，建构了其著名的教师职业周期模型（teacher career cycle）。这一模型对教师职业周期做出了全面而详细的描绘。这一模型认为，教师的职业成长历经八个阶段。

①职前（preservice）。个体对专业教师角色的感知，包括对校园等工作场所的适应，感受到自己是校园工作者之一。

②就职（induction）。任职的第一年，教师通过社会化适应任职生活，渴望被学生、同事、领导接纳，获得一个可以处理问题、完成任务的安全环境氛围。

③能力建立（competency building）。教师渴望提升教学技术和能力，探索新的教学材料、方法和策略，乐于接受新的观念，愿意主动参加工作坊和继续教育，将

工作视为挑战性的，并不断获得突破。

④热情成长（enthusiastic and growing）。教师的能力已经提升到了一个新的水平，但仍愿意继续朝着专业化的方向发展，逐渐爱上这份工作，渴望通过工作与学生接触，并从工作中获得满足感。

⑤职业挫折（career frustration）。处于职业生涯的中期，个体开始不断地自问为什么要做教师，这种感觉对后期的职业发展有很重要的影响。

⑥稳定但停滞（stable but stagnant）。个体不再精益求精，只求完成任务，不愿在职业上花费过多的精力，职业生涯因此遇到瓶颈。

⑦职业衰退（career wind-down）。教师准备离职，对于某些人来说这意味着一次积极的职业转型或退休，对于另一些人来说可能是被迫中止或迫不及待地去换一个回报更高的职业，这个阶段少则几周或几个月，多则几年。

⑧离职（career exit）。个体离开教师工作，可能是因为被迫离职、短期退休、暂时休假、探索其他职业等。

这八个阶段不一定是对个体教师职业生涯的精确描述，可能在某些阶段存在延长或缺失的现象。这一模型有助于教师及早对自身职业发展的过程有一个完整的认识。

（三）教师成长的目标：新手—熟手—专家

教师的成长过程是一个由**新手**（novice）到熟手，再向**专家教师**（expert teacher）发展的过程（连榕，2004）。专家和新手的对比研究思路在20世纪80年代应用于教师的认知研究，对教师成长的研究逐渐转向对教师教学专长的研究。

斯滕伯格把专家教师称为有教学专长的教师，具有以下特征：①将更多的知识应用于教学问题的解决。这些知识包括所教学科的内容知识、一般教学法知识、与具体教学内容有关的教学法知识及教学得以发生的社会和政治背景知识。②解决教学问题的效率高。他们能在较短的时间内完成更多的工作，或者只需要较少的努力。程序化的技能使得他们能将注意力集中在教学领域高水平的推理和问题解决上。在接触问题时，他们具有计划性且善于自我觉察，时机不成熟时，他们不会提前进行尝试。③富有洞察力。他们能够鉴定出有助于问题解决的信息，并有效地将这些信息联系起来。他们能够通过注意找出相似性，运用类推来重新建构问题的表征。他们能够对教学问题取得新颖而恰当的解答。

另有一些研究表明，专家教师具有普遍的共同特征：①善于通过教学计划、评估和反思来改进教学，从而做出教学的创新；②情绪稳定、理智、注重实际、有自信和批判性强；③热爱教师职业，对工作投入，职业的义务感和责任感比较强，追求自我实现；④热情、平等地对待学生，师生关系融洽，具有强烈的成就体验。

把握教师职业特点和内在心理特征，可以帮助教师顺利地实现从新手向专家的转化。

二、教师成长和培养的途径

（一）观摩和分析

观摩可以有两种方式：组织化的观摩和非组织化的观摩。组织化的观摩一般在观摩之前制订较详细的观察计划，确定观察的主要行为对象、角度及观察的大致程序，也可以进行有组织的讨论分析。非组织化的观摩则没有以上特征。一般说来，组织化的观摩效果要比非组织化的观摩好，除非观察者有相当完备的理论知识和洞察力。对优秀教师的观摩是当前采用较多的一种方法。观摩可以是现场观摩，也可以是观看优秀教师的教学录像。

开展案例教学已成为一种有效的观摩与分析的学习形式。在西方，特别是在美国，案例教学几乎成为所有专业和职业教育的一种主要方法。弗兰德斯（Flanders，1970）将他的相互作用分析法运用于实习生和在职教师的训练。结果发现，经过这种训练的实习生和教师更能理解学生的想法。还有研究表明，这种训练使教师的课内行为变得更加自然。

（二）微格教学

微格教学（micro teaching），又称微型教学，即教师通过实际进行小型教学活动来获得丰富经验的一种方法，这是提高教学水平的另一种重要途径。一开始就让经验较少的实习生以众多学生为对象，进行正规的一个课时的课堂教学，这是一件困难的事。在这种情况下，我们往往采用微格教学，即以少数学生为对象，在较短的时间（5～20分钟）内，进行小型的课堂教学，在这种教学过程中可以进行录像，课后还可以再进行分析。微格教学对实习生和在职教师来说也是很有效的（Allen & Ryan，1969）。

微格教学虽然有各种形式，但是基本采用这样的程序：①明确选定特定的教学行为作为要着重分析的问题，如解释方法、提问方法等；②观看有关的教学录像，指导者说明这种教学行为的特征，使实习生和教师能理解要点；③实习生和教师制订微格教学计划，以一定数量的学生为对象，实际进行微格教学，并录音或录像；④和指导者一起观看录像，分析自己的教学行为，指导者帮助教师和实习生分析一定的行为是否合适，考虑改进行为的方法；⑤在以上分析和评论的基础上，再次进行微格教学，这时要考虑改进教学的方案；⑥进行以另外的学生为对象的微格教学，并录音录像；⑦和指导者一起分析第二次微格教学。

微格教学使教师可以对自己的教学行为进行更深入的分析，并增强了改进教学的针对性，因此往往比正规课堂教学的经验更有效。

（三）教学决策训练

教师的教学过程包含着一系列的决策，判断自己的教学行为引起的学生反应是否符合期望。如果符合，就继续维持自己的行为；如果不满意，就要采取一定的预防和矫正措施，等等。让教师或实习生进行教学决策的训练可以提高教师的教学能力。有人（Twelker，1967）设计了决策训练的程序，事先向接受训练的教师或实习生提供有关所教班级的各种信息，包括学业水平、学习风格、班级气氛等，可以是印刷资料，也可以是录像等。然后让他们观看教学实况录像，从中吸取自己认为重要的成分。在此过程中，指导者一边呈现出更恰当的行为，一边予以说明。通过这种方法，教师和实习生可以获得接近实际课堂的经验，并且可以获得指导者及时的解释说明。这种方法不仅可以使他们对决策的有效线索更加敏感，而且可以改进他们的教学行为，这正是专家教师的重要特征。

（四）教学反思训练

通过**反思**（reflection）来提高教师的教学水平，这是教师心理研究的一个重要主题。反思是教师着眼于自己的教学活动过程，分析自己的行为、决策及结果，并通过提高参与者的自我觉察水平来促进能力发展的过程。研究者（Killion & Todnem，1991）提出，教师的反思包含三种类型：①对于活动的反思（reflection on action），这是个体在行为完成之后对自己的活动、想法和做法进行的反思；②活动中的反思（reflection in action），个体在做出行为的过程中对自己在活动中的表现、自己的想法和做法进行反思；③为活动反思（reflection for action），这种反思是以上两种反思的结果，是以上述两种反思为基础来指导以后的活动。首先，教师计划自己的活动，通过“活动中的反思”观察发生的行为，就好像自己是局外人，以此来理解自己的行为与学生的反应之间的动态的因果联系。而后，教师又进行“对活动的反思”和“为活动反思”，分析发生的事件，并得出用来指导以后决策的结论。如此更替，成为一个连续的过程。

研究者（Osterman & Kottkamp，1993）以经验性学习理论为基础，将教师反思分为四个环节：①具体经验。这一阶段的任务是使教师意识到问题的存在，明确问题情境，并试图改变这种状况，于是进入反思环节。②观察分析。教师用批判的眼光分析自己的教学活动背后的思想观点，它与自己倡导的理论是否一致，自己的行为与预期结果是否一致等，从而明确问题的根源所在。③抽象概括。教师要反思旧思想，并积极寻找新思想与新策略来解决面临的问题。④主动验证。教师以实际行动或角色扮演来尝试新的策略。教师遇到新的具体经验，然后进入具体经验阶段，开始新的循环。在这四个环节中，反思集中体现在观察分析阶段，但只有与其他环节相结合，才能更好地发挥作用。

另有研究者（Korthagen，1999）认为，教师的反思是一个螺旋过程，包括五个阶段（图 17-3）。

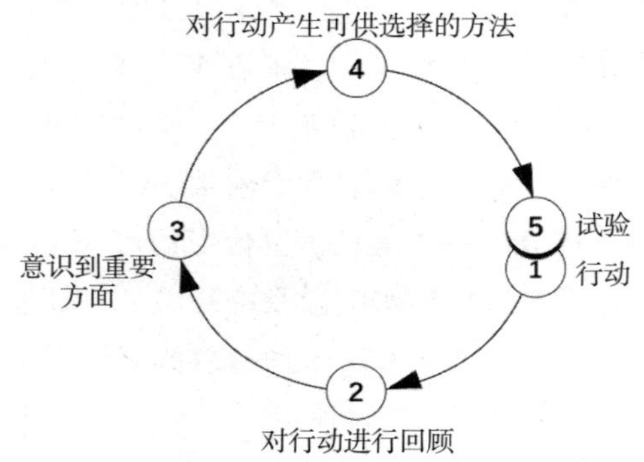

图 17-3　教学反思的过程（Korthagen，1999）

这个模型描述了理想的反思过程。其中阶段 5 既是前一个反思过程的结束，也是下一个反思过程的开始，阶段 3 需要根据实际情况提供理论指导。

（五）教师行动研究

20 世纪 60 年代，英国课程专家斯腾豪斯（Stenhouse，1975）把行动研究引入课程研究领域，主张让教师参与课程研究，使教师成为研究者，通过促进教师专业自主能力的发展，达到提高专业化水平的目的。由于行动研究强调从经验中学习，强调实践者就是研究者，注重“研究”与“实践效果”的有机结合，因此它不仅能在较短时间内促进教师教学效果的提高，而且有利于教师的专业成长。

教师进行的研究与专家们的研究往往有所区别（Kutz，1994）：①研究问题可以来自教师的日常教学经验中的各种问题，但不一定是大的课题。②研究途径可以是任何非正式的探索方法，包括做笔记、写日志、谈话记录及保留学生的作品等，而不一定像专家们那样恪守研究套路。③教师可以形成研究者团体，其中包括与教师或与其他成员之间的正式网络联系，更重要的是在课堂教学中与学生的合作。例如，教师让学生注意观察课堂教学中的交往方式，通过对父母进行访谈来了解学生的成长经历和经验获得等。

关键术语

教师专业发展，倡导的理论，采用的理论，职业倦怠，情绪衰竭，去人性化，低个人成就感，罗森塔尔效应（皮格马利翁效应），相互作用分析模型，新手教师，专家教师，微格教学，反思

思考题

一、选择题

1. 教师在课堂教学中帮助学生制订适当的学习目标，提供学习策略的指导，并且为学生营造良好的教学环境，这集中体现了教师的何种角色？（　　）

A. 平等中的首席　　B. 管理者　　C. 反思者　　D. 促进者

2. 在教学过程中，教师给予学生足够的关注和期望，学生在得到激励和赏识后常常表现出积极的学习行为。这种心理效应是我们所说的（　　）。

A. 扇贝效应　　B. 南风效应　　C. 罗森塔尔效应　　D. 巴纳姆效应

二、简答题

1. 简要叙述教师在教学活动中扮演的多种角色。

2. 教师如何从教学活动中的主导转变为师生互动学习活动中的“平等中的首席”？

3. 如何区分教师“倡导的理论”与“采用的理论”，这对教学有何意义？

4. 调节师生相互作用对教学效果有何影响？

5. 怎样指导教师进行有效的教学反思？

6. 新手教师与专家教师存在哪些差异？

7. 教师成长和培养有哪些基本的途径？

8. 教师职业倦怠有哪些主要特征？

选择题参考答案：1. D　2. C

扫码答题

参考文献